CMOS-Taschenbuch

Band 2

Spezialbausteine

7. [redacted] überarbeitete und erweiterte Auflage 2003

mitp

H. Kähler

Bibliografische Informationen Der Deutschen Bibliothek-
Die Deutsche Bibliothek verzeichnet diese Publikation in der Deutschen Nationalbibliografie; detaillierte bibliografische Daten sind im Internet über<http://dnb.ddb.de> abrufbar

ISBN 3-8266-0876-3

7. [redacted] überarbeitete und erweiterte Auflage

Printed in Germany

ein Geschäftsbereich
der verlag moderne industrie Buch AG & Co.KG/Landsberg

Druck: WB-Druck, Rieden a.F.

Vorwort

Das vorliegende Taschenbuch über CMOS-Spezialbausteine soll und kann die einschlägigen Firmen-Datenbücher nicht ersetzen.
Es wurde jedoch angestrebt, die Beschreibung der Bausteine so ausführlich zu gestalten, dass die Informationen für die tägliche Arbeit, nämlich Schaltungsauswahl und rascher Zugriff zu den wichtigsten Daten, ausreichen. Detaillierte Angaben finden Sie in den entsprechenden Datenbüchern oder Datenblättern der jeweiligen Hersteller.
Nicht aufgenommen wurden in den Band 2 Telefonschaltungen, Steuerbausteine für Rundfunk- und Fernsehgeräte, sowie Uhrenschaltungen.
In den Zeichnungen wurde der Innenaufbau wegen des begrenzten zur Verfügung stehenden Platzes möglichst einfach und übersichtlich gehalten, wodurch aber nicht immer normgerechte Schaltsymbole verwendet werden konnten.
Weiter konnten nicht wie bei den Standardbausteinen sämtliche CMOS-Bausteine aufgenommen werden, sondern es musste versucht werden, eine Auswahl der gängigsten Typen zu treffen. Dies gilt besonders für Analogschalter und Analogmutilplexer, bei denen die Anzahl der auf dem Markt befindlichen Typen besonders hoch angewachsen ist (an die 1000).
In der neubearbeiteten und stark erweiterten Auflage dieses Taschenbuches werden nun jedem Baustein 2 Seiten gewidmet. Im aufgeschlagenen Zustand des Buches sind damit auf einen Blick sämtliche für den Baustein relevanten Informationen zu sehen.
Die obere Seite enthält die Pinbelegungen der **Gehäuse**, Gehäuseformen und weitere interessante Informationen (IEEE-Symbole Diagramme, Applikationen, u.ä.).
Die untere Seite zeigt eine **Wahrheitstabelle**, und dann wie gewohnt **Beschreibung, Betrieb, Anwendung, Daten** und **Hersteller.**

Inhalt

1. Alphanumerisches Typenverzeichnis

2. Typenübersicht nach Funktionsgruppen

A/D-Wandler

Analog-Multiplexer

Analogschalter

Öffner

Schließer

Öffner + Schließer

Wechsler

Anzeige-Decoder

Arithmetische Funktionen

Crosspoint-Schalter

Deltamodulatoren

Digital-Filter

Operationsverstärker

PLL-Synthesizer

Rauchmelder

Schieberegister

Spannungs-Regler/Wandler

Zähler

Aufwärts-Zähler

Aufwärts/Abwärts-Zähler

Zeitgeber

Sonstige

3. Hersteller-Verzeichnis

Es werden nur die Haupt-Niederlassungen der einzelnen Firmen angeführt. Eine Aufzählung aller Distributoren wäre zu umfangreich und ist gegebenenfalls den entsprechenden Datenbüchern oder anderen Quellen zu entnehmen.

Harris siehe **Intersil**

Hitachi Europe GmbH
D-85622 Feldkirchen
Tel. 089-99180-0
Fax 089-99180-265
www.hitachi-eu.com

Intersil Corp.
D-85737 Ismaning
Tel.089/46263-0
Fax 089/46263-133
www.intersil.com

Maxim GmbH
D-82152 Martinsried-Planegg
Tel. 089-85799-0
Fax 089-85799-292
www.maxim-ic.com

Mitel Corp. siehe **Zarlink**

Motorola GmbH.,
D-81829 München
Tel. 089/92103-0
Fax 089/92103-599
www.mot-sps.com

National Semiconductor GmbH
D-82256 Fürstenfeldbruck
Tel. 08141-350
Fax 08141-351506
www.national.com

Plessey Inc. siehe **Zarlink**

RCA Corporation siehe **Intersil**

SGS-Thomson Microelectronics GmbH siehe **STMicroelectronics GmbH**

Sharp Microelectronics
D20097 Hamburg
Tel.040/2376-2286
Fax 040/2376-2232
www.sharpmed.com

Semi Process Inc.
Atlantik Elektronik GmbH
D-82152 Planegg
Tel.089-857000-0
Fax 089-8573702

STMicroelectronics GmbH
D-85630 Grasbrunn
Tel.089-460060
Fax 089-4605454
www.st.com

Supertex Inc
1235 Burdeaux Drive
Sunnyvale, CA 94089
Tel.(408)744-0100
Fax (408) 222-4800
(408) 222-4895
www.supertex.com

Texas Instruments
Deutschland GmbH
D-85356 Freising
Tel.(08161)803311
Fax (08161)804516
www.ti.com

Toshiba Electronics
Europe GmbH
D-40549 Düsseldorf
Tel.0211-52960
Fax 0221-5296400
www.toshiba.com

Vishay Semiconductor GmbH
Vishay Intertechnology
D-74072 Heilbronn
Tel. 07131673737
Fax: 07131672444
www.vishay.com

Valvo
(Philips Semiconductor)
D-20097 Hamburg
Tel.040-235360
Fax 040-23536300
www-eu2.semiconductors.com

Zarlink Semiconductors
D-70794 Filderstadt
Tel.0711-77767-02
Tel.0711-77767-27
www.zarlink.com

4. Zeichenerklärung

Alle Angaben beziehen sich auf integrierte CMOS-Schaltungen in Gehäusen aus Plastik, die für den industriellen Temperaturbereich von 0° bis 70°C spezifiziert sind. Für die integrierten Bausteine für andere Temperaturbereiche sind die Daten den Unterlagen der jeweiligen Hersteller zu entnehmen.
Die Anschlussbelegung der Bausteine sind in der *Draufsicht* zu verstehen.

Pegelbezeichnungen

H = High (High level):	Bedeutet eine Spannung, die positiver als jene Spannung ist, die mit Low bezeichnet wird (= logisch 1 bei positiver Logik).
L = Low (Low level):	Bedeutet eine Spannung, die negativer als jene Spannung ist, die mit High bezeichnet wird (= logisch 0 bei positiver Logik).
LH-Übergang:	Ein Übergang des Pegels von Low auf High (positive oder ansteigende Flanke eines Impulses).
HL-Übergang:	Ein Übergang eines Pegels von High auf Low (negative oder abfallende Flanke eines Impulses).

Symbole und Abkürzungen

⊢	=	Masse
⊕–	=	positive Betriebsspannung
NC	=	dieser Pin ist nicht intern verbunden (Not Connected) und kann daher als Lötpunkt verwendet werden.
A	=	Adressen-Eingang
C	=	Übertrag (Carry)
CI	=	Übertrags-Eingang (Carry Input)
CO	=	Übertrags-Ausgang (Carry Output)
Clear	=	Löschen
Clock	=	Takt
EN,G	=	Freigabe (Enable)
GND	=	Masse (Ground)
J,K,D	=	Dateneingänge für speichernde Elemente
Load	=	Lade-Eingang
OE	=	Ausgangs-Freigabe (Output Enable)
P	=	Parallele Daten
Preset	=	Voreinstell-Eingang
Q	=	Ausgang
Reset	=	Rücksetzen
Shift	=	Schiebe-Eingang
TS	=	Tristate (hochohmiger Zustand)
U1	=	positive Betriebsspannung
U2	=	negative Betriebsspannung
Y	=	Ausgang (meist bei Gattern)

Die übrigen Anschluss-Bezeichnungen entnehmen Sie bitte dem zugehörigen Text. Trotz einer gewissen Vereinheitlichung der Anschluss-Bezeichnungen wurde so weit wie möglich auf die vom jeweiligen Hersteller verwendeten Bezeichnungen Rücksicht genommen. Dann ist bei einem eventuellen Nachschlagen in den zugehörigen Datenbüchern kein kompliziertes Umdenken erforderlich.

Wahrheitstabellen

L	=	Low
H	=	High
X	=	beliebig
Z	=	hochohmig (Tristate)
_|¯	=	LH-Übergang (positive Flanke)
¯|_	=	HL-Übergang (negative Flanke)
_|¯|_	=	positiver Impuls (L → H → L)
¯|_|¯	=	negativer Impuls (H → L → H)

5. Bezeichnung der Analogschalter

Alle Analogschalter sind für den Low-Zustand des zugehörigen Steuer-Eingangs dargestellt. Beachten Sie bitte, dass dies in den Datenbüchern der verschiedenen Hersteller sehr unterschiedlich gehandhabt wird.
Ähnlich wie in der Relaistechnik werden auch die einzelnen Analogschalter bezeichnet. Wenn also ein Schalter bei High am Steuer-Eingang schließt, wird der Schalter als Schließer bezeichnet. Dementsprechend wird ein Schalter, der bei High am Steuer-Eingang öffnet, als Öffner bezeichnet.
Enthält der Baustein mehrere Analogschalter, so ist dies ebenfalls aus den Bezeichnungen zu ersehen. Ein Analogschalter mit 4 einzeln zu betätigenden Schließern heißt dann z.B. "4 x 1 Schließer."
Besitzen in einem Analogschalter dagegen 4 Schließer nur einen einzigen gemeinsamen Steuer-Eingang, so heißt es dann: "1 x 4 Schließer", usw.
In den meist englischen Datenblättern werden folgende Bezeichnungen verwendet:

SPST = Single Pole/ Single Throw. Einpoliger EIN/AUS-Schalter
SPDT = Single Pole/Double Throw. Einpoliger Umschalter (Wechsler)
DPST = Double Pole/Single Throw. Zweipoliger Umschalter

Im Englischen wird bei den beiden ersteren häufig kein Unterschied zwischen Schließer und Öffner gemacht, sondern kann nur aus der zugehörigen Wahrheitstabelle entnommen werden. Ähnliches gilt für Umschalter.
Einige Firmen bezeichnen jedoch in ihren Datenblätter die Schließer mit "normally open" (NO) und die Öffner mit "normally closed" (NC). Diese Angaben gelten dort für einen digitalen Steuergang mit Low, während jedoch die Zeichnungen dagegen häufig den Zustand der Schalter für High darstellen.
Sind in einem Baustein mehrere gleichartige Schalter enthalten, wird dies mit "dual", "quad" usw. bezeichnet.

6. Beschreibung der Bausteine

(AD-7501 — 45434)

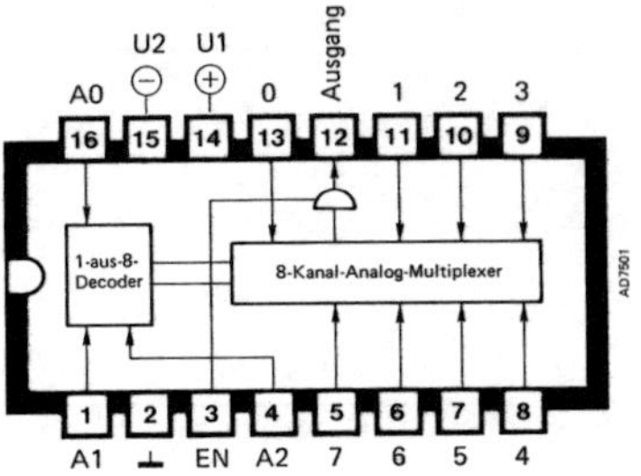

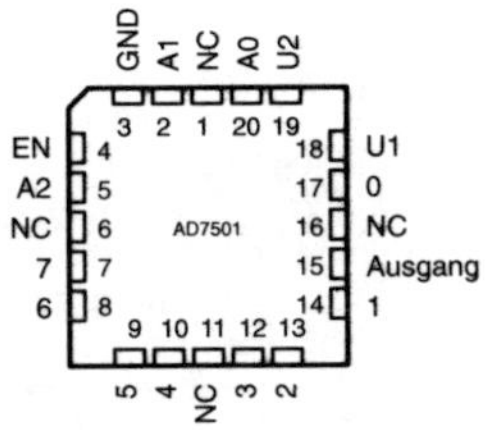

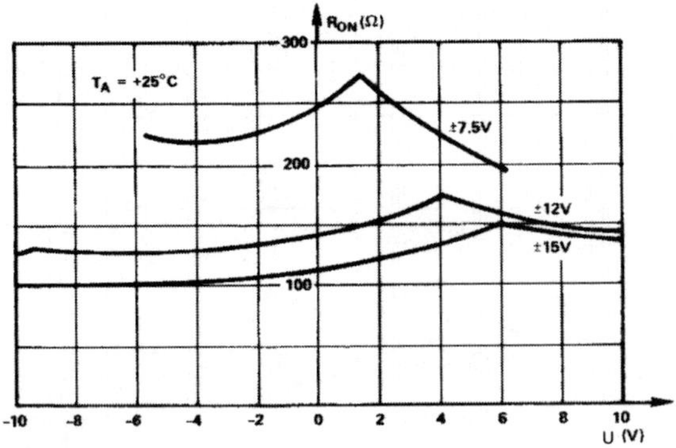

Ein-Widerstand bei unterschiedlichen Betriebsspannungen

AD-7501	Analog-Multiplexer, 8 Kanäle

Fortsetzung :

Adresse A2	A1	A0	EN	Durchgeschalteter Eingang
L	L	L	H	0
L	L	H	H	1
L	H	L	H	2
L	H	H	H	3
H	L	L	H	4
H	L	H	H	5
H	H	L	H	6
H	H	H	H	7
X	X	X	L	keiner

Beschreibung:
Dieser Baustein enthält einen Analog-Multiplexer, der einen von 8 Eingängen auf einen gemeinsamen Ausgang durchschaltet.

Betrieb:
Welcher Eingang auf den Ausgang durchgeschaltet wird, hängt vom logischen Zustand (Binärwort) der 3 Adressen-Eingänge A0 — A2 ab, und ist der obenstehenden Tabelle zu entnehmen.
Der Logikpegel des ausgewählten Eingangs erscheint jedoch nur dann am Ausgang, wenn der Freigabe-Eingang EN (Enable) auf High liegt. Befindet sich EN auf Low, wird keiner der Eingänge durchgeschaltet.
Die Steuer-Eingänge sind TTL- und CMOS-kompatibel, d.h. ein L entspricht Spannungen unter +0.8V und ein H Spannungen über +3.0V. Ein H für den EN-Eingang muss über 4.5V liegen.
Ein ähnlicher Baustein, jedoch mit invertiertem EN-Eingang ist der AD-7503.

Anwendung:
Analog- und Digital-Multiplexen und Demultiplexen, A/D- und D/A-Wandler

Daten:

Ein-Widerstand	17	Ω
Ein- und Ausschaltzeit	800	ns
Max. Strom je Kanal	35	mA
Stromaufnahme	0.5	mA

Hersteller:
AD

AD-7501 — Analog-Multiplexer, 8 Kanäle

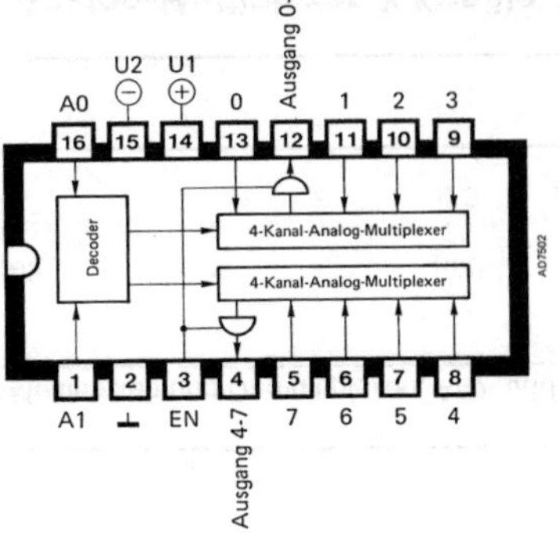

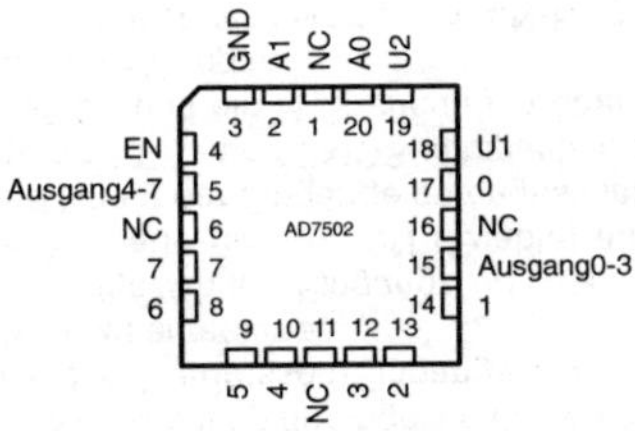

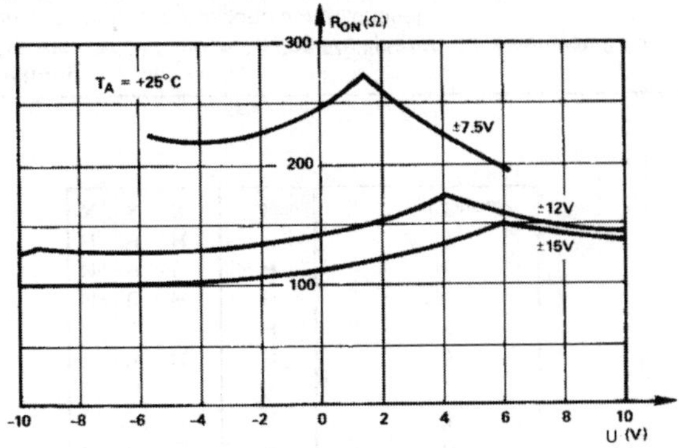

Ein-Widerstand bei unterschiedlichen Betriebsspannungen

AD-7502	**Analog-Multiplexer, 2x 4 Kanäle**

Fortsetzung :

Adresse A1	A0	EN	Durchgeschalteter Eingang
L	L	H	0 und 4
L	H	H	1 und 5
H	L	H	2 und 6
H	H	H	3 und 7
X	X	L	keiner

Beschreibung:
Dieser Baustein enthält zwei Analog-Multiplexer, die je einen von 4 Eingängen auf den jewiligen Ausgang durchschalten.

Betrieb:
Welche Eingänge auf die beiden Ausgänge durchgeschaltet werden, hängt vom logischen Zustand der zwei Adressen-Eingänge A0 und A1 ab, und ist der obenstehenden Tabelle zu entnehmen. Die beiden Adressen-Eingänge sind beiden Multiplexern gemeinsam.
Die Logikpegel der ausgewählten Eingänge erscheinen jedoch nur an den Ausgängen, wenn der Freigabe-Eingang EN (Enable) auf High liegt. Befindet sich EN auf Low, wird keiner der Eingänge durchgeschaltet. EN steuert beide Ausgänge gemeinsam.
Die Steuer-Eingänge sind TTL- und CMOS-kompatibel, d.h. ein L entspricht Spannungen unter +0.8V und ein H Spannungen über +3.0V. Ein H für den EN-Eingang muss über 4.5V liegen.
Ein ähnlicher Baustein, jedoch mit invertiertem EN-Eingang ist der AD-7503.

Anwendung:
Analog- und Digital-Multiplexen und Demultiplexen, A/D- und D/A-Wandler

Daten:

Ein-Widerstand	70	Ω
Ein- und Ausschaltzeit	800	ns
Max. Strom je Kanal	35	mA
Stromaufnahme	0.5	mA

Hersteller:
AD

AD-7502 — Analog-Multiplexer, 2x 4 Kanäle

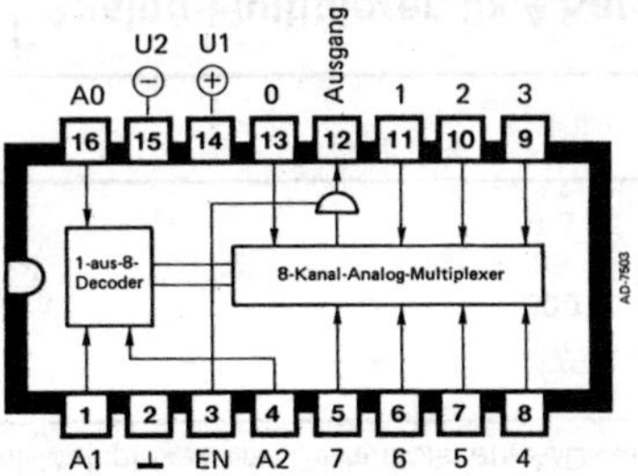

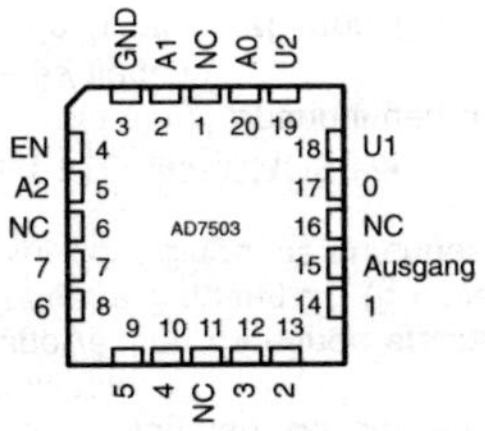

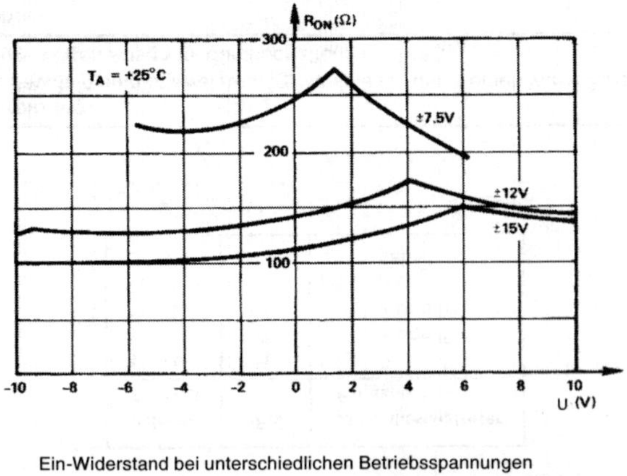

Ein-Widerstand bei unterschiedlichen Betriebsspannungen

AD-7503 | 8-Kanal-Analog-Multiplexer

Fortsetzung :

Adresse A2	A1	A0	$\overline{EN}$	Durchgeschalteter Eingang
L	L	L	L	0
L	L	H	L	1
L	H	L	L	2
L	H	H	L	3
H	L	L	L	4
H	L	H	L	5
H	H	L	L	6
H	H	H	L	7
X	X	X	H	keiner

Beschreibung:
Dieser Baustein enthält einen Analog-Multiplexer, der einen von 8 Eingängen auf einen gemeinsamen Ausgang durchschaltet.

Betrieb:
Welcher Eingang auf den Ausgang durchgeschaltet wird, hängt vom logischen Zustand (Binärwort) der 3 Adressen-Eingänge A0 — A2 ab, und ist der obenstehenden Tabelle zu entnehmen.
Der Logikpegel des ausgewählten Eingangs erscheint jedoch nur dann am Ausgang, wenn der Freigabe-Eingang EN (Enable) auf Low liegt.
Befindet sich EN auf High, wird keiner der Eingänge durchgeschaltet.
Die Steuer-Eingänge sind TTL- und CMOS-kompatibel, d.h. ein L entspricht Spannungen unter +0.8V und ein H Spannungen über +3.0V. Ein H für den EN-Eingang muss über 4.5V liegen.
Ein ähnlicher Baustein, jedoch mit nicht invertiertem EN-Eingang ist der AD-7501.

Anwendung:
Analog- und Digital-Multiplexen und Demultiplexen, A/D- und D/A-Wandler

Daten:

Ein-Widerstand	170	Ω
Ein- und Ausschaltzeit	800	ns
Max. Strom je Kanal	35	mA
Stromaufnahme	0.5	mA

Hersteller:
AD

AD-7503 **8-Kanal-Analog-Multiplexer**

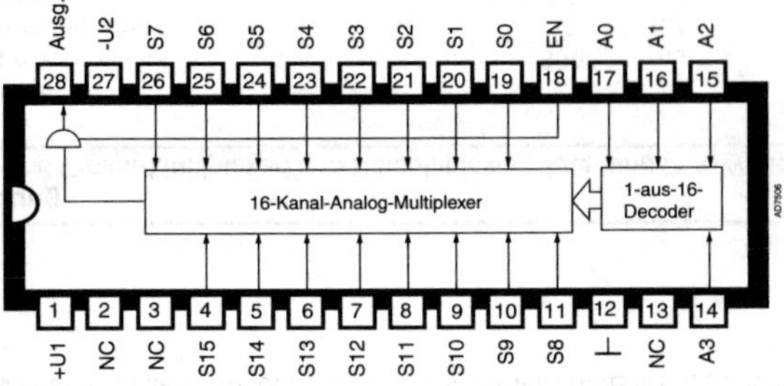

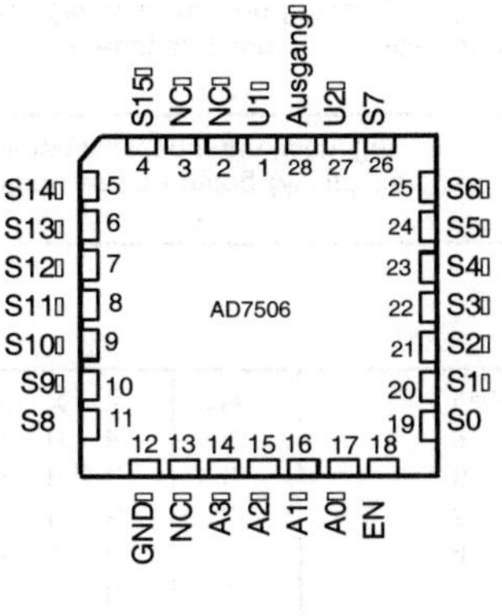

AD-7506 | Analog-Multiplexer, 16 Kanäle

Fortsetzung :

Adresse A3	A2	A1	A0	EN	Durchgeschalteter Eingang
L	L	L	L	H	1
L	L	L	H	H	2
L	L	H	L	H	3
L	L	H	H	H	4
L	H	L	L	H	5
L	H	L	H	H	6
L	H	H	L	H	7
H	H	H	H	H	8
H	L	L	L	H	9
H	L	L	H	H	10
H	L	H	L	H	11
H	L	H	H	H	12
H	H	L	L	H	13
H	H	L	H	H	14
H	H	H	L	H	15
H	H	H	H	H	16
X	X	X	X	L	keiner

Beschreibung:
Dieser Baustein enthält einen Analog-Multiplexer, der einen von 16 Eingängen auf einen gemeinsamen Ausgang durchschaltet.

Betrieb:
Welcher Eingang auf den Ausgang durchgeschaltet wird, hängt vom logischen Zustand (Binärwort) der 4 Adressen-Eingänge A0 — A3 ab und ist der obenstehenden Tabelle zu entnehmen.
Der Logikpegel des ausgewählten Eingangs erscheint jedoch nur dann am Ausgang, wenn der Freigabe-Eingang EN (Enable) auf High liegt. Befindet sich EN auf Low, wird keiner der Eingänge durchgeschaltet.
Die Steuer-Eingänge sind TTL- und CMOS-kompatibel, d.h. ein L entspricht Spannungen unter +0.8V und ein H Spannungen über 3.0V.
Ein H für den EN-Eingang muss über 4.5V liegen.
Da die Aus-Schaltzeit (300ns) kürzer als die Ein-Schaltzeit (800ns) ist, wird ein Kanal beim Umschalten immer erst geschlossen,nachdem der vorhergehende bereits geöffnet wurde (break-before-make).
Der Baustein ist pinkompatibel mit dem IH-6116 und dem HI-506.

Anwendung:
Analog- und Digital-Multiplexen und Demultiplexen, A/D- und D/A-Wandler

Daten:

Betriebsspannung:	U1	+15	V
	U2	–15	V
Ein-Widerstand		450	Ω
Max. Strom je Kanal		20	mA
Stromaufnahme		1	mA

Hersteller:
AD

AD-7506

Analog-Multiplexer, 16 Kanäle

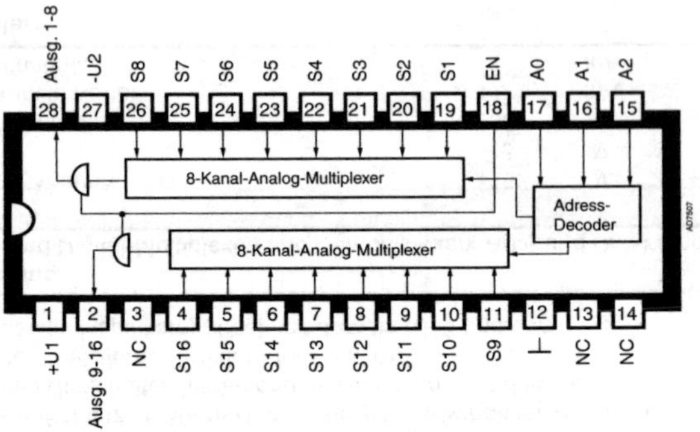

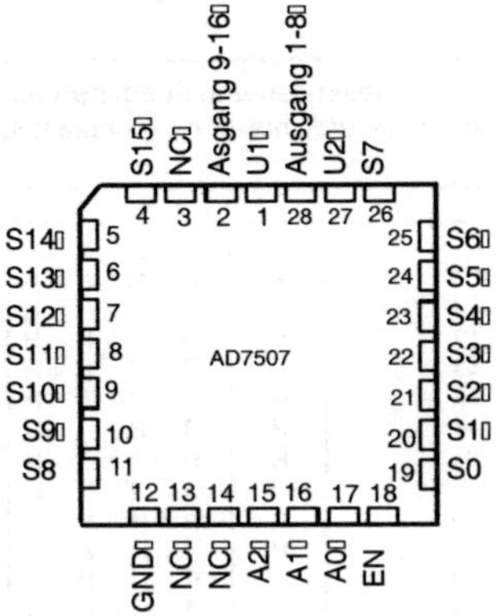

AD-7507 Analog-Multiplexer, 2x 8 Kanäle

Fortsetzung :

Adresse A2	A1	A0	Freigabe EN	Durchgeschalteter Eingang
L	L	L	H	1 und 9
L	L	H	H	2 und 10
L	H	L	H	3 und 11
L	H	H	H	4 und 12
H	L	L	H	5 und 13
H	L	H	H	6 und 14
H	H	L	H	7 und 15
H	H	H	H	8 und 16
X	X	X	L	keiner

Beschreibung:
Dieser Baustein enthält zwei Analog-Multiplexer, die 8 Eingänge auf den jeweiligen Ausgang durchschalten.

Betrieb:
Welche Eingänge auf die beiden Ausgänge durchgeschaltet werden, hängt vom logischen Zustand der drei Adressen-Eingänge A0 — A2 ab, und ist obenstehender Tabelle zu entnehmen. Die Adressen-Eingänge sind beiden Multiplexern gemeinsam. Die Logikpegel der ausgewählten Eingänge erscheinen jedoch nur dann an den Ausgängen, wenn der Freigabe-Eingang EN (Enable), der beiden Ausgängen gemeinsam ist, auf High liegt. Befindet sich EN auf Low, wird keiner der Eingänge durchgeschaltet.
Alle Ein- und Ausgänge sind TTL- und CMOS-kompatibel.

Anwendung:
Analog- und Digital-Multiplexen und Demultiplexen, A/D- und D/A-Wandler

Daten:

Ein-Widerstand	300	Ω
Ein-und Ausschaltzeit	800	ns
Stromaufnahme	1	mA

Hersteller:
AD

AD-7507 — Analog-Multiplexer, 2x 8 Kanäle

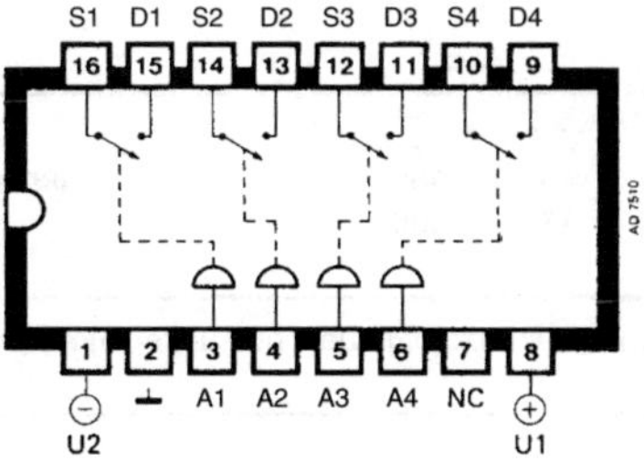

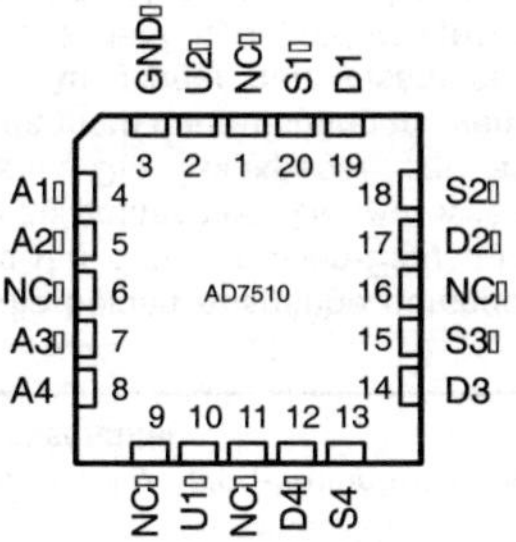

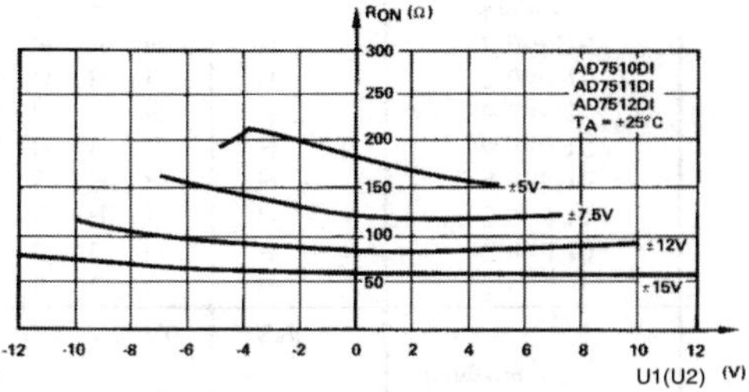

Ein-Widerstand bei unterschiedlichen Betriebsspannungen

AD-7510	Analogschalter (4x 1 Schließer)

Fortsetzung :

Steuer-Eingang	Schalter
L	Aus
H	Ein

Beschreibung:
Dieser Baustein enthält 4 voneinander unabhängige Analogschalter.

Betrieb:
Jeder der 4 Schalter kann mit dem zugehörigen Eingang geschlossen oder geöffnet werden. Für die digitale Steuerspannung reichen bereits +3V für das Schließen der Schalters aus. Bei 0.8V öffnet der Schalter wieder.
Die Steuerspannung darf maximal bis U1 reichen. Die Schalter sind bis ±25V über den Betriebsspannungen und gegen Latch-Effekte geschützt.

Anwendung:
Schalten oder Multiplexen von analogen oder digitalen Signalen, A/D- und D/A-Wandler, etc.

Daten:

Betriebsspannung:	U1	max	+17V
	U2	max	–17V
Ein-Widerstand		75	Ω
Schaltzeiten:	Ein	180	ns
	Aus	350	ns
Max. Durchlassstrom je Schalter		50	mA
Stromaufnahme		ca. 0.5	mA

Hersteller:
AD

AD-7510 — Analogschalter (4x 1 Schließer)

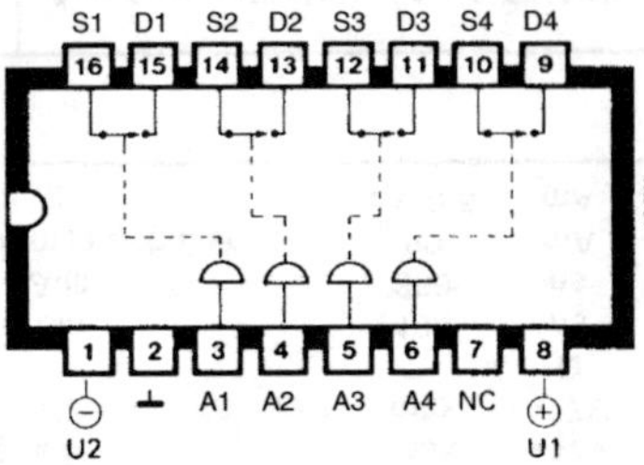

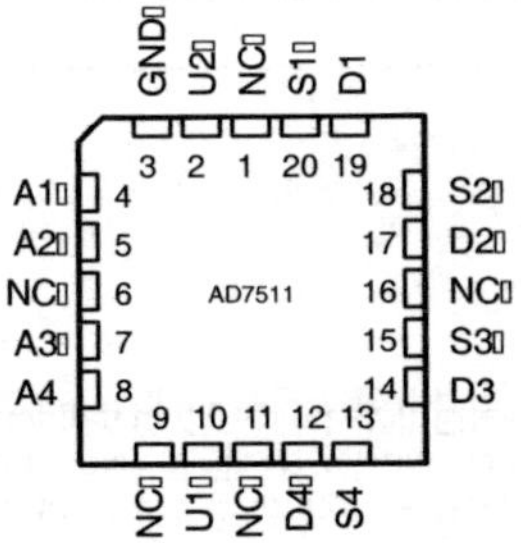

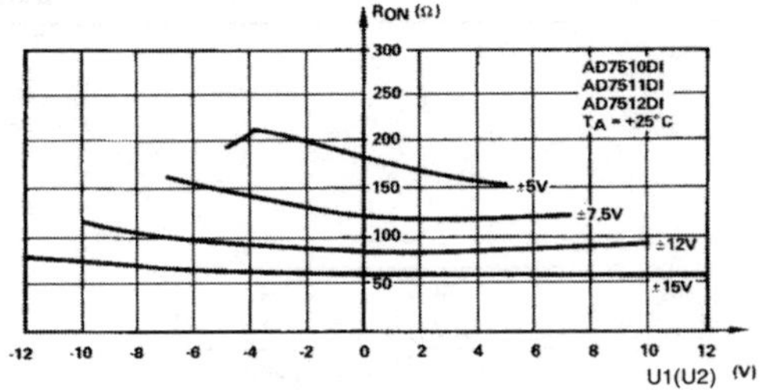

Ein-Widerstand bei unterschiedlichen Betriebsspannungen

AD7511 | Analogschalter (4x 1 Öffner)

Fortsetzung :

Steuer-Eingang	Schalter
L	Ein
H	Aus

Beschreibung:
Dieser Baustein enthält 4 voneinander unabhängige Analogschalter (Öffner).

Betrieb:
Jeder der 4 Schalter kann mit dem zugehörigen Eingang geöffnet oder geschlossen werden. Für die digitale Steuerspannung reichen bereits +3V für das Öffnen des Schalters aus. Bei 0.8V schließt der Schalter wieder.
Die Steuerspannung darf bis maximal U1 reichen. Die Schalter sind bis ±25V über den Betriebsspannungen und gegen Latch-Effekt geschützt.

Anwendung:
Schalten oder Multiplexen von analogen oder digitalen Signalen, A/D- und D/A-Wandler, etc.

Daten:

Betriebsspannung:	U1	max	+17V
	U2	max	–17V
Ein-Widerstand		75	Ω
Schaltzeiten:	Ein	180	ns
	Aus	350	ns
Max. Durchlassstrom je Schalter		50	mA
Stromaufnahme		ca. 0.5	mA

Hersteller:
AD

AD7511 — Analogschalter (4x 1 Öffner)

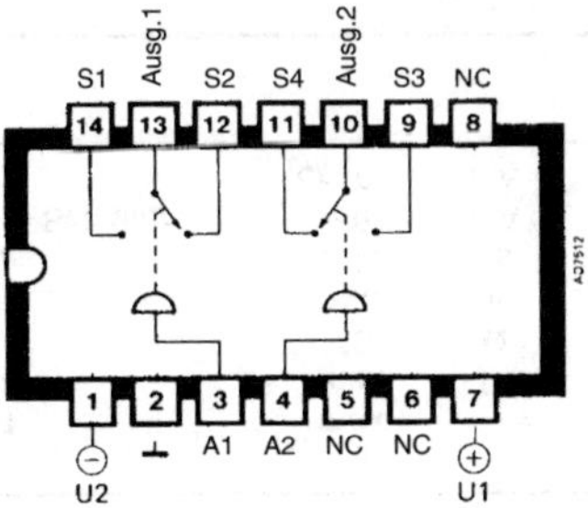

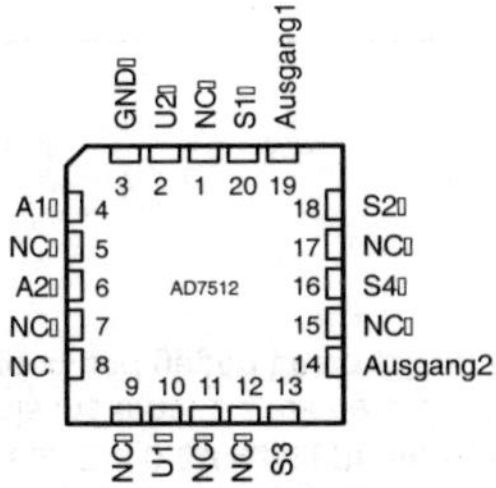

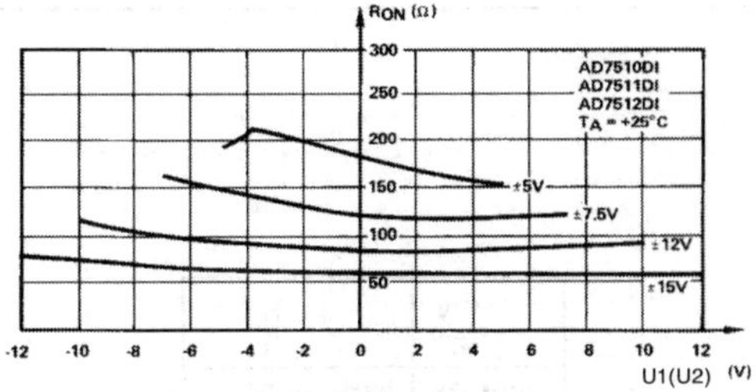

Ein-Widerstand bei unterschiedlichen Betriebsspannungen

AD-7512 | Analogschalter (2x 1 Wechsler)

Fortsetzung :

Steuer-Eingang	Schalter Ein	Aus
L	Pin 12-13 10-11	Pin 13-14 9-10
H	Pin 13-14 9-10	Pin 12-13 10-11

Beschreibung:
Dieser Baustein enthält zwei voneinander unabhängige Umschalter (Wechsler).

Betrieb:
Jeder der beiden Umschalter kann mit dem zugehörigen Eingang betätigt werden. Für die digitale Steuerspannung reichen bereits +3V für das Umschalten aus. Bei 0.8V geht der Schalter wieder in seine ursprüngliche Lage zurück.
Der Schalter ist bis ±25V über den Betriebsspannungen und gegen Latch-Effekte geschützt.

Anwendung:
Schalten oder Multiplexen von analogen oder digitalen Signalen, A/D- und D/A-Wandler, etc.

Daten:

Betriebsspannung:	U1	max	+17V
	U2	max	–17V
Ein-Widerstand		75	Ω
Schaltzeiten:	Ein	180	ns
	Aus	350	ns
Max. Durchlassstrom je Schalter		50	mA
Stromaufnahme		ca. 0.5	mA

Hersteller:
AD

AD-7512

Analogschalter (2x 1 Wechsler)

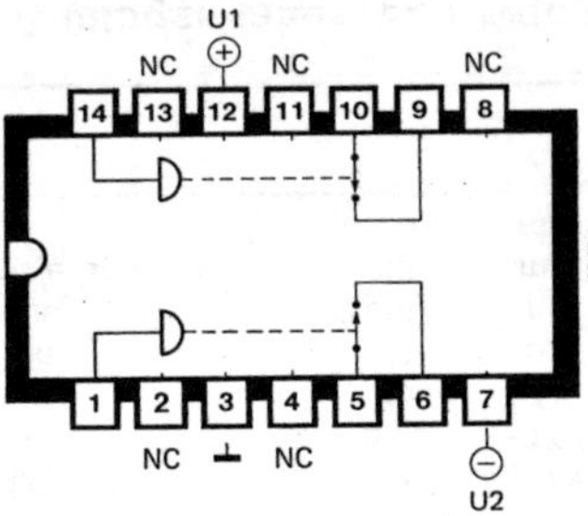

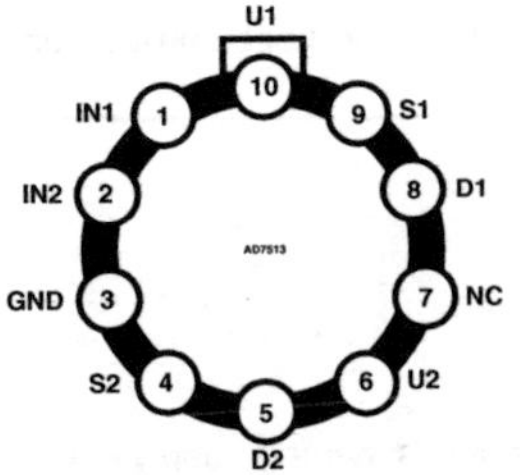

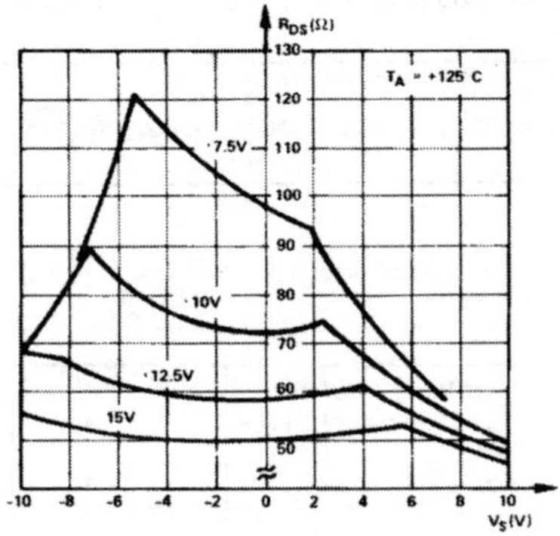

Ein-Widerstand bei unterschiedlichen Betriebsspannungen

AD-7513	Analogschalter, 2x 1 Öffner

Fortsetzung :

Steuer-Eingang	Schalter
L	Aus
H	Ein

Beschreibung:
Dieser Baustein enthält zwei voneinander unabhängige Analogschalter (2x1 Öffner)

Betrieb:
Jeder der beiden Schalter kann mit dem zugehörigen Steuereingang geöffnet oder geschlossen werden.
Die Steuereingänge sind TTL- und CMOS-kompatibel.
Da die Ausschaltzeit (400ns) kleiner als die Einschaltzeit (700ns) ist, öffnet der Schalter immer schneller als er schließt (break-before-make).

Anwendung:
Schalten von analogen oder digitalen Signalen, Sample-and-Hold-Schaltungen

Daten:

Betriebsspannung:	U1	max	+17	V
	U2	max	–17	V
Ein-Widerstand			55	Ω
Schaltzeiten:	Ein		700	ns
	Aus		400	ns
Max. Durchlassstrom je Schalter			50	mA
Stromaufnahme			0.15	mA

Hersteller:
AD

AD-7513 — Analogschalter, 2x 1 Öffner

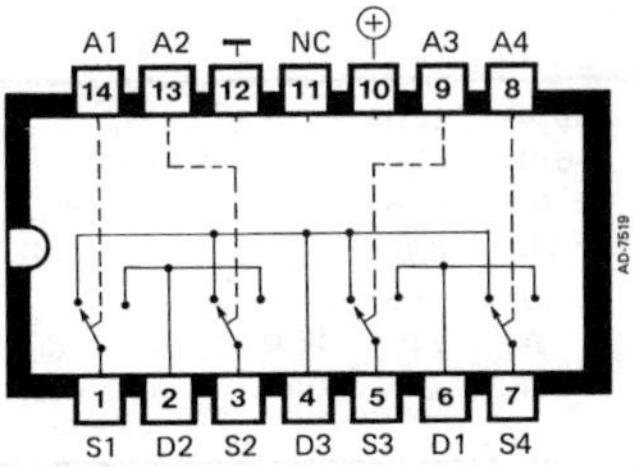

Typische Anwendung:
(Summier-Verstärker)

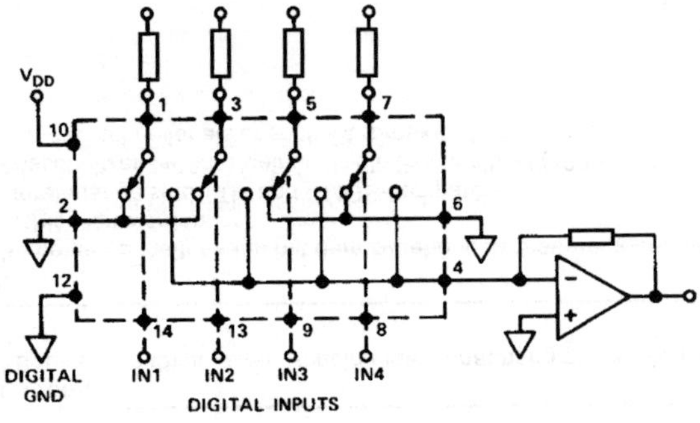

AD-7519	Analogschalter, 4x 1 Umschalter

Fortsetzung :

Steuereingänge A1	A2	A3	A4	S1	S2	S3	S4
				verbunden mit			
L	L	L	L	D2	D2	D1	D1
H	H	H	H	D3	D3	D3	D3

Beschreibung:
Dieser Baustein enthält vier schnelle Analogschalter und zwar viermal 1 Wechsler.

Betrieb:
Die Schalter sind so angeordnet, dass über 4 separate Eingänge (A1—A4) 4 getrennte Ein/ Ausgänge (S1—S4) an je 2 Leitungen gelegt werden können. Die Steuereingänge sind CMOS-kompatibel.

Anwendung:
Schnelle D/A-Wandler, Verstärker mit umschaltbarer Verstärkung, digital gesteuerte Summierverstärker

Daten:

Betriebsspannung	max+12	V
Ein-Widerstand	65	Ω
Schaltzeiten	20	ns
Max. Strom je Schalter	5	mA
Stromaufnahme	1	µA

Hersteller:
AD

AD-7519

Analogschalter, 4x 1 Umschalter

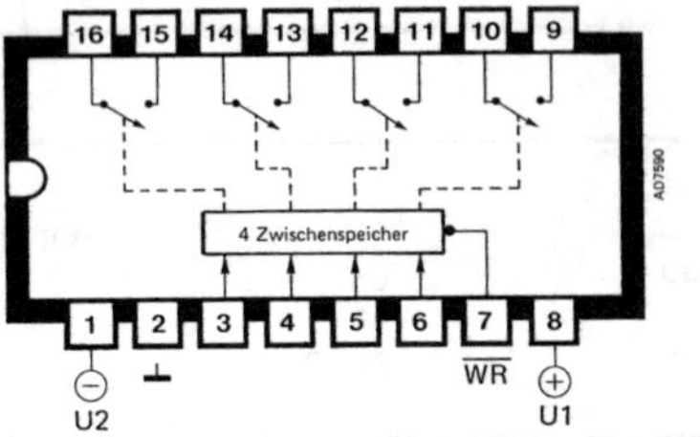

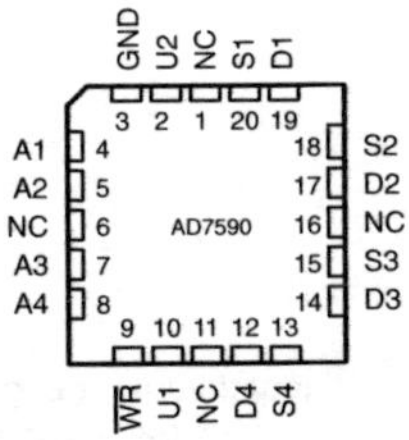

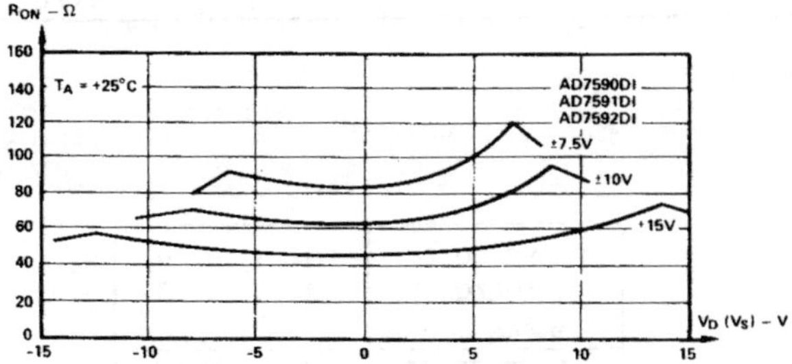

Ein-Widerstand bei verschiedenen Betriebsspannungen

AD-7590

Analogschalter mit Zwischenspeicher (4x 1 Schließer)

Fortsetzung :

Steuer-Eingang	Schalter
L	Aus
H	Ein

Beschreibung:
Dieser Baustein enthält vier Analogschalter (4 Schließer) mit einem Zwischenspeicher für die Steuersignale.

Betrieb:
Jeder der 4 Schalter kann mit dem zugehörigen Eingang geschlossen oder geöffnet werden. Die zugehörigen Zwischenspeicher sind transparent, d.h., die Schalter reagieren auf Änderungen der Steuereingänge, wenn $\overline{WR}$ auf Low liegt. Die Steuerspannungen an den Eingängen werden gespeichert, wenn man $\overline{WR}$ auf High bringt. Die Steuerspannungen müssen jedoch hierbei mindestens 250ns vor der ansteigenden Flanke von $\overline{WR}$ anliegen. Für die digitalen Steuerspannungen reichen bereits +2.4V (min) aus, um einen Schalter zu schließen. Bei 0.8V öffnen die Schalter wieder.
Die Schalter sind bis ±25V über den Betriebsspannungen und gegen Latch-Effekte geschützt.

Anwendung:
Schalten oder Multiplexen von analogen oder digitalen Signalen

Daten:

Betriebsspannung	U1	max	+17	V
	U2	max	–17	V
Ein-Widerstand			75	Ω
Schaltzeiten:	Ein		170	ns
	Aus		300	ns
Max. Durchlassstrom je Schalter			50	mA
Stromaufnahme			1	mA

Hersteller:
AD

AD-7590 Analogschalter mit Zwischenspeicher (4x 1 Schließer)

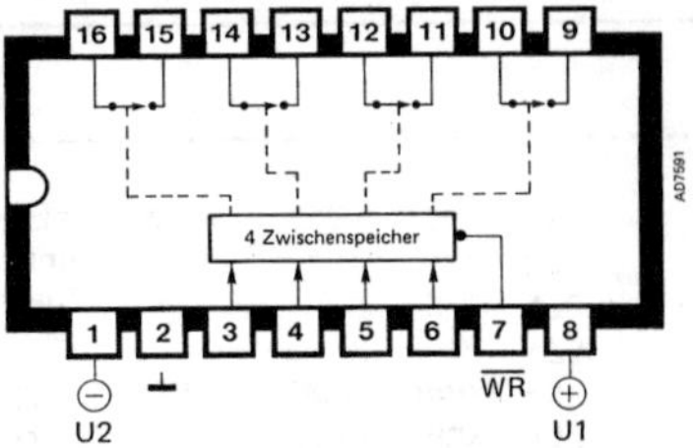

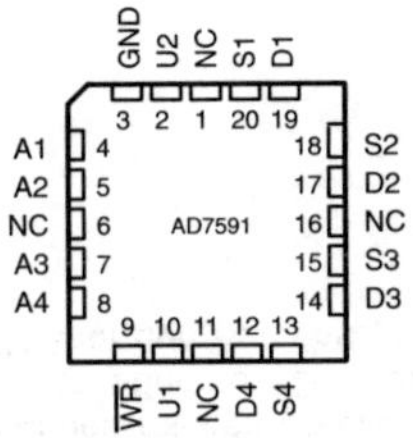

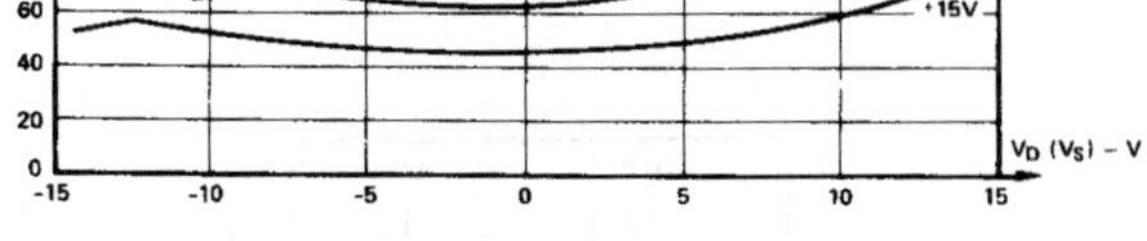

Ein-Widerstand bei verschiedenen Betriebsspannungen

AD-7591

Analogschalter mit Zwischenspeicher (4x 1 Öffner)

Fortsetzung :

Steuer-Eingang	Schalter
L	Ein
H	Aus

Beschreibung:
Dieser Baustein enthält vier Analogschalter (4 Öffner) mit einem Zwischenspeicher für die Steuersignale.

Betrieb:
Jeder der 4 Schalter kann mit dem zugehörigen Eingang geöffnet oder geschlossen werden. Die zugehörigen Zwischenspeicher sind transparent, d.h., die Schalter reagieren auf Änderungen der Steuereingänge, wenn $\overline{WR}$ auf Low liegt. Die Steuerspannungen an den Eingängen werden gespeichert, wenn man $\overline{WR}$ auf High bringt. Die Steuerspannungen müssen hierbei jedoch mindestens 250ns vor der ansteigenden Flanke von $\overline{WR}$ anliegen.
Für die digitalen Steuerspannungen reichen bereits +2.4V (min) aus, um einen Schalter zu öffnen. Bei 0.8V schließen die Schalter wieder.
Die Schalter sind bis ±25V über den Betriebsspannungen und gegen Latch-Effekte geschützt.

Anwendung:
Schalten oder Multiplexen von analogen oder digitalen Signalen

Daten:

Betriebsspannung:	U1	max	+17	V
	U2	max	–17	V
Ein-Widerstand			75	Ω
Schaltzeiten:	Aus		170	ns
	Ein		300	ns
Max. Durchlassstrom je Schalter			50	mA
Stromaufnahme			1	mA

Hersteller:
AD

AD-7591

Analogschalter mit Zwischenspeicher (4x 1 Öffner)

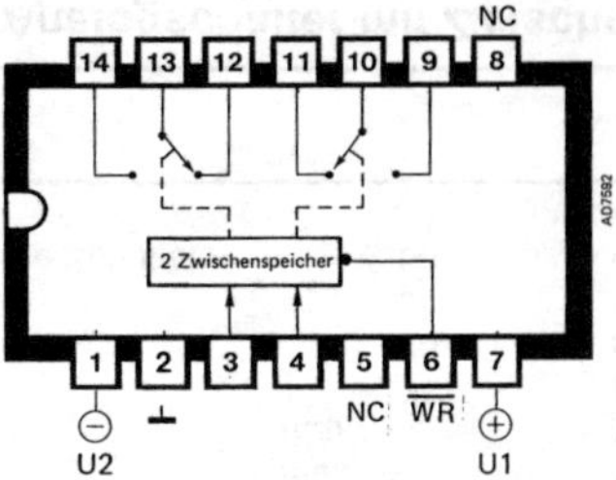

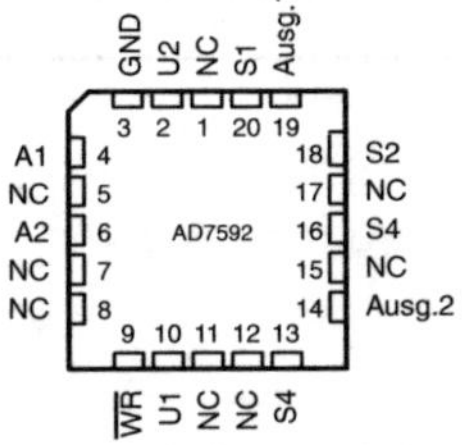

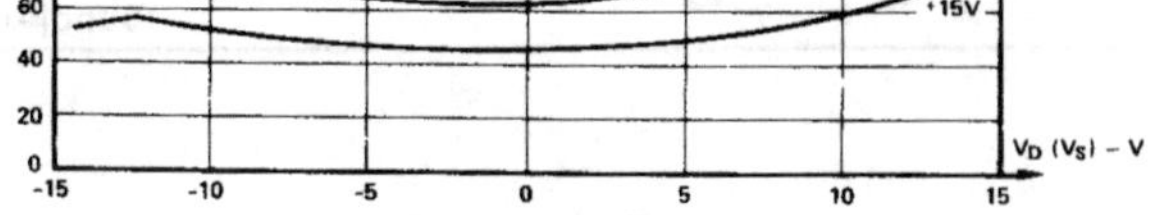

Ein-Widerstand bei verschiedenen Betriebsspannungen

AD-7592 | **Analogschalter mit Zwischenspeicher (2x 1 Wechsler)**

Fortsetzung :

Steuer-Eingang	Schalter Ein	Schalter Aus
L	Pin 12-13 10-11	Pin 13-14 9-10
H	Pin 13-14 9-10	Pin 12-13 10-11

Beschreibung:
Dieser Baustein enthält zwei Umschalter (Wechsler) mit Zwischenspeicher für die Steuersignale.

Betrieb:
Jeder der beiden Umschalter kann mit dem zugehörigen Eingang betätigt werden. Die zugehörigen Zwischenspeicher sind transparent, d.h., die Schalter reagieren auf Änderungen der Steuereingänge, wenn $\overline{WR}$ auf Low liegt. Die Steuerspannungen an den Eingängen werden gespeichert, wenn man $\overline{WR}$ auf High bringt. Die Steuerspannungen müssen jedoch hierbei mindestens 250ns vor der ansteigenden Flanke von $\overline{WR}$ anliegen.
Für die digitalen Steuerspannungen reichen bereits +2.4V (min) für das Umschalten aus. Bei 0.8V geht ein Schalter wieder in seine ursprüngliche Lage zurück. Der Schalter ist bis ±25V über den Betriebsspannungen und gegen Latch-Effekte geschützt.

Anwendung:
Schalten oder Multiplexen von analogen oder digitalen Signalen

Daten:

Betriebsspannung:	U1	max +17	V
	U2	max –17	V
Ein-Widerstand		75	Ω
Schaltzeiten:	Ein	170	ns
	Aus	300	ns
Umschaltzeit		300	ns
Max. Durchlassstrom je Schalter		50	mA
Stromaufnahme		1	mA

Hersteller:
AD

AD-7592
Analogschalter mit Zwischenspeicher (2x 1 Wechsler)

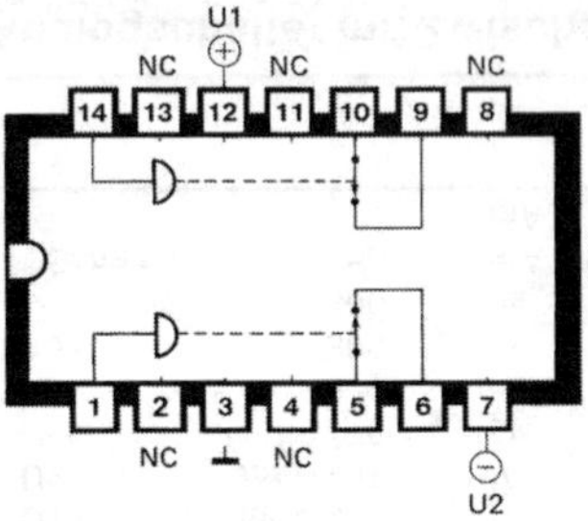

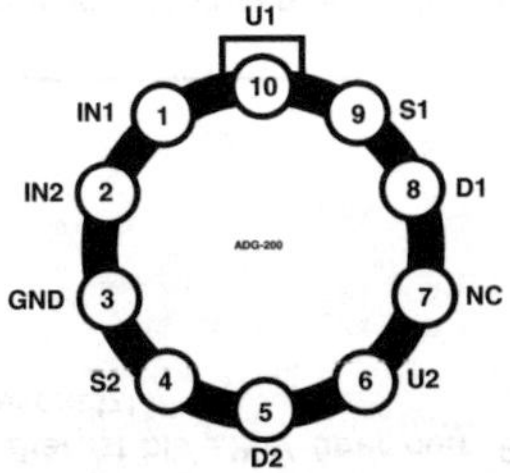

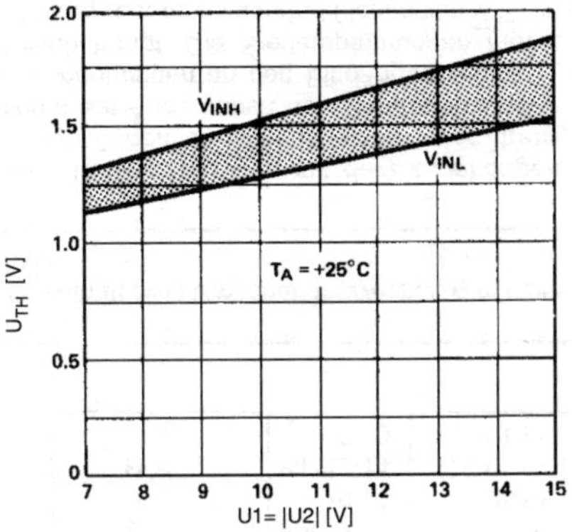

Eingangs-Logikschwellwerte bei verschiedenen Betriebsspannungen

ADG-200 | Analogschalter (2x 1 Öffner)

Fortsetzung :

Steuer-Eingang	Schalter
L	Ein
H	Aus

Beschreibung:
Dieser Baustein enthält zwei voneinander unabhängige Analogschalter (Öffner).

Betrieb:
Jeder der 2 Schalter kann mit dem zugehörigen Steuereingang geöffnet oder geschlossen werden. Für die digitale Steuerspannung reichen bereits +2.4V (min) für das Öffnen des Schalters aus. Bei +0.8V schließt der Schalter wieder. Die Steuerspannung darf bis maximal U1 reichen.
Die Schalter sind bis ±25V über den Betriebsspannungen und gegen Latch-Effekte geschützt.

Anwendung:
Schalten oder Multiplexen von analogen oder digitalen Signalen, A/D- und D/A-Wandler, etc.

Daten:

Betriebsspannung:	U1	max	+17	V
	U2	max	–17	V
Ein-Widerstand			100	Ω
Schaltzeiten:	Aus		260	ns
	Ein		130	ns
Max. Durchlassstrom je Schalter			50	mA
Stromaufnahme			1	mA

Hersteller:
AD

ADG-200 Analogschalter (2x 1 Öffner)

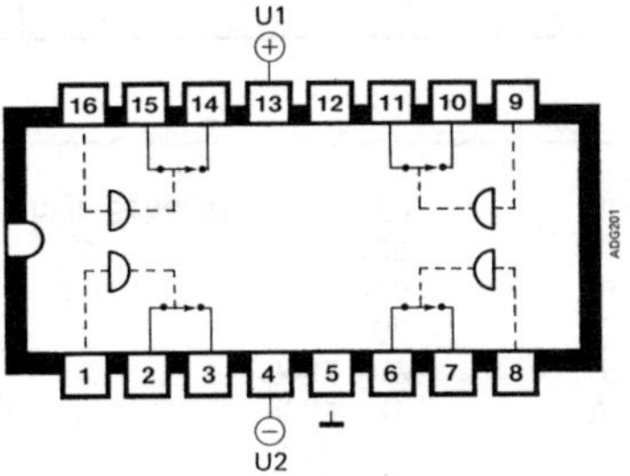

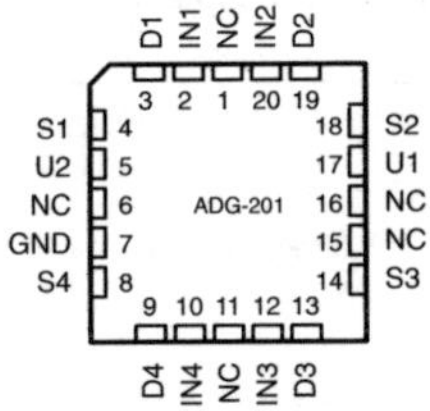

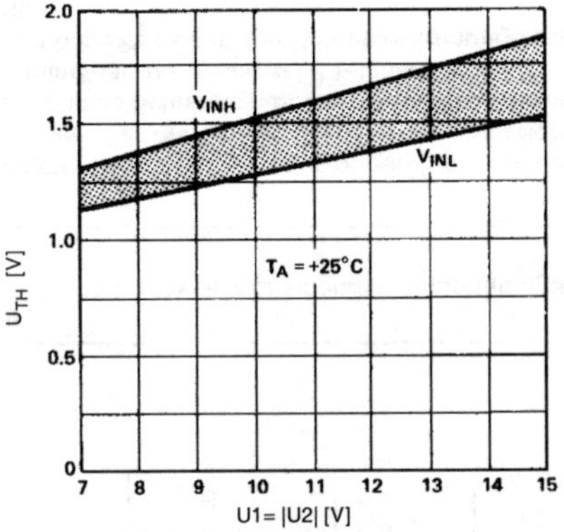

Eingangs-Logikschwellwerte bei verschiedenen Betriebsspannungen

Fortsetzung :

Steuer-Eingang	Schalter
L	Ein
H	Aus

Beschreibung:
Dieser Baustein enthält vier voneinander unabhängige Analogschalter (Öffner).

Betrieb:
Jeder der 4 Schalter kann mit dem zugehörigen Steuereingang geöffnet oder geschlossen werden. Für die digitale Steuerspannung reichen bereits +2.4V (min) für das Öffnen des Schalters aus. Bei +0.8V schließt der Schalter wieder. Die Steuerspannung darf bis maximal U1 reichen.
Die Schalter sind bis ±25V über den Betriebsspannungen und gegen Latch-Effekte geschützt.

Anwendung:
Schalten oder Multiplexen von analogen oder digitalen Signalen, A/D- und D/A-Wandler, etc.

Daten:

Betriebsspannung:	U1	max	+17	V
	U2	max	–17	V
Ein-Widerstand			80	n
Schaltzeiten:	Aus		260	ns
	Ein		130	ns
Max. Durchlassstrom je Schalter			50	mA
Stromaufnahme			1	mA

Hersteller:
AD

ADG-201 Analogschalter (4x 1 Öffner)

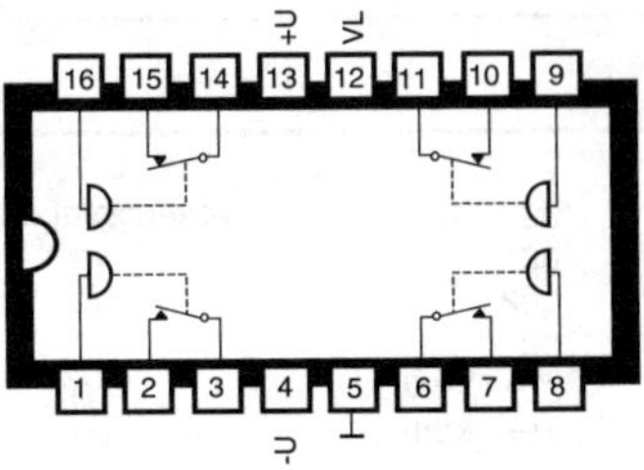

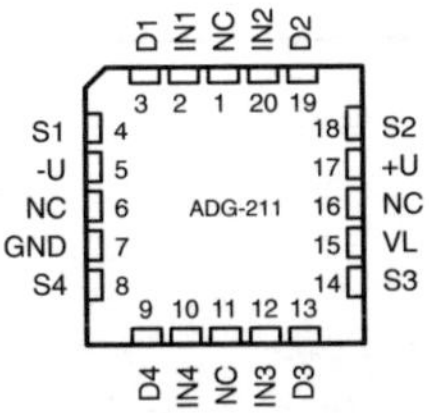

Isolation (AUS) und Übersprechdämpfung in Abhängigkeit von der Betriebsspannung

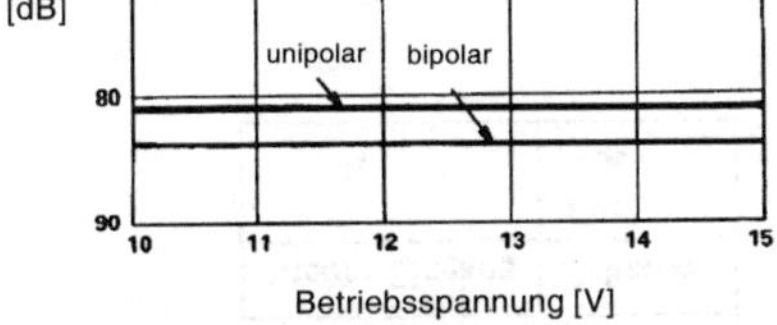

Fortsetzung :

Steuer-Eingang	Schalter
L H	EIN AUS

Beschreibung:
Dieser Baustein enthält vier von einander unabhängige Analogschalter (4x1 Öffner) für unipolare und bipolare Betriebsspannungen.

Betrieb:
Der Baustein kann an einer unipolaren Betriebsspannung von +5V bis +30V, oder an einer bipolaren Betriebsspannung von ±5V bis ±15V betrieben werden. Die Schalter können Analogsignale bis zur Höhe der jeweiligen Betriebsspannung in beiden Richtungen verarbeiten (rail-to-rail).
Die digitalen Steuer-Eingänge sind CMOS- und TTL-kompatibel.
Durch unterschiedliche Ein- und Ausschaltzeiten ist eine Break-Before-Make-Arbeitsweise gesichert.
Durch den niedrigen Leckstrom von nur 500pA ist der Baustein für präzise Mess-Schaltungen geeignet. Der EIN-Widerstand beträgt maximal 115Ω pro Kanal.
Der ADG211 kann den DG211 direkt ersetzen. Der ADG212 ist pinkompatibel, enthält jedoch 4x1 Schließer.

Anwendung:
Testgeräte, Kommunikationssysteme, Audio-Signalschaltung, Sample-and-Hold-Schaltungen, Datenerfassungssysteme.

Daten:

Betriebsspannung:	unipolar	+5 bis +30	V
	bipolar	±5 bis ±15	V
EIN-Widerstand		max. 115	Ω
Maximaler Strom je Kanal		30	mA
Schaltzeiten:	Ein	600	ns
	Aus	450	ns

Hersteller:
AD

ADG211

Analogschalter (4x 1 Öffner), für unipolare und bipolare Betriebsspannung

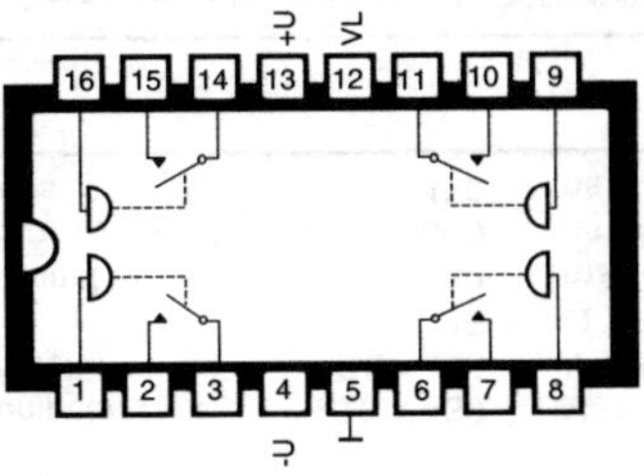

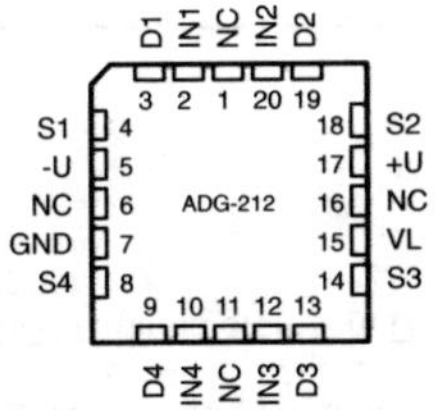

Isolation (AUS) und Übersprechdämpfung
in Abhängigkeit von der Betriebsspannung

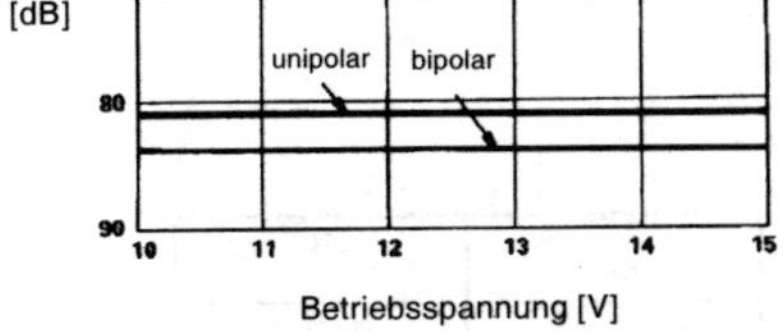

ADG212	**Analogschalter (4x 1 Schließer), für unipolare und bipolare Betriebsspannung**

Fortsetzung :

Steuer-Eingang	Schalter
L	AUS
H	EIN

Beschreibung:

Dieser Baustein enthält vier von einander unabhängige Analogschalter (4x1 Schließer) für unipolare und bipolare Betriebsspannungen.

Betrieb:

Der Baustein kann an einer unipolaren Betriebsspannung von +5V bis +30V, oder an einer bipolaren Betriebsspannung von ±5V bis ±15V betrieben werden. Die Schalter können Analogsignale bis zur Höhe der jeweiligen Betriebsspannung in beiden Richtungen verarbeiten (rail-to-rail).
Die digitalen Steuer-Eingänge sind CMOS- und TTL-kompatibel.
Durch unterschiedliche Ein- und Ausschaltzeiten ist eine Break-Before-Make-Arbeitsweise gesichert.
Durch den niedrigen Leckstrom von nur 500pA ist der Baustein für präzise Mess-Schaltungen geeignet. Der EIN-Widerstand beträgt maximal 115Ω pro Kanal.
Der ADG212 kann den DG212 direkt ersetzen. Der ADG211 ist pinkompatibel, enthält jedoch 4x1 Öffner.

Anwendung:

Testgeräte, Kommunikationssysteme, Audio-Signalschaltung, Sample-and-Hold-Schaltungen, Datenerfassungssysteme.

Daten:

Betriebsspannung:	unipolar	+5 bis +30	V
	bipolar	±5 bis ±15	V
EIN-Widerstand		max. 115	Ω
Maximaler Strom je Kanal		30	mA
Schaltzeiten:	Ein	600	ns
	Aus	450	ns

Hersteller:

AD

ADG212

Analogschalter (4x 1 Schließer), für unipolare und bipolare Betriebsspannung

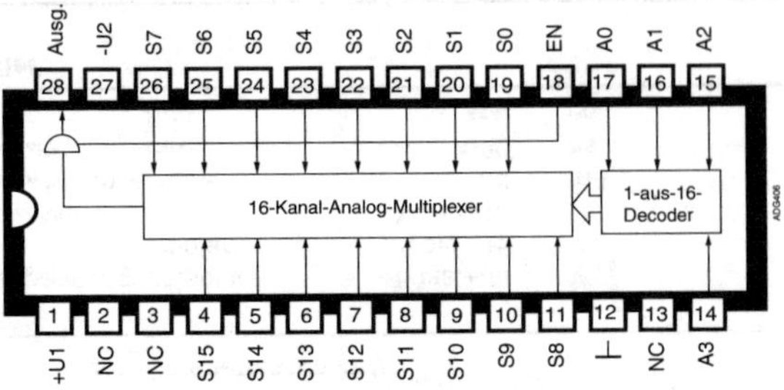

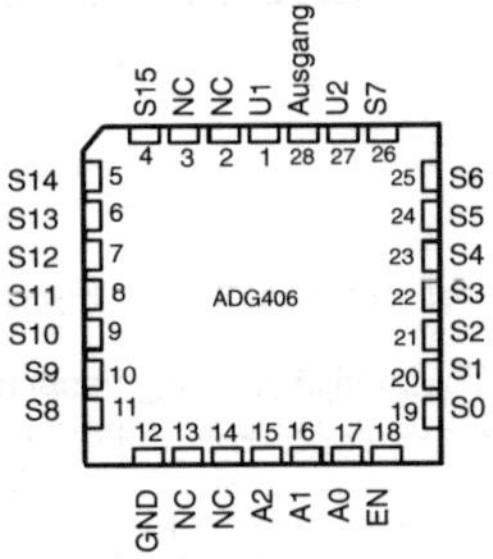

EIN-Widerstand
(bipolare Betriebsspannung)

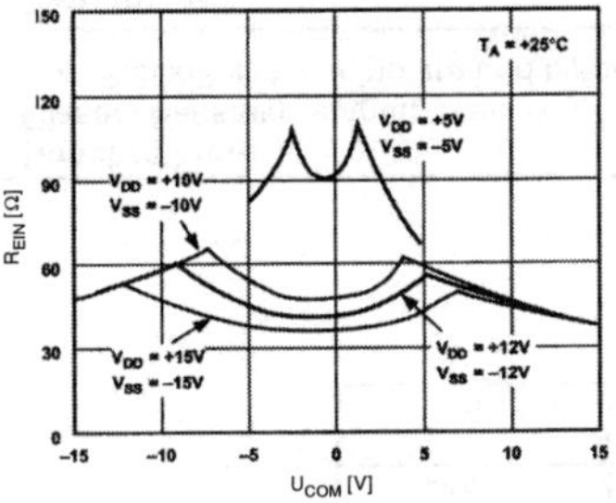

EIN-Widerstand
(unipolare Betriebsspannung)

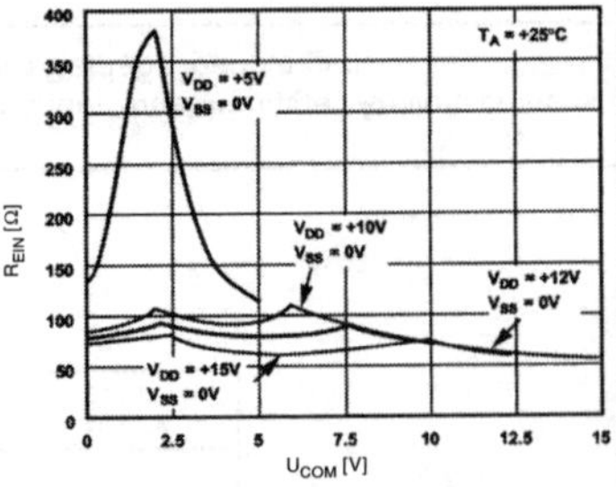

ADG406

Analog-Multiplexer, 16 Kanäle, mit Freigabe-Eingang

Fortsetzung :

Adresse A3	A2	A1	A0	EN	Durchgeschalteter Eingang
L	L	L	L	H	1
L	L	L	H	H	2
L	L	H	L	H	3
L	L	H	H	H	4
L	H	L	L	H	5
L	H	L	H	H	6
L	H	H	L	H	7
H	H	H	H	H	8
H	L	L	L	H	9
H	L	L	H	H	10
H	L	H	L	H	11
H	L	H	H	H	12
H	H	L	L	H	13
H	H	L	H	H	14
H	H	H	L	H	15
H	H	H	H	H	16
X	X	X	X	L	keiner

Beschreibung:
Dieser Baustein enthält einen Analog-Multiplexer, der einen von 16 Eingängen auf einen gemeinsamen Ausgang durchschaltet.

Betrieb:
Der Baustein kann sowohl an einer unipolaren Betriebsspannung von +4.5V bis +24V als auch an einer bipolaren Betriebsspannung von ±20V verwendet werden.
Die Schalter können Analogsignale bis zur Höhe der jeweiligen Betriebsspannung in beiden Richtungen verarbeiten (rail-to-rail).
Die Logikeingänge sind CMOS- und TTL-kompatibel. Die Auswahl des durchzuschaltenden Kanals erfolgt mittels eines 4-Bit-Binärcodes an A0 bis A3.
Wenn der Enable-Eingang auf Low liegt, sind sämtliche Kanäle auf Aus geschaltet.
Durch unterschiedliche Ein- und Ausschaltzeiten ist ein Break-Before-Make-Betrieb gesichert.
Im AUS-Zustand beträgt die Isolation –75dB, die Übersprechdämpfung 85dB. Bei 10MHz nimmt die Isolation auf –50dB in 50Ω-Systemen ab und sinkt bei steigender Frequenz je Dekade um weitere 20dB.
Der ADG426 enthält zusätzlich einen Adressen-Zwischenspeicher.
Der Baustein ist pinkompatibel mit dem Industriestandard DG406 und dem DG506.

Anwendung:
Batteriebetriebene Geräte, Kommunikationssysteme, Audio/Video-Signalschaltung, Sample-and-Hold-Schaltungen.

Daten:

Betriebsspannung:	unipolar	+4.5 bis +24	V
	bipolar	±4.5 bis ±20	V
EIN-Widerstand:		typ. 80	Ω
Maximaler Strom je Kanal		20	mA
Schaltzeiten:	Ein	<160	ns
	Aus	<150	ns

Hersteller:
AD

ADG406

Analog-Multiplexer, 16 Kanäle, mit Freigabe-Eingang

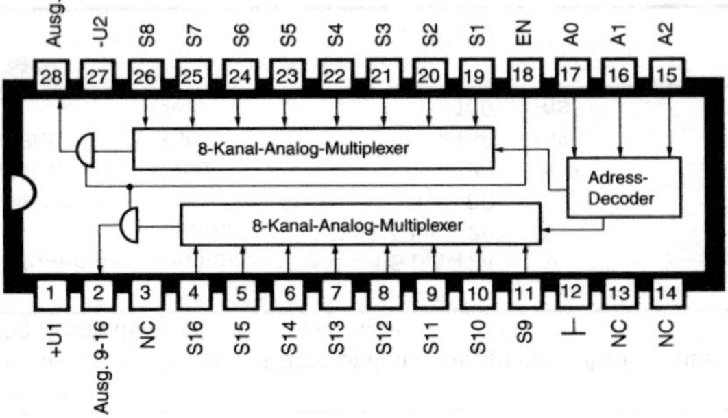

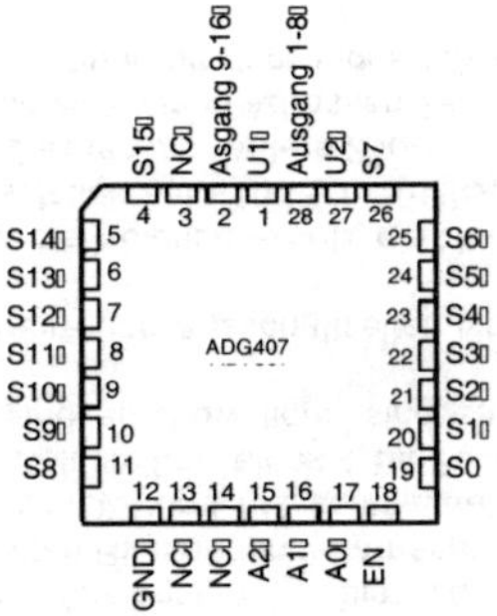

EIN-Widerstand
(bipolare Betriebsspannung)

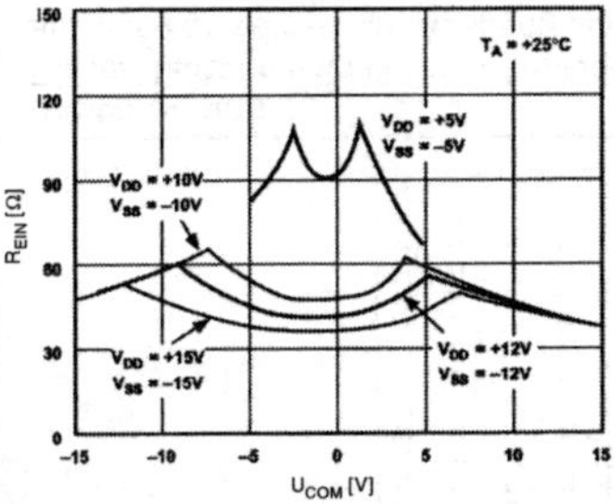

EIN-Widerstand
(unipolare Betriebsspannung)

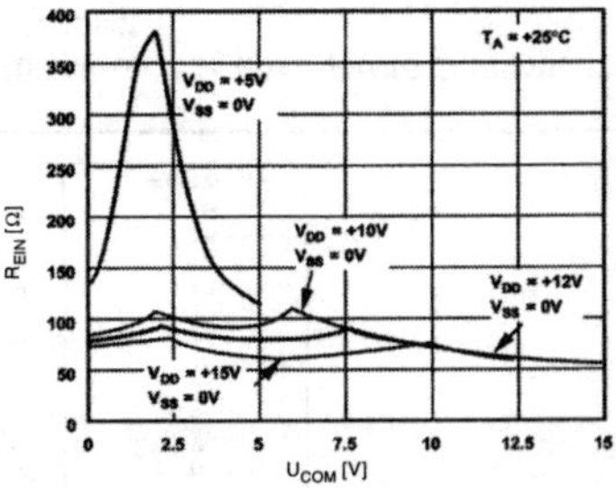

ADG407 | **Analog-Multiplexer, 2x 8 Kanäle, mit Freigabe-Eingang**

Fortsetzung :

Adresse A2	A1	A0	Freigabe EN	Durchgeschalteter Eingang
L	L	L	H	1 und 9
L	L	H	H	2 und 10
L	H	L	H	3 und 11
L	H	H	H	4 und 12
H	L	L	H	5 und 13
H	L	H	H	6 und 14
H	H	L	H	7 und 15
H	H	H	H	8 und 16
X	X	X	L	keiner

Beschreibung:
Dieser Baustein enthält zwei Analog-Multiplexer, die einen von 8 Eingängen auf den jeweiligen gemeinsamen Ausgang durchschalten.

Betrieb:
Der Baustein kann sowohl an einer unipolaren Betriebsspannung von +4.5V bis +24V als auch an einer bipolaren Betriebsspannung von ±20V verwendet werden.
Die Schalter können Analogsignale bis zur Höhe der jeweiligen Betriebsspannung in beiden Richtungen verarbeiten (rail-to-rail).
Die Logikeingänge sind CMOS- und TTL-kompatibel. Die Auswahl des durchzuschaltenden Kanals erfolgt mittels eines 3-Bit-Binärcodes an A0 bis A2.
Wenn der Enable-Eingang auf Low liegt, sind sämtliche Kanäle auf Aus geschaltet.
Durch unterschiedliche Ein- und Ausschaltzeiten ist ein Break-Before-Make-Betrieb gesichert.
Im AUS-Zustand beträgt die Isolation –75dB, die Übersprechdämpfung 85dB.
Bei 10MHz nimmt die Isolation auf –50dB in 50Ω-Systemen ab und sinkt bei steigender Frequenz je Dekade um weitere 20dB.
Der Baustein ist pinkompatibel mit dem Industriestandard DG407 und dem DG507.

Anwendung:
Batteriebetriebene Geräte, Kommunikationssysteme, Audio/Video-Signalschaltung, Sample-and-Hold-Schaltungen.

Daten:

Betriebsspannung:	unipolar	+4.5 bis +24	V
	bipolar	±4.5 bis ±20	V
EIN-Widerstand:		typ. 80	Ω
Maximaler Strom je Kanal		20	mA
Schaltzeiten:	Ein	<160	ns
	Aus	<150	ns

Hersteller:
AD

ADG407 | **Analog-Multiplexer, 2x 8 Kanäle, mit Freigabe-Eingang**

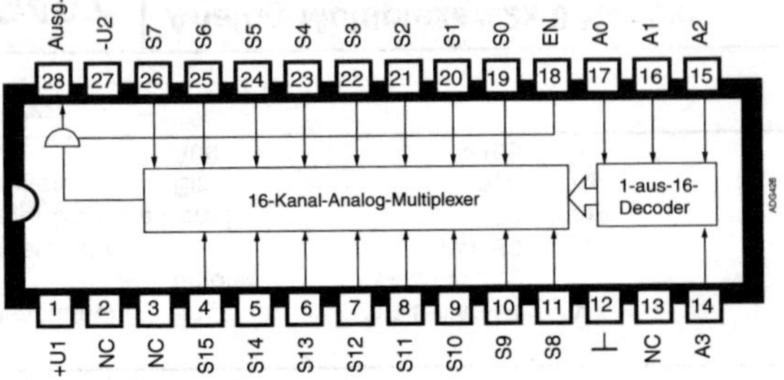

EIN-Widerstand
(bipolare Betriebsspannung)

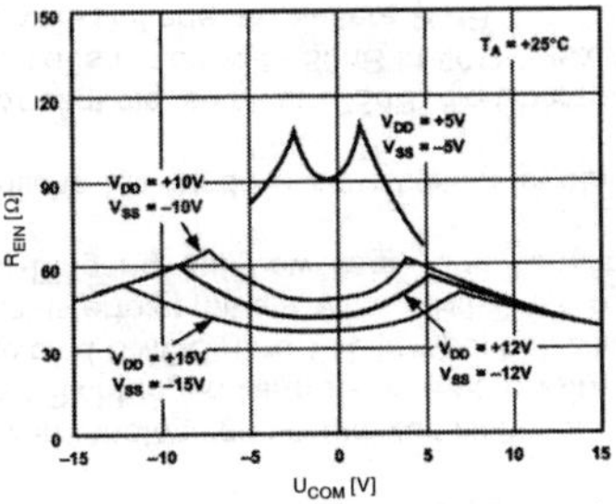

EIN-Widerstand
(unipolare Betriebsspannung)

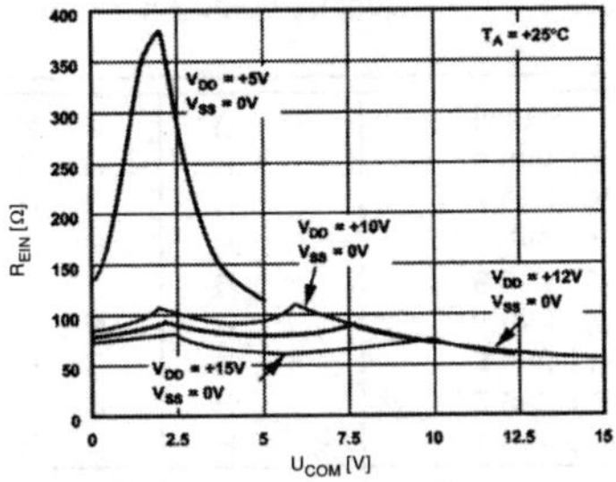

ADG426	**Analog-Multiplexer, 16 Kanäle, mit Zwischenspeicher und Freigabe-Eingang**

Fortsetzung :

A3	A2	A1	A0	EN	WR	RS	Schalter EIN
X	X	X	X	X		H	Adressen und Enable-Status speichern
X	X	X	X	X	X	L	Speicher gelöscht
X	X	X	X	L	L	H	keine
L	L	L	L	H	L	H	1
L	L	L	H	H	L	H	2
L	L	H	L	H	L	H	3
L	L	H	H	H	L	H	4
L	H	L	L	H	L	H	5
L	H	L	H	H	L	H	6
L	H	H	L	H	L	H	7
L	H	H	H	H	L	H	8
H	L	L	L	H	L	H	9
H	L	L	H	H	L	H	10
H	L	H	L	H	L	H	11
H	L	H	H	H	L	H	12
H	H	L	L	H	L	H	13
H	H	L	H	H	L	H	14
H	H	H	L	H	L	H	15
H	H	H	H	H	L	H	16

Beschreibung:
Dieser Baustein enthält einen Analog-Multiplexer, der einen von 16 Eingängen auf einen gemeinsamen Ausgang durchschaltet, sowie einen Zwischenspeicher für die Adresse.

Betrieb:
Der Baustein arbeitet sowohl an einer unipolaren Betriebsspannung von +4.5V bis +24V als auch an einer bipolaren Betriebsspannung von ±20V .
Die Schalter können Analogsignale bis zur Höhe der jeweiligen Betriebsspannung in beiden Richtungen verarbeiten (rail-to-rail).
Die Logikeingänge sind CMOS- und TTL-kompatibel. Die Auswahl des durchzuschaltenden Kanals erfolgt mittels eines 4-Bit-Binärcodes an A0 bis A3.
Bei der ansteigenden Flanke an WR und RS auf High werden die an den Adresseneingängen anliegenden Logikpegel gespeichert. Mit RS auf Low wird der Zwischenspeicher für Freigabe und Adresse gelöscht.
Wenn der Enable-Eingang auf Low liegt, sind sämtliche Kanäle auf Aus geschaltet. Durch unterschiedliche Ein- und Ausschaltzeiten ist ein Break-Before-Make-Betrieb gesichert. Im AUS-Zustand beträgt die Isolation –75dB, die Übersprechdämpfung 85dB. Bei 10MHz nimmt die Isolation auf –50dB in 50Ω-Systemen ab und sinkt bei steigender Frequenz je Dekade um weitere 20dB.
Der ADG406 ist eine Ausführung ohne Adressen-Zwischenspeicher. Der Baustein ist pinkompatibel mit dem Industriestandard DG526 und dem ADG526.

Anwendung:
Batteriebetriebene Geräte, Kommunikationssysteme, Audio/Video-Signalschaltung, Sample-and-Hold-Schaltungen.

Daten:

Betriebsspannung:	unipolar	+4.5 bis +24	V
	bipolar	±4.5 bis ±20	V
EIN-Widerstand:		typ. 80	Ω
Maximaler Strom je Kanal		20	mA
Schaltzeiten:	Ein	<160	ns
	Aus	<150	ns

Hersteller:
AD

ADG426 — Analog-Multiplexer, 16 Kanäle, mit Zwischenspeicher und Freigabe-Eingang

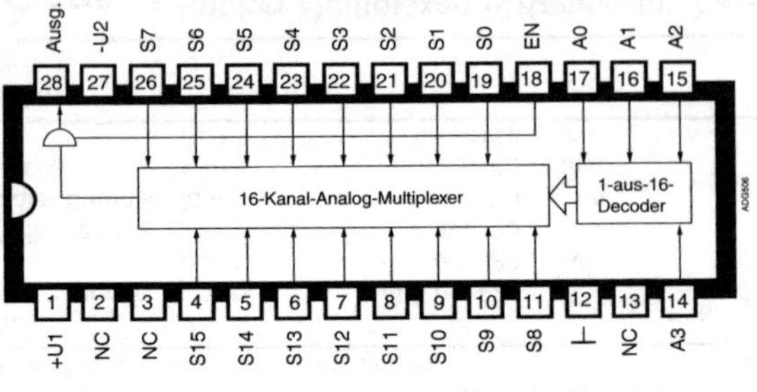

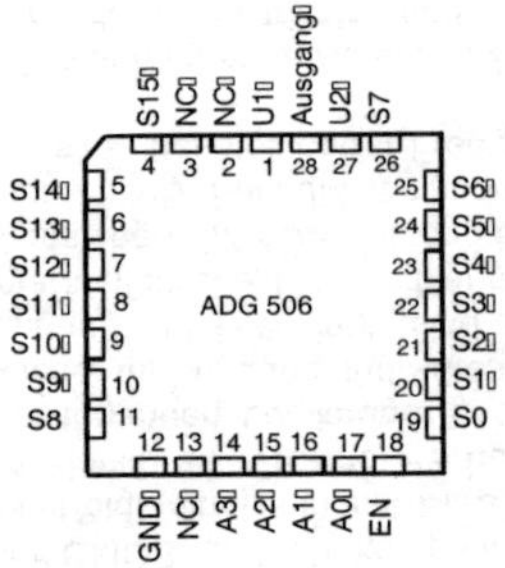

EIN-Widerstand (bipolare Betriebsspannung)

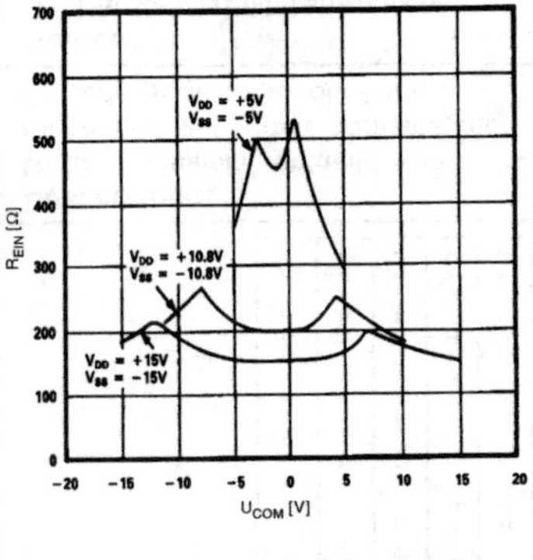

EIN-Widerstand (unipolare Betriebsspannung)

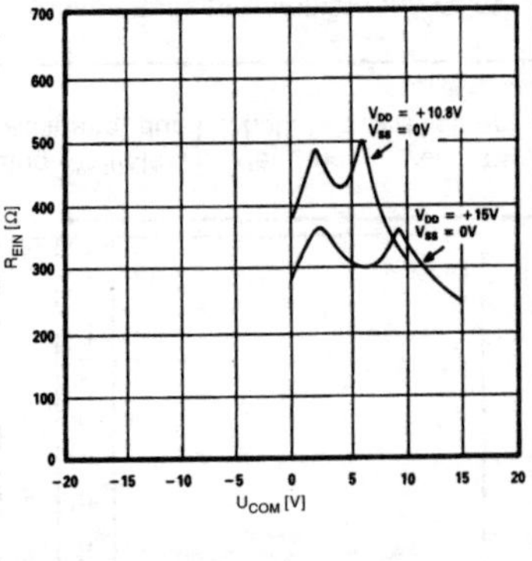

ADG-506 Analog-Multiplexer, 16 Kanäle, mit Freigabe-Eingang

Fortsetzung :

Adresse A3	A2	A1	A0	EN	Durchgeschalteter Eingang
L	L	L	L	H	1
L	L	L	H	H	2
L	L	H	L	H	3
L	L	H	H	H	4
L	H	L	L	H	5
L	H	L	H	H	6
L	H	H	L	H	7
H	H	H	H	H	8
H	L	L	L	H	9
H	L	L	H	H	10
H	L	H	L	H	11
H	L	H	H	H	12
H	H	L	L	H	13
H	H	L	H	H	14
H	H	H	L	H	15
H	H	H	H	H	16
X	X	X	X	L	keiner

Beschreibung:
Dieser Baustein enthält einen Analog-Multiplexer, der einen von 16 Eingängen auf einen gemeinsamen Ausgang durchschaltet.

Betrieb:
Welcher Eingang auf den Ausgang durchgeschaltet wird, hängt vom logischen Zustand (Binärwort) der 4 Adressen-Eingänge A0—A3 ab, und ist der obenstehenden Tabelle zu entnehmen.
Der Logikpegel des ausgewählten Eingangs erscheint jedoch nur dann am Ausgang, wenn der Freigabe-Eingang EN (Enable) auf High liegt. Befindet sich EN auf Low, wird keiner der Eingänge durchgeschaltet.
Die Schalter können Analog-Signale bis zur Höhe der jeweiligen Betriebsspannung in beiden Richtungen verarbeiten (rail-to-rail).
Die Adressen-Eingänge und der Freigabe-Anschluss sind TTL-kompatibel, d.h. dass sie auf ein High bei einer Spannung ab +2.4V und auf ein Low unter +0.8V entsprechend schalten. Durch eine interne Verzögerung (80ns) ist sichergestellt, dass ein Kanal immer erst durchgeschaltet wird, wenn der vorhergehende geöffnet wurde.

Anwendung:
Analog- und Digital-Multiplexen und Demultiplexen, A/D- und D/A-Wandler

Daten:

Betriebsspannung:	unipolar	+4.5 bis +30	V
	bipolar	±4.5 bis ±20	V
EIN-Widerstand		280	Ω
Schaltzeit		300	ns
Max. Stromaufnahme je Kanal		50	mA

Hersteller:
AD

ADG-506 — Analog-Multiplexer, 16 Kanäle, mit Freigabe-Eingang

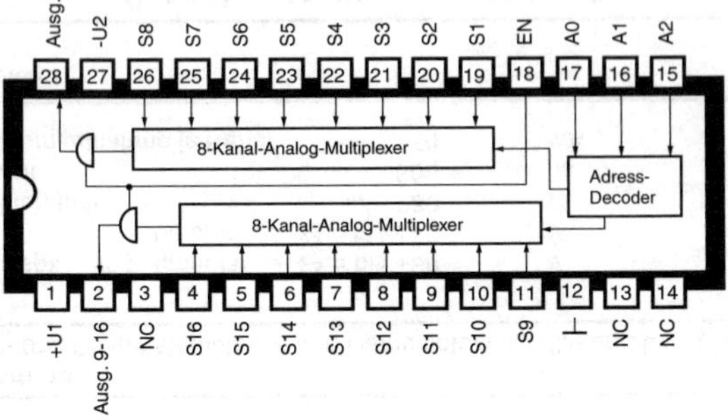

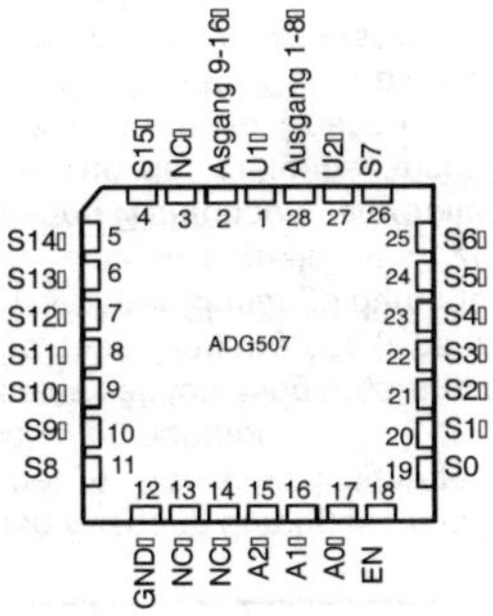

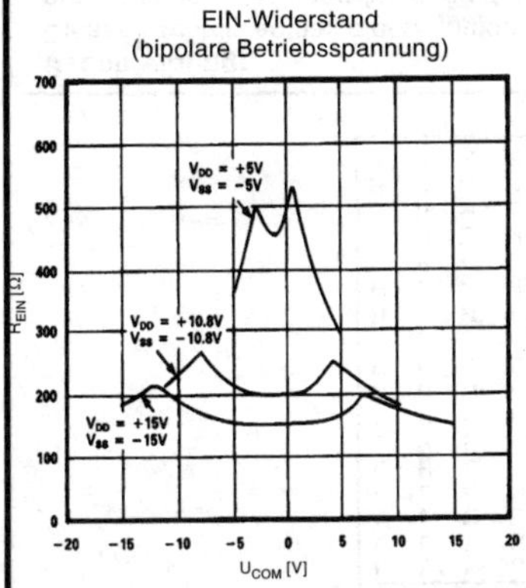

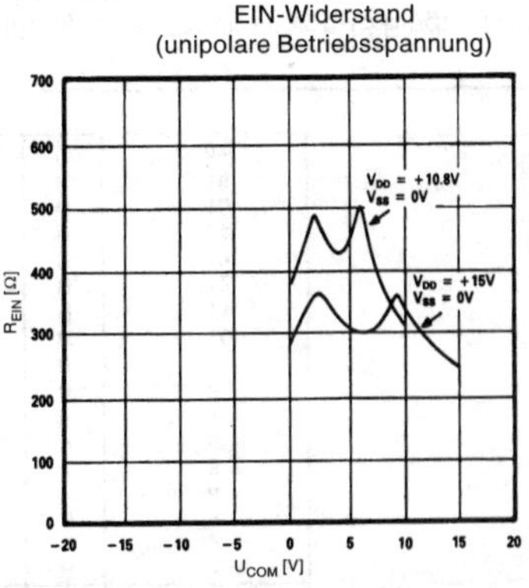

ADG-507 Analog-Multiplexer, 2x 8 Kanäle, mit Freigabe-Eingang

Fortsetzung :

Adresse A2	A1	A0	Freigabe EN	Durchgeschalteter Eingang
L	L	L	H	1 und 9
L	L	H	H	2 und 10
L	H	L	H	3 und 11
L	H	H	H	4 und 12
H	L	L	H	5 und 13
H	L	H	H	6 und 14
H	H	L	H	7 und 15
H	H	H	H	8 und 16
X	X	X	L	keiner

Beschreibung:
Dieser Baustein enthält zwei Analog-Multiplexer, die je einen Eingang auf den jeweiligen gemeinsamen Ausgang durchschalten.

Betrieb:
Welcher Eingang auf den Ausgang durchgeschaltet wird, hängt vom logischen Zustand der 3 Adressen-Eingänge A0—A2 ab, und ist der obenstehenden Tabelle zu entnehmen. Die Adresseneingänge sind beiden Multiplexern gemeinsam.
Die Logikpegel der ausgewählten Eingänge erscheinen jedoch nur dann am Ausgang, wenn der Freigabe-Eingang EN (Enable), der beiden Ausgängen gemeinsam ist, auf High liegt. Befindet sich EN auf Low, wird keiner der Eingänge durchgeschaltet.
Die Schalter können Analog-Signale bis zur Höhe der jeweiligen Betriebsspannung in beiden Richtungen verarbeiten (rail-to-rail).
Die Adressen-Eingänge und der Freigabe-Anschluss sind TTL-kompatibel, d.h. dass sie auf ein High bei einer Spannung ab +2.4V und auf ein Low unter +0.8V entsprechend schalten. Durch eine interne Verzögerung (80ns) ist sichergestellt, dass ein Kanal immer erst durchgeschaltet wird, wenn der vorhergehende geöffnet wurde.

Anwendung:
Analog- und Digital-Multiplexen und Demultiplexen, A/D- und D/A-Wandler

Daten:

Betriebsspannung:	unipolar	+4.5 bis +30	V
	bipolar	±4.5 bis ±20	V
EIN-Widerstand		280	Ω
Schaltzeit		300	ns
Max. Stromaufnahme je Kanal		50	mA

Hersteller:
AD

ADG-507

Analog-Multiplexer, 2x 8 Kanäle, mit Freigabe-Eingang

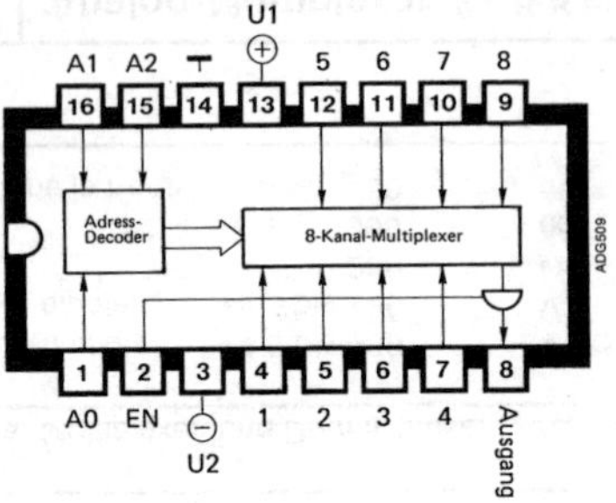

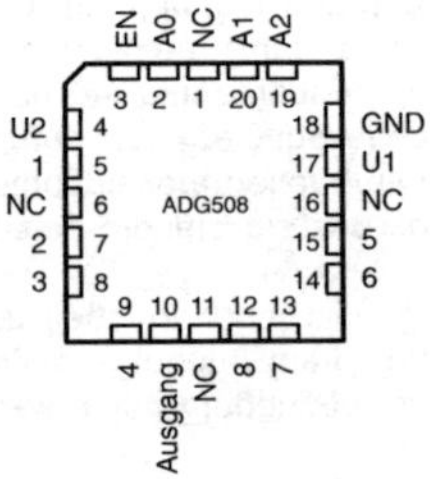

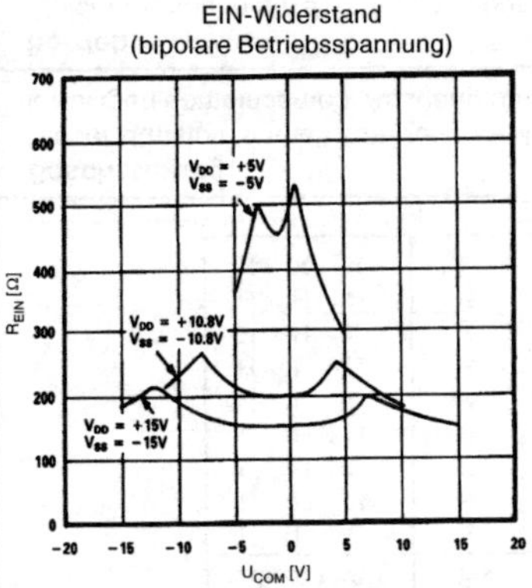

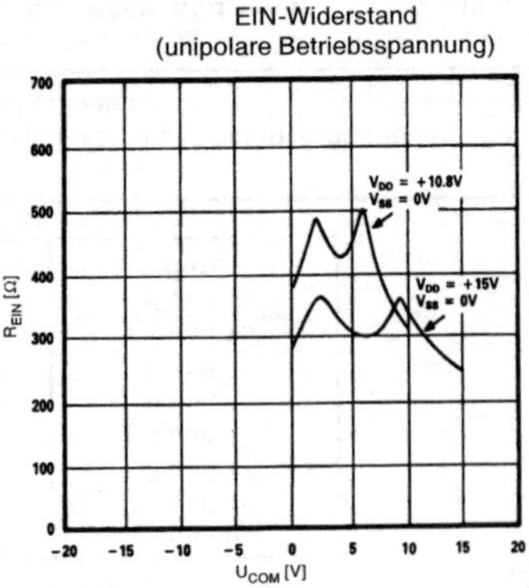

ADG-508 | Analog-Multiplexer, 8 Kanäle, mit Freigabe-Eingang

Fortsetzung :

A2	A1	A0	EN	Durchgeschalteter Kanal
X	X	X	L	keiner
L	L	L	H	1
L	L	H	H	2
L	H	L	H	3
L	H	H	H	4
H	L	L	H	5
H	L	H	H	6
H	H	L	H	7
H	H	H	H	8

Beschreibung:
Dieser Baustein enthält einen Analog-Multiplexer, der einen von 8 Eingängen auf einen gemeinsamen Ausgang durchschaltet.

Betrieb:
Welcher Eingang auf den Ausgang durchgeschaltet wird, hängt vom logischen Zustand (Binärwort) der 3 Adressen-Eingänge A0—A2 ab, und ist der obenstehenden Tabelle zu entnehmen.
Der Logikpegel des ausgewählten Eingangs erscheint jedoch nur dann am Ausgang, wenn der Freigabe-Eingang EN (Enable) auf High liegt. Befindet sich EN auf Low, wird keiner der Eingänge durchgeschaltet.
Die Schalter können Analog-Signale bis zur Höhe der jeweiligen Betriebsspannung in beide Richtungen verarbeiten (rail-to-rail).
Die Adressen-Eingänge und der Freigabe-Eingang sind TTL-kompatibel, d.h. dass sie auf ein High bei einer Spannung über +2.4V und auf ein Low unter +0.8V entsprechend reagieren.
Durch eine interne Verzögerung (70ns) ist gesichert, dass ein Kanal immer erst durchgeschaltet wird, wenn der vorhergehende geöffnet wurde.

Anwendung:
Analog-Multiplexen, A/D- und D/A-Wandler

Daten:

Betriebsspannung:	unipolar	+4.5 bis +30	V
	bipolar	±4.5 bis ±20	V
EIN-Widerstand		180	Ω
Schaltzeit		300	ns
Max. Stromaufnahme je Kanal		50	mA

Hersteller:
AD

ADG-508

Analog-Multiplexer, 8 Kanäle, mit Freigabe-Eingang

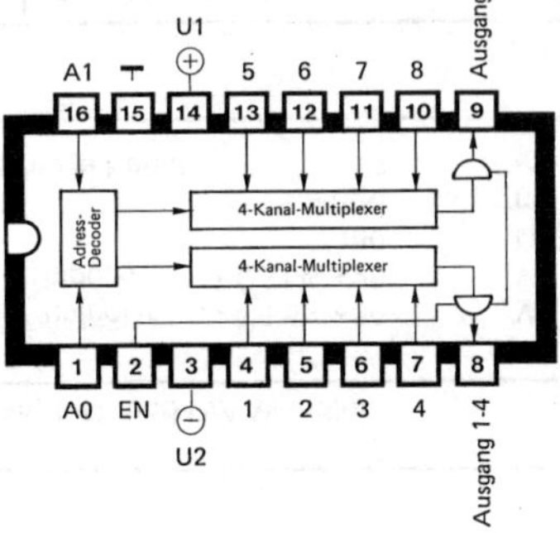

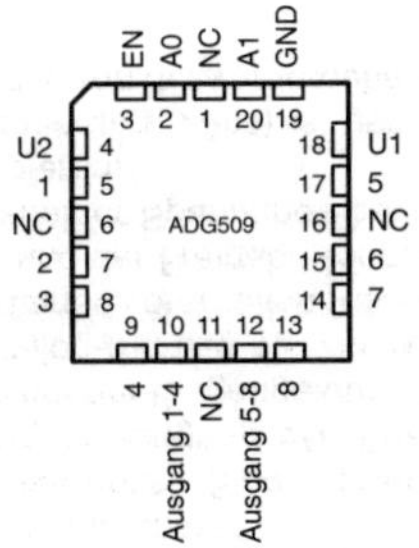

EIN-Widerstand
(bipolare Betriebsspannung)

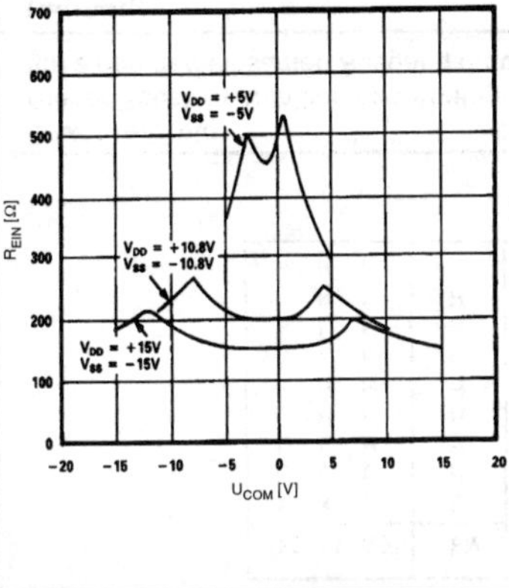

EIN-Widerstand
(unipolare Betriebsspannung)

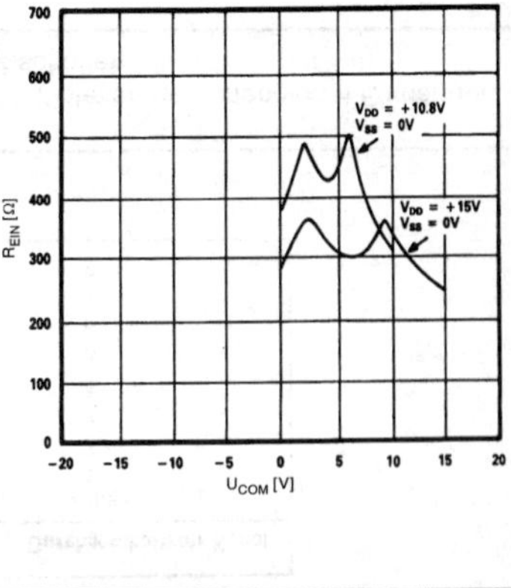

ADG-509 | **Analog-Multiplexer, 2x 4 Kanäle, mit Freigabe-Eingang**

Fortsetzung :

A1	A0	EN	Durchgeschalteter Eingang
X	X	L	keiner
L	L	H	1 und 5
L	H	H	2 und 6
H	L	H	3 und 7
H	H	H	4 und 8

Beschreibung:

Dieser Baustein enthält einen Analog-Multiplexer, der je einen Kanal aus je 4 Eingängen auf den jeweiligen gemeinsamen Ausgang durchschalten.

Betrieb:

Welcher Eingang auf den Ausgang durchgeschaltet wird, hängt vom logischen Zustand (Binärwort) der beiden Adressen-Eingänge A0—A1 ab, und ist der obenstehenden Tabelle zu entnehmen.

Der Logikpegel des ausgewählten Eingangs erscheint jedoch nur dann am Ausgang, wenn der Freigabe-Eingang EN (Enable) auf High liegt. Befindet sich EN auf Low, wird keiner der Eingänge durchgeschaltet.

Die Schalter können Analog-Signale bis zur Höhe der jeweiligen Betriebsspannung in beide Richtungen verarbeiten (rail-to-rail).

Die Adressen-Eingänge und der Freigabe-Eingang sind TTL-kompatibel, d.h. dass sie auf ein High bei einer Spannung über +2.4V und auf ein Low unter +0.8V entsprechend reagieren.

Durch eine interne Verzögerung (70ns) ist gesichert, dass ein Kanal immer erst durchgeschaltet wird, wenn der vorhergehende geöffnet wurde.

Anwendung:

Analog-Multiplexen, A/D- und D/A-Wandler

Daten:

Betriebsspannung:	unipolar	+4.5 bis +30	V
	bipolar	±4.5 bis ±20	V
EIN-Widerstand		180	Ω
Schaltzeit		300	ns
Max. Stromaufnahme je Kanal		50	mA

Hersteller:

AD

ADG-509 — Analog-Multiplexer, 2x 4 Kanäle, mit Freigabe-Eingang

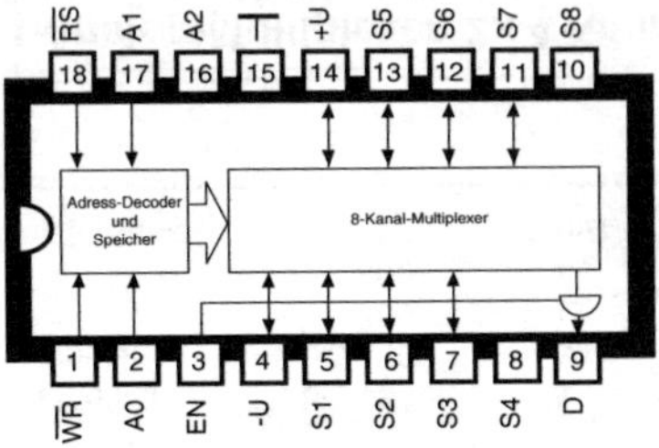

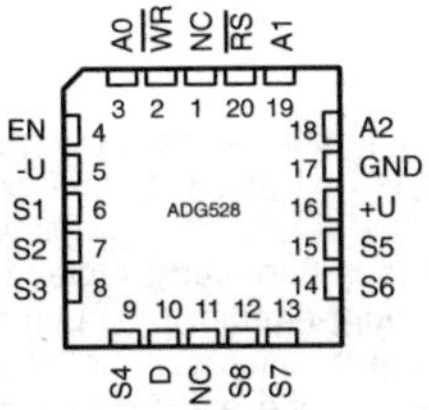

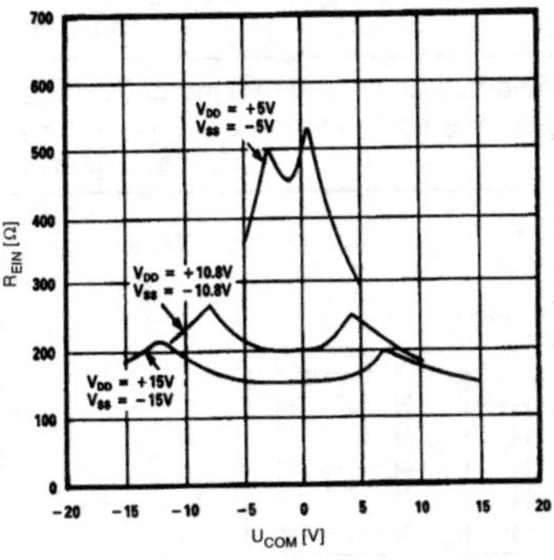

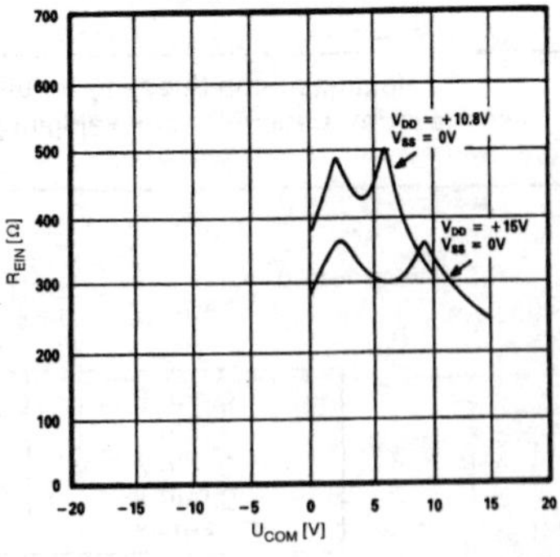

ADG528	**Analog-Multiplexer, 8 Kanäle, mit Freigabe-Eingang und Adressen-Zwischenspeicher**

Fortsetzung :

A2	A1	A0	EN	$\overline{WR}$	$\overline{RS}$	Schalter EIN
X	X	X	X		H	Adressen und Enable-Status speichern
X	X	X	X	X	L	Speicher gelöscht
X	X	X	L	L	H	keine
L	L	L	H	L	H	1
L	L	H	H	L	H	2
L	H	L	H	L	H	3
L	H	H	H	L	H	4
H	L	L	H	L	H	5
H	L	H	H	L	H	6
H	H	L	H	L	H	7
H	H	H	H	L	H	8

Beschreibung:
Dieser Baustein enthält einen Analog-Multiplexer, der einen von 8 Eingängen auf einen gemeinsamen Ausgang durchschaltet, sowie einen Zwischenspeicher für Adresse und Freigabe.

Betrieb:
Der Baustein kann sowohl an einer unipolaren Betriebsspannung von +10.8V bis +16.5V als auch an einer bipolaren Betriebsspannung bis ±20V vorwendet werden.
Die Schalter können Analogsignale bis zur Höhe der jeweiligen Betriebsspannung in beiden Richtungen verarbeiten (rail-to-rail).
Die Logikeingänge sind CMOS- und TTL-kompatibel. Die Auswahl des durchzuschaltenden Kanals erfolgt mittels eines 4-Bit-Binärcodes an A0 bis A3.
Bei der ansteigenden Flanke an $\overline{WR}$ und mit $\overline{RS}$ auf High werden die an den Adresseneingängen anliegenden Logikpegel gespeichert. Mit $\overline{RS}$ auf Low wird der Zwischenspeicher für Freigabe und Adresse gelöscht. Dadurch ergibt sich ein einfaches Interface mit einem Mikroprozessor. $\overline{RS}$ kann mit dem Reset-Pin des Mikroprozessors verbunden werden.
Wenn der Enable-Eingang auf Low liegt, sind sämtliche Kanäle auf Aus geschaltet. Durch unterschiedliche Ein- und Ausschaltzeiten ist ein Break-Before-Make-Betrieb gesichert.
Im AUS-Zustand beträgt die Isolation –68dB, die Übersprechdämpfung 85dB. Bei 10MHz nimmt die Isolation auf –50dB in 50Ω-Systemen ab und sinkt bei steigender Frequenz je Dekade um weitere 20dB.
Der Baustein ist pinkompatibel mit dem Industriestandard DG528.

Anwendung:
Batteriebetriebene Geräte, Kommunikationssysteme, Audio/Video-Signalschaltung, Sample-and-Hold-Schaltungen.

Daten:

Betriebsspannung:	unipolar	+10.8 bis+16.5	V
	bipolar	±4.5 bis±15	V
EIN-Widerstand:		typ. 80	Ω
Maximaler Strom je Kanal		20	mA
Schaltzeiten:	Ein	<200	ns
	Aus	<150	ns

Hersteller:
AD

ADG528 — Analog-Multiplexer, 8 Kanäle, mit Freigabe-Eingang und Adressen-Zwischenspeicher

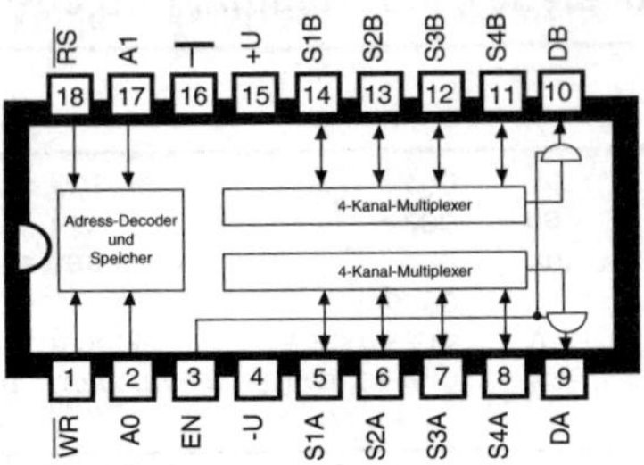

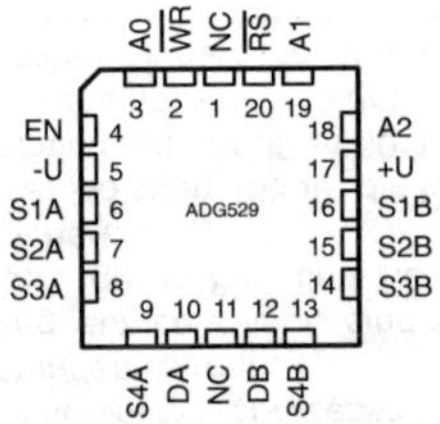

EIN-Widerstand
(bipolare Betriebsspannung)

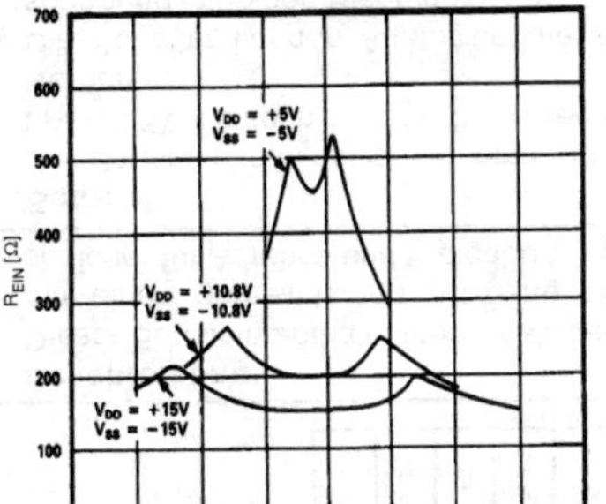

EIN-Widerstand
(unipolare Betriebsspannung)

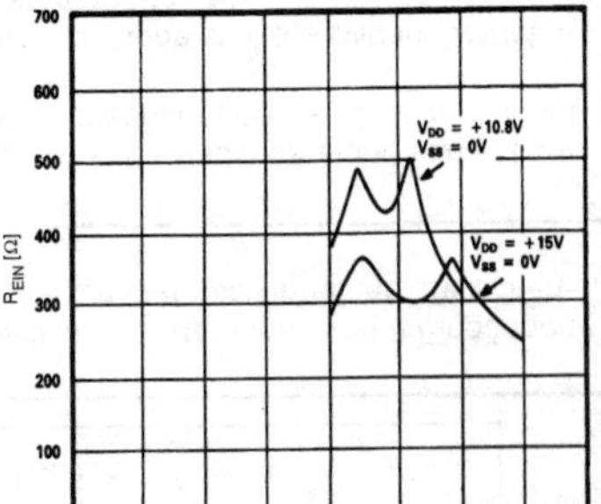

ADG529 | Analog-Multiplexer, 2x 4 Kanäle, mit Freigabe-Eingang und Adressen-Zwischenspeicher

Fortsetzung :

A1	A0	EN	$\overline{WR}$	$\overline{RS}$	Schalter EIN
X	X	X		H	Adressen und Enable-Status speichern
X	X	X	X	L	Speicher gelöscht
X	X	L	L	H	keine
L	L	H	L	H	1
L	H	H	L	H	2
H	L	H	L	H	3
H	H	H	L	H	4

Beschreibung:

Dieser Baustein enthält zwei Analog-Multiplexer, die einen von je 4 Eingängen auf den jeweiligen gemeinsamen Ausgang durchschalten, sowie einen Zwischenspeicher für Adresse und Freigabe für beide Multiplexer.

Betrieb:

Der Baustein kann sowohl an einer unipolaren Betriebsspannung von +10.8V bis +16.5V als auch an einer bipolaren Betriebsspannung bis ±20V verwendet werden.

Die Schalter können Analogsignale bis zur Höhe der jeweiligen Betriebsspannung in beiden Richtungen verarbeiten (rail-to-rail).

Die Logikeingänge sind CMOS- und TTL-kompatibel. Die Auswahl des durchzuschaltenden Kanals erfolgt mittels eines 4-Bit-Binärcodes an A0 bis A3.

Bei der ansteigenden Flanke an $\overline{WR}$ und mit $\overline{RS}$ auf High werden die an den Adresseneingängen anliegenden Logikpegel gespeichert. Mit $\overline{RS}$ auf Low wird der Zwischenspeicher für Freigabe und Adresse gelöscht. Dadurch ergibt sich ein einfaches Interface mit einem Mikroprozessor. $\overline{RS}$ kann mit dem Reset-Pin des Mikroprozessors verbunden werden.

Wenn der Enable-Eingang auf Low liegt, sind sämtliche Kanäle auf Aus geschaltet. Durch unterschiedliche Ein- und Ausschaltzeiten ist ein Break-Before-Make-Betrieb gesichert.

Im AUS-Zustand beträgt die Isolation –68dB, die Übersprechdämpfung 85dB. Bei 10MHz nimmt die Isolation auf –50dB in 50Ω-Systemen ab und sinkt bei steigender Frequenz je Dekade um weitere 20dB.

Der Baustein ist pinkompatibel mit dem Industriestandard DG529.

Anwendung:

Batteriebetriebene Geräte, Kommunikationssysteme, Audio/Video-Signalschaltung, Sample-and-Hold-Schaltungen.

Daten:

Betriebsspannung:	unipolar	+10.8 bis+16.5	V
	bipolar	±4.5 bis±15	V
EIN-Widerstand:		typ. 80	Ω
Maximaler Strom je Kanal		20	mA
Schaltzeiten:	Ein	<200	ns
	Aus	<150	ns

Hersteller:

AD

ADG529 — Analog-Multiplexer, 2x 4 Kanäle, mit Freigabe-Eingang und Adressen-Zwischenspeicher

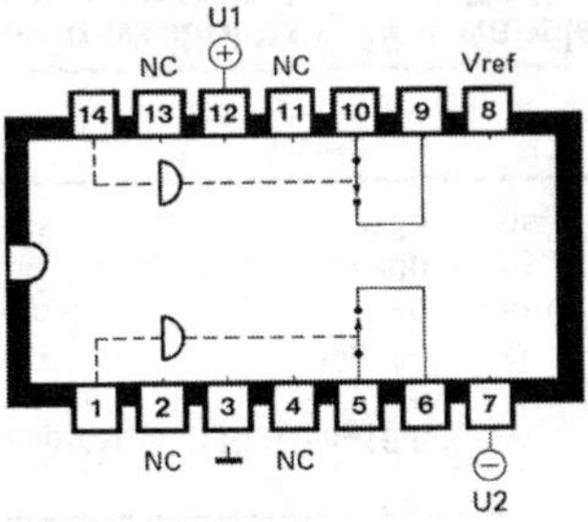

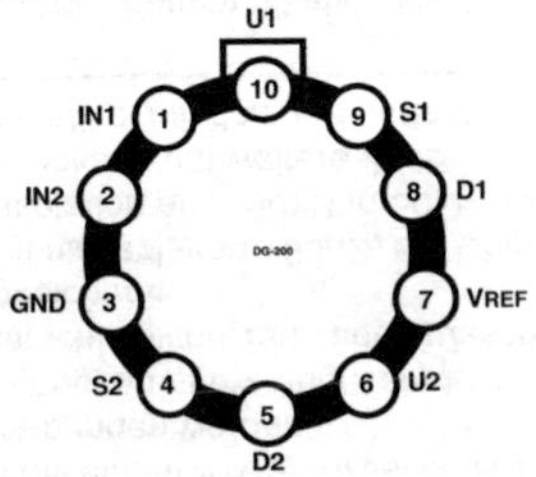

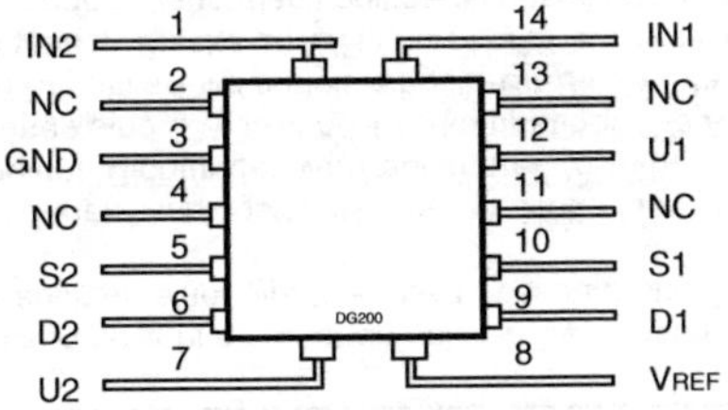

Steuer-Eingang	Schalter
L	Ein
H	Aus

DG-200 Analogschalter (2x 1 Öffner)

Fortsetzung :

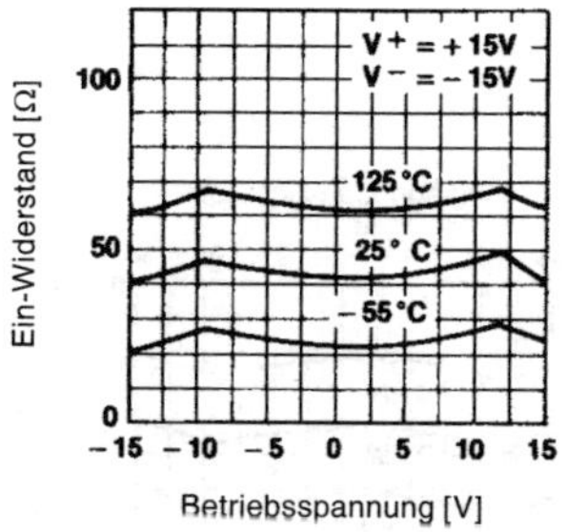

Beschreibung:
Dieser Baustein enthält zwei voneinander unabhängige Analogschalter (Öffner).

Betrieb:
Jeder der beiden Schalter kann mit dem zugehörigen Steuereingang geöffnet oder geschlossen werden.
Für das Steuersignal reicht normalerweise ein TTL-Pegel aus, d.h. die Schalter öffnen bei +2.4V und schließen bei +0.8V. Dies gilt jedoch nur bei U1 = +15V. Bei kleineren Betriebsspannungen muss über einen Widerstand zwischen den Pins 12 und 8 (Vref) an letzterem wieder eine Spannung von +2.4V hergestellt werden (U1 = +12V R = 100kΩ, U2 = +10V, R = 51 kΩ). Bei Logikpegeln von −5V bis +5V ist kein externer Widerstand erforderlich.
Eine Version mit kleineren Leckströmen im Aus-Zustand (1 statt 5 nA) ist der IH 5200.

Anwendung:
Schalten oder Multiplexen von analogen oder digitalen Signalen

Daten:

Betriebsspannung:	U1	max +16	V
	U2	max −16	V
Ein-Widerstand		80	Ω
Schaltzeiten:	Aus	0.5	µs
	Ein	1	µs
Max. Durchlassstrom je Schalter		30	mA
Stromaufnahme		1	mA

Hersteller:
INT

DG-200 — Analogschalter (2x 1 Öffner)

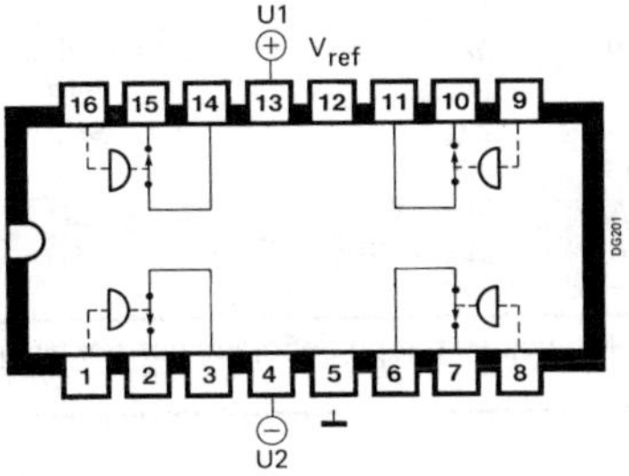

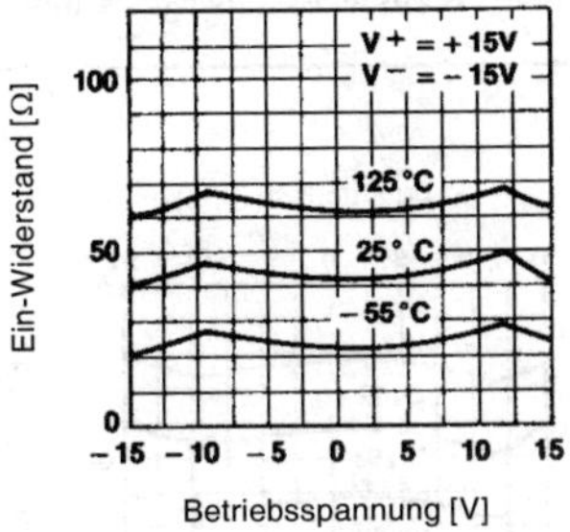

DG-201 Analogschalter (4x 1 Öffner)

Fortsetzung :

Steuer-Eingang	Schalter
L	Ein
H	Aus

Beschreibung:
Dieser Baustein enthält vier voneinander unabhängige Analogschalter (Öffner).

Betrieb:
Jeder der 4 Schalter kann mit dem zugehörigen Steuereingang geöffnet oder geschlossen werden.
Für das Steuersignal reicht normalerweise ein TTL-Pegel aus, d.h. die Schalter öffnen bei +2.4V und schließen bei +0.8V. Dies gilt jedoch nur bei U1 = +15V. Bei kleineren Betriebsspannungen muss über einen Widerstand zwischen Pin 13 und 12 (Vref) an letzterem wieder eine Spannung von +2.4V hergestellt werden (U1 = +12V, R = 100kΩ, U2 = +10V, R = 51 kΩ). Bei Logikpegeln von –5V bis +5V ist kein externer Widerstand erforderlich.
Eine Version mit kleineren Leckströmen im Aus-Zustand (1 statt 5nA)ist der IH5201.

Anwendung:
Schalten oder Multiplexen von analogen oder digitalen Signalen

Daten:

Betriebsspannung:	U1	max +16	V
	U2	max –16	V
Ein-Widerstand		100	Ω
Schaltzeiten:	Aus	0.5	µs
	Ein	1	µs
Max. Durchlassstrom je Schalter		30	mA
Stromaufnahme		1	mA

Hersteller:
INT

DG-201 Analogschalter (4x 1 Öffner)

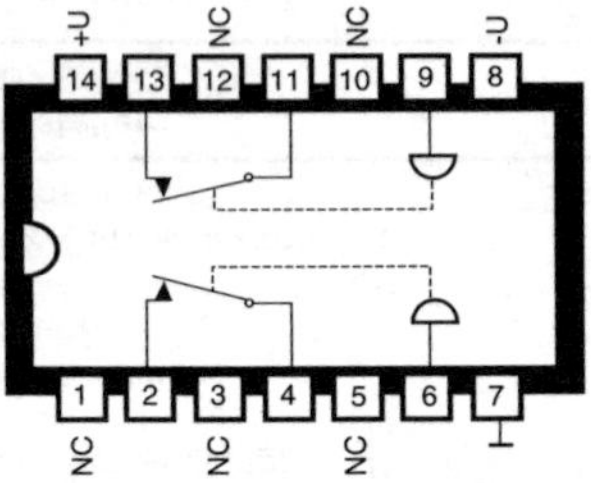

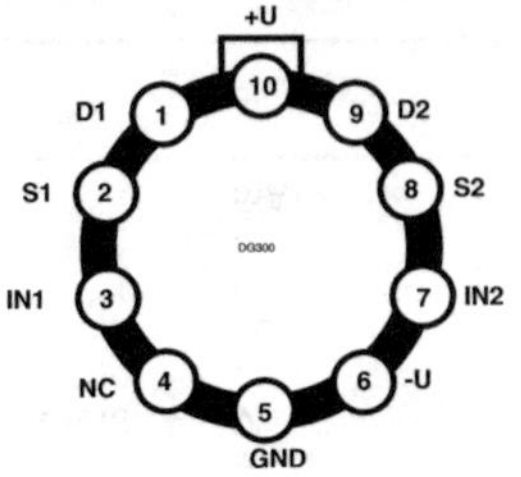

EIN-Widerstand

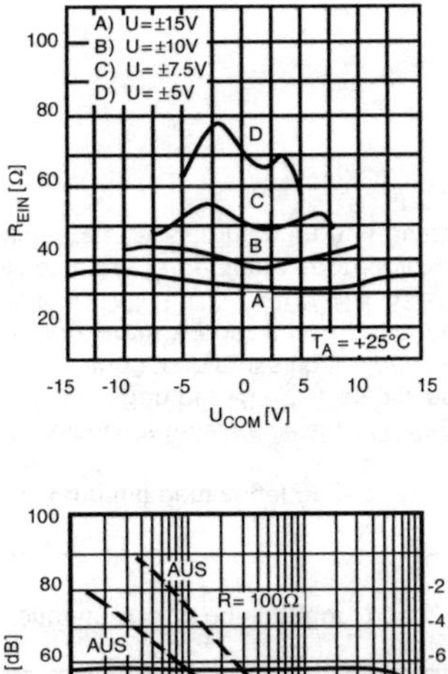

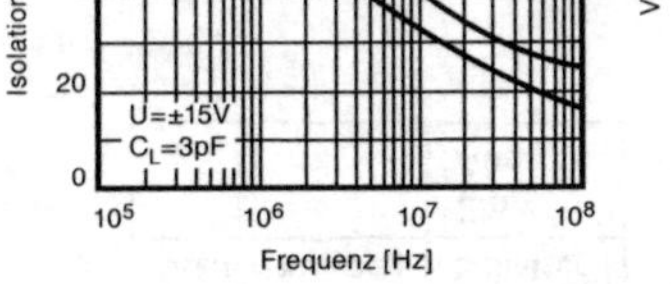

DG-300

Analogschalter (2x 1 Öffner), für unipolare und bipolare Betriebsspannung

Fortsetzung :

Steuer-Eingang	Schalter
L H	AUS EIN

Beschreibung:
Dieser Baustein enthält zwei voneinander unabhängige Analogschalter (2 x1Öffner) für unipolare oder bipolare Betriebsspannung.

Betrieb:
Der Baustein zeichnet sich durch niedrigen Stromverbrauch, hohe Schaltgeschwindigkeit sowie durch ausgezeichnete Gleich- und Wechselpannungs-Schalteigenschaften aus. Gegenüber der Industrie-Standardardausführung besitzt der MAX DG300 einen Aufbau zur Verhinderung des Latch-Up-Effektes.
Der EIN-Widerstand beträgt weniger als 50Ω und ist über den Analogsignal-Bereich weitestgehend konstant. Jeder Schalter kann Analogsignale in jeder Richtung bis an die Grenze des Betriebsspannungsbereiches (rail-to-rail) verarbeiten.
Der Baustein lässt sich an einer unipolaren oder bipolaren Betriebsspannung von ±5V bis ±18V betreiben. Für eine Betrieb an einer unipolaren Betriebsspannung von +10V bis +30V legt man –UB an Masse. Die Steuereingänge sind TTL- und CMOS-kompatibel.
Die EIN-Widerstände der Kanäle stimmen innerhalb einer Abweichung von 10% überein.
Im AUS-Zustand beträgt bei 500kHz die Isolation 62dB. Übersprechdämpfung von Kanal zu Kanal ist hierbei 74dB.

Anwendung:
Batteriebetriebene Geräte, Sample-and-Hold-Schaltungen, Schalten von Betriebsspannungen, programmierbare Verstärker, Prozess-Steuerung und Telemetrie.

Daten:

Betriebsspannung:	unipolar	+10 bis+30	V
	bipolar	± 5 bis ±18	V
EIN-Widerstand		typ. 50	Ω
Maximaler Strom je Kanal		30	mA
Schaltzeiten:	Ein	150	ns
	Aus	130	ns

Hersteller:
INT, MAX

DG-300 — **Analogschalter (2x 1 Öffner), für unipolare und bipolare Betriebsspannung**

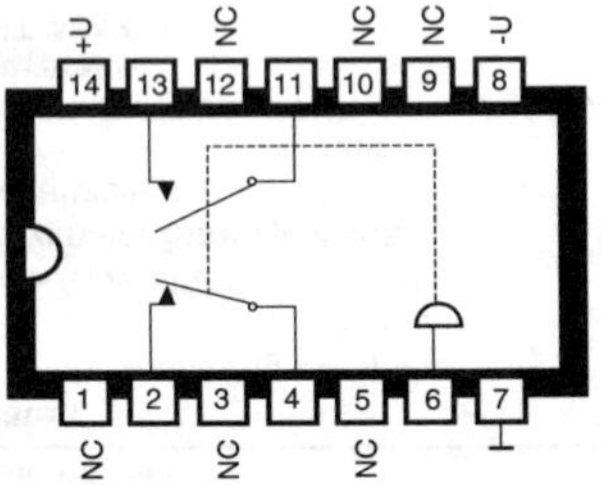

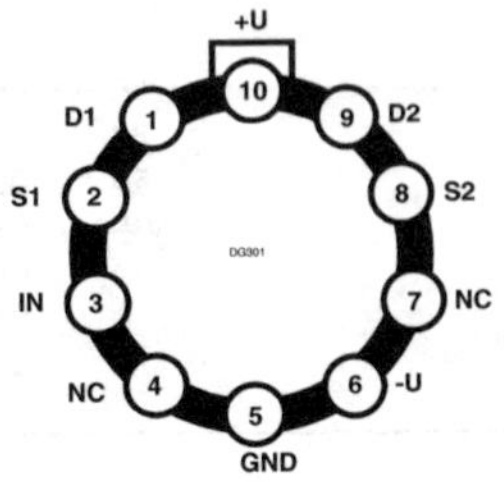

EIN-Widerstand

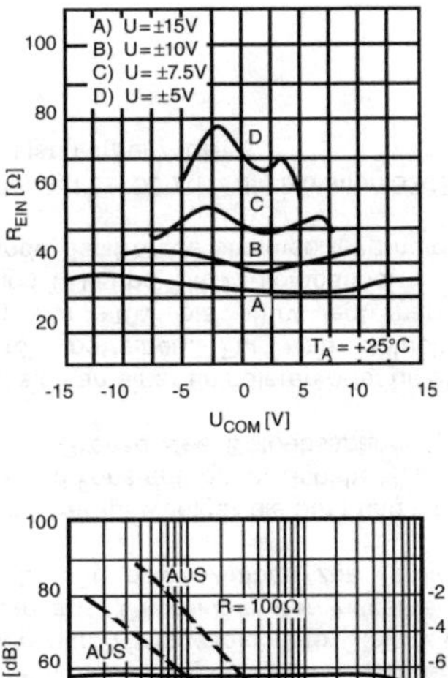

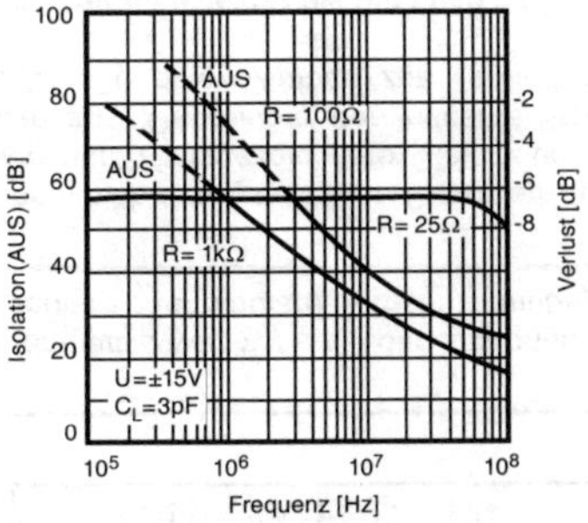

DG-301	**Analogschalter (1 Öffner + 1 Schließer), für unipolare und bipolare Betriebsspannung**

Fortsetzung :

Steuer-Eingang	Schalter1	Schalter2
L H	AUS EIN	EIN AUS

Beschreibung:
Dieser Baustein enthält zwei Analogschalter und zwar einen Öffner und einen Schließer, die jedoch über einen gemeinsamen Steuereingang betätigt werden.

Betrieb:
Der Baustein zeichnet sich durch niedrigen Stromverbrauch, hohe Schaltgeschwindigkeit sowie durch ausgezeichnete Gleich- und Wechselpannungs-Schalteigenschaften aus. Gegenüber der Industrie-Standardardausführung besitzt der MAX DG301 einen Aufbau zur Verhinderung des Latch-Up-Effektes.
Der EIN-Widerstand beträgt weniger als 50Ω und ist über den Analogsignal-Bereich weitestgehend konstant. Jeder Schalter kann Analogsignale in jeder Richtung bis an die Grenze des Betriebsspannungsbereiches (rail-to-rail) verarbeiten.
Der Baustein lässt sich an einer unipolaren von +10V bis +30V oder bipolaren Betriebsspannung von ±5V bis ±18V betreiben. Für eine Betrieb an einer unipolaren Betriebsspannung legt man –UB an Masse. Die Steuereingänge sind TTL- und CMOS-kompatibel.
Die EIN-Widerstände der Kanäle stimmen innerhalb einer Abweichung von 10% überein.
Im AUS-Zustand beträgt bei 500kHz die Isolation 62dB. Übersprechdämpfung von Kanal zu Kanal ist hierbei 74dB.

Anwendung:
Batteriebetriebene Geräte, Sample-and-Hold-Schaltungen, Schalten von Betriebsspannungen, programmierbare Verstärker, Prozess-Steuerung und Telemetrie.

Daten:

Betriebsspannung:	unipolar	+10 bis+30	V
	bipolar	± 5 bis ±18	V
EIN-Widerstand		typ. 50	Ω
Maximaler Strom je Kanal		30	mA
Schaltzeiten:	Ein	150	ns
	Aus	130	ns

Hersteller:
INT, MAX

DG-301 — Analogschalter (1 Öffner + 1 Schließer), für unipolare und bipolare Betriebsspannung

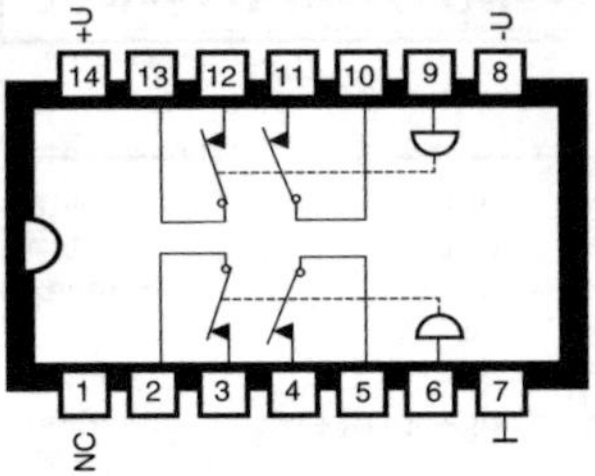

EIN-Widerstand

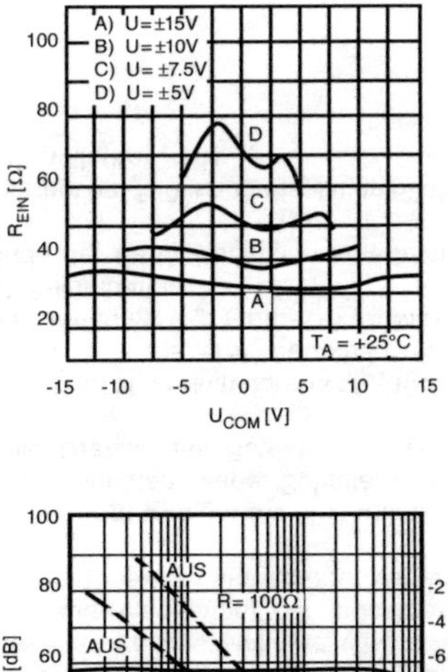

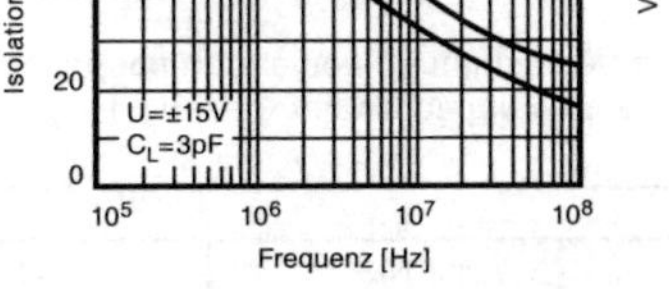

DG-302

Analogschalter (2x 2 Öffner), für unipolare und bipolare Betriebsspannung

Fortsetzung :

Steuer-Eingang	Schalter
L	AUS
H	EIN

Beschreibung:
Dieser Baustein enthält vier Analogschalter (2x2 Öffner), von denen je 2 gemeinsam angesteuert werden. Der Betrieb ist an einer unipolaren oder bipolaren Betriebsspannung möglich.

Betrieb:
Der Baustein zeichnet sich durch niedrigen Stromverbrauch, hohe Schaltgeschwindigkeit sowie durch ausgezeichnete Gleich- und Wechselpannungs-Schalteigenschaften aus. Gegenüber der Industrie-Standardardausführung besitzt der MAX DG302 einen Aufbau zur Verhinderung des Latch-Up-Effektes.
Der EIN-Widerstand beträgt weniger als 50Ω und ist über den Analogsignal-Bereich weitestgehend konstant. Jeder Schalter kann Analogsignale in jeder Richtung bis an die Grenze des Betriebsspannungsbereiches (rail-to-rail) verarbeiten.
Der Baustein lässt sich an einer unipolaren von +10V bis +30V oder bipolaren Betriebsspannung von ±5V bis ±18V betreiben. Für eine Betrieb an einer unipolaren Betriebsspannung legt man –UB an Masse. Die Steuereingänge sind TTL- und CMOS-kompatibel.
Die EIN-Widerstände der Kanäle stimmen innerhalb einer Abweichung von 10% überein.
Im AUS-Zustand beträgt bei 500kHz die Isolation 62dB. Übersprechdämpfung von Kanal zu Kanal ist hierbei 74dB.

Anwendung:
Batteriebetriebene Geräte, Sample-and-Hold-Schaltungen, Schalten von Betriebsspannungen, programmierbare Verstärker, Prozess-Steuerung und Telemetrie.

Daten:

Betriebsspannung:	unipolar	+10 bis+30	V
	bipolar	± 5 bis ±18	V
EIN-Widerstand		typ. 50	Ω
Maximaler Strom je Kanal		30	mA
Schaltzeiten:	Ein	150	ns
	Aus	130	ns

Hersteller:
INT, MAX

DG-302 — Analogschalter (2x 2 Öffner), für unipolare und bipolare Betriebsspannung

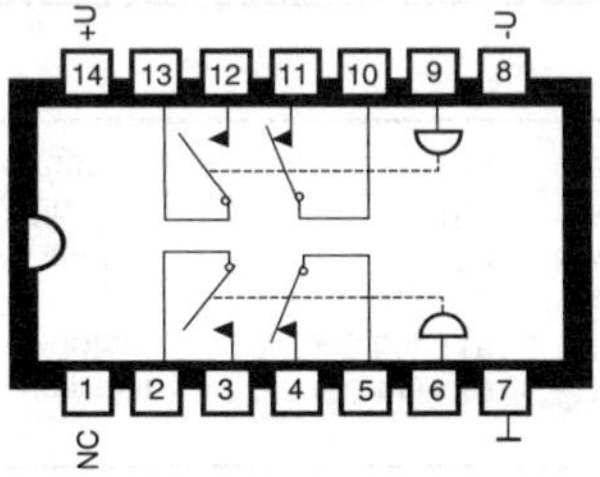

EIN-Widerstand

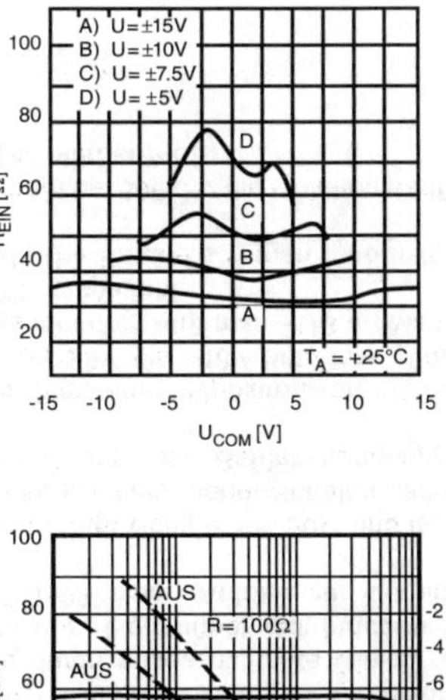

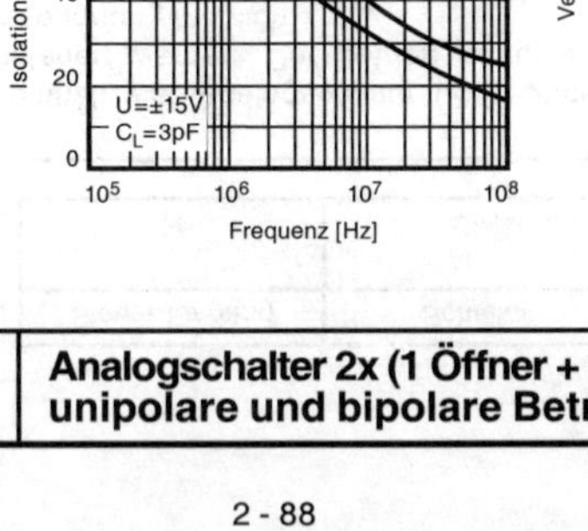

DG-303 | **Analogschalter 2x (1 Öffner + 1 Schließer), für unipolare und bipolare Betriebsspannung**

Fortsetzung :

Steuer-Eingang	Schalter1 und 2	Schalter3 und 4
L H	AUS EIN	EIN AUS

Beschreibung:
Dieser Baustein enthält vier Analogschalter, von denen je 2 gemeinsam angesteuert werden. Diese beiden Steuereingänge betätigen hierbei je einen Öffner und einen Schließer. Der Betrieb ist an einer unipolaren oder bipolaren Betriebsspannung möglich.

Betrieb:
Der Baustein zeichnet sich durch niedrigen Stromverbrauch, hohe Schaltgeschwindigkeit sowie durch ausgezeichnete Gleich- und Wechselpannungs-Schalteigenschaften aus. Gegenüber der Industrie-Standardardausführung besitzt der MAX DG303 einen Aufbau zur Verhinderung des Latch-Up-Effektes.
Der EIN-Widerstand beträgt weniger als 50Ω und ist über den Analogsignal-Bereich weitestgehend konstant. Jeder Schalter kann Analogsignale in jeder Richtung bis an die Grenze des Betriebsspannungsbereiches (rail-to-rail) verarbeiten.
Der Baustein lässt sich an einer unipolaren von +10V bis +30V oder bipolaren Betriebsspannung von ±5V bis ±18V betreiben. Für eine Betrieb an einer unipolaren Betriebsspannung legt man –UB an Masse. Die Steuereingänge sind TTL- und CMOS-kompatibel.
Die EIN-Widerstände der Kanäle stimmen innerhalb einer Abweichung von 10% überein.
Im AUS-Zustand beträgt bei 500kHz die Isolation 62dB. Übersprechdämpfung von Kanal zu Kanal ist hierbei 74dB.

Anwendung:
Batteriebetriebene Geräte, Sample-and-Hold-Schaltungen, Schalten von Betriebsspannungen, programmierbare Verstärker, Prozess-Steuerung und Telemetrie.

Daten:

Betriebsspannung:	unipolar	+10 bis+30	V
	bipolar	± 5 bis ±18	V
EIN-Widerstand		typ. 50	Ω
Maximaler Strom je Kanal		30	mA
Schaltzeiten:	Ein	150	ns
	Aus	130	ns

Hersteller:
INT, MAX

DG-303

Analogschalter 2x (1 Öffner + 1 Schließer), für unipolare und bipolare Betriebsspannung

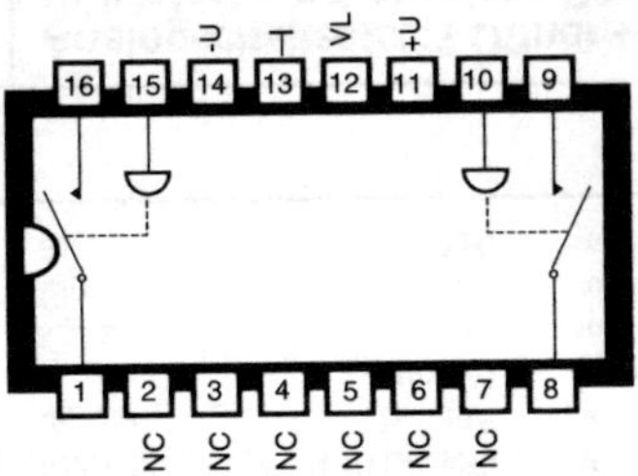

EIN-Widerstand (unipolare Betriebsspannung)

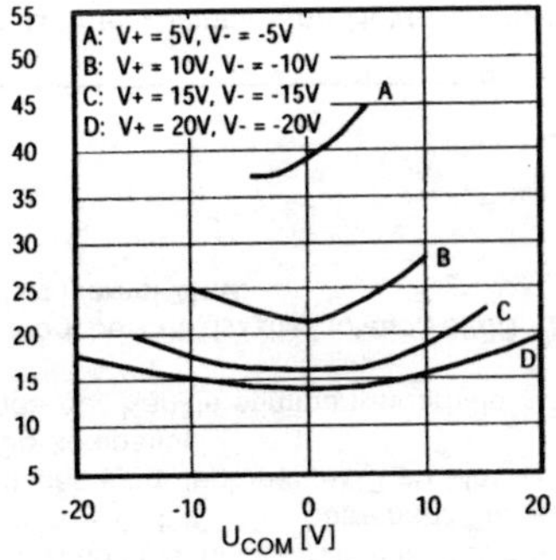

EIN-Widerstand (bipolare Betriebsspannung)

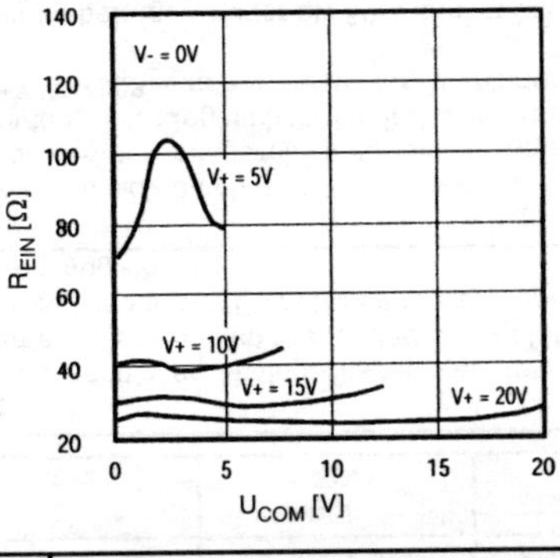

DG-401	**Analogschalter (2 Schließer), für unipolare und bipolare Betriebsspannung**

Fortsetzung :

Eingang	Schalte
L H	AUS EIN

Beschreibung:
Dieser Baustein enthält zwei Analogschalter (2 Schließer) für unipolare und bipolare Betriebsspannung.

Betrieb:
Der Baustein kann mit einer unipolaren Betriebsspannung von +10V bis +30V oder einer bipolaren Betriebsspannung von ±4.5V bis ±20V versorgt werden. Es handelt sich bei diesem Baustein um eine verbesserte Version des Standards DG401.
Er zeichnet sich durch eine verbesserte Übereinstimmung der EIN-Widerstände (max.2Ω Abweichung) zwischen den Kanälen und einem ebenen Verlauf über den Signalbereich (max. 3Ω) aus. Der niedrige EIN-Widerstand von 20Ω leitet das Signal gleich gut in beiden Richtungen.
Die Leitungsaufnahme beträgt weniger als 35µW.
Der Baustein ist CMOS- und TTL-kompatibel.

Anwendung:
Batteriebetriebene Geräte, Kommunikationssysteme, Audio-Signalschaltung, Sample-and-Hold-Schaltungen.

Daten:

Betriebsspannung:	unipolar	+10 bis +30	V
	bipolar	±4.5 bis ±20	V
EIN-Widerstand		typ. 20	Ω
Maximaler Strom je Kanal		30	mA
Schaltzeiten:	Ein	150	ns
	Aus	100	ns

Hersteller:
MAX

DG-401

Analogschalter(2 Schließer), für unipolare und bipolare Betriebsspannung

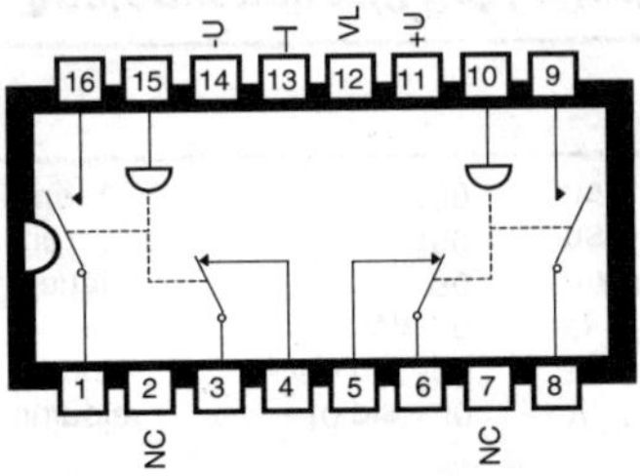

EIN-Widerstand (bipolare Betriebsspannung)

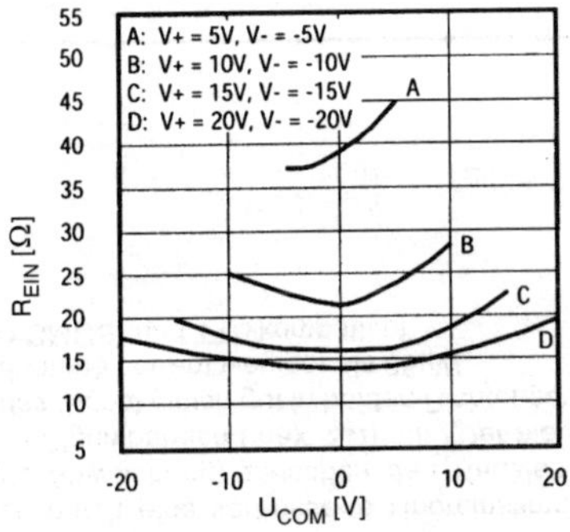

EIN-Widerstand (unipolare Betriebsspannung)

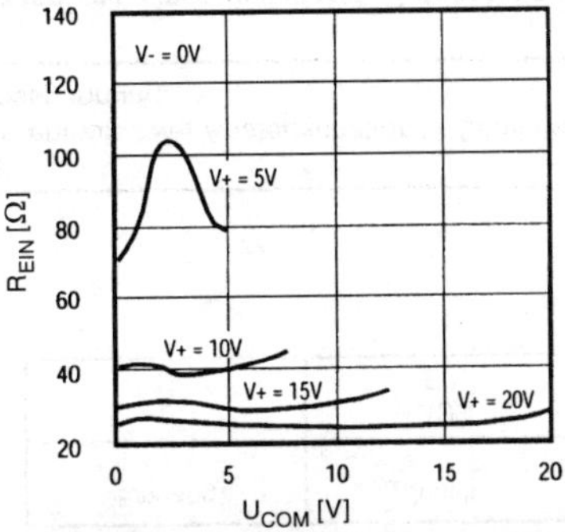

DG-403

Analogschalter, 2x (1 Öffner +1 Schließer) für unipolare und bipolare Betriebsspannung

Fortsetzung :

Eingang	Schalter 1 und 2	Schalte 3 und 4
L H	EIN AUS	AUS EIN

Beschreibung:
Dieser Baustein enthält zwei Analogschalter 2x (1 Öffner + 1 Schließer) für unipolare und bipolare Betriebsspannung.

Betrieb:
Der Baustein kann mit einer unipolaren Betriebsspannung von +10V bis +30V oder einer bipolaren Betriebsspannung von ±4.5V bis ±20V versorgt werden. Es handelt sich bei diesem Baustein um eine verbesserte Version des Standards DG403.
Er zeichnet sich durch eine verbesserte Übereinstimmung der EIN-Widerstände (max. 2Ω Abweichung) zwischen den Kanälen und einem ebenen Verlauf über den Signalbereich (max. 3Ω) aus. Der niedrige EIN-Widerstand von 20Ω leitet das Signal gleich gut in beiden Richtungen.
Die Leitungsaufnahme beträgt weniger als 35µW.
Der Baustein ist CMOS- und TTL-kompatibel.

Anwendung:
Batteriebetriebene Geräte, Kommunikationssysteme, Audio-Signalschaltung, Sample-and-Hold-Schaltungen.

Daten:

Betriebsspannung:	unipolar	+10 bis +30	V
	Bipolar	±4.5 bis ±20	V
EIN-Widerstand		typ. 20	Ω
Maximaler Strom je Kanal		30	mA
Schaltzeiten:	Ein	150	ns
	Aus	100	ns

Hersteller:
MAX

DG-403

Analogschalter, 2x (1 Öffner +1 Schließer) für unipolare und bipolare Betriebsspannung

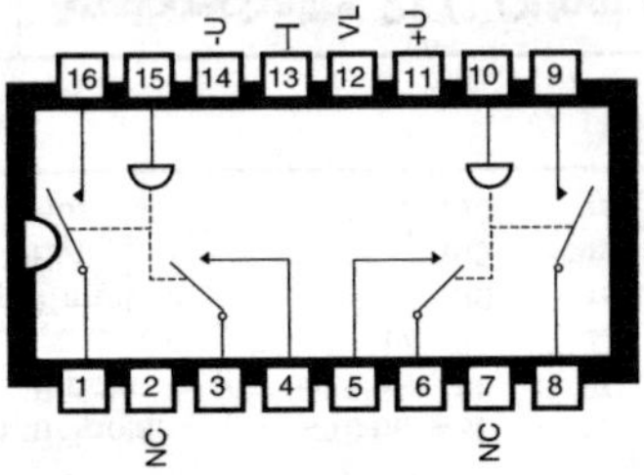

EIN-Widerstand (bipolare Betriebsspannung)

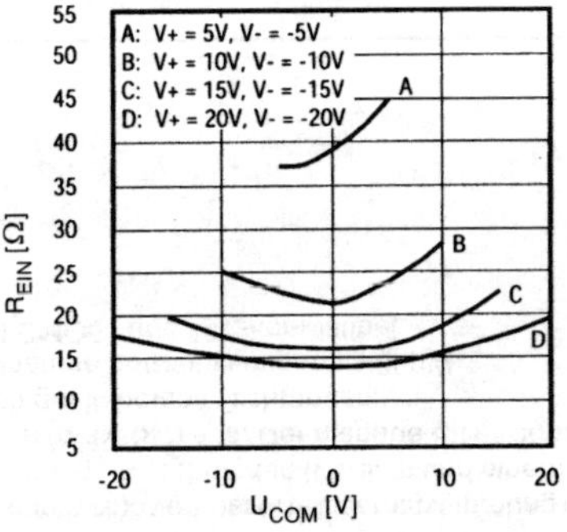

EIN-Widerstand (unipolare Betriebsspannung)

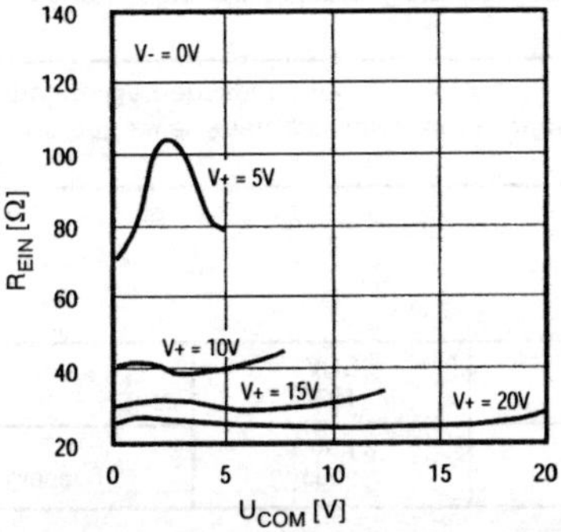

DG-405	**Analogschalter, 2x 2 Schließer, für unipolare und bipolare Betriebsspannung**

Fortsetzung :

Eingang	Schalte
L H	AUS EIN

Beschreibung:

Dieser Baustein enthält zwei Analogschalter (2 x 2 Schließer) für unipolare und bipolare Betriebsspannung.

Betrieb:

Der Baustein kann mit einer unipolaren Betriebsspannung von +10V bis +30V oder einer bipolaren Betriebsspannung von ±4.5V bis ±20V versorgt werden. Es handelt sich bei diesem Baustein um eine verbesserte Version des Standards DG405.

Er zeichnet sich durch eine verbesserte Übereinstimmung der EIN-Widerstände (max.2Ω Abweichung) zwischen den Kanälen und einem ebenen Verlauf über den Signalbereich (max. 3Ω) aus. Der niedrige EIN-Widerstand von 20Ω leitet das Signal gleich gut in beiden Richtungen.

Die Leitungsaufnahme beträgt weniger als 35µW.

Der Baustein ist CMOS- und TTL-kompatibel.

Anwendung:

Batteriebetriebene Geräte, Kommunikationssysteme, Audio-Signalschaltung, Sample-and-Hold-Schaltungen.

Daten:

Betriebsspannung:	unipolar	+10 bis +30	V
	bipolar	±4.5 bis ±20	V
EIN-Widerstand		typ. 20	Ω
Maximaler Strom je Kanal		30	mA
Schaltzeiten:	Ein	150	ns
	Aus	100	ns

Hersteller:

MAX

DG-405 — **Analogschalter, 2x 2 Schließer, für unipolare und bipolare Betriebsspannung**

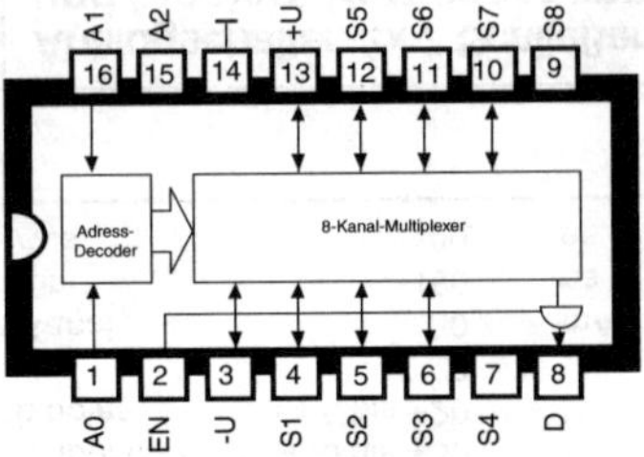

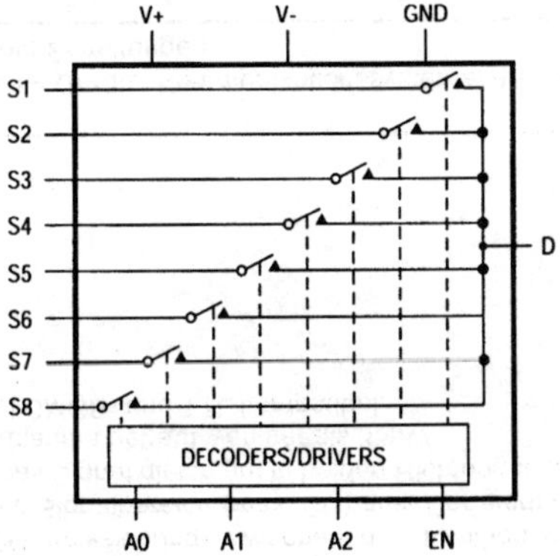

EIN-Widerstand
(bipolare Betriebsspannung)

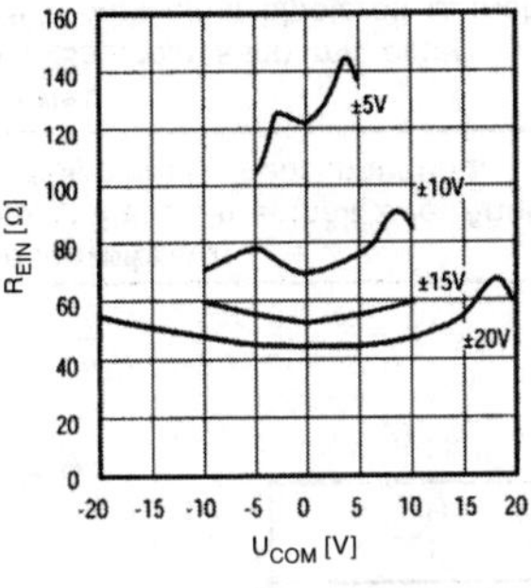

EIN-Widerstand
(unipolare Betriebsspannung)

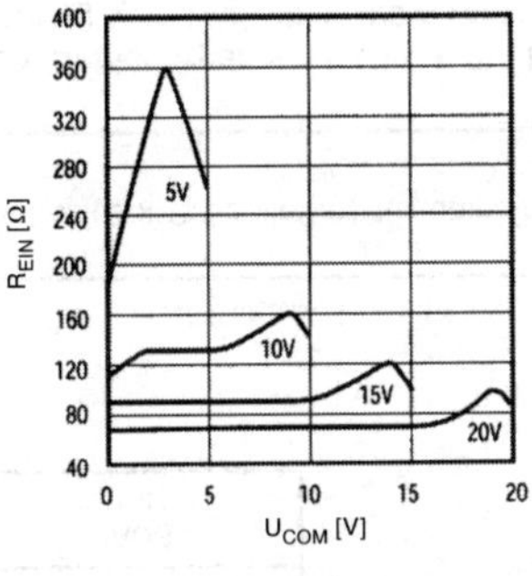

DG-408 — Analogmultiplexer, 8 Kanäle, mit Freigabe-Eingang

Fortsetzung :

A2	A1	A0	EN	Schalter EIN
X	X	X	L	keine
L	L	L	H	1
L	L	H	H	2
L	H	L	H	3
L	H	H	H	4
H	L	L	H	5
H	L	H	H	6
H	H	L	H	7
H	H	H	H	8

Beschreibung:
Dieser Baustein enthält einen 8-Kanal-Multiplexer, der einen von 8 Eingängen auf einen gemeinsamen Ausgang durchschaltet.

Betrieb:
Der Baustein kann an einer unipolaren Betriebsspannung von +4.5V bis +30V oder einer bipolaren Betriebsspannung von ±4.5V bis ±20V verwendet werden. Die Schalter können Analogsignale bis zur Höhe der jeweiligen Betriebsspannung in beiden Richtungen verarbeiten (rail-to-rail).
Der EIN-Widerstand beträgt maximal 100Ω und ist im Signalbereich flach innerhalb maximal 9Ω. Die Abweichung des EIN-Widerstandes zwischen den Kanälen beträgt höchstens 8Ω. Der Leckstrom im AUS-Zustand beträgt bei 25°C nur 5nA.
Im AUS-Zustand beträgt die Isolation –75dB, die Übersprechdämpfung –92dB.
Die digitalen Steuereingänge sind CMOS- und TTL-kompatibel. Die Auswahl der Kanäle erfolgt mit einem 3-Bit-Binärcode an A0 bis A2. Mit dem Freigabe-Eingang (Enable) auf Low sind alle Kanäle ausgeschaltet.
Der Baustein ist gegen Überspannungen bis 2.000V geschützt.
Die Ausführungen von MAXIM stellen verbesserte Versionen des pin-kompatiblen Industriestandards DG408 dar. Der DG408L von Vishay besitzt einen noch niedrigeren EIN-Widerstand (17Ω) und kürzere Schaltzeiten (38/18ns).

Anwendung:
Sample-and-Hold-Schaltungen, Testgeräte, Steuersysteme, Kommunikations-Systeme, Datenerfassungs-Systeme, Audio/Video-Signalverarbeitung.

Daten:

Betriebsspannung:	unipolar	+4.5 bis +30	V
	bipolar	±4.5 bis ±20	V
EIN-Widerstand		typ. 60	Ω
Maximaler Strom je Kanal		30	mA
Schaltzeit		85	ns
Break-Before-Make-Intervall		40	ns

Hersteller:
MAX, VSIL

DG-408

Analogmultiplexer, 8 Kanäle, mit Freigabe-Eingang

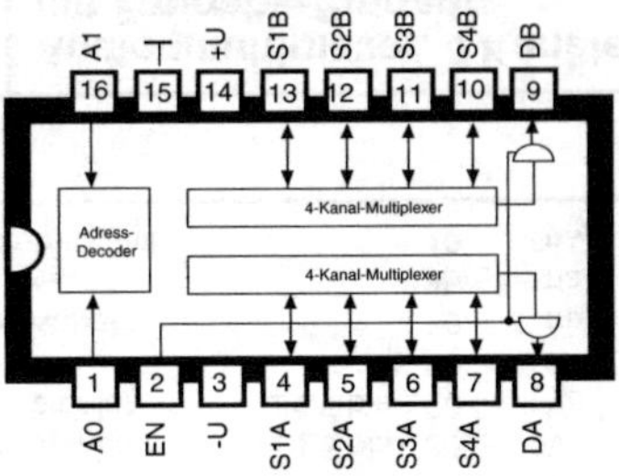

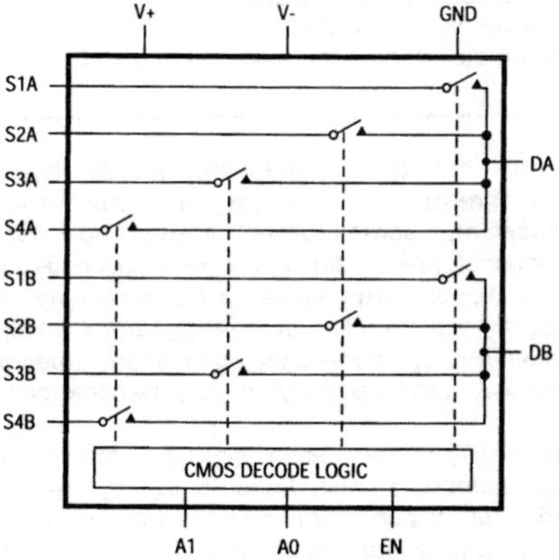

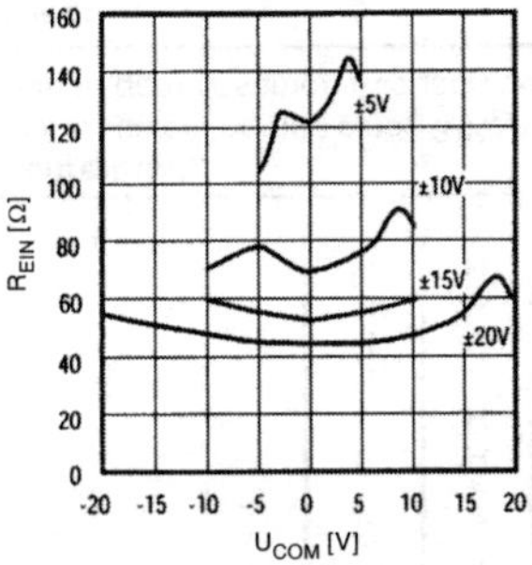

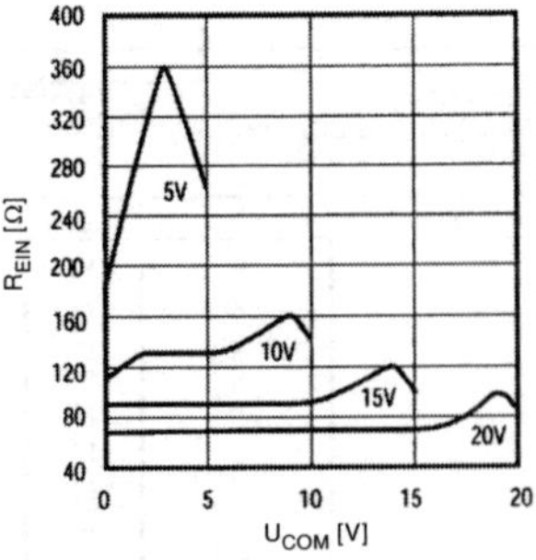

DG-409 | **Analogmultiplexer, 2x 4 Kanäle, mit Freigabe-Eingang**

Fortsetzung :

A1	A0	EN	Schalter EIN
X	X	L	keine
L	L	H	1
L	H	H	2
H	L	H	3
H	H	H	4

Beschreibung:
Dieser Baustein enthält zwei 4-Kanal-Multiplexer, der je einen von 4 Eingängen auf den jeweiligen gemeinsamen Ausgang durchschaltet.

Betrieb:
Der Baustein kann an einer unipolaren Botriebsspannung von +4.5V bis +30V oder einer bipolaren Betriebsspannung von ±4.5V bis ±20V verwendet werden. Die Schalter können Analogsignale bis zur Höhe der jeweiligen Betriebsspannung in beiden Richtungen verarbeiten (rail-to-rail).
Der EIN-Widerstand beträgt maximal 100Ω und ist im Signalbereich flach innerhalb maximal 9Ω . Die Abweichung des EIN-Widerstandes zwischen den Kanälen beträgt höchstens 8Ω. Der Leckstrom im AUS-Zustand beträgt bei 25°C nur 5nA.
Im AUS-Zustand beträgt die Isolation –75dB, die Übersprechdämpfung –92dB. Die digitalen Steuereingänge sind CMOS- und TTL-kompatibel. Die Auswahl der Kanäle erfolgt mit einem 2-Bit-Binärcode an A0 bis A1 und gilt gleichzeitig für beide Multiplexer. Mit dem Freigabe-Eingang (Enable) auf Low sind alle Kanäle ausgeschaltet.
Der Baustein ist gegen Überspannungen bis 2.000V geschützt.
Die Ausführungen von MAXIM stellen verbesserte Versionen des pin-kompatiblen Industriestandards DG409 dar. Der DG409L von Vishay besitzt einen noch niedrigeren EIN-Widerstand (17Ω) und kürzere Schaltzeiten (38/18ns).

Anwendung:
Sample-and-Hold-Schaltungen, Testgeräte, Steuersysteme, Kommunikations-Systeme, Datenerfassungs-Systeme, Audio/Video-Signalverarbeitung.

Daten:

Betriebsspannung:	unipolar	+4.5 bis +30	V
	bipolar	±4.5 bis ±20	V
EIN-Widerstand		typ. 60	Ω
Maximaler Strom je Kanal		30	mA
Schaltzeit		85	ns
Break-Before-Make-Intervall		40	ns

Hersteller:
MAX, VSIL

DG-409

Analogmultiplexer, 2x 4 Kanäle, mit Freigabe-Eingang

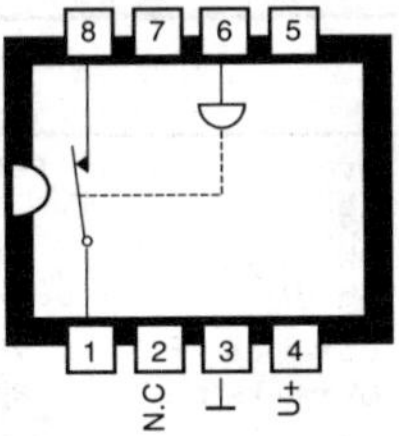

EIN-Widerstand

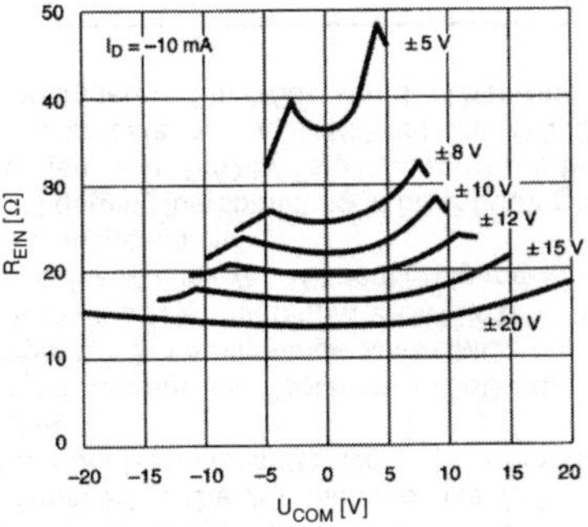

Übersprechdämpfung und Isolation(AUS)

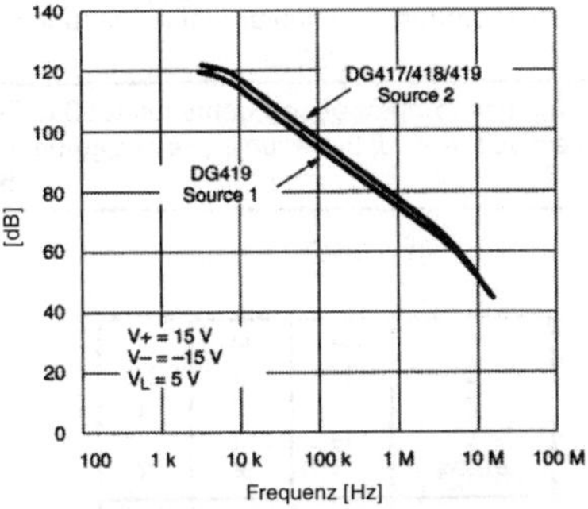

DG-417

Analogschalter (1 Öffner)

Fortsetzung :

Eingang	Schalter
L H	EIN AUS

Beschreibung:
Dieser Baustein enthält einen einzelnen präzisen Analogschalter (Öffner) für bipolare Betriebsspannung.

Betrieb:
Dieser Baustein kann an einer bipolaren Betriebsspannung von ±15V betrieben werden. Da der Baustein Analogsignale bis zum gesamten Betriebsspannungsbereich verarbeiten kann (rail-to-rail), ist er besonders für hohe Analogsignale geeignet.
Mit Pin 3 an Masse ist der Baustein CMOS- und TTL-kompatibel, wobei die Logikschwellwerte 0.8V und 2.4V betragen.
Bei einer Betriebsspannung von ±15V beträgt der EIN-Widerstand 20Ω.
Der DG418 mit derselben Pin-Konfiguration arbeitet als Schließer.

Anwendung:
Batteriebetriebene Gerät, Präzisions-Testgeräte, Sample-and-Hold-Schaltungen, Ansteuerung von Festplatten.

Daten:

Betriebsspannung: bipolar		±5 bis ±15	V
EIN-Widerstand:		typ 20	Ω
Max. Strom je Kanal		30	mA
Schaltzeiten:	Ein	110	ns
	Aus	40	ns

Hersteller:
VSIL

DG-417 | Analogschalter (1 Öffner)

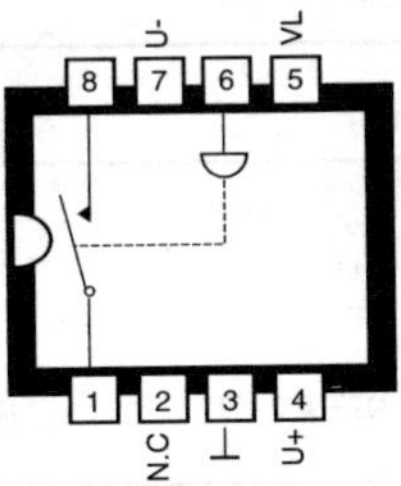

EIN-Widerstand

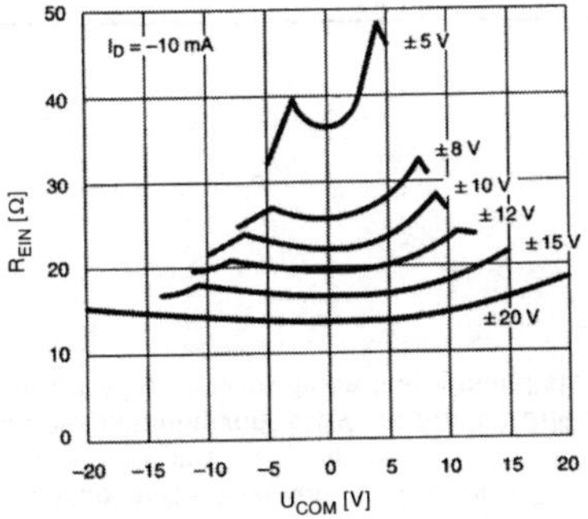

Übersprechdämpfung und Isolation(AUS)

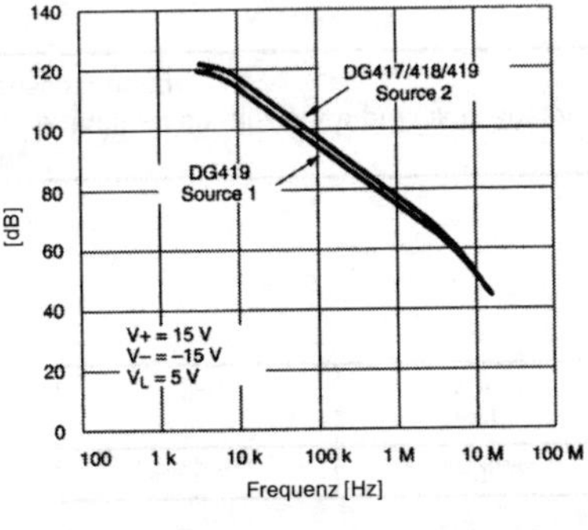

DG-418 | Analogschalter (1 Schließer)

Fortsetzung :

Eingang	Schalter
L H	AUS EIN

Beschreibung:
Dieser Baustein enthält einen einzelnen präzisen Analogschalter (Schließer) für bipolare Betriebsspannung.

Betrieb:
Dieser Baustein kann an einer bipolaren Betriebsspannung von ±15V betrieben werden. Da der Baustein Analogsignale bis zum gesamten Betriebsspannungsbereich verarbeiten kann (rail-to-rail), ist er besonders für hohe Analogsignale geeignet.
Mit Pin 3 an Masse ist der Baustein CMOS- und TTL-kompatibel, wobei die Logikschwellwerte 0.8V und 2.4V betragen.
Bei einer Betriebsspannung von ±15V beträgt der EIN-Widerstand 20Ω.
Der DG417 mit derselben Pin-Konfiguration arbeitet als Öffner.

Anwendung:
Batteriebetriebene Gerät, Präzisions-Testgeräte, Sample-and-Hold-Schaltungen, Ansteuerung von Festplatten.

Daten:

Betriebsspannung: bipolar		±5 bis ±15	V
EIN-Widerstand:		typ 20	Ω
Max. Strom je Kanal		30	mA
Schaltzeiten:	Ein	110	ns
	Aus	40	ns

Hersteller:
VSIL

DG-418 Analogschalter (1 Schließer)

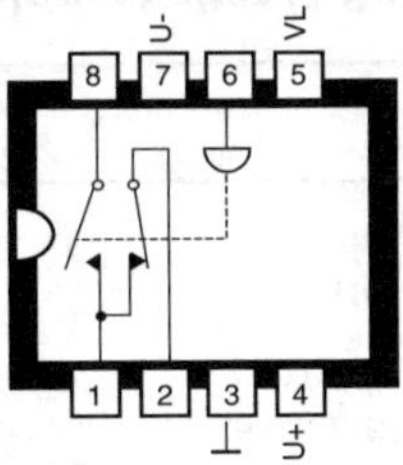

EIN-Widerstand

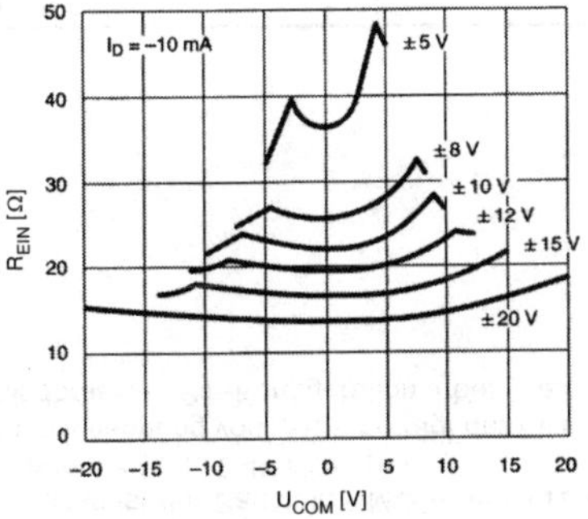

Übersprechdämpfung und Isolation(AUS)

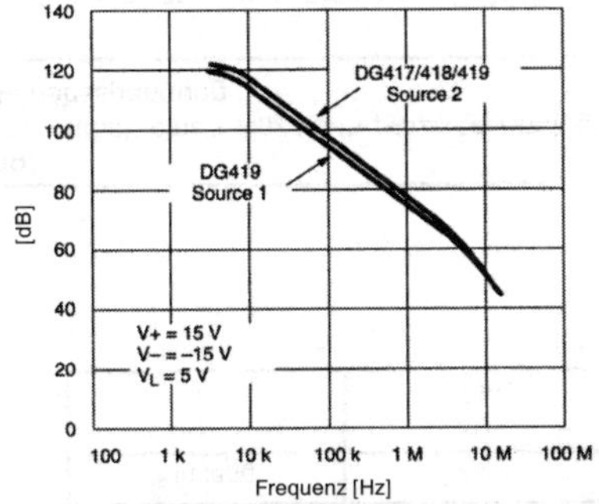

DG-419 Analogschalter (1 Wechsler)

Fortsetzung :

Eingang	Schalter1	Schalter2
L H	EIN AUS	AUS EIN

Beschreibung:
Dieser Baustein enthält einen einzelnen präzisen Analogschalter (Wechsler) für bipolare Betriebsspannung.

Betrieb:
Dieser Baustein kann an einer bipolaren Betriebsspannung von ±15V betrieben werden. Da der Baustein Analogsignale bis zum gesamten Betriebsspannungsbereich verarbeiten kann (rail-to-rail), ist er besonders für hohe Analogsignale geeignet.
Mit Pin 3 an Masse ist der Baustein CMOS- und TTL-kompatibel, wobei die Logikschwellwerte 0.8V und 2.4V betragen.
Bei einer Betriebsspannung von ±15V beträgt der EIN-Widerstand 20Ω.
Durch die unterschiedlichen Ein- und Ausschaltzeiten ist ein Break-before-Make- Betrieb gesichert.

Anwendung:
Batteriebetriebene Gerät, Präzisions-Testgeräte, Sample-and-Hold-Schaltungen, Ansteuerung von Festplatten.

Daten:

Betriebsspannung: bipolar		±5 bis ±15	V
EIN-Widerstand:		typ 20	Ω
Max. Strom je Kanal		30	mA
Schaltzeiten:	Ein	110	ns
	Aus	40	ns

Hersteller:
VSIL

DG-419 | Analogschalter (1 Wechsler)

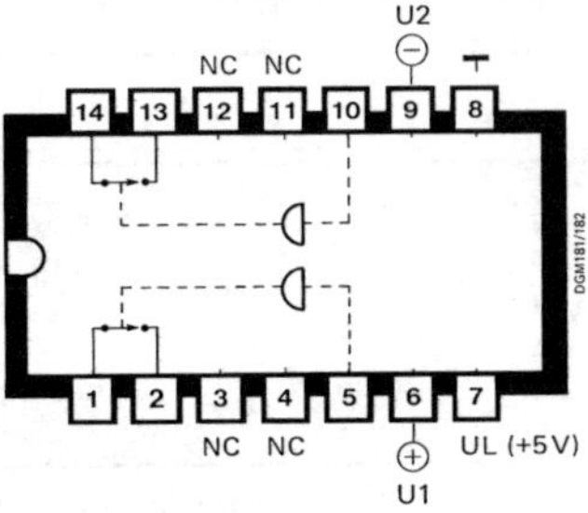

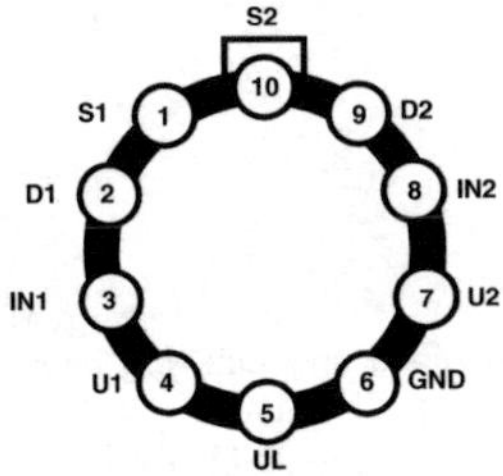

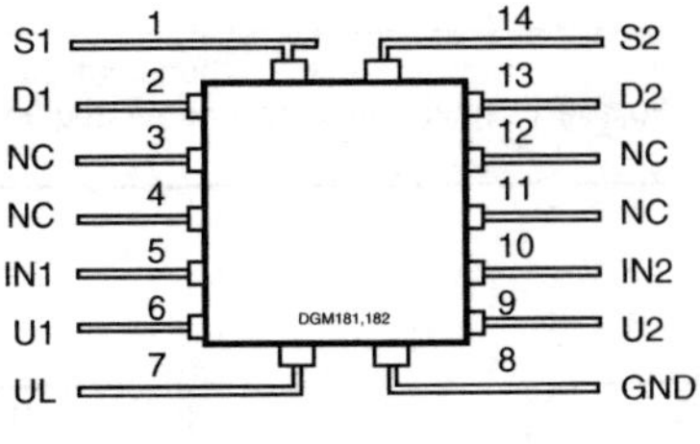

DGM-181/182 | **Analogschalter (2x 1 Öffner)**

Fortsetzung :

Steuer-Eingang	Schalter
L	Aus
H	Ein

Beschreibung:
Dieser Baustein enthält zwei voneinander unabhängige Analogschalter (2 Öffner).

Betrieb:
Jeder der beiden Schalter kann mit dem zugehörigen Steuereingang geöffnet oder geschlossen werden.
Für die Steuersignale reicht normalerweise ein TTL-Pegel aus, d.h. die Schalter öffnen bei +2.4V und schließen wieder bei +0.8V. Pin 7 (UL) liegt normalerweise an einer Spannung von +5V.
Der DGM181 unterscheidet sich vom DGM 182 nur durch einen anderen Ein-Widerstand (DGM181 = 50Ω, DGM182 = 75Ω). Das Übersprechen (crosstalk) zwischen den beiden Schaltern eines ICs liegt unter 50dB.

Anwendung:
Schalten und Multiplexen von analogen und digitalen Signalen

Daten:

Betriebsspannung:	U1	max +18	V
	U2	max –18	V
Ein-Widerstand:	DGM181	50	Ω
	DGM182	75	Ω
Schaltzeiten:	Aus	150	ns
	Ein (DGM181)	180	ns
	Ein (DGM182)	300	ns
Max. Durchlassstrom je Schalter		30	mA
Stromaufnahme		0.1	mA

Hersteller:
ISIL

DGM-181/182 — Analogschalter (2x 1 Öffner)

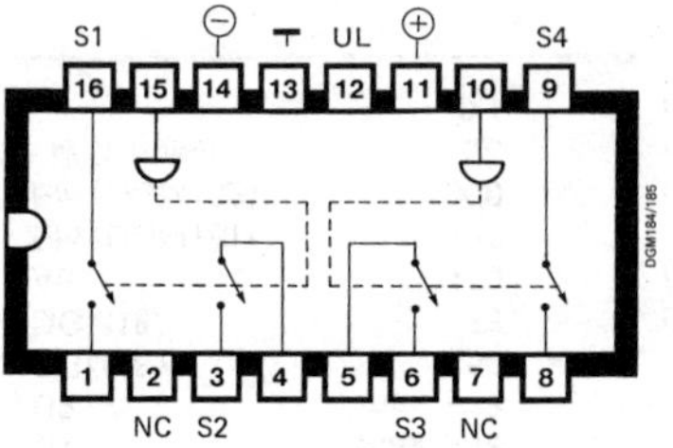

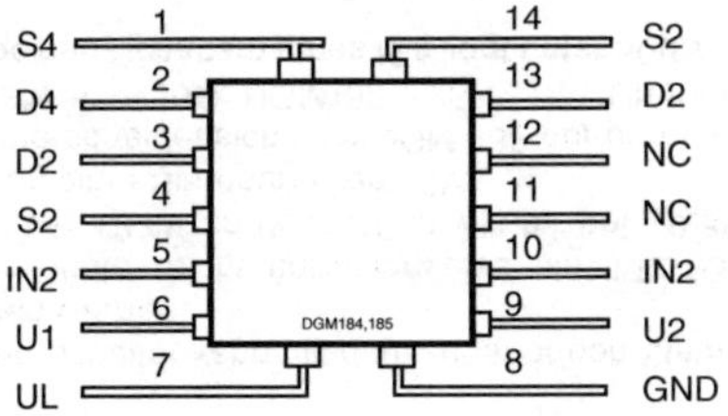

DGM-184/185 | Analogschalter (2x 2 Schließer)

Fortsetzung :

Steuer-Eingang	Schalter
L	Aus
H	Ein

Beschreibung:
Dieser Baustein enthält vier Analogschalter, und zwar zweimal 2 Schließer.

Betrieb:
Über die beiden Steuer-Eingänge können jeweils 2 Schalter geschlossen oder geöffnet werden.
Für die Steuersignale reicht normalerweise ein TTL-Pegel aus, d.h. die Schalter schließen bei +2.4V und öffnen wieder bei +0.8V. Pin 12 (UL) liegt normalerweise an einer Spannung von +5V.
Der DGM184 unterscheidet sich vom DGM185 nur durch einen anderen Ein-Widerstand (DGM184 = 50Ω, DGM185 = 75Ω).

Anwendung:
Schalten und Multiplexen von analogen und digitalen Signalen

Daten:

Betriebsspannung:	U1	max +18	V
	U2	max –18	V
Ein-Widerstand:	DGM184	50	Ω
	DGM185	75	Ω
Schaltzeiten:	Aus	150	ns
	Ein (DGM184)	180	ns
	Ein (DGM185)	300	ns
Max. Durchlassstrom je Schalter		30	mA
Stromaufnahme		9.1	mA

Hersteller:
ISIL

DGM-184/185 Analogschalter (2x 2 Schließer)

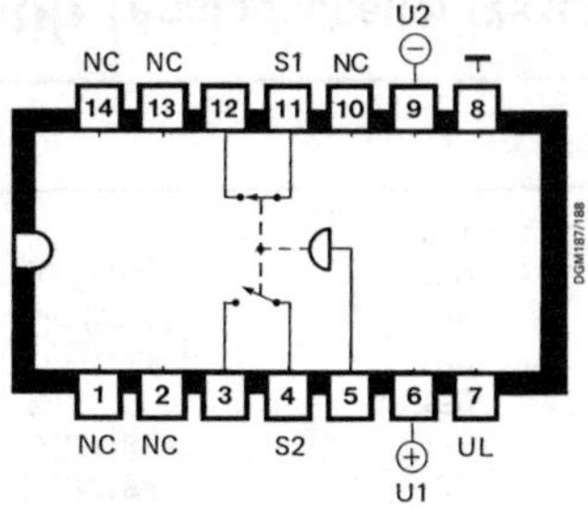

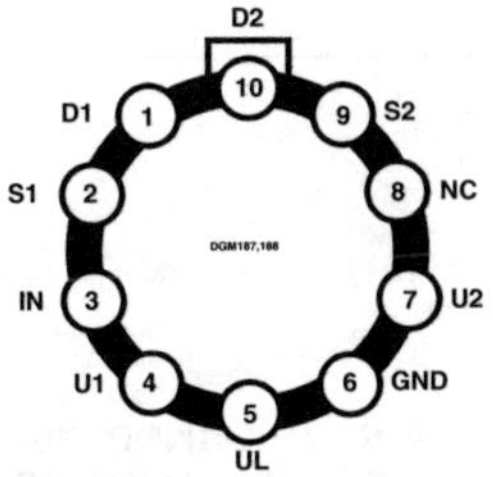

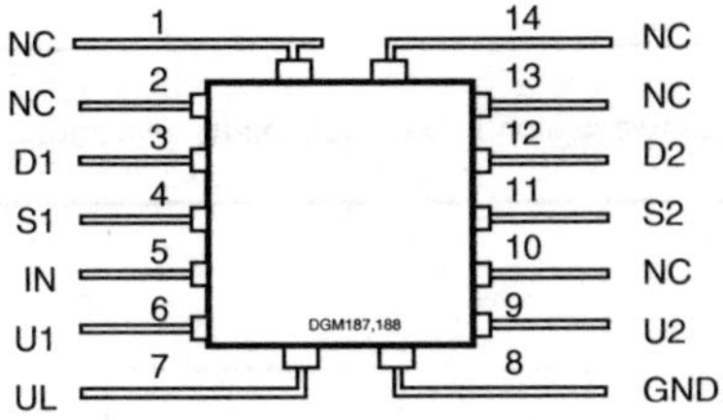

DGM-187/188 | **Analogschalter 1x (1 Öffner + 1 Schließer)**

Fortsetzung :

Steuer-Eingang	Schalter S1	S2
L	Ein	Aus
H	Aus	Ein

Beschreibung:
Dieser Baustein enthält zwei Analogschalter, von denen einer über einen gemeinsamen Eingang geöffnet und der andere geschlossen wird.

Betrieb:
Über einen gemeinsamen Steuer-Eingang kann der eine Schalter geöffnet und der andere geschlossen werden, und umgekehrt. Verbindet man je einen der beiden Schalteranschlüsse miteinander, so erhält man einen Wechsler.
Für das Steuersignal reicht normalerweise ein TTL-Pegel aus, d.h. die Schalter werden bei +2.4V betätigt und kehren bei +0.8V in ihre ursprüngliche Lage zurück. Pin 7 (UL) liegt normalerweise an einer Spannung von +5V.
Der DGM187 unterscheidet sich vom DGM188 nur durch einen anderen Ein-Widerstand (DGM187 = 50Ω, DGM188 = 75Ω).

Anwendung:
Schalten und Multiplexen von analogen und digitalen Signalen

Daten:

Betriebsspannung:	U1	max	+18	V
	U2	max	–18	V
Ein-Widerstand:	DGM187		50	Ω
	DGM188		75	Ω
Schaltzeiten:	Ein (DGM187)		180	ns
	Ein (DGM188)		300	ns
	Aus		150	ns
Max. Durchlassstrom je Schalter			30	mA
Stromaufnahme			0.1	mA

Hersteller:
ISIL

DGM-187/188

Analogschalter 1x (1 Öffner + 1 Schließer)

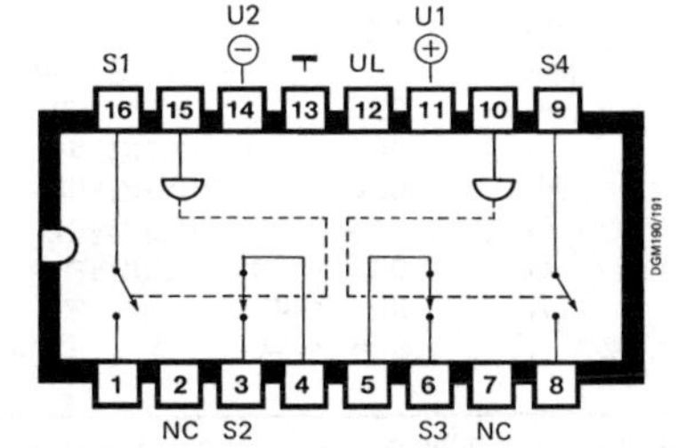
U2
U1
S1
UL
S4
16
15
14
13
12
11
10
9
DGM190/191
1
2
3
4
5
6
7
8
NC
S2
S3
NC

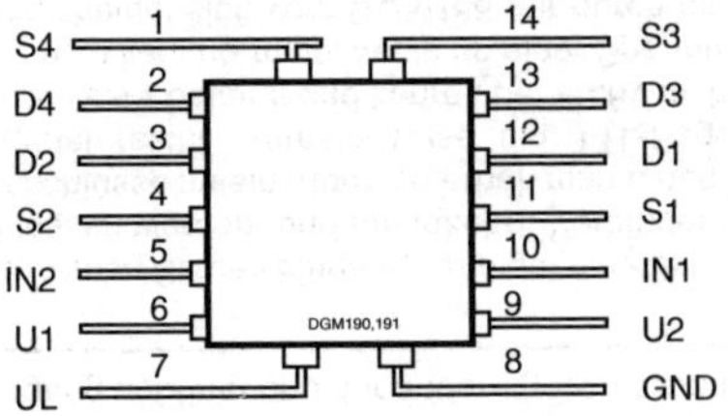
S4
D4
D2
S2
IN2
U1
UL
S3
D3
D1
S1
IN1
U2
GND
1
2
3
4
5
6
7
14
13
12
11
10
9
8
DGM190,191

Fortsetzung :

Steuer-Eingänge	Schalter S1, S3	Schalter S2, S4
L	Aus	Ein
H	Ein	Aus

Beschreibung:
Dieser Baustein enthält vier Analogschalter, von denen über zwei Eingänge jeweils ein Schalter geöffnet und der andere geschlossen wird.

Betrieb:
Über 2 getrennte Steuer-Eingänge kann jeweils ein Schalter geöffnet und der ander geschlossen werden, und umgekehrt. Durch entsprechendes externes Verbinden lassen sich 2 Wechsler aufbauen.
Für das Steuersignal reicht normalerweise ein TTL-Pegel aus, d.h. die Schalter werden bei +2.4V betätigt und kehren bei +0.8V in ihre ursprüngliche Lage zurück. Pin 12 (UL) liegt normalerweise an einer Spannung von +5V.
Der DGM190 unterscheidet sich vom DGM191 nur durch einen anderen Ein-Widerstand (DGM190 = 50Ω, DGM191 = 75Ω).

Anwendung:
Schalten und Multiplexen von analogen und digitalen Signalen

Daten:

Betriebsspannung:	U1	max +18	V
	U2	max –18	V
Ein-Widerstand:	DGM190	50	Ω
	DGM191	75	Ω
Schaltzeiten:	Aus	150	ns
	Ein (DGM190)	180	ns
	Ein (DGM191)	300	ns
Max. Durchlassstrom je Schalter		30	mA
Stromaufnahme		0.1	mA

Hersteller:
ISIL

DGM-190/191

Analogschalter 2x (1 Öffner + 1 Schließer)

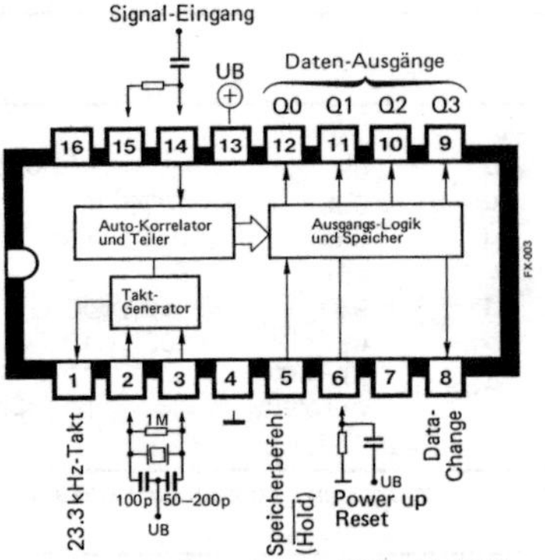

16-poliges Dual-in-Line-Gehäuse, Abstand der Pin-Reihen jedoch 15.24mm

Anwendungsschaltung:
(Vieltonauswerter)

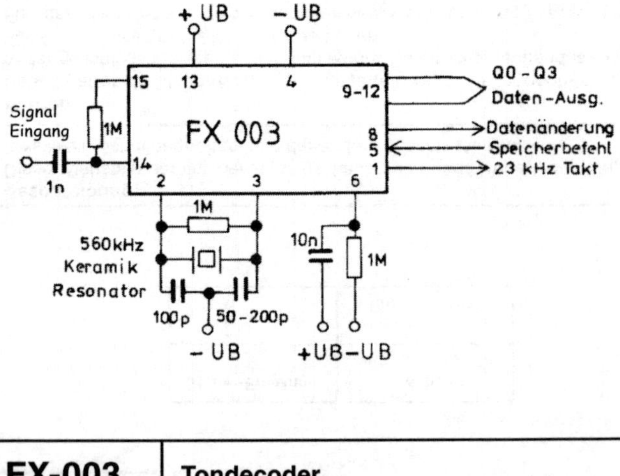

FX-003

Tondecoder

Fortsetzung :

Tonfrequenzen in Hz								
003-QA (EIA)	003-QC (CCIR)	003-QE (EEA)	003-QZ (ZVEI)	Ausgangs-Code Q3	Q2	Q1	Q0	QTC Zeichen
600	1981	1981	2400	0	0	0	0	0
741	1124	1124	1060	0	0	0	1	1
882	1197	1197	1160	0	0	1	0	2
1023	1275	1275	1270	0	0	1	1	3
1164	1358	1358	1400	0	1	0	0	4
1305	1446	1446	1530	0	1	0	1	5
1446	1540	1540	1670	0	1	1	0	6
1587	1640	1640	1830	0	1	1	1	7
1728	1747	1747	2000	1	0	0	0	8
1869	1860	1860	2200	1	0	0	1	9
2151	2400	1055	2800	1	0	1	0	A
2433	930	930	810	1	0	1	1	B
2010	2247	2247	970	1	1	0	0	C
2292	991	991	886	1	1	0	1	D
459	2110	2110	2600	1	1	1	0	E
Notone	Notone	Notone	Notone	1	1	1	1	F

Beschreibung:
Dieser Baustein enthält einen Tonauswerter, der 15 verschiedene Frequenzen erkennt und als 4-Bit-Wort ausgibt.

Betrieb:
Bei diesem Baustein sind die Tonreihen nach ZVEI (= FX003-QZ, oder EIA = FX003-QA, CCIR = FX003-QC, EEA = FX003-QE) einschließlich der Hilfsfrequenzen 810, 886, 970 und 2800Hz intern programmiert. Ein Ton, der nicht in dieses Frequenzmuster fällt (oder Rauschen) wird als “Notone“ (binär 1111) angezeigt. Die Referenzfrequenz (23.3kHz) wird durch einen externen Keramikresonator erzeugt, der Oszillator ist im Baustein enthalten. Der Ausgang Pin 8 gibt bei jeder Datenänderung einen positiven Impuls ab. Hold auf Low speichert die gerade anstehenden Daten. An Pin 1 kann man die 23.3kHz zur Steuerung anderer Bausteine entnehmen.

Anwendung:
Tonfolge-Auswerter, Datenübertragung etc.

Daten:

Auswertezeit (unabhängig von der Eingangsfrequenz)	25 ms
Eingangssignal	0.1Vss...UB
Bandbreite	±2%
Auswertung noch bei	0dB SNR
Betriebsspannung (UB)	3 — 8 V
Stromaufnahme	0.5 mA

Hersteller:
CML

FX-003

Tondecoder

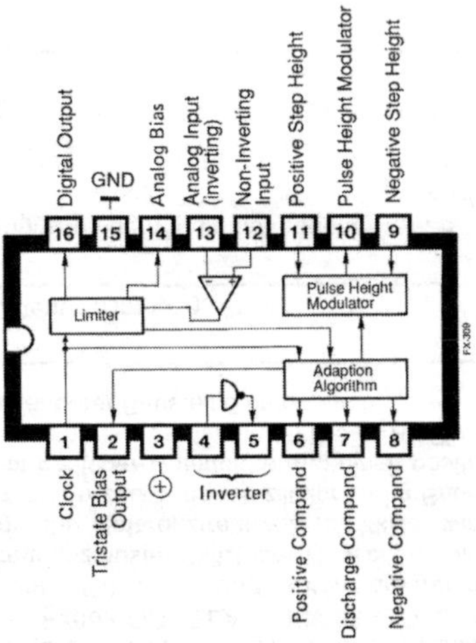

Anwendung zur Sprachverschlüsselung

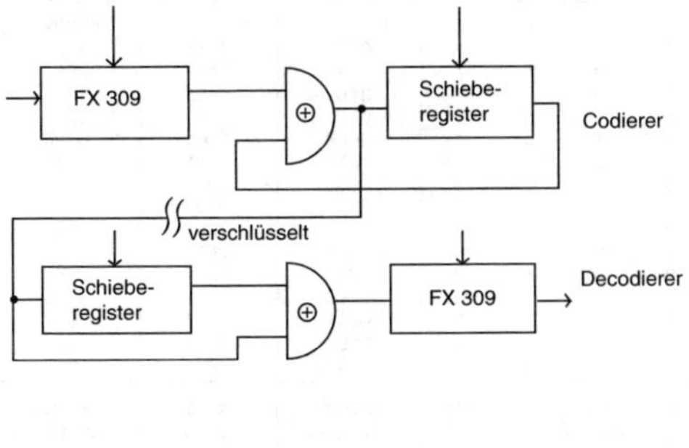

FX-309 Deltamodulator

Fortsetzung :

Beschreibung:
Dieser Baustein enthält alle aktiven Elemente für einen Codierer und Decodierer zur Übertragung von deltamodulierten NF-Signalen (mit kontinuierlich variabler Hüllkurve).

Betrieb:
Der Eingangs-Differentialverstärker (Komparator) steuert einen getakteten Begrenzer und erzeugt das digitale Ausgangssignal.
Das auf diese Weise erzeugte sequentielle Signal wird in der "Adaptions-Logik" analysiert, welche 3 Einsen oder Nullen "feststellt" und die Compand-Ausgangssignale bildet. Diese werden in zwei identischen RC-Netzwerken integriert und erzeugen Spannungen mit entgegengesetzter Polarität, abhängig von der Amplitude des Eingangssignals. Eine dieser Spannungen wird zu einem RC-Glied, dem sogenannten "Local Decoder" über den Impulshöhen-Modulator geschaltet. Die Polarität dieser geschalteten Spannung wird durch den Logikausgang bestimmt. Das Signal des "Local-Decoders" wird dann dem nicht-invertierenden Eingang des Differentialverstärkers zugeführt, um diesen dem Eingangssignal nachzuführen.
Steigt das Eingangssignal in positiver Richtung an, ergibt sich am Ausgang ein logisch 0. Wenn dagegen die Signal-Amplitude negativer als Local Decoder ist, wird der Ausgang logisch 1 sein. Ohne Eingangssignal wird ein Muster 1010.... erzeugt. Als Decoder arbeitet der Baustein mit offener Rückkopplungs-Schleife und erzeugt aus dem ankommenden Digitalsignal wieder die ursprüngliche Analog-Spannung. Nähere Einzelheiten für die Beschaltung entnehmen Sie bitte dem einschlägigen Datenblatt.

Anwendung:
Digitale Signalübertragung, Verzögerung von NF-Signalen, Sprachverschlüsselung

Daten:

Betriebsspannung	4.5—8	V
Stromaufnahme	4	mA

Hersteller:
CML

FX-309 Deltamodulator

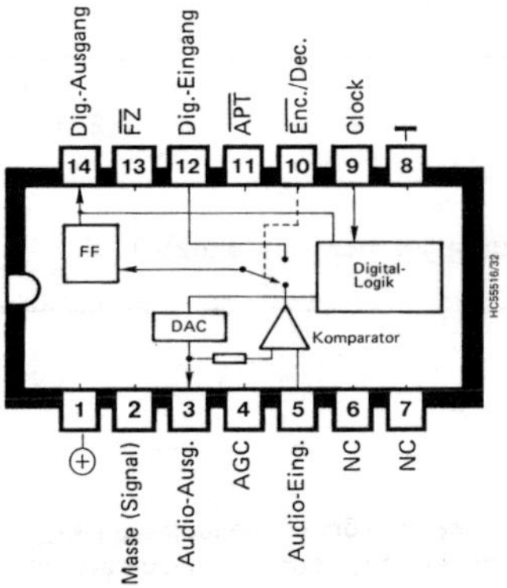

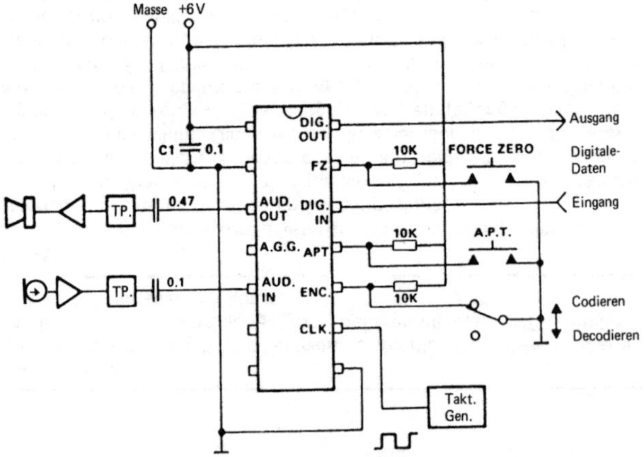

HC-55516/32

Deltamodulator

Fortsetzung :

Audio-Verzögerungsleitung:

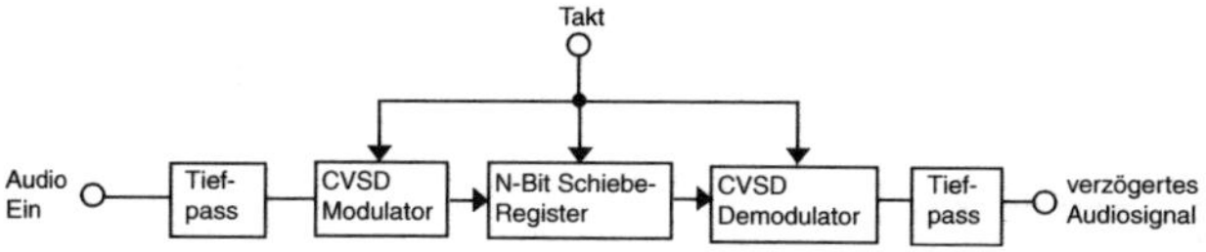

Beschreibung:
Dieser Baustein enthält einen Modulator/Demodulator für eine Deltamodulation mit kontinuierlich variabler Hüllkurve.

Betrieb:
Dieser Baustein benötigt sehr wenig externe Bauteile (siehe Schaltbild). Wenn man den Anschluss FZ (Force Zero) auf Low legt, geht der Sendeausgang, die interne Logik und das wiedergewonnene Ausgangssignal in den Ruhezustand.
Legt man Anschluss ART (Alternate Plain Text) auf Low, so gibt der Baustein ein Ruhemuster (1010...) ab. Der 55516 ist für eine Taktfrequenz von 16kHz und der 55532 für 32kHz vorgesehen.

Anwendung:
Digitale Signalübertragung, Verzögerung von NF-Signalen, Sprachverschlüsselung

Daten:

Betriebsspannung:	4.5—6	V
Stromaufnahme	1	mA

Hersteller:
HA

HC-55516/32 | Deltamodulator

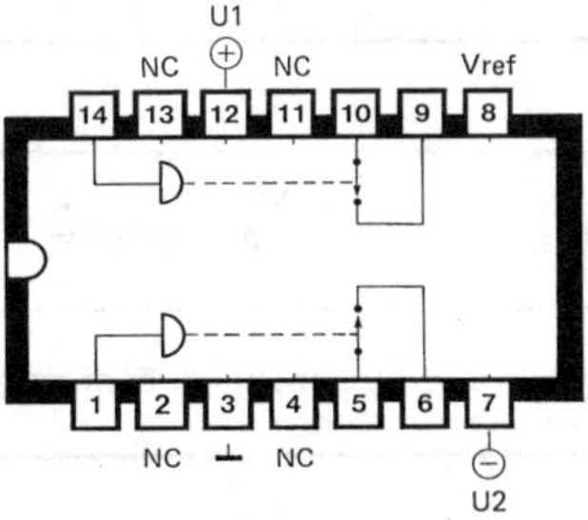

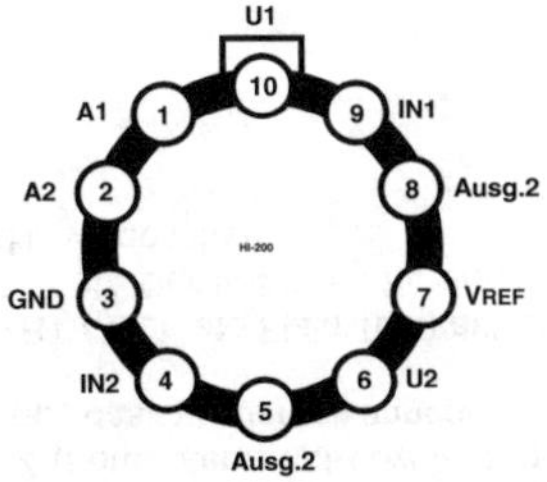

Schalterstrom in Abhängigkeit von der Spannung

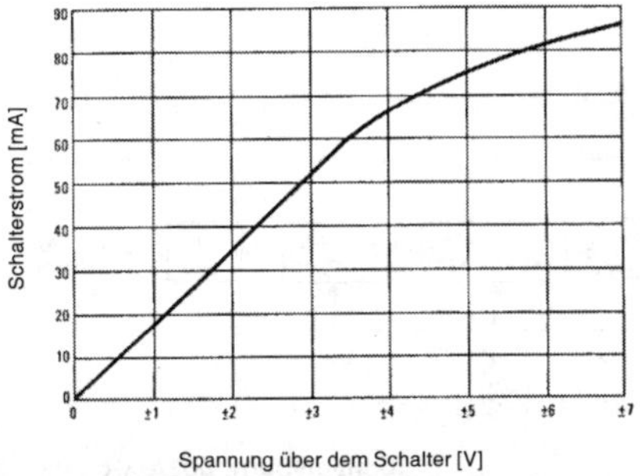

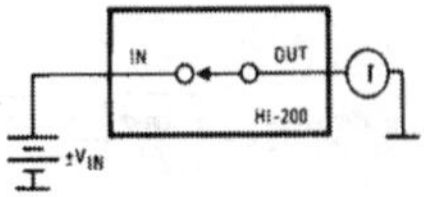

HI-200 | Analogschalter, (2x 1 Öffner)

Fortsetzung :

Steuer-Eingang	Schalter
L	Ein
H	Aus

Beschreibung:
Dieser Baustein enthält zwei voneinander unabhängige Analogschalter (Öffner).

Betrieb:
Jeder der beiden Schalter kann mit dem zugehörigen Steuereingang geöffnet oder geschlossen werden.
Für das Steuersignal reicht normalerweise bereits ein TTL-Pegel aus, d.h. die Schalter öffnen bei +2.4 V und schließen wieder bei 0.8V. Dies gilt jedoch nur bei U1 = +15V. Bei kleineren Betriebsspannungen muss über einen externen Widerstand zwischen den Pins 12 und 8 (Vref) an letzterem wieder eine Spannung von +2.4V hergestellt werden.
Durch eine interne Verzögerung ist gesichert, dass der eine Schalter schneller öffnet als der andere schließt (break-before-make). Das wäre bei diesem Baustein der Fall, wenn die Steuer-Eingänge gleichzeitig mit Impulsen entgegengesetzter Polarität beaufschlagt würden. Diese Verzögerung beträgt 60ns.

Anwendung:
Schalten oder Multiplexen von analogen oder digitalen Signalen, Sample-and-Hold-Schaltungen, digitale Filter, etc.

Daten:

Betriebsspannung:	U1	max	+22	V
	U2	max	–22	V
Ein-Widerstand			55	Ω
Max. Analog-Amplitude			±15	V
Schaltzeiten:	Aus		500	ns
	Ein		240	ns
Max. Durchlassstrom je Schalter			80	mA
Stromaufnahme			0.5	mA

Hersteller:
HA

HI-200 — **Analogschalter, (2x 1 Öffner)**

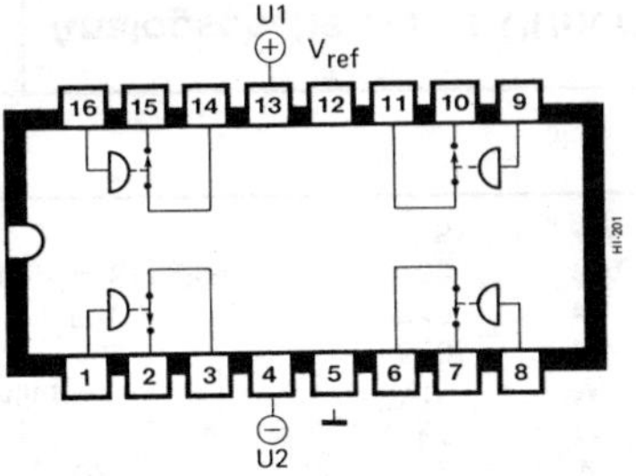

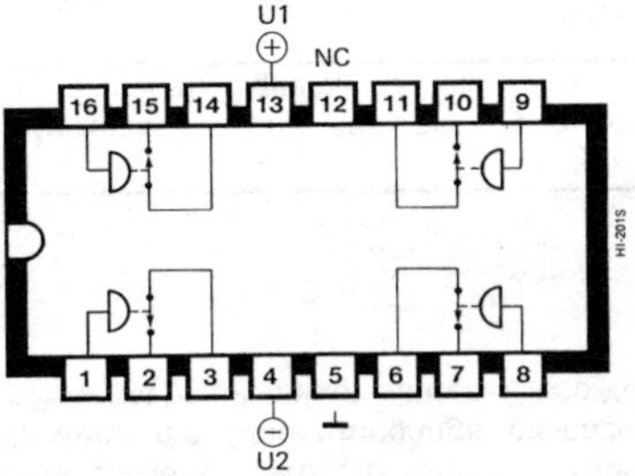

Dämpfung zwischen den Schaltern
in Abhängigkeit von der Frequenz:

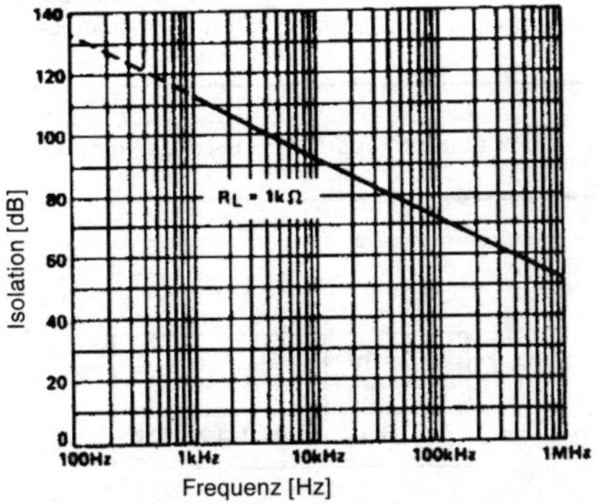

HI-201 | **Analogschalter (4x 1 Öffner)**

Fortsetzung :

Steuer-Eingang	Schalter
L	Ein
H	Aus

Beschreibung:
Dieser Baustein enthält vier voneinander unabhängige Analogschalter (Öffner).

Betrieb:
Jeder der 4 Schalter kann mit dem zugehörigen Steuer-Eingang geöffnet oder geschlossen werden.
Für das Steuersignal reicht normalerweise bereits ein TTL-Pegel aus, d.h. die Schalter öffnen bei +2.4V und schließen wieder bei 0.8V. Dies gilt jedoch nur bei U1 = +15V.
Bei kleineren Betriebsspannungen muss über einen externen Widerstand zwischen Pin 13 und 12 (Vref) an letzterem wieder eine Spannung von +2.4V hergestellt werden.
Durch eine interne Verzögerung ist gesichert, dass ein Schalter schneller öffnet als der andere schließt (break-before-make). Das wäre bei diesem Baustein der Fall, wenn die Steuer-Eingänge gleichzeitig mit Impulsen entgegengesetzter Polarität beaufschlagt würden. Diese Verzögerung beträgt 30ns.
Eine Ausführung mit einer wesentlich kürzeren Einschaltzeit von nur 30ns ist der HI-201 S. Pin 12 ist bei diesem Baustein nicht angeschlossen.

Anwendung:
Schalten oder Multiplexen von analogen oder digitalen Signalen, Sample-and-Hold-Schaltungen, digitale Filter, etc.

Daten:

Betriebsspannung:	U1	max	+22	V
	U2	max	–22	V
Ein-Widerstand			55	Ω
Max. Analog-Amplitude			±15	V
Schaltzeiten:	Aus		220	ns
	Ein		185	ns
Max. Durchlassstrom je Schalter			80	mA
Stromaufnahme			0.5	mA

Hersteller:
HA

HI-201 — Analogschalter (4x 1 Öffner)

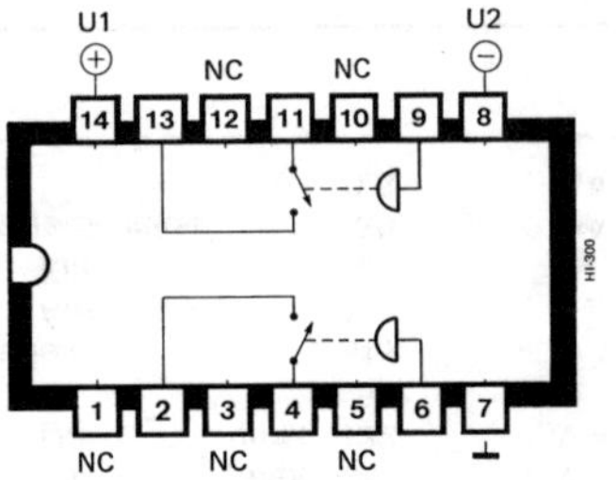

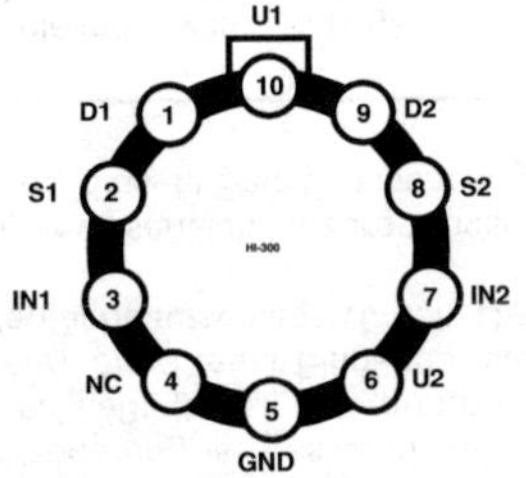

Isolation zwischen den Schaltern
in Abhängigkeit von der Frequenz:

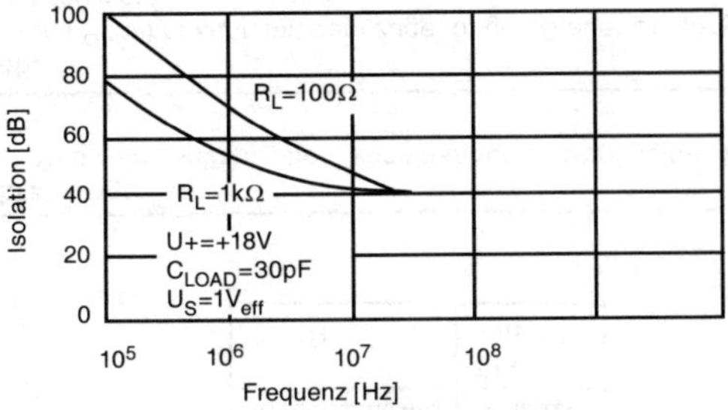

HI-300	**Analogschalter (2x1 Schließer), TTL-kompatibel**

Fortsetzung :

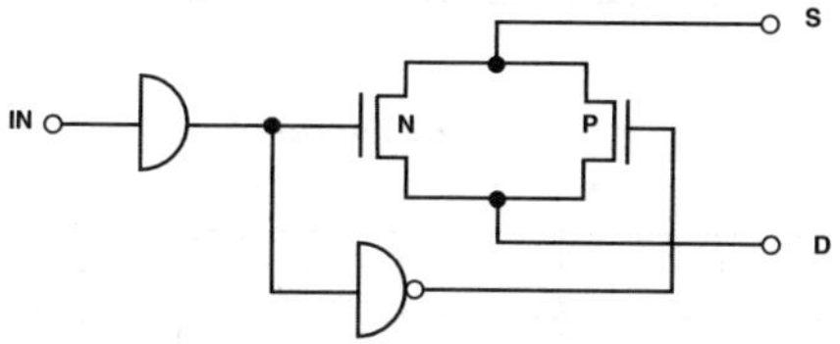

Funktionsdiagramm

Steuer-Eingang	Schalter
L	Aus
H	Ein

Beschreibung:
Dieser Baustein enthält zwei getrennte Analogschalter (Schließer) mit TTL-kompatiblen Steuer-Eingängen.

Betrieb:
Jeder der beiden Schalter kann mit dem zugehörigen Steuer-Eingang geschlossen oder geöffnet werden.
Der HI-300 ist TTL-kompatibel, d.h. die Schalter schließen bei einem Steuersignal über +4 V und öffnen unter 0.8V.

Anwendung:
Schalten analoger Signale, Sample-and-Hold-Schaltungen

Daten:

Betriebsspannung:	U1	max	+22	V
	U2	max	–22	V
Ein-Widerstand			35	Ω
Max. Analog-Amplitude			±15	V
Schaltzeiten:	Ein		210	ns
	Aus		160	ns
Max. Durchlassstrom je Schalter			60	mA
Stromaufnahme			10	µA

Hersteller:
HA

HI-300

Analogschalter (2x1 Schließer), TTL-kompatibel

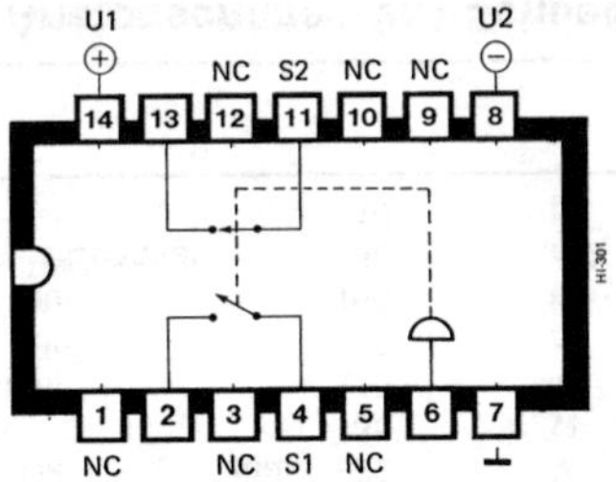

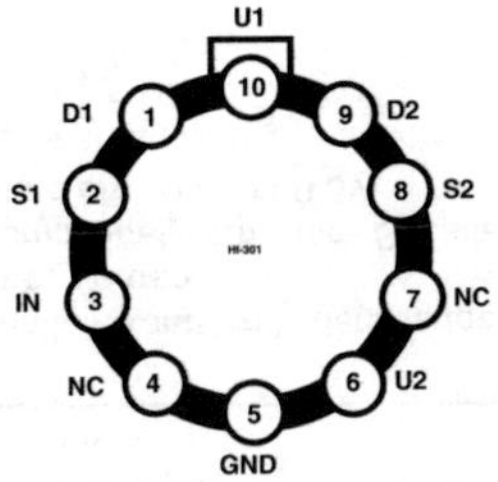

Isolation zwischen den Schaltern
in Abhängigkeit von der Frequenz:

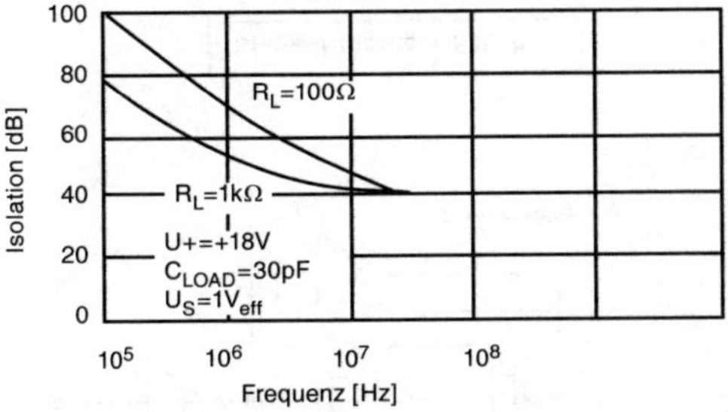

HI-301

Analogschalter, 1x (1 Offner + 1 Schließer), TTL-kompatibel

Fortsetzung :

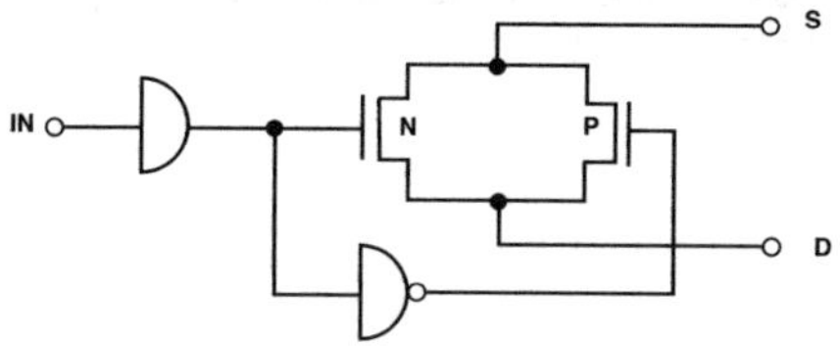

Funktionsdiagramm

Steuer-Eingang	Schalter 1 (Schließer)	Schalter 2 (Öffner)
L	Aus	Ein
H	Ein	Aus

Beschreibung:
Dieser Baustein enthält zwei Analogschalter, die aus einem gemeinsam betätigten Schliesser und Öffner bestehen. Der Steuer-Eingang ist TTL-kompatibel.

Betrieb:
Über einen gemeinsamen Steuer-Eingang können die beiden Schalter gleichzeitig betätigt werden.
Der Steuereingang ist TTL-kompatibel, d.h. ein Schalter (Schließer) schließt bei einer Steuerspannung über +4V und öffnet unter 0.8V, der andere Schalter (Öffner) öffnet bei einer Steuerspannung über +4V und schließt unter 0.8V.
Eine interne Verzögerung sorgt dafür, dass der eine Schalter früher öffnet als der andere schließt (break-before-make). Diese Verzögerung beträgt 60ns.

Anwendung:
Schalten analoger Signale, Sample-and-Hold-Schaltungen

Daten:

Betriebsspannung:	U1	max	+22	V
	U2	max	–22	V
Ein-Widerstand			35	Ω
Max. Analog-Amplitude			±15	V
Schaltzeiten:	Ein		210	ns
	Aus		160	ns
Max. Durchlassstrom je Schalter			60	mA
Stromaufnahme			10	µA

Hersteller:
HA

HI-301 — Analogschalter, 1x (1 Offner + 1 Schließer), TTL-kompatibel

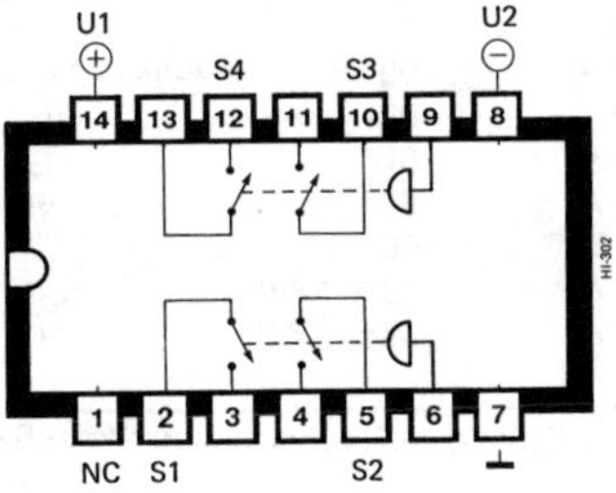

Isolation zwischen den Schaltern
in Abhängigkeit von der Frequenz:

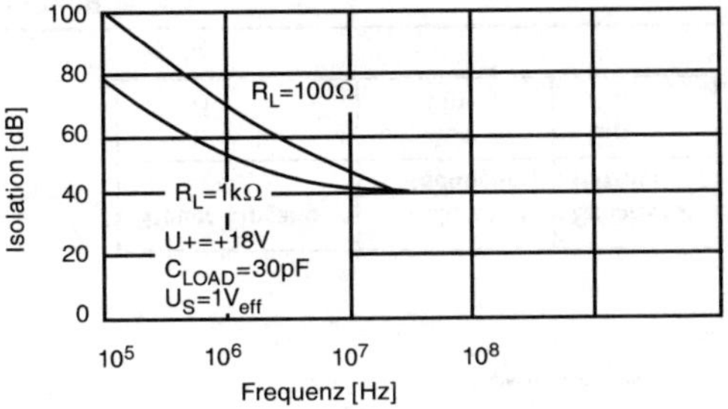

HI-302 | **Analogschalter, 2x 2 Schließer, TTL-kompatibel**

Fortsetzung :

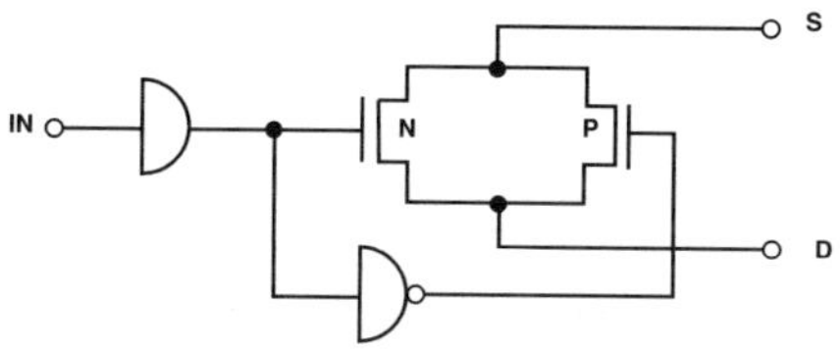

Funktionsdiagramm

Steuer-Eingang	Schalter
L	Aus
H	Ein

Beschreibung:
Dieser Baustein enthält vier Analogschalter, von denen je zwei Schalter (2 Schließer) über zwei getrennte Steuer-Eingänge betätigt werden. Die Steuer-Eingänge sind TTL-kompatibel.

Betrieb:
Über die beiden Steuer-Eingänge werden jeweils 2 Schließer betätigt.
Die Steuer-Eingänge sind TTL-kompatibel, d.h. die Schalter schließen bei einer Steuerspannung über +4V und öffnen unter 0.8V.

Anwendung:
Schalten analoger Signale, Sample-and-Hold-Schaltungen

Daten:

Betriebsspannung:	U1	max	+22	V
	U2	max	–22	V
Ein-Widerstand			35	Ω
Max. Analog-Amplitude			±15	V
Schaltzeiten:	Ein		210	ns
	Aus		160	ns
Max. Durchlassstrom je Schalter			60	mA
Stromaufnahme			10	µA

Hersteller:
HA

HI-302 — Analogschalter, 2x 2 Schließer, TTL-kompatibel

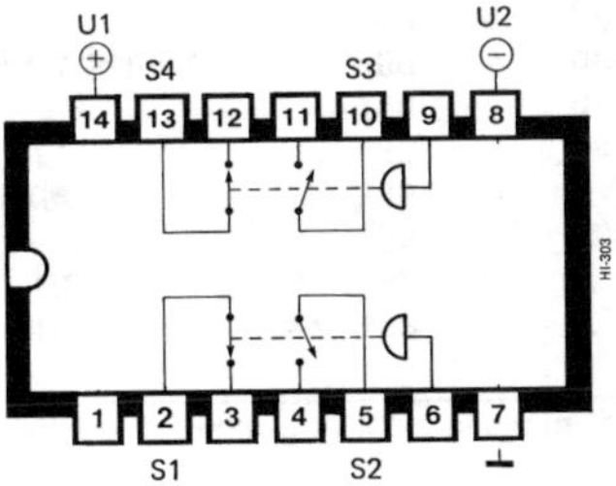

Isolation zwischen den Schaltern
in Abhängigkeit von der Frequenz:

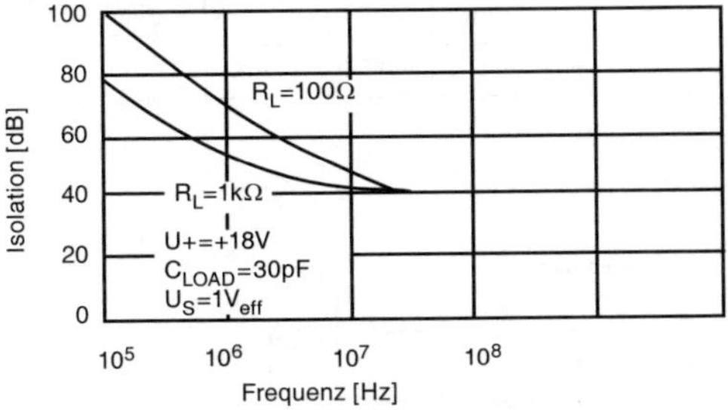

HI-303

Analogschalter, 2x (1 Schließer + 1 Öffner), TTL-kompatibel

Fortsetzung :

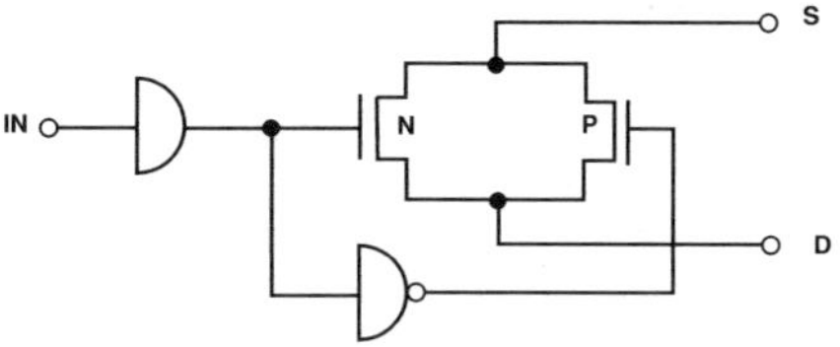

Funktionsdiagramm

Steuer-Eingang	Schalter S1, S4	Schalter S2, S3
L	Ein	Aus
H	Aus	Ein

Beschreibung:
Dieser Baustein enthält vier Analogschalter, von denen je zwei gemeinsam (1 Schließer + 1 Öffner) über 2 getrennte Steuer-Eingänge betätigt werden. Die Steuer-Eingänge sind TTL-kompatibel.

Betrieb:
Über die beiden Steuer-Eingänge werden jeweils 2 Schalter (1 Schließer + 1 Öffner) betätigt.
Die Steuer-Eingänge sind TTL-kompatibel, d.h. die Schließer schließen über +4V und öffnen unter +0.8V und die Öffner öffnen über +4V und schließen unter +0.8V. Eine interne Verzögerung sorgt dafür, dass der eine Schalter früher öffnet als der andere schließt (break-before-make). Diese Verzögerung beträgt 60ns.

Anwendung:
Schalten analoger Signale, Sample-and-Hold-Schaltungen

Daten:

Betriebsspannung:	U1	max	+22	V
	U2	max	–22	V
Ein-Widerstand			35	Ω
Max. Analog-Amplitude			±15	V
Schaltzeiten:	Ein		210	ns
	Aus		160	ns
Max. Durchlassstrom je Schalter			60	mA
Stromaufnahme			10	µA

Hersteller:
HA

HI-303

Analogschalter, 2x (1 Schließer + 1 Öffner), TTL-kompatibel

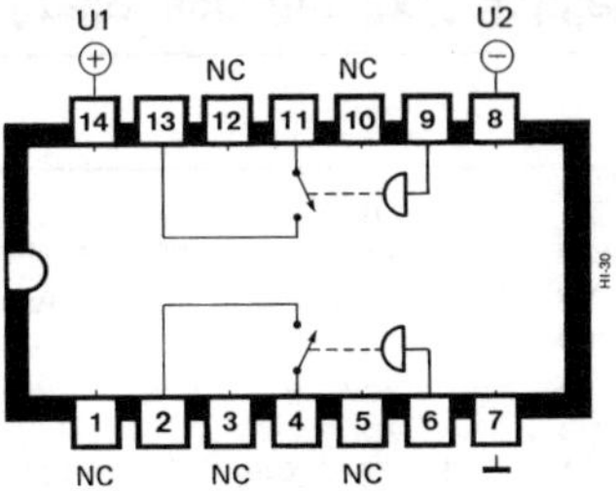

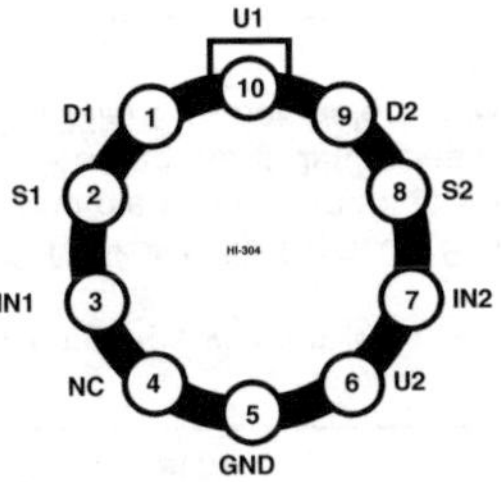

Isolation zwischen den Schaltern
in Abhängigkeit von der Frequenz:

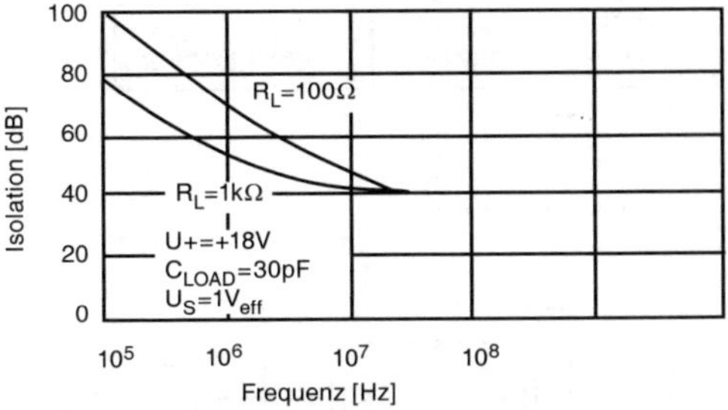

HI-304	**Analogschalter, 2x 1 Schließer, CMOS-kompatibel**

Fortsetzung :

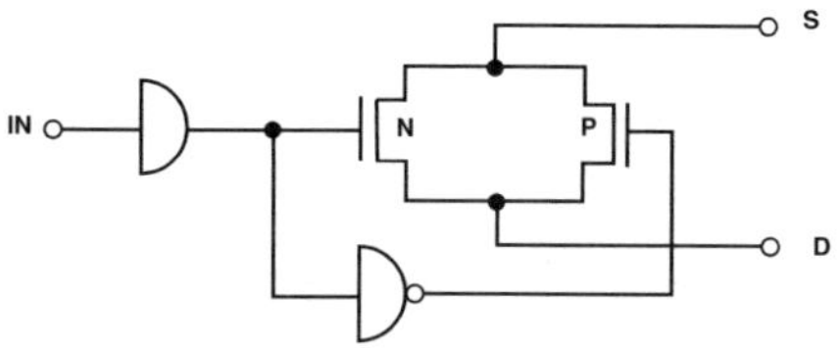

Funktionsdiagramm

Steuer-Eingang	Schalter
L	Aus
H	Ein

Beschreibung:
Dieser Baustein enthält zwei getrennte Analogschalter (Schließer) mit CMOS-kompatiblen Steuer-Eingängen.

Betrieb:
Jeder der beiden Schalter kann mit dem zugehörigen Steuer-Eingang geschlossen oder geöffnet werden.
Der HI-304 ist CMOS-kompatibel, d.h. die Schalter schließen bei einem Steuersignal über +11V und öffnen unter +3.5V.

Anwendung:
Schalten analoger Signale, Sample-and-Hold-Schaltungen

Daten:

Betriebsspannung:	U1	max	+22	V
	U2	max	–22	V
Ein-Widerstand			35	Ω
Max. Analog-Amplitude			±15	V
Schaltzeiten:	Ein		210	ns
	Aus		100	ns
Max. Durchlassstrom je Schalter			60	mA
Stromaufnahme			10	µA

Hersteller:
HA

HI-304

Analogschalter, 2x 1 Schließer, CMOS-kompatibel

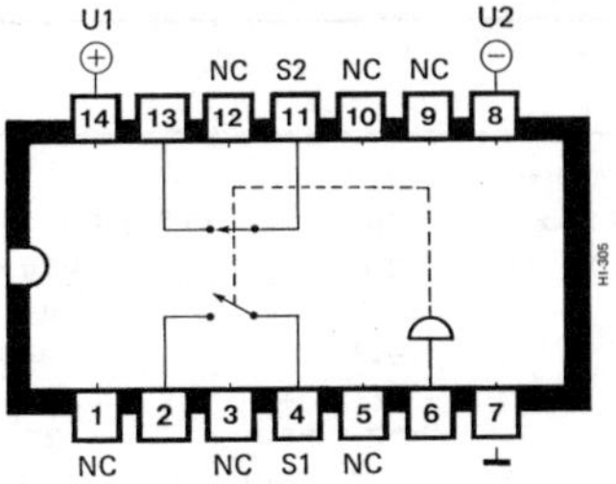

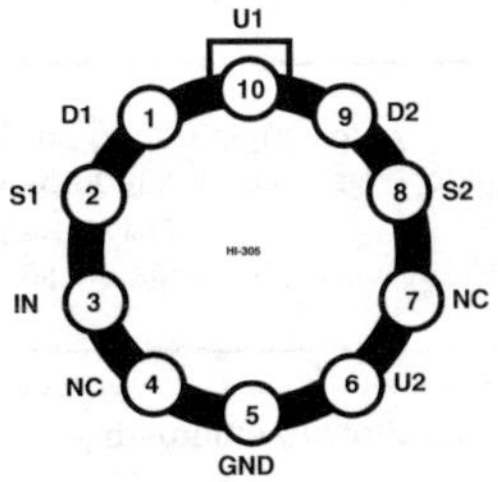

Isolation zwischen den Schaltern
in Abhängigkeit von der Frequenz:

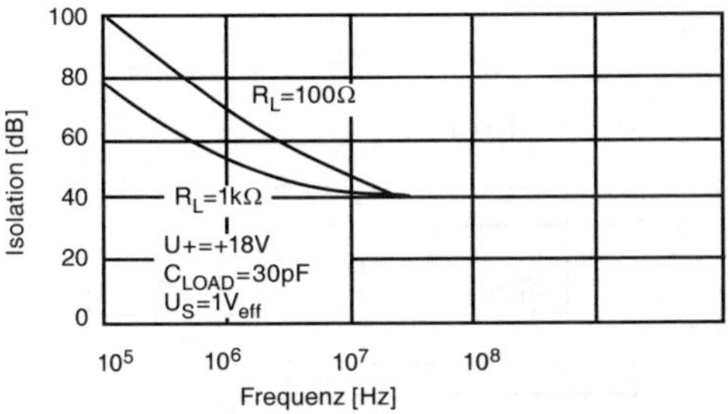

HI-305	**Analogschalter, 1x (1Schließer + 1 Öffner), CMOS-kompatibel**

Fortsetzung :

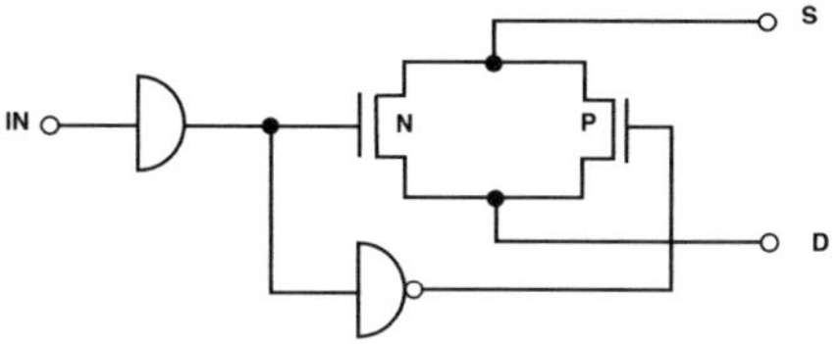

Funktionsdiagramm

Steuer-Eingang	Schalter 1 (Schließer)	Schalter 2 (Öffner)
L	Aus	Ein
H	Ein	Aus

Beschreibung:
Dieser Baustein enthält zwei Analogschalter, die aus einem gemeinsam betätigten Schliesser und Öffner bestehen. Der Steuer-Eingang ist CMOS-kompatibel.

Betrieb:
Über einen einzigen Steuer-Eingang können die beiden Schalter gemeinsam betätigt werden.
Der Steuer-Eingang ist CMOS-kompatibel, d.h. ein Schalter (Schließer) schließt bei einer Steuerspannung über +11V und öffnet unter +3.5V, der andere Schalter (Öffner) öffnet bei einer Steuerspannung über +11V und schließt unter +3.5V.
Eine interne Verzögerung sorgt dafür, dass der eine Schalter früher öffnet als der andere schließt (break-before-make). Diese Verzögerung beträgt 60ns.

Anwendung:
Schalten analoger Signale, Sample-and-Hold-Schaltungen

Daten:

Betriebsspannung:	U1	max	+22	V
	U2	max	–22	V
Ein-Widerstand			35	Ω
Max. Analog-Amplitude			±15	V
Schaltzeiten:	Ein		160	ns
	Aus		100	ns
Max. Durchlassstrom je Schalter			60	mA
Stromaufnahme			10	µA

Hersteller:
HA

HI-305

Analogschalter, 1x (1Schließer + 1 Öffner), CMOS-kompatibel

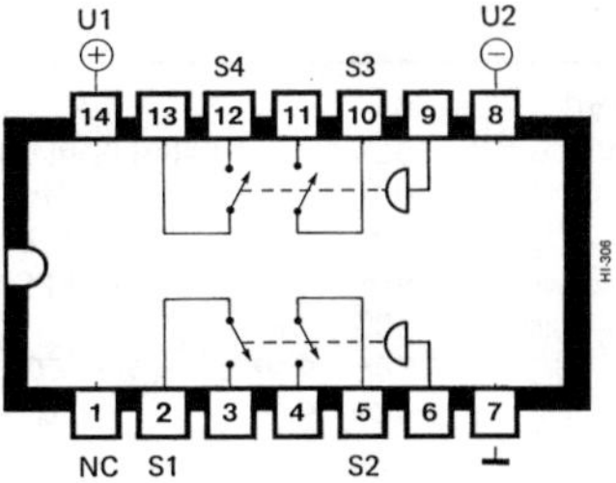

Isolation zwischen den Schaltern
in Abhängigkeit von der Frequenz:

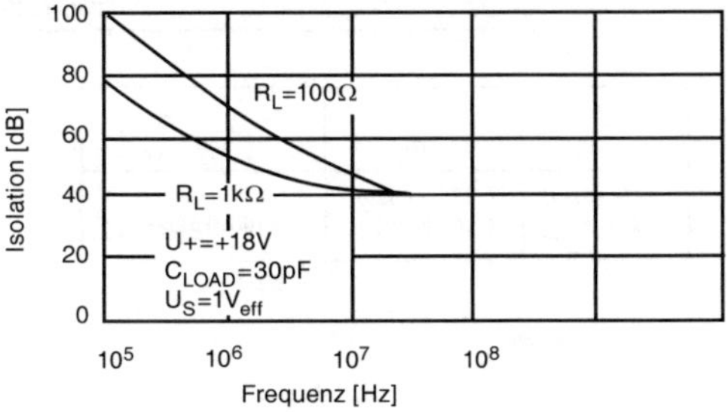

HI-306 | **Analogschalter (2x 2 Schließer), CMOS-kompatibel**

Fortsetzung :

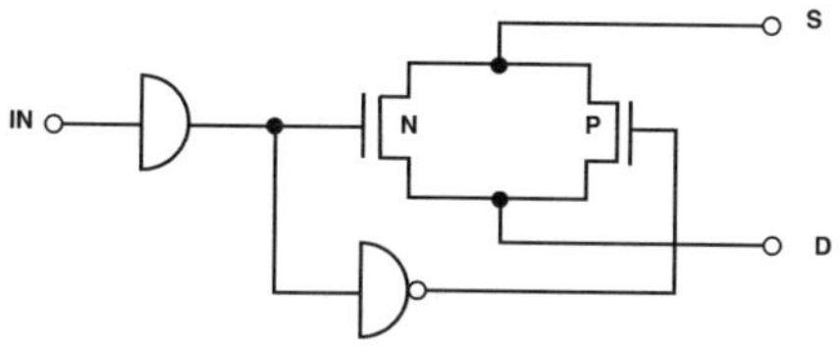

Funktionsdiagramm

Steuer-Eingang	Schalter
L	Aus
H	Ein

Beschreibung:
Dieser Baustein enthält vier Analogschalter, von denen je zwei Schalter (2 Schließer) über zwei getrennte Steuer-Eingänge betätigt werden. Die Steuer-Eingänge sind CMOS-kompatibel.

Betrieb:
Über die beiden Steuer-Eingänge werden jeweils 2 Schließer betätigt. Die Steuer-Eingänge sind CMOS-kompatibel, d.h. die Schalter schließen bei einer Steuerspannung über +11V und öffnen unter +3.5V.

Anwendung:
Schalten analoger Signale, Sample-and-Hold-Schaltungen

Daten:

Betriebsspannung:	U1	max	+22	V
	U2	max	–22	V
Ein-Widerstand			35	Ω
Max. Analog-Amplitude			±15	V
Schaltzeiten:	Ein		160	ns
	Aus		100	ns
Max. Durchlassstrom je Schalter			60	mA
Stromaufnahme			10	µA

Hersteller:
HA

HI-306

Analogschalter (2x 2 Schließer), CMOS-kompatibel

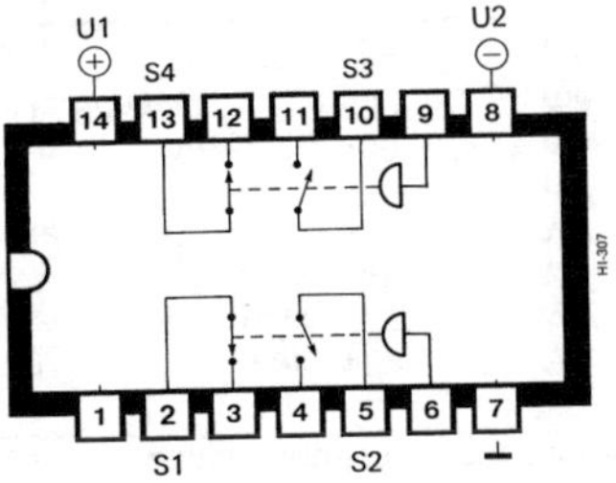

Isolation zwischen den Schaltern
in Abhängigkeit von der Frequenz:

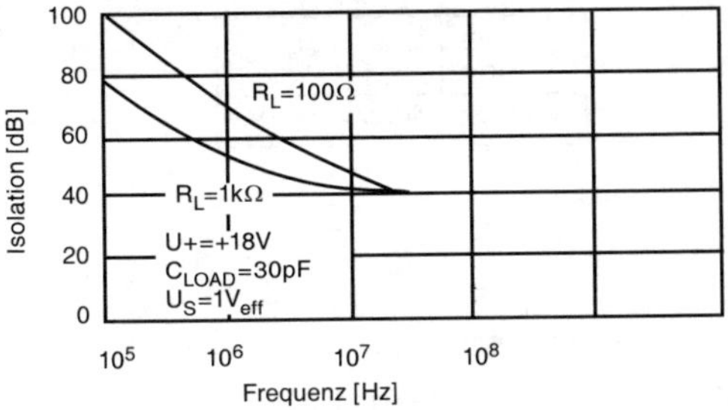

HI-307

Analogschalter, 2x (1 Schließer + 1 Öffner)
CMOS-kompatibel

Fortsetzung :

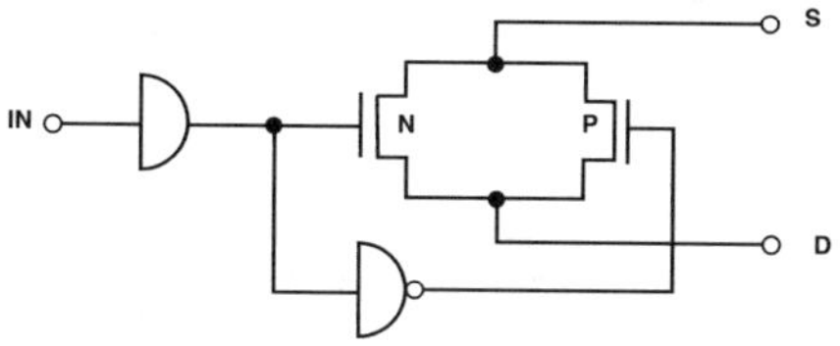

Funktionsdiagramm

Steuer-Eingang	Schalter S1, S4	Schalter S2, S3
L	Ein	Aus
H	Aus	Ein

Beschreibung:
Dieser Baustein enthält vier Analogschalter, von denen je zwei gemeinsam (1 Schließer + 1 Öffner) über getrennte Steuer-Eingänge betätigt werden. Die Steuer-Eingänge sind CMOS-kompatibel.

Betrieb:
Über die beiden Steuer-Eingänge werden jeweils 2 Schalter (1 Schließer + 1 Öffner) betätigt.
Die Steuer-Eingänge sind CMOS-kompatibel, d.h. die Schließer schließen über +11V und öffnen unter +3.5V und die Öffner öffnen über +11V und schließen unter +3.5V. Eine interne Verzögerung sorgt dafür, dass der eine Schalter früher öffnet als der andere schließt (break-before-make). Die Verzögerung beträgt 60ns.

Anwendung:
Schalten analoger Signale, Sample-and-Hold-Schaltungen

Daten:

Betriebsspannung:	U1	max	+22	V
	U2	max	–22	V
Ein-Widerstand			35	Ω
Max. Analog-Amplitude			±15	V
Schaltzeiten:	Ein		160	ns
	Aus		100	ns
Max. Durchlassstrom je Schalter			60	mA
Stromaufnahme			10	µA

Hersteller:
HA

HI-307

Analogschalter, 2x (1 Schließer + 1 Öffner) CMOS-kompatibel

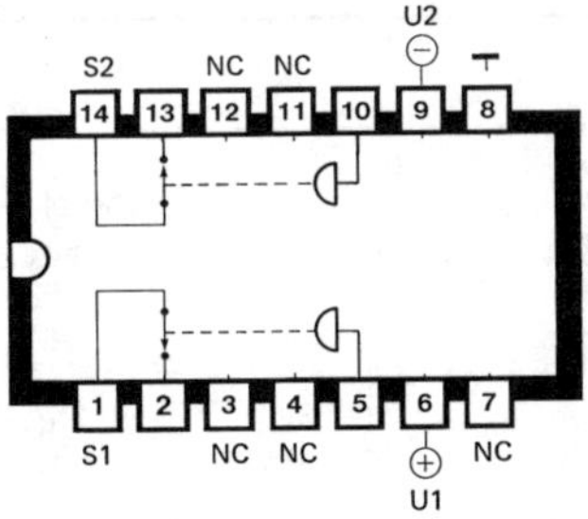

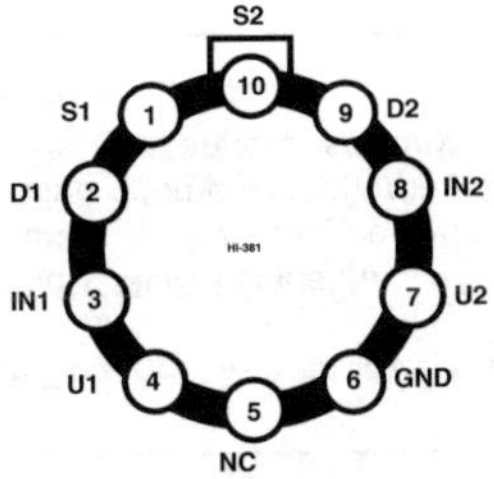

Isolation zwischen den Schaltern
in Abhängigkeit von der Frequenz:

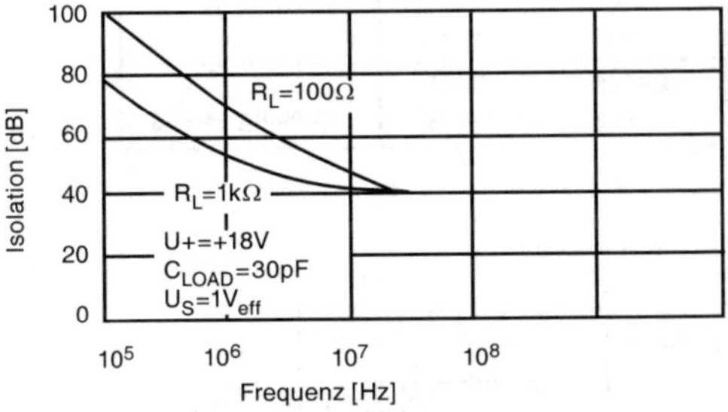

HI-381	**Analogschalter (2x 1 Öffner), TTL-kompatibel**

Fortsetzung :

Steuer-Eingang	Schalter
L	Ein
H	Aus

Beschreibung:
Dieser Baustein enthält zwei getrennte Analogschalter (Öffner). Die Steuer-Eingänge sind TTL-kompatibel.

Betrieb:
Beide Schalter können unabhängig voneinander über die zugehörigen Steuer-Eingänge betätigt werden.
Die Steuer-Eingänge sind TTL-kompatibel, d.h. sie öffnen bei einer Steuerspannung über +4V und schließen unter +0.8V.
Eine interne Verzögerung sorgt dafür, dass der eine Schalter früher öffnet als der andere schließt (break-before-make). Das wäre bei diesem Baustein der Fall, wenn die Steuer-Eingänge gleichzeitig mit Impulsen entgegengesetzter Polarität beaufschlagt würden. Diese Verzögerung beträgt 60ns.

Anwendung:
Schalten analoger Signale, Sample-and-Hold-Schaltungen

Daten:

Betriebsspannung:	U1	max	+22	V
	U2	max	–22	V
Ein-Widerstand			35	Ω
Max. Analog-Amplitude			±15	V
Schaltzeiten:	Ein		210	ns
	Aus		160	ns
Max. Durchlassstrom je Schalter			60	mA
Stromaufnahme			10	µA

Hersteller:
HA

HI-381

Analogschalter (2x 1 Öffner), TTL-kompatibel

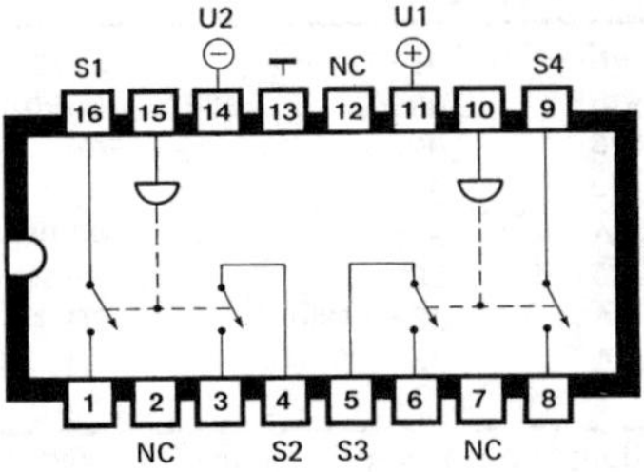

Isolation zwischen den Schaltern in Abhängigkeit von der Frequenz:

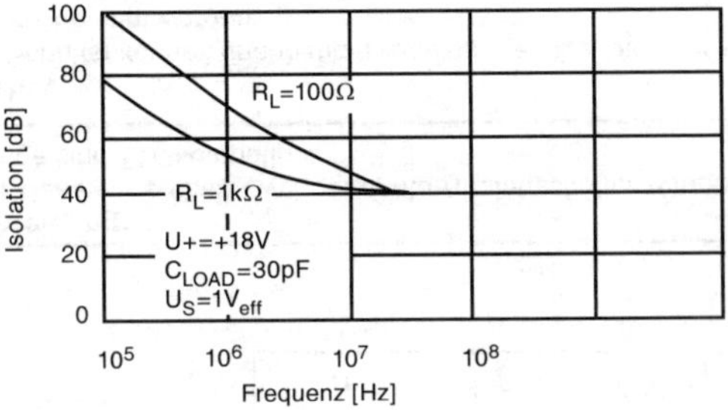

HI-384 | **Analogschalter (2x 2 Schließer), TTL-kompatibel**

Fortsetzung :

Steuer-Eingang	Schalter
L	Aus
H	Ein

Beschreibung:
Dieser Baustein enthält vier Analogschalter (2x2 Schließer). Die Steuer-Eingänge sind TTL-kompatibel.

Betrieb:
Über die beiden Steuer-Eingänge können jeweils 2 Schließer betätigt werden. Die Steuer-Eingänge sind TTL-kompatibel, d.h. sie schließen bei einer Steuerspannung über +4 V und öffnen unter +0.8 V.
Eine interne Verzögerung sorgt dafür, dass der eine Schalter früher öffnet als der andere schließt (break-before-make). Das wäre bei diesem Baustein der Fall, wenn die Steuer-Eingänge gleichzeitig mit Impulsen entgegengesetzter Polarität beaufschlagt würden. Diese Verzögerung beträgt 60ns.

Anwendung:
Schalten analoger Signale, Sample-and-Hold-Schaltungen

Daten:

Betriebsspannung:	U1	max	+22	V
	U2	max	–22	V
Ein-Widerstand			35	Ω
Max. Analog-Amplitude			±15	V
Schaltzeiten:	Ein		210	ns
	Aus		160	ns
Max. Durchlassstrom je Schalter			30	mA
Stromaufnahme			10	µA

Hersteller:
HA

HI-384

Analogschalter (2x 2 Schließer), TTL-kompatibel

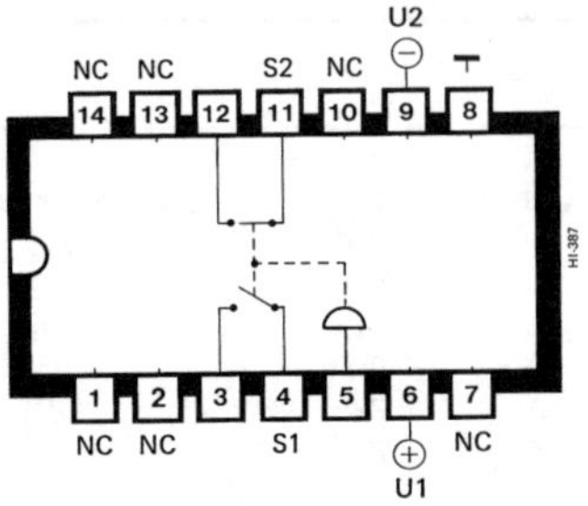

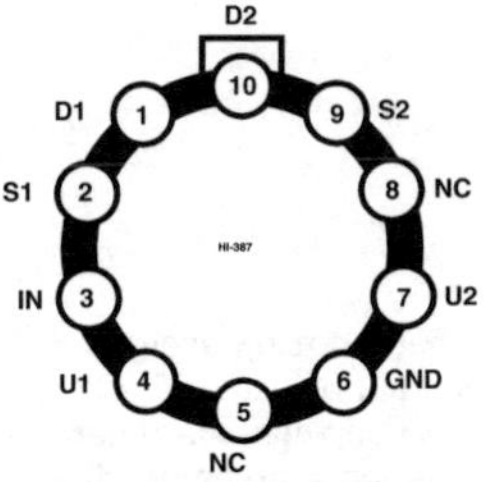

Isolation zwischen den Schaltern
in Abhängigkeit von der Frequenz:

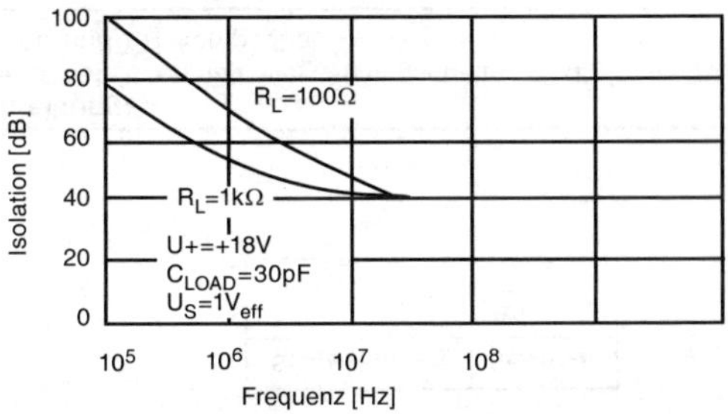

HI-387

Analogschalter, 1x (1 Öffner + 1 Schließer), TTL-kompatibel

Fortsetzung :

Steuer-Eingang	Schalter 1 (Schließer)	Schalter 2 (Öffner)
L	Aus	Ein
H	Ein	Aus

Beschreibung:
Dieser Baustein enthält zwei Analogschalter (1 Öffner, 1 Schließer) die über einen gemeinsamen Steuer-Eingang betätigt werden. Der Steuer-Eingang ist TTL-kompatibel.

Betrieb:
Beide Schalter, 1 Öffner und 1 Schließer werden über einen gemeinsamen Steuer-Eingang betätigt.
Der Steuer-Eingang ist TTL-kompatibel, d.h. er öffnet bei einer Steuerspannung über +4V und schließt unter +0.8V und umgekehrt für den Schließer.
Eine interne Verzögerung sorgt dafür, dass der eine Schalter früher öffnet als der andere schließt (break-before-make). Diese Verzögerung beträgt 60ns.

Anwendung:
Schalten analoger Signale, Sample-and-Hold-Schaltungen

Daten:

Betriebsspannung:	U1	max	+22	V
	U2	max	–22	V
Ein-Widerstand			35	Ω
Max. Analog-Amplitude			±15	V
Schaltzeiten:	Ein		210	ns
	Aus		160	ns
Max. Durchlassstrom je Schalter			60	mA
Stromaufnahme			10	µA

Hersteller:
HA

HI-387

Analogschalter, 1x (1 Öffner + 1 Schließer), TTL-kompatibel

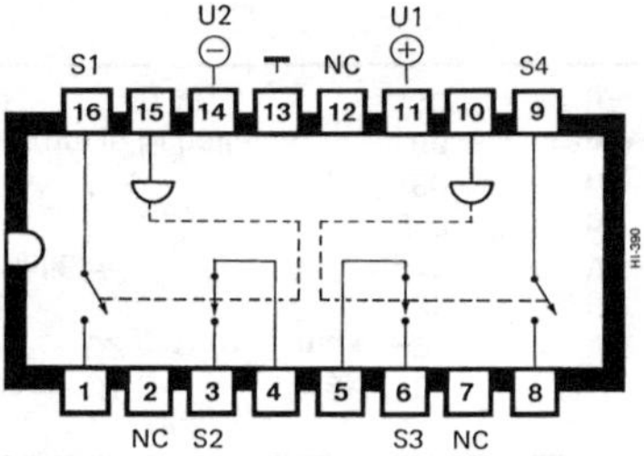

Isolation zwischen den Schaltern
in Abhängigkeit von der Frequenz:

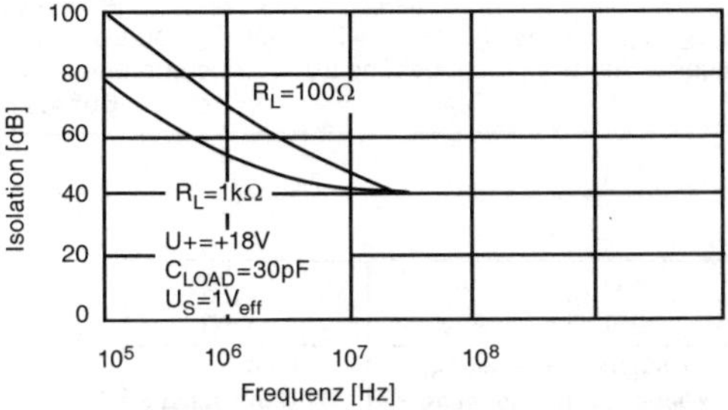

HI-390	**Analogschalter, 2x (1 Öffner + 1 Schließer), TTL-kompatibel**

Fortsetzung :

Steuer-Eingang	Schalter 1, 3	Schalter 2, 4
L	Aus	Ein
H	Ein	Aus

Beschreibung:
Dieser Baustein enthält vier Analogschalter, von denen je zwei (1 Öffner + 1 Schließer) über zwei Steuer-Eingänge betätigt werden. Die Steuer-Eingänge sind TTL-kompatibel.

Betrieb:
Jeweils 2 Schalter (1 Öffner + 1 Schließer) können über die beiden Steuer-Eingänge betätigt werden.
Die Steuer-Eingänge sind TTL-kompatibel, d.h. sie öffnen bei einer Steuerspannung über +4V und schließen unter +0.8V und umgekehrt beim Schließer.
Eine interne Verzögerung sorgt dafür, dass der eine Schalter früher öffnet als der andere schließt (break-before-make). Diese Verzögerung beträgt 60ns.

Anwendung:
Schalten analoger Signale, Sample-and-Hold-Schaltungen

Daten:

Betriebsspannung:	U1	max	+22	V
	U2	max	–22	V
Ein-Widerstand			35	Ω
Max. Analog-Amplitude			±15	V
Schaltzeiten:	Ein		210	ns
	Aus		160	ns
Max. Durchlassstrom je Schalter			30	mA
Stromaufnahme			10	µA

Hersteller:
HA

HI-390

Analogschalter, 2x (1 Öffner + 1 Schließer), TTL-kompatibel

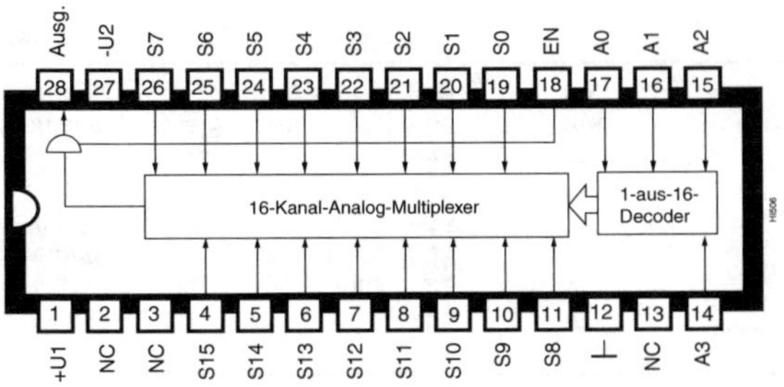

Ein-Widerstand in Abhängikeit von der
Analog-Eingangsspannung und Temperatur:

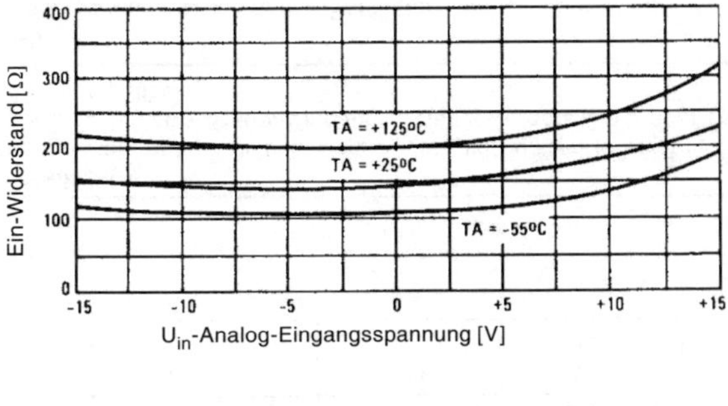

HI-506	**Analog-Multiplexer, 16 Kanäle**

Fortsetzung :

Adresse A3	A2	A1	A0	EN	Durchgeschalteter Eingang
L	L	L	L	H	1
L	L	L	H	H	2
L	L	H	L	H	3
L	L	H	H	H	4
L	H	L	L	H	5
L	H	L	H	H	6
L	H	H	L	H	7
H	H	H	H	H	8
H	L	L	L	H	9
H	L	L	H	H	10
H	L	H	L	H	11
H	L	H	H	H	12
H	H	L	L	H	13
H	H	L	H	H	14
H	H	H	L	H	15
H	H	H	H	H	16
X	X	X	X	L	keiner

Beschreibung:
Dieser Baustein enthält einen Analog-Multiplexer, der einen von 16 Eingängen auf einen gemeinsamen Ausgang durchschaltet.

Betrieb:
Welcher Eingang auf den Ausgang durchgeschaltet wird, hängt vom logischen Zustand (Binärwort) der 4 Adressen-Eingänge A0—A3 ab, und ist der obenstehenden Tabelle zu entnehmen.
Der Logikpegel des ausgewählten Eingangs erscheint jedoch nur dann am Ausgang, wenn der Freigabe-Eingang EN (Enable) auf High liegt. Befindet sich EN auf Low, wird keiner der Eingänge durchgeschaltet. Die Adressen-Eingänge und der Freigabe-Anschluss sind TTL-kompatibel, d.h. dass sie auf ein High bei einer Spannung ab +2.4V und auf ein Low unter +0.8V entsprechend schalten. Diese Eingänge sind ferner durch einen Serien-Widerstand von 200Ω und Schutzdioden gegen Spannungsspitzen gesichert. Durch eine interne Verzögerung (80ns) ist sichergestellt, dass ein Kanal immer erst durchgeschaltet wird, wenn der vorhergehende geöffnet wurde.

Anwendung:
Analog- und Digital-Multiplexen und Demultiplexen, A/D- und D/A-Wandler

Daten:

Betriebsspannung:	U1	max	+20	V
	U2	max	–20	V
Ein-Widerstand			270	Ω
Zugriffszeit			300	ns
Max. Stromaufnahme je Kanal			50	mA
Stromaufnahme			3	mA

Hersteller:
HA

HI-506

Analog-Multiplexer, 16 Kanäle

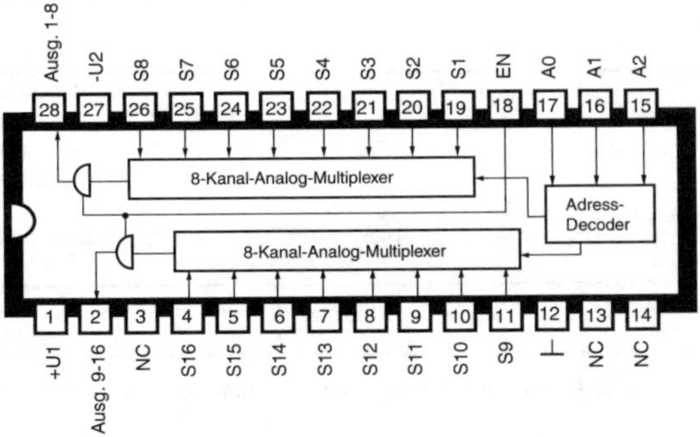

Ein-Widerstand in Abhängikeit von der Analog-Eingangsspannung und Temperatur:

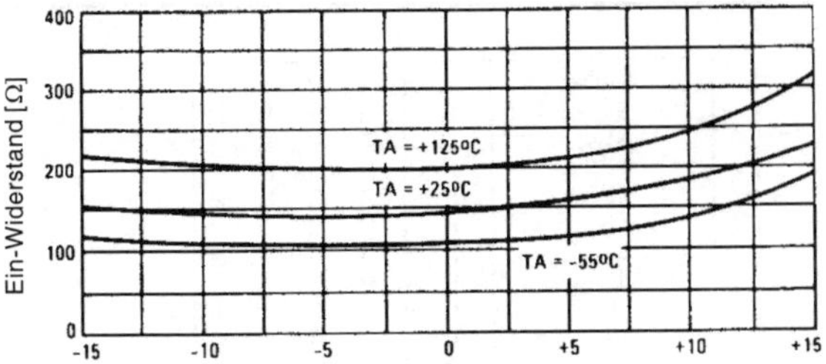

HI-507 | **Analog-Multiplexer, 2x 8 Kanäle**

Fortsetzung :

Adresse A2	A1	A0	Freigabe EN	Durchgeschalteter Eingang
L	L	L	H	1 und 9
L	L	H	H	2 und 10
L	H	L	H	3 und 11
L	H	H	H	4 und 12
H	L	L	H	5 und 13
H	L	H	H	6 und 14
H	H	L	H	7 und 15
H	H	H	H	8 und 16
X	X	X	L	keiner

Beschreibung:
Dieser Baustein enthält zwei Analog-Multiplexer, die je 1 Ausgang auf je 1 von 8 Eingängen durchschalten.

Betrieb:
Welche Eingänge auf die beiden Ausgänge durchgeschaltet werden, hängt vom logischen Zustand der drei Adressen-Eingänge A0—A2 ab, und ist obenstehender Tabelle zu entnehmen. Die Adressen-Eingänge sind beiden Multiplexern gemeinsam. Die Logikpegel der ausgewählten Eingänge erscheinen jedoch nur dann an den Ausgängen, wenn der Freigabe-Eingang EN (Enable), der beiden Ausgängen gemeinsam ist, auf High liegt. Befindet sich EN auf Low, wird keiner der Eingänge durchgeschaltet.
Die Adressen-Eingänge und der Freigabe-Anschluss sind TTL-kompatibel, d.h. dass sie auf ein High bei einer Spannung über +2.4V und auf ein Low unter +0.8V entsprechend reagieren. Diese Eingänge sind ferner durch einen Serien-Widerstand von 200Ω und Schutzdioden gegen Spannungsspitzen gesichert. Durch eine interne Verzögerung (80ns) ist sichergestellt, dass ein Kanal immer erst durchgeschaltet wird, wenn der vorhergehende geöffnet wurde.

Anwendung:
Analog- und Digital-Multiplexen und Demultiplexen, A/D- und D/A-Wandler

Daten:

Betriebsspannung:	U1	max	+20	V
	U2	max	–20	V
Ein-Widerstand			270	Ω
Zugriffszeit			300	ns
Max. Stromaufnahme je Kanal			50	mA
Stromaufnahme			3	mA

Hersteller:
HA

HI-507

Analog-Multiplexer, 2x 8 Kanäle

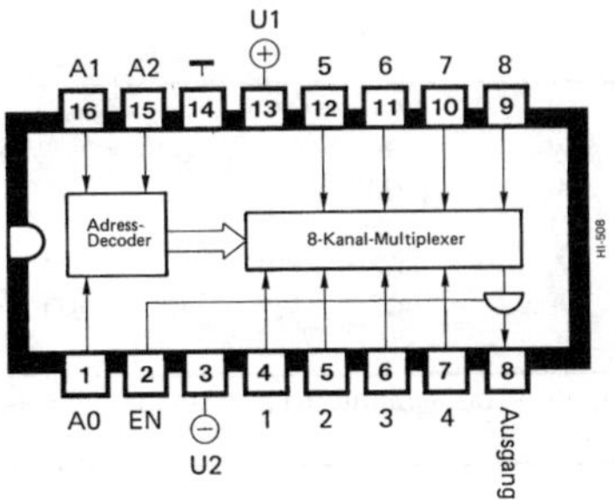

Versorgungsstrom in Abhängigkeit
von der Schaltfrequenz:

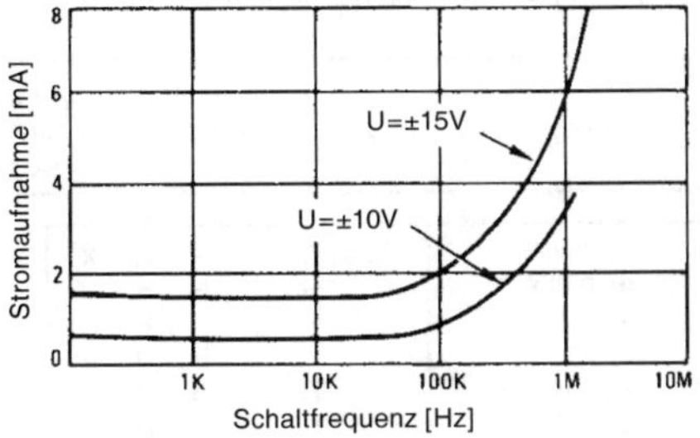

HI-508 | **Analog-Multiplexer, 8 Kanäle**

Fortsetzung :

A2	A1	A0	EN	Durchgeschalteter Kanal
X	X	X	L	keiner
L	L	L	H	1
L	L	H	H	2
L	H	L	H	3
L	H	H	H	4
H	L	L	H	5
H	L	H	H	6
H	H	L	H	7
H	H	H	H	8

Beschreibung:
Dieser Baustein enthält einen Analog-Multiplexer, der einen von 8 Eingängen auf einen Ausgang durchschaltet.

Betrieb:
Welcher Eingang auf den Ausgang durchgeschaltet wird, hängt vom logischen Zustand (Binärwort) der 3 Adressen-Eingänge A0—A2 ab, und ist der obenstehenden Tabelle zu entnehmen.
Der Logikpegel des ausgewählten Eingangs erscheint jedoch nur dann am Ausgang, wenn der Freigabe-Eingang EN (Enable) auf High liegt. Befindet sich EN auf Low, wird keiner der Eingänge durchgeschaltet.
Die Adressen-Eingänge und der Freigabe-Eingang sind TTL-kompatibel, d.h. dass sie auf ein High bei einer Spannung über +2.4V und auf ein Low unter +0.8V entsprechend reagieren.
Durch eine interne Verzögerung (70ns) ist gesichert, dass ein Kanal immer erst durchgeschaltet wird, wenn der vorhergehende geöffnet wurde.

Anwendung:
Analog-Multiplexen, A/D- und D/A-Wandler

Daten:

Betriebsspannung:	U1	max	+20	V
	U2	max	–20	V
Ein-Widerstand			180	Ω
Zugriffszeit			220	ns
Max. Stromaufnahme je Kanal			10	mA
Stromaufnahme			2	mA

Hersteller:
HA

HI-508

Analog-Multiplexer, 8 Kanäle

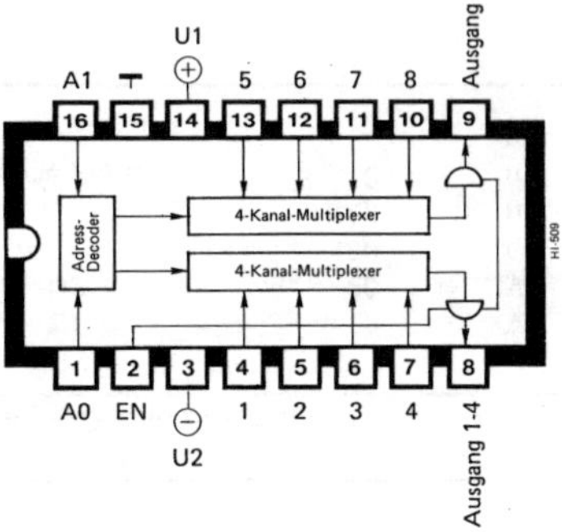

Versorgungsstrom in Abhängigkeit
von der Schaltfrequenz:

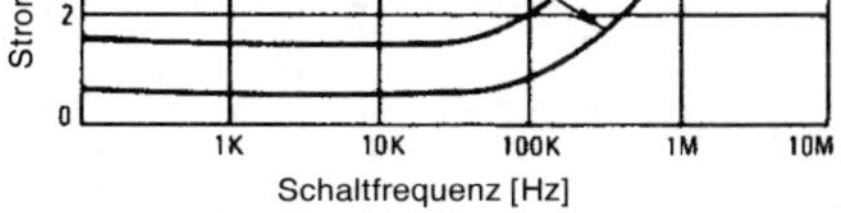

HI-509 | **Analog-Multiplexer, 2x 4 Kanäle**

Fortsetzung :

A1	A0	EN	Durchgeschalteter Eingang
X	X	L	keiner
L	L	H	1 und 5
L	H	H	2 und 6
H	L	H	3 und 7
H	H	H	4 und 8

Beschreibung:
Dieser Baustein enthält zwei Analog-Multiplexer, die je 1 Kanal aus je 4 Eingängen auswählen.

Betrieb:
Welcher Eingang auf den zugehörigen Ausgang durchgeschaltet wird, hängt vom logischen Zustand (Binärwort) der beiden Adressen-Eingänge ab. Diese sind beiden Multiplexern gemeinsam.
Der Logikpegel des ausgewählten Eingangs erscheint jedoch nur dann am Ausgang, wenn der Freigabe-Eingang EN (Enable) auf High liegt. Befindet sich EN auf Low, wird keiner der Eingänge durchgeschaltet.
Die Adressen-Eingänge und der Freigabe-Eingang sind TTL-kompatibel, d.h. dass sie auf ein High bei einer Spannung über +2.4V und auf ein Low unter +0.8V entsprechend reagieren.
Durch eine interne Verzögerung (70ns) ist gesichert, dass ein Kanal immer erst durchgeschaltet wird, wenn der vorhergehende geöffnet wurde.

Anwendung:
Analog-Multiplexen, A/D- und D/A-Wandler

Daten:

Betriebsspannung:	U1	max	+20	V
	U2	max	–20	V
Ein-Widerstand			180	Ω
Zugriffszeit			220	ns
Max. Stromaufnahme je Kanal			10	mA
Stromaufnahme			2	mA

Hersteller:
HA

HI-509

Analog-Multiplexer, 2x 4 Kanäle

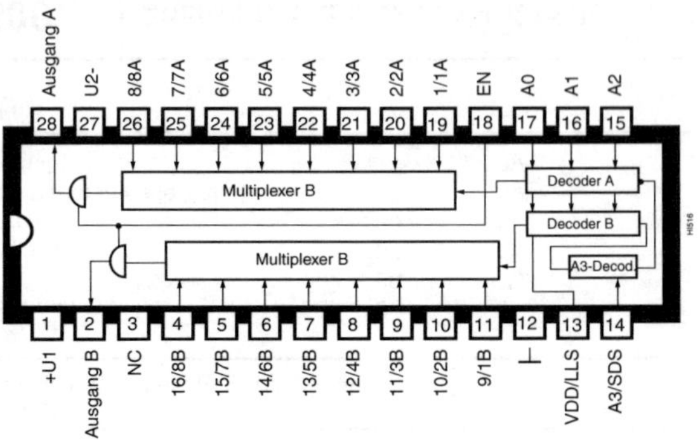

A3 als digitaler Adressen-Eingang					Kanal verb. mit	
ENABLE	A3	A2	A1	A0	Ausg. A	Ausg. B
L	X	X	X	X	—	—
H	L	L	L	L	1A	—
H	L	L	L	H	2A	—
H	L	L	H	L	3A	—
H	L	L	H	H	4A	—
H	L	H	L	L	5A	—
H	L	H	L	H	6A	—
H	L	H	H	L	7A	—
H	L	H	H	H	8A	—
H	H	L	L	L	—	1B
H	H	L	L	H	—	2B
H	H	L	H	L	—	3B
H	H	L	H	H	—	4B
H	H	H	L	L	—	5B
H	H	H	L	H	—	6B
H	H	H	H	L	—	7B
H	H	H	H	H	—	8B

HI-516 als 16-Kanal-Multiplexer

HI-516

Analog-Multiplexer, 16 oder 2x 8 Kanäle, TTL/CMOS-kompatibel

Fortsetzung :

A3 verbunden mit –U2				Kanal verb. mit	
ENABLE	A2	A1	A0	Ausg. A	Ausg. B
L	X	X	X	—	—
H	L	L	L	1A	1B
H	L	L	H	2A	2B
H	L	H	L	3A	3B
H	L	H	H	4A	4B
H	H	L	L	5A	5B
H	H	L	H	6A	6B
H	H	H	L	7A	7B
H	H	H	H	8A	8B

HI-516 als 2 x 8-Kanal-Multiplexer

Beschreibung:
Dieser Baustein enthält einen Analog-Multiplexer, der als 16- oder 2 x 8-Kanal-Multiplexer arbeiten kann. Die Steuer-Eingänge sind TTL- und CMOS-kompatibel.

Betrieb:
Je nachdem der Anschluss A3/SDS als 4. Adressen-Eingang verwendet oder auf –U2 gelegt wird, arbeitet dieser Baustein mit 16 oder 2x8 Kanälen.
Bei Verwendung als 16-Kanal-Multiplexer wird Ausgang A mit Ausgang B verbunden. Die Steuer-Eingänge sind TTL-kompatibel (+0.8V, +2.4V), wenn der Pin VDD/LLS (LLS = Logic Level Selectable) nicht angeschlossen ist oder auf Masse liegt. Legt man diesen Pin an +U1, sind sie CMOS-kompatibel (0.3 x U1, 0.7 x U1).
Eine interne Verzögerung (20ns) sorgt dafür, dass beim Umschalten zwei Kanäle nicht gleichzeitig durchgeschaltet sind (break-before-make).

Anwendung:
Datenerfassung, Steuerungen etc.

Daten:

Betriebsspannung U1,U2	±15	V
Ein-Widerstand	620	Ω
Zugriffszeit	100	ns
Übersprechdämpfung (bei 1 MHz)	80	dB
Stromaufnahme	17	mA

Hersteller:
HA

HI-516

Analog-Multiplexer, 16 oder 2x 8 Kanäle, TTL/CMOS-kompatibel

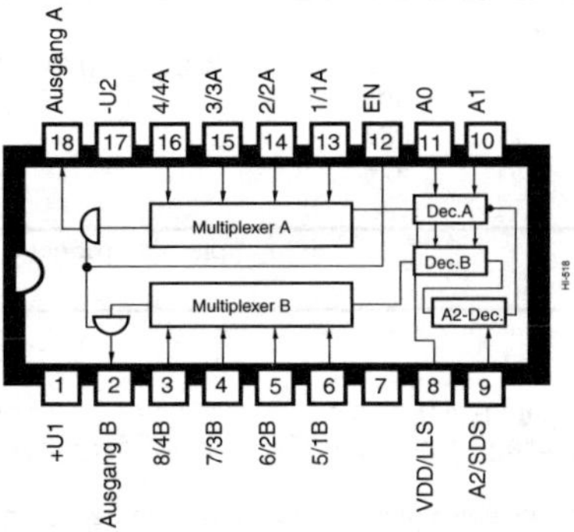

A2 als digitaler Adressen-Eingang				Kanal verbunden mit	
ENABLE	A2	A1	A0	Ausg. A	Ausg. B
L	X	X	X	—	—
H	L	L	L	1A	—
H	L	L	H	2A	—
H	L	H	L	3A	—
H	L	H	H	4A	—
H	H	L	L	—	1B
H	H	L	H	—	2B
H	H	H	L	—	3B
H	H	H	H	—	4B

HI-518 als 8-Kanal-Multiplexer

HI-518

Analog-Multiplexer, 8 oder 2x 4 Kanäle, TTL- und CMOS-kompatibel

Fortsetzung :

A2 verbunden mit –U2			Kanal verbunden mit	
ENABLE	A1	A0	Ausg. A	Ausg. B
L	X	X	—	—
H	L	L	1A	1B
H	L	H	2A	2B
H	H	L	3A	3B
H	H	H	4A	4B

HI-518 als 2 x 4-Kanal-Multiplexer

Beschreibung:
Dieser Baustein enthält einen Analog-Multiplexer, der als 8- oder 2 x 4-Kanal-Multiplexer arbeiten kann. Die Steuer-Eingänge sind TTL- und CMOS-kompatibel.

Betrieb:
Je nachdem der Anschluss A2/SDS als 3. Adressen-Eingang verwendet oder auf –U2 gelegt wird, arbeitet dieser Baustein mit 8 oder 2x4 Kanälen. Bei Verwendung als 8-Kanal-Multiplexer wird Ausgang A mit Ausgang B verbunden. Die Steuer-Eingänge sind TTL-kompatibel (+0.8V, +2.4V), wenn der Pin VDD/LLS (LLS = Logic Level Selectable) nicht angeschlossen ist oder auf Masse liegt. Legt man diesen Pin an +U1, so sind sie CMOS-kompatibel (0.3 x U1, 0.7x U1).
Eine interne Verzögerung (20ns) sorgt dafür, dass beim Umschalten nicht gleichzeitig zwei Kanäle durchgeschaltet sind (break-before-make).

Anwendung:
Datenerfassung, Steuerungen, Telemetrie, etc.

Daten:

Betriebsspannung: U1,U2	±15	V
Ein-Widerstand	480	Ω
Zugriffszeit	80	ns
Übersprechdämpfung (bei 1 MHz)	75	dB
Stromaufnahme	12	mA

Hersteller:
HA

HI-518

Analog-Multiplexer, 8 oder 2x 4 Kanäle, TTL- und CMOS-kompatibel

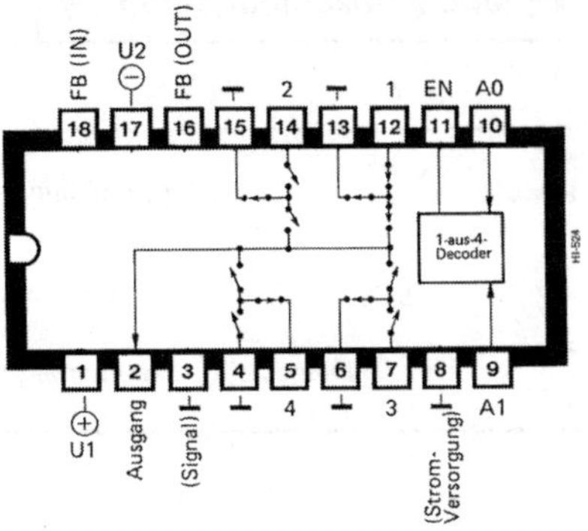

Ein-Widerstand in Abhängigkeit
von der Betriebsspannung

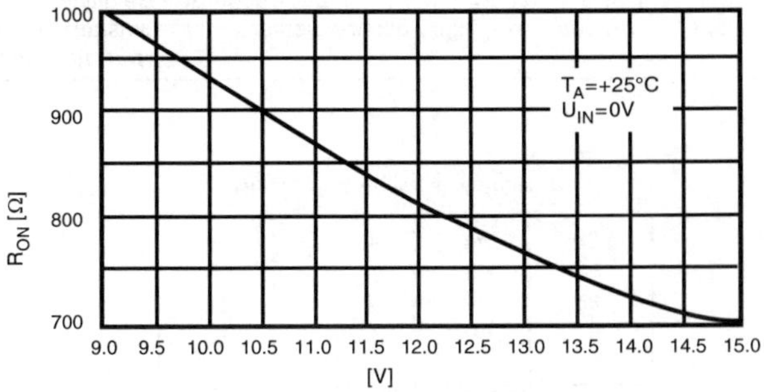

HI-524 | **Video-Multiplexer, 4 Kanäle, TTL-kompatibel**

Fortsetzung :

A1	A0	EN	Durchgeschalteter Kanal
X	X	L	keiner
L	L	H	1
L	H	H	2
H	L	H	3
H	H	H	4

Beschreibung:
Dieser Baustein enthält einen Video-Multiplexer, der einen aus vier Eingängen auswählt und auf einen gemeinsamen Ausgang durchschaltet. Die Steuer-Eingänge sind TTL-kompatibel.

Betrieb:
Je nach dem logischen Zustand (Binärwort) der Adressen-Eingänge A0 und A1 wird einer der 4 Kanäle auf den Ausgang durchgeschaltet. Hierzu muss der Freigabe-Eingang EN auf High liegen. Liegt dieser Eingang auf Low, wird keiner der Kanäle durchgeschaltet. Für jeden Kanal werden 3 Transmissions-Gatter verwendet, im Gegensatz zu nur einem Gatter bei konventionellen Multiplexern. Für jeden der 4 unsymmetrischen Eingänge ist ein eigener Masse-Anschluss vorgesehen.
Die beiden Schalter zwischen FB (IN) und FB (OUT) sind ständig geschlossen. Sie dienen in Verbindung mit dem Breitband-Pufferverstärker (HA-5190) als Gegenkopplungs-Element und kompensieren Änderungen des Ein-Widerstandes des durchgeschalteten Kanals sowie Temperatureinflüsse auf die Verstärkung des HA-5190.
Die Steuer-Eingänge sind TTL-kompatibel, d.h. der Logikpegel für High ist +2.4V und für Low +0.8V.
Eine interne Verzögerung (20ns) sorgt dafür, dass beim Umschalten nicht 2 Kanäle gleichzeitig eingeschaltet sind (break-before-make)

Anwendung:
Schalten von Video-Signalen, Radar, etc.

Daten:

Betriebsspannung	±15	V
Ein-Widerstand	700	Ω
Max. Analog-Amplitude	±10	V
Zugriffszeit	150	ns
Übersprechdämpfung (bei 10MHz)	>60	dB
Stromaufnahme	18	mA

Hersteller:
HA

HI-524

Video-Multiplexer, 4 Kanäle, TTL-kompatibel

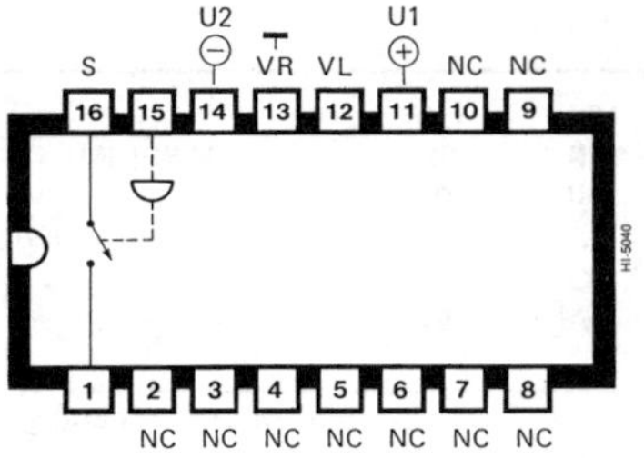

Ein-Widerstand in Abhängigkeit vom Analog-Eingangssignal und Betriebsspannung:

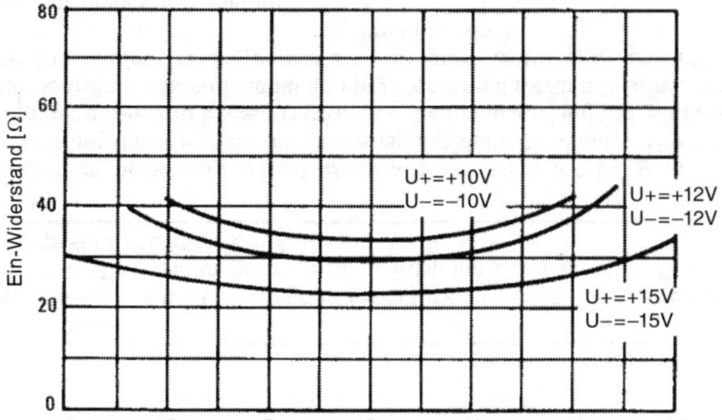

HI-5040 | **Analogschalter (1 Schließer)**

Fortsetzung :

Steuer-Eingang	Schalter
L	Aus
H	Ein

Beschreibung:
Dieser Baustein enthält einen einzelnen Analogschalter (Schließer).

Betrieb:
Dieser einzelne Schalter kann über den Steuer-Eingang Pin 15 geschlossen oder geöffnet werden.
Der Steuer-Eingang ist TTL-kompatibel, wenn der Anschluss VL auf +5V gelegt wird, d.h. der Logikpegel für High ist +3V und für Low +0.8V. Für eine Steuerung mit CMOS-Pegeln legt man VL an die positive Betriebsspannung +U1.
Da die Aus-Schaltzeit (280ns) kürzer als die Ein-Schaltzeit (370ns) ist, wird bei Verwendung zweier gleicher Schalter gesichert, dass bei entgegengesetzter Ansteuerung nicht zwei Schalter gleichzeitig geschlossen sind (break-before-make).
Alle Eingänge sind gegen hohe Spannungen infolge elektrostatischer Aufladungen geschützt.

Anwendung:
Schalten von Analog-Signalen, Sample-and-Hold-Schaltungen, Digitalfilter, etc.

Daten:

Betriebsspannung:	U1,U2	max	±18	V
Ein-Widerstand			50	Ω
Übersprechdämpfung			88	dB
Max. Analog-Amplitude			±15	V
Schaltzeiten:	Ein		370	ns
	Aus		280	ns
Max. Durchlassstrom je Schalter			80	mA
Stromaufnahme			0.5	mA

Hersteller:
HA

HI-5040 | Analogschalter (1 Schließer)

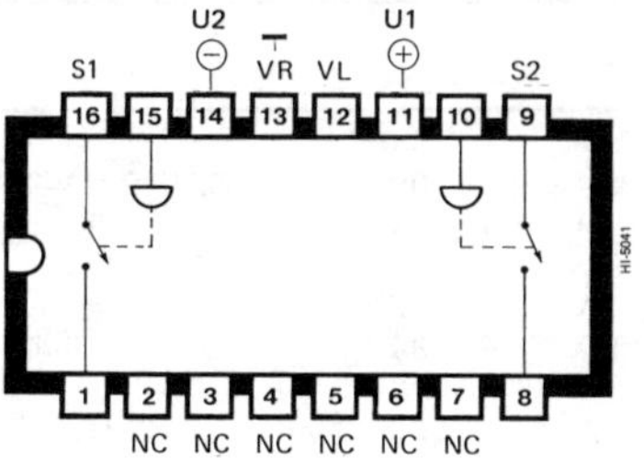

Ein-Widerstand in Abhängigkeit vom
Analog-Eingangssignal und Betriebsspannung:

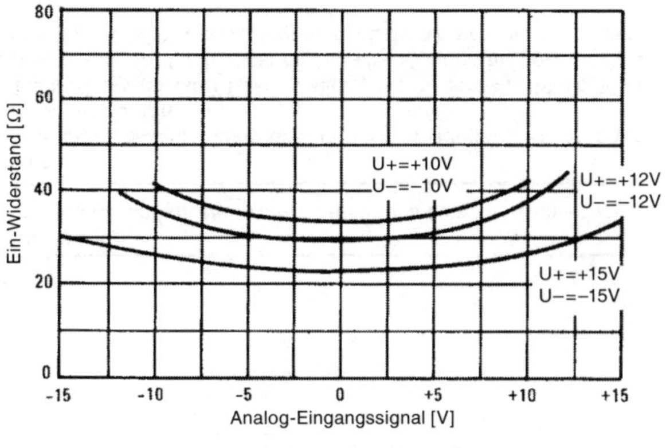

HI-5041 | Analogschalter (2x 1 Schließer)

Fortsetzung :

Steuer-Eingang	Schalter
L	Aus
H	Ein

Beschreibung:
Dieser Baustein enthält zwei getrennte, voneinander unabhängige Analogschalter (2 Schließer).

Betrieb:
Diese beiden Schalter können mit den zugehörigen Steuer-Eingängen geschlossen oder geöffnet werden.
Die Steuer-Eingänge sind TTL-kompatibel, wenn der Anschluss VL auf +5V gelegt wird, d.h. der Logikpegel für High ist +3.0V und für Low+0.8V.
Für eine Steuerspannung mit CMOS-Pegeln legt man VL an die positive Betriebsspannung +U1.
Da die Aus-Schaltzeit (280ns) kürzer als die Ein-Schaltzeit (370ns) ist, wird bei entgegengesetzter Ansteuerung der beiden Schalter gesichert, dass beide Schalter nicht gleichzeitig geschlossen sind (break-before-make).
Alle Eingänge sind gegen hohe Spannungen infolge elektrostatischer Aufladungen geschützt.

Anwendung:
Schalten von Analog-Signalen, Sample-and-Hold-Schaltungen, Digitalfilter, etc.

Daten:

Betriebsspannung:	U1	max	+15	V
	U2	max	-15	V
Ein-Widerstand			50	Ω
Übersprechdämpfung			88	dB
Max. Analog-Amplitude			±15	V
Schaltzeiten:	Ein		370	ns
	Aus		280	ns
Max. Durchlassstrom je Schalter			80	mA
Stromaufnahme			0.5	mA

Hersteller:
HA

HI-5041 — Analogschalter (2x 1 Schließer)

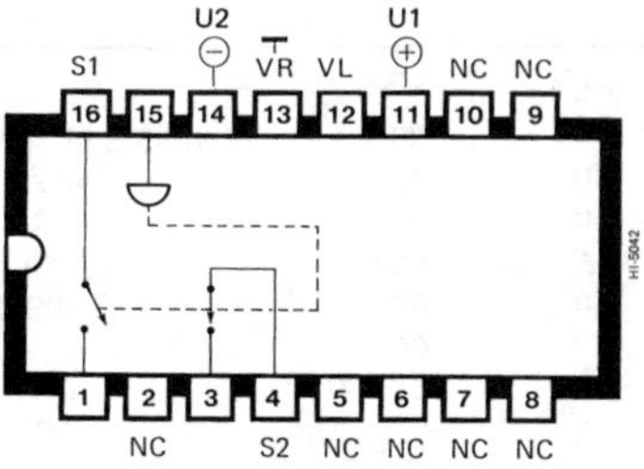

Ein-Widerstand in Abhängigkeit vom
Analog-Eingangssignal und Betriebsspannung:

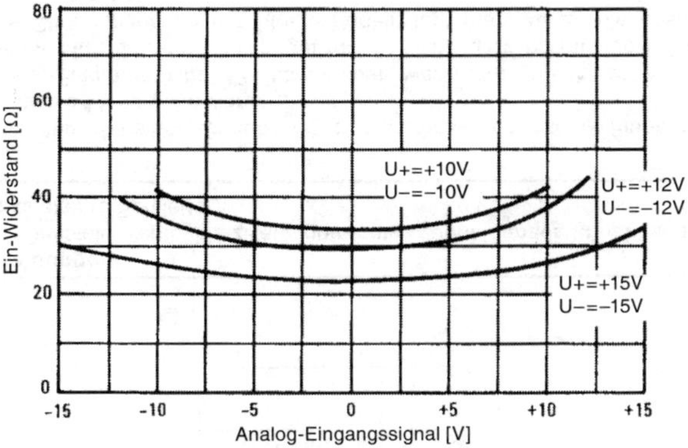

HI-5042	Analogschalter, 1x (1 Schließer + 1 Öffner)

Fortsetzung :

Steuer-Eingang	Schalter	S1	S2
L		Aus	Ein
H		Ein	Aus

Beschreibung:
Dieser Baustein enthält zwei Analogschalter, einen Schließer und einen Öffner, die über einen gemeinsamen Steuer-Eingang betätigt werden.

Betrieb:
Über den gemeinsamen Steuer-Eingang wird ein Schalter geschlossen und der andere geöffnet, bzw. umgekehrt. Der Steuer-Eingang ist TTL-kompatibel, wenn der Anschluss VL auf +5V gelegt wird, d.h. der Logikpegel für High ist +3.0V und für Low +0.8V. Für eine Steuerspannung mit CMOS-Pegeln legt man VL an die positive Betriebsspannung +U1.
Da die Aus-Schaltzeit (280ns) kürzer als die Ein-Schaltzeit (370ns) ist, wird gesichert, dass beide Schalter nicht gleichzeitig geschlossen sind (break-before-make).
Alle Eingänge sind gegen hohe Spannungen infolge elektrostatischer Aufladungen geschützt.
Der HI-5050 ist mit diesem Baustein identisch, besitzt jedoch einen niedrigeren Ein-Widerstand von 25Ω.

Anwendung:
Schalten von Analog-Signalen, Sample-and-Hold-Schaltungen, Digitalfilter etc.

Daten:

Betriebsspannung:	U1	max	+15	V
	U2	max	–15	V
Ein-Widerstand			50	Ω
Übersprechdämpfung			88	dB
Max. Analog-Amplitude			±15	V
Schaltzeiten:	Ein		370	ns
	Aus		280	ns
Max. Durchlassstrom je Schalter			80	mA
Stromaufnahme			0.5	mA

Hersteller:
HA

HI-5042

Analogschalter, 1x (1 Schließer + 1 Öffner)

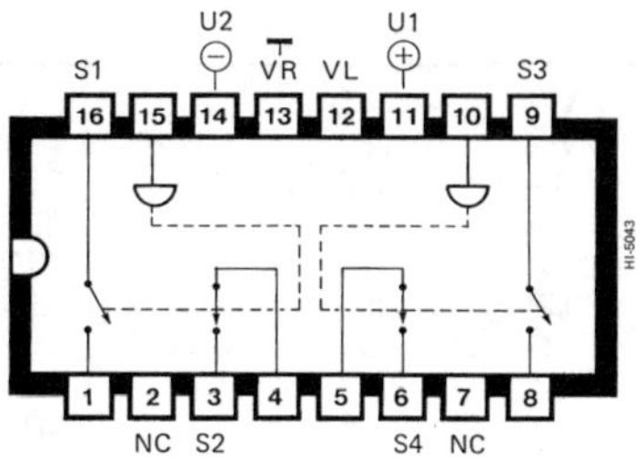

Ein-Widerstand in Abhängigkeit vom
Analog-Eingangssignal und Betriebsspannung:

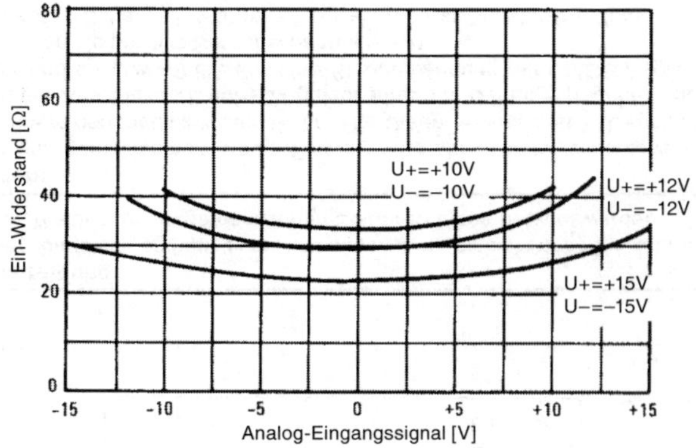

HI-5043

Analogschalter, 2x (1 Schließer + 1 Öffner)

Fortsetzung :

Steuer-Eingang	Schalter S1, S3	Schalter S2, S4
L	Aus	Ein
H	Ein	Aus

Beschreibung:
Dieser Baustein enthält vier Analogschalter, von denen jeweils 1 Schließer und 1 Öffner von einem eigenen Steuer-Eingang betätigt wird.

Betrieb:
Jeweils zwei Schalter (1 Schließer + 1 Öffner) können mit dem zugehörigen Steuer-Eingang betätigt werden. Die Steuer-Eingänge sind TTL-kompatibel, wenn der Anschluss VL auf +5V gelegt wird, d.h. der Logikpegel für High ist +3.0V und für Low +0.8V. Für eine Steuerspannung mit CMOS-Pegeln legt man VL an die positive Betriebsspannung +U1.
Da die Aus-Schaltzeit (280ns) kürzer als die Ein-Schaltzeit (370ns) ist, wird gesichert, dass beide Schalter nicht gleichzeitig geschlossen sind (break-before-make). Alle Eingänge sind gegen hohe Spannungen infolge elektrostatischer Aufladungen geschützt.
Der HI-5051 ist mit diesem Baustein identisch, besitzt jedoch einen niedrigeren Ein-Widerstand von 25Ω.

Anwendung:
Schalten von Analog-Signalen, Sample-and-Hold-Schaltungen, Digitalfilter etc.

Daten:

Betriebsspannung:	U1	max	+15	V
	U2	max	–15	V
Ein-Widerstand			50	Ω
Übersprechdämpfung			88	dB
Max. Analog-Amplitude			±15	V
Schaltzeiten:	Ein		370	ns
	Aus		280	ns
Max. Durchlassstrom je Schalter			80	mA
Stromaufnahme			0.5	mA

Hersteller:
HA

HI-5043

Analogschalter, 2x (1 Schließer + 1 Öffner)

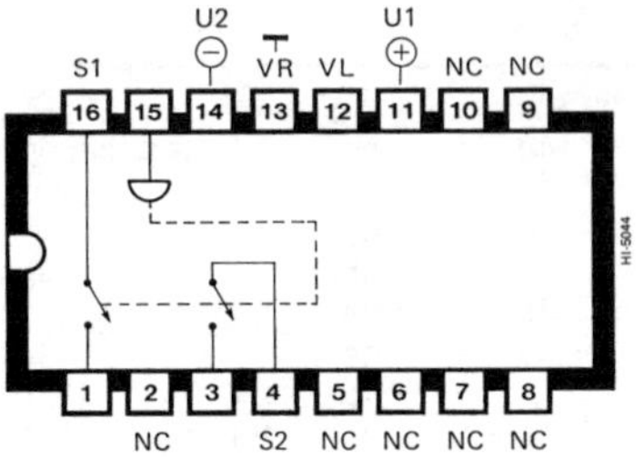

Ein-Widerstand in Abhängigkeit vom
Analog-Eingangssignal und Betriebsspannung:

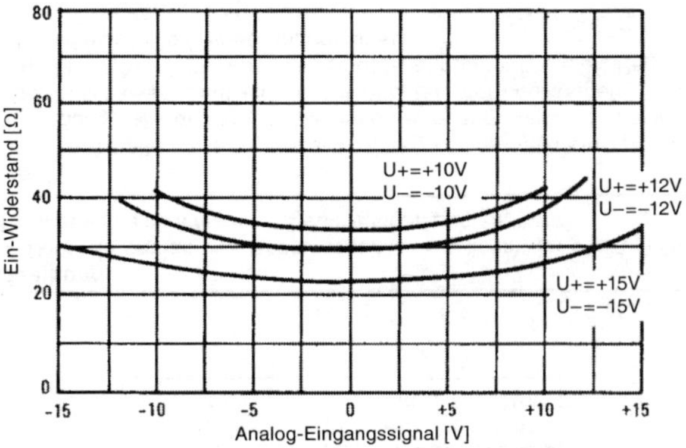

HI-5044 | **Analogschalter (1x 2 Schließer)**

Fortsetzung :

Steuer-Eingang	Schalter S1	Schalter S2
L	Aus	Aus
H	Ein	Ein

Beschreibung:
Dieser Baustein enthält zwei Analogschalter (2 Schließer), die über einen gemeinsamen Steuer-Eingang betätigt werden.

Betrieb:
Über den gemeinsamen Steuer-Eingang können beide Schalter geschlossen oder geöffnet werden.
Der Steuer-Eingang ist TTL-kompatibel, wenn der Anschluss VL auf +5V gelegt wird, d.h. der Logikpegel für High ist +3.0V und für Low +0.8V. Für eine Steuerspannung mit CMOS-Pegeln legt man VL an die positive Betriebsspannung +U1.
Da die Aus-Schaltzeit (280ns) kürzer als die Ein-Schaltzeit (370ns) ist, wird bei Verwendung zweier gleicher Schalter gesichert, dass bei entgegengesetzter Ansteuerung nicht zwei Schalter gleichzeitig geschlossen sind (break-before-make).
Alle Eingänge sind gegen hohe Spannungen infolge elektrostatischer Aufladungen geschützt.

Anwendung:
Schalten von Analog-Signalen, Sample-and-Hold-Schaltungen, Digitalfilter, etc.

Daten:

Betriebsspannung:	U1	max	+15	V
	U2	max	–15	V
Ein-Widerstand			50	Ω
Übersprechdämpfung			88	dB
Max. Analog-Amplitude			±15	V
Schaltzeiten:	Ein		370	ns
	Aus		280	ns
Max. Durchlassstrom je Schalter			80	mA
Stromaufnahme			0.5	mA

Hersteller:
HA

HI-5044 — Analogschalter (1x 2 Schließer)

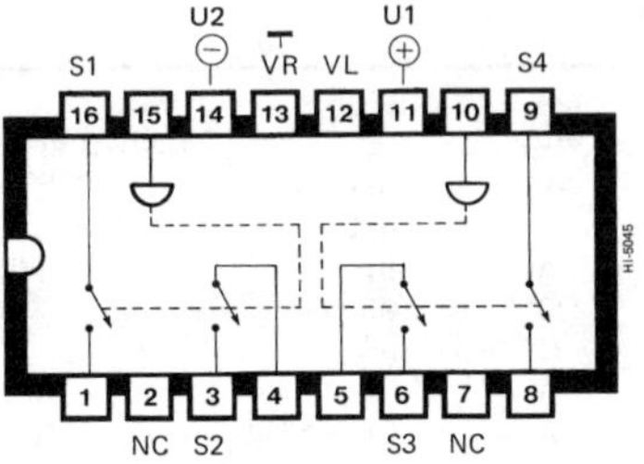

Ein-Widerstand in Abhängigkeit vom
Analog-Eingangssignal und Betriebsspannung:

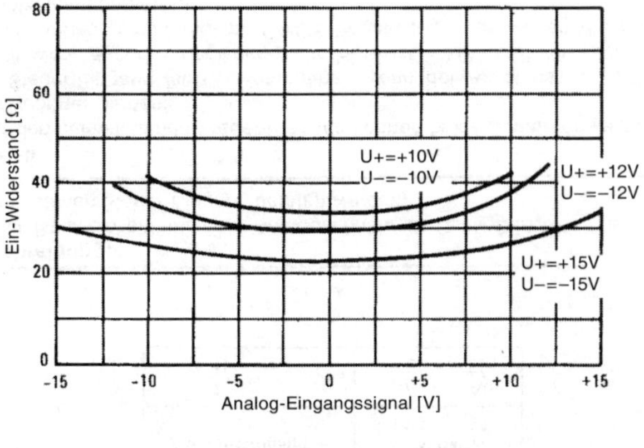

Fortsetzung :

Steuer-Eingang	Schalter 1–4
L	Aus
H	Ein

Beschreibung:
Dieser Baustein enthält vier Analogschalter (4 Schließer), von denen je zwei durch die zugehörigen Steuer-Eingänge betätigt werden.

Betrieb:
Über die beiden Steuer-Eingänge können jeweils 2 Schalter (2 Schließer) geschlossen oder geöffnet werden. Die Steuer-Eingänge sind TTL-kompatibel, wenn der Anschluss VL auf +5V gelegt wird, d.h. der Logikpegel für High ist +3.0V und für Low +0.8V. Für eine Steuerspannung mit CMOS-Pegeln legt man VL an die positive Betriebsspannung +U1.
Da die Aus-Schaltzeit (280ns) kürzer als die Ein-Schaltzeit (370ns) ist, wird bei entgegengesetzter Ansteuerung der beiden Schalterpaare gesichert, dass zwei Schalter nicht gleichzeitig geschlossen sind (break-before-make).
Alle Eingänge sind gegen hohe Spannungen infolge elektrostatischer Aufladungen geschützt.
Der HI-5049 ist mit diesem Baustein identisch, besitzt jedoch einen niedrigeren Ein-Widerstand von 25Ω.

Anwendung:
Schalten von Analog-Signalen, Sample-and-Hold-Schaltungen, Digitalfilter, etc.

Daten:

Betriebsspannung:	U1	max	+15	V
	U2	max	–15	V
Ein-Widerstand			50	Ω
Übersprechdämpfung			88	dB
Max. Analog-Amplitude			±15	V
Schaltzeiten;	Ein		370	ns
	Aus		280	ns
Max. Durchlassstrom je Schalter			80	mA
Stromaufnahme			0.5	mA

Hersteller:
HA

HI-5045 Analogschalter (2x 2 Schließer)

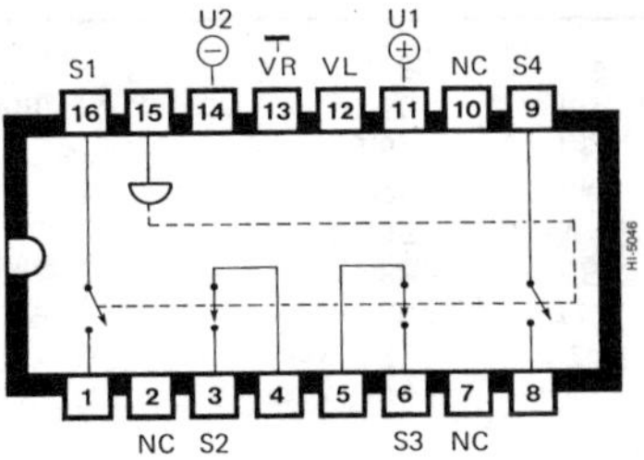

Ein-Widerstand in Abhängigkeit vom
Analog-Eingangssignal und Betriebsspannung:

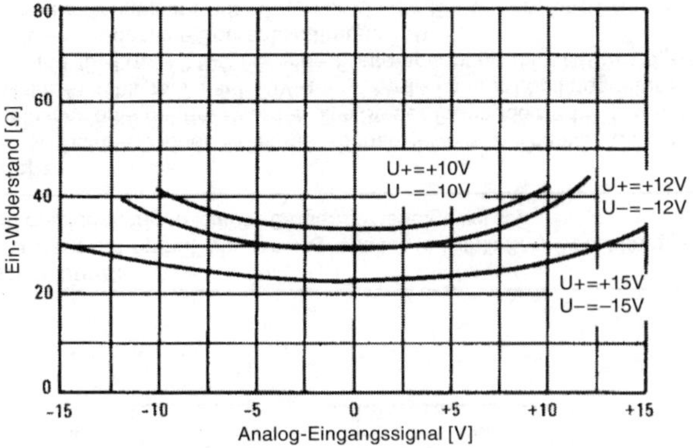

HI-5046(A) Analogschalter, 1x (2 Schließer + 2 Öffner)

Fortsetzung :

Steuer-Eingang	Schalter S1, S4	Schalter S2, S3
L	Aus	Ein
H	Ein	Aus

Beschreibung:
Dieser Baustein enthält vier Analogschalter, und zwar zwei Schließer und zwei Öffner, die alle über einen gemeinsamen Steuer-Eingang betätigt werden.

Betrieb:
Die vier Analogschalter, 2 Schließer und 2 Öffner, werden über einen einzigen Steuer-Eingang betätigt. Dieser Steuer-Eingang ist TTL-kompatibel, wenn der Anschluss VL auf +5V gelegt wird, d.h. der Logikpegel für High ist +3.0V und für Low +0.8V. Für eine Steuerspannung mit CMOS-Pegeln legt man VL an die positive Betriebsspannung +U1.
Da die Aus-Schaltzeit (280ns) kürzer als die Ein-Schaltzeit (370ns) ist, wird gesichert, dass zwei Schalter nicht gleichzeitig geschlossen sind (break-before-make). Alle Eingänge sind gegen hohe Spannungen infolge elektrostatischer Aufladungen geschützt.
Der HI-5046A ist mit diesem Baustein identisch, besitzt jedoch einen niedrigeren Ein-Widerstand von 25Ω.

Anwendung:
Schalten von Analog-Signalen, Sample-and-Hold-Schaltungen, Digitalfilter, etc.

Daten:

Betriebsspannung:	U1	max	+15	V
	U2	max	–15	V
Ein-Widerstand			50	Ω
Übersprechdämpfung			88	dB
Max. Analog-Amplitude			±15	V
Schaltzeiten:	Ein		370	ns
	Aus		280	ns
Max. Durchlassstrom je Schalter			80	mA
Stromaufnahme			0.5	mA

Hersteller:
HA

HI-5046(A) — Analogschalter, 1x (2 Schließer + 2 Öffner)

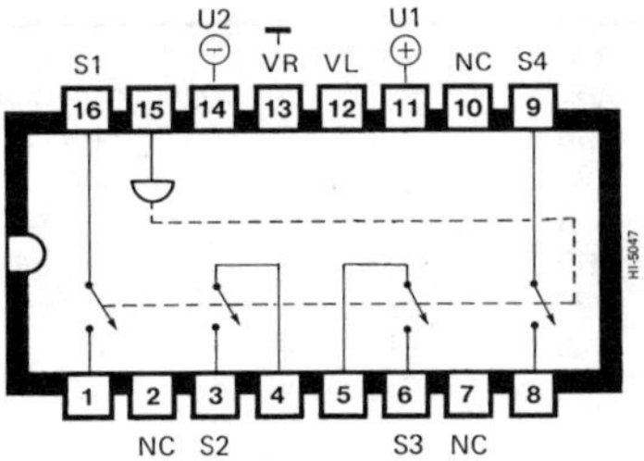

Ein-Widerstand in Abhängigkeit vom
Analog-Eingangssignal und Betriebsspannung:

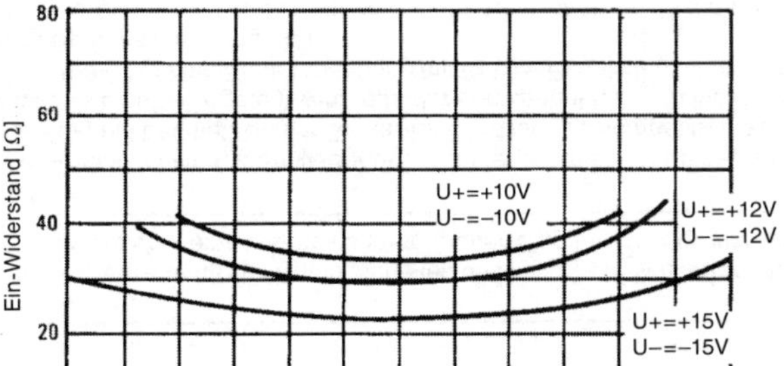

HI-5047(A)	Analogschalter, 1x 4 Schließer

Fortsetzung :

Steuer-Eingang	Schalter 1–4
L	Aus
H	Ein

Beschreibung:
Dieser Baustein enthält vier Analogschalter, und zwar vier Schließer, die alle über einen gemeinsamen Steuer-Eingang betätigt werden.

Betrieb:
Die 4 Schließer werden über einen einzigen Steuer-Eingang betätigt.
Dieser Steuer-Eingang ist TTL-kompatibel, wenn der Anschluss VL auf +5V gelegt wird, d.h. der Logikpegel für High ist +3.0V und für Low +0.8V.
Für eine Steuerspannung mit CMOS-Pegeln legt man VL an die positive Betriebsspannung +U1.
Da die Aus-Schaltzeit (280ns) kürzer als die Ein-Schaltzeit (370ns) ist, wird bei entgegengesetzter Ansteuerung gleichartiger Schalter gesichert, dass zwei Schalter nicht gleichzeitig geschlossen sind (break-before-make).
Alle Eingänge sind gegen hohe Spannungen infolge elektrostatischer Aufladungen geschützt.
Der HI-5047A ist mit diesem Baustein identisch, besitzt jedoch einen niedrigeren Ein-Widerstand von 25Ω.

Anwendung:
Schalten von Analog-Signalen, Sample-and-Hold-Schaltungen, Digitalfilter, etc.

Daten:

Betriebsspannung:	U1	max	+15	V
	U2	max	–15	V
Ein-Widerstand			50	Ω
Übersprechdämpfung			88	dB
Max. Analog-Amplitude			±15	V
Schaltzeiten:	Ein		370	ns
	Aus		280	ns
Max. Durchlassstrom je Schalter			80	mA
Stromaufnahme			0.5	mA

Hersteller:
HA

HI-5047(A) Analogschalter, 1x 4 Schließer

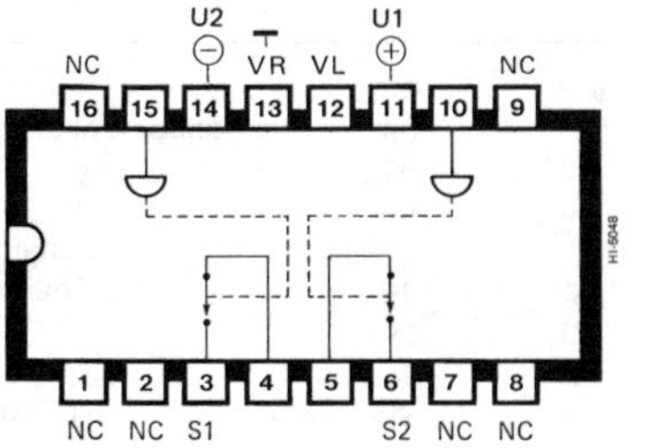

Ein-Widerstand in Abhängigkeit vom
Analog-Eingangssignal und Betriebsspannung:

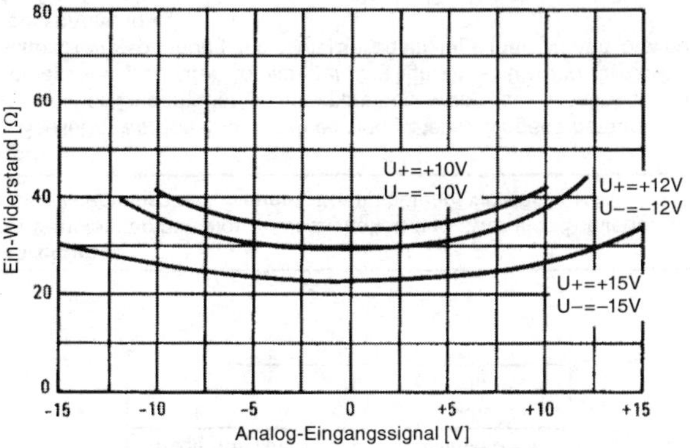

HI-5048

Analogschalter (2x 1 Öffner)

Fortsetzung :

Steuer-Eingang	Schalter S1, S2
L	Ein
H	Aus

Beschreibung:
Dieser Baustein enthält zwei getrennte, voneinander unabhängige Analogschalter (2x1 Öffner).

Betrieb:
Diese beiden Schalter können mit dem zugehörigen Steuer-Eingang geöffnet oder geschlossen werden.
Die Steuer-Eingänge sind TTL-kompatibel, wenn der Anschluss VL auf +5V gelegt wird, d.h. der Logikpegel für High ist +3.0V und für Low +0.8V. Für eine Steuerspannung mit CMOS-Pegeln legt man VL an die positive Betriebsspannung +U1.
Da die Aus-Schaltzeit (280ns) kürzer als die Ein-Schaltzeit (370ns) ist, wird bei entgegengesetzter Ansteuerung der beiden Schalter gesichert, dass beide Schalter nicht gleichzeitig geschlossen sind (break-before-make).
Alle Eingänge sind gegen hohe Spannungen infolge elektrostatischer Aufladungen geschützt.

Anwendung:
Schalten von Analog-Signalen, Sample-and-Hold-Schaltungen, Digitalfilter, etc.

Daten:

Betriebsspannung:	U1	max	+15	V
	U2	max	–15	V
Ein-Widerstand			25	Ω
Übersprechdämpfung			88	dB
Max. Analog-Amplitude			±15	V
Schaltzeiten:	Ein		370	ns
	Aus		280	ns
Max. Durchlassstrom je Schalter			80	mA
Stromaufnahme			0.5	mA

Hersteller:
HA

HI-5048 Analogschalter (2x 1 Öffner)

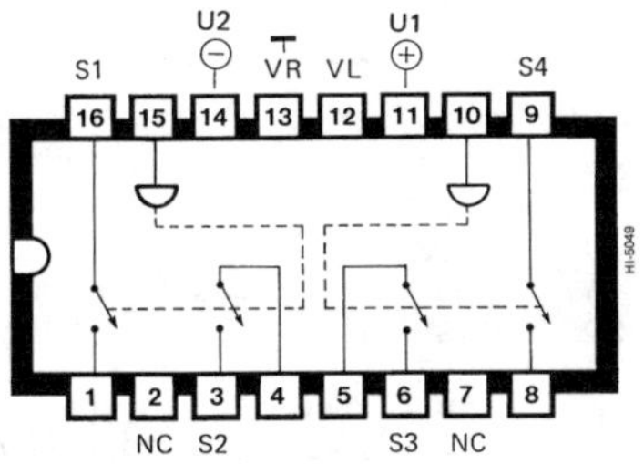

Ein-Widerstand in Abhängigkeit vom
Analog-Eingangssignal und Betriebsspannung:

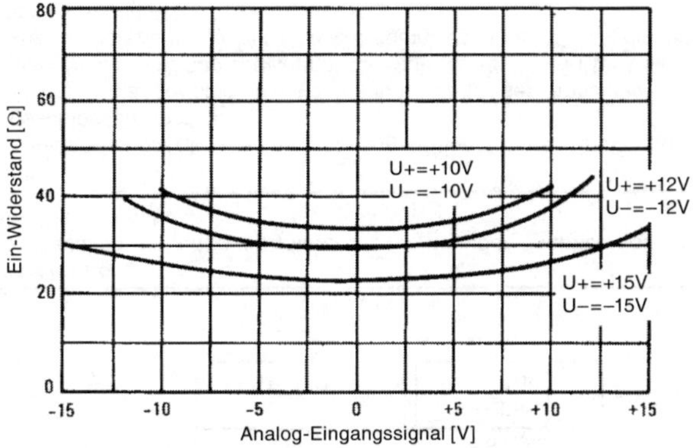

HI-5049 Analogschalter, 2x 2 Schließer

Fortsetzung :

Steuer-Eingang	Schalter 1+2, 3+4
L	Aus
H	Ein

Beschreibung:
Dieser Baustein enthält vier Analogschalter (4 Schließer), von denen je zwei durch die zugehörigen Steuer-Eingänge betätigt werden.

Betrieb:
Über die beiden Steuer-Eingänge können jeweils 2 Schalter (2 Schließer) geschlossen oder geöffnet werden. Die Steuer-Eingänge sind TTL-kompatibel, wenn der Anschluss VL auf +5V gelegt wird, d.h. der Logikpegel für High ist +3.0V und für Low +0.8V. Für eine Steuerspannung mit CMOS-Pegeln legt man VL an die positive Betriebsspannung +U1.
Da die Aus-Schaltzeit (280ns) kürzer als die Ein-Schaltzeit (370ns) ist, wird bei entgegengesetzter Ansteuerung der beiden Schalterpaare gesichert, dass zwei Schalter nicht gleichzeitig geschlossen sind (break-before-make).
Alle Eingänge sind gegen hohe Spannungen infolge elektrostatischer Aufladungen geschützt.
Der HI-5045 ist mit diesem Baustein identisch, besitzt jedoch einen höheren Ein-Widerstand von 50Ω.

Anwendung:
Schalten von Analog-Signalen, Sample-and-Hold-Schaltungen, Digitalfilter, etc.

Daten:

Betriebsspannung:	U1	max	+15	V
	U2	max	–15	V
Ein-Widerstand			25	Ω
Übersprechdämpfung			88	dB
Max. Analog-Amplitude			±15	V
Schaltzeiten:	Ein		370	ns
	Aus		280	ns
Max. Durchlassstrom je Schalter			80	mA
Stromaufnahme			0.5	mA

Hersteller:
HA

HI-5049 Analogschalter, 2x 2 Schließer

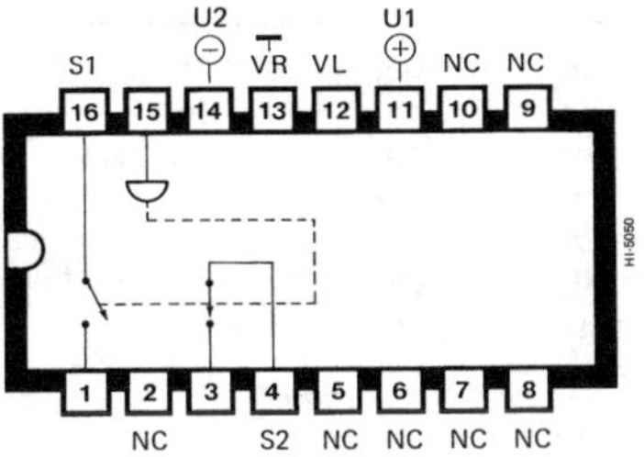

Ein-Widerstand in Abhängigkeit vom
Analog-Eingangssignal und Betriebsspannung:

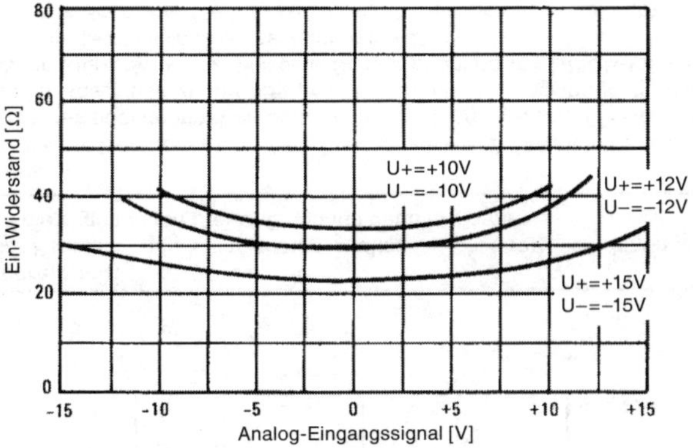

HI-5050

Analogschalter, 1x (1 Schließer + 1 Öffner)

Fortsetzung :

Steuer-Eingang	Schalter	S1	S2
L		Aus	Ein
H		Ein	Aus

Beschreibung:
Dieser Baustein enthält zwei Analogschalter, einen Schließer und einen Öffner, die über einen gemeinsamen Steuer-Eingang betätigt werden.

Betrieb:
Über den gemeinsamen Steuer-Eingang wird ein Schalter geschlossen und der andere geöffnet, bzw. umgekehrt. Der Steuer-Eingang ist TTL-kompatibel, wenn der Anschluss VL auf +5V gelegt wird, d.h. der Logikpegel für High ist +3.0V und für Low +0.8V. Für eine Steuerspannung mit CMOS-Pegeln legt man VL an die positive Betriebsspannung +U1.
Da die Aus-Schaltzeit (280ns) kürzer als die Ein-Schaltzeit (370ns) ist, wird gesichert, dass beide Schalter nicht gleichzeitig geschlossen sind (break-before-make). Alle Eingänge sind gegen hohe Spannungen infolge elektrostatischer Aufladungen geschützt.
Der HI-5042 ist mit diesem Baustein identisch, besitzt jedoch einen höheren Ein-Widerstand von 50Ω.

Anwendung:
Schalten von Analog-Signalen, Sample-and-Hold-Schaltungen, Digitalfilter etc.

Daten:

Betriebsspannung:	U1	max	+15	V
	U2	max	–15	V
Ein-Widerstand			25	Ω
Übersprechdämpfung			88	dB
Max. Analog-Amplitude			±15	V
Schaltzeiten:	Ein		370	ns
	Aus		280	ns
Max. Durchlassstrom je Schalter			80	mA
Stromaufnahme			0.5	mA

Hersteller:
HA

HI-5050 — Analogschalter, 1x (1 Schließer + 1 Öffner)

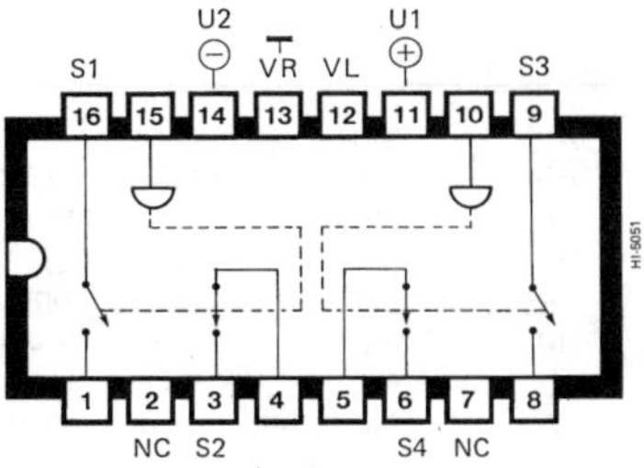

Ein-Widerstand in Abhängigkeit vom
Analog-Eingangssignal und Betriebsspannung:

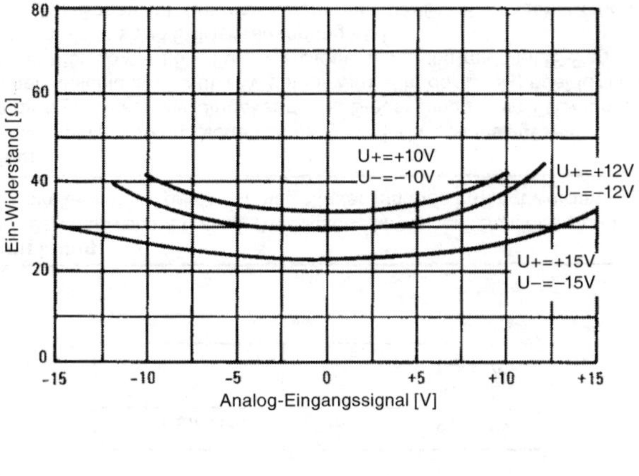

HI-5051 | Analogschalter, 2x (1 Schließer + 1 Öffner)

Fortsetzung :

Steuer-Eingang	Schalter S1, S3	Schalter S2, S4
L	Aus	Ein
H	Ein	Aus

Beschreibung:
Dieser Baustein enthält vier Analogschalter, von denen jeweils 1 Schließer und 1 Öffner von einem eigenen Steuer-Eingang betätigt wird.

Betrieb:
Jeweils zwei Schalter (1 Schließer + 1 Öffner) können mit dem zugehörigen Steuer-Eingang betätigt werden. Die Steuer-Eingänge sind TTL-kompatibel, wenn der Anschluss VL auf +5V gelegt wird, d.h. der Logikpegel für High ist +3.0V und für Low +0.8V.
Für eine Steuerspannung mit CMOS-Pegeln legt man VL an die positive Betriebsspannung +U1. Da die Aus-Schaltzeit (280ns) kürzer als die Ein-Schaltzeit (370ns) ist, wird gesichert, dass beide Schalter nicht gleichzeitig geschlossen sind (break-before-make).
Alle Eingänge sind gegen hohe Spannungen infolge elektrostatischer Aufladungen geschützt.
Der HI-5043 ist mit diesem Baustein identisch, besitzt jedoch einen höheren Ein-Widerstand von 50Ω.

Anwendung:
Schalten von Analog-Signalen, Sample-and-Hold-Schaltungen, Digitalfilter etc.

Daten:

Betriebsspannung:	U1	max	+15	V
	U2	max	–15	V
Ein-Widerstand			25	Ω
Übersprechdämpfung			88	dB
Max. Analog-Amplitude			±15	V
Schaltzeiten:	Ein		370	ns
	Aus		280	ns
Max. Durchlassstrom je Schalter			80	mA
Stromaufnahme			0.5	mA

Hersteller:
HA

HI-5051 Analogschalter, 2x (1 Schließer + 1 Öffner)

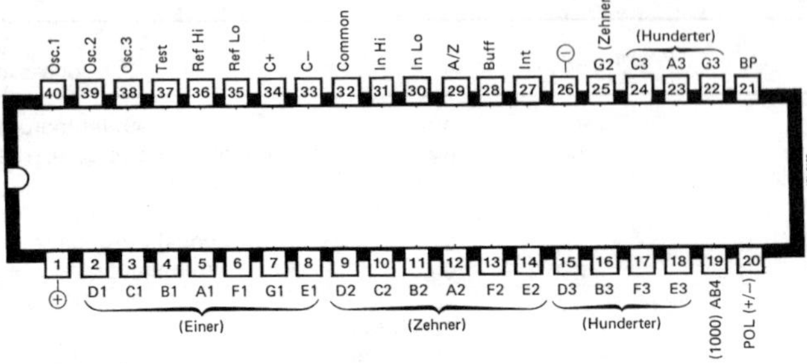

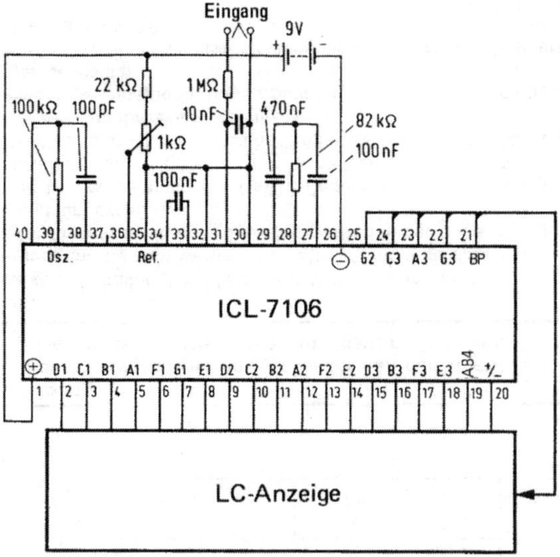

ICL-7106

A/D-Wandler, 3 1/2 Stellen, für LC-Anzeige

Fortsetzung :

Verwendung einer externen Zener-Diode als Referenz:

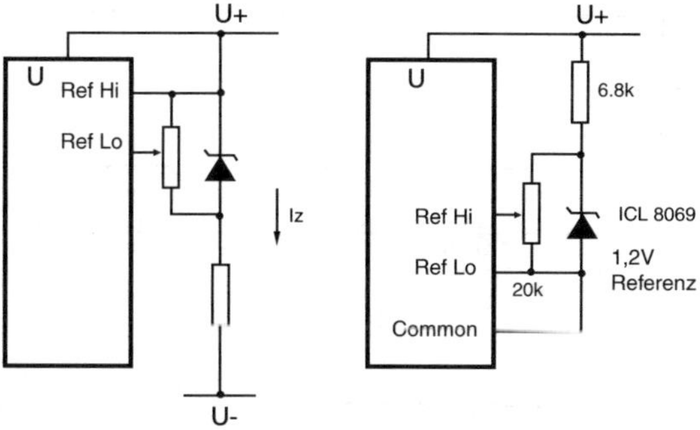

Beschreibung:
Dieser Baustein enthält alle aktiven Elemente für ein 3 1/2-stelliges Digitalvoltmeter mit Flüssigkristall-Anzeige.

Betrieb:
Der Baustein enthält eine interne Referenzspannungsquelle, hochsperrende Analogschalter, die vollständige Ablaufsteuerung sowie die Anzeigetreiber. Durch einen automatischen Nullpunkt-Abgleich wird eine sehr hohe Genauigkeit erreicht. Zum Aufbau eines kompletten DVMs sind außer der Anzeige nur 10 externe Bauelemente erforderlich.
In den einschlägigen Datenblättern finden sich zahlreiche interessante Applikationsbeispiele (Messung von Wechselspannung, Temperatur, etc.).

Anwendung:
Aufbau von Einchip-Digitalvoltmetern

Daten:

Betriebsspannung	max	15	V
Stromaufnahme (ohne Anzeige)		0.8	mA

Hersteller:
ISIL

ICL-7106 — A/D-Wandler, 3 1/2 Stellen, für LC-Anzeige

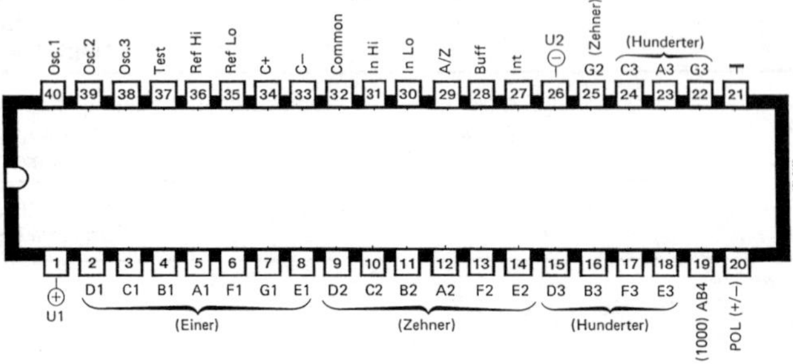

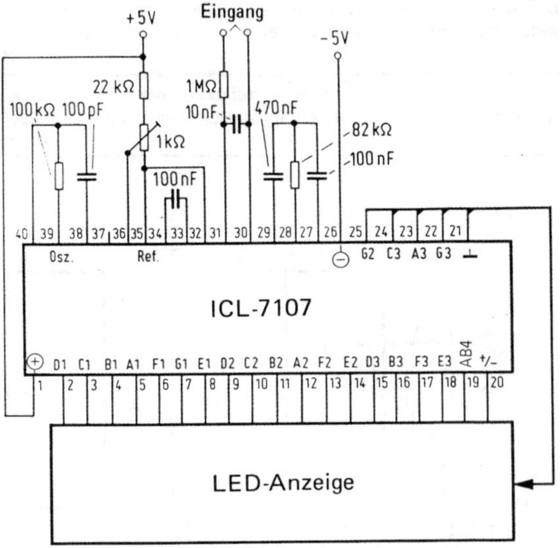

ICL-7107

A/D-Wandler, 3 1/2 Stellen, für LED-Anzeige

Fortsetzung :

Verwendung einer externen Zener-Diode als Referenz:

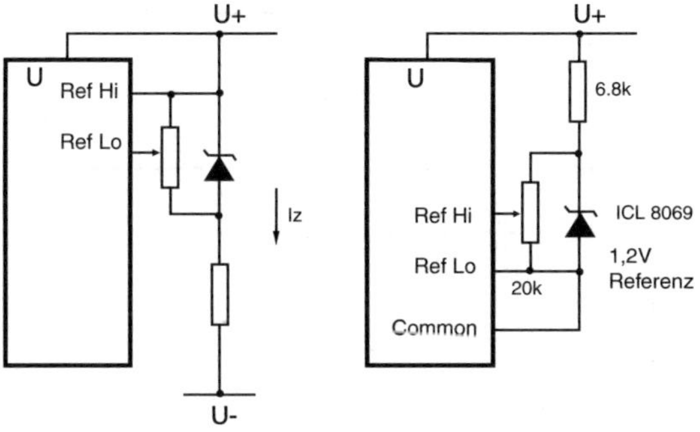

Beschreibung:
Dieser Baustein enthält alle aktiven Elemente für ein 3 1/2-stelliges Digitalvoltmeter mit LED-Anzeige (mit gemeinsamer Anode).

Betrieb:
Der Baustein enthält eine interne Referenzspannungsquelle, hochsperrende Analogschalter, die vollständige Ablaufsteuerung sowie die Anzeigetreiber. Durch einen automatischen Nullpunkt-Abgleich wird eine sehr hohe Genauigkeit erreicht. Zum Aufbau eines kompletten DVMs sind außer der Anzeige nur 10 externe Bauelemente erforderlich.
In den einschlägigen Datenblättern finden sich zahlreiche interessante Applikationsbeispiele (Messung von Wechselspannung, Temperatur, etc.).

Anwendung:
Aufbau von Einchip-Digitalvoltmetern

Daten:

Betriebsspannung:	U1	max	+6	V
	U2	max	–9	V
Stromaufnahme (ohne Anzeige)			0.8	mA

Hersteller:
ISIL

ICL-7107

A/D-Wandler, 3 1/2 Stellen, für LED-Anzeige

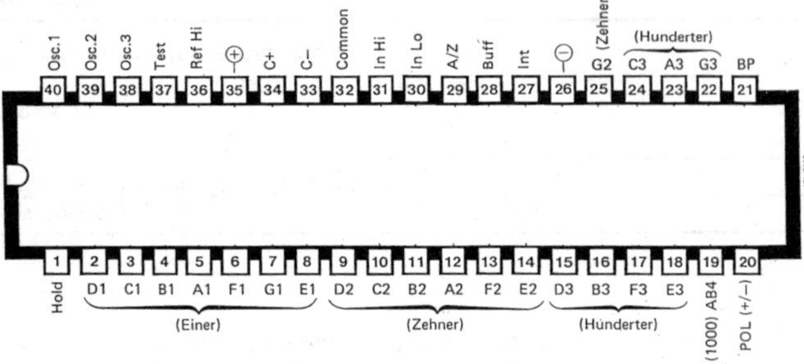

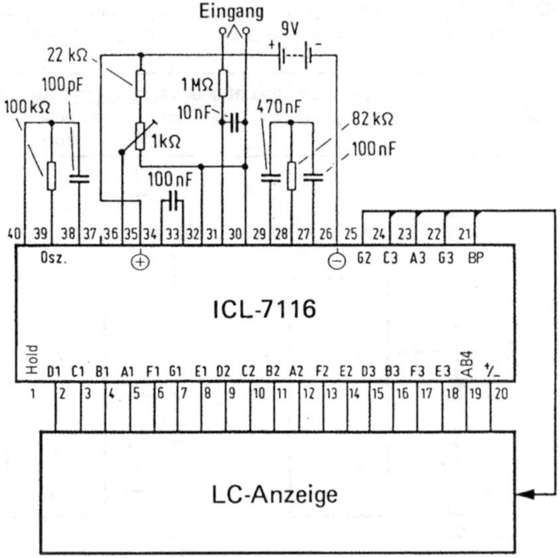

ICL-7116	**A/D-Wandler, 3 1/2 Steilen, mit Hold-Funktion, für LC-Anzeige**

Fortsetzung :

Verwendung einer externen Zener-Diode als Referenz:

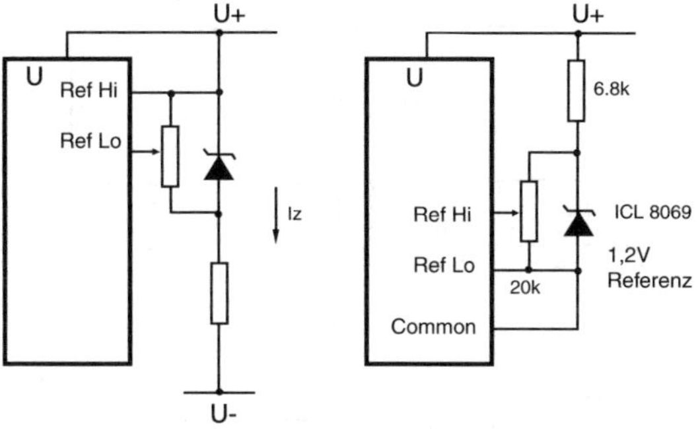

Beschreibung:
Dieser Baustein enthält alle aktiven Elemente für ein 3 1/2-stelliges Digitalvoltmeter mit Flüssigkristall-Anzeige und Hold-Funktion.

Betrieb:
Der Baustein benötigt für den Aufbau eines kompletten DVMs außer der Anzeige nur 10 externe Bauelemente. Er ist im wesentlichen mit dem ICL-7106 identisch, besitzt jedoch eine zusätzliche Hold-Funktion. Wenn man Pin 1 auf High legt, wird die zuletzt angezeigte Eingangsspannung festgehalten, bis Hold wieder auf Low geht.
In den einschlägigen Datenblättern finden sich zahlreiche interessante Applikationsbeispiele (Messung von Wechselspannung, Temperatur, etc.).

Anwendung:
Aufbau von Einchip-Digitalvoltmetern

Daten:

Betriebsspannung	max	15	V
Stromaufnahme (ohne Anzeige)		0.8	mA

Hersteller:
ISIL

ICL-7116 — A/D-Wandler, 3 1/2 Steilen, mit Hold-Funktion, für LC-Anzeige

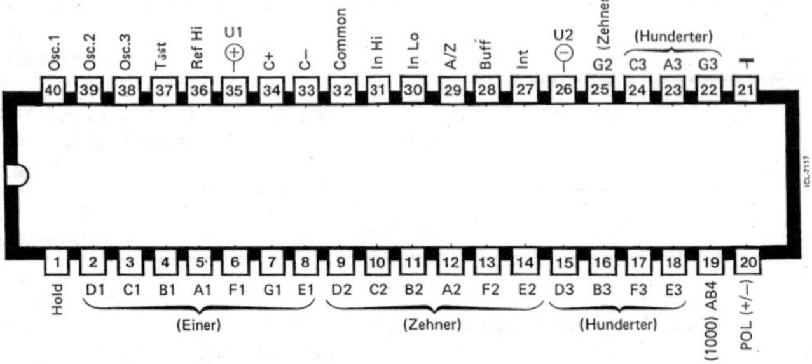

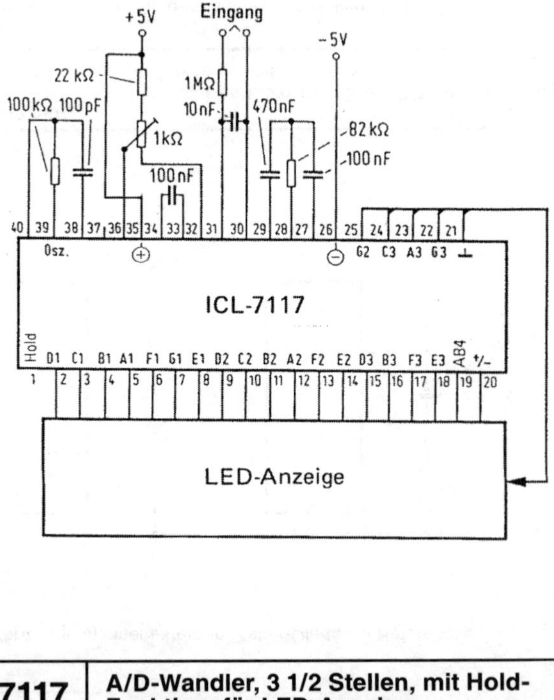

ICL-7117

A/D-Wandler, 3 1/2 Stellen, mit Hold-Funktion, für LED-Anzeige

Fortsetzung :

Verwendung einer externen Zener-Diode als Referenz:

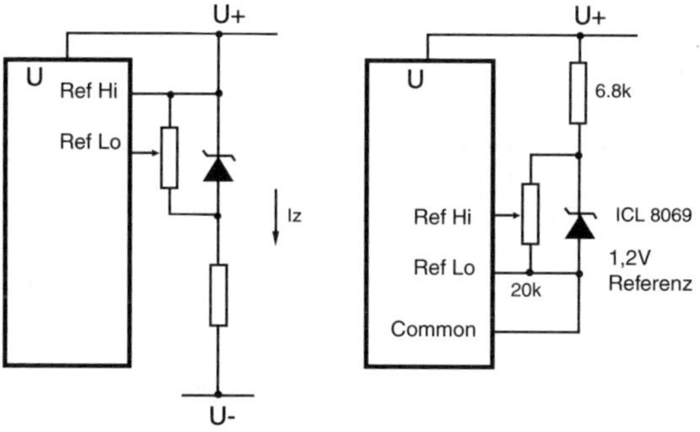

Beschreibung:
Dieser Baustein enthält alle aktiven Elemente für ein 3 1/2-stelliges Digitalvoltmeter mit LED-Anzeige (mit gemeinsamer Anode) und Hold-Funktion.

Betrieb:
Der Baustein benötigt für den Aufbau eines kompletten DVMs außer der Anzeige nur 10 externe Bauelemente. Er ist im wesentlichen mit dem ICL-7107 identisch, besitzt jedoch eine zusätzliche Hold-Funktion. Wenn man Pin 1 auf High legt, wird die zuletzt angezeigte Eingangsspannung festgehalten, bis Hold wieder auf Low geht.
In den einschlägigen Datenblättern finden sich zahlreiche interessante Applikationsbeispiele (Messung von Wechselspannung, Temperatur, etc.).

Anwendung:
Aufbau von Einchip-Digitalvoltmetern

Daten:

Betriebsspannung:	U1	max	+6	V
	U2	max	–9	V
Stromaufnahme (ohne Anzeige)			0.8	mA

Hersteller:
ISIL

ICL-7117

A/D-Wandler, 3 1/2 Stellen, mit Hold-Funktion, für LED-Anzeige

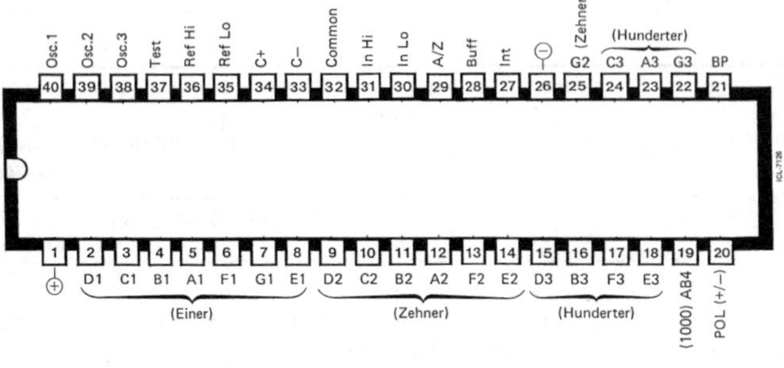

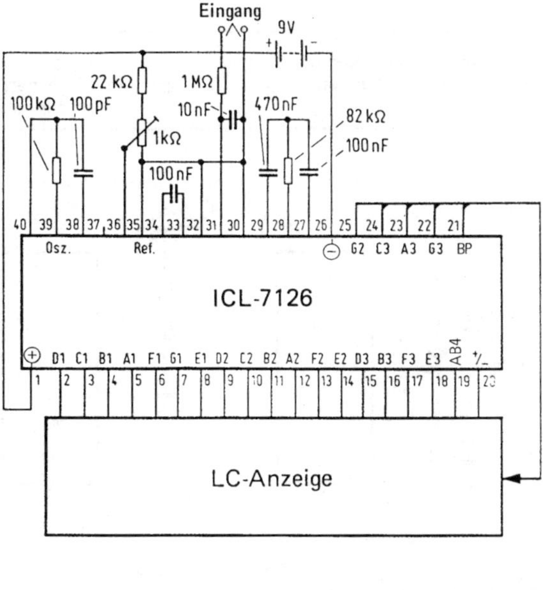

ICL-126

A/D-Wandler, 3 1/2 Stellen, für LC-Anzeige

Fortsetzung :

Verwendung einer externen Zener-Diode als Referenz:

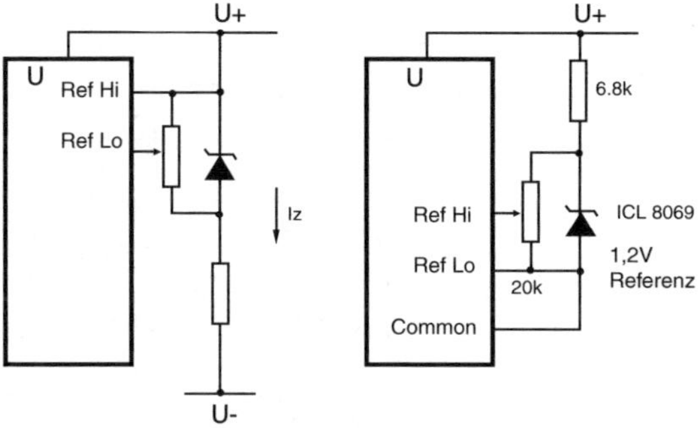

Beschreibung:
Dieser Baustein enthält alle aktiven Elemente für ein 3 1/2-stelliges Digitalvoltmeter mit Flüssigkristall-Anzeige und hat besonders niedrige Stromaufnahme.

Betrieb:
Der Baustein benötigt für den Aufbau eines kompletten DVMs nur 10 externe Bauelemente. Er ist mit dem ICL-7106 pinkompatibel, zeichnet sich jedoch durch eine besonders niedrige Stromaufnahme aus.
In den einschlägigen Datenblättern finden sich zahlreiche interessante Applikationsbeispiele (Messung von Wechselspannung, Temperatur, etc.).

Anwendung:
Aufbau von Einchip-Digitalvoltmetern mit äußerst geringem Leistungsverbrauch

Daten:

Betriebsspannung	max	15	V
Stromaufnahme		50	µA

Hersteller:
ISIL

ICL-126	**A/D-Wandler, 3 1/2 Stellen, für LC-Anzeige**

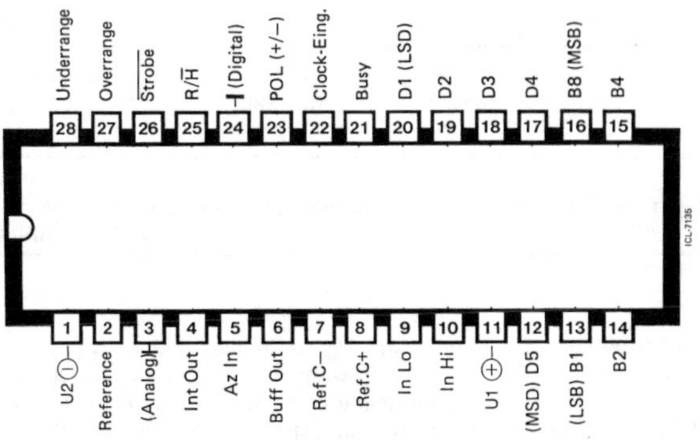

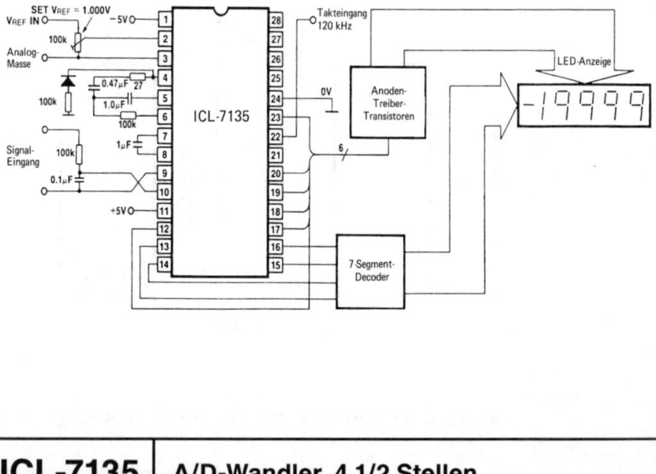

ICL-7135 | A/D-Wandler, 4 1/2 Stellen

Fortsetzung :

Verwendung einer externen Zener-Diode als Referenz:

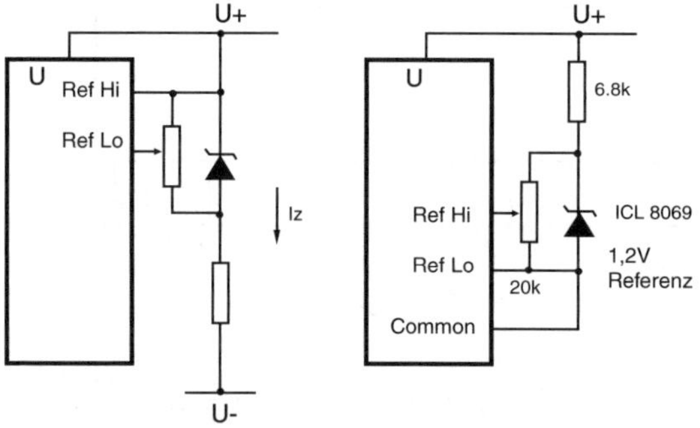

Beschreibung:
Dieser Baustein enthält einen präzisen A/D-Wandler zum Aufbau von 4 1/2-stelligen Digitalvoltmetern mit LC- oder LED-Anzeige.

Betrieb:
Zum Aufbau eines vollständigen DVMs benötigt man noch einen 7-Segment-Decoder, Treiber, eine Referenz-Spannungsquelle und einen Taktgenerator. Der Baustein besitzt gemultiplexte BCD-Ausgänge und 4 Stellentreiber (D1-D4). Mit den Anschlüssen Strobe, Underrange, Overrange, Run/Hold und Busy kann der Baustein auch mit Mikroprozessoren oder UARTs verwendet werden.
Dieser Baustein zeichnet sich durch eine hohe Genauigkeit aus, und zwar ±1 Stelle bei ±20.000 Stellen (2,0000 Volt Vollausschlag).
Für 0 Volt Eingangsspannung wird eine Anzeige von null garantiert. Er besitzt ferner echte Differential-Eingänge.
Für Anwendungen mit automatischer Messbereichswahl liefert der Baustein Über- und Unterlauf-Signale. Alle Ausgänge sind TTL-kompatibel.

Anwendung:
Aufbau 4 1/2-stelliger DVMs

Daten:

Betriebsspannung	U1	+5	V
	U2	–5	V

Hersteller:
ISIL

ICL-7135

A/D-Wandler, 4 1/2 Stellen

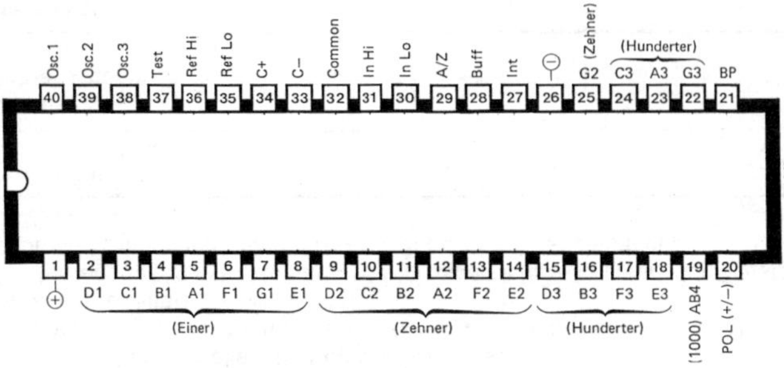

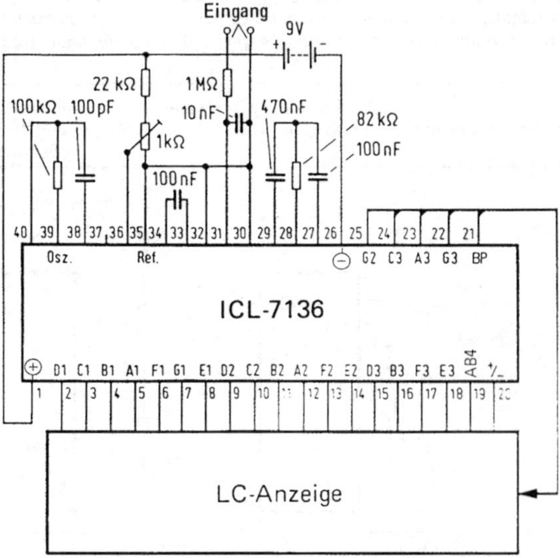

ICL-7136 | A/D-Wandler, 3 1/2 Stellen, für LC-Anzeige

Fortsetzung :

Verwendung einer externen Zener-Diode als Referenz:

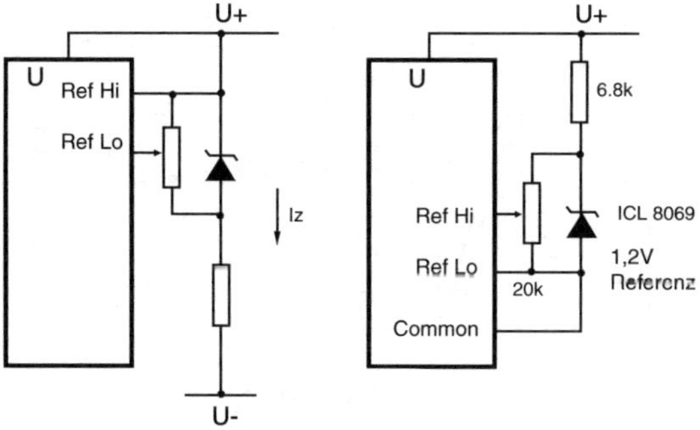

Beschreibung:
Dieser Baustein enthält alle aktiven Elemente für ein 3 1/2-stelliges Digitalvoltmeter mit Flüssigkristall-Anzeige.

Betrieb:
Es handelt sich bei diesem Baustein um eine verbesserte Version des ICL-7126. Er ist mit diesem pinkompatibel und kann ihn in allen Anwendungen voll ersetzen.
Dieser Baustein zeichnet sich vorallem durch seine niedrige Stromaufnahme von nur 70µA aus.

Anwendung:
Aufbau von Einchip-Digitalvoltmetern mit extrem niedrigen Stromverbrauch

Daten:

Betriebsspannung	max	15	V
Stromaufnahme		70	µA

Hersteller:
ISIL

ICL-7136 — A/D-Wandler, 3 1/2 Stellen, für LC-Anzeige

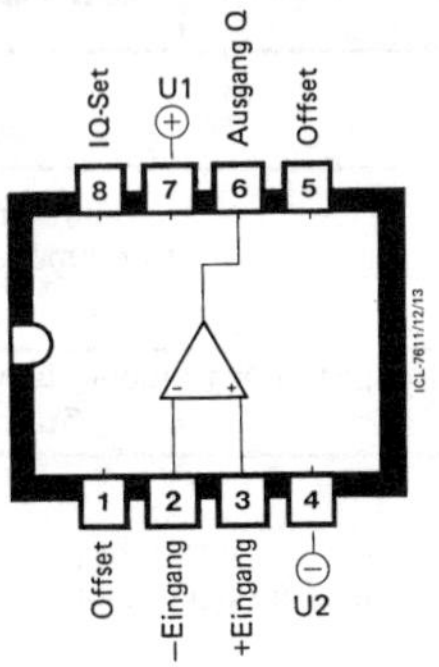

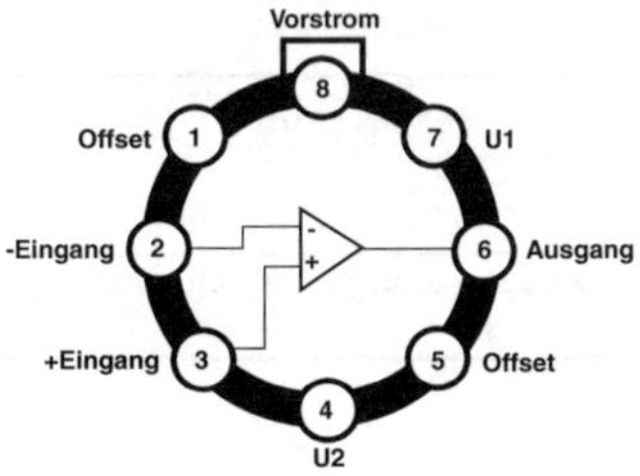

Ausgangs-Spitzenspannung
in Abhängigkeit von der Frequenz

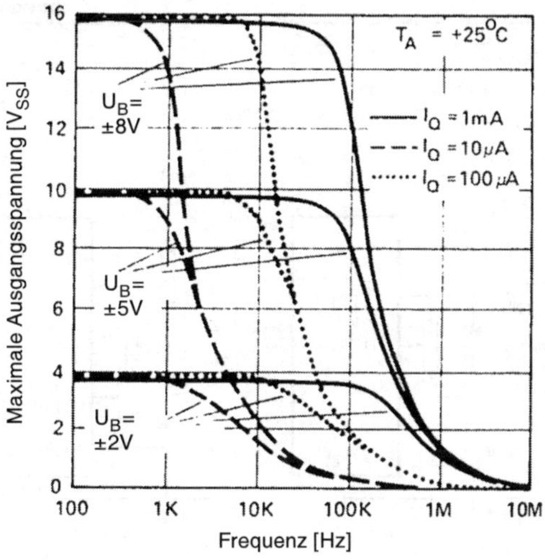

Fortsetzung :

Beschreibung:
Dieser Baustein enthält einen einzelnen CMOS-Operationsverstärker, mit Offset-Abgleichmöglichkeit und einstellbarem Ausgangsstrom.

Betrieb:
Dieser Operationsverstärker arbeitet über einen großen Betriebsspannungsbereich von ±0.5V bis ±8V.
Er zeichnet sich durch eine sehr hohe Eingangsimpedanz von $10^{12}\Omega$ aus. Seine Verlustleistung ist bis herab zu 10µW einstellbar. Dies geschieht über den Eingang IQ-Set, ohne dass hierzu externe Bauelemente erforderlich sind. Man verbindet hierzu Pin 8 für einen Ausgangsstrom IQ wie folgt:

IQ	=	10 µA	....	Pin8 an	+U1
IQ	=	100 µA	....	Pin 8 an	0V
IQ	=	1 mA	....	Pin 8 an	–U2

Für maximale Ausgangsspannungs-Amplituden in niederohmige Lasten sollte IQ auf 1 mA eingestellt werden.
Die Ausgangsspannungs-Amplitude reicht bis auf wenige mV an die Betriebsspannungen. Der Betrieb bei Versorgungsspannungen von +0.5V ist nur bei einem IQ von 10µA garantiert.
Für eine Offset-Kompensation legt man ein Potentiometer mit 25 kΩ zwischen die Offset-Anschlüsse und dem Schleifer des Potis an +U1.
Der Verstärker ist intern bis zu kapazitiven Lasten von 100pF frequenzkompensiert.
Der ICL-7612 besitzt einen erweiterten Gleichtakt-Eingangsspannungsbereich
Der ICL-7613 besitzt geschützte Eingänge bis ±200V.
In den einschlägigen Datenbüchern findet man zahlreiche interessante Applikationsbeispiele.

Anwendung:
Tragbare Geräte, Hörgeräte, Meßgeräteverstärker, Medizinische Instrumente, Pufferverstärker mit hohem Eingangswiderstand

Daten:

Betriebsspannungen		±0.5 bis ±8	V
Anstiegesgeschwindigkeit der Ausgangsspannung (Slew Rate)		max 1.6	V/µsec
Einsverstärkung:	IQ=10µA	0.044	MHz
	IQ= 100µA	0.48	MHz
	IQ = 1mA	1.4	MHz

Hersteller:
ISIL

ICL-7611/12/13

Operationsverstärker

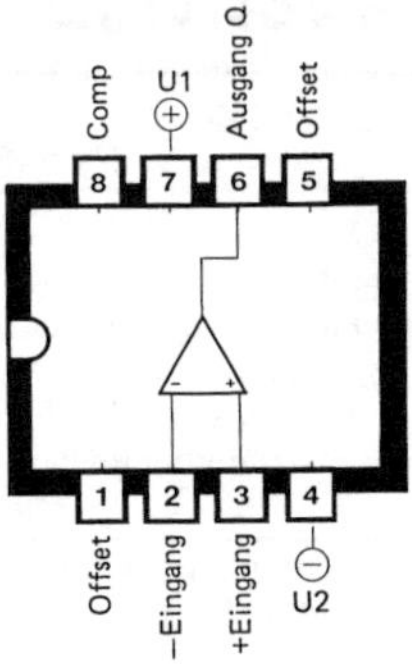

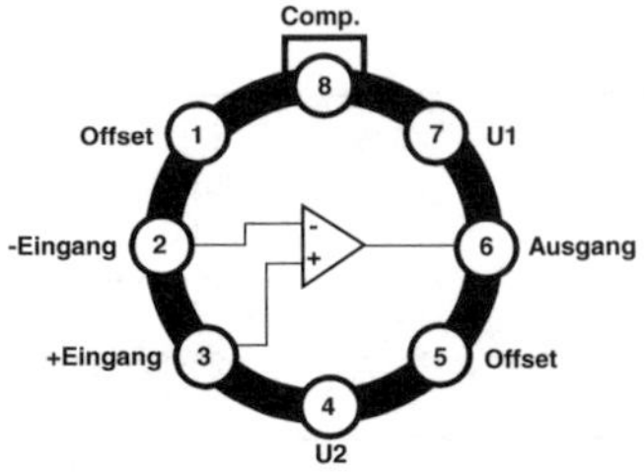

Ausgangs-Spitzenspannung
in Abhängigkeit von der Frequenz

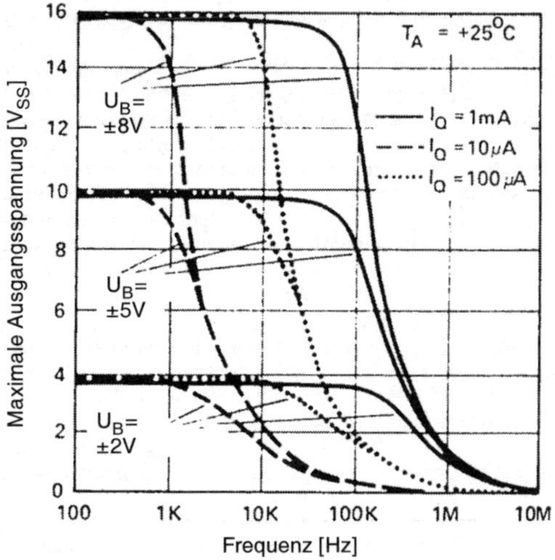

ICL-7614/15 | Operationsverstärker

Fortsetzung :

Beschreibung:
Dieser Baustein enthält einen einzelnen Operationsverstärker mit Offset-Abgleichmöglichkeit und externer Frequenzkompensation.

Betrieb:
Dieser Operationsverstärker arbeitet über einen großen Betriebsspannungsbereich von ±0.5V bis ±8V. Er zeichnet sich durch eine sehr hohe Eingangsimpedanz von $10^{12}\Omega$ aus. Der Ruheversorgungsstrom ist auf 100µA fest eingestellt.
Die Ausgangsspannungs-Amplitude reicht bis auf wenige mV an die Betriebsspannung. Für eine Offset-Kompensation legt man ein Potentiometer mit 25kΩ zwischen die Offset-Anschlüsse und den Schleifer des Potis an +U1.
Der Verstärker kann extern durch einen Kondensator zwischen den Anschlüssen Comp und Ausgang (Pin 6) kompensiert werden. Für stabilen Betrieb bei Verstärkung "1" ist ein Wert von 33pF zu empfehlen, für größere Verstärkungsfaktoren können vergrößerte Bandbreite und erhöhte Spannungs-Anstiegsgeschwindigkeit (Slew Rate) durch Verwendung eines kleineren Kapazitätswertes erzielt werden.
Der ICL-7615 besitzt geschützte Eingänge bis ±200 V.
In den einschlägigen Datenbüchern findet man zahlreiche interessante Applikationsbeispiele.

Anwendung:
Tragbare Geräte, Hörgeräte, Meßgeräteverstärker, Medizinische Instrumente, Pufferverstärker mit hohem Eingangswiderstand

Daten:

Betriebsspannungen	±0.5 bis ±8	V
Anstiegsgeschwindigkeit der Ausgangsspannung (Slew Rate)	0.16	V/µs
Einsverstärkung	0.48	MHz

Hersteller:
ISIL

ICL-7614/15

Operationsverstärker

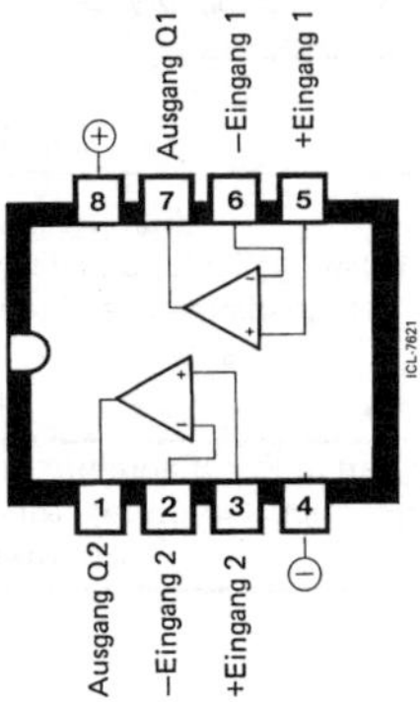

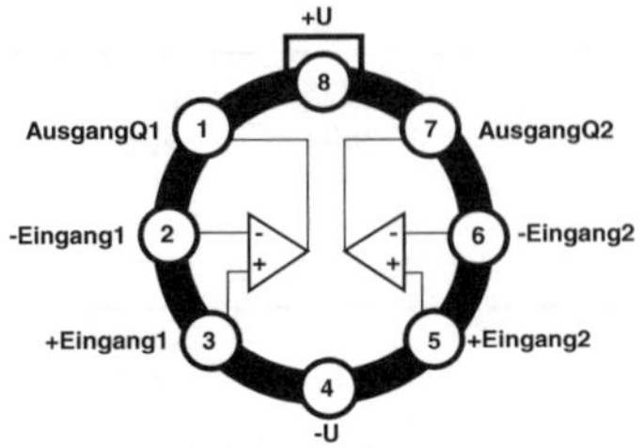

Ausgangs-Spitzenspannung
in Abhängigkeit von der Frequenz

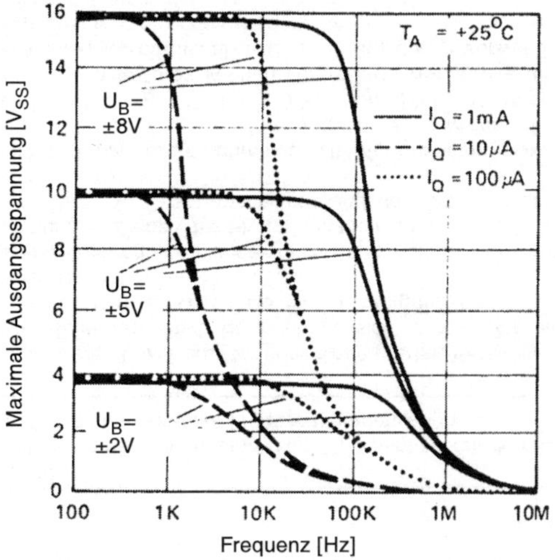

ICL-7621 | Zwei Operationsverstärker

Fortsetzung :

Beschreibung:
Dieser Baustein enthält zwei getrennte Operationsverstärker ohne externe Offset- und Frequenzkompensation.

Betrieb:
Diese Operationsverstärker arbeiten über einen großen Betriebsspannungsbereich von ±0.5V bis ±8V. Sie zeichnen sich durch eine sehr hohe Eingangsimpedanz von $10^{12}\,\Omega$ aus.
Die Ausgangsspannungs-Amplitude reicht bis auf wenige mV an die Betriebsspannungen.
Die Verstärker besitzen keine Möglichkeit einer externen Offset-Kompensation.
Sie sind intern bis zu kapazitiven Lasten von 100pF frequenzkompensiert.
IQ ist intern auf 100µA eingestellt.
Dieser Baustein ist pinkompatibel mit dem MC-1458 (MOT), RC-4558 (Raytheon) und TL-082(TI).
In den einschlägigen Datenbüchern findet man zahlreiche interessante Applikationsbeispiele.

Anwendung:
Tragbare Geräte, Hörgeräte, Meßgeräteverstärker, Medizinische Instrumente, Pufferverstärker mit hohem Eingangswiderstand

Daten:

Betriebsspannungen	±0.5 bis ±8	V
Anstiegsgeschwindigkeit der Ausgangsspannung (Slew Rate)	0.16	V/µs
Einsverstärkung	0.48	MHz
Stromaufnahme	0.2	mA

Hersteller:
ISIL

ICL-7621 — Zwei Operationsverstärker

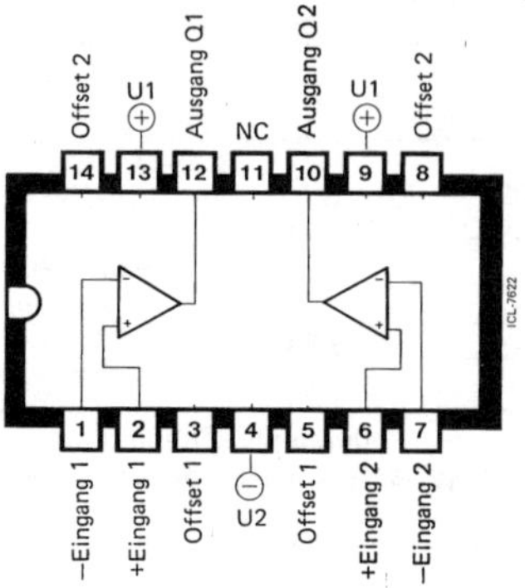

Ausgangs-Spitzenspannung
in Abhängigkeit von der Frequenz

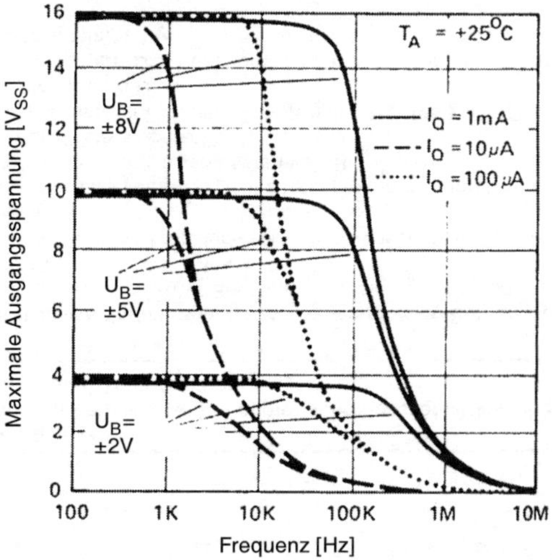

Fortsetzung :

Beschreibung:
Dieser Baustein enthält zwei getrennte Operationsverstärker mit externer Offset-Kompensationsmöglichkeit.

Betrieb:
Diese Operationsverstärker arbeiten über einen großen Betriebsspannungsbereich von ±0.5 V bis ±8V. Sie zeichnen sich durch eine sehr hohe Eingangsimpedanz von $10^{12}\,\Omega$ aus.
Die Ausgangsspannungs-Amplitude reicht bis auf wenige mV an die Betriebsspannungen. Die Verstärker besitzen gegenüber dem ICL-7621 die Möglichkeit einer externen Offset-Kompensation. Hierzu legt man ein 25kΩ-Potentionmeter zwischen die zugehörigen Offset-Anschlüsse und den Schleifer des Potis an +U1.
Die Verstärker sind intern bis zu kapazitiven Lasten von 100pF frequenzkompensiert. IQ ist intern auf 100µA fest eingestellt. Dieser Baustein ist pinkompatibel mit dem µA-747 (FA) und TL-083 (TI).
In den einschlägigen Datenbüchern findet man zahlreiche interessante Applikationsbeispiele.

Anwendung:
Tragbare Geräte, Hörgeräte, Meßgeräteverstärker, Medizinische Instrumente, Pufferverstärker mit hohem Eingangswiderstand

Daten:

Betriebsspannungen	±0.5 bis ±8	V
Anstiegsgeschwindigkeit der Ausgangsspannung (Slew Rate)	0.16	V/µs
Einsverstärkung	0.48	MHz
Stromaufnahme	0.2	mA

Hersteller:
ISIL

ICL-7622 — Zwei Operationsverstärker mit Offsetkompensation

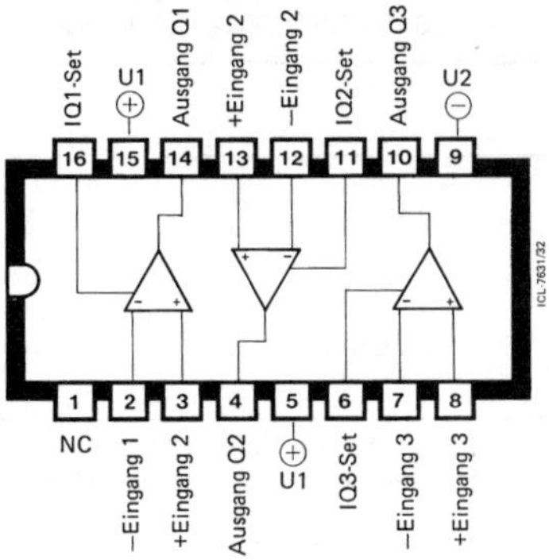

Pin 5 und 15 sind intern verbunden

Ausgangs-Spitzenspannung
in Abhängigkeit von der Frequenz

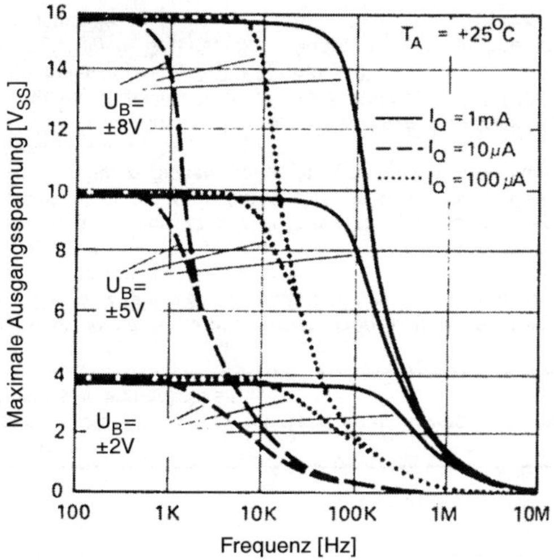

ICL-7631/32

Drei Operationsverstärker

Fortsetzung :

Beschreibung:
Dieser Baustein enthält drei getrennte CMOS-Operationsverstärker mit einstellbarem Ausgangsstrom.

Betrieb:
Diese Operationsverstärker arbeiten über einen großen Betriebsspannungsbereich von ±0.5V bis ±8V. Sie zeichnen sich durch eine sehr große Eingangsimpedanz von $10^{12}\Omega$ aus.
Die Verlustleistung jedes Verstärkers ist herab bis zu 10µW einstellbar. Dies geschieht über den jeweiligen Eingang IQ-Set, ohne dass hierzu externe Bauelemente erforderlich sind. Man verbindet den entsprechenden Anschluss IQ-Set für einen Ausgangsstrom IQ wie folgt:

IQ=	10 µA	IQ-Set an	+U1
IQ =	100 µA	IQ-Set an	0V
IQ=	1 mA	IQ-Set an	–U1

Für maximale Ausgangsspannungs-Amplituden in niederohmige Lasten sollte IQ auf 1mA eingestellt werden.
Die Ausgangsspannungs-Amplitude reicht bis auf wenige mV an die Betriebsspannungen. Der Betrieb bei Versorgungsspannungen von ±0.5 V ist nur bei einem IQ von 10µA garantiert.
Eine externe Offset-Kompensation ist nicht vorgesehen.
Der ICL-7632 ist weder intern kompensiert noch kann er extern kompensiert werden. Er arbeitet stabil, wenn er folgendermaßen benutzt wird:
IQ = 1 mA bei Verstärkungen ≥20
IQ = 100µA bei Verstärkungen ≥10
IQ = 10µA bei Verstärkungen ≥5.
Dieser Baustein ist pinkompatibel mit dem ICL-8023.

Anwendung:
Tragbare Geräte, Hörgeräte, Meßgeräteverstärker, Medizinische Instrumente, Pufferverstärker m it hohem Eingangswiderstand

Daten:

Betriebsspannungen		±0.5 bis ±8	V
Anstiegsgeschwindigkeit der Ausgangsspannung (Slew Rate)		max 1.6	V/µs
Einsverstärkung:	IQ = 10 µA	0.044	MHz
	IQ = 100 µA	0.48	MHz
	IQ = 1 mA	1.4	MHz

Hersteller:
ISIL

ICL-7631/32
Drei Operationsverstärker

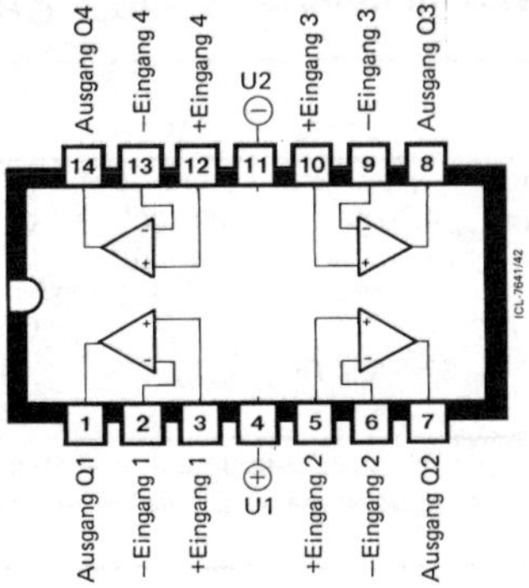

Ausgangs-Spitzenspannung
in Abhängigkeit von der Frequenz

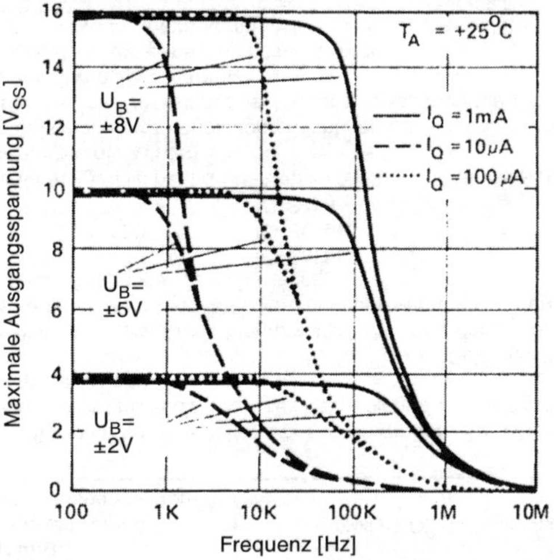

Fortsetzung :

Beschreibung:
Dieser Baustein enthält vier getrennte CMOS-Operationsverstärker ohne externe Offset-und Frequenzkompensation.

Betrieb:
Diese Operationsverstärker arbeiten über einen großen Betriebsspannungsbereich von ±0.5V bis ±8V. Sie zeichnen sich durch eine sehr hohe Eingangsimpedanz von $10^{12}\Omega$ aus.
Die Ausgangsspannungs-Amplitude reicht bis auf wenige mV an die Betriebsspannungen.
Die Verstärker besitzen keine Möglichkeit einer externen Offset-Kompensation.
Sie sind intern bis zu kapazitiven Lasten von 100pF frequenzkompensiert.
Beim ICL-7641 ist IQ intern auf 1 mA fest eingestellt, beim ICL-7642 auf 10µA.
Diese Bausteine sind pinkompatibel mit dem HA-4741 (HA), LM-324 (NS) und TL-084 (TI).

Anwendung:
Tragbare Geräte, Hörgeräte, Meßgeräteverstärker, Medizinische Instrumente, Pufferverstärker mit hohem Eingangswiderstand

Daten:

Betriebsspannungen		±0.5 bis ±8	V
Anstiegsgeschwindigkeit der Ausgangsspannung (Slew Rate)			
	ICL-7641	1.6	V/µs
	ICL-7642	0.016	V/µs
Einsverstärkung			
	ICL-7641	1.4	MHz
	ICL-7642	0.044	MHz

Hersteller:
ISIL

ICL-7641/42 | Vier Operationsverstärker

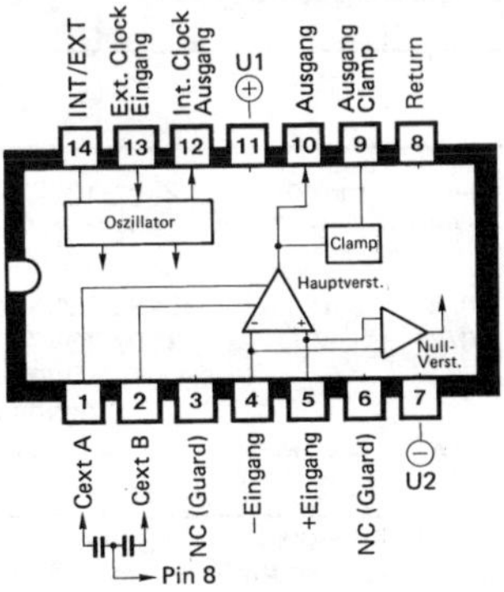

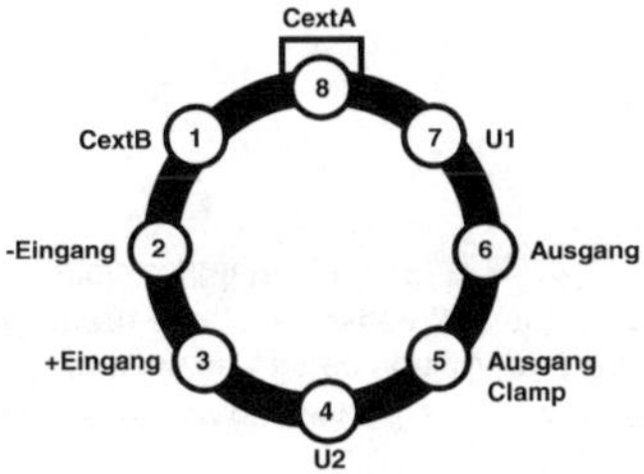

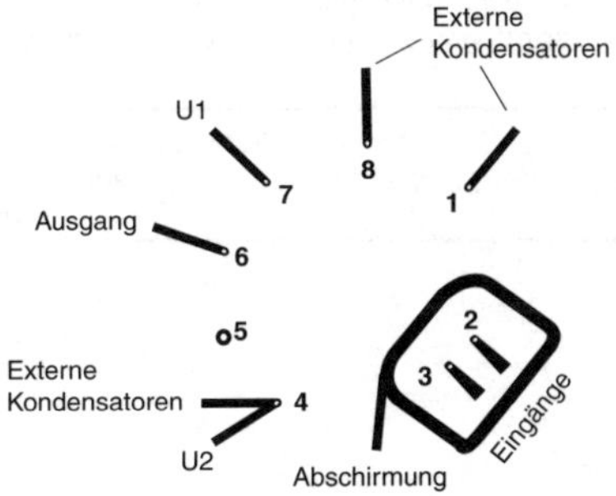

Ansicht von unten

ICL-7650 | Operationsverstärker, zerhacker-stabilisiert

Fortsetzung :

Beschreibung:
Dieser Baustein enthält einen zerhacker-stabilisierten Operationsverstärker mit hoher Verstärkung und extrem niedriger Eingangs-Offsetspannung.

Betrieb:
Die niedrige Eingangs-Offsetspannung wird durch Vergleich der Eingangsspannungen am invertierenden und nicht-invertierenden Eingang mittels eines Nullabgleich-Verstärkers bei abwechselnden Taktphasen erreicht. Zwei externe Kondensatoren sind zum Speichern der Korrektur-Potentiale an den beiden Eingängen des Nullabgleich-Verstärkers erforderlich. Der interne Taktgenerator läuft mit ca. 200Hz, wenn der Anschluss Int/Ext auf High liegt oder offen ist (interner Pull-up-Widerstand). Für einen externen Takt (bis ca. 500Hz) legt man Pin 14 auf Low.
Um die Erholzeit nach einer Überlastung eines Signaleinganges zu verringern, kann man Pin9 mit dem invertierenden Eingang des Hauptverstärkers verbinden.
Die beiden erforderlichen externen Kondensatoren haben optimale Werte in Abhängigkeit von der Takt- oder Zerhackerfrequenz. Für den voreingestellten internen Takt ist der korrekte Wert 0.1 µF. Es sollten nach Möglichkeit nur hochwertige (Folien-) Kondensatoren verwendet werden.
Wegen der hohen Verstärkung ist bei der Auslegung der Printlayouts auf eine sorgfältige Abschirmung der Eingänge zu achten.
Ein Beispiel für den ICL 7650 im TO-99-Gehäuse finden Sie obenstehend.

Anwendung:
Verstärkung sehr niedriger Gleichspannungen

Daten:

Betriebsspannung (+U1 bis–U2)	4.5—16	V
Eingangswiderstand	10^{12}	Ω
Spannungsverstärkung (offen)	5x 10^{6}	V
Transitfrequenz	2	MHz
Anstiegsgeschwindigkeit der Ausgangsspannung (Slew Rate)	2.5	V/µs
Stromaufnahme	2	mA

Hersteller:
ISIL

ICL-7650 | Operationsverstärker, zerhacker-stabilisiert

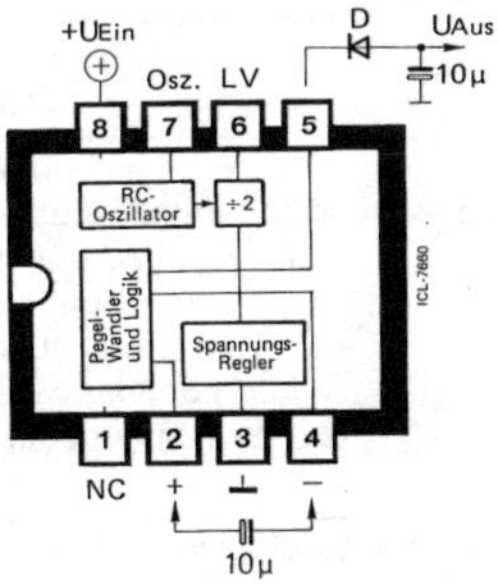

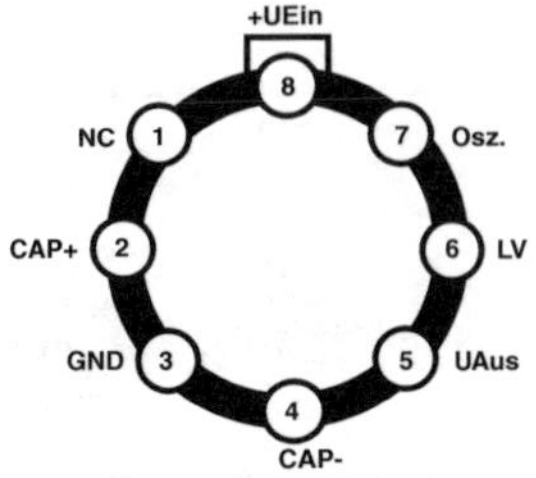

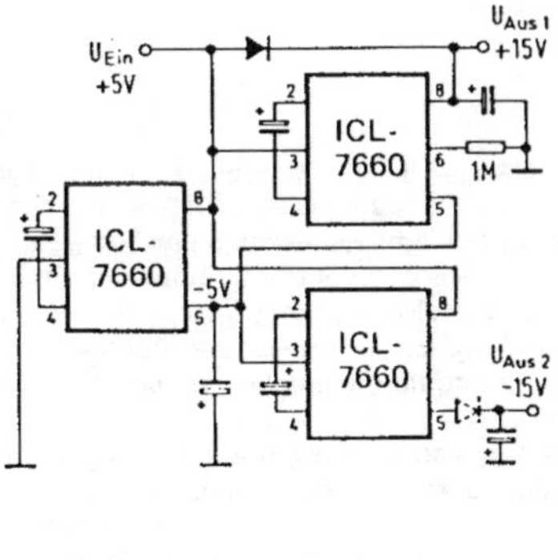

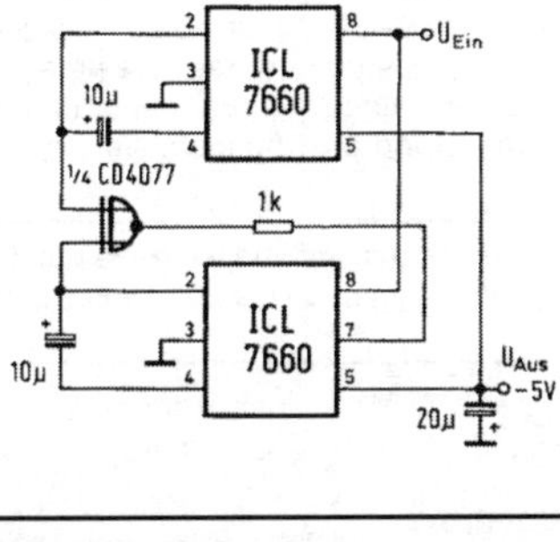

ICL-7660	**Spannungswandler**

Fortsetzung :

Beschreibung:

Dieser Baustein enthält einen Spannungswandler, der positive Spannungen zwischen 1.5 und 10V in ihr negatives Komplement umsetzt.

Betrieb:

Dieser Baustein gibt eine an Pin8 zugeführte positive Spannung mit umgekehrter Polarität an Pin5 ab. Die hierzu erforderliche Minimalbeschaltung ist oben dargestellt. Die Diode D ist zwingend erforderlich, wenn U_{Ein} Werte über 6V (max 10V) besitzt. LV legt man bei Eingangsspannungen unter 3.5V an Masse.

Der Wirkungsgrad beträgt ca. 98%. Der interne Oszillator erzeugt die Pumpfrequenz von ca. 10kHz.

Reicht der abgegebene Strom von ca. 40mA nicht aus, kann man mehrere Bausteine parallel schalten. Dabei synchronisiert man jedoch zweckmäßigerweise die Oszillatoren mit einem Exklusiv-NOR-Gatter.

Durch Kaskadieren lassen sich auch höhere Spannungen erzeugen. Allerdings steigt hierbei der Ausgangswiderstand quadratisch mit der Anzahl der Stufen.

Der Baustein ist auch als Spannungsteiler mit nahezu verlustfreier Umsetzung verwendbar.

Eine interessante Anwendung von drei ICL-7660 zur Erzeugung von ±15V als Betriebsspannung für Operationsverstärker aus einer +5V-Stromversorgung ist obenstehend gezeigt.

Anwendung:

Erzeugung komplementärer Betriebsspannungen, Spannungs-Vervielfachung und -Teilung

Daten:

Betriebsspannung	+1.5 bis +10	V
Innenwiderstand (Ausgang) bei 20mA	55	Ω

Hersteller:

ISIL

ICL-7660 Spannungswandler

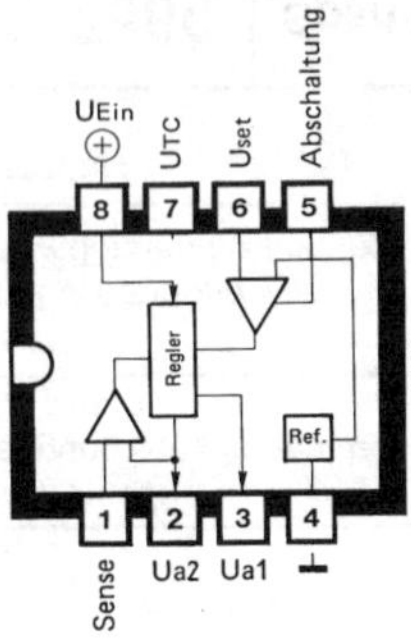

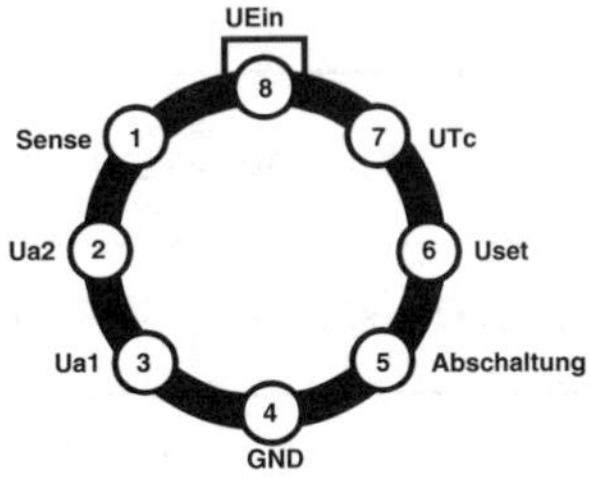

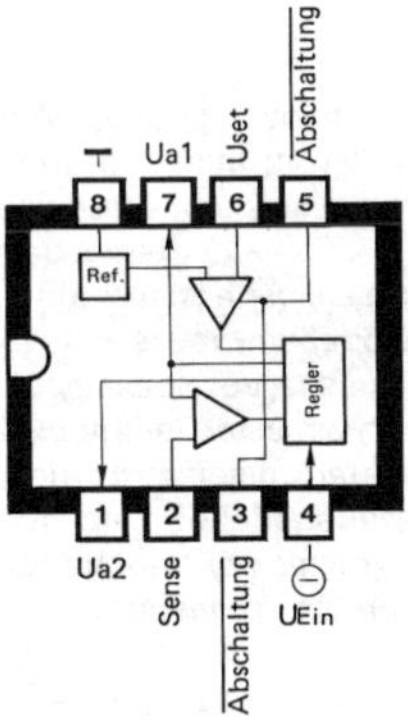

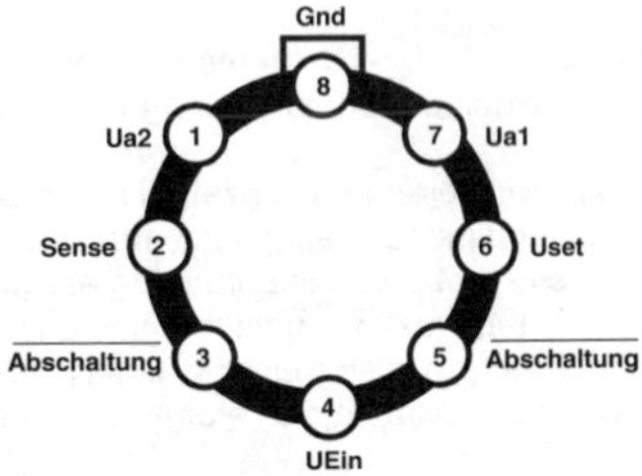

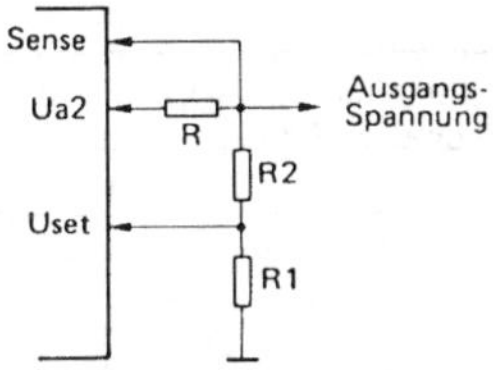

ICL-7663/64 | **Spannungsregler (pos./neg.)**

Fortsetzung :

Beschreibung:
Diese Bausteine enthalten einen positiven (ICL-7663) und einen negativen (ICL-7664) Spannungsregler mit extrem niedriger Ruhestromaufnahme.

Betrieb:
Die beiden Regler sind für einen Eingangsspannungsbereich von ±1.6 bis ±16V verwendbar. Die Ausgangsspannung ist über einen Spannungsteiler R1 + R2 (von 1.3V bis 16V) einstellbar.

$$Ua = 1.3 \frac{R1 + R2}{R1}$$

Die Formel gilt für beide Regler. Der Spannungsteiler kann sehr hochohmig sein. Der Strom durch R1 + R2 sollte jedoch wenigstens 1μA betragen.
Der Ausgangsstrom ist mit dem Widerstand R einstellbar
(ICL-7663 .... I = 0.7V/R. ICL-7664..... I =0.35V/R).
Niedrige Ausgangsströme unter 5mA entnimmt man bei kleinstem Spannungsabfall zwischen Ein- und Ausgang an Ua1 (Ua1 verbunden mit Ua2). Höhere Ströme entnimmt man Ua2 (Ua1 mit Ua2 nicht verbunden).
Beim ICL-7664 wird der unbenutzte Ausgang mit U_{Ein} verbunden. Bei höheren Strömen wird hierbei jedoch Ua1 mit Ua2 verbunden.
In jedem Fall ist jedoch die maximale Verlustleistung (200mV) zu beachten.
Der Eingang "Abschaltung" liegt normalerweise (ICL-7663) an Masse. Legt man ihn über 1MΩ an eine Spannung zwischen 1.4V und U_{Ein}, wird die Ausgangsspannung abgeschaltet. Dasselbe gilt für den ICL-7664, wenn man "Abschaltung" an eine Spannung zwischen –1.4V und –UEin legt.
Am Ausgang UTC (nur ICL-7663) lässt sich eine Spannung von 0.9V mit negativem Temperaturkoeffizienten (2.5mA/°C) entnehmen.

Anwendung:
Spannungsstabilisierung in batteriebetriebenen Geräten

Daten:

Eingangsspannung:	ICL-7663	+1.6 bis +16	V
	ICL-7664	–1.6 bis –16	V
Max. Verlustleistung		200	mW
Max. Ausgangsstrom		40	mA

Hersteller:
ISIL

ICL-7663/64 | Spannungsregler (pos./neg.)

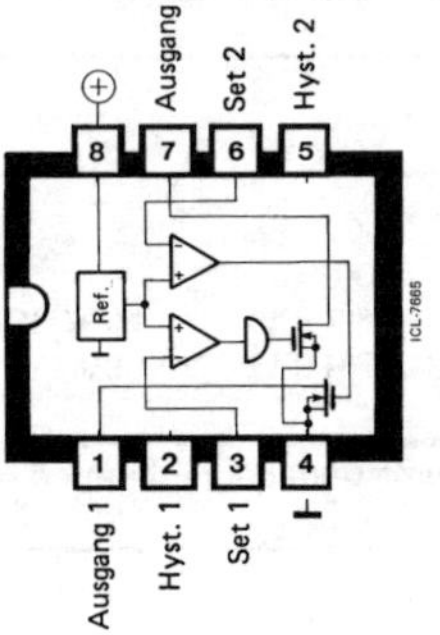

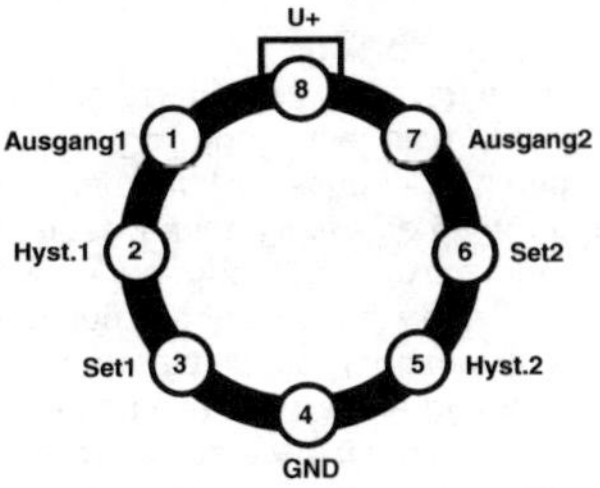

ICL-7665 | **Detektor für Unter-/Überspannung**

Fortsetzung :

Beschreibung:
Dieser Baustein enthält zwei einzelne programmierbare Spannungs-Detektoren zur Spannungsüberwachung in batteriebetriebenen Geräten.

Betrieb:
Der Baustein besitzt zwei Komparatoren, welche die Eingangsspannungen an den Anschlüssen Set 1 und Set 2 mit einer internen 1.3V-Referenz vergleichen. Die Ausgänge der beiden Komparatoren treiben N-Kanal-FETs mit offenem Drain für Ausgang 1 und 2, sowie P-Kanal-FETs mit offenem Drain für die Ausgänge Hyst.1 und 2.
Obwohl Über- und Unterspannungs-Detektor die 1.3V-Referenz gemeinsam benützen, sind sie voneinander unabhängig.
Die Eingangs-Impedanz von Set 1 und 2 ist außerordentlich hoch, so dass auch die zugehörigen Spannungsteiler für einen geringen Stromverbrauch hochohmig ausgelegt werden können.
Bei niedrigen Eingangsspannungen ist Ausgang 1 High und Ausgang 2 Low. Mit steigender Eingangsspannung geht Ausgang 2 auf High. Steigt dann die Spannung über den Nominalwert hinaus, geht Ausgang 1 auf Low. Die beiden Übergangspunkte werden durch die beiden Spannungsteiler an Set 1 und 2 bestimmt.
Um ein unsicheres Schalten zu vermeiden, wenn sich die Übergangspunkte in der Nähe der Eingangsspannung befinden, sind die Hysterese-Ausgänge vorgesehen. Die Dimensionierung der diversen Spannungsteiler zu diesem Baustein finden Sie im entsprechenden Datenblatt des Herstellers.

Anwendung:
Spannungsüberwachung in batteriebetriebenen Geräten

Daten:

Betriebsspannung	1.6 — 16	V
Stromaufnahme	3	µA

Hersteller:
ISIL

ICL-7665

Detektor für Unter-/Überspannung

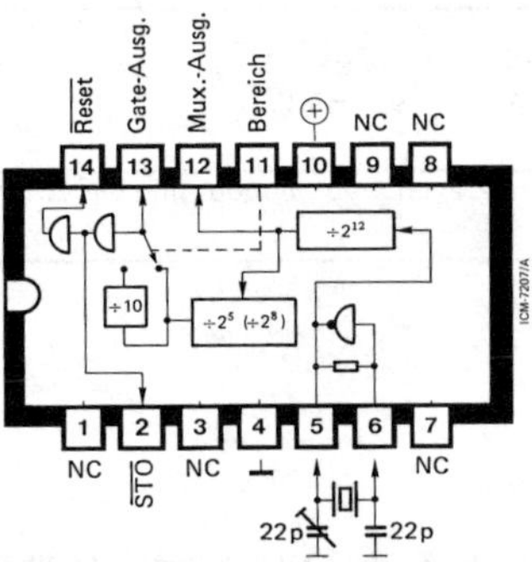

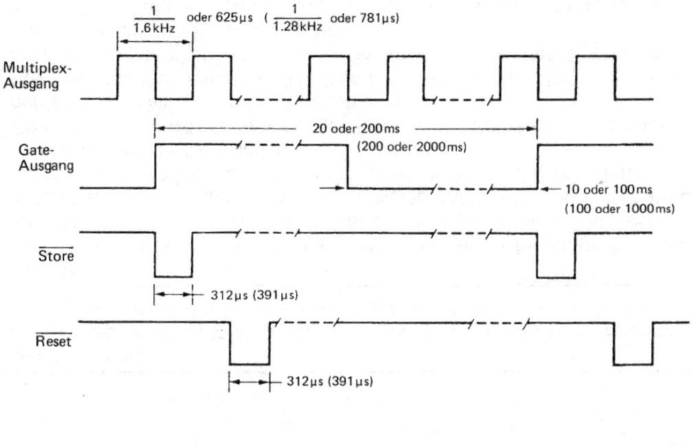

ICM-7207/A Zeitbasis für Zähler

Fortsetzung :

Beschreibung:
Dieser Baustein enthält einen stabilen, quarzgesteuerten Oszillator, sowie Frequenzteiler, die alle erforderlichen Steuersignale für einen Frequenzmesser liefern.

Betrieb:
Der Quarz (7207 = 6.5536MHz, 7207A = 5.24288MHz) liegt zwischen den Pins 6 und 7 und wird mit einem Trimmkondensator auf seinen Sollwert eingestellt. Nach dem ersten Teiler (212) wird die Steuerspannung, eine symmetrische Rechteckspannung mit 1.6kHz (1.28kHz), als Multiplexfrequenz für den Zählerbaustein ICM-7208 herausgeführt.
Am Gate-Ausgang steht zur Steuerung des Zählers eine symmetrische Rechteckspannung mit 20 oder 200ms (0.1 oder 1 sec), je nachdem, ob am Bereichs-Eingang Masse oder +5V liegt.
Anschließend an die positive Flanke des Gate-Signals erscheint ein negativer Speicherimpuls von 312µs (391 µs) Länge an Pin 2. Dieser wird wiederum von einem negativen Löschimpuls mit ebenfalls 312µs (391 µs) Länge an Pin 14 gefolgt. Damit liegen die erforderlichen Steuerimpulse für einen digitalen Frequenzmesser (ICM7208) vor. Wenn ein TTL-Zähler anzusteuern ist, müssen die Ausgänge gepuffert werden.

Anwendung:
Steuerbaustein für digitale Frequenzmesser, Marken-und Eichgeneratoren

Daten:

Betriebsspannung	+5	V
Oszillatorfrequenz	2 10	MHz
Stromaufnahme	0.25	mA

Hersteller:
ISIL

ICM-7207/A

Zeitbasis für Zähler

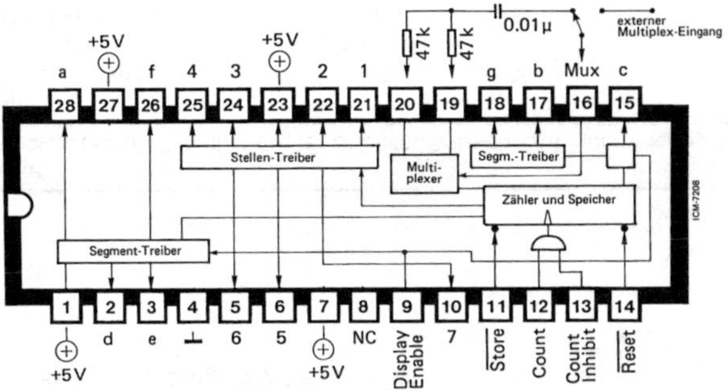

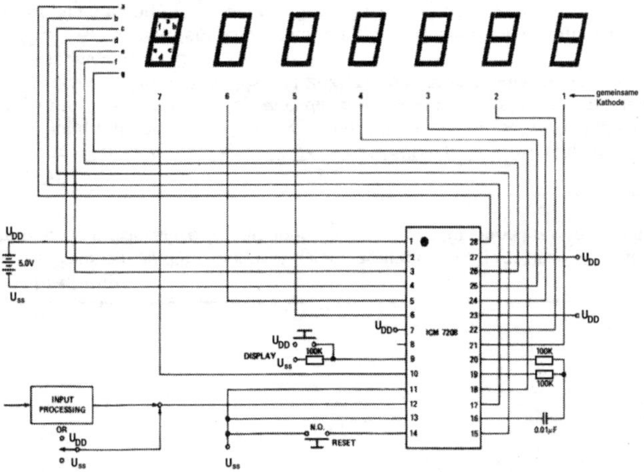

ICM-7208 | Zähler, 7 Dekaden

Fortsetzung :

Beschreibung:
Dieser Baustein enthält einen vollständigen Digitalzähler, der direkt eine siebenstellige LED-Anzeige mit gemeinsamer Kathode treibt.

Betrieb:
Die zu messende Frequenz wird dem Eingang Count zugeführt. Der Zähler wird bei der positiven Flanke des Zählereingangs weitergestellt. Die Eingangs-Amplitude darf keinesfalls die positive Betriebsspannung überschreiten oder negativer als das Massepotential sein. Der Zählereingang besitzt eine Hysterese von 25mV.
Die Zählung erfolgt, wenn Count-Inhibit auf Low liegt. Befindet sich dieser Anschluß auf High, wird die Zählung gesperrt. Dieser Eingang lässt sich daher als Zähler-Gatter verwenden.
Reset liegt während des Zählvorganges auf High. Wird dieser Anschluss kurzzeitig auf Low gelegt, so wird der Zähler auf 0000000 gestellt.
Store liegt ebenfalls normalerweise auf High. Geht dieser Anschluss nach dem Schließen des Zähler-Gatters (LH-Übergang) kurzzeitig auf Low, wird der Zählerinhalt gespeichert. Die Multiplexfrequenz kann entweder vom internen Oszillator geliefert werden oder extern Pin 16 zugeführt werden.
Sämtliche erforderlichen Steuerimpulse für einen Frequenzmesser werden in der richtigen Reihenfolge z.B. vom ICM-7207/A geliefert.
Der Anschluss Display Enable liegt normalerweise auf High. Legt man ihn auf Masse, so wird die Anzeige dunkel gesteuert. Die 7-Segment-LEDs können ohne Vorwiderstände angeschlossen werden.

Anwendung:
7-stelliger Zähler, Frequenz-und Periodenmessung

Daten:

Betriebsspannung	max	+6	V
Max. Zählfrequenz		2	MHz
Max. Strom je Stelle		150	mA
Max. Strom je Segment		30	mA
Stromaufnahme (Displ. En = Low)		2	mA

Hersteller:
ISIL

ICM-7208 Zähler, 7 Dekaden

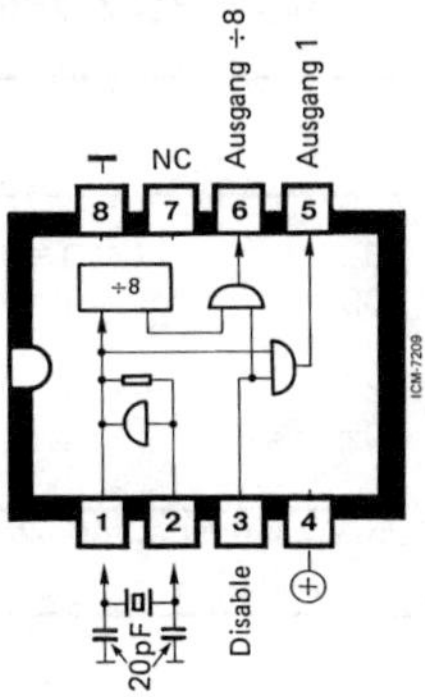

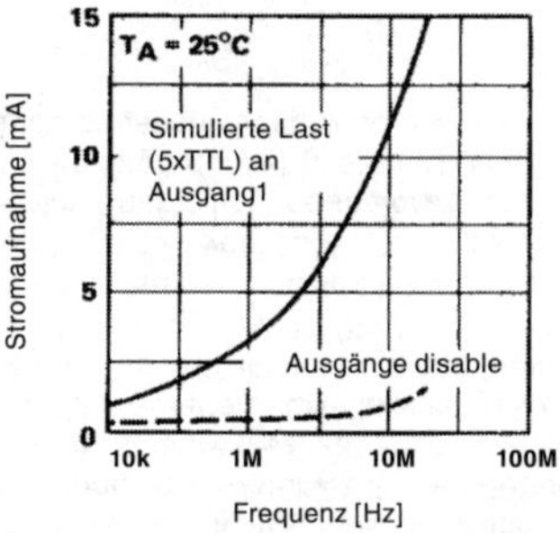

Typische Anstiegs- und Fallzeiten von Ausgang1

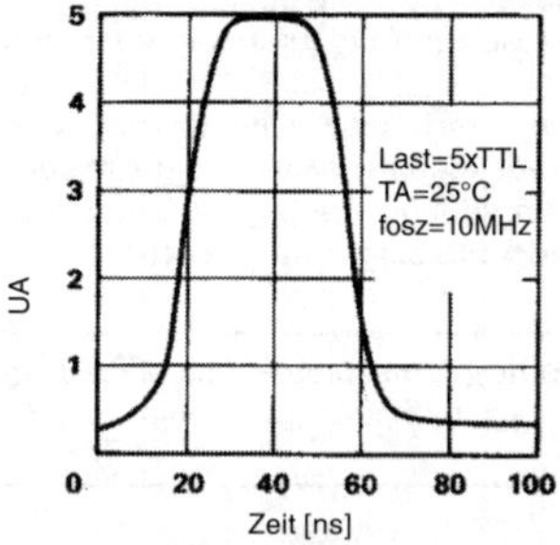

ICM-7209 Taktgenerator

Fortsetzung :

Betriebsspannungsbereich für korrektes Arbeiten des ÷8 Zählers in Abhängikeit von fosz

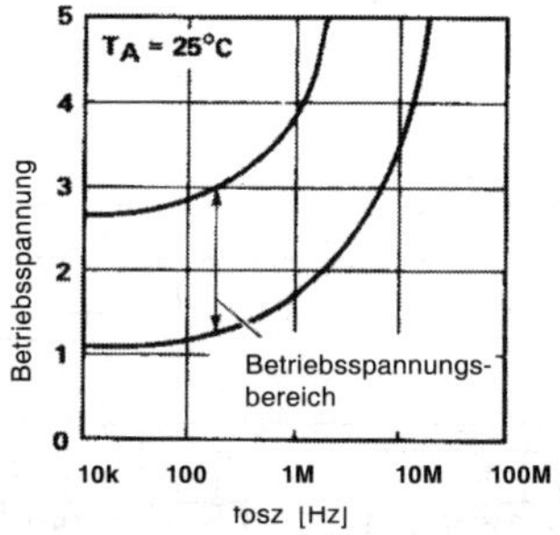

Beschreibung:
Dieser Baustein enthält einen quarzgesteuerten Oszillator mit einem direkten Ausgang, sowie einen Teiler, der die Oszillatorfrequenz durch 8 teilt.

Betrieb:
Der Oszillator kann mit Quarzen zwischen 10kHz und 10MHz betrieben werden. Der Quarz sollte mit einer niedrigen Lastkapazität von 10pF anstatt der üblichen 30pF spezifiziert sein. Die Stabilität beträgt dann etwa 1 ppm für 1 Volt Betriebsspannungs-Änderung.
Der direkte Ausgang1 und der Ausgang2 mit einem Achtel der Oszillatorfrequenz sind in der Lage 5 TTL-Lasten zu betreiben. Anstiegs- und Abfallzeiten der beiden Ausgänge betragen ca. 10ns.
Beide Ausgänge lassen sich über den Eingang Disable abschalten, wenn man diesen Pin auf Low legt.

Anwendung:
Universeller, quarzgesteuerter Taktgenerator

Daten:

Betriebsspannung	+5	V
Oszillatorfrequenz	10kHz...10	MHz
Fanout	5	TTL
Stromaufnahme(bei 10MHz)	12	mA

Hersteller:
ISIL

ICM-7209 Taktgenerator

Segment-Identifikation

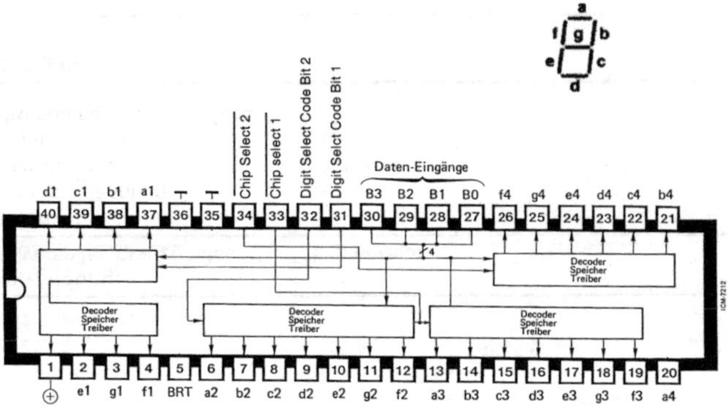

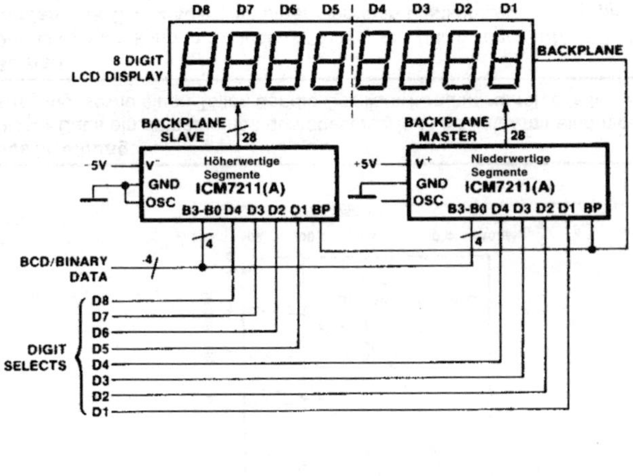

ICM-7211/A

7-Segment-Decoder/Treiber, 4 Stellen (LCD)

Fortsetzung :

Binär				Hexadezimal ICM-7211(M)	Code B ICM7211A(M)
B3	B2	B1	B0		
0	0	0	0	0	0
0	0	0	1	1	1
0	0	1	0	2	2
0	0	1	1	3	3
0	1	0	0	4	4
0	1	0	1	5	5
0	1	1	0	6	6
0	1	1	1	7	7
1	0	0	0	8	8
1	0	0	1	9	9
1	0	1	0	A	-
1	0	1	1	b	E
1	1	0	0	C	H
1	1	0	1	d	L
1	1	1	0	E	P
1	1	1	1	F	(BLANK)

Beschreibung:
Dieser Baustein enthält vier nicht gemultiplexte 7-Segment-Decoder mit Speicher und Treiber für eine vierstellige LC-Anzeige.

Betrieb:
Die BCD-Eingangsdaten werden den Anschlüssen B0—B3 zugeführt. Wird dann einer der Stellen-Auswahl-Eingänge D1—D4 auf High gelegt, so wird der gerade anliegende BCD-Code decodiert, im zugehörigen Speicher festgehalten und über die jeweiligen Segment-Ausgänge a—g zur Anzeige gebracht.
Der ICM-7211 decodiert hexadezimal, d.h. 0—9, A, b, C, d, E und F, der ICM-7211A 0—9,-, E, H, L, P und “Blank“.
Der Baustein enthält ferner einen Oszillator mit Frequenzteiler zur Erzeugung der für LC-Anzeigen erforderlichen Wechselspannung. Die Ansteuerung der LC-Anzeige erfolgt von BP (BackPlane). Legt man Pin 36 (Osz.) auf Masse, so können die 28 Segment-Ausgänge direkt mit einem Eingangssignal an BP synchronisiert werden. Für größere Anzeigen können mehrere Bausteine kaskadiert werden.
Die Ausführung (A)M besitzt Zwischenspeicher für die Daten- und Stellen-Eingangssignale unter der Steuerung schneller Chip-Select-Eingänge. Das vereinfacht die Implementierung preisgünstiger alphanumerischer 7-Segment-Anzeigen für Mikroprozessorsysteme, ohne dass aufwändige ROMs oder CPU-Zeit für Decodierung und Anzeige erforderlich sind.

Anwendung:
Ansteuerung mehrstelliger LC-Anzeigen

Daten:

Betriebsspannung	+5	V
Stromaufnahme	10	µA

Hersteller:
ISIL

ICM-7211/A

7-Segment-Decoder/Treiber, 4 Stellen (LCD)

Segment-Identifikation

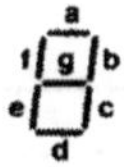

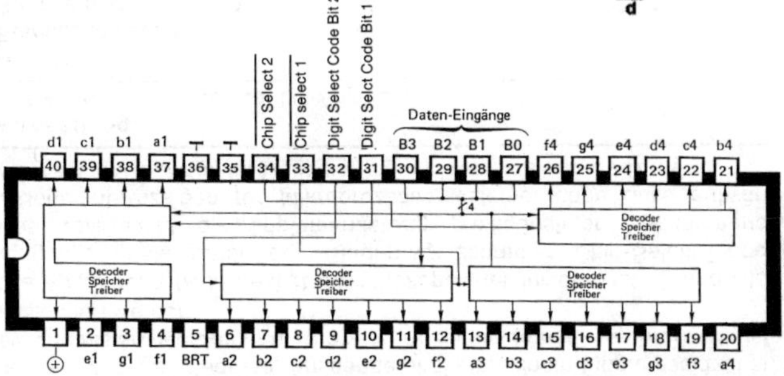

LED Segmentstrom in Abhängigkeit von der Ausgangsspannung

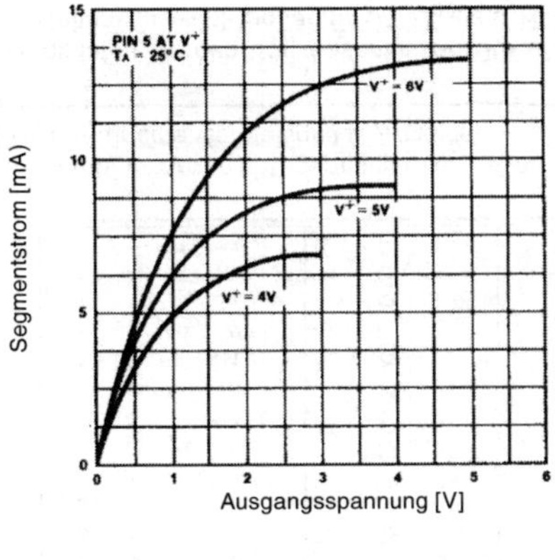

ICM-7212 | **7-Segment-Decoder/Treiber, 4 Stellen (LED)**

Fortsetzung :

Binär B3	B2	B1	B0	Hexadezimal ICM-7212(M)	Code B ICM-7212A(M)
0	0	0	0	0	0
0	0	0	1	1	1
0	0	1	0	2	2
0	0	1	1	3	3
0	1	0	0	4	4
0	1	0	1	5	5
0	1	1	0	6	6
0	1	1	1	7	7
1	0	0	0	8	8
1	0	0	1	9	9
1	0	1	0	A	-
1	0	1	1	b	E
1	1	0	0	C	H
1	1	0	1	d	L
1	1	1	0	E	P
1	1	1	1	F	(BLANK)

Beschreibung:
Dieser Baustein enthält vier nicht gemultiplexte 7-Segment-Decoder mit Speicher und Treiber für eine vierstellige LED-Anzeige.

Betrieb:
Die BCD-Eingangsdaten werden den Anschlüssen B0—B3 zugeführt. Wird dann einer der Stellen-Auswahl-Eingänge D1—D4 auf High gelegt, so wird der gerade anliegende BCD-Code decodiert, im zugehörigen Speicher festgehalten und über die jeweiligen Segment-Ausgänge a—g zur Anzeige gebracht.
Der ICM-7212 decodiert hexadezimal, d.h. 0—9, A, b, C, d, E und F, der ICM-7212A 0—9, -, E, H, L, P und “Blank“.
Der Baustein kann LED-Anzeigen mit gemeinsamer Anode treiben. Über Pin 5 (BRT = BRighTness) kann die Anzeige abgeschaltet, oder mit einem Potentiometer die Helligkeit geregelt werden.
Die Ausführung (A)M besitzt Zwischenspeicher für die Daten- und Stellen-Eingangssignale unter der Steuerung schneller Chip-Select-Eingänge. Das vereinfacht die Implementierung preisgünstiger alphanumerischer 7-Segment-Anzeigen für Mikroprozessorsysteme, ohne dass aufwändige ROMs oder CPU-Zeit für Decodierung und Anzeige erforderlich sind.

Anwendung:
Ansteuerung mehrstelliger LED-Anzeigen

Daten:

Betriebsspannung	5	V
Strom je Segment	8	mA
Stromaufnahme (Anzeige abgeschaltet)	10	µA

Hersteller:
ISIL

ICM-7212

7-Segment-Decoder/Treiber, 4 Stellen (LED)

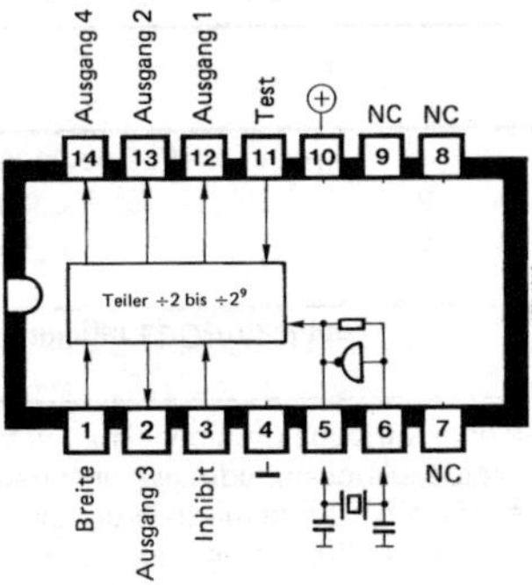

Oszillator-Stabilität in Abhängikeit von der Betriebsspannung

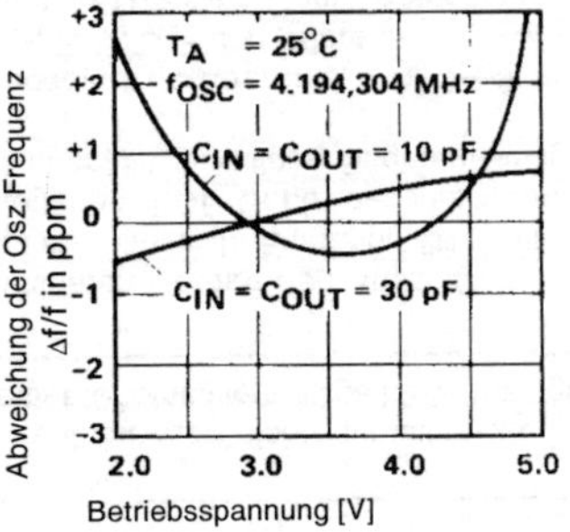

Betriebsspannungs-Bereich für korrektes Arbeiten

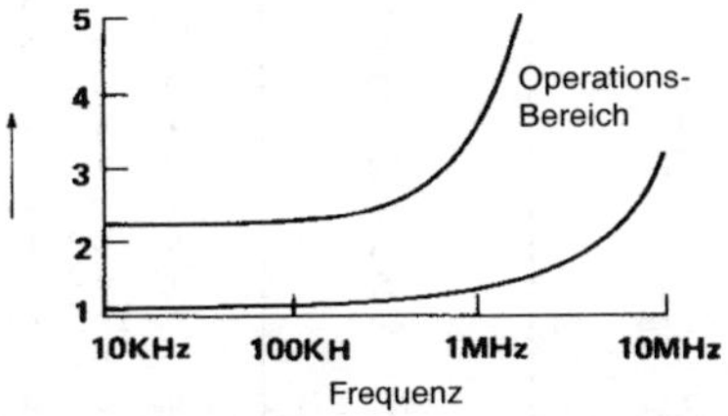

ICM-7213 Taktgenerator

Fortsetzung :

Eingänge			PIN 12	PIN 13	PIN 2	PIN 14
TEST	INHIBIT	BREITE	Ausgang 1	Ausgang 2	Ausgang 3	Ausgang 4
L	L	L	16Hz $\div 2^{18}$	$\overline{1024 + 16 + 2}$Hz ($\div 2^{12} \div 2^{18} \div 2^{21}$)	1Hz, 7.8mS $\div 2^{22}$	1/60Hz, 1 Sec. $\div(2^{26} \times 3 \times 5)$
L	L	H	16Hz $\div 2^{18}$	$\overline{1024 + 16 + 2}$Hz ($\div 2^{12} \div 2^{18} \div 2^{21}$)	1Hz, 7.8mS $\div 2^{24}$	1/60Hz, 125ms
L	H	L	16Hz $\div 2^{18}$	$\overline{1024 + 16}$Hz ($\div 2^{12} \div 2^{18}$)	Aus	Aus
L	H	H	16Hz $\div 2^{18}$	$\overline{1024 + 16}$Hz ($\div 2^{12} \div 2^{18}$)	Aus	
H	L	L	Ein	$\overline{4096 + 1024}$Hz ($\div 2^{10} \div 2^{12}$)	2048Hz $\div 2^{11}$	34.133Hz, 50% D.C. $\div(2^{13} \times 5 \times 3)$
H	L	H	Ein	$\overline{4096 + 1024}$Hz ($\div 2^{10} \div 2^{12}$)	2048Hz $\div 2^{11}$	34.133Hz, 50% D.C. $\div(2^{13} \times 5 \times 3)$
H	H	L	Ein	1024Hz $\div 2^{12}$	Ein	Ein
H	H	H	Ein	1024Hz $\div 2^{12}$	Ein	Ein

Anmerkung: Wenn Test und Reset mit Masse verbunden oder offen gelassen werden, besitzen alle Ausgänge außer Ausgang 3 und 4 ein Tastverhältnis von 50%.

Beschreibung:
Dieser Baustein enthält einen quarzgesteuerten Taktgenerator, der über verschiedene interne Teiler gleichzeitig 4 Ausgänge speist.

Betrieb:
Wenn der Oszillator mit einem Quarz mit einer Frequenz von 4.194304MHz arbeitet, können gleichzeitig an den 4 Ausgängen 1 Impuls/sec, 1 Impuls/min, 16Hz und zusammengesetzte Frequenzen mit 1024 + 16 + 2Hz entnommen werden (siehe Tabelle). Der Baustein zeichnet sich durch einen großen Betriebsspannungsbereich von +2V bis +6V und eine geringe Stromaufnahme von 100µA aus. Alle Ausgänge sind TTL-kompatibel.
Der Test-Eingang sperrt den 2^{18}-Ausgang (Ausgang 1) und führt den 2^{9}-Ausgang zum 2^{21}-Teiler, wodurch der Testvorgang den ÷60-Abschnitt um den Faktor 2048 beschleunigt. Dies ergibt auch alternative Ausgangsfrequenzen (siehe Tabelle). Der Breite-Eingang (WIDTH) kann zur Veränderung der Impulsbreite von Ausgang 4 von 125 ms bis 1 s verwendet werden, oder den Zustand von Ausgang 4 von EIN auf AUS während INHIBIT zu ändern.

Anwendung:
Universeller quarzgesteuerter Taktgenerator

Daten:

Betriebsspannung	+2 .....+6	V
Oszillator-Frequenzbereich	1 10	MHz
Stromaufnahme	100	µA

Hersteller:
ISIL

ICM-7213 Taktgenerator

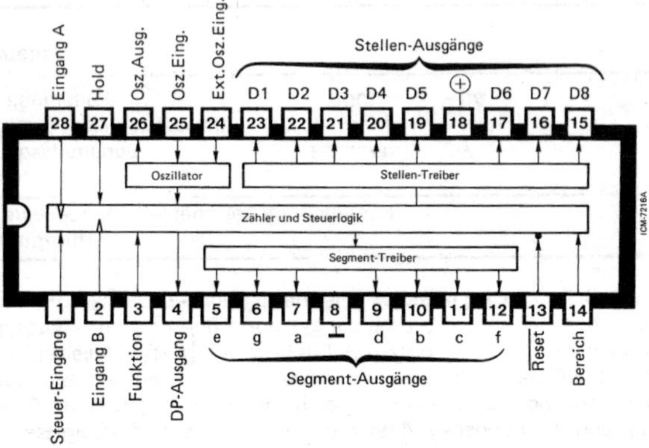

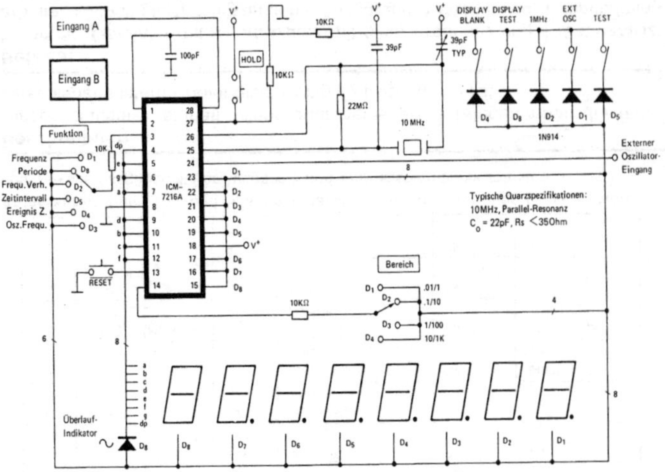

ICM-7216A

Universal-Zähler, 8-stellig, für LED-Anzeigen mit gemeinsamer Anode

Fortsetzung :

	Funktion	Stelle
Funktions-Eingang Pin 3	Frequenz	D1
	Periode	D8
	Frequenzverhältnis	D2
	Zeitintervall	D5
	Ereigniszählung	D4
	Oszillator-Frequenz	D3
Bereichs-Eingang Pin 14	0.01 s/1 Periode	D1
	0.1 s/10 Perioden	D2
	1 s/100 Perioden	D3
	10s/1000 Perioden	D4
Steuer-Eingang Pin 1	Anzeige dunkel	D4 + Hold
	Anzeige-Test	D8
	1 MHz-Auswahl	D2
	Ext. Oszillator	D1
	Ext. Dezimalpunkt	D3
	Test	D5

Beschreibung:
Dieser Baustein enthält einen Multifunktions-Zähler zur Messung von Frequenz, Frequenz-Verhältnis, Zeitintervall, Ereignis-Zählung und Oszillatorfrequenz für LED-Anzeigen mit gemeinsamer Anode.

Betrieb:
Der 7216A kann für verschiedene Funktionen verwendet werden, indem man Pin 3 mit der entsprechenden D-Leitung verbindet. Meßbereiche werden ebenso über Pin 4 gewählt. Der Steuereingang Pin 1 wird ebenfalls mit einer der D-Leitungen verbunden.
Der ICM 7216A ist ein vollintegrierter Universalzähler mit LED-Anzeigetreibern. Er enthält einen hochfrequenten Oszillator, einen dekadischen Zähler für die Zeitbasis, einen Datenzähler für 8 Dekaden mit Zwischenspeichern, einen 7-Segment Decoder, digitale Multiplexer und 8 Segment- und 8 Stellentreiber, welche direkt große gemultiplexte LED-Anzeigen treiben können.
Die Zählereingänge verarbeiten eine maximale Frequenz von 10MHz für Frequenzmesser und Einheitenzählung, sowie maximal 2MHz in den anderen Betriebsarten. Der Zähler verwendet entweder eine 10MHz- oder 1MHz-Zeitbasis. Bei der Messung von Periode und Zeitintervall ergibt die 10MHz-Zeitbasis eine Auflösung von 0.1µs. Die Mittelwertmessung von Periode und Zeitintervall kann im Nanosekunden-Bereich liegen.
Bei der Frequenzmessung kann zwischen einer Messzeit von 0.01s, 0.1s ,1s und 10s gewählt werden. Mit 10s beträgt die Auflösung 0.1Hz. Die Messungen erfolgen im Abstand von 0.2s in allen Bereichen. Die typischen Segment-Spitzenströme für eine Anzeige mit gemeinsamer Anode betragen 25mA. Führende Nullen werden ausgeblendet, ebenso wird ein Überlauf angezeigt.

Anwendung:
Mehrstellige Multifunktionszähler

Daten:

Betriebsspannung	+5	V
Max. Zählfrequenz	10	MHz
Stromaufnahme (ohne Anzeige)	2	mA

Hersteller:
ISIL

ICM-7216A

Universal-Zähler, 8-stellig, für LED-Anzeigen mit gemeinsamer Anode

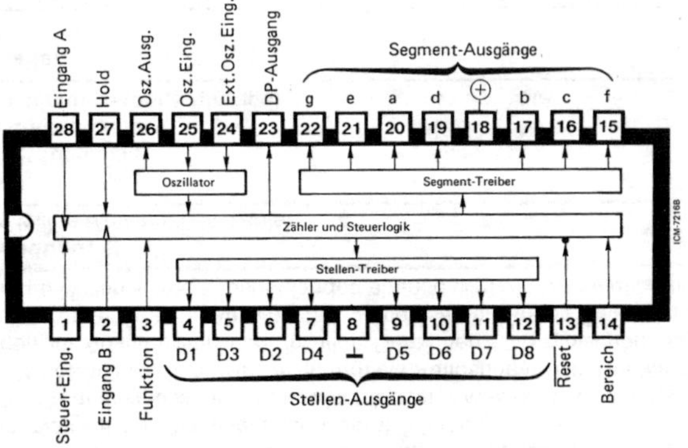

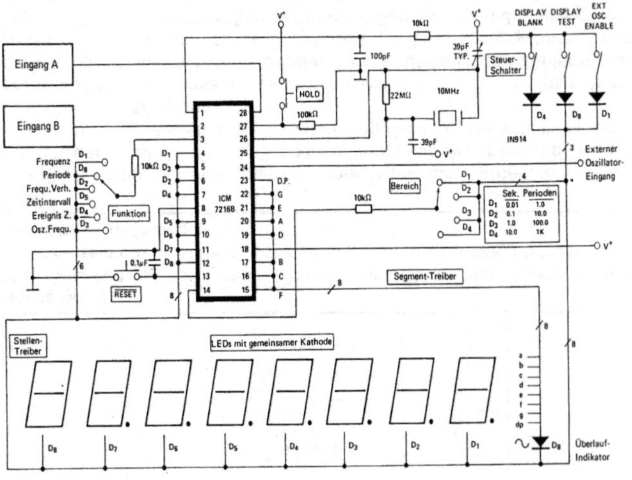

ICM-7216B

Universal-Zähler, 8-stellig, für LED-Anzeigen mit gemeinsamer Kathode

Fortsetzung :

	Funktion	Stelle
Funktions-Eingang Pin 3	Frequenz	D1
	Periode	D8
	Frequenzverhältnis	D2
	Zeitintervall	D5
	Ereigniszählung	D4
	Oszillator-Frequenz	D3
Bereichs-Eingang Pin 14	0.01 s/1 Periode	D1
	0.1 s/10 Perioden	D2
	1 s/100 Perioden	D3
	10s/1000 Perioden	D4
Steuer-Eingang Pin 1	Anzeige dunkel	D4 + Hold
	Anzeige-Test	D8
	1 MHz-Auswahl	D2
	Ext. Oszillator	D1
	Ext. Dezimalpunkt	D3
	Test	D5

Beschreibung:

Dieser Baustein enthält einen Multifunktions-Zähler zur Messung von Frequenz, Frequenz-Verhältnis, Zeitintervall, Ereignis-Zählung und Oszillatorfrequenz für LED Anzeigen mit gemeinsamer Kathode.

Betrieb:

Der 7216B kann für verschiedene Funktionen verwendet werden, indem man Pin 3 mit der entsprechenden D-Leitung verbindet. Meßbereiche werden ebenso über Pin 4 gewählt. Der Steuereingang Pin 1 wird ebenfalls mit einer der D-Leitungen verbunden.

Der ICM 7216B ist ein vollintegrierter Universalzähler mit LED-Anzeigetreibern. Er enthält einen hochfrequenten Oszillator, einen dekadischen Zähler für die Zeitbasis, einen Datenzähler für 8 Dekaden mit Zwischenspeichern, einen 7-Segment Decoder, digitale Multiplexer und 8 Segment- und 8 Stellentreiber, welche direkt große gemultiplexte LED-Anzeigen treiben können.

Die Zählereingänge verarbeiten eine maximale Frequenz von 10MHz für Frequenzmesser und Einheitenzählung, sowie maximal 2MHz in den anderen Betriebsarten. Der Zähler verwendet entweder eine 10MHz- oder 1MHz-Zeitbasis. Bei der Messung von Periode und Zeitintervall ergibt die 10MHz-Zeitbasis eine Auflösung von 0.1µs. Die Mittelwertmessung von Periode und Zeitintervall kann im Nanosekunden-Bereich liegen.

Bei der Frequenzmessung kann zwischen einer Messzeit von 0.01s, 0.1s 1s und 10s gewählt werden. Mit 10s beträgt die Auflösung 0.1Hz. Die Messungen erfolgen im Abstand von 0.2s in allen Bereichen. Die typischen Segment-Spitzenströme für eine Anzeige mit gemeinsamer Kathode betragen 25mA. Führende Nullen werden ausgeblendet, ebenso wird ein Überlauf angezeigt.

Anwendung:

Mehrstellige Multifunktionszähler

Daten:

Betriebsspannung	+5	V
Max. Zählfrequenz	10	MHz
Stromaufnahme (ohne Anzeige)	2	mA

Hersteller:

ISIL

ICM-7216B

Universal-Zähler, 8-stellig, für LED-Anzeigen mit gemeinsamer Kathode

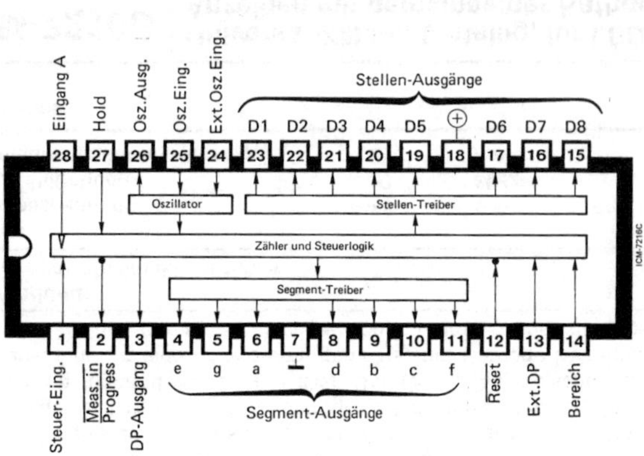

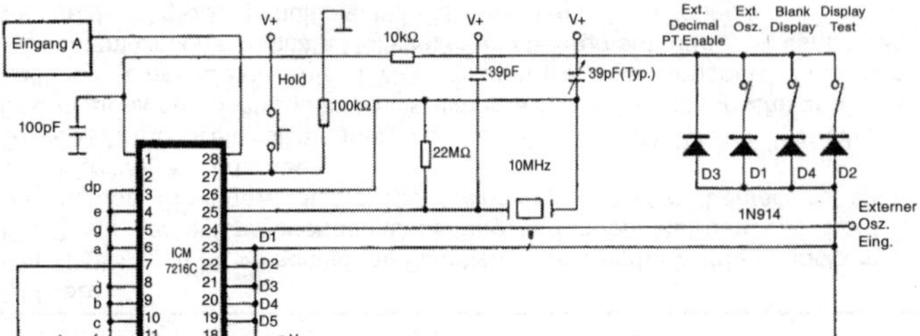

ICM-7216C

Frequenzmesser, 8-stellig, für LED-Anzeigen mit gemeinsamer Anode

Fortsetzung :

	Funktion	Stelle
Bereichs- Eingang Pin 14	0.01 s/1 Periode 0.1 s/10 Perioden 1 s/100 Perioden 10 s/1000 Perioden	D1 D2 D3 D4
Steuer- Eingang Pin 1	Anzeige dunkel Anzeige-Test 1 MHz-Auswahl Ext. Oszillator Ext. Dezimalpunkt Test	D4 + Hold D8 D2 D1 D3 D5
Ext.Dez.Punkt Eingang Pin130	Dezimalpunkt wird für dieselbe Stelle ausgegeben, die mit diesem Eingang verbunden ist.	

Beschreibung:
Dieser Baustein enthält einen vollständigen 8-stelligen Frequenzmesser für LED-Anzeigen mit gemeinsamer Anode.

Betrieb:
Der 7216C ist nur für Frequenzmessung geeignet und besitzt daher auch nur einen Takteingang. Dafür kann der Dezimalpunkt für die Ausblendung führender Nullen extern gesteuert werden.
Der ICM 7216C ist ein vollintegrierter Universalzähler mit LED-Anzeigetreibern. Er enthält einen hochfrequenten Oszillator, einen dekadischen Zähler für die Zeitbasis, einen Datenzähler für 8 Dekaden mit Zwischenspeichern, einen 7-Segment Decoder, digitale Multiplexer und 8 Segment- und 8 Stellentreiber, welche direkt große gemultiplexte LED-Anzeigen treiben können.
Die Zählereingänge verarbeiten eine maximale Frequenz von 10MHz für Frequenzmesser und Einheitenzählung.
Der Zähler verwendet entweder eine 10MHz- oder 1MHz-Zeitbasis. Bei der Messung von Periode und Zeitintervall ergibt die 10MHz-Zeitbasis eine Auflösung von 0.1µs. Die Mittelwertmessung von Periode und Zeitintervall kann im Nanosekunden-Bereich liegen.
Bei der Frequenzmessung kann zwischen einer Messzeit von 0.01 s, 0.1 s, 1s und 10s gewählt werden. Mit 10s beträgt die Auflösung 0.1Hz. Die Messungen erfolgen im Abstand von 0.2s in allen Beeichen.
Die typischen Segment-Spitzenströme für eine Anzeige mit gemeinsamer Anode betragen 25 mA. Dezimalpunkt und Ausblenden führender Nullen kann extern gewählt werden.

Anwendung:
Aufbau mehrstelliger Frequenzmesser

Daten:

Betriebsspannung	+5	V
Max. Zählfrequenz	10	MHz
Stromaufnahme (ohne Anzeige)	2	mA

Hersteller:
ISIL

ICM-7216C

Frequenzmesser, 8-stellig, für LED-Anzeigen mit gemeinsamer Anode

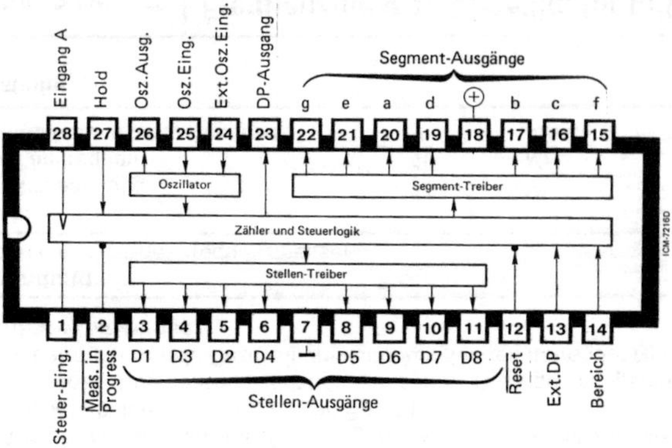

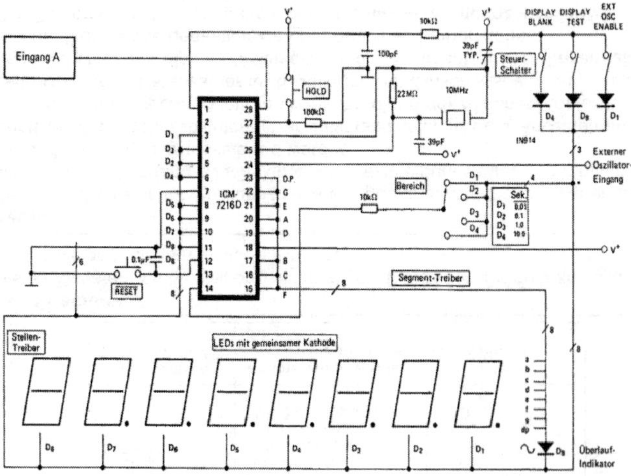

ICM-7216D

Frequenzmesser, 8-stellig, für LED-Anzeigen mit gemeinsamer Kathode

Fortsetzung :

	Funktion	Stelle
Bereichs-Eingang Pin 14	0.01 s/1 Periode	D1
	0.1 s/10 Perioden	D2
	1 s/100 Perioden	D3
	10 s/1000 Perioden	D4
Steuer-Eingang Pin 1	Anzeige dunkel	D4 + Hold
	Anzeige-Test	D8
	1 MHz-Auswahl	D2
	Ext. Oszillator	D1
	Ext. Dezimalpunkt	D3
	Test	D5
Ext.Dez.Punkt Eingang Pin130	Dezimalpunkt wird für dieselbe Stelle ausgegeben, die mit diesem Eingang verbunden ist.	

Beschreibung:
Dieser Baustein enthält einen vollständigen 8-stelligen Frequenzmesser für LED-Anzeigen mit gemeinsamer Kathode.

Betrieb:
Der 7216D ist nur für Frequenzmessung geeignet und besitzt daher auch nur einen Takteingang. Dafür kann der Dezimalpunkt für die Ausblendung führender Nullen extern gesteuert werden.
Der ICM 7216D ist ein vollintegrierter Zähler mit LED-Anzeigetreibern. Er enthält einen hochfrequenten Oszillator, einen dekadischen Zähler für die Zeitbasis, einen Datenzähler für 8 Dekaden mit Zwischenspeichern, einen 7-Segment Decoder, digitale Multiplexer und 8 Segment- und 8 Stellentreiber, welche direkt große gemultiplexte LED-Anzeigen treiben können.
Die Zählereingänge verarbeiten eine maximale Frequenz von 10MHz für Frequenzmesser und Einheitenzählung.
Der Zähler verwendet entweder eine 10MHz- oder 1MHz-Zeitbasis. Bei der Messung von Periode und Zeitintervall ergibt die 10MHz-Zeitbasis eine Auflösung von 0.1µs. Die Mittelwertmessung von Periode und Zeitintervall kann im Nanosekunden-Bereich liegen.
Bei der Frequenzmessung kann zwischen einer Messzeit von 0.01s, 0.1s, 1s und 10s gewählt werden. Mit 10s beträgt die Auflösung 0.1Hz. Die Messungen erfolgen im Abstand von 0.2s in allen Bereichen.
Die typischen Segment-Spitzenströme für eine Anzeige mit gemeinsamer Kathode betragen 12mA. Dezimalpunkt und Ausblenden führender Nullen kann extern gewählt werden.

Anwendung:
Aufbau mehrstelliger Frequenzmesser

Daten:

Betriebsspannung	+5	V
Max. Zählfrequenz	10	MHz
Stromaufnahme (ohne Anzeige)	2	mA

Hersteller:
ISIL

ICM-7216D

Frequenzmesser, 8-stellig, für LED-Anzeigen mit gemeinsamer Kathode

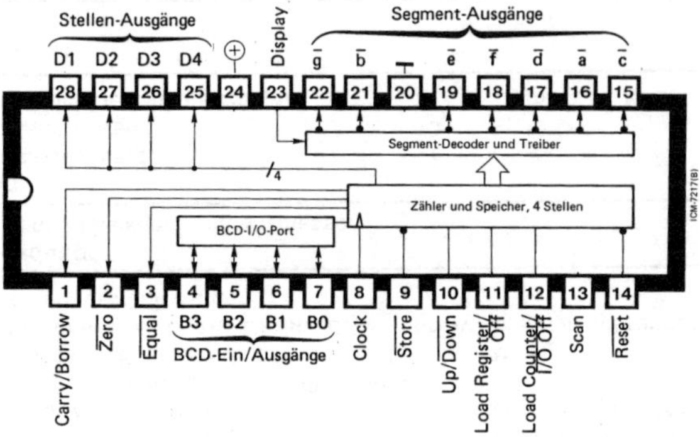

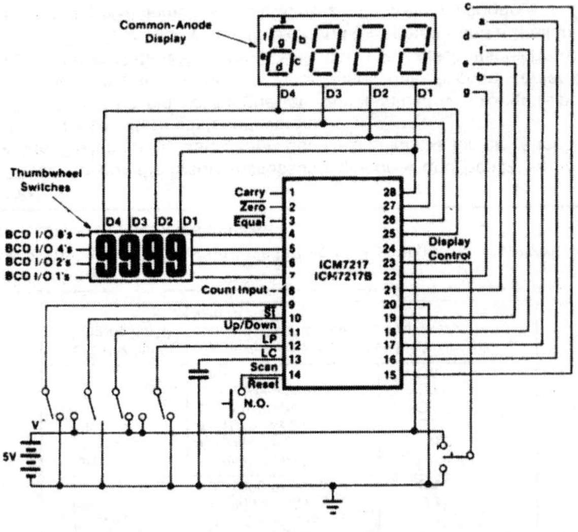

ICM-7217(B)

Aufwärts/Abwärts-Zähler, voreinstellbar, 4 Dekaden, für LEDs mit gem. Anode

Fortsetzung :

Beschreibung:
Dieser Baustein enthält einen äußerst vielseitigen voreinstellbaren 4-stelligen Aufwärts/Abwärtszähler für LED-Anzeigen mit gemeinsamer Anode.

Betrieb:
Der Zählerinhalt wird bei jeder ansteigenden Flanke des Takteinganges an Clock erhöht, wenn Up/Down auf High liegt, und verringert, wenn Up/Down Low ist. Legt man Store auf Low, wird der Zählerinhalt in die Speicher transferiert. Der Zähler wird asynchron auf 0000 gesetzt, wenn man Reset auf Low legt. Während dieser Zeit wird Clock und Store gesperrt. Store, Reset und Up/Down besitzen interne Pull-up-Widerstände.
Der Ausgang Equal wird Low, wenn der Inhalt von Zähler und Register gleich ist. Zero wird Low, wenn der Zählerinhalt 0000 ist.
Die Segmentausgänge liefern durchschnittlich 10mA/Segment bei einem Multiplex-Tastverhältnis von 25%. Der Anschluss Display befindet sich normalerweise (offen) auf 1/2+UB. Legt man ihn an UB, werden die Segmentausgänge gesperrt. Legt man ihn auf Low, werden keine führenden Nullen ausgeblendet. Mit den BCD-Ein/Ausgangs-Pins und 11 und 12 lassen sich Voreinstell- und Vergleichsfunktionen ausführen. Mit Pin 11 und 12 offen, wird an die BCD-Anschlüsse der Speicherinhalt gemultiplext ausgegeben. Beide Pins auf High gestatten ein Voreinstellen von Register und Zähler.
Der ICM-7227 ist eine Version für die Verwendung in Mikrozessorsystemen, wobei die Voreinstell- und Steuer-Funktionen vom Prozessor ausgeführt werden.

Anwendung:
Vielseitige Zähl- und Steueranwendungen

Daten:

Betriebsspannung	+5	V
Max. Zählfrequenz	2	MHz
Stromaufnahme (Anzeige dunkel)	0.3	mA

Hersteller:
ISIL

ICM-7217(B) — Aufwärts/Abwärts-Zähler, voreinstellbar, 4 Dekaden, für LEDs mit gem. Anode

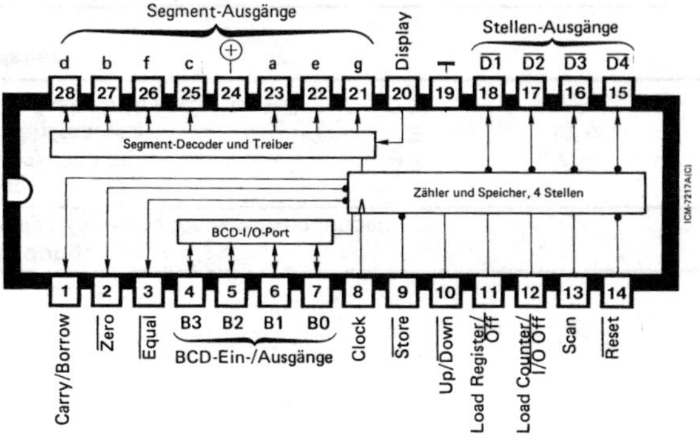

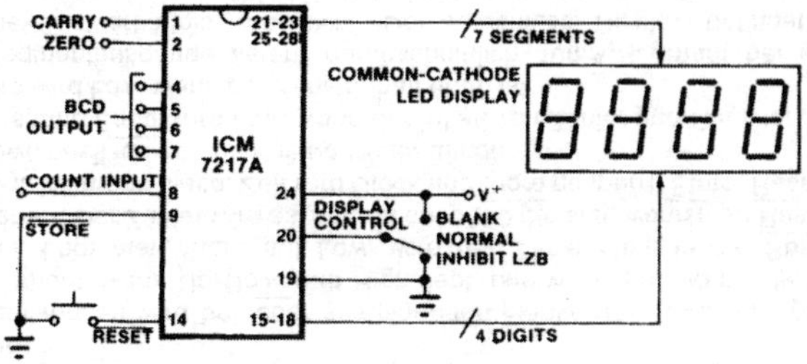

ICM-7217A/C

Aufwärts/Abwärts-Zähler, voreinstellbar, 4 Dekaden, für LEDs mit gem. Kathode

Fortsetzung :

Beschreibung:
Dieser Baustein enthält einen äußerst vielseitigen voreinstellbaren 4-stelligen Aufwärts/Abwärtszähler für LED-Anzeigen mit gemeinsamer Kathode.

Betrieb:
Der Zählerinhalt wird bei jeder ansteigenden Flanke des Takteinganges an Clock erhöht, wenn Up/$\overline{\text{Down}}$ auf High liegt, und verringert, wenn Up/$\overline{\text{Down}}$ Low ist. Legt man Store auf Low, wird der Zählerinhalt in die Speicher transferiert. Der Zähler wird asynchron auf 0000 gesetzt, wenn man $\overline{\text{Reset}}$ auf Low legt. Während dieser Zeit wird Clock und $\overline{\text{Store}}$ gesperrt. $\overline{\text{Store}}$, $\overline{\text{Reset}}$ und Up/$\overline{\text{Down}}$ besitzen interne Pull-up-Widerstände.
Der Ausgang Equal wird Low, wenn der Inhalt von Zähler und Register gleich ist. Zero wird Low, wenn der Zählerinhalt 0000 ist.
Die Segmentausgänge liefern durchschnittlich 10mA/Segment bei einem Multiplex-Tastverhältnis von 25%. Der Anschluss Display befindet sich normalerweise (offen) auf 1/2+UB. Legt man ihn an UB, werden die Segmentausgänge gesperrt. Legt man ihn auf Low, werden keine führenden Nullen ausgeblendet. Mit den BCD-Ein/Ausgangs-Pins und 11 und 12 lassen sich Voreinstell- und Vergleichsfunktionen ausführen. Mit Pin 11 und 12 offen, wird an die BCD-Anschlüsse der Speicherinhalt gemultiplext ausgegeben. Beide Pins auf High gestatten ein Voreinstellen von Register und Zähler.
Der ICM-7217A und der ICM-7217C zählen bis 5959 und dienen vor allem für Timer-Anwendungen.
Der ICM-7227 ist eine Version für die Verwendung in Mikrozessorsystemen, wobei die Voreinstell- und Steuer-Funktionen vom Prozessor ausgeführt werden.

Anwendung:
Vielseitige Zähl- und Steueranwendungen

Daten:

Betriebsspannung	+5	V
Max. Zählfrequenz	2	MHz
Stromaufnahme (Anzeige dunkel)	0.3	mA

Hersteller:
ISIL

ICM-7217A/C

Aufwärts/Abwärts-Zähler, voreinstellbar, 4 Dekaden, für LEDs mit gem. Kathode

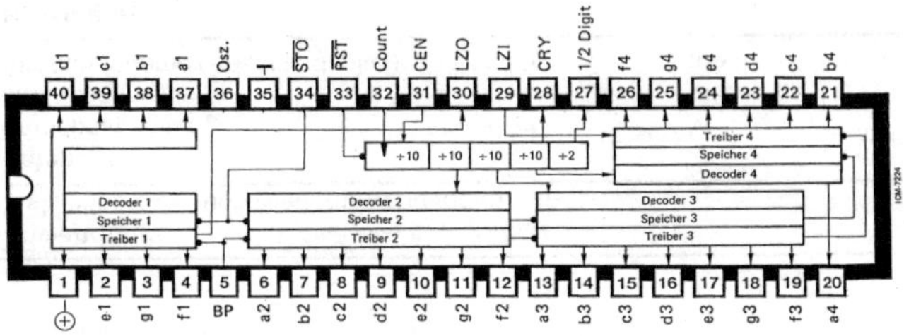

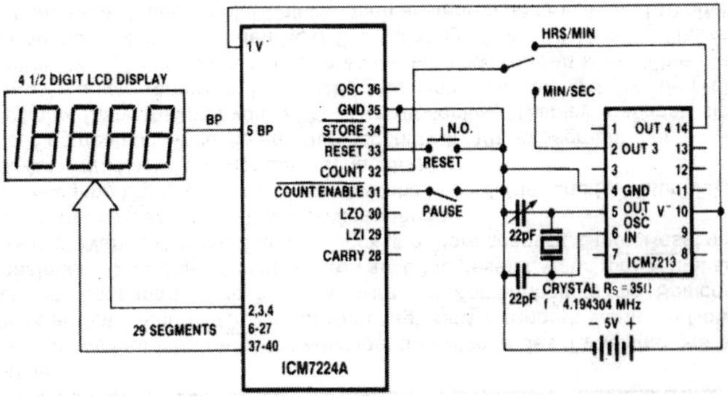

ICM-7224	Zähler, 4 1/2 Stellen, Decoder, Treiber für LC-Anzeigen

Fortsetzung :

Beschreibung:
Dieser Baustein enthält einen schnellen 4 1/2-stelligen Zähler (bis 19999), Decoder und Treiber für LC-Anzeigen.

Betrieb:
Der Zähler wird durch ein kurzes Low an $\overline{RST}$ (Reset) auf 00000 gestellt. Er wird bei jeder negativen Flanke an Count weitergestellt. Dieser Eingang besitzt einen Schmitt-Trigger mit einer Hysterese von 0,5V, so dass ein einwandfreies Zählen auch bei verrauschtem oder sich langsam ändernden Eingangssignal gesichert ist.
Für den Zählvorgang muss CEN (Count Enable) auf High liegen. CEN auf Low sperrt die Zählung.
An CRY (Carry Output) lässt sich ein Übertragssignal für weitere Zähler entnehmen. Das Signal an Pin 27 kann zur Ansteuerung einer 1 oder als Überlauf-Anzeige verwendet werden.
Der Zählerinhalt wird mit $\overline{STO}$ auf Low übernommen und bei High gespeichert.
Mit LZI (Leading Zero Input) auf High (oder offen) werden führende Nullen unterdrückt.
LZO (Leading Zero Output) dient zum Kaskadieren mit weiteren Zählern.
Der interne Oszillator liefert die für LC-Anzeigen erforderliche Wechselspannung. An Pin 5 (Backplane) kann man die Steuerspannung für die Rückseite (Backplane) der LC-Anzeige entnehmen.
Wenn man Pin 36 (Osz) auf Masse legt, wird der Oszillator stillgelegt und die 29 Segment-Ausgänge werden mit dem Eingangssignal an BP synchronisiert. Dadurch lassen sich mehrere Bausteine mit einem Haupt-Baustein kaskadieren.

Anwendung:
Zähler

Daten:

Betriebsspannung	+5	V
Max. Zählfrequenz	25	MHz
Stromaufnahme (Anzeige abgeschaltet)	10	μA

Hersteller:
ISIL

ICM-7224

Zähler, 4 1/2 Stellen, Decoder, Treiber für LC-Anzeigen

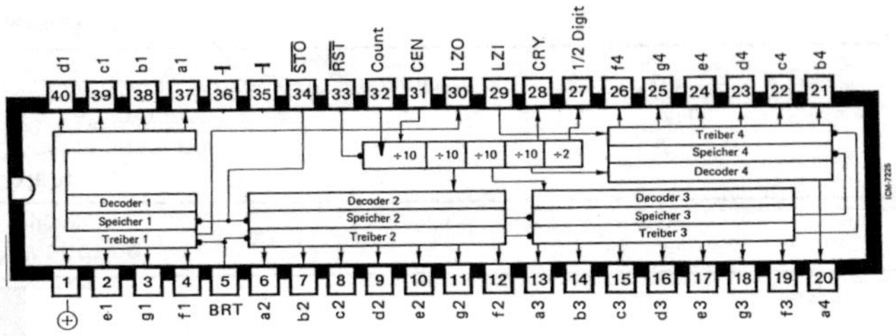

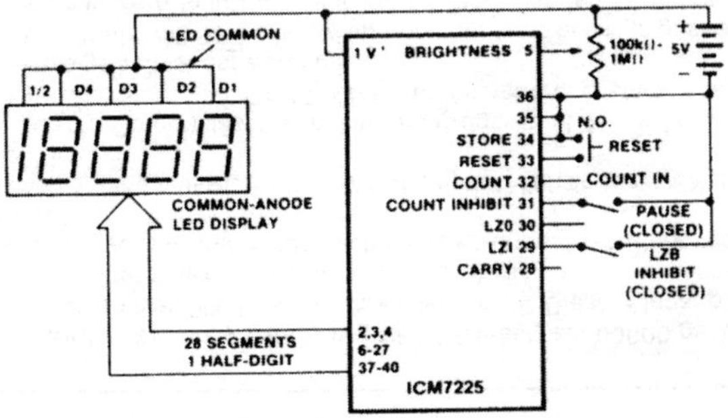

ICM-7225

Zähler, 4 1/2 Stellen, Decoder, Treiber für LED-Anzeigen

Fortsetzung :

Beschreibung:
Dieser Baustein enthält einen schnellen 4 1/2-stelligen Zähler (bis 19999), Decoder und Treiber für LED-Anzeigen.

Betrieb:
Der Zähler wird durch ein kurzes Low an $\overline{RST}$ (Reset) auf 00000 gestellt. Er wird bei jeder negativen Flanke an Count weitergestellt. Dieser Eingang besitzt einen Schmitt-Trigger mit einer Hysterese von 0.5V, so dass ein einwandfreies Zählen auch bei verrauschtem oder sich langsam ändernden Eingangssignal gesichert ist.
Für den Zählvorgang muss CEN (Count Enable) auf High liegen. CEN auf Low sperrt die Zählung.
An CRY (Carry Output) lässt sich ein Übertragssignal für weitere Zähler entnehmen. Das Signal an Pin 27 kann zur Ansteuerung einer 1 oder als Überlauf-Anzeige verwendet werden.
Der Zählerinhalt wird mit $\overline{STO}$ auf Low übernommen und bei High gespeichert.
Mit LZI (Leading Zero Input) auf High (oder offen) werden führende Nullen unterdrückt.
LZO (Leading Zero Output) dient zum Kaskadieren mit weiteren Zählern.
Legt man den Anschluss BRT (BRighTness) auf Low, wird die Anzeige dunkel geschaltet.
Mit einem Potentiometer zwischen +UB und Masse (100kΩ— 1 MΩ) und dem Schleifer des Potis an BRT lässt sich die Helligkeit stufenlos steuern.

Anwendung:
Zähler

Daten:

Betriebsspannung	+5	V
Max. Zählfrequenz	25	MHz
Strom je Segment	8	mA
Stromaufnahme (Anzeige abgeschaltet)	10	µA

Hersteller:
ISIL

ICM-7225

Zähler, 4 1/2 Stellen, Decoder, Treiber für LED-Anzeigen

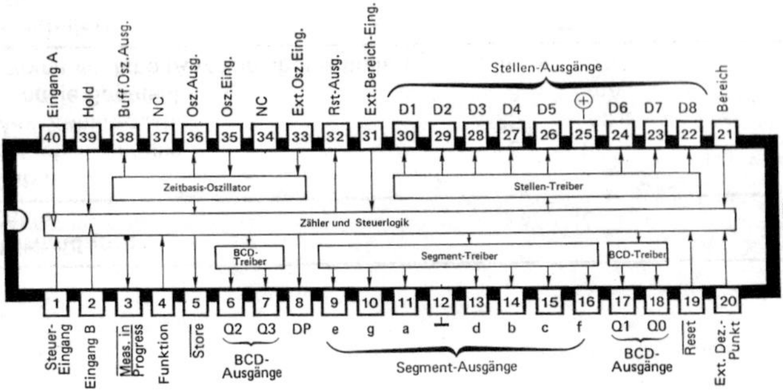

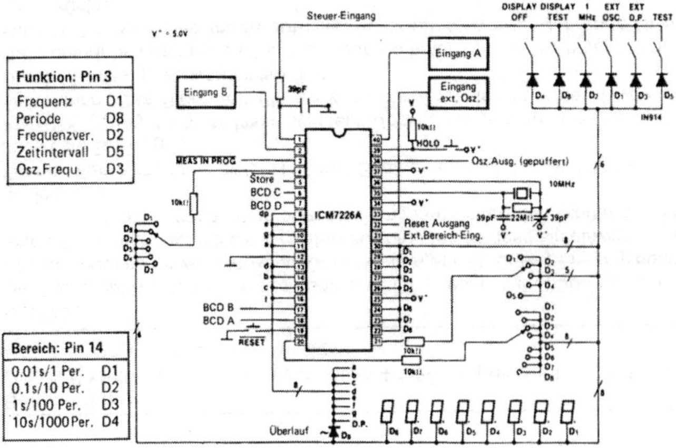

Funktion: Pin 3	
Frequenz	D1
Periode	D8
Frequenzver.	D2
Zeitintervall	D5
Osz.Frequ.	D3

Bereich: Pin 14	
0.01s/1 Per.	D1
0.1s/10 Per.	D2
1s/100 Per.	D3
10s/1000Per.	D4

ICM-7226A

Universalzähler, 8 Dekaden, für LED-Anzeige mit gemeinsamer Anode

Fortsetzung :

	Funktion	Stelle
Funktions-Eingang Pin 4	Frequenz	D1
	Periode	D8
	Frequenzverhältnis	D2
	Zeitintervall	D5
	Ereigniszählung	D4
	Oszillator-Frequenz	D3
Bereichs-Eingang Pin 21	0.01 s/1 Periode	D1
	0.1 s/10 Perioden	D2
	1 s/100 Perioden	D3
	10s/1000 Perioden	D4
Pin 31	Ext. Bereichs-Eingang	D5
Steuer-Eingang Pin 1	Anzeige dunkel	D4 + Hold
	Anzeige-Test	D8
	1 MHz-Auswahl	D2
	Ext. Oszillator	D1
	Ext. Dezimalpunkt	D3
	Test	D5
Ext.Dez.Punkt Eingang Pin 20	Dezimalpunkt wird für dieselbe Stelle ausgegeben, die mit diesem Eingang verbunden ist.	

Beschreibung:

Dieser Baustein enthält einen vollständigen 8-stelligen Universalzähler für LED-Anzeigen mit gemeinsamer Anode.

Betrieb

Der ICM 7226A ist ein vollintegrierter Universalzähler mit LED-Anzeigetreibern. Er enthält einen hochfrequenten Oszillator, einen dekadischen Zähler für die Zeitbasis, einen Datenzähler für 8 Dekaden mit Zwischenspeichern, einen 7-Segment Decoder, digitale Multiplexer und 8 Segment- und 8 Stellentreiber, welche direkt große gemultiplexte LED-Anzeigen treiben können.

Die Zählereingänge verarbeiten eine maximale Frequenz von 10MHz für Frequenzmesser und Einheitenzählung, sowie maximal 2MHz in den anderen Betriebsarten.

Der Zähler verwendet entweder eine 10MHz- oder 1MHz-Zeitbasis. Bei der Messung von Periode und Zeitintervall ergibt die 10MHz-Zeitbasis eine Auflösung von 0.1µs. Die Mittelwertmessung von Periode und Zeitintervall kann im Nanosekunden-Bereich liegen.

Bei der Frequenzmessung kann zwischen einer Messzeit von 0.01s, 0.1s und 10s gewählt werden. Mit 10s beträgt die Auflösung 0.1Hz. Die Messungen erfolgen im Abstand von 0.2s in allen Beeichen.

Die typischen Segment-Spitzenströme für eine Anzeige mit gemeinsamer Anode betragen 25mA. Führende Nullen werden ausgeblendet, ebenso wird ein Überlauf angezeigt.

In den Originaldatenblättern von Intersil wird die Möglichkeit des Gatens von Vorteilern und der Display-Logik für Vorteiler angeführt. Dies funktioniert in der Praxis aus grundsätzlichen Überlegungen jedoch nicht und kann zu fehlerhaften Messungen führen.

Anwendung:

Messung von Frequenz, Periodendauer, Frequenzverhältnis, Zeitintervalle, Oszillator-Frequenz, Ereigniszählung

Daten:

Betriebsspannung	+5	V
Max. Zählfrequenz	14	MHz
Stromaufnahme (Anzeige dunkel)	2	mA

Hersteller:

INT

ICM-7226A

Universalzähler, 8 Dekaden, für LED-Anzeige mit gemeinsamer Anode

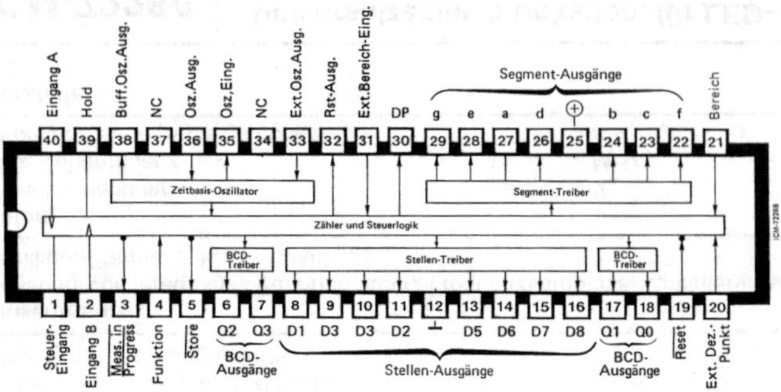

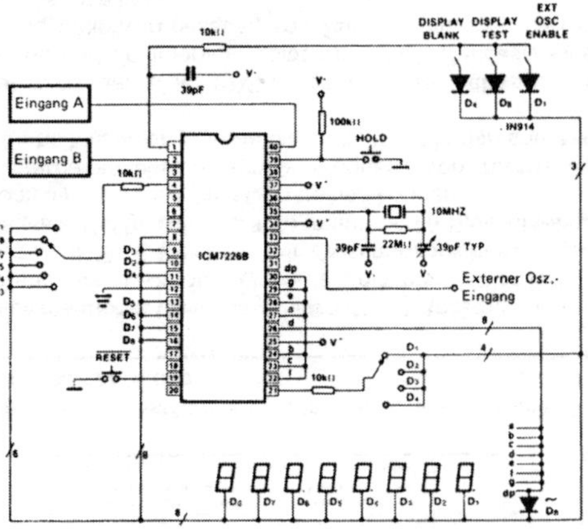

Funktion: Pin 3	
Frequenz	D1
Periode	D8
Frequenzver.	D2
Zeitintervall	D5
Osz.Frequ.	D3

Bereich: Pin 14	
0.01s/1 Per.	D1
0.1s/10 Per.	D2
1s/100 Per.	D3
10s/1000Per.	D4

ICM-7226B

Universalzähler, 8 Dekaden, für LED-Anzeige mit gemeinsamer Kathode

Fortsetzung :

	Funktion	Stelle
Funktions-Eingang Pin 4	Frequenz	D1
	Periode	D8
	Frequenzverhältnis	D2
	Zeitintervall	D5
	Ereigniszählung	D4
	Oszillator-Frequenz	D3
Bereichs-Eingang Pin 21	0.01s/1 Periode	D1
	0.1s/10 Perioden	D2
	1s/100 Perioden	D3
	10s/1000 Perioden	D4
Pin 31	Ext. Bereichs-Eingang	D5
Steuer-Eingang Pin 1	Anzeige dunkel	D4 + Hold
	Anzeige-Test	D8
	1MHz-Auswahl	D2
	Ext. Oszillator	D1
	Ext. Dezimalpunkt	D3
	Test	D5
Ext.Dez.Punkt Eingang Pin 20	Dezimalpunkt wird für dieselbe Stelle ausgegeben, die mit diesem Eingang verbunden ist.	

Beschreibung:

Dieser Baustein enthält einen vollständigen 8-stelligen Universalzähler für LED-Anzeigen mit gemeinsamer Kathode.

Betrieb:

Der ICM 7226B ist ein vollintegrierter Universalzähler mit LED-Anzeigetreibern. Er enthält einen hochfrequenten Oszillator, einen dekadischen Zähler für die Zeitbasis, einen Datenzähler für 8 Dekaden mit Zwischenspeichern, einen 7-Segment Decoder, digitale Multiplexer und 8 Segment- und 8 Stellentreiber, welche direkt große gemultiplexte LED-Anzeigen treiben können.

Die Zählereingänge verarbeiten eine maximale Frequenz von 10MHz für Frequenzmesser und Einheitenzählung, sowie maximal 2MHz in den anderen Betriebsarten.

Der Zähler verwendet entweder eine 10MHz- oder 1MHz-Zeitbasis. Bei der Messung von Periode und Zeitintervall ergibt die 10MHz-Zeitbasis eine Auflösung von 0.1µs. Die Mittelwertmessung von Periode und Zeitintervall kann im Nanosekunden-Bereich liegen.

Bei der Frequenzmessung kann zwischen einer Messzeit von 0.01s, 0.1s, 1s und 10s gewählt werden. Mit 10s beträgt die Auflösung 0.1Hz. Die Messungen erfolgen im Abstand von 0.2s in allen Beeichen.

Die typischen Segment-Spitzenströme für eine Anzeige mit gemeinsamer Kathode betragen 12mA. Führende Nullen werden ausgeblendet, ebenso wird ein Überlauf angezeigt.

In den Originaldatenblättern von Intersil wird die Möglichkeit des Gatens von Vorteilern und der Display-Logik für Vorteiler angeführt. Dies funktioniert in der Praxis aus grundsätzlichen Überlegungen jedoch nicht und kann zu fehlerhaften Messungen führen.

Anwendung:

Messung von Frequenz, Periodendauer, Frequenzverhältnis, Zeitintervalle, Oszillator-Frequenz, Ereigniszählung

Daten:

Betriebsspannung	+5	V
Max. Zählfrequenz	14	MHz
Stromaufnahme (Anzeige dunkel)	2	mA

Hersteller:

ISIL

ICM-7226B

Universalzähler, 8 Dekaden, für LED-Anzeige mit gemeinsamer Kathode

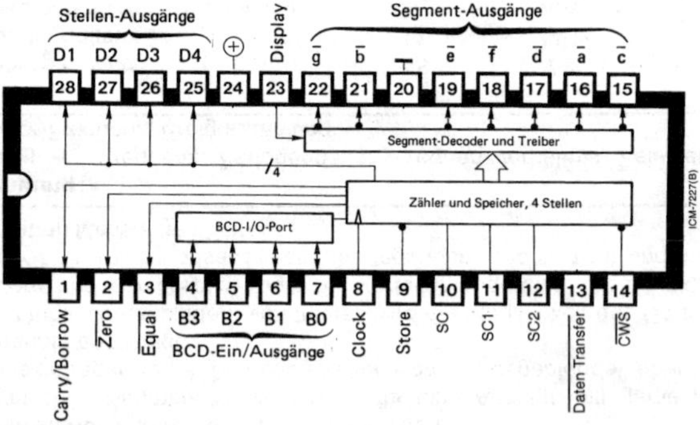

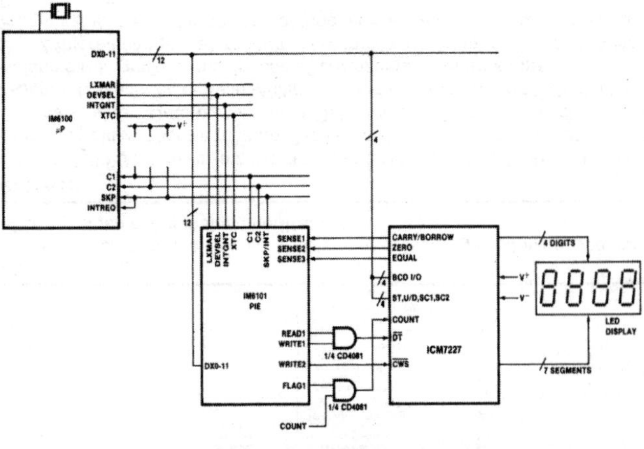

ICM-7227(B) | Aufwärts/Abwärtszähler, 4 Dekaden voreinstellbar für LEDs mit gem. Anode

Beschreibung:
Der Baustein enthält einen voreinstellbaren 4-stellligen Aufwärt/Abwärtszähler für LED-Anzeigen mit gemeinsamer Anode

Betrieb:
Die Anschlüsse STORE, UP/$\overline{\text{DOWN}}$, SCI und SC2 Code-Select-Bits 1 und 2 bilden den Eingang für ein aus 4 Bits bestehendes Steuerwort. Ein negativ gehender Impuls am Anschluss $\overline{\text{CWS}}$ (Control Word Strobe) schreibt die Daten an diesen Anschlüssen in vier interne Steuer-Zwischenspeicher, und setzt den Multiplex-Zähler zur Vorbereitung für die Sequenz der Datentransfer-Operation. Der Auswahlcode 00 ist für die Änderung des Zustandes der Store- und/oder Up/Down-Zwischenspeicher reserviert, ohne den Datentransfer zu initiieren. Schreiben einer Eins in das Speicher-Zwischenregister setzt diesen Speicher und bewirkt, dass die Daten im Zähler in die Ausgangs-Zwischenspeicher transferiert werden. Das Schreiben einer Null setzt dagegen die Zwischenspeicher zurück und bewirkt, dass die Daten behalten und nicht aktualisiert werden. Ähnlich bewirkt ein Schreiben einer Eins in das Up/$\overline{\text{Down}}$-Zwischenregister, dass der Zähler aufwärts zählt, das Schreiben einer Null ein Abwärtszählen. Der Zustand der Store- und Up/$\overline{\text{Down}}$-Zwischenspeicher kann auch mit einem Code geändert werden, der nicht Null ist.
Das Schreiben eines Codes von Nichtnull initiiert eine Datentransfer-Operation. Schreiben eines Select-Codes 01 (SCI, SC2) zeigt an, dass die Daten in den Ausgangs-Zwischenspeichern aktiv sind und gibt den BCD-Eingangs/Ausgangsport zur Ausgabe der Daten frei. Schreiben eines Select-Codes 11 zeigt an, dass das Register zurückgesetzt wird, und ein 10 zeigt an, dass der Zähler voreingestellt wird.
Wenn ein Code gelesen wird, der nicht null ist, wird der Takt des Multiplex-Zählers zum Anschluss $\overline{\text{DATA-TRANSFER}}$ geschaltet. Impulse in negativer Richtung an diesem Anschluss sequenzialisieren dann einen Datentransfer Stelle für Stelle, entweder indem Daten ausgegeben werden, oder den Zähler oder das Register gemäß dem Select-Code voreinstellen. Die Ausgangstreiber des BCD-Eingangs/Ausgangsports werden nur freigegeben, wenn $\overline{\text{DT}}$ LOW während eines Datentransfers, initiiert durch einen Select-Code 01. Die Sequenz der Stellen wird während der Ausgabe D4-D3-D2-D1 sein, wobei die Daten von D4 während des ersten $\overline{\text{DT}}$-Impulses gültig sind, dann D3 während des zweiten Impulses, usw.
Am Ende einer Datentransfer-Operation, d.h. an der positiven Flanke des vierten $\overline{\text{DT}}$-Impulses, werden die Steuerregister SCI und SC2 automatisch zurückgesetzt. Hierbei wird der Datentransfer abgeschlossen und der Multiplex-Zähler zurück mit dem Oszillator verbunden. Der Multiplex-Oszillator läuft immer frei, mit Ausnahme während der Datentransfer-Operation, wenn er gesperrt wird. ICM-7227B ist für Timer-Anwendungen und zählt bis 5959.

Anwendung:
Vielseitige Zähl- und Steueranwendungen in Mikroprozessor-Systemen.

Daten:

Betriebsspannung	+5	V
Maximale Zählfrequenz	2	MHz
Stromaufnahme	0.3	mA

Hersteller:
ISIL

ICM-7227(B)

Aufwärts/Abwärtszähler, 4 Dekaden voreinstellbar für LEDs mit gem. Anode

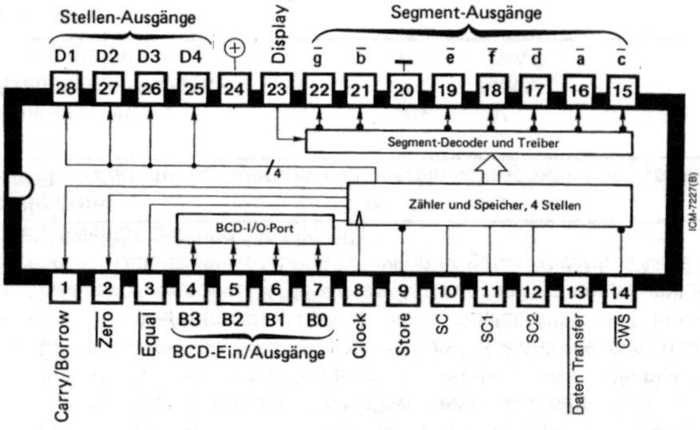

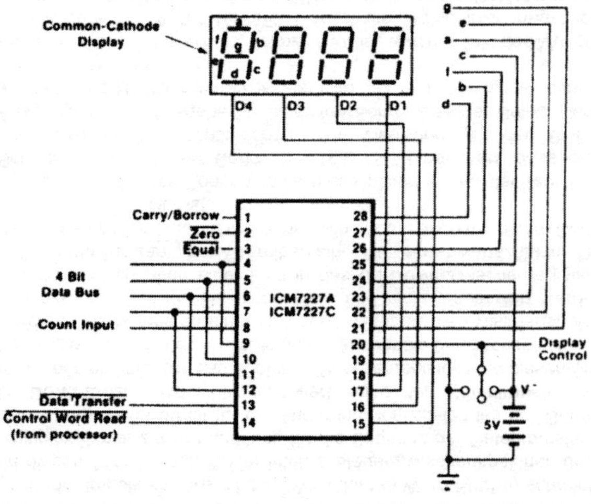

ICM-7227A/C

Aufwärts/Abwärtszähler, 4 Dekaden voreinstellbar für LEDs mit gem.Kathode

Beschreibung:
Der Baustein enthält einen voreinstellbaren 4-stellligen Aufwärt/Abwärtszähler für LED-Anzeigen mit gemeinsamer Kathode

Betrieb:
Die Anschlüsse STORE, UP/DOWN, SCI und SC2 Code-Select-Bits 1 und 2 bilden den Eingang für ein aus 4 Bits bestehendes Steuerwort. Ein negativ gehender Impuls am Anschluss CWS (Control Word Strobe) schreibt die Daten an diesen Anschlüssen in vier interne Steuer-Zwischenspeicher, und setzt den Multiplex-Zähler zur Vorbereitung für die Sequenz der Datentransfer-Operation. Der Auswahlcode 00 ist für die Änderung des Zustandes der Store- und/oder Up/Down-Zwischenspeicher reserviert, ohne den Datentransfer zu initiieren. Schreiben einer Eins in das Speicher-Zwischenregister setzt diesen Speicher und bewirkt, dass die Daten im Zähler in die Ausgangs-Zwischenspeicher transferiert werden. Das Schreiben einer Null setzt dagegen die Zwischenspeicher zurück und bewirkt, dass die Daten behalten und nicht aktualisiert werden. Ähnlich bewirkt ein Schreiben einer Eins in das Up/Down-Zwischenregister, dass der Zähler aufwärts zählt, das Schreiben einer Null ein Abwärtszählen. Der Zustand der Store- und Up/Down-Zwischenspeicher kann auch mit einem Code geändert werden, der nicht Null ist.
Das Schreiben eines Codes von Nichtnull initiiert eine Datentransfer-Operation. Schreiben eines Select-Codes 01 (SCI, SC2) zeigt an, dass die Daten in den Ausgangs-Zwischenspeichern aktiv sind und gibt den BCD-Eingangs/Ausgangsport zur Ausgabe der Daten frei. Schreiben eines Select-Codes 11 zeigt an, dass das Register zurückgesetzt wird, und ein 10 zeigt an, dass der Zähler voreingestellt wird.
Wenn ein Code gelesen wird, der nicht null ist, wird der Takt des Multiplex-Zählers zum Anschluss DATA-TRANSFER geschaltet. Impulse in negativer Richtung an diesem Anschluss sequenzialisieren dann einen Datentransfer Stelle für Stelle, entweder indem Daten ausgegeben werden, oder den Zähler oder das Register gemäß dem Select-Code voreinstellen. Die Ausgangstreiber des BCD-Eingangs/Ausgangsports werden nur freigegeben, wenn DT LOW während eines Datentransfers, initiiert durch einen Select-Code 01. Die Sequenz der Stellen wird während der Ausgabe D4-D3-D2-D1 sein, wobei die Daten von D4 während des ersten DT-Impulses gültig sind, dann D3 während des zweiten Impulses, usw.
Am Ende einer Datentransfer-Operation, d.h. an der positiven Flanke des vierten DT-Impulses, werden die Steuerregister SCI und SC2 automatisch zurückgesetzt. Hierbei wird der Datentransfer abgeschlossen und der Multiplex-Zähler zurück mit dem Oszillator verbunden. Der Multiplex-Oszillator läuft immer frei, mit Ausnahme während der Datentransfer-Operation, wenn er gesperrt wird. ICM-7227B ist für Timer-Anwendungen und zählt bis 5959.

Anwendung:
Vielseitige Zähl- und Steueranwendungen in Mikroprozessor-Systemen.

Daten:

Betriebsspannung	+5	V
Maximale Zählfrequenz	2	MHz
Stromaufnahme	0.3	mA

Hersteller:
ISIL

ICM-7227A/C

Aufwärts/Abwärtszähler, 4 Dekaden voreinstellbar für LEDs mit gem.Kathode

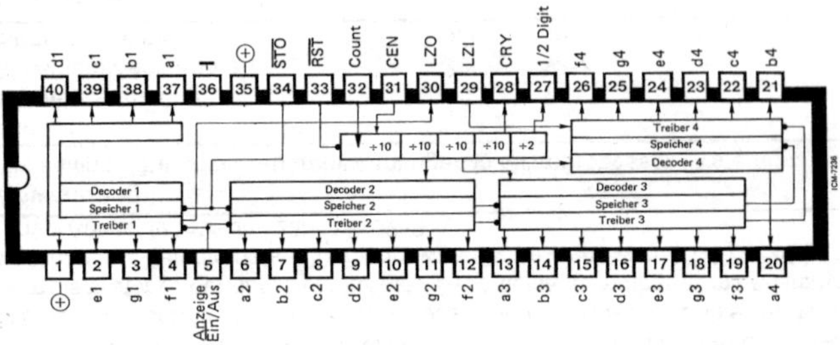

Typische Verbindung für Vakuum Fluoreszenzanzeigen

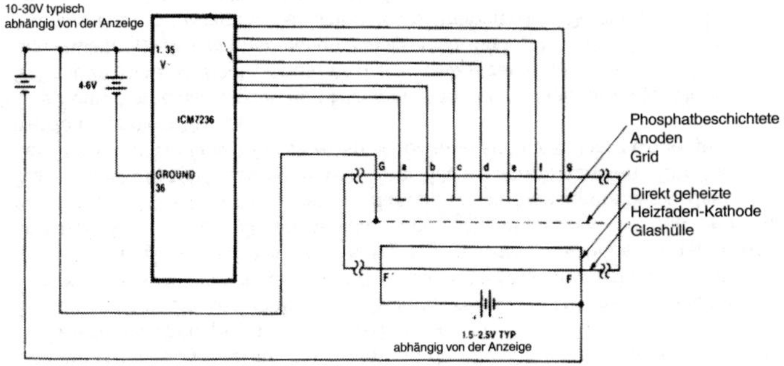

ICM-7236 | Zähler, 4 1/2 Stellen, Decoder, Treiber für Vakuum-Fluoreszenz-Anzeigen

Fortsetzung :

Beschreibung:
Dieser Baustein enthält einen schnellen 4 1/2-stelligen Zähler (bis 19999), Decoder und Treiber für Vakuum-Fluoreszenz-Anzeigen.

Betrieb:
Der Zähler wird durch ein kurzes Low an $\overline{RST}$ (Reset) auf 00000 gestellt. Er wird bei jeder negativen Flanke an Count weitergestellt. Dieser Eingang besitzt einen Schmitt-Trigger mit einer Hysterese von 0.5V, so dass ein einwandfreies Zählen auch bei verrauschten oder sich langsam ändernden Eingangssignal gesichert ist.
Für den Zählvorgang muss CEN (Count Enable) auf High liegen. CEN auf Low sperrt die Zählung. An CRY (Carry Output) lässt sich ein Übertragssignal für weitere Zähler entnehmen.
Das Signal an Pin 2 kann zur Ansteuerung einer 1 oder als Überlauf-Anzeige verwendet werden.
Der Zählerinhalt wird mit $\overline{STO}$ auf Low übernommen und bei High gespeichert.
Mit LZI (Leading Zero Input) auf High (oder offen) werden führende Nullen unterdrückt.
LZO (Leading Zero Output) dient zum Kaskadieren mit weiteren Zählern.
Die Treiber können nicht-gemultiplexte Vakuum-Fluoreszenz-Anzeigen mit Spannungen bis –35V steuern.
Es können auch 7-Segment-LED-Anzeigen mit gemeinsamer Kathode verwendet werden. Der Strom im Ein-Zustand beträgt hierbei etwa 3mA pro Segment. Die Anzeige lässt sich mit Pin 5 Ein- (Low) und Ausschalten (High).
Die Ausführung ICM-7236A zählt bis 15959.

Anwendung:
Zähler

Daten:

Betriebsspannung	+5	V
Max. Zählfrequenz	25	MHz
Stromaufnahme (Anzeige abgeschaltet)	10	mA

Hersteller:
ISIL

ICM-7236

Zähler, 4 1/2 Stellen, Decoder, Treiber für Vakuum-Fluoreszenz-Anzeigen

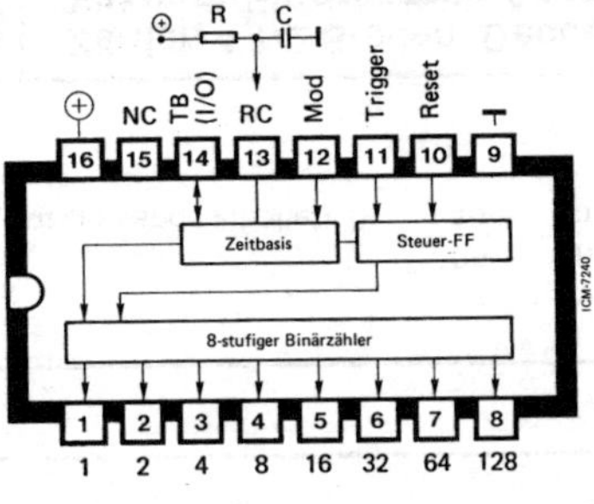

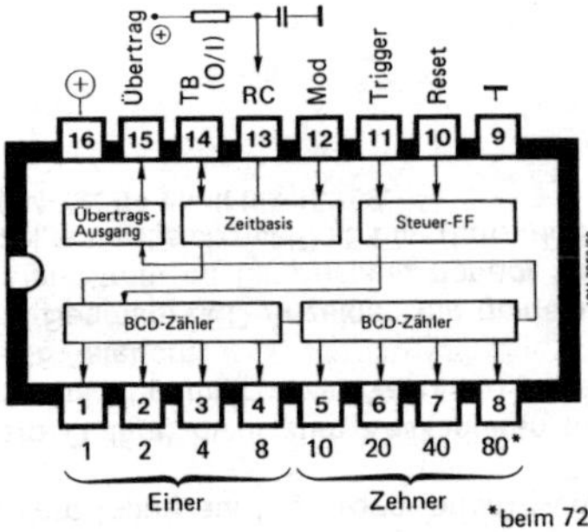

*beim 7260 offen

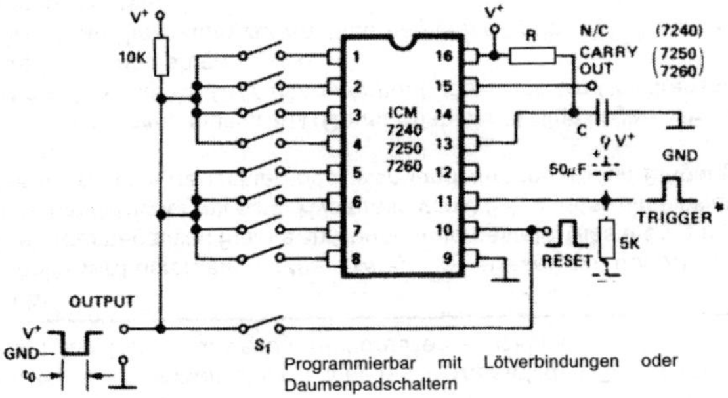

Programmierbar mit Lötverbindungen oder Daumenpadschaltern

Allgemein Schaltung für Zeitgeber-Anwendungen
(Schalter S1 offen für astabilen Betrieb, geschlossen für monostabilen Betrieb

Fortsetzung :

Beschreibung:
Diese Bausteine enthalten einen RC-Oszillator und einen 8-stufigen Binärzähler (7240) bzw. BCD-Zähler (7250/60).

Betrieb:
Die Frequenz des Oszillators ist mittels eines externen Widerstandes (1kΩ — 22MΩ) und eines Kondensators (min. 10pF) über einen weiten Bereich einstellbar. Der Oszillator kann durch Kurzschließen von C gesperrt werden. Über Pin 14 kann dann der Teiler extern angesteuert werden.
Ein positiver Impuls an Pin 10 (Reset) setzt alle Zähler auf Null. Dies geschieht in den meisten Anwendungen durch Verbinden einer der Zählerausgänge mit Reset. Mit einem positiven Impuls an Pin 11 (Trigger) oder bei Verwendung der internen Zeitbasis startet der Zähler wieder.
Der interne Oszillator kann über Pin 12 (Mod) mit einer Gleichspannung frequenzmoduliert oder mit einem externen Takt synchronisiert werden.
Der Zähler ist auch programmierbar. Ferner lassen sich interessante binäre oder dezimale Bitmuster erzeugen.
Der 7240 kann von 1t bis 255t, der 7250 von 1t bis 99t und der 7260 von 1t bis 59t (t = Periode = R x C) programmiert werden.
Durch Synchronisieren mit einer quarzgesteuerten externen Zeitbasis lassen sich sehr präzise Zeitgeber aufbauen (siehe Firmenapplikationen).

Anwendung:
Programmierbare Zeitgeber, Verzögerungen, programmierbare und kaskadierbare Zähler, Oszillatoren mit sehr niedriger Frequenz, Sequenz-Generatoren

Daten:

Betriebsspannung			2 — 16	V
Max. Taktfrequenz:	7240:	5V	6	MHz
		15V	13	MHz
	7250/60	5V	5	MHz
Stromaufnahme			ca 300	µA

Hersteller:
ISIL

ICM-7240/50/60 — Programmierbare Zeitgeber/Zähler

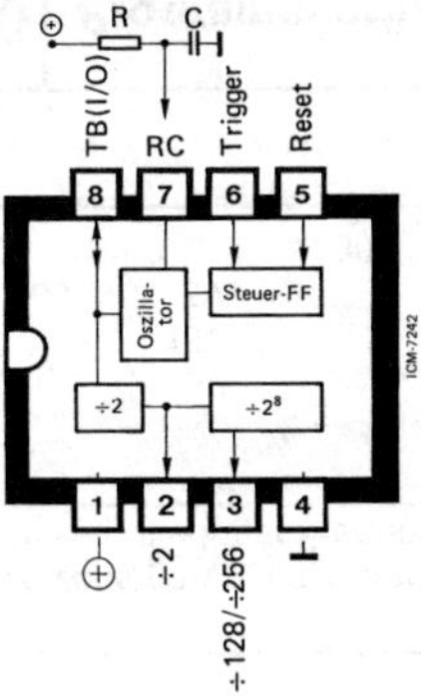

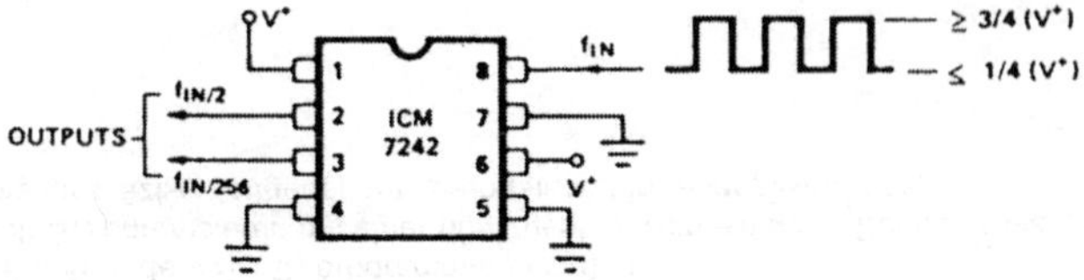

Verwendung als Teiler

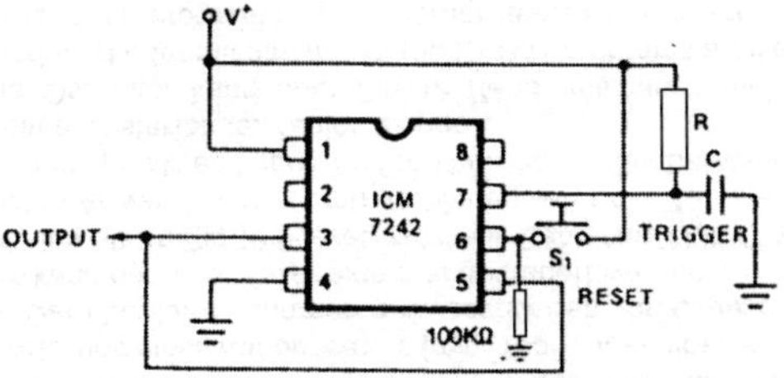

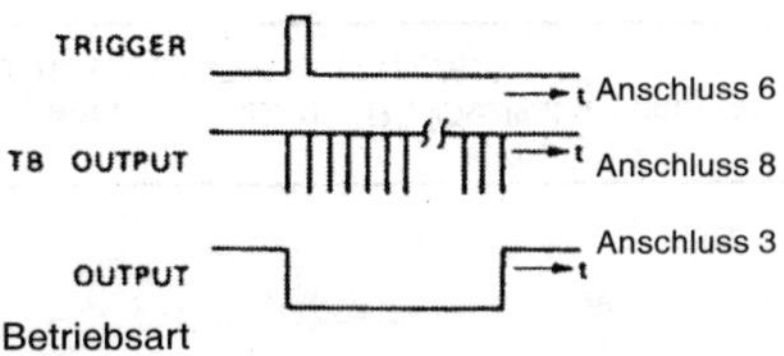

Monostabile Betriebsart

Fortsetzung :

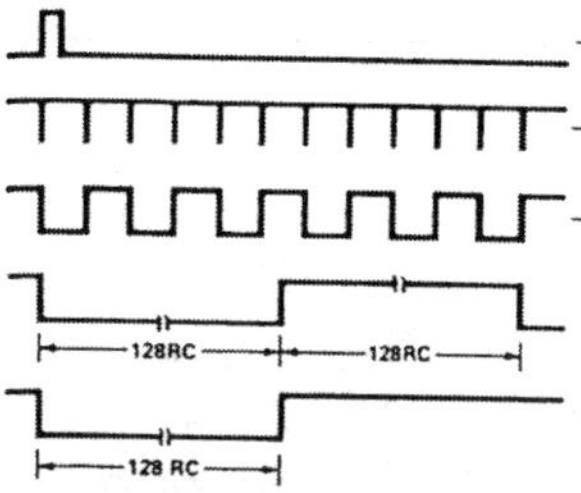

Zeitdiagramm der Ausgangsspannung

Beschreibung:

Dieser Baustein enthält einen RC-Oszillator, sowie einen 8-stufigen Binärteiler.

Betrieb:

Die Frequenz des Oszillators wird mittels eines externen Widerstandes (300Ω — 22MΩ) und eines Kondensators (min. 10pF) eingestellt. Eine Periode hat die Dauer von 1.0 x RC.

Wenn man Pin 7 (RC) an Masse legt, kann man den 8-stufigen Teiler über Pin 8 TB I/O (Timbase, Eingang/Ausgang) mit einem externen Taktgenerator steuern.

Der Teiler (bzw. Zähler) lässt sich mit einem positiven Impuls an Pin 5 (Reset) auf Null stellen. Mit einem positiven Impuls an Pin 6 (Trigger) startet man den Zählvorgang.

An Pin 2 erhält man eine symmetrische Rechteckspannung von RC ÷ 2, an Pin 3 eine solche mit RC ÷ 256 (d.h. der negative Teil und der positive Teil dauert jeweils 128 x RC Sekunden).

Einen astabilen Betrieb erhält man, wenn Pin 6 mit +U verbunden wird (Pin 5 bleibt offen) und einen monostabilen, indem man Pin 5 (Reset) mit Pin 3 verbindet. Getriggert wird hierbei mit einem positiven Impuls an Pin 6.

Durch Kaskadieren (Pin 3 des ersten ICs an Pin 8 des zweiten ICs, Pin 7 des zweiten ICs an Masse etc.) kann man beliebig lange Zeiten erzielen.

Anwendung:

Zeitgeber, Verzögerungen, Oszillatoren mit sehr niedriger Frequenz, Sequenz-Generatoren

Daten:

Betriebsspannung		2 — 16	V
Max. Taktfrequenz:	5V	6	MHz
	15V	13	MHz
Max. Ausgangsstrom (je Ausgang)		50	mA
Stromaufnahme		300	µA

Hersteller:

ISIL

ICM-7242 — Zeitgeber/Zähler

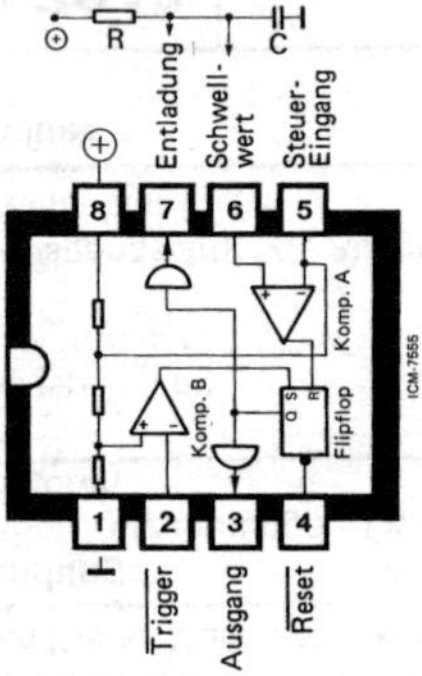

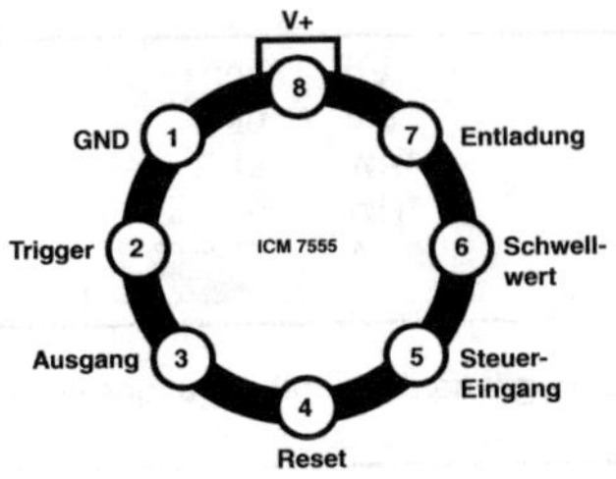

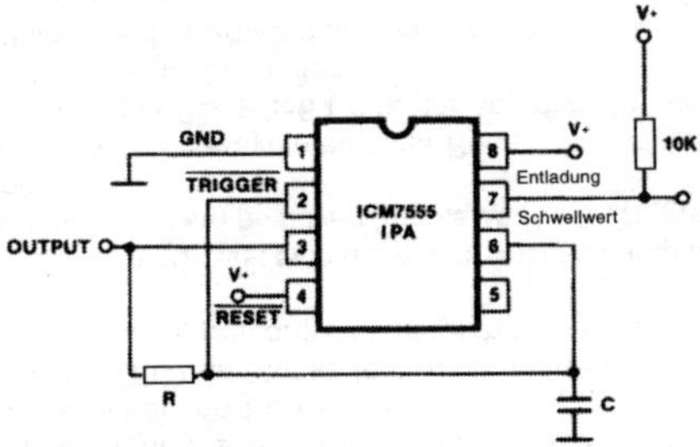

Astabile Betriebsart

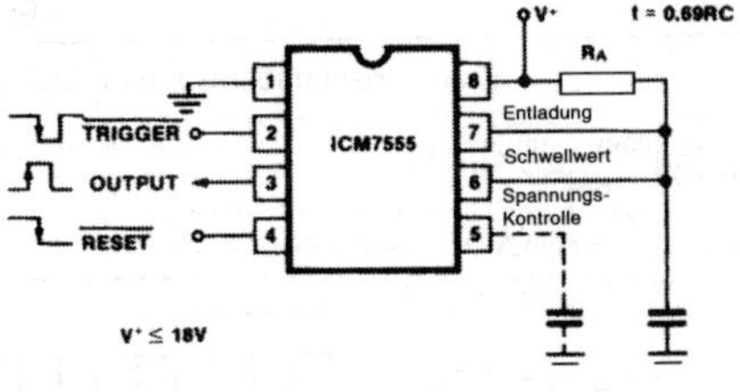

Monostabile Betriebsart

ICM-7555 | Zeitgeber

Fortsetzung :

Beschreibung:
Dieser Baustein enthält einen universellen Zeitgeber, der mit dem bekannten 555 weitestgehend äquivalent ist.

Betrieb:
Die Breite des abgegebenen Impulses wird durch die Zeitkonstante des angeschlossenen RC-Gliedes bestimmt und beträgt

$$t = 1.1 \times RC\ (s)$$

Für einen monostabilen Betrieb wird das RC-Glied gemäß dem Schaltbild angeschlossen und mit einem negativen Impuls an Pin 2 (Trigger) getriggert. Dann geht Pin 3 für die Dauer t auf High.
Reset liegt hierbei auf High. Legt man diesen Pin während der Dauer des Ausgangsimpulses auf Low, wird das Ausgangssignal beim HL-Übergang von Reset wieder auf Low gebracht.
Für einen astabilen Betrieb verbindet man Pin 6 (Schwellwert) mit Pin 2 (Trigger). Die Frequenz beträgt

$$f = 1/1.4 \times RC$$

Über Pin 5 (Steuer-Eingang) kann man im astabilen Zustand eine Frequenzmodulation ausführen. Beim monostabilen Betrieb blockt man diesen Anschluss zweckmäßigerweise mit mindestens 10 nF gegen Masse ab.

Anwendung:
Zeitgeber, Impulsgenerator, Sequenz-Generator, Zeitverzögerung, Impulsbreiten-Modulation, Impulslage-Modulation, Fehlimpuls-Detektor, etc.

Daten:

Betriebsspannung	2 — 18	V
Max. Strom an Pin 3	100	mA
Min. garantierte Oszillatorfrequenz (astabil)	500	kHz
Stromaufnahme	100	µA

Hersteller:
ISIL

ICM-7555 Zeitgeber

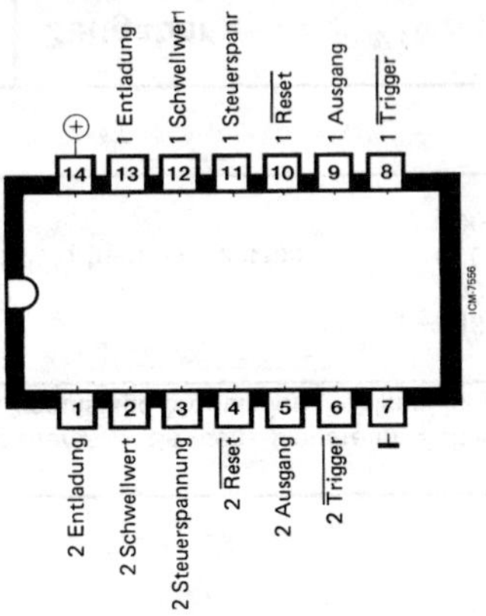

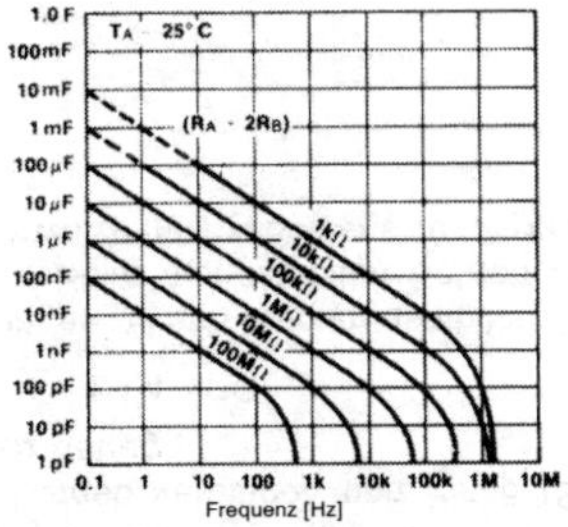

Frequenz in der freilaufenden Betriebsart
in Abhängigkeit von R_A, R_B und C

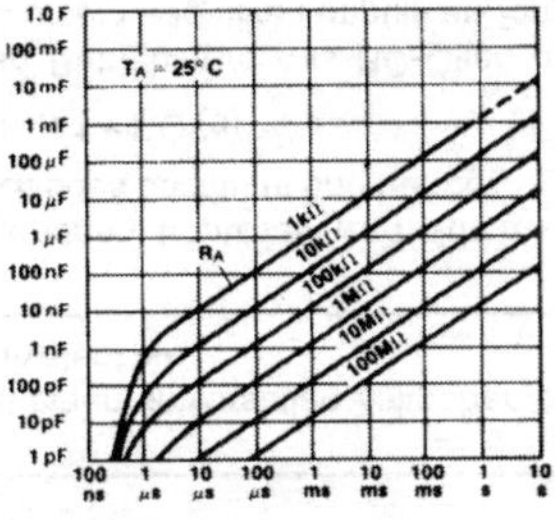

Impulsbreite in der monostabilen Betriebsart
in Abhängigkeit von R_A und C

ICM-7556 | Zwei Zeitgeber

Fortsetzung :

Beschreibung:
Dieser Baustein enthält zwei voneinander unabhängige Zeitgeber vom Typ 7555.

Betrieb:
Die beiden Zeitgeber können vollkommen getrennt verwendet werden. Sie haben nur die Anschlüsse für die Betriebsspannung und Masse gemeinsam.
Die Breite des abgegebenen Impulses wird durch die Zeitkonstante des angeschlossenen RC-Gliedes bestimmt und beträgt

$$t = 1.1 \times RC \text{ (s)}$$

Für einen monostabilen Betrieb wird das RC-Glied gemäß dem Schaltbild angeschlossen und mit einem negativen Impuls an Pin 2 (Trigger) getriggert. Dann geht Pin 3 für die Dauer t auf High.
Reset liegt hierbei auf High. Legt man diesen Pin während der Dauer des Ausgangsimpulses auf Low, wird das Ausgangssignal beim HL-Übergang von Reset wieder auf Low gebracht.
Für einen astabilen Betrieb verbindet man Pin 6 (Schwellwert) mit Pin 2 (Trigger). Die Frequenz beträgt

$$f = 1/1.4 \times RC$$

Über Pin 5 (Steuer-Eingang) kann man im astabilen Zustand eine Frequenzmodulation ausführen. Beim monostabilen Betrieb blockt man diesen Anschluss zweckmäßigerweise mit mindestens 10 nF gegen Masse ab.

Anwendung:
Zeitgeber, Impulsgenerator, Sequenz-Generator, Zeitverzögerung, Impulsbreiten-Modulation, Impulslage-Modulation, Fehlimpuls-Detektor, etc.

Daten:

Betriebsspannung	2 — 18	V
Max. Strom an Pin 5 oder 9	100	mA
Min. garantierte Oszillatorfrequenz (astabil)	500	kHz
Stromaufnahme	100	mA

Hersteller:
ISIL

ICM-7556 — Zwei Zeitgeber

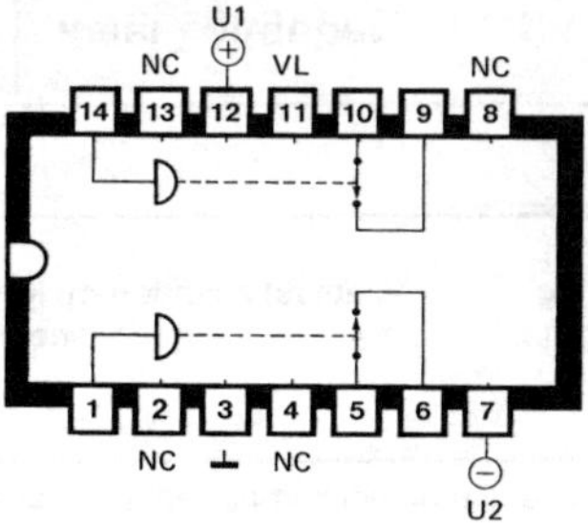

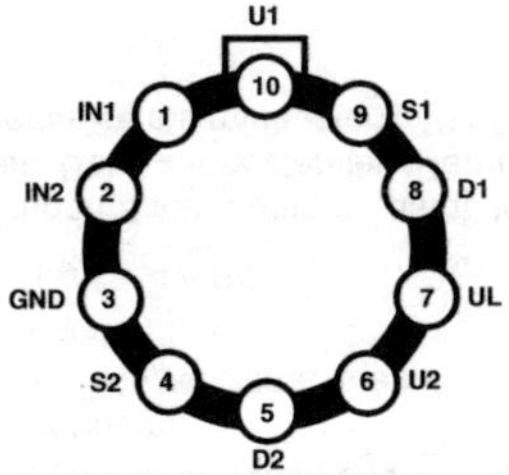

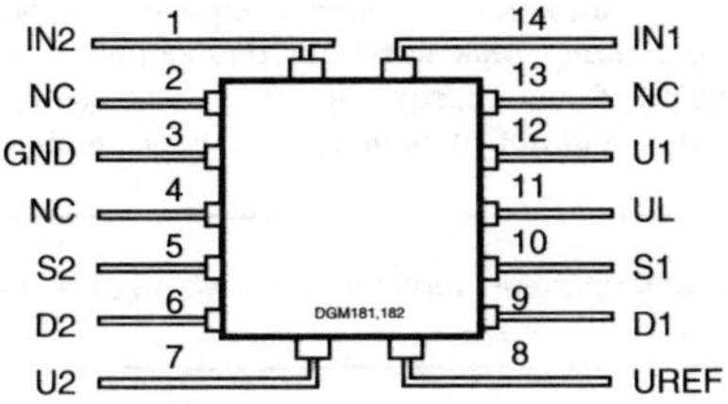

IH-200 Analogschalter (2x1 Öffner)

Fortsetzung :

Steuer-Eingang	Schalter
L	Ein
H	Aus

Beschreibung:
Dieser Baustein enthält zwei voneinander unabhängige Analogschalter (2 Öffner).

Betrieb:
Jeder der beiden Schalter kann mit dem zugehörigen Steuer-Eingang geöffnet oder geschlossen werden.
Die Steuer-Eingänge sind TTL-kompatibel, wenn der Anschluss VL auf +5V gelegt wird, d.h. der Logikpegel für High ist +2.4 V und für Low +0.8V. Für eine Steuerspannung mit CMOS-Pegeln legt man VL an die positive Betriebsspannung +U1.
Da die Aus-Schaltzeit (200ns) kürzer als die Ein-Schaltzeit (400ns) ist, wird gesichert, dass ein geschlossener Schalter geöffnet wird, bevor ein offener Schalter geschlossen wird (break-before-make).
Alle Eingänge sind gegen Überspannungen bis ±25V geschützt. Ebenso sind die Transmissionsgatter geschützt, wenn die Betriebsspannungen entfernt werden und die Signalspannungen weiter anliegen. Die Serie zeichnet sich durch besonders niedrige Ruhestromaufnahme aus (10µA).

Anwendung.
Schalten von Analog-Signalen, Sample-and-Hold-Schaltungen, etc.

Daten:

Betriebsspannung:	U1	max	+15	V
	U2	max	–15	V
Ein-Widerstand			80	Ω
Übersprechdämpfung			50	dB
Max. Analog-Amplitude			±10	V
Max. Durchlassstrom je Schalter			30	mA
Stromaufnahme			10	µA

Hersteller:
ISIL

IH-200

Analogschalter (2x1 Öffner)

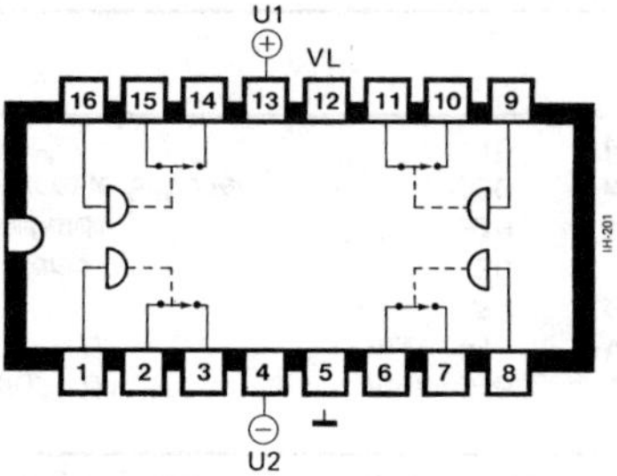

Sperrdämpfung in Abhängigkeit von der Frequenz

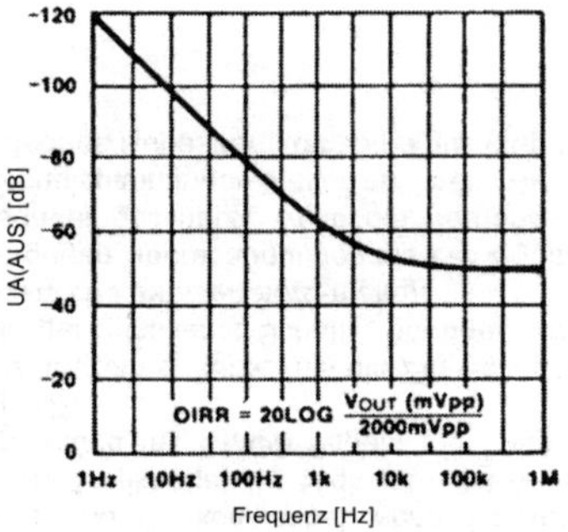

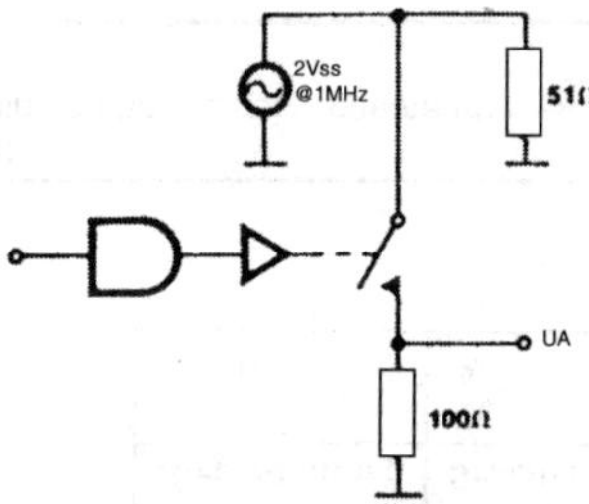

IH-201 Analogschalter (4x1 Öffner)

Fortsetzung :

Steuer-Eingang	Schalter
L	Ein
H	Aus

Beschreibung:
Dieser Baustein enthält vier getrennte, voneinander unabhängige Analogschalter (4 Öffner).

Betrieb:
Jeder der 4 Schalter kann mit dem zugehörigen Steuer-Eingang geöffnet oder geschlossen werden.
Die Steuer-Eingänge sind TTL-kompatibel, wenn der Anschluss VL auf +5V gelegt wird, d.h. der Logikpegel für High ist +2.4V und für Low +0.8V. Für eine Steuerspannung mit CMOS-Pegeln legt man VL an die positive Betriebsspannung +U1.
Da die Aus-Schaltzeit (200ns) kürzer als die Ein-Schaltzeit (400ns) ist, wird gesichert, dass ein geschlossener Schalter geöffnet wird, bevor ein offener Schalter geschlossen wird (break-before-make).
Alle Eingänge sind gegen Überspannungen bis ±25V geschützt. Ebenso sind die Transmissionsgatter geschützt, wenn die Betriebsspannungen entfernt werden und die Signalspannungen weiter anliegen.
Die Serie zeichnet sich durch besonders niedrige Ruhestromaufnahme aus (10µA).
Der IH-5052 ist eine verbesserte Version des IH-201.

Anwendung:
Schalten von Analog-Signalen, Sample-and-Hold-Schaltungen, etc.

Daten:

Betriebsspannung:	U1	max	+15	V
	U2	max	–15	V
Ein-Widerstand			80	Ω
Übersprechdämpfung			50	dB
Max. Analog-Amplitude			±10	V
Max. Durchlassstrom je Schalter			30	mA
Stromaufnahme			10	µA

Hersteller.
INT

IH-201

Analogschalter (4x1 Öffner)

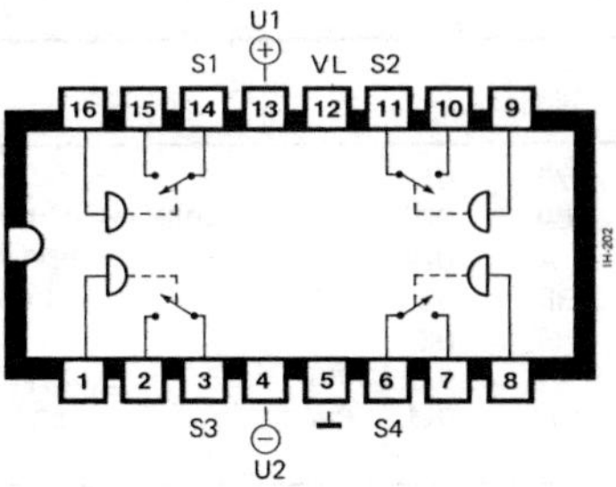

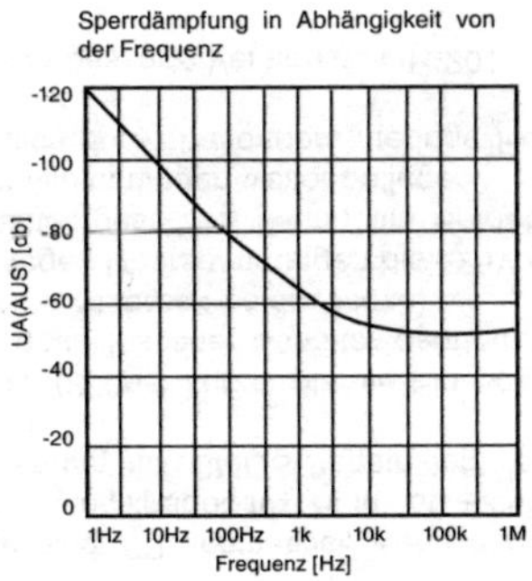

Test-Schaltungen:

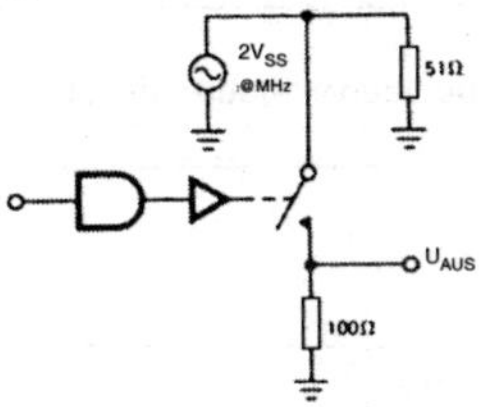

IH-202 | **Analogschalter (4x1 Schließer)**

Fortsetzung :

Steuer-Eingang	Schalter
L	Aus
H	Ein

Beschreibung:
Dieser Baustein enthält vier getrennte, voneinander unabhängige Analogschalter (4 Schließer).

Betrieb:
Jeder der 4 Schalter kann mit dem zugehörigen Steuer-Eingang geschlossen oder geöffnet werden.
Die Steuer-Eingänge sind TTL-kompatibel, wenn der Anschluss VL auf +5V gelegt wird, d.h. der Logikpegel für High ist +2.4V und für Low+0.8V. Für eine Steuerspannung mit CMOS-Pegeln legt man VL an die positive Betriebsspannung +U1.
Da die Aus-Schaltzeit (200ns) kürzer als die Ein-Schaltzeit (400ns) ist, wird gesichert, dass ein geschlossener Schalter geöffnet wird, bevor ein offener Schalter geschlossen wird (break-before-make).
Alle Eingänge sind gegen Überspannungen bis ±25V geschützt. Ebenso sind die Transmissionsgatter geschützt, wenn die Betriebsspannungen entfernt werden und die Signalspannungen weiter anliegen.
Die Serie zeichnet sich durch besonders niedrige Ruhestromaufnahme aus (10µA).
Der IH-5053 ist eine verbesserte Version des IH-202.

Anwendung:
Schalten von Analog-Signalen, Sample-and-Hold-Schaltungen, etc.

Daten:

Betriebsspannung:	U1	max	+15	V
	U2	max	–15	V
Ein-Widerstand			80	Ω
Übersprechdämpfung			50	dB
Max. Analog-Amplitude			±10	V
Max. Durchlassstrom je Schalter			30	mA
Stromaufnahme			10	µA

Hersteller:
INT

IH-202 | Analogschalter (4x1 Schließer)

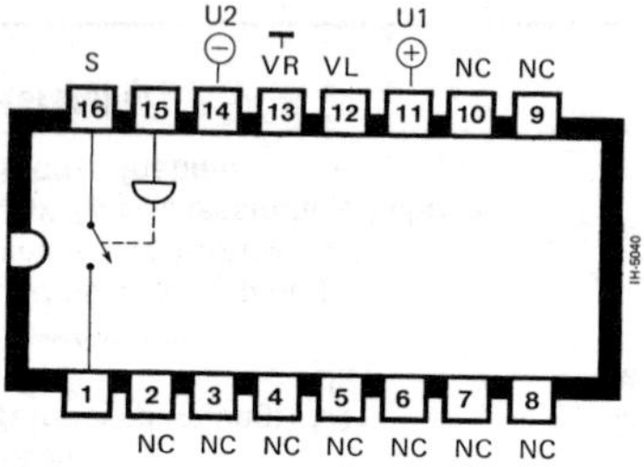

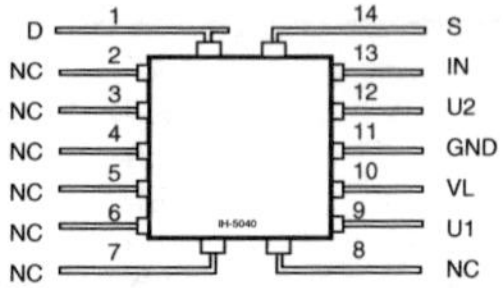

Sperrdämpfung in Abhängigkeit von der Frequenz

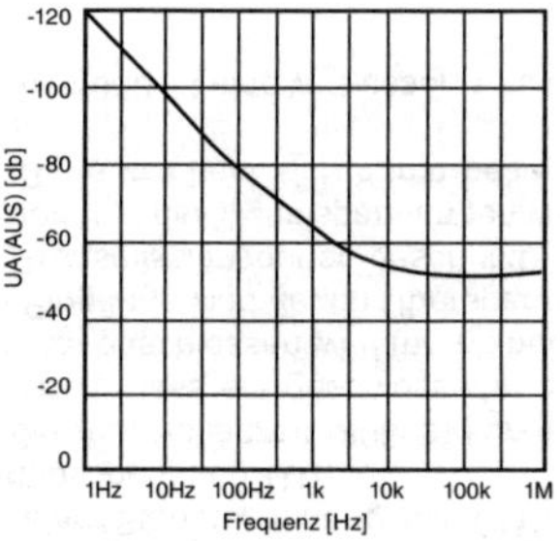

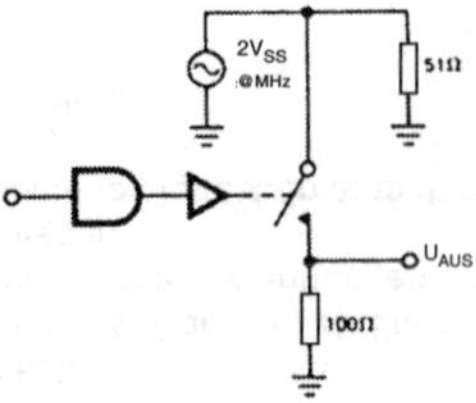

Nummer	TYPE		Ein-Wid.
IH-5040	1 Schließer	SPST	80Ω
IH-5041	2x1 Schließer	Dual SPST	80Ω
IH-5042	1x(1Schließer+1Öffner)	SPDT	80Ω
IH-5043	2x(1Schließer+1Öffner)	Dual SPST	80Ω
IH-5044	1x2 Schließer	DPST	80Ω
IH-5045	2x2 Schließer	Dual DPST	80Ω
IH-5046	1x(2Schließer+2Öffner)	DPDT	80Ω
IH-5047	1x4 Schließer	4PST	80Ω
IH-5048	2x1 Schließer	Dual SPST	45Ω
IH-5049	2x2 Schließer	Dual DPST	45Ω
IH-5050	1x(1Schließer+1Öffner)	SPDT	45Ω
IH-5051	2x(1Schließer+1Öffner)	Dual SPST	45Ω

IH-5040 Analogschalter (1 Schließer)

Fortsetzung :

Steuer-Eingang	Schalter
L	Aus
H	Ein

Beschreibung:
Dieser Baustein enthält einen einzelnen Analogschalter (Schließer).

Betrieb:
Dieser einzelne Schalter kann über den Steuer-Eingang Pin 15 geschlossen oder geöffnet werden.
Der Steuer-Eingang ist TTL-kompatibel, wenn der Anschluss VL auf +5V gelegt wird, d.h. der Logikpegel für High ist +3.0V und für Low+0.8V. Für eine Steuerspannung mit CMOS-Pegeln legt man VL an die positive Betriebsspannung +U1.
Da die Aus-Schaltzeit (250ns) kürzer als die Ein-Schaltzeit (500ns) ist, wird gesichert, dass ein geschlossener Schalter geöffnet wird, bevor ein offener Schalter geschlossen wird (break-before-make).
Alle Eingänge sind gegen Überspannungen bis ±25V geschützt. Ebenso sind die Transmissionsgatter geschützt, wenn die Betriebsspannungen entfernt werden und die Signalspannungen weiter anliegen. Die Serie zeichnet sich durch besonders niedrige Ruhestromaufnahme aus (10µA).

Anwendung:
Schalten von Analog-Signalen, Sample-and-Hold-Schaltungen, Digitalfilter etc.

Daten:

Betriebsspannung:	U1	max	+15	V
	U2	max	–15	V
Ein-Widerstand			80	Ω
Übersprechdämpfung			50	dB
Schaltzeiten:	Ein		500	ns
	Aus		250	ns
Max. Durchlassstrom je Schalter			30	mA
Stromaufnahme			10	µA

Hersteller:
INT

IH-5040 Analogschalter (1 Schließer)

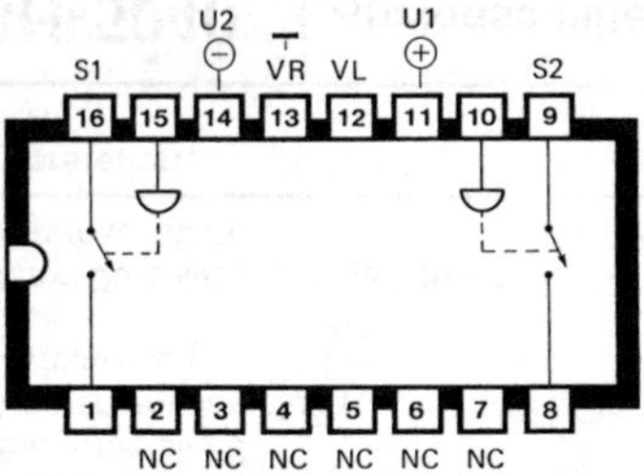

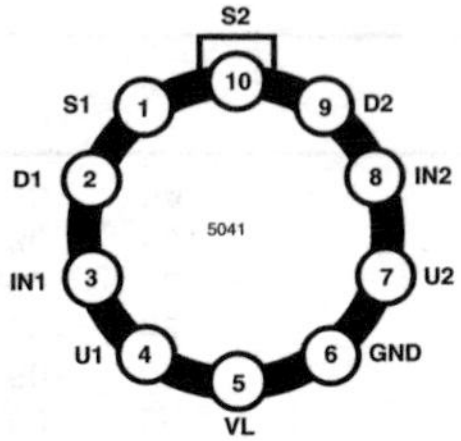

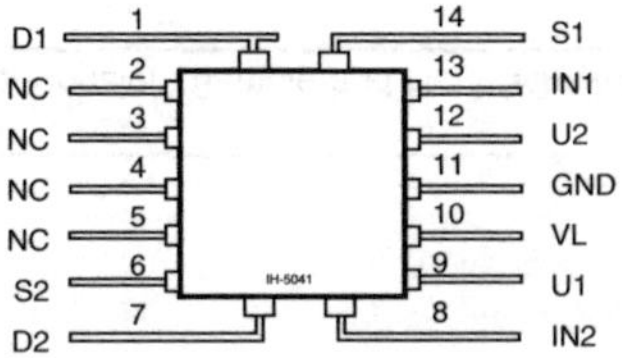

Übersprechdämpfung in Abhängigkeit von der Frequenz

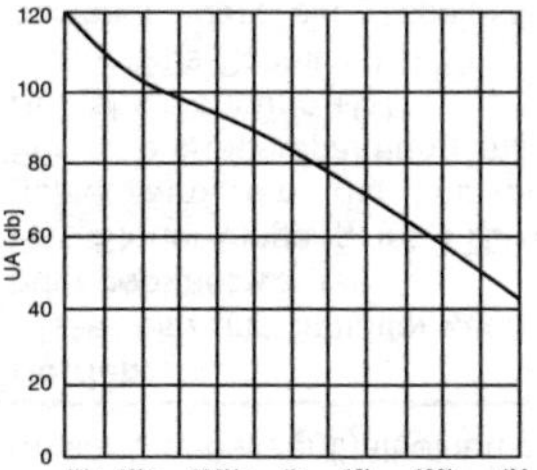

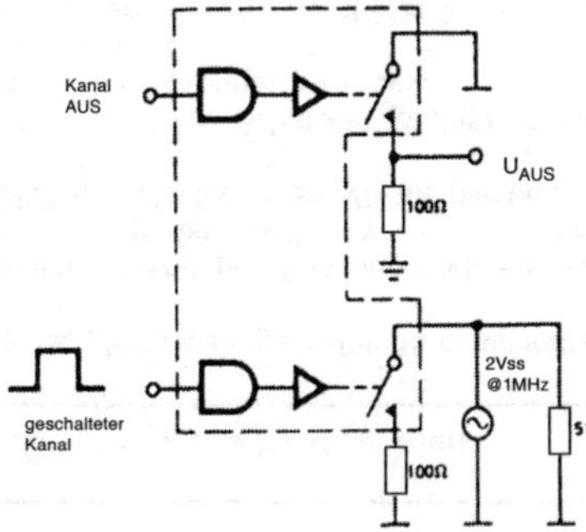

Steuer-Eingang	Schalter
L	Aus
H	Ein

IH-5041 Analogschalter (2x1 Schließer)

Fortsetzung :

Nummer	TYPE		Ein-Wid.
IH-5040	1 Schließer	SPST	80Ω
IH-5041	2x1 Schließer	Dual SPST	80Ω
IH-5042	1x(1Schließer+1Öffner)	SPDT	80Ω
IH-5043	2x(1Schließer+1Öffner)	Dual SPST	80Ω
IH-5044	1x2 Schließer	DPST	80Ω
IH-5045	2x2 Schließer	Dual DPST	80Ω
IH-5046	1x(2Schließer+2Öffner)	DPDT	80Ω
IH-5047	1x4 Schließer	4PST	80Ω
IH-5048	2x1 Schließer	Dual SPST	45Ω
IH-5049	2x2 Schließer	Dual DPST	45Ω
IH-5050	1x(1Schließer+1Öffner)	SPDT	45Ω
IH-5051	2x(1Schließer+1Öffner)	Dual SPST	45Ω

Beschreibung:
Dieser Baustein enthält zwei getrennte, voneinander unabhängige Analogschalter (2 Schließer).

Betrieb:
Diese beiden Schalter können mit den zugehörigen Steuer-Eingängen geschlossen oder geöffnet werden.
Die Steuer-Eingänge sind TTL-kompatibel, wenn der Anschluss VL auf +5V gelegt wird, d.h. der Logikpegel für High ist +3.0V und für Low +0.8V. Für eine Steuerspannung mit CMOS-Pegeln legt man VL an die positive Betriebsspannung +U1.
Da die Aus-Schaltzeit (250ns) kürzer als die Ein-Schaltzeit (500ns) ist, wird gesichert, dass ein geschlossener Schalter geöffnet wird, bevor ein offener Schalter geschlossen wird (break-before-make).
Alle Eingänge sind gegen Überspannungen bis ±25V geschützt. Ebenso sind die Transmissionsgatter geschützt, wenn die Betriebsspannungen entfernt werden und die Signalspannungen weiter anliegen. Die Serie zeichnet sich durch besonders niedrige Ruhestromaufnahme aus (10µA).

Anwendung:
Schalten von Analog-Signalen, Sample-and-Hold-Schaltungen, Digitalfilter etc.

Daten:

Betriebsspannung:	U1	max	+15	V
	U2	max	–15	V
Ein-Widerstand			80	Ω
Übersprechdämpfung			50	dB
Max. Analog-Amplitude			±10	V
Schaltzeiten:	Ein		500	ns
	Aus		250	ns
Max. Durchlassstrom je Schalter			30	mA
Stromaufnahme			10	µA

Hersteller:
ISIL

IH-5041 Analogschalter (2x1 Schließer)

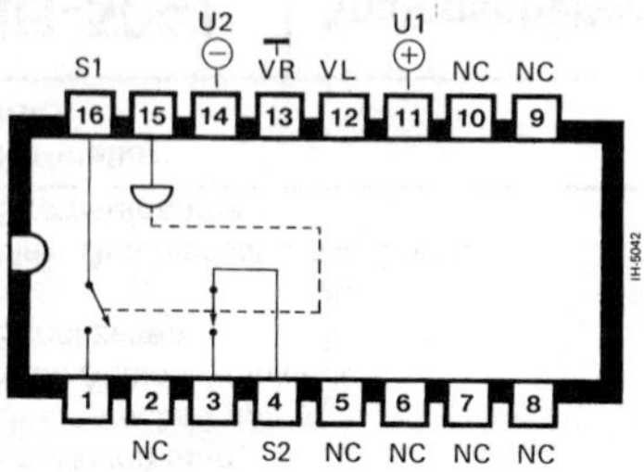

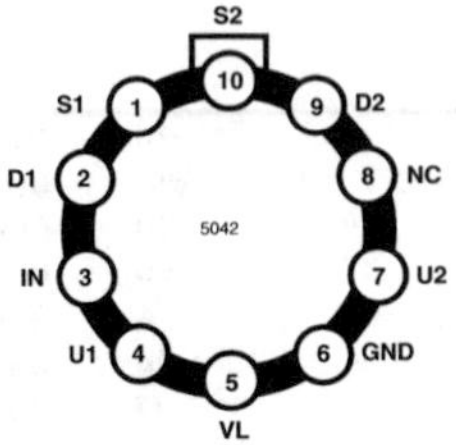

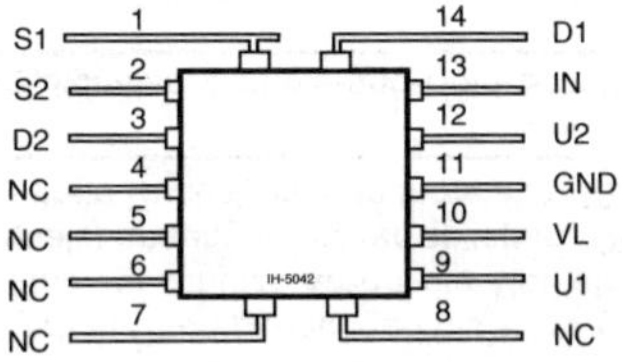

Sperrdämpfung in Abhängigkeit von der Frequenz

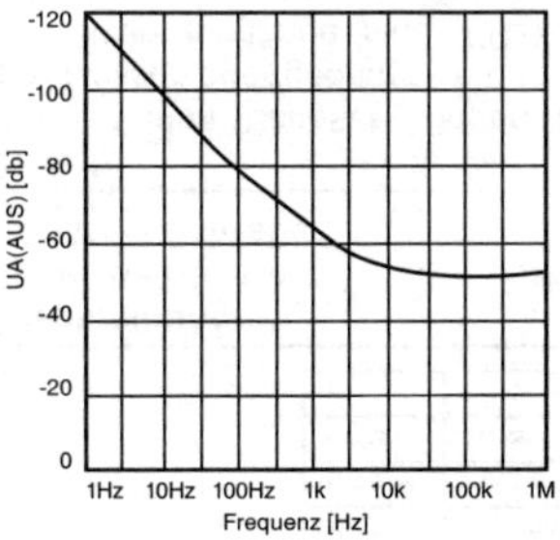

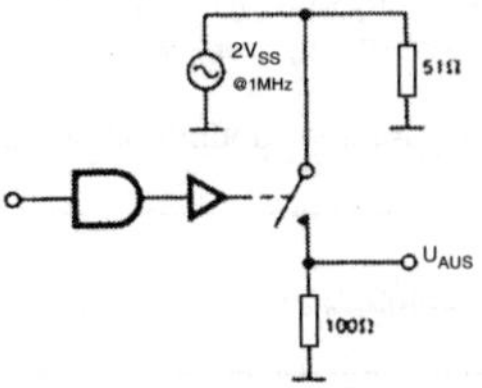

Steuer-Eingang	Schalter	S1	S2
L		Aus	Ein
H		Ein	Aus

IH-5042 Analogschalter, 1x (1 Schließer + 1 Öffner)

Fortsetzung :

Nummer	TYPE		Ein-Wid.
IH-5040	1 Schließer	SPST	80Ω
IH-5041	2x1 Schließer	Dual SPST	80Ω
IH-5042	1x(1Schließer+1Öffner)	SPDT	80Ω
IH-5043	2x(1Schließer+1Öffner)	Dual SPST	80Ω
IH-5044	1x2 Schließer	DPST	80Ω
IH-5045	2x2 Schließer	Dual DPST	80Ω
IH-5046	1x(2Schließer+2Öffner)	DPDT	80Ω
IH-5047	1x4 Schließer	4PST	80Ω
IH-5048	2x1 Schließer	Dual SPST	45Ω
IH-5049	2x2 Schließer	Dual DPST	45Ω
IH-5050	1x(1Schließer+1Öffner)	SPDT	45Ω
IH-5051	2x(1Schließer+1Öffner)	Dual SPST	45Ω

Beschreibung:
Dieser Baustein enthält zwei Analogschalter, einen Schließer und einen Öffner, die über einen gemeinsamen Steuer-Eingang betätigt werden.

Betrieb:
Über den gemeinsamen Steuer-Eingang wird ein Schalter geschlossen und der andere geöffnet, bzw. umgekehrt.
Der Steuer-Eingang ist TTL-kompatibel, wenn der Anschluss VL auf +5V gelegt wird, d.h. der Logikpegel für High ist +3.0V und für Low +0.8V. Für eine Steuerspannung mit CMOS-Pegeln legt man VL an die positive Betriebsspannung +U1.
Da die Aus-Schaltzeit (250ns) kürzer als die Ein-Schaltzeit (500ns) ist, wird gesichert, dass ein geschlossener Schalter geöffnet wird, bevor ein offener Schalter geschlossen wird (break-before-make).
Alle Eingänge sind gegen Überspannungen bis ±25V geschützt. Ebenso sind die Transmissionsgatter geschützt, wenn die Betriebsspannungen entfernt werden und die Signalspannungen weiter anliegen. Die Serie zeichnet sich durch besonders niedrige Ruhestromaufnahme aus (10µA).

Anwendung:
Schalten von Analog-Signalen, Sample-and-Hold-Schaltungen, Digitalfilter etc.

Daten:

Betriebsspannung:	U1	max	+15	V
	U2	max	–15	V
Ein-Widerstand			80	Ω
Übersprechdämpfung			50	dB
Max. Analog-Amplitude			±10	V
Schaltzeiten:	Ein		500	ns
	Aus		250	ns
Max. Durchlassstrom je Schalter			30	mA
Stromaufnahme			10	µA

Hersteller:
ISIL

IH-5042 — Analogschalter, 1x (1 Schließer + 1 Öffner)

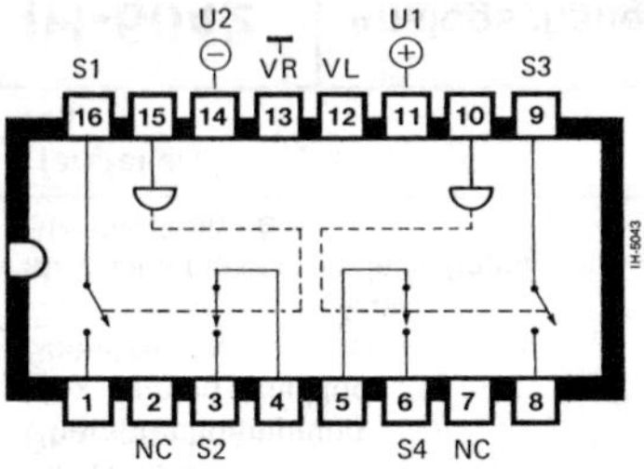

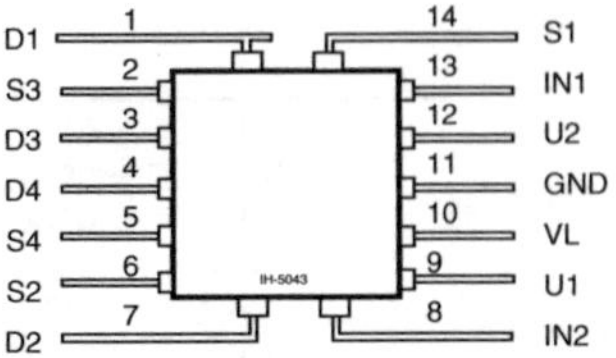

Sperrdämpfung in Abhängigkeit von der Frequenz

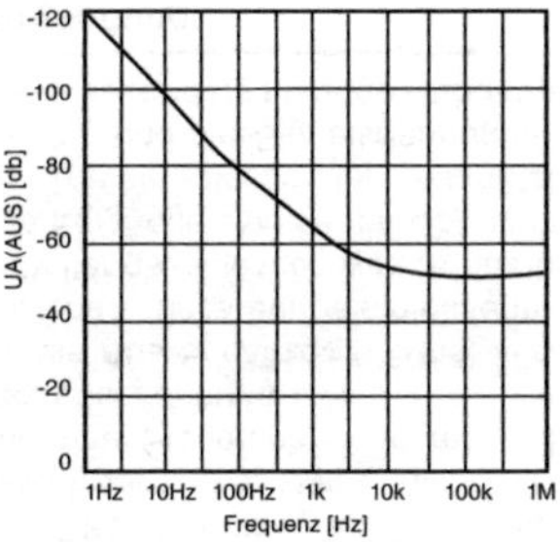

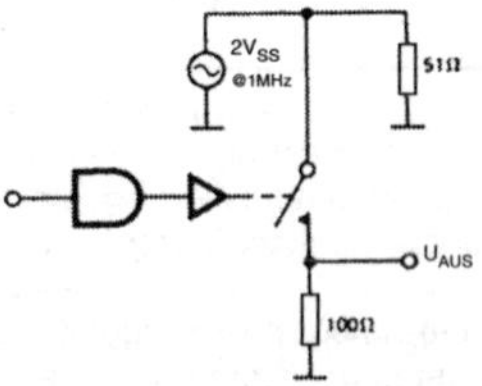

Nummer	TYPE		Ein-Wid.
IH-5040	1 Schließer	SPST	80Ω
IH-5041	2x1 Schließer	Dual SPST	80Ω
IH-5042	1x(1Schließer+1Öffner)	SPDT	80Ω
IH-5043	2x(1Schließer+1Öffner)	Dual SPST	80Ω
IH-5044	1x2 Schließer	DPST	80Ω
IH-5045	2x2 Schließer	Dual DPST	80Ω
IH-5046	1x(2Schließer+2Öffner)	DPDT	80Ω
IH-5047	1x4 Schließer	4PST	80Ω
IH-5048	2x1 Schließer	Dual SPST	45Ω
IH-5049	2x2 Schließer	Dual DPST	45Ω
IH-5050	1x(1Schließer+1Öffner)	SPDT	45Ω
IH-5051	2x(1Schließer+1Öffner)	Dual SPST	45Ω

IH-5043 Analogschalter, 2x (1 Schließer + 1 Öffner)

Fortsetzung :

Steuer-Eingang	Schalter S1, S3	Schalter S2, S4
L	Aus	Ein
H	Ein	Aus

Beschreibung:
Dieser Baustein enthält vier Analogschalter, von denen jeweils 1 Schließer und 1 Öffner von einem eigenen Steuer-Eingang betätigt wird.

Betrieb:
Jeweils zwei Schalter (1 Schließer + 1 Öffner) können mit dem zugehörigen Steuer-Eingang betätigt werden.
Die Steuer-Eingänge sind TTL-kompatibel, wenn der Anschluss VL auf +5V gelegt wird, d.h. der Logikpegel für High ist +3.0V und für Low+0.8V. Für eine Steuerspannung mit CMOS-Pegeln legt man VL an die positive Betriebsspannung +U1.
Da die Aus-Schaltzeit (250ns) kürzer als die Ein-Schaltzeit (500ns) ist, wird gesichert, dass ein geschlossener Schalter geöffnet wird, bevor ein offener Schalter geschlossen wird (break-before-make).
Alle Eingänge sind gegen Überspannungen bis ±25V geschützt. Ebenso sind die Transmissionsgatter geschützt, wenn die Betriebsspannungen entfernt werden und die Signalspannungen weiter anliegen. Die Serie zeichnet sich durch besonders niedrige Ruhestromaufnahme aus (10µA).
Der IH-5051 ist mit diesem Baustein identisch, besitzt jedoch einen niedrigeren Ein-Widerstand von 45Ω.

Anwendung:
Schalten von Analog-Signalen, Sample-and-Hold-Schaltungen, Digitalfilter etc.

Daten:

Betriebsspannung:	U1	max	+15	V
	U2	max	–15	V
Ein-Widerstand			80	Ω
Übersprechdämpfung			50	dB
Max. Analog-Amplitude			±10	V
Schaltzeiten:	Ein		500	ns
	Aus		250	ns
Max. Durchlassstrom je Schalter			30	mA
Stromaufnahme			10	µA

Hersteller:
ISIL

IH-5043 | **Analogschalter, 2x (1 Schließer + 1 Öffner)**

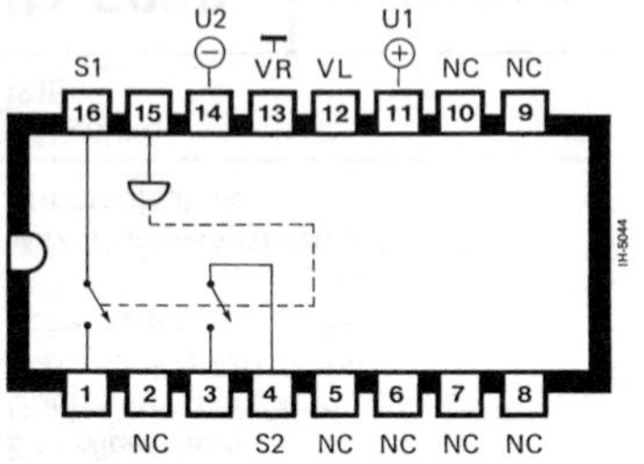

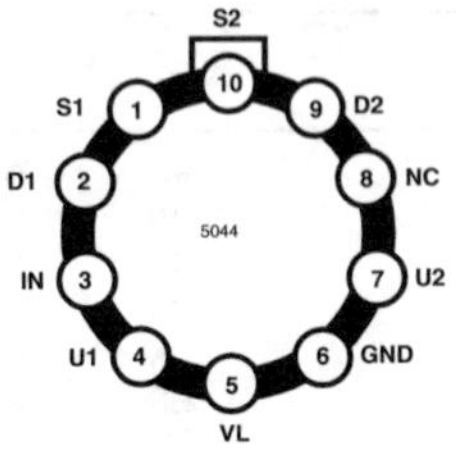

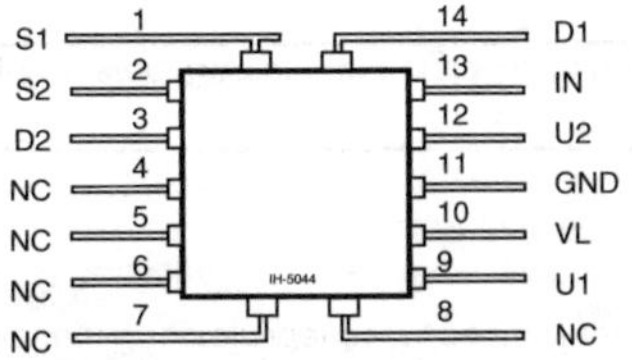

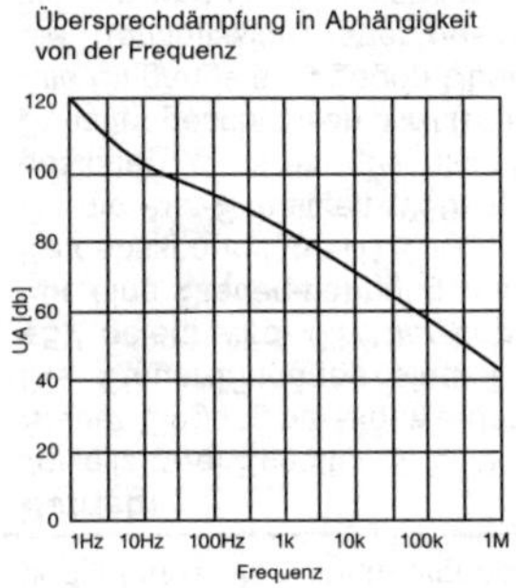

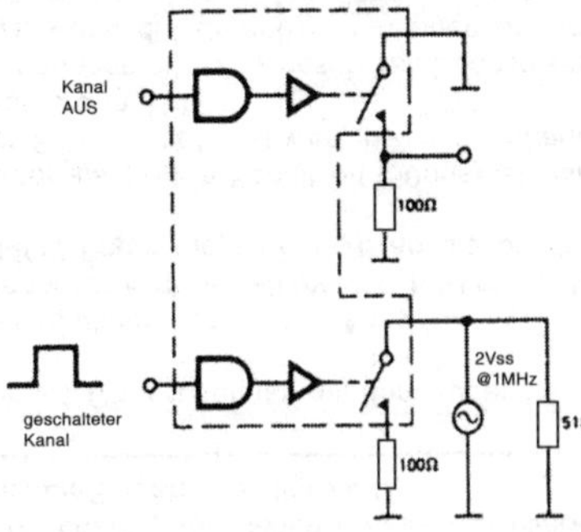

Steuer-Eingang	Schalter S1	Schalter S2
L	Aus	Aus
H	Ein	Ein

IH-5044 Analogschalter (1x2 Schließer)

Fortsetzung :

Nummer	TYPE		Ein-Wid.
IH-5040	1 Schließer	SPST	80Ω
IH-5041	2x1 Schließer	Dual SPST	80Ω
IH-5042	1x(1Schließer+1Öffner)	SPDT	80Ω
IH-5043	2x(1Schließer+1Öffner)	Dual SPST	80Ω
IH-5044	1x2 Schließer	DPST	80Ω
IH-5045	2x2 Schließer	Dual DPST	80Ω
IH-5046	1x(2Schließer+2Öffner)	DPDT	80Ω
IH-5047	1x4 Schließer	4PST	80Ω
IH-5048	2x1 Schließer	Dual SPST	45Ω
IH-5049	2x2 Schließer	Dual DPST	45Ω
IH-5050	1x(1Schließer+1Öffner)	SPDT	45Ω
IH-5051	2x(1Schließer+1Öffner)	Dual SPST	45Ω

Beschreibung:
Dieser Baustein enthält zwei Analogschalter, (2 Schließer), die über einen gemeinsamen Steuer-Eingang betätigt werden.

Betrieb:
Über den gemeinsamen Steuer-Eingang können beide Schalter geschlossen oder geöffnet werden.
Der Steuer-Eingang ist TTL-kompatibel, wenn der Anschluss VL auf +5V gelegt wird, d.h. der Logikpegel für High ist +3.0V und für Low +0.8V. Für eine Steuerspannung mit CMOS-Pegeln legt man VL an die positive Betriebsspannung +U1.
Da die Aus-Schaltzeit (250ns) kürzer als die Ein-Schaltzeit (500ns) ist, wird gesichert, dass ein geschlossener Schalter geöffnet wird, bevor ein offener Schalter geschlossen wird (break-before-make).
Alle Eingänge sind gegen Überspannungen bis ±25V geschützt. Ebenso sind die Transmissionsgatter geschützt, wenn die Betriebsspannungen entfernt werden und die Signalspannungen weiter anliegen. Die Serie zeichnet sich durch besonders niedrige Ruhestromaufnahme aus (10µA).

Anwendung:
Schalten von Analog-Signalen, Sample-and-Hold-Schaltungen, Digitalfilter etc.

Daten:

Betriebsspannung:	U1	max	+15	V
	U2	max	–15	V
Ein-Widerstand			80	Ω
Übersprechdämpfung			50	dB
Max. Analog-Amplitude			±10	V
Schaltzeiten:	Ein		500	ns
	Aus		250	ns
Max. Durchlassstrom je Schalter			30	mA
Stromaufnahme			10	µA

Hersteller:
ISIL

IH-5044 Analogschalter (1x2 Schließer)

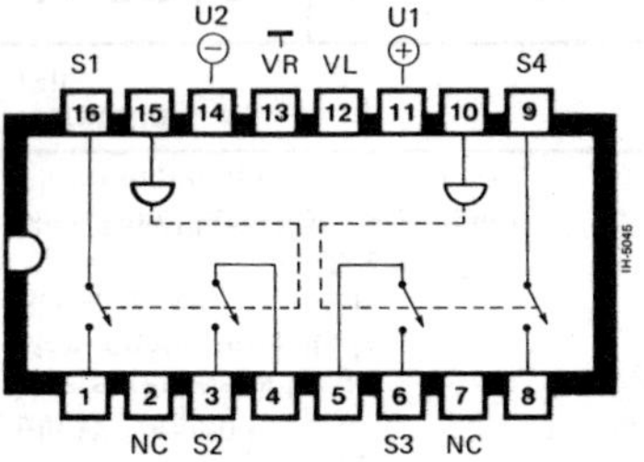

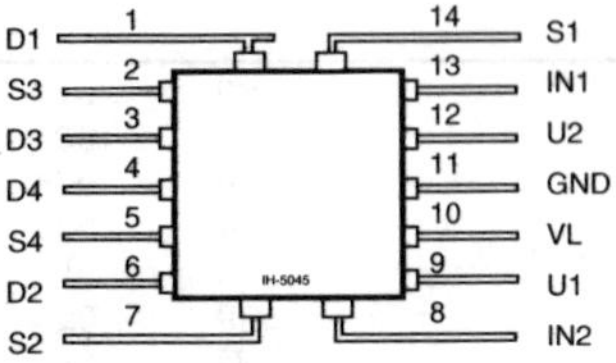

Übersprechdämpfung in Abhängigkeit von der Frequenz

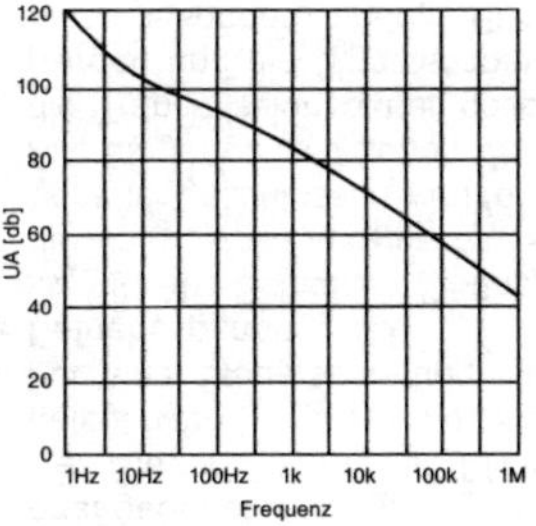

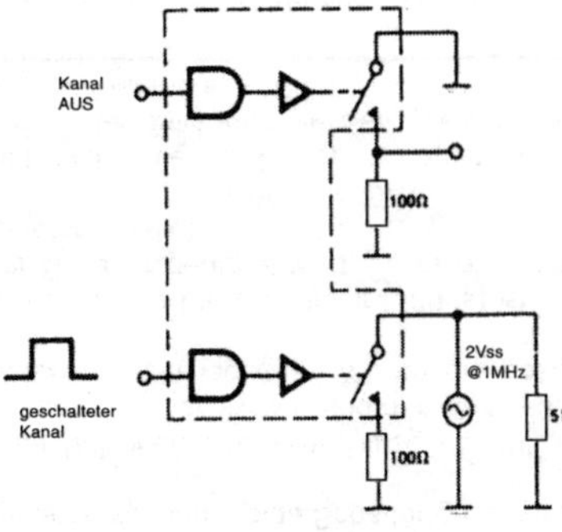

Nummer	TYPE		Ein-Wid.
IH-5040	1 Schließer	SPST	80Ω
IH-5041	2x1 Schließer	Dual SPST	80Ω
IH-5042	1x(1Schließer+1Öffner)	SPDT	80Ω
IH-5043	2x(1Schließer+1Öffner)	Dual SPST	80Ω
IH-5044	1x2 Schließer	DPST	80Ω
IH-5045	2x2 Schließer	Dual DPST	80Ω
IH-5046	1x(2Schließer+2Öffner)	DPDT	80Ω
IH-5047	1x4 Schließer	4PST	80Ω
IH-5048	2x1 Schließer	Dual SPST	45Ω
IH-5049	2x2 Schließer	Dual DPST	45Ω
IH-5050	1x(1Schließer+1Öffner)	SPDT	45Ω
IH-5051	2x(1Schließer+1Öffner)	Dual SPST	45Ω

IH-5045 Analogschalter (2x2 Schließer)

Fortsetzung :

Steuer-Eingang	Schalter 1–4
L	Aus
H	Ein

Beschreibung:
Dieser Baustein enthält vier Analogschalter, (4 Schließer), von denen je zwei durch die zugehörigen Steuer-Eingänge betätigt werden.

Betrieb:
Über die beiden Steuer-Eingänge können jeweils 2 Schalter (2 Schließer) geschlossen oder geöffnet werden.
Der Steuer-Eingang ist TTL-kompatibel, wenn der Anschluss VL auf +5V gelegt wird, d.h. der Logikpegel für High ist +3.0V und für Low+0.8V. Für eine Steuerspannung mit CMOS-Pegeln legt man VL an die positive Betriebsspannung +U1.
Da die Aus-Schaltzeit (250ns) kürzer als die Ein-Schaltzeit (500ns) ist, wird gesichert, dass ein geschlossener Schalter geöffnet wird, bevor ein offener Schalter geschlossen wird (break-before-make).
Alle Eingänge sind gegen Überspannungen bis +25V geschützt. Ebenso sind die Transmissionsgatter geschützt, wenn die Betriebsspannungen entfernt werden und die Signalspannungen weiter anliegen. Die Serie zeichnet sich durch besonders niedrige Ruhestromaufnahme aus (10µA).
Der IH-5049 ist mit diesem Baustein identisch, besitzt jedoch einen niedrigeren Ein-Widerstand von 45Ω.

Anwendung:
Schalten von Analog-Signalen, Sample-and-Hold-Schaltungen, Digitaifilter etc.

Daten:

Betriebsspannung:	U1	max	+15	V
	U2	max	–15	V
Ein-Widerstand			80	Ω
Übersprechdämpfung			50	dB
Max. Analog-Amplitude			±10	V
Schaltzeiten:	Ein		500	ns
	Aus		250	ns
Max. Durchlassstrom je Schalter			30	mA
Stromaufnahme			10	µA

Hersteller:
ISIL

IH-5045 — Analogschalter (2x2 Schließer)

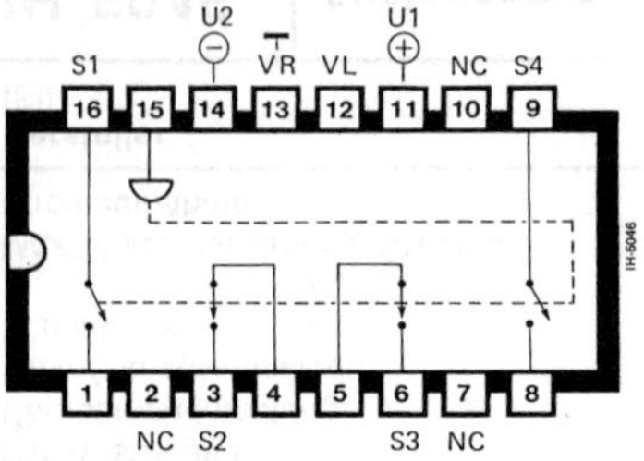

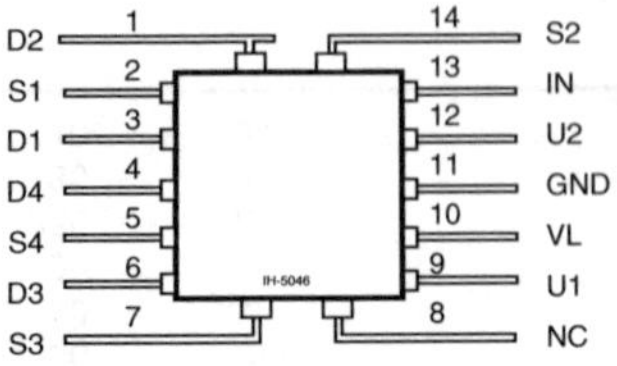

Sperrdämpfung in Abhängigkeit von der Frequenz

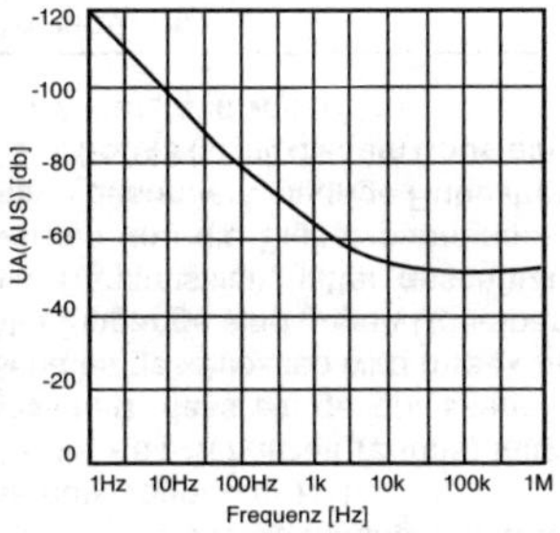

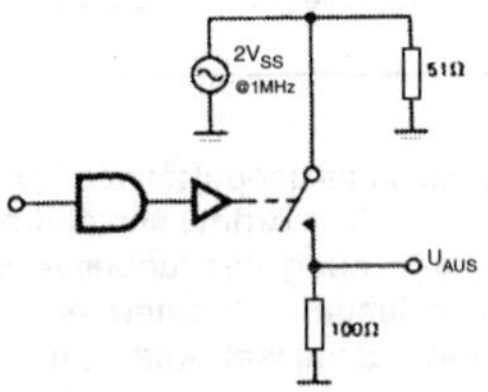

Nummer	TYPE		Ein-Wid.
IH-5040	1 Schließer	SPST	80Ω
IH-5041	2x1 Schließer	Dual SPST	80Ω
IH-5042	1x(1Schließer+1Öffner)	SPDT	80Ω
IH-5043	2x(1Schließer+1Öffner)	Dual SPST	80Ω
IH-5044	1x2 Schließer	DPST	80Ω
IH-5045	2x2 Schließer	Dual DPST	80Ω
IH-5046	1x(2Schließer+2Öffner)	DPDT	80Ω
IH-5047	1x4 Schließer	4PST	80Ω
IH-5048	2x1 Schließer	Dual SPST	45Ω
IH-5049	2x2 Schließer	Dual DPST	45Ω
IH-5050	1x(1Schließer+1Öffner)	SPDT	45Ω
IH-5051	2x(1Schließer+1Öffner)	Dual SPST	45Ω

IH-5046 Analogschalter, 1x (2 Schließer + 2 Öffner)

Fortsetzung :

Steuer-Eingang	Schalter S1, S4	Schalter S2, S3
L	Aus	Ein
H	Ein	Aus

Beschreibung:
Dieser Baustein enthält vier Analogschalter, und zwar zwei Schließer und zwei Öffner, die alle über einen gemeinsamen Steuer-Eingang betätigt werden.

Betrieb:
Die vier Analogschalter, 2 Schließer und 2 Öffner, werden gleichzeitig über einen einzigen Steuer-Eingang betätigt.
Der Steuer-Eingang ist TTL-kompatibel, wenn der Anschluss VL auf +5V gelegt wird, d.h. der Logikpegel für High ist +3.0V und für Low +0.8V. Für eine Steuerspannung mit CMOS-Pegeln legt man VL an die positive Betriebsspannung +U1.
Da die Aus-Schaltzeit (250ns) kürzer als die Ein-Schaltzeit (500ns) ist, wird gesichert, dass ein geschlossener Schalter geöffnet wird, bevor ein offener Schalter geschlossen wird (break-before-make).
Alle Eingänge sind gegen Überspannungen bis ±25V geschützt. Ebenso sind die Transmissionsgatter geschützt, wenn die Betriebsspannungen entfernt werden und die Signalspannungen weiter anliegen. Die Serie zeichnet sich durch besonders niedrige Ruhestromaufnahme aus (10µA).

Anwendung:
Schalten von Analog-Signalen, Sample-and-Hold-Schaltungen, etc.

Daten:

Betriebsspannung:	U1	max	+15	V
	U2	max	–15	V
Ein-Widerstand			80	Ω
Übersprechdämpfung			50	dB
Schaltzeiten:	Ein		500	ns
	Aus		250	ns
Max. Durchlassstrom je Schalter			30	mA
Stromaufnahme			10	µA

Hersteller:
ISIL

IH-5046

Analogschalter, 1x (2 Schließer + 2 Öffner)

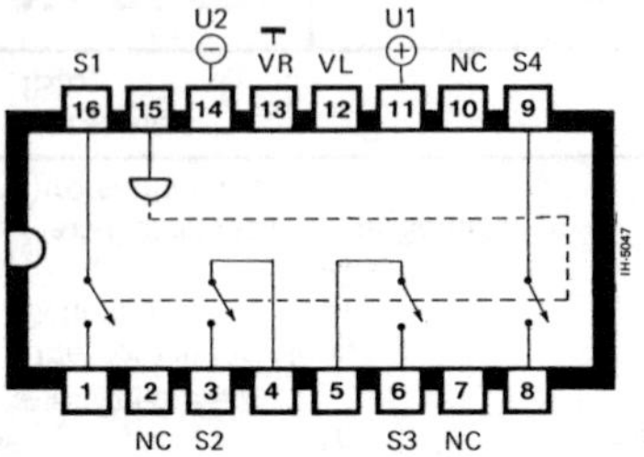

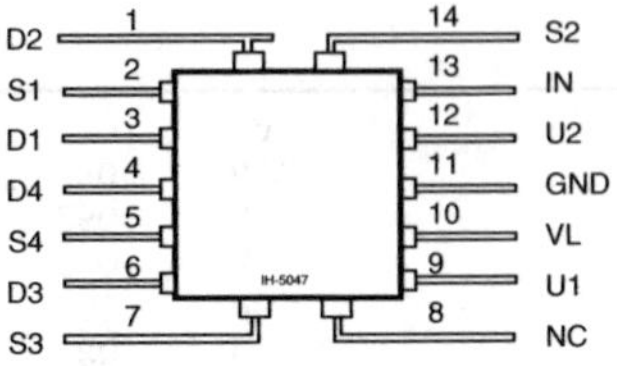

Übersprechdämpfung in Abhängigkeit von der Frequenz

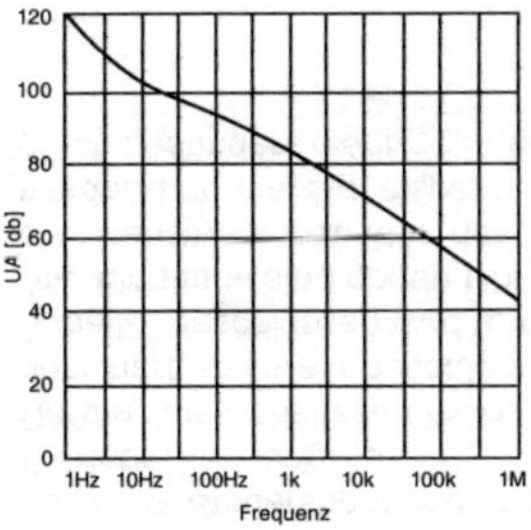

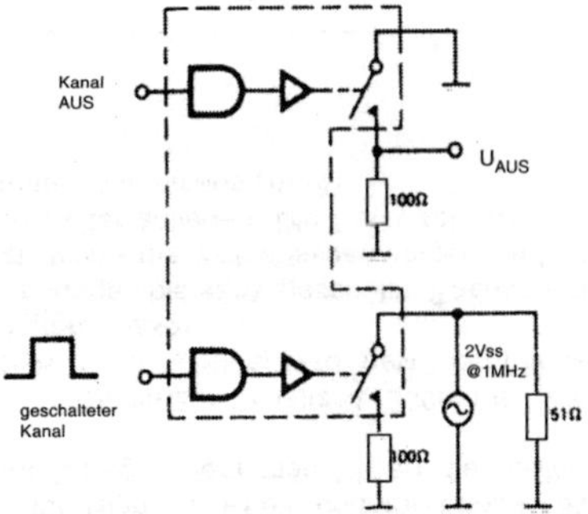

Nummer	TYPE		Ein-Wid.
IH-5040	1 Schließer	SPST	80Ω
IH-5041	2x1 Schließer	Dual SPST	80Ω
IH-5042	1x(1Schließer+1Öffner)	SPDT	80Ω
IH-5043	2x(1Schließer+1Öffner)	Dual SPST	80Ω
IH-5044	1x2 Schließer	DPST	80Ω
IH-5045	2x2 Schließer	Dual DPST	80Ω
IH-5046	1x(2Schließer+2Öffner)	DPDT	80Ω
IH-5047	1x4 Schließer	4PST	80Ω
IH-5048	2x1 Schließer	Dual SPST	45Ω
IH-5049	2x2 Schließer	Dual DPST	45Ω
IH-5050	1x(1Schließer+1Öffner)	SPDT	45Ω
IH-5051	2x(1Schließer+1Öffner)	Dual SPST	45Ω

IH-5047 Analogschalter (1x4 Schließer)

Fortsetzung :

Steuer-Eingang	Schalter S1–S4
L	Aus
H	Ein

Beschreibung:
Dieser Baustein enthält vier Analogschalter, und zwar vier Schließer, die alle über einen gemeinsamen Steuer-Eingang betätigt werden.

Betrieb:
Die vier Schließer können über einen einzigen Steuer-Eingang geschlossen oder geöffnet werden.
Der Steuer-Eingang ist TTL-kompatibel, wenn der Anschluss VL auf +5V gelegt wird, d.h. der Logikpegel für High ist +3.0V und für Low +0.8V. Für eine Steuerspannung mit CMOS-Pegeln legt man VL an die positive Betriebsspannung +U1.
Da die Aus-Schaltzeit (250ns) kürzer als die Ein-Schaltzeit (500ns) ist, wird gesichert, dass ein geschlossener Schalter geöffnet wird, bevor ein offener Schalter geschlossen wird (break-before-make).
Alle Eingänge sind gegen Überspannungen bis ±25V geschützt. Ebenso sind die Transmissionsgatter geschützt, wenn die Betriebsspannungen entfernt werden und die Signalspannungen weiter anliegen. Die Serie zeichnet sich durch besonders niedrige Ruhestromaufnahme aus (10µA).

Anwendung:
Schalten von Analog-Signalen, Sample-and-Hold-Schaltungen, etc.

Daten:

Betriebsspannung:	U1	max	+15	V
	U2	max	–15	V
Ein-Widerstand			80	Ω
Übersprechdämpfung			50	dB
Schaltzeiten:	Ein		500	ns
	Aus		250	ns
Max. Durchlassstrom je Schalter			30	mA
Stromaufnahme			10	µA

Hersteller:
ISIL

IH-5047 | Analogschalter (1x4 Schließer)

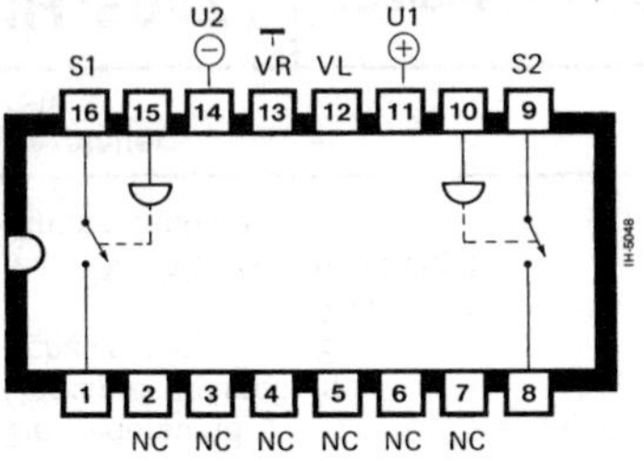

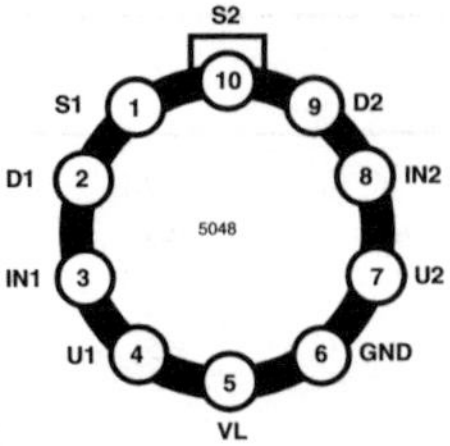

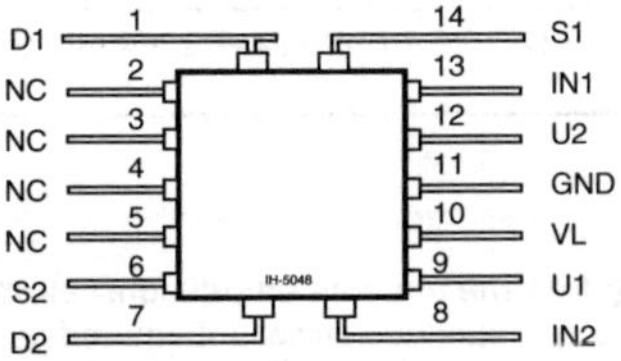

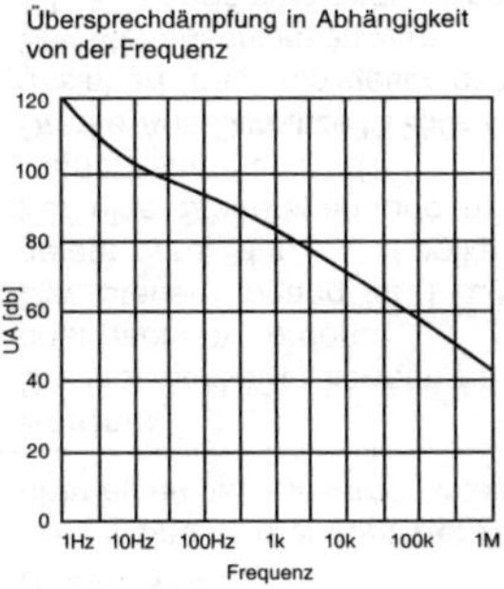

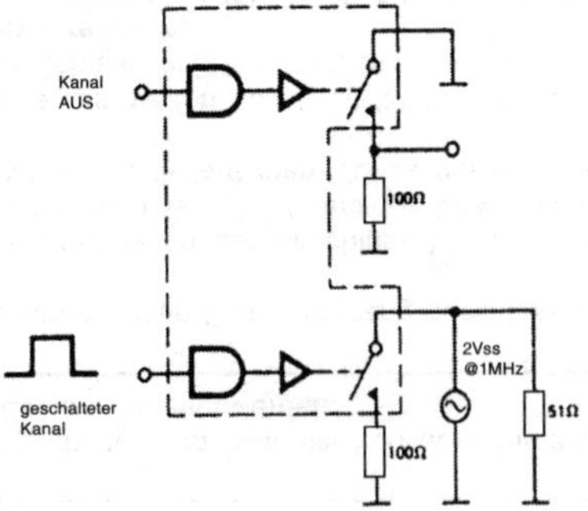

Steuer-Eingang	Schalter S1, S2
L	Aus
H	Ein

IH-5048 Analogschalter (2x1 Schließer)

Fortsetzung :

Nummer	TYPE		Ein-Wid.
IH-5040	1 Schließer	SPST	80Ω
IH-5041	2x1 Schließer	Dual SPST	80Ω
IH-5042	1x(1Schließer+1Öffner)	SPDT	80Ω
IH-5043	2x(1Schließer+1Öffner)	Dual SPST	80Ω
IH-5044	1x2 Schließer	DPST	80Ω
IH-5045	2x2 Schließer	Dual DPST	80Ω
IH-5046	1x(2Schließer+2Öffner)	DPDT	80Ω
IH-5047	1x4 Schließer	4PST	80Ω
IH-5048	2x1 Schließer	Dual SPST	45Ω
IH-5049	2x2 Schließer	Dual DPST	45Ω
IH-5050	1x(1Schließer+1Öffner)	SPDT	45Ω
IH-5051	2x(1Schließer+1Öffner)	Dual SPST	45Ω

Beschreibung:
Dieser Baustein enthält zwei getrennte, voneinander unabhängige Analogschalter (2 Schließer).

Betrieb:
Diese beiden Schalter können mit den zugehörigen Steuer-Eingängen geschlossen oder geöffnet werden.
Die Steuer-Eingänge sind TTL-kompatibel, wenn der Anschluss VL auf +5V gelegt wird, d.h. der Logikpegel für High ist +3.0V und für Low +0.8V. Für eine Steuerspannung mit CMOS-Pegeln legt man VL an die positive Betriebsspannung +U1.
Da die Aus-Schaltzeit (250ns) kürzer als die Ein-Schaltzeit (500ns) ist, wird gesichert, dass ein geschlossener Schalter geöffnet wird, bevor ein offener Schalter geschlossen wird (break-before-make).
Alle Eingänge sind gegen Überspannungen bis ±25V geschützt. Ebenso sind die Transmissionsgatter geschützt, wenn die Betriebsspannungen entfernt werden und die Signalspannungen weiter anliegen.
Die Serie zeichnet sich durch besonders niedrige Ruhestromaufnahme aus (10µA). Der IH-5041 ist identisch mit diesem Baustein, besitzt jedoch einen höheren Ein-Widerstand von 80Ω.

Anwendung:
Schalten von Analog-Signalen, Sample-and-Hold-Schaltungen, Digitalfilter etc.

Daten:

Betriebsspannung:	U1	max	+15	V
	U2	max	–15	V
Ein-Widerstand			45	Ω
Übersprechdämpfung			50	dB
Schaltzeiten:	Ein		500	ns
	Aus		250	ns
Max. Durchlassstrom je Schalter			30	mA
Stromaufnahme			10	µA

Hersteller:
ISIL

IH-5048 — Analogschalter (2x1 Schließer)

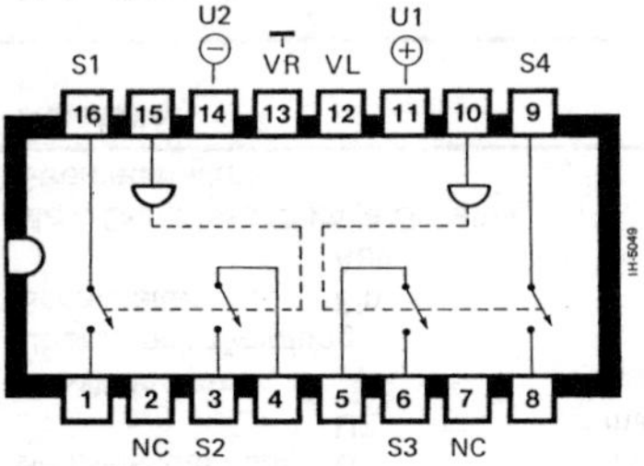

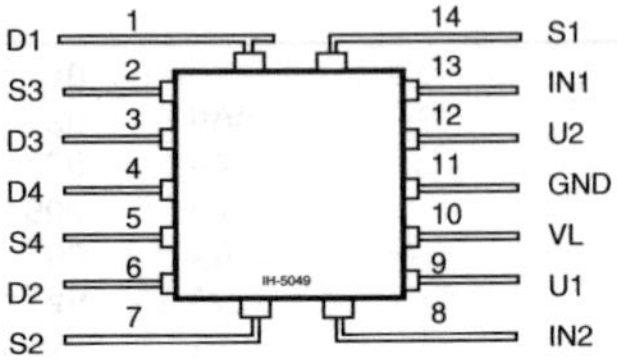

Übersprechdämpfung in Abhängigkeit von der Frequenz

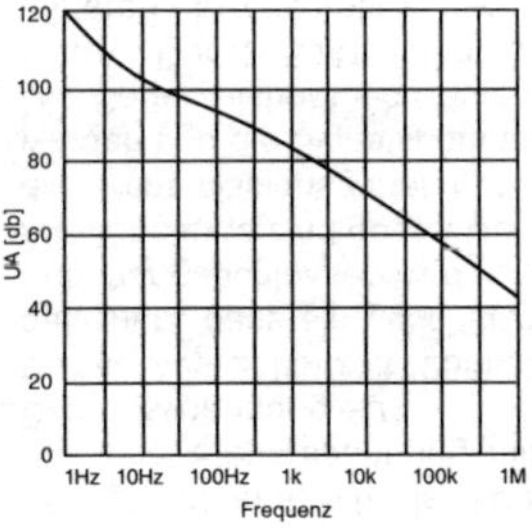

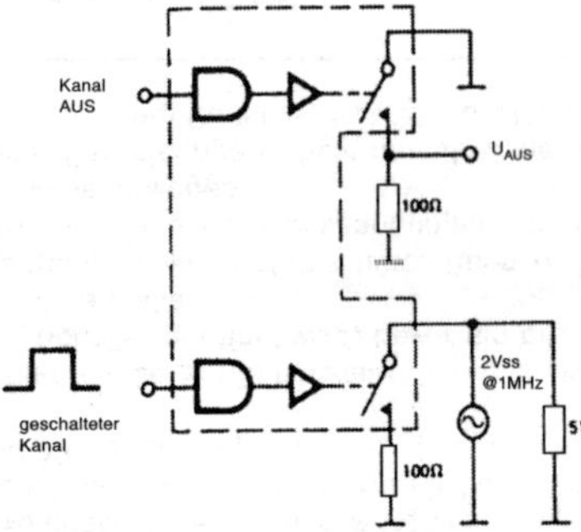

Nummer	TYPE		Ein-Wid.
IH-5040	1 Schließer	SPST	80Ω
IH-5041	2x1 Schließer	Dual SPST	80Ω
IH-5042	1x(1Schließer+1Öffner)	SPDT	80Ω
IH-5043	2x(1Schließer+1Öffner)	Dual SPST	80Ω
IH-5044	1x2 Schließer	DPST	80Ω
IH-5045	2x2 Schließer	Dual DPST	80Ω
IH-5046	1x(2Schließer+2Öffner)	DPDT	80Ω
IH-5047	1x4 Schließer	4PST	80Ω
IH-5048	2x1 Schließer	Dual SPST	45Ω
IH-5049	2x2 Schließer	Dual DPST	45Ω
IH-5050	1x(1Schließer+1Öffner)	SPDT	45Ω
IH-5051	2x(1Schließer+1Öffner)	Dual SPST	45Ω

IH-5049 Analogschalter (2x2 Schließer)

Fortsetzung :

Steuer-Eingang	Schalter 1+2, 3+4
L	Aus
H	Ein

Beschreibung:
Dieser Baustein enthält vier Analogschalter (4 Schließer), von denen je zwei durch die zugehörigen Steuer-Eingänge betätigt werden.

Betrieb:
Über die beiden Steuer-Eingänge können jeweils 2 Schalter (2 Schließer) geschlossen oder geöffnet werden.
Die Steuer-Eingänge sind TTL-kompatibel, wenn der Anschluss VL auf+5V gelegt wird, d.h. der Logikpegel für High ist +3.0V und für Low +0.8V. Für eine Steuerspannung mit CMOS-Pegeln legt man VL an die positive Betriebsspannung +U1.
Da die Aus-Schaltzeit (250ns) kürzer als die Ein-Schaltzeit (500ns) ist, wird gesichert, dass ein geschlossener Schalter geöffnet wird, bevor ein offener Schalter geschlossen wird (break-before-make).
Alle Eingänge sind gegen Überspannungen bis ±25V geschützt. Ebenso sind die Transmissionsgatter geschützt, wenn die Betriebsspannungen entfernt werden und die Signalspannungen weiter anliegen.
Die Serie zeichnet sich durch besonders niedrige Ruhestromaufnahme aus (10µA). Der IH-5045 ist identisch mit diesem Baustein, besitzt jedoch einen höheren Ein-Widerstand von 80Ω.

Anwendung:
Schalten von Analog-Signalen, Sample-and-Hold-Schaltungen, Digitalfilter etc.

Daten:

Betriebsspannung:	U1	max	+15	V
	U2	max	–15	V
Ein-Widerstand			45	Ω
Übersprechdämpfung			50	dB
Schaltzeiten:	Ein		500	ns
	Aus		250	ns
Max. Durchlassstrom je Schalter			30	mA
Stromaufnahme			10	µA

Hersteller:
ISIL

IH-5049

Analogschalter (2x2 Schließer)

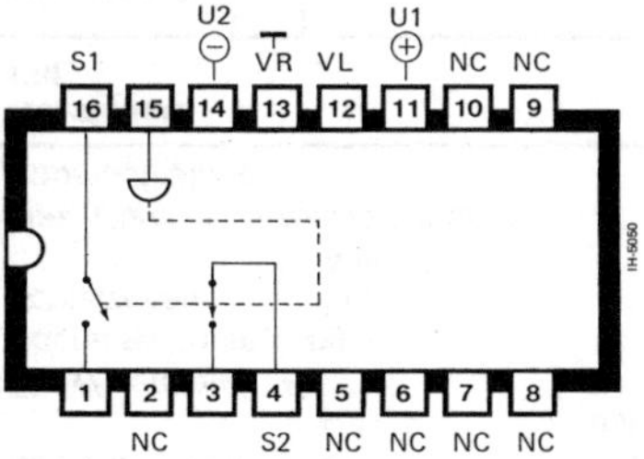

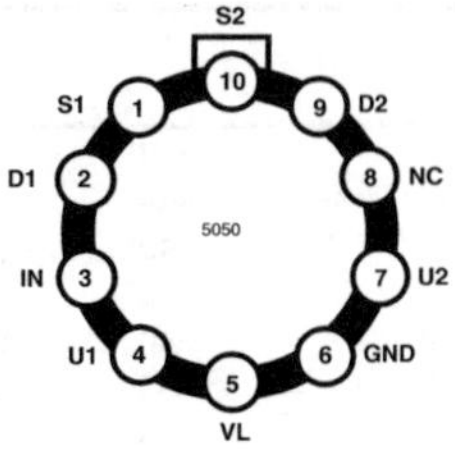

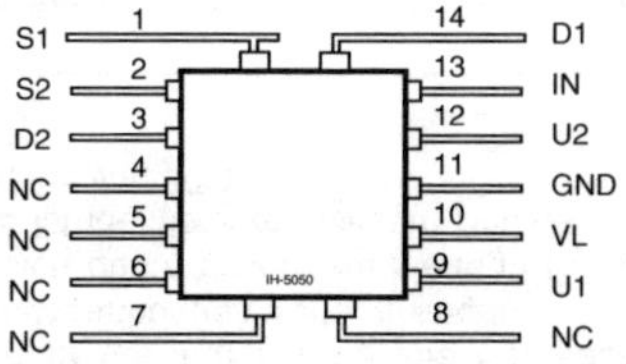

Sperrdämpfung in Abhängigkeit von der Frequenz

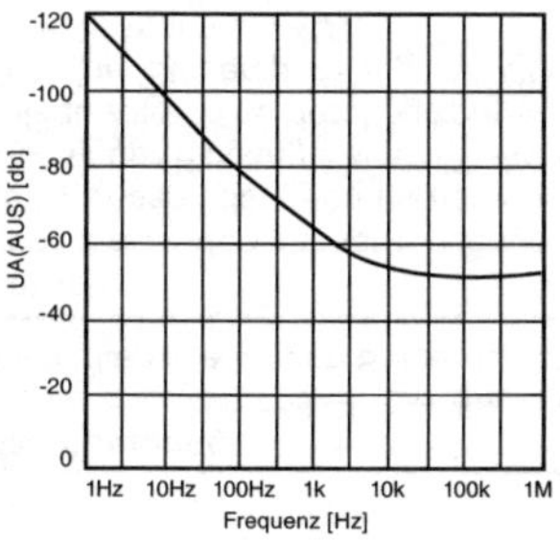

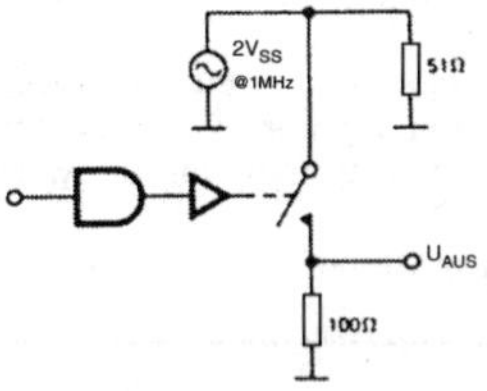

Steuer-Eingang	Schalter	S1	S2
L		Aus	Ein
H		Ein	Aus

IH-5050 Analogschalter, 1x (1 Öffner + 1 Schließer)

Fortsetzung :

Nummer	TYPE		Ein-Wid.
IH-5040	1 Schließer	SPST	80Ω
IH-5041	2x1 Schließer	Dual SPST	80Ω
IH-5042	1x(1Schließer+1Öffner)	SPDT	80Ω
IH-5043	2x(1Schließer+1Öffner)	Dual SPST	80Ω
IH-5044	1x2 Schließer	DPST	80Ω
IH-5045	2x2 Schließer	Dual DPST	80Ω
IH-5046	1x(2Schließer+2Öffner)	DPDT	80Ω
IH-5047	1x4 Schließer	4PST	80Ω
IH-5048	2x1 Schließer	Dual SPST	45Ω
IH-5049	2x2 Schließer	Dual DPST	45Ω
IH-5050	1x(1Schließer+1Öffner)	SPDT	45Ω
IH-5051	2x(1Schließer+1Öffner)	Dual SPST	45Ω

Beschreibung:
Dieser Baustein enthält zwei Analogschalter, einen Schließer und einen Öffner, dic über einen gemeinsamen Steuer-Eingang betätigt werden.

Betrieb:
Über den gemeinsamen Steuer-Eingang wird ein Schalter geschlossen und der andere gegeöffnet, bzw. umgekehrt.
Der Steuer-Eingang ist TTL-kompatibel, wenn der Anschluss VL auf +5V gelegt wird, d.h. der Logikpegel für High ist +3.0V und für Low +0.8V. Für eine Steuerspannung mit CMOS-Pegeln legt man VL an die positive Betriebsspannung +U1.
Da die Aus-Schaltzeit (250ns) kürzer als die Ein-Schaltzeit (500ns) ist, wird gesichert, dass ein geschlossener Schalter geöffnet wird, bevor ein offener Schalter geschlossen wird (break-before-make).
Alle Eingänge sind gegen Überspannungen bis ±25V geschützt. Ebenso sind die Transmissionsgatter geschützt, wenn die Betriebsspannungen entfernt werden und die Signalspannungen weiter anliegen.
Die Serie zeichnet sich durch besonders niedrige Ruhestromaufnahme aus (10µA). Der IH-5042 ist mit diesem Baustein identisch, besitzt jedoch einen höheren Ein-Widerstand von 80Ω.

Anwendung:
Schalten von Analog-Signalen, Sample-and-Hold-Schaltungen, Digitalfilter etc.

Daten:

Betriebsspannung:	U1	max	+15	V
	U2	max	–15	V
Ein-Widerstand			45	Ω
Übersprechdämpfung			50	dB
Schaltzeiten:	Ein		500	ns
	Aus		250	ns
Max. Durchlassstrom je Schalter			30	mA
Stromaufnahme			10	µA

Hersteller:
ISIL

IH-5050

Analogschalter, 1x (1 Öffner + 1 Schließer)

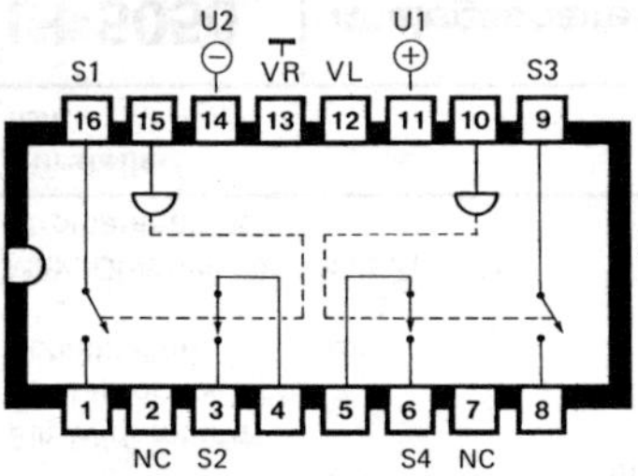

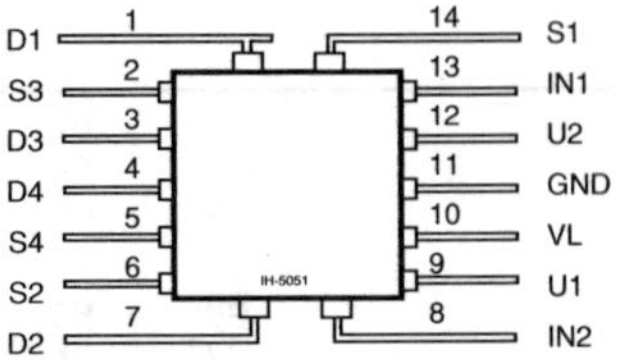

Sperrdämpfung in Abhängigkeit von der Frequenz

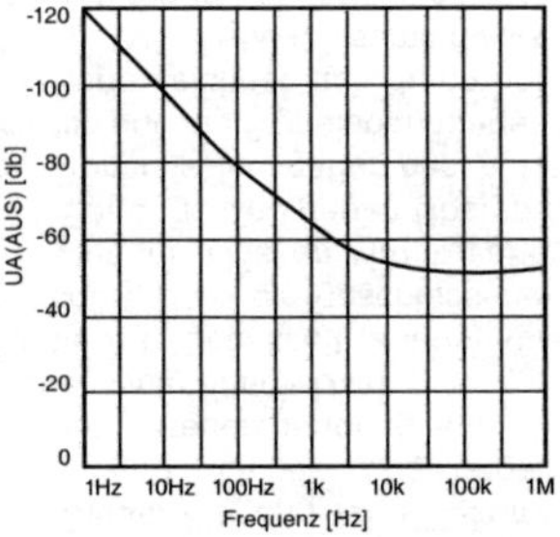

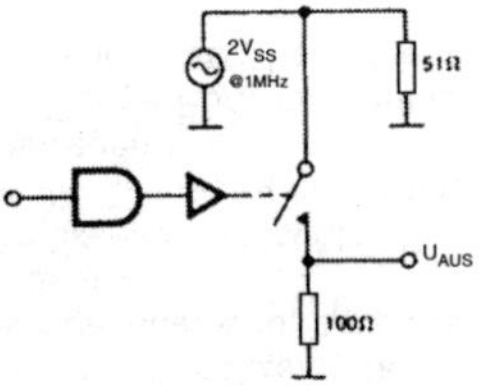

Nummer	TYPE		Ein-Wid.
IH-5040	1 Schließer	SPST	80Ω
IH-5041	2x1 Schließer	Dual SPST	80Ω
IH-5042	1x(1Schließer+1Öffner)	SPDT	80Ω
IH-5043	2x(1Schließer+1Öffner)	Dual SPST	80Ω
IH-5044	1x2 Schließer	DPST	80Ω
IH-5045	2x2 Schließer	Dual DPST	80Ω
IH-5046	1x(2Schließer+2Öffner)	DPDT	80Ω
IH-5047	1x4 Schließer	4PST	80Ω
IH-5048	2x1 Schließer	Dual SPST	45Ω
IH-5049	2x2 Schließer	Dual DPST	45Ω
IH-5050	1x(1Schließer+1Öffner)	SPDT	45Ω
IH-5051	2x(1Schließer+1Öffner)	Dual SPST	45Ω

IH-5051 Analogschalter, 2x (1 Schließer + 1 Öffner)

Fortsetzung :

Steuer-Eingang	Schalter S1, S3	Schalter S2, S4
L	Aus	Ein
H	Ein	Aus

Beschreibung:
Dieser Baustein enthält vier Analogschalter, von denen jeweils 1 Schließer und 1 Öffner von einem eigenen Steuer-Eingang betätigt wird.

Betrieb:
Jeweils zwei Schalter (1 Schließer + 1 Öffner) können mit dem zugehörigen Steuer-Eingang betätigt werden.
Die Steuer-Eingänge sind TTL-kompatibel, wenn der Anschluss VL auf +5V gelegt wird, d.h. der Logikpegel für High ist +3.0V und für Low +0.8V. Für eine Steuerspannung mit CMOS-Pegeln legt man VL an die positive Betriebsspannung +U1.
Da die Aus-Schaltzeit (250ns) kürzer als die Ein-Schaltzeit (500ns) ist, wird gesichert, dass ein geschlossener Schalter geöffnet wird, bevor ein offener Schalter geschlossen wird (break-before-make).
Alle Eingänge sind gegen Überspannungen bis ±25V geschützt. Ebenso sind die Transmissionsgatter geschützt, wenn die Betriebsspannungen entfernt werden und die Signalspannungen weiter anliegen. Die Serie zeichnet sich durch besonders niedrige Ruhestromaufnahme aus (10µA).
Der IH-5043 ist mit diesem Baustein identisch, besitzt jedoch einen höheren Ein-Widerstand von 80Ω.

Anwendung:
Schalten von Analog-Signalen, Sample-and-Hold-Schaltungen, Digitalfilter etc.

Daten:

Betriebsspannung:	U1	max	+15	V
	U2	max	–15	V
Ein-Widerstand			45	Ω
Übersprechdämpfung			50	dB
Schaltzeiten:	Ein		500	ns
	Aus		250	ns
Max. Durchlassstrom je Schalter			30	mA
Stromaufnahme			10	µA

Hersteller:
ISIL

IH-5051 | Analogschalter, 2x (1 Schließer + 1 Öffner)

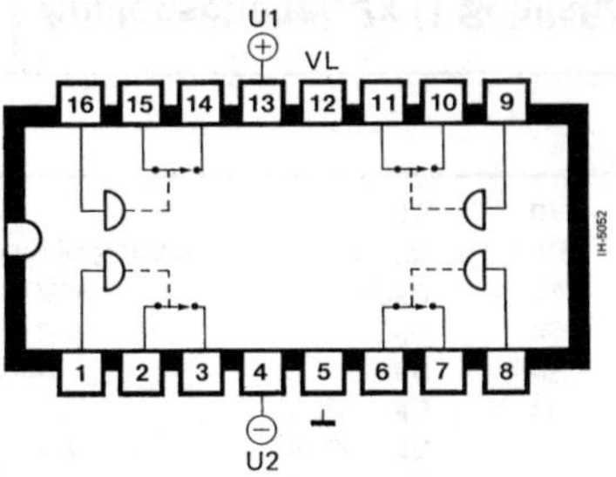

Sperrdämpfung in Abhängigkeit von der Frequenz

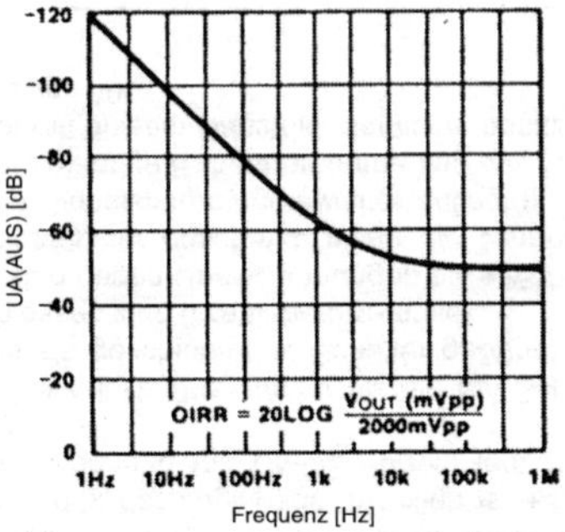

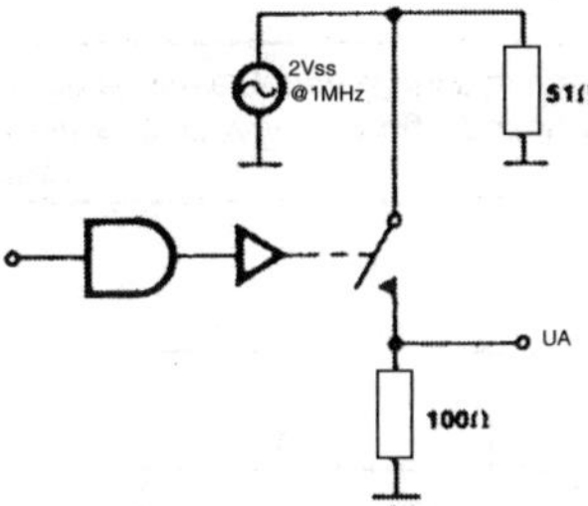

IH-5052 | Analogschalter (4x1 Öffner)

Fortsetzung :

Steuer-Eingang	Schalter
L	Ein
H	Aus

Beschreibung:
Dieser Baustein enthält vier getrennte, voneinander unabhängige Analogschalter(4 Öffner).

Betrieb:
Jeder der 4 Schalter kann mit dem zugehörigen Steuer-Eingang geöffnet oder geschlossen werden.
Die Steuer-Eingänge sind TTL-kompatibel, wenn der Anschluss VL auf +5V gelegt wird, d.h. der Logikpegel für High ist +2.4V und für Low +0.8V. Für eine Steuerspannung mit CMOS-Pegeln legt man VL an die positive Betriebsspannung +U1.
Da die Aus-Schaltzeit (100ns) kürzer als die Ein-Schaltzeit (250ns) ist, wird gesichert, dass ein geschlossener Schalter geöffnet wird, bevor ein offener Schalter geschlossen wird (break-before-make).
Alle Eingänge sind gegen Überspannungen bis ±25V geschützt. Ebenso sind die Transmissionsgatter geschützt, wenn die Betriebsspannungen entfernt werden und die Signalspannungen weiter anliegen.
Die Serie zeichnet sich durch besonders niedrige Ruhestromaufnahme aus (10µA). Dieser Baustein ist eine verbesserte Version des IH-201.

Anwendung:
Schalten von Analog-Signalen, Sample-and-Hold-Schaltungen, etc.

Daten:

Betriebsspannung:	U1	max	+15	V
	U2	max	–15	V
Ein-Widerstand			80	Ω
Übersprechdämpfung			50	dB
Max. Durchlassstrom je Schalter			30	mA
Stromaufnahme			10	µA

Hersteller:
ISIL

IH-5052 Analogschalter (4x1 Öffner)

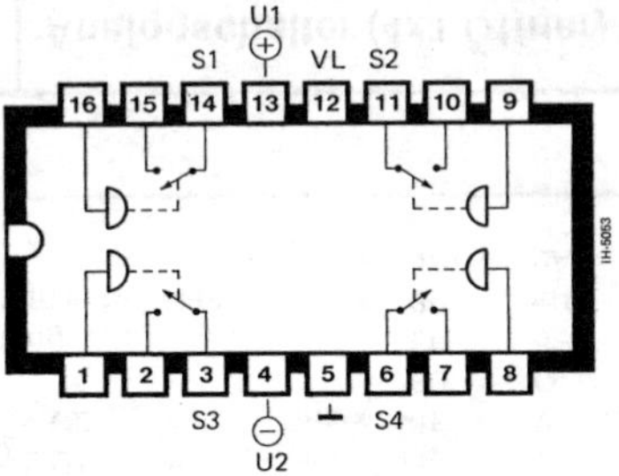

Übersprechdämpfung in Abhängigkeit von der Frequenz

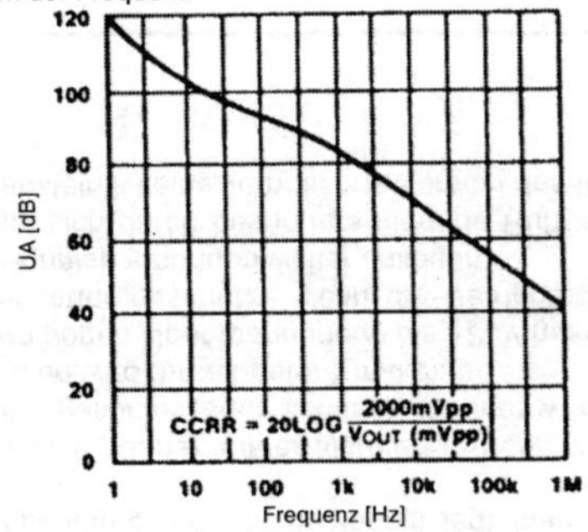

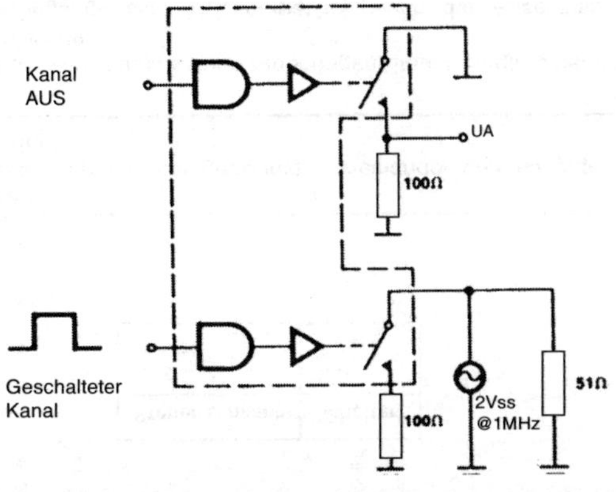

IH-5053 **Analogschalter (4x1 Schließer)**

Fortsetzung :

Steuer-Eingang	Schalter
L	Aus
H	Ein

Beschreibung:
Dieser Baustein enthält vier getrennte, voneinander unabhängige Analogschalter (4 Schließer).

Betrieb:
Jeder der 4 Schalter kann mit dem zugehörigen Steuer-Eingang geschlossen oder geöffnet werden.
Die Steuer-Eingänge sind TTL-kompatibel, wenn der Anschluss VL auf +5V gelegt wird, d.h. der Logikpegel für High ist +2.4V und für Low +0.8V. Für eine Steuerspannung mit CMOS-Pegeln legt man VL an die positive Betriebsspannung +U1.
Da die Aus-Schaltzeit (100ns) kürzer als die Ein-Schaltzeit (250ns) ist, wird gesichert, dass ein geschlossener Schalter geöffnet wird, bevor ein offener Schalter geschlossen wird (break-before-make).
Alle Eingänge sind gegen Überspannungen bis ±25V geschützt. Ebenso sind die Transmissionsgatter geschützt, wenn die Betriebsspannungen entfernt werden und die Signalspannungen weiter anliegen.
Die Serie zeichnet sich durch besonders niedrige Ruhestromaufnahme aus (10µA). Dieser Baustein ist eine verbesserte Version des IH-202.

Anwendung:
Schalten von Analog-Signalen, Sample-and-Hold-Schaltungen, etc.

Daten:

Betriebsspannung:	U1	max	+15	V
	U2	max	–15	V
Ein-Widerstand			80	Ω
Übersprechdämpfung			50	dB
Max. Durchlassstrom je Schalter			30	mA
Stromaufnahme			10	µA

Hersteller:
INT

IH-5053 Analogschalter (4x1 Schließer)

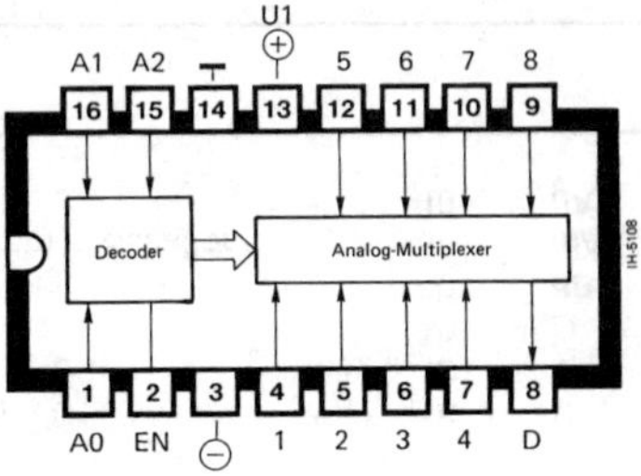

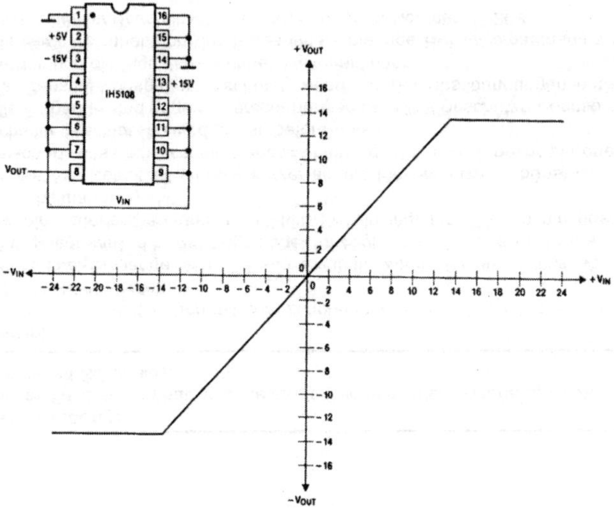

Multiplexer-Ausgangsspannung in Abhängigkeit von der Eingangsspannung
(Darstellung Kanal1; alle Kanäle ähnlich)

Fortsetzung :

A2	A1	A0	EN	Durchgeschalteter Kanal
X	X	X	L	keiner
L	L	L	H	1
L	L	H	H	2
L	H	L	H	3
L	H	H	H	4
H	L	L	H	5
H	L	H	H	6
H	H	L	H	7
H	H	H	H	8

Beschreibung:
Dieser Baustein enthält einen Analog-Multiplexer, der einen von acht Eingängen auf einen gemeinsamen Ausgang durchschaltet.

Betrieb:
Je nach logischem Zustand der 3 Adressen-Eingänge A0, A1 und A3 (Binärwort) wird einer der 8 Eingänge mit dem Ausgang D verbunden. Hierbei muss der Freigabe-Eingang EN (Enable) auf High liegen. Liegt EN auf Low, wird keiner der Eingänge durchgeschaltet.
Da es sich um einen Analog-Multiplexer handelt, kann natürlich auch D als Signal-Eingang und einer der 8 Anschlüsse 1 — 8 als Ausgang dienen.
Eine interne Verzögerung (50ns) sorgt dafür, dass ein Kanal erst geschlossen wird, nachdem der vorhergehende geöffnet wurde.
Alle Kanäle werden auf AUS geschaltet, wenn die Betriebsspannung entfernt wird. Jeder Kanal wird abgeschaltet, wenn die an ihm anliegende Signalspannung die Betriebsspannungen um ±25V übersteigen. Die Adressen-Eingänge und EN sind TTL-kompatibel. Mit EN ist ein Kaskadieren mehrerer Bausteine möglich. Der Baustein ist pinkompatibel mit dem DG508, HI-508 und ADG7508.

Anwendung:
Schalten und Multiplexen analoger Signale, Datenerfassung, etc.

Daten:

Betriebsspannung:	U1	max	+15	V
	U2	max	–15	V
Ein-Widerstand			700	Ω
Übersprechdämpfung			60	dB
Max. Strom je Kanal			20	mA
Stromaufnahme			0.5	mA

Hersteller:
ISIL

IH-5108

Analog-Multiplexer, 8 Kanäle

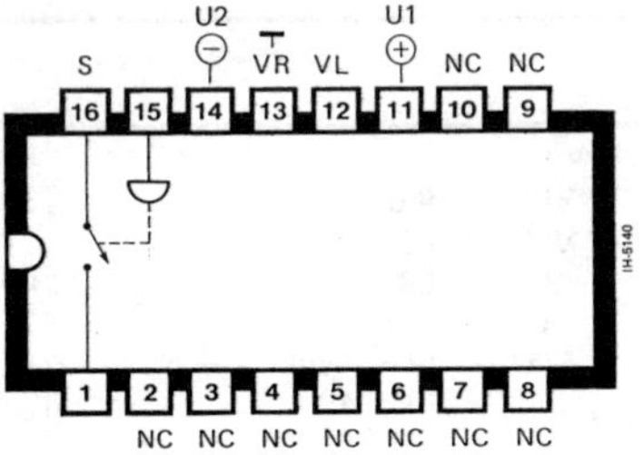

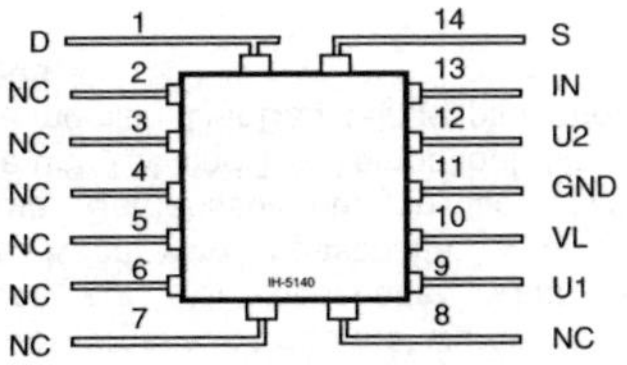

Nummer	TYPE		Ein-Wid.
IH-5140	1Schließer	SPST	75Ω
IH-5141	2x1 Schließer	Dual SPST	75Ω
IH-5142	1x(1Schließer + 1Öffner)	SPDT	75Ω
IH-5143	2x(1Schließer + 1Öffner)	Dual SPST	75Ω
IH-5144	1x2 Schließer	DPST	75Ω
IH-5145	2x2 Schließer	Dual DPST	75Ω

IH-5140 — **Analogschalter (1 Schließer)**

Fortsetzung :

Steuer-Eingang	Schalter
L	Aus
H	Ein

Beschreibung:
Dieser Baustein enthält einen einzelnen Analogschalter (Schließer).

Betrieb:
Dieser einzelne Schalter kann über den Steuer-Eingang Pin 15 geschlossen oder geöffnet werden.
Der Steuer-Eingang ist TTL-kompatlbel, wenn der Anschluss VL auf +5V gelegt wird, d.h. der Logikpegel für High ist +3.0V und für Low +0.8V. Für eine Steuerung mit CMOS-Pegeln legt man VL an die positive Betriebsspannung +U1.
Da die Aus-Schaltzeit (125ns) kürzer als die Ein-Schaltzeit (150ns) ist, wird gesichert, dass ein geschlossener Schalter geöffnet wird, bevor ein offener Schalter geschlossen wird (break-before-make).
Die Transmissionsgatter sind gegen Beschädigung geschützt, wenn die Betriebsspannungen entfernt werden und die Signalspannungen weiter anliegen. Wenn die Betriebsspannungen entfernt werden, geht der Schalter auf AUS.
Die Serie zeichnet sich durch ihre kurzen Schaltzeiten aus, wodurch ein Schalten der Gatter mit Frequenzen bis über 1 MHz möglich ist.
Dieser Baustein ist pin- und funktionskompatibel mit dem IH-5040.

Anwendung:
Schalten von Analog-Signalen, Sample-and-Hold-Schaltungen, Digitalfilter, etc.

Daten:

Betriebsspannung:	U1	max	+15	V
	U2	max	–15	V
Ein-Widerstand			75	Ω
Übersprechdämpfung			50	dB
Schaltzeiten:	Ein		150	ns
	Aus		125	ns
Max. Strom je Schalter			30	mA
Stromaufnahme			10	µA

Hersteller:
ISIL

IH-5140 — Analogschalter (1 Schließer)

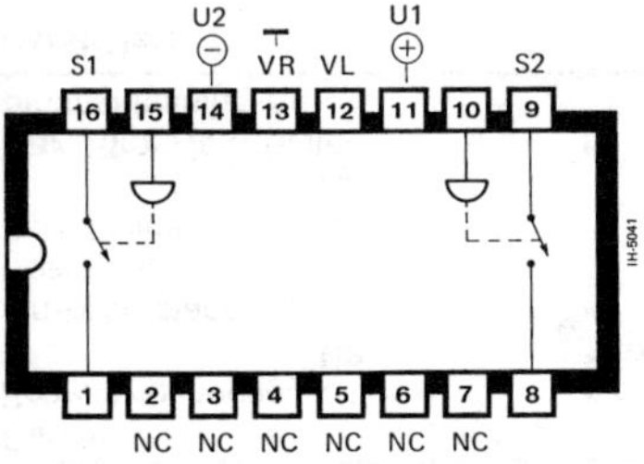

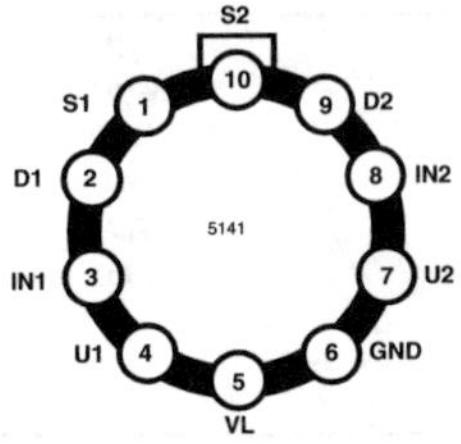

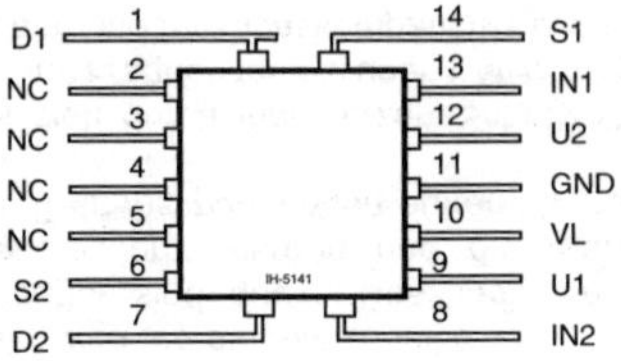

Nummer	TYPE		Ein-Wid.
IH-5140	1Schließer	SPST	75Ω
IH-5141	2x1 Schließer	Dual SPST	75Ω
IH-5142	1x(1Schließer + 1Öffner)	SPDT	75Ω
IH-5143	2x(1Schließer + 1Öffner)	Dual SPST	75Ω
IH-5144	1x2 Schließer	DPST	75Ω
IH-5145	2x2 Schließer	Dual DPST	75Ω

IH-5141 Analogschalter (2x1 Schließer)

Fortsetzung :

Steuer-Eingang	Schalter
L	Aus
H	Ein

Beschreibung:
Dieser Baustein enthält zwei getrennte, voneinander unabhängige Analogschalter (2 Schließer).

Betrieb:
Diese beiden Schalter können mit den zugehörigen Steuer-Eingängen geschlossen oder geöffnet werden.
Die Steuer-Eingänge sind TTL-kompatibel, wenn der Anschluss VL auf +5V gelegt wird, d.h. der Logikpegel für High ist +3.0V und für Low +0.8V. Für eine Steuerung mit CMOS-Pegeln legt man VL an die positive Betriebsspannung +U1.
Da die Aus-Schaltzeit (125ns) kürzer als die Ein-Schaltzeit (150ns) ist, wird gesichert, dass ein geschlossener Schalter geöffnet wird, bevor ein offener Schalter geschlossen wird (break-before-make).
Die Transmissionsgatter sind gegen Beschädigung geschützt, wenn die Betriebsspannungen entfernt werden und die Signalspannungen weiter anliegen. Wenn die Betriebsspannungen entfernt werden, gehen beide Schalter auf AUS.
Die Serie zeichnet sich durch ihre kurzen Schaltzeiten aus, wodurch ein Schalten der Gatter mit Frequenzen bis über 1 MHz möglich ist.
Dieser Baustein ist pin- und funktionskompatibel mit dem IH-5041.

Anwendung:
Schalten von Analog-Signalen, Sample-and-Hold-Schaltungen, Digitalfilter, etc.

Daten:

Betriebsspannung:	U1	max	+15	V
	U2	max	–15	V
Ei n-Widerstand			75	Ω
Übersprechdämpfung			50	dB
Schaltzeiten:	Ein		150	ns
	Aus		125	ns
Max. Strom je Schalter			30	mA
Stromaufnahme			10	µA

Hersteller:
ISIL

IH-5141
Analogschalter (2x1 Schließer)

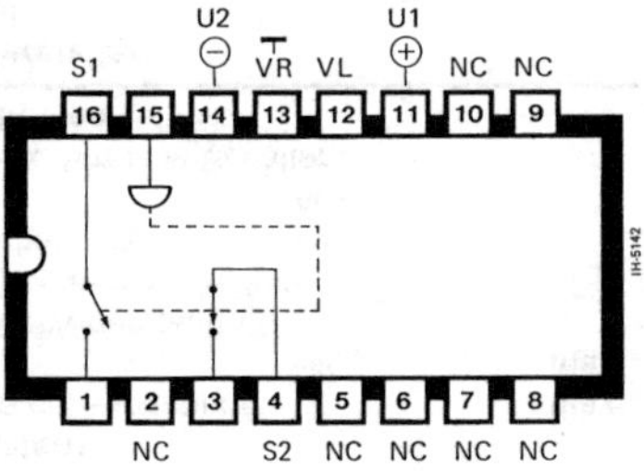

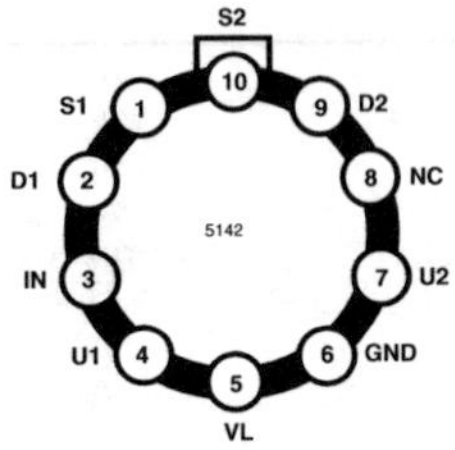

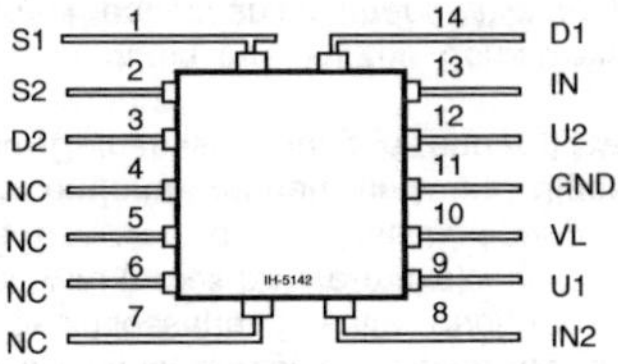

Nummer	TYPE		Ein-Wid.
IH-5140	1Schließer	SPST	75Ω
IH-5141	2x1 Schließer	Dual SPST	75Ω
IH-5142	1x(1Schließer + 1Öffner)	SPDT	75Ω
IH-5143	2x(1Schließer + 1Öffner)	Dual SPST	75Ω
IH-5144	1x2 Schließer	DPST	75Ω
IH-5145	2x2 Schließer	Dual DPST	75Ω

IH-5142 Analogschalter, 1x (1 Schließer + 1 Öffner)

Fortsetzung :

Steuer-Eingang	Schalter	S1	S2
L		Aus	Ein
H		Ein	Aus

Beschreibung:
Dieser Baustein enthält zwei Analogschalter, einen Schließer und einen Öffner, die über einen gemeinsamen Steuer-Eingang betätigt werden.

Betrieb:
Über den gemeinsamen Steuer-Eingang wird ein Schalter geschlossen und der andere geöffnet, bzw. umgekehrt.
Der Steuer-Eingang ist TTL-kompatibel, wenn der Anschluss VL auf +5 V gelegt wird, d.h. der Logikpegel für High ist +3.0V und für Low +0.8V. Für eine Steuerung mit CMOS-Pegeln legt man VL an die positive Betriebsspannung +U1.
Da die Aus-Schaltzeit (150ns) kürzer als die Ein-Schaltzeit (250ns) ist, wird gesichert, dass ein geschlossener Schalter geöffnet wird, bevor ein offener Schalter geschlossen wird (break-before-make).
Die Transmissionsgatter sind gegen Beschädigung geschützt, wenn die Betriebsspannungen entfernt werden und die Signalspannungen weiter anliegen. Wenn die Betriebsspannungen entfernt werden, treten keine Latch-Effekte auf.
Die Serie zeichnet sich durch ihre kurzen Schaltzeiten aus, wodurch ein Schalten der Gatter mit Frequenzen bis über 1 MHz möglich ist.
Dieser Baustein ist pin- und funktionskompatibel mit dem IH-5042.

Anwendung:
Schalten von Analog-Signalen, Sample-and-Hold-Schaltungen, Digitalfilter, etc.

Daten:

Betriebsspannung:	U1	max	+15	V
	U2	max	–15	V
Ein-Widerstand			75	Ω
Übersprechdämpfung			50	dB
Schaltzeiten:	Ein		250	ns
	Aus		150	ns
Max. Strom je Schalter			30	mA
Stromaufnahme			10	µA

Hersteller:
ISIL

IH-5142 — Analogschalter, 1x (1 Schließer + 1 Öffner)

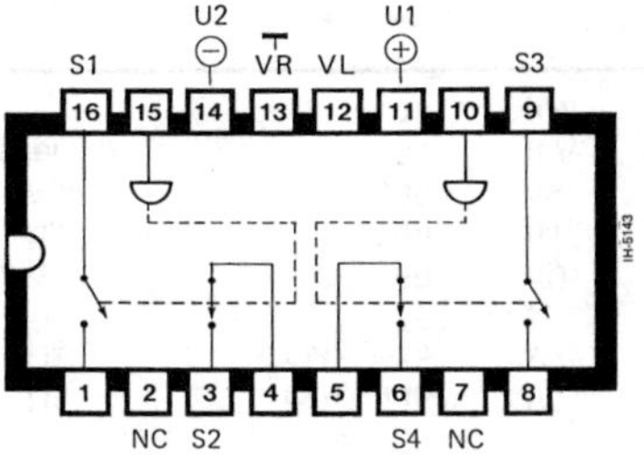

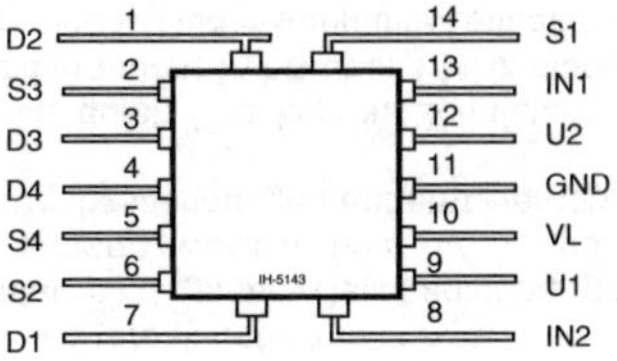

Nummer	TYPE		Ein-Wid.
IH-5140	1Schließer	SPST	75Ω
IH-5141	2x1 Schließer	Dual SPST	75Ω
IH-5142	1x(1Schließer + 1Öffner)	SPDT	75Ω
IH-5143	2x(1Schließer + 1Öffner)	Dual SPST	75Ω
IH-5144	1x2 Schließer	DPST	75Ω
IH-5145	2x2 Schließer	Dual DPST	75Ω

IH-5143 Analogschalter, 2x (1 Schließer + 1 Öffner)

Fortsetzung :

Steuer-Eingang	Schalter S1, S3	Schalter S2, S4
L	Aus	Ein
H	Ein	Aus

Beschreibung:
Dieser Baustein enthält vier Analogschalter, von denen jeweils 1 Schließer und 1 Öffner von einem eigenen Steuer-Eingang betätigt wird.

Betrieb:
Jeweils zwei Schalter (1 Schließer + 1 Öffner) können mit dem zugehörigen Steuer-Eingang betätigt werden.
Die Steuer-Eingänge sind TTL-kompatibel, wenn der Anschluss VL auf +5V gelegt wird, d.h. der Logikpegel für High ist +3.0V und für Low +0.8V. Für eine Steuerung mit CMOS-Pegeln legt man VL an die positive Betriebsspannung +U1.
Da die Aus-Schaltzeit (150ns) kürzer als die Ein-Schaltzeit (250ns) ist, wird gesichert, dass ein geschlossener Schalter geöffnet wird, bevor ein offener Schalter geschlossen wird (break-bef ore-make).
Die Transmissionsgatter sind gegen Beschädigung geschützt, wenn die Betriebsspannungen entfernt werden und die Signalspannungen weiter anliegen. Wenn die Betriebsspannungen entfernt werden, treten keine Latch-Effekte auf.
Die Serie zeichnet sich durch ihre kurzen Schaltzeiten aus, wodurch ein Schalten der Gatter mit Frequenzen bis über 1 MHz möglich ist.

Anwendung:
Schalten von Analog-Signalen, Sample-and-Hold-Schaltungen, Digitalfilter, etc.

Daten:

Betriebsspannung:	U1	max	+15	V
	U2	max	–15	V
Ein-Widerstand			75	Ω
Übersprechdämpfung			50	dB
Schaltzeiten:	Ein		250	ns
	Aus		150	ns
Max. Strom je Schalter			30	mA
Stromaufnahme			10	µA

Hersteller:
ISIL

IH-5143 — Analogschalter, 2x (1 Schließer + 1 Öffner)

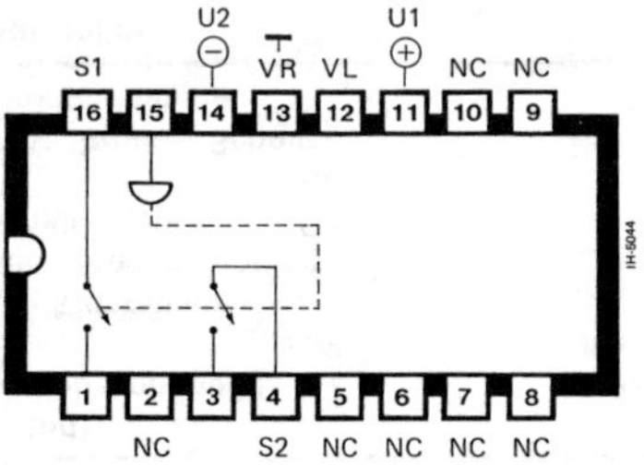

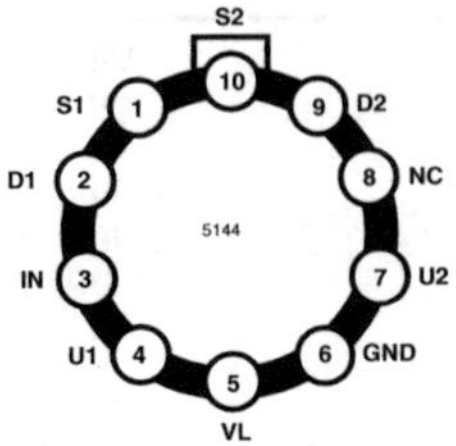

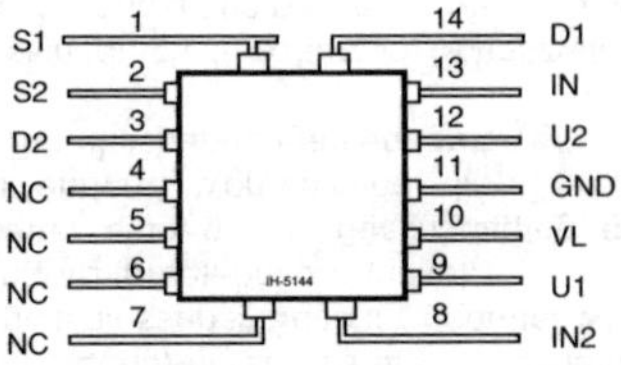

Nummer	TYPE		Ein-Wid.
IH-5140	1Schließer	SPST	75Ω
IH-5141	2x1 Schließer	Dual SPST	75Ω
IH-5142	1x(1Schließer + 1Öffner)	SPDT	75Ω
IH-5143	2x(1Schließer + 1Öffner)	Dual SPST	75Ω
IH-5144	1x2 Schließer	DPST	75Ω
IH-5145	2x2 Schließer	Dual DPST	75Ω

IH-5144 Analogschalter (1x2 Schließer)

Fortsetzung :

Steuer-Eingang	Schalter S1	Schalter S2
L	Aus	Aus
H	Ein	Ein

Beschreibung:
Dieser Baustein enthält zwei Analogschalter (2 Schließer), die über einen gemeinsamen Steuer-Eingang betätigt werden.

Betrieb:
Über den gemeinsamen Steuer-Eingang können die beiden Schalter geschlossen oder geöffnet werden.
Der Steuer-Eingang ist TTL-kompatibel, wenn der Anschluss VL auf +5V gelegt wird, d.h. der Logikpegel für High ist +3.0V und für Low +0.8V. Für eine Steuerung mit CMOS-Pegeln legt man VL an die positive Betriebsspannung +U1.
Da die Aus-Schaltzeit (150ns) kürzer als die Ein-Schaltzeit (250ns) ist, wird gesichert, dass ein geschlossener Schalter geöffnet wird, bevor ein offener Schalter geschlossen wird (break-before-make).
Die Transmissionsgatter sind gegen Beschädigung geschützt, wenn die Betriebsspannungen entfernt werden und die Signalspannungen weiter anliegen. Wenn die Betriebsspannungen entfernt werden, gehen beide Schalter auf AUS.
Die Serie zeichnet sich durch ihre kurzen Schaltzeiten aus, wodurch ein Schalten der Gatter mit Frequenzen bis über 1 MHz möglich ist.

Anwendung:
Schalten von Analog-Signalen, Sample-and-Hold-Schaltungen, Digitalfilter, etc.

Daten:

Betriebsspannung:	U1	max	+15	V
	U2	max	–15	V
Ein-Widerstand			75	Ω
Übersprechdämpfung			50	dB
Schaltzeiten:	Ein		250	ns
	Aus		150	ns
Max. Strom je Schalter			30	mA
Stromaufnahme			10	µA

Hersteller:
ISIL

IH-5144

Analogschalter (1x2 Schließer)

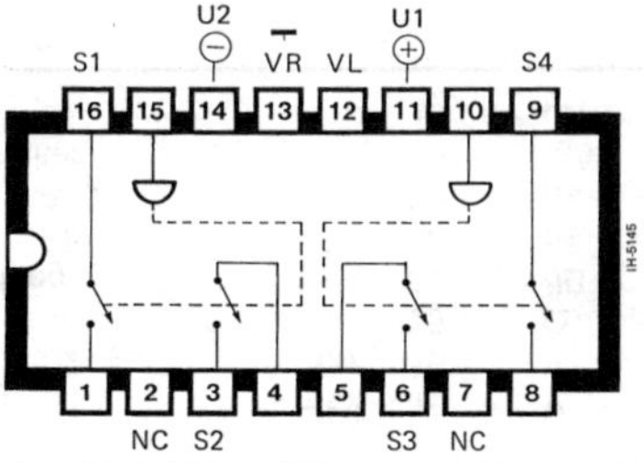

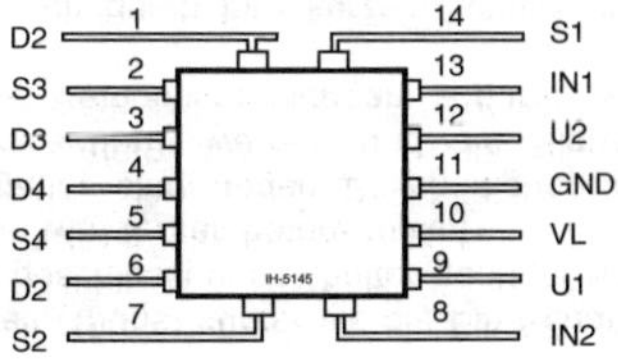

Nummer	TYPE		Ein-Wid.
IH-5140	1Schließer	SPST	75Ω
IH-5141	2x1 Schließer	Dual SPST	75Ω
IH-5142	1x(1Schließer + 1Öffner)	SPDT	75Ω
IH-5143	2x(1Schließer + 1Öffner)	Dual SPST	75Ω
IH-5144	1x2 Schließer	DPST	75Ω
IH-5145	2x2 Schließer	Dual DPST	75Ω

IH-5145 **Analogschalter (2x2 Schließer)**

Fortsetzung :

Steuer-Eingang	Schalter 1–4
L	Aus
H	Ein

Beschreibung:
Dieser Baustein enthält vier Analogschalter (4 Schließer), von denen je zwei durch die zugehörigen Steuer-Eingänge betätigt werden.

Betrieb:
Über die beiden Steuer-Eingänge können jeweils 2 Schalter (2 Schließer) geschlossen oder geöffnet werden.
Die Steuer-Eingänge sind TTL-kompatibel, wenn der Anschluss VL auf +5V gelegt wird, d.h. der Logikpegel für High ist +3.0V und für Low +0.8V. Für eine Steuerung mit CMOS-Pegeln legt man VL an die positive Betriebsspannung +U1.
Da die Aus-Schaltzeit (150ns) kürzer als die Ein-Schaltzeit (250ns) ist, wird gesichert, dass ein geschlossener Schalter geöffnet wird, bevor ein offener Schalter geschlossen wird (break-before-make).
Die Transmissionsgatter sind gegen Beschädigung geschützt, wenn die Betriebsspannungen entfernt werden und die Signalspannungen weiter anliegen. Wenn die Betriebsspannungen entfernt werden, gehen alle Schalter auf AUS.
Die Serie zeichnet sich durch ihre kurzen Schaltzeiten aus, wodurch ein Schalten der Gatter mit Frequenzen bis über 1 MHz möglich ist.

Anwendung:
Schalten von Analog-Signalen, Sample-and-Hold-Schaltungen, Digitalfilter, etc.

Daten:

Betriebsspannung:	U1	max	+15	V
	U2	max	–15	V
Ein-Widerstand			75	Ω
Übersprechdämpfung			50	dB
Schaltzeiten:	Ein		250	ns
	Aus		150	ns
Max. Strom je Schalter			30	mA
Stromaufnahme			10	µA

Hersteller:
ISIL

IH-5145 — Analogschalter (2x2 Schließer)

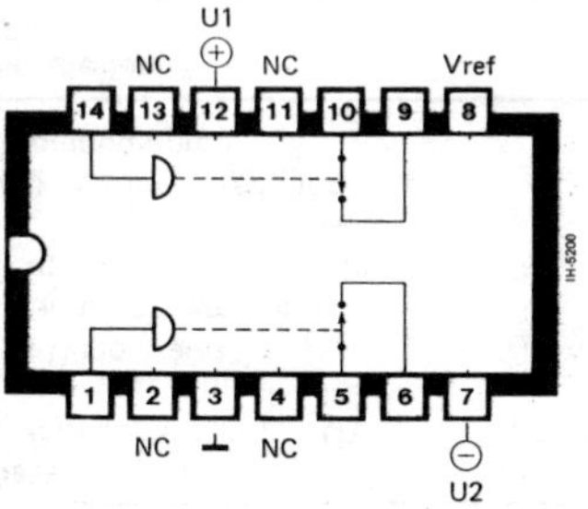

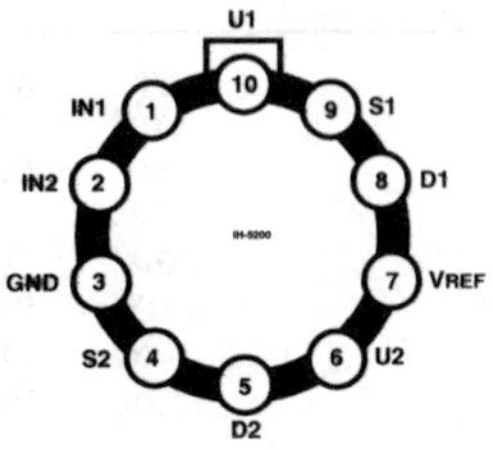

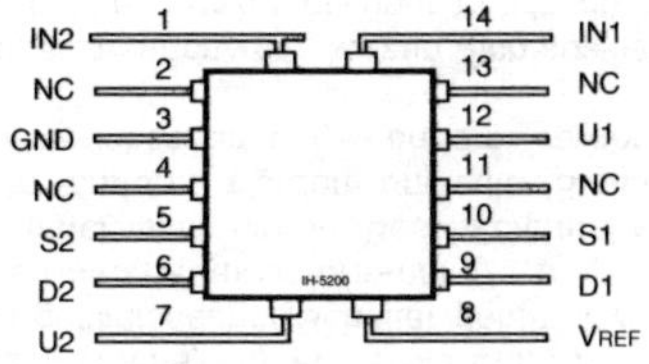

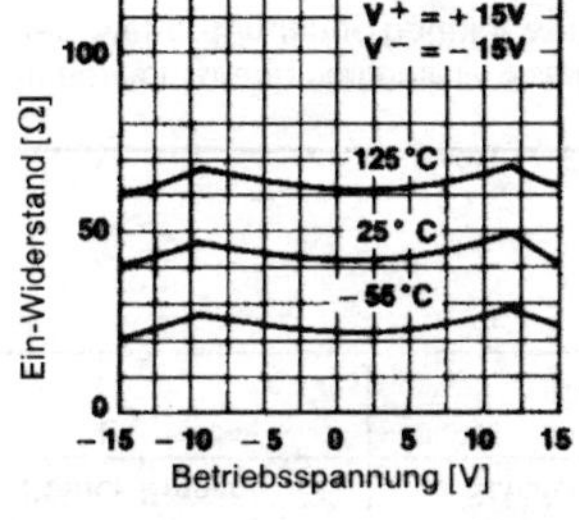

IH-5200 | Analogschalter (2x1 Öffner)

Fortsetzung :

Steuer-Eingang	Schalter
L	Ein
H	Aus

Beschreibung:
Dieser Baustein enthält zwei voneinander unabhängige Analogschalter (Öffner).

Betrieb:
Jeder der beiden Schalter kann mit dem zugehörigen Steuer-Eingang geöffnet oder geschlossen werden.
Für das Steuersignal reicht normalerweise ein TTL-Pegel aus, d.h. die Schalter öffnen bei +2.4V und schließen bei +0.8V. Dies gilt jedoch nur bei U1 = +15V. Bei kleineren Betriebsspannungen muss über einen Widerstand zwischen den Pins 12 und 8 (Vref) an letzterem wieder ein Spannung von +2.4V hergestellt werden (U1 = 12V, R = 100kΩ; U2 = 10V, R = 51 kΩ). Bei Logikpegeln von –5V bis +5V ist kein externer Widerstand erforderlich.
Da die Aus-Schaltzeit (400ns) kürzer als die Ein-Schaltzeit (800ns) ist, wird gesichert, dass ein geschlossener Schalter geöffnet wird, bevor ein offener Schalter geschlossen wird (break-before-make).
Bei diesem Baustein handelt es sich um eine verbesserte Version des pin- und funktionskompatiblen DG-200. Er zeichnet sich durch niedrige Leckströme, kürzere Schaltzeiten und niedrige Stromaufnahme aus.

Anwendung:
Schalten oder Multiplexen von analogen oder digitalen Signalen

Daten:

Betriebsspannung:	U1	max	+16	V
	U2	max	–16	V
Ein-Widerstand			80	Ω
Schaltzeiten:	Ein		800	ns
	Aus		400	ns
Max. Durchlassstrom je Schalter			30	mA
Stromaufnahme			0.25	mA

Hersteller:
ISIL

IH-5200 Analogschalter (2x1 Öffner)

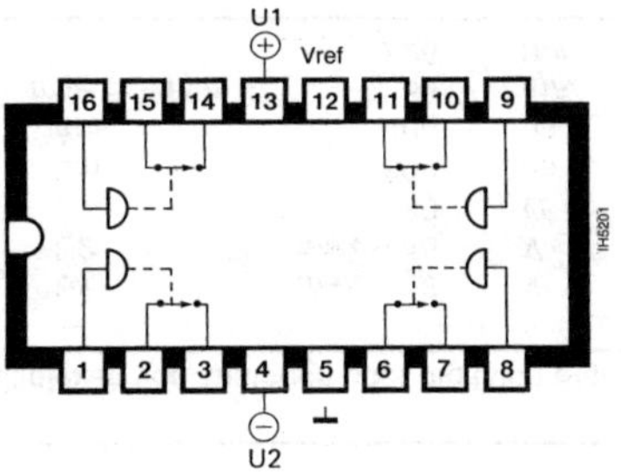

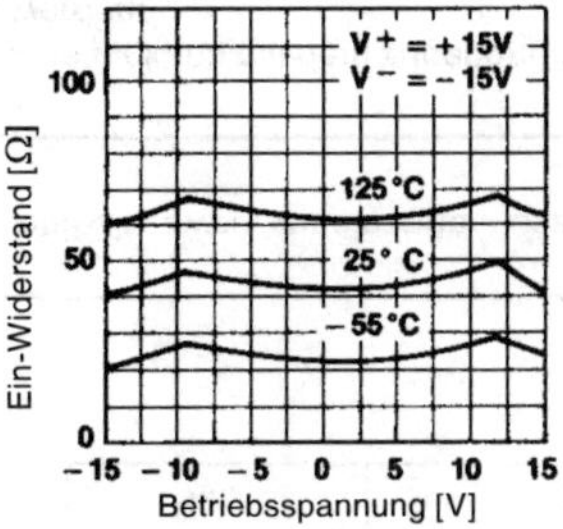

IH-5201 Analogschalter (4x1 Öffner)

Fortsetzung :

Steuer-Eingang	Schalter
L	Ein
H	Aus

Beschreibung:
Dieser Baustein enthält vier voneinander unabhängige Analogschalter (Öffner).

Betrieb:
Jeder der 4 Schalter kann mit dem zugehörigen Steuer-Eingang geöffnet oder geschlossen werden.
Für das Steuersignal reicht normalerweise ein TTL-Pegel aus, d.h. die Schalter öffnen bei +2.4V und schließen bei +0.8V. Dies gilt jedoch nur bei U1 = +15V. Bei kleineren Betriebsspannungen muss über einen Widerstand zwischen den Pins 13 und 12 (Vref) an letzterem wieder eine Spannung von +2.4V hergestellt werden (U1 = +12V, R = 100kΩ; U2 = +10V, R = 51 kΩ). Bei Logikpegeln von -5V bis +5V ist kein externer Widerstand erforderlich.
Da die Aus-Schaltzeit (300ns) kürzer als die Ein-Schaltzeit (750ns) ist, wird gesichert, dass ein geschlossener Schalter geöffnet wird, bevor ein offener Schalter geschlossen wird (break-before-make).
Bei diesem Baustein handelt es sich um eine verbesserte Version des pin- und funktionskompatiblen DG-201. Er zeichnet sich durch niedrigere Leckströme, kürzere Schaltzeiten und niedrigere Stromaufnahme aus.

Anwendung:
Schalten oder Multiplexen von analogen oder digitalen Signalen

Daten:

Betriebsspannung:	U1	max	+16	V
	U2	max	–16	V
Ein-Widerstand			100	Ω
Schaltzeiten:	Ein		750	ns
	Aus		300	ns
Max. Durchlassstrom je Schalter			30	mA
Stromaufnahme			1	mA

Hersteller:
ISIL

IH-5201 Analogschalter (4x1 Öffner)

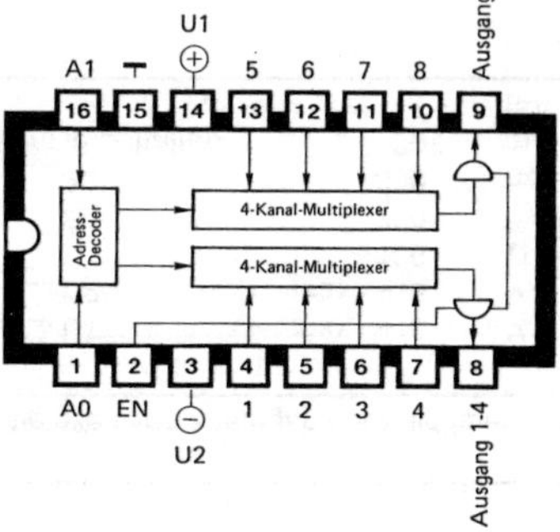

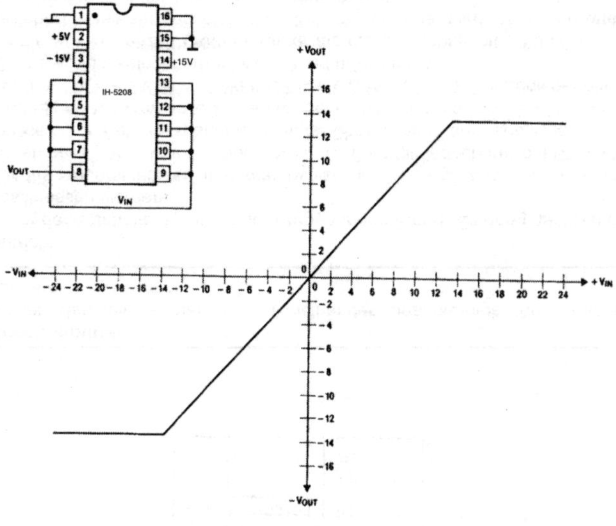

IH-5208 | **Analog-Multiplexer, 2x4 Kanäle**

Fortsetzung :

A1	A0	EN	Durchgesch. Kanal
X	X	0	keiner
0	0	1	1, 13
0	1	1	2, 12
1	0	1	3, 11
1	1	1	4, 10

Beschreibung:
Dieser Baustein enthält zwei Analog-Multiplexer, die je 1 Kanal aus je 4 Eingängen auswählen.

Betrieb:
Welcher Eingang auf den zugehörigen Ausgang durchgeschaltet wird, hängt vom logischen Zustand (Binärwort) der beiden Adressen-Eingänge ab. Diese sind beiden Multiplexern gemeinsam.
Der Logikpegel des ausgewählten Eingangs erscheint jedoch nur dann am Ausgang, wenn der Freigabe-Eingang EN (Enable) auf High liegt. Befindet sich EN auf Low, wird keiner der Eingänge durchgeschaltet.
Die Adressen-Eingänge und der Freigabe-Eingang sind TTL-kompatibel, d.h. dass sie auf ein High bei einer Spannung über +2.4V und auf ein Low unter +0.8V entsprechend reagieren.
Durch eine interne Verzögerung (70ns) ist gesichert, dass ein Kanal immer erst durchgeschaltet wird, wenn der vorhergehende geöffnet wurde.

Anwendung:
Analog-Multiplexen, A/D- und D/A-Wandler

Daten:

Betriebsspannung:	U1	max	+25	V
	U2	max	–25	V
Ein-Widerstand			1200	Ω
Max. Stromaufnahme je Kanal			20	mA
Stromaufnahme			1	mA

Hersteller:
ISIL

IH-5208 — Analog-Multiplexer, 2x4 Kanäle

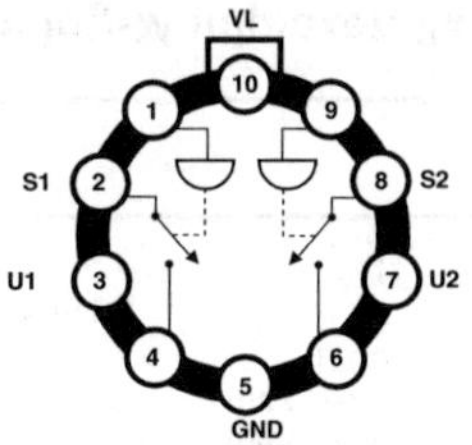

OIRR (OFF Isolation Rejection)
Sperrdämpfung in Abhängigkeit von der Frequenz

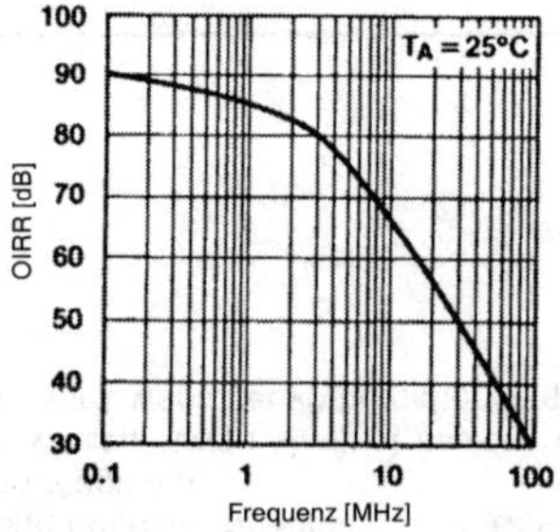

CCRR (Cross Coupling Rejection)
Übersprechdämpfung in Abhängigkeit von der Frequenz

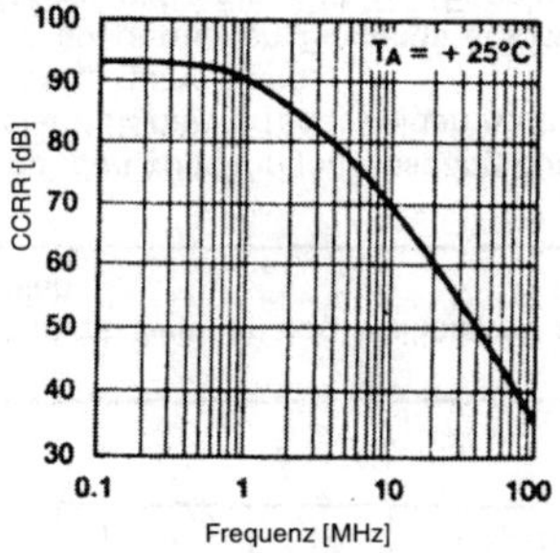

T-Schaltung:

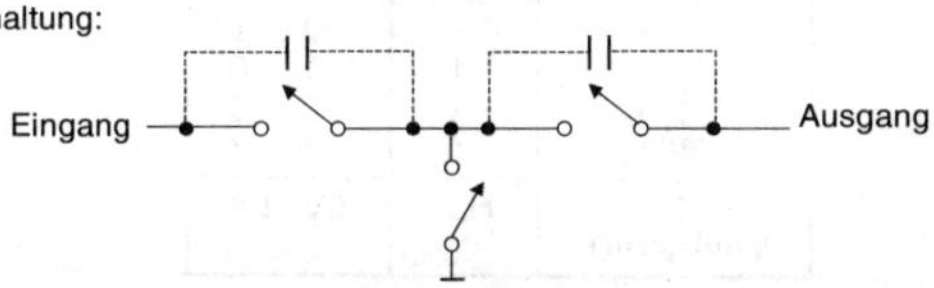

IH-5341

Analogschalter für Video und HF, (2x1 Schließer)

Fortsetzung :

Steuer-Eingang	Schalter
L	Aus
H	Ein

Beschreibung:
Dieser Baustein enthält zwei getrennte Analogschalter (Schließer) für Video- und HF-Anwendungen.

Betrieb:
Die beiden Schalter können über die zugehörigen Steuer-Eingänge geschlossen oder geöffnet werden.
Die Steuer-Eingänge sind TTL- und CMOS-kompatibel. d.h. die Schalter schließen bei einer Steuerspannung über +2.4V und öffnen unter +0.8V. Hierzu legt man VL an +5V. Mit VL an +U1 sind die Steuer-Eingänge CMOS-kompatibel.
Der Ein-Widerstand, der bei Betriebsspannungen von ±15V etwa 75Ω beträgt, steigt bei Betriebsspannungen von ±5V auf ca. 300Ω.
Durch eine sogenannte T-Konfiguration der Schalter, wie sie oben zu sehen ist, werden besonders günstige HF-Eigenschaften erreicht, d.h. der Frequenzgang eines Schalters ist sehr flach und nimmt bei 100MHz nur um ca. 3dB ab. Ferner beträgt die Isolation eines offenen Schalters bei 10MHz noch mindestens 60dB.
Infolge seiner extrem niedrigen Ruhestromaufnahme von nur 1µA aus den beiden Betriebsspannungs-Zuführungen ist der Baustein besonders gut für tragbare Geräte geeignet.
Da die Aus-Schaltzeit kürzer als die Ein-Schaltzeit ist, wird ein Schalter schneller geöffnet als geschlossen (break-before-make).

Anwendung:
Schalten von Video- und HF-Signalen

Daten:

Betriebsspannung:	U1	max	+17	V
	U2	max	–17	V
Ein-Widerstand			75	Ω
Schaltzeiten:	Ein		300	ns
	Aus		150	ns
Übersprechdämpfung, @10Mhz			60	dB
Max. Strom je Schalter			30	mA
Stromaufnahme			1	µA

Hersteller:
ISIL

IH-5341 — **Analogschalter für Video und HF, (2x1 Schließer)**

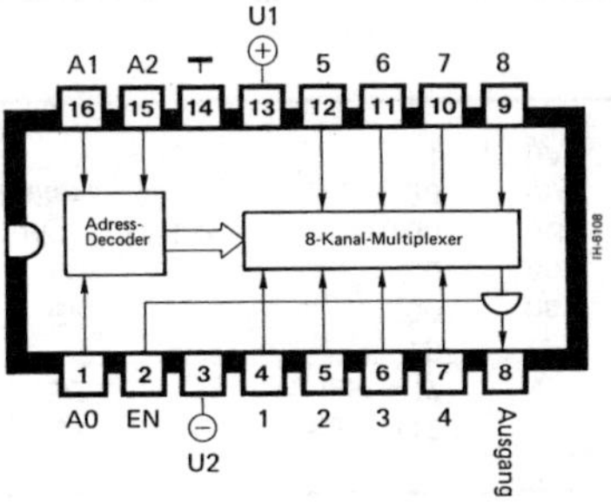

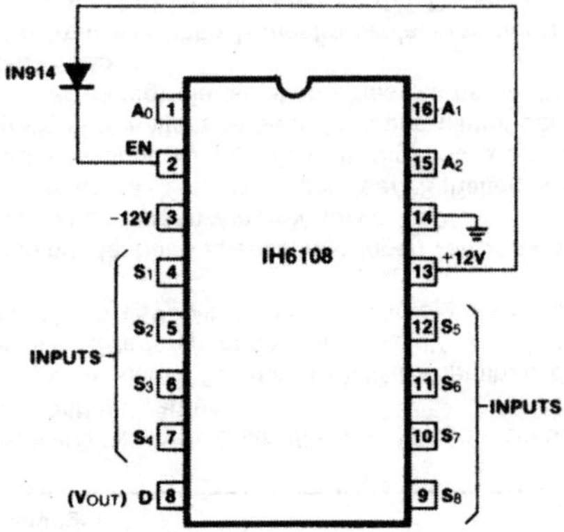

Beschaltung für Betrieb an einer Betriebsspannung mit weniger als ±15V

IH-6108 | **Analog-Multiplexer, 8 Kanäle**

Fortsetzung :

A2	A1	A0	EN	Durchgesch. Kanal
X	X	X	0	keiner
0	0	0	1	1
0	0	1	1	2
0	1	0	1	3
0	1	1	1	4
1	0	0	1	5
1	0	1	1	6
1	1	0	1	7
1	1	1	1	8

Beschreibung:
Dieser Baustein enthält einen Analog-Multiplexer, der einen von 8 Eingängen auf einen Ausgang durchschaltet.

Betrieb:
Welcher Eingang auf den Ausgang durchgeschaltet wird, hängt vom logischen Zustand (Binärwort) der 3 Adressen-Eingänge A0—A2 ab, und ist der oben stehenden Tabelle zu entnehmen.
Der Logikpegel des ausgewählten Eingangs erscheint jedoch nur dann am Ausgang, wenn der Freigabe-Eingang EN (Enable) auf High liegt. Befindet sich EN auf Low, wird keiner der Eingänge durchgeschaltet.
Die Adressen-Eingänge und der Freigabe-Eingang sind TTL-kompatibel, d.h. dass sie auf ein High bei einer Spannung über +2.4V und auf ein Low unter +0.8V entsprechend reagieren.
Durch eine interne Verzögerung (70ns) ist gesichert, dass ein Kanal immer erst durchgeschaltet wird, wenn der vorhergehende geöffnet wurde.

Anwendung:
Analog-Multiplexen, A/D- und D/A-Wandler

Daten:

Betriebsspannung:	U1	max	+16	V
	U2	max	–16	V
Ein-Widerstand			350	Ω
Max. Stromaufnahme je Kanal			30	mA
Stromaufnahme			1	mA

Hersteller:
ISIL

IH-6108 — Analog-Multiplexer, 8 Kanäle

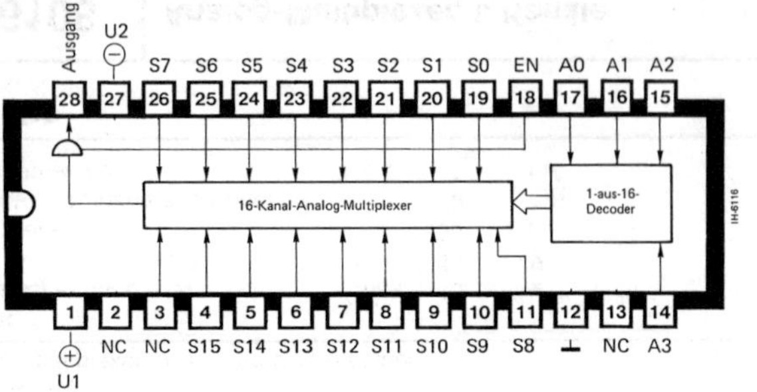

Analog-Multplexer 1 aus 32unter Verwendung zweier IH-6116

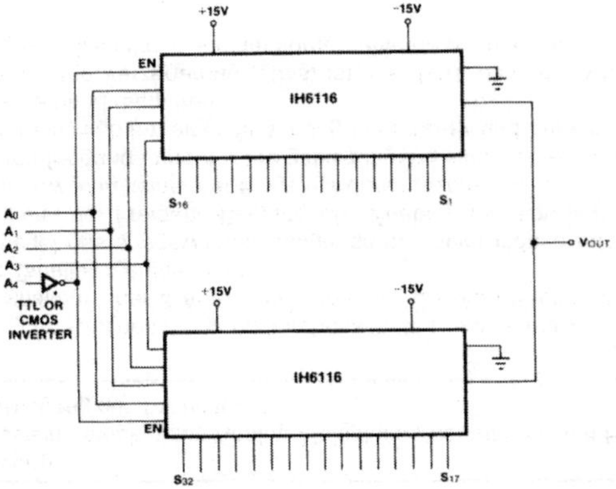

A4	A3	A2	A1	A0	EIN
0	0	0	0	0	S1
0	0	0	0	1	S2
0	0	0	1	0	S3
0	0	0	1	1	S4
0	0	1	0	0	S5
0	0	1	0	1	S6
0	0	1	1	0	S7
0	0	1	1	1	S8
0	1	0	0	0	S9
0	1	0	0	1	S10
0	1	0	1	0	S11
0	1	0	1	1	S12
0	1	1	0	0	S13
0	1	1	0	1	S14
0	1	1	1	0	S15
0	1	1	1	1	S16

A4	A3	A2	A1	A0	EIN
1	0	0	0	0	S17
1	0	0	0	1	S18
1	0	0	1	0	S19
1	0	0	1	1	S20
1	0	1	0	0	S21
1	0	1	0	1	S22
1	0	1	1	0	S23
1	0	1	1	1	S24
1	1	0	0	0	S25
1	1	0	0	1	S26
1	1	0	1	0	S27
1	1	0	1	1	S28
1	1	1	0	0	S29
1	1	1	0	1	S30
1	1	1	1	0	S31
1	1	1	1	1	S32

IH-6116 — Analog-Multiplexer, 16 Kanäle

Fortsetzung :

Adresse A3	A2	A1	A0	EN	Durchgeschalteter Eingang
L	L	L	L	H	1
L	L	L	H	H	2
L	L	H	L	H	3
L	L	H	H	H	4
L	H	L	L	H	5
L	H	L	H	H	6
L	H	H	L	H	7
H	H	H	H	H	8
H	L	L	L	H	9
H	L	L	H	H	10
H	L	H	L	H	11
H	L	H	H	H	12
H	H	L	L	H	13
H	H	L	H	H	14
H	H	H	L	H	15
H	H	H	H	H	16
X	X	X	X	L	keiner

Beschreibung:
Dieser Baustein enthält einen Analog-Multiplexer, der einen von 16 Eingängen auf einen gemeinsamen Ausgang durchschaltet.

Betrieb:
Welcher Eingang auf den Ausgang durchgeschaltet wird, hängt vom logischen Zustand (Binärwort) der 4 Adressen-Eingänge A0—A3 ab, und ist der oberhalbstehenden Tabelle zu entnehmen.
Der Logikpegel des ausgewählten Eingangs erscheint jedoch nur dann am Ausgang, wenn der Freigabe-Eingang EN (Enable) auf High liegt. Befindet sich EN auf Low, wird keiner der Eingänge durchgeschaltet.
Die Steuer-Eingänge sind TTL- und CMOS-kompatibel, d.h. ein Low entspricht Spannungen unter +0.8V und ein High Spannungen über +3.0V. Ein High für den EN-Eingang muss über 4.5V liegen.
Da die Aus-Schaltzeit (300ns) kürzer als die Ein-Schaltzeit (0.8µs) ist, wird ein Kanal beim Umschalten immer erst geschlossen, nachdem der vorhergehende bereits geöffnet wurde (break-before-make).
Der Baustein ist pinkompatibel mit dem AD-7506 und HI-506.

Anwendung:
Analog- und Digital-Multiplexen und Demultiplexen, A/D- und D/A-Wandler

Daten:

Betriebsspannung:	U1	+15	V
	U2	–15	V
Ein-Widerstand		650	Ω
Max. Strom je Kanal		20	mA
Stromaufnahme		1	mA

Hersteller:
ISIL

IH-6116

Analog-Multiplexer, 16 Kanäle

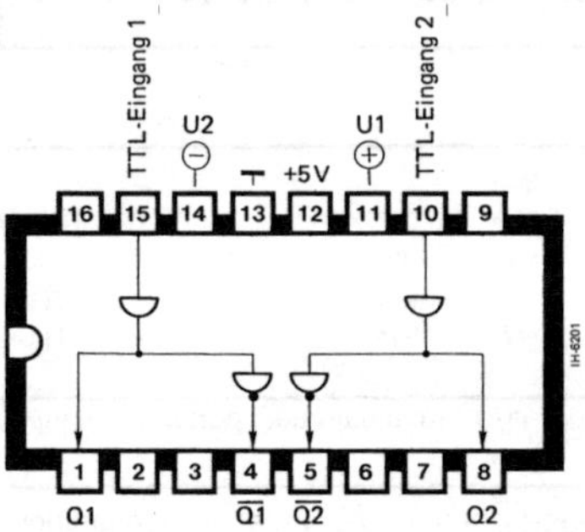

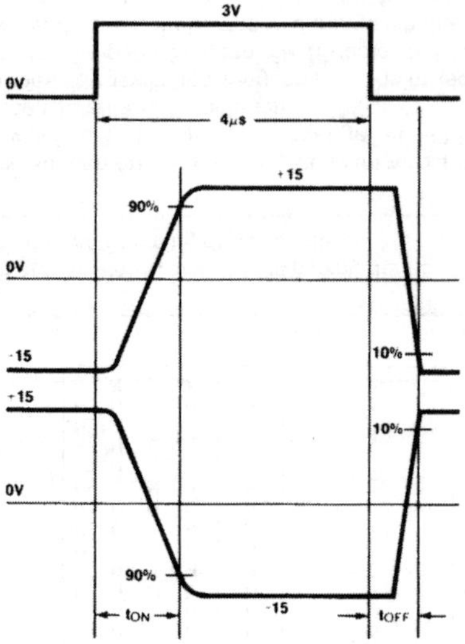

Ausgangsspannungen an Q und Q̅ bei einem Eingangsimpuls mit TTL-Pegel

IH-6201 | **Zwei Pegelwandler, TTL zu CMOS**

Fortsetzung :

Beschreibung:
Dieser Baustein enthält zwei getrennte Pegelwandler mit komplementären Ausgängen.

Betrieb:
Die einem TTL-Eingang zugeführten Signale erscheinen am zugehörigen Q-Ausgang in nicht invertierter und am $\overline{Q}$-Ausgang in invertierter Form.
Ein TTL-Pegel bedeutet für Low Spannungen unter +0.8V und für High Spannungen über +2.4V. Durch einen Pull-up-Widerstand von 1 kΩ bis 10kΩ an +5V lässt sich der erforderliche Pegel für High auf +2.0V senken.
Bei einem Pegel am TTL-Eingang unter +0.8 V geht der Q-Ausgang bis auf die negative Betriebsspannung U2 und der $\overline{Q}$-Ausgang bis auf die positive Betriebsspannung U1 hoch. Q und $\overline{Q}$ sind daher komplementär (Phasenverschiebung 180°), wodurch sich zahlreiche Anwendungsmöglichkeiten ergeben. Damit ist eine Pegelwandlung bis zu 30V möglich. Für U1 ist eine Mindest-Betriebsspannung von +5V erforderlich.

Anwendung:
Pegelwandler, Steuerung von Analogschaltern

Daten:

Betriebsspannung:	U1	+15	V
	U2	–15	V
Schaltzeiten:	Ein	300	ns
	Aus	200	ns
Stromaufnahme		0.1	mA

Hersteller:
ISIL

IH-6201

Zwei Pegelwandler, TTL zu CMOS

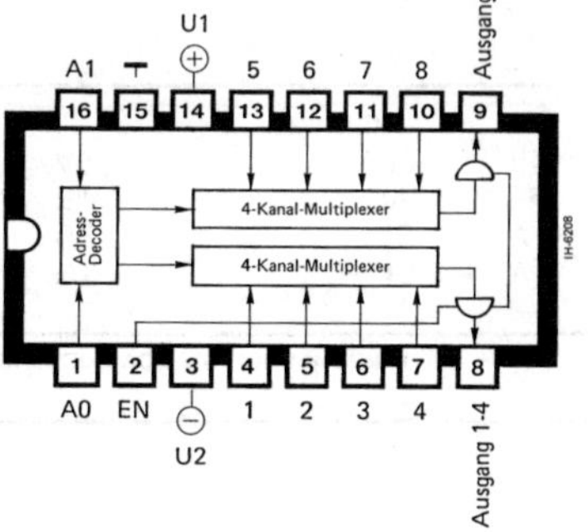

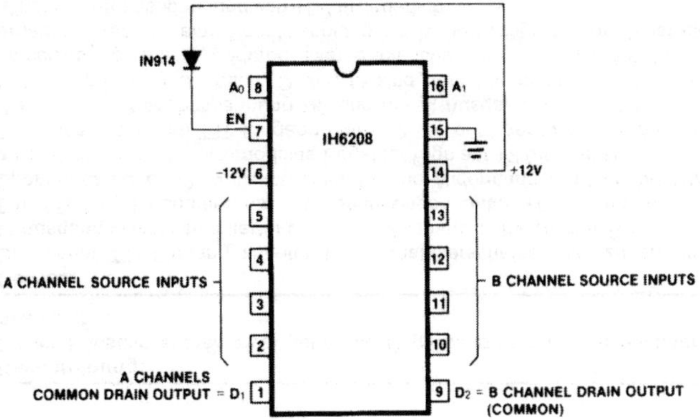

Beschaltung für Betriebsspannungen unter ±15V

IH-6208	Analog-Multiplexer, 2x4 Kanäle

Fortsetzung :

A1	A0	EN	Durchgeschalteter Eingang
X	X	L	keiner
L	L	H	1 und 5
L	H	H	2 und 6
H	L	H	3 und 7
H	H	H	4 und 8

Beschreibung:
Dieser Baustein enthält zwei Analog-Multiplexer, die je 1 Kanal aus je 4 Eingängen auswählen.

Betrieb:
Welcher Eingang auf den zugehörigen Ausgang durchgeschaltet wird, hängt vom logischen Zustand (Binärwort) der beiden Adressen-Eingänge ab. Diese sind beiden Multiplexern gemeinsam.
Der Logikpegel des ausgewählten Eingangs erscheint jedoch nur dann am Ausgang, wenn der Freigabe-Eingang EN (Enable) auf High liegt. Befindet sich EN auf Low, wird keiner der Eingänge durchgeschaltet.
Die Adressen-Eingänge und der Freigabe-Eingang sind TTL-kompatibel, d.h. dass sie auf ein High bei einer Spannung über +2.4V und auf ein Low unter +0.8V entsprechend reagieren.
Durch eine interne Verzögerung ist gesichert, dass ein Kanal immer erst durchgeschaltet wird, wenn der vorhergehende geöffnet wurde.

Anwendung:
Analog-Multiplexen, A/D- und D/A-Wandler

Daten:

Betriebsspannung:	U1	max	+16	V
	U2	max	–16	V
Ein-Widerstand			350	Ω
Zugriffszeit			220	ns
Max. Stromaufnahme je Kanal			20	mA
Stromaufnahme			1	mA

Hersteller:
ISIL

IH-6208

Analog-Multiplexer, 2x4 Kanäle

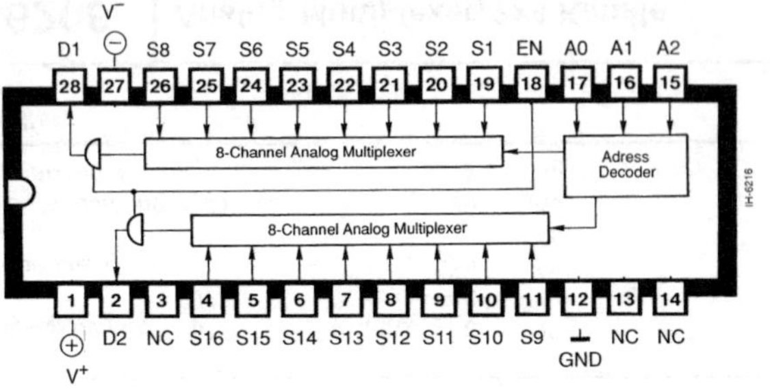

Analog-Multiplexer 1 aus 32 unter Verwendung zweier IH-6216

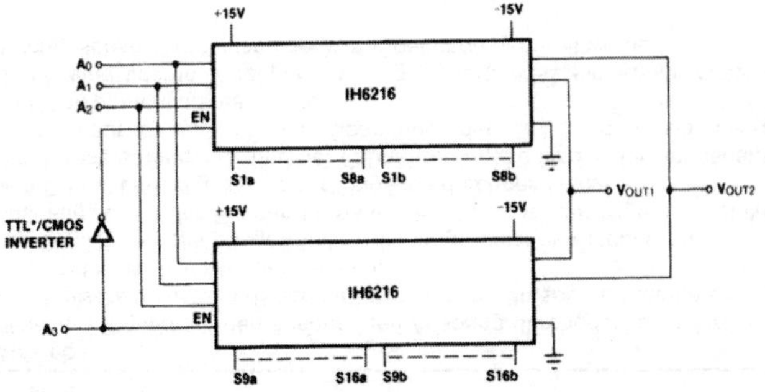

A3	A2	A1	A0	EIN	
0	0	0	0	S1a	
0	0	0	1	S2a	
0	0	1	0	S3a	
0	0	1	1	S4a	
0	1	0	0	S5a	
0	1	0	1	S6a	
0	1	1	0	S7a	Vout1
0	1	1	1	S8a	
1	0	0	0	S9a	
1	0	0	1	S10a	
1	0	1	0	S11a	
1	0	1	1	S12a	
1	1	0	0	S13a	
1	1	0	1	S14a	
1	1	1	0	S15a	
1	1	1	1	S16a	

A3	A2	A1	A0	EIN	
0	0	0	0	S1b	
0	0	0	1	S2b	
0	0	1	0	S3b	
0	0	1	1	S4b	
0	1	0	0	S5b	
0	1	0	1	S6b	
0	1	1	0	S7b	Vout2
0	1	1	1	S8b	
1	0	0	0	S9b	
1	0	0	1	S10b	
1	0	1	0	S11b	
1	0	1	1	S12b	
1	1	0	0	S13b	
1	1	0	1	S14b	
1	1	1	0	S15b	
1	1	1	1	S16b	

IH-6216 Analog-Multiplexer, 2x8 Kanäle

Fortsetzung :

Adresse A2	A1	A0	Freigabe EN	Durchgeschalteter Eingang
L	L	L	H	1 und 9
L	L	H	H	2 und 10
L	H	L	H	3 und 11
L	H	H	H	4 und 12
H	L	L	H	5 und 13
H	L	H	H	6 und 14
H	H	L	H	7 und 15
H	H	H	H	8 und 16
X	X	X	L	keiner

Beschreibung:
Dieser Baustein enthält zwei Analog-Multiplexer, die je einen Ausgang auf je einen von acht Eingängen durchschaltet.

Betrieb:
Welche Eingänge auf die beiden Ausgänge durchgeschaltet werden, hängt vom logischen Zustand der drei Adressen-Eingänge A0—A2 ab, und ist obenstehender Tabelle zu entnehmen. Die Adressen-Eingänge sind beiden Multiplexern gemeinsam.
Die Logikpegel der ausgewählten Eingänge erscheinen jedoch nur dann an den Ausgängen, wenn der Freigabe-Eingang EN (Enable), der beiden Ausgängen gemeinsam ist, auf High liegt. Befindet sich EN auf Low, wird keiner der Eingänge durchgeschaltet.
Die Adressen-Eingänge und der Freigabe-Anschluss sind TTL-kompatibel, d.h. dass sie auf ein High bei einer Spannung über +3.0V und auf ein Low unter +0.8V entsprechend reagieren.
Durch eine interne Verzögerung ist sichergestellt, dass ein Kanal immer erst durchgeschaltet wird, wenn der vorhergehende geöffnet wurde.

Anwendung:
Analog- und Digital-Multiplexen und Demultiplexen, A/D- und D/A-Wandler

Daten:

Betriebsspannung:	U1	max	+16	V
	U2	max	–16	V
Ein-Widerstand			650	Ω
Zugriffszeit			300	ns
Max. Stromaufnahme je Kanal			20	mA
Stromaufnahme			1	mA

Hersteller:
ISIL

IH-6216

Analog-Multiplexer, 2x8 Kanäle

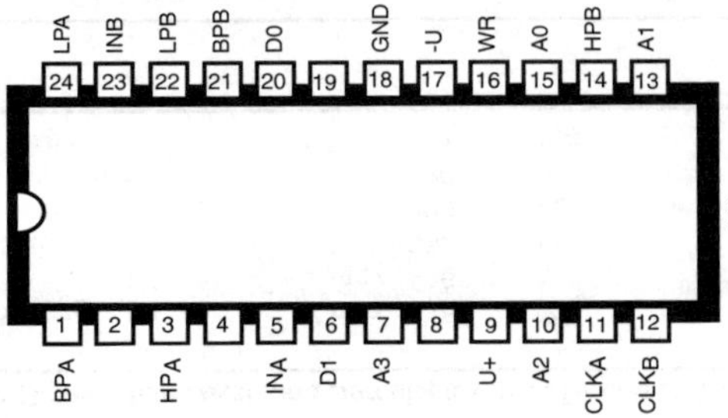

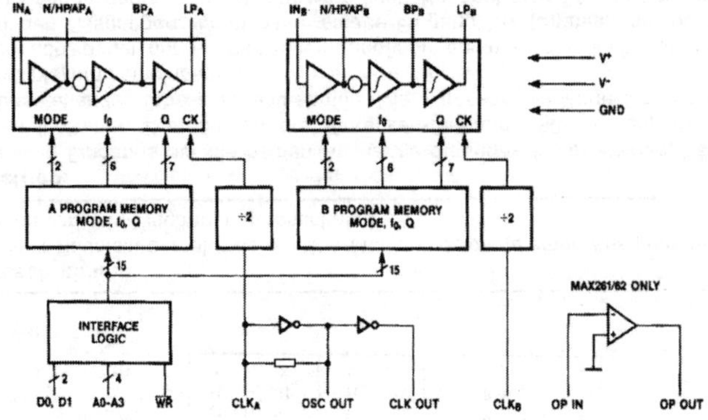

Blockschaltbild

Fortsetzung :

Beschreibung:
Diese Bausteine enthalten zwei aktive Universalfilter mit geschalteten Kondensatoren, deren Filterfunktionen über einen Mikroprozessor präzise programmierbar sind.

Betrieb:
Beim Betrieb dieser Bausteine sind keine externen Komponenten für die Realisierung von Bandpass-, Tiefpass-, Hochpass-, Kerb- und Allpassfiltern erforderlich. Jeder Baustein enthält zwei Filterabschnitte zweiter Ordnung, für die mittels Mikroprozessor die Mittenfrequenz, die Güte (Q) und die Arbeitsweise des Filters programmierbar ist.
Der Eingangstakt (zusammen mit einem 6-bit-f_0-Programm-Eingang) bestimmt die Filtermitte oder die Eckfrequenz, ohne die anderen Filterparameter zu beeinflussen.
Die Güte Q des Filters ist ebenfalls unabhängig programmierbar. Getrennte Takteingänge für jeden Filterabschnitt arbeiten entweder mit Quarzsteuerung, einem RC-Netzwerk oder einem externem Taktgenerator.
Der MAX 260 hat bessere Offset- und Gleichstrom-Spezifiktionen als der MAX 261 und Max 262. Er besitzt einen Mittenfrequenzbereich (f_0) von 7.5 kHz, der MAX 261 einen Bereich von 57kHz und der MAX 262 einen Bereich von 140kHz durch Verwendung eines niedrigeren Verhältnisses Takt zu f_0.
Alle Bausteine werden in einem 24-poligen DIL-Gehäuse für kommerzielle, industrielle und militärische Temperaturbereiche gefertigt.
Für die Programmierung der Filterspezifikationen gibt es von der Lieferfirma entsprechende Entwicklungssoftware.

Anwendung:
Mikroprozessorgesteuerte Filter, Anti-Aliasing-Filter, Digitale Signalverarbeitung, Adaptive Filter, Signalanalyse, Phase-Locked Loops.

Daten:

Stromaufnahme	15	mA

Hersteller:
MAX

MAX260-262

Aktive Filter mit geschalteten Kondensatoren, Mikroprozessor-programmierbar

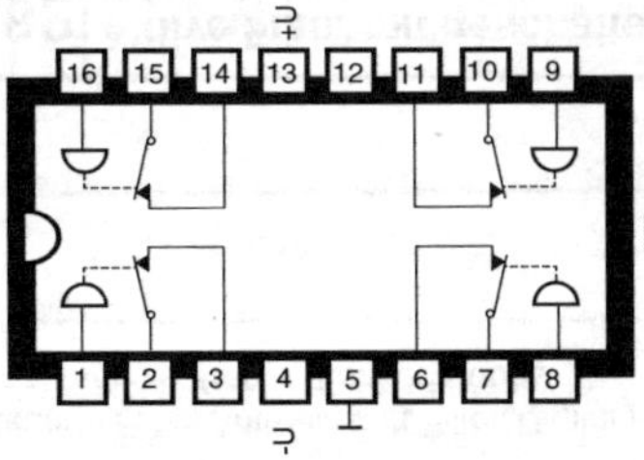

EIN-Widerstand (Bipolare Betriebsspannung)

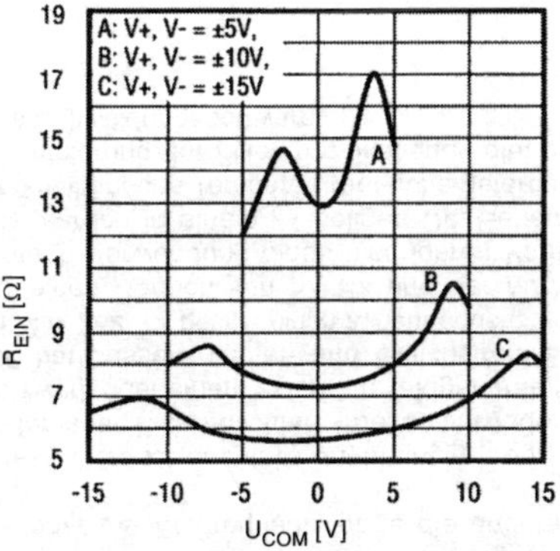

EIN-Widerstand (Unipolare Betriebsspannung, U- = 0V)

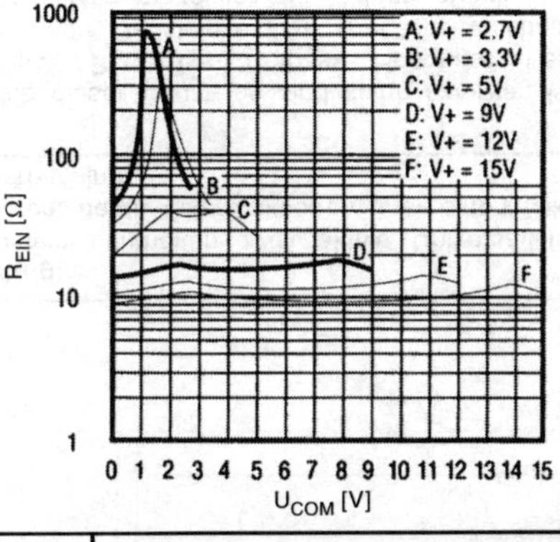

Fortsetzung :

Steuer-Eingang	Schalter
L	EIN
H	AUS

Beschreibung:

Der Baustein enthält vier getrennte Analogschalter (4x1 Öffner) für unipolare oder bipolare Betriebsspannung, die unabhängig voneinander angesteuert werden können.

Betrieb:

Dieser Analogschalter zeichnet sich durch niedrige EIN-Widerstände (max. 10Ω) und weitgehende Übereinstimmung der EIN-Widerstände (Abweichung max. 1.5Ω) aus.
Intern sind Schutzdioden gegen elektrostatische Überspannungen bis 2.000V vorgesehen.
Der Baustein kann an einer unipolaren Betriebsspannung von +4.5V bis +30V, oder an einer bipolaren Betriebsspannung von ±4.5V bis ±20V betrieben werden.
Die digitalen Steuer-Eingänge sind CMOS- und TTL-kompatibel. Der Anschluss VL muss hierbei mit +5V für TTL-Kompatibilität und mit +UB für CMOS-Kompatibilät verbunden werden.
Durch unterschiedliche Ein- und Ausschaltzeiten ist eine Break-Before-Make-Arbeitsweise gesichert.
Jeder Schalter kann Analogsignale in jeder Richtung bis an die Grenze des Betriebsspannungsbereiches (rail-to-rail) verarbeiten.
In 50Ω -Systemen ist die Übertragungskurve von Gleichspannung bis 100MHz mit einer typischen Abschwächung von –2dB weitgehend flach. Eventuell auftretende Spitzen haben ihre Ursache im Layout der jeweiligen Platine. Im AUS-Zustand arbeitet der Schalter wie ein Kondensator und schwächt daher höhere Frequenzen weniger ab. Bei höheren Impedanzen der Schaltung nimmt die Isolation ebenfalls ab.
Die Übersprechdämpfung zwischen den Schaltern beträgt bei 20kHz mehr als 96dB.
Pin-kompatible Bausteine sind DG411/DG412/DG413.

Anwendung:

Testgeräte, Kommunikationssysteme, Audio-Signalschaltung, Sample-and-Hold-Schaltungen, Datenerfassungssysteme.

Daten:

Betriebsspannung:	unipolar	+4.5 bis +30	V
	bipolar	±4.5 bis ±20	V
EIN-Widerstand,		typ.6.5	Ω
Maximaler Strom je Kanal		100	mA
Schaltzeiten:	Ein	70	ns
	Aus	65	ns

Hersteller:

MAX

MAX312

Analogschalter (4x1 Öffner) für unipolare und bipolare Betriebsspannung

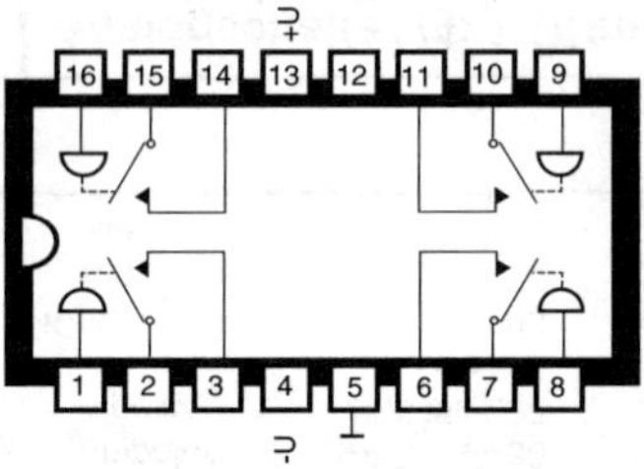

EIN-Widerstand (Bipolare Betriebsspannung)

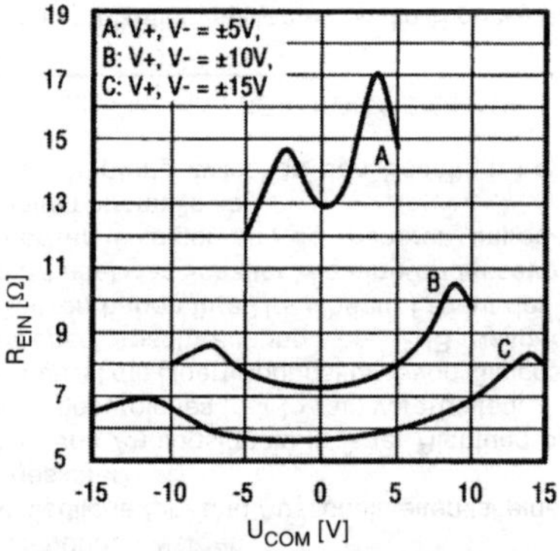

EIN-Widerstand (Unipolare Betriebsspannung, U- = 0V)

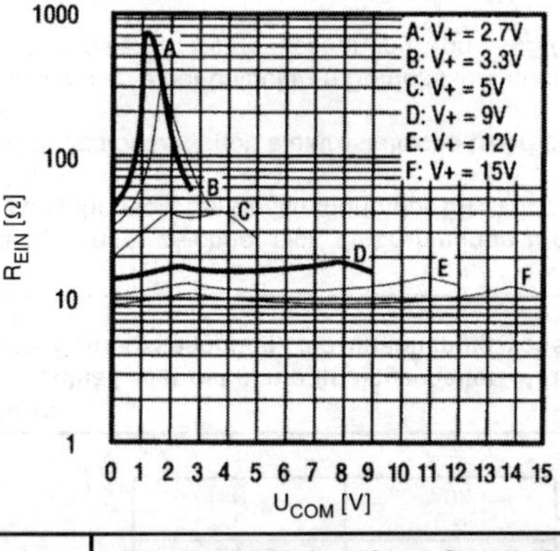

MAX313 | **Analogschalter (4x1 Schließer) für unipolare und bipolare Betriebsspannung**

Fortsetzung :

Steuer-Eingang	Schalter
L H	AUS EIN

Beschreibung:
Der Baustein enthält vier getrennte Analogschalter (4x1 Schließer) für unipolare oder bipolare Betriebsspannung, die unabhängig voneinander angesteuert werden können.

Betrieb:
Dieser Analogschalter zeichnet sich durch niedrige EIN-Widerstände (max. 10Ω) und weitgehende Übereinstimmung der EIN-Widerstände (Abweichung max. 1.5Ω) aus.
Intern sind Schutzdioden gegen elektrostatische Überspannungen bis 2.000V vorgesehen.
Der Baustein kann an einer unipolaren Betriebsspannung von +4.5V bis +30V, oder an einer bipolaren Betriebsspannung von ±4.5V bis ±20V betrieben werden.
Die digitalen Steuer-Eingänge sind CMOS- und TTL-kompatibel. Der Anschluss VL muss hierbei mit +5V für TTL-Kompatibilität und mit +UB für CMOS-Kompatibilät verbunden werden.
Durch unterschiedliche Ein- und Ausschaltzeiten ist eine Break-Before-Make-Arbeitsweise gesichert.
Jeder Schalter kann Analogsignale in jeder Richtung bis an die Grenze des Betriebsspannungsbereiches (rail-to-rail) verarbeiten.
In 50Ω -Systemen ist die Übertragungskurve von Gleichspannung bis 100MHz mit einer typischen Abschwächung von –2dB weitgehend flach. Eventuell auftretende Spitzen haben ihre Ursache im Layout der jeweiligen Platine. Im AUS-Zustand arbeitet der Schalter wie ein Kondensator und schwächt daher höhere Frequenzen weniger ab. Bei höheren Impedanzen der Schaltung nimmt die Isolation ebenfalls ab.
Die Übersprechdämpfung zwischen den Schaltern beträgt bei 20kHz mehr als 96dB.
Pin-kompatible Bausteine sind DG411/DG412/DG413.

Anwendung:
Testgeräte, Kommunikationssysteme, Audio-Signalschaltung, Sample-and-Hold-Schaltungen, Datenerfassungssysteme.

Daten:

Betriebsspannung:	unipolar	+4.5 bis +30	V
	bipolar	±4.5 bis ±20	V
EIN-Widerstand,		typ.6.5	Ω
Maximaler Strom je Kanal		100	mA
Schaltzeiten:	Ein	70	ns
	Aus	65	ns

Hersteller:
MAX

MAX313

Analogschalter (4x1 Schließer) für unipolare und bipolare Betriebsspannung

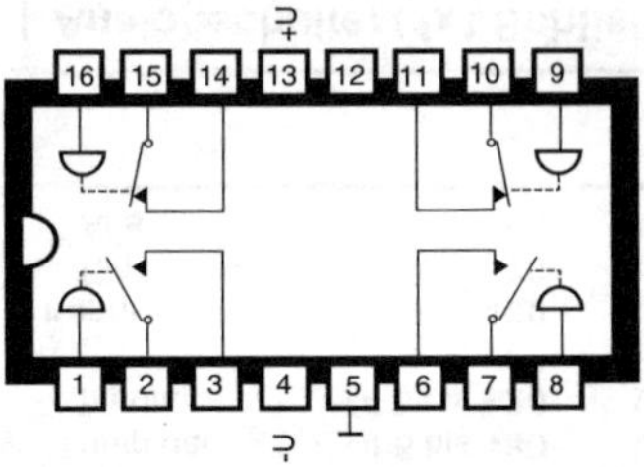

EIN-Widerstand (Bipolare Betriebsspannung)

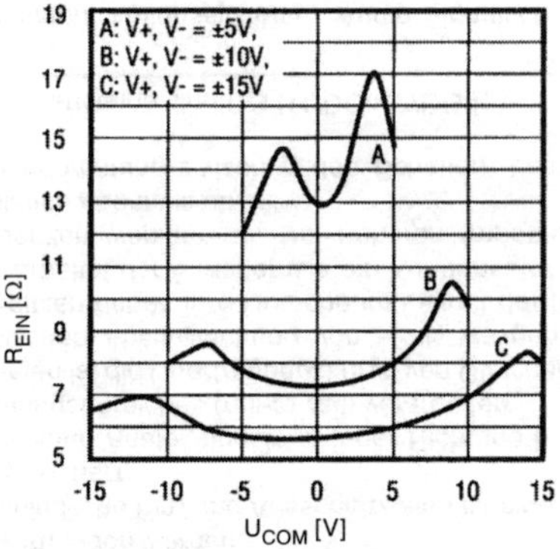

EIN-Widerstand (Unipolare Betriebsspannung, U- = 0V)

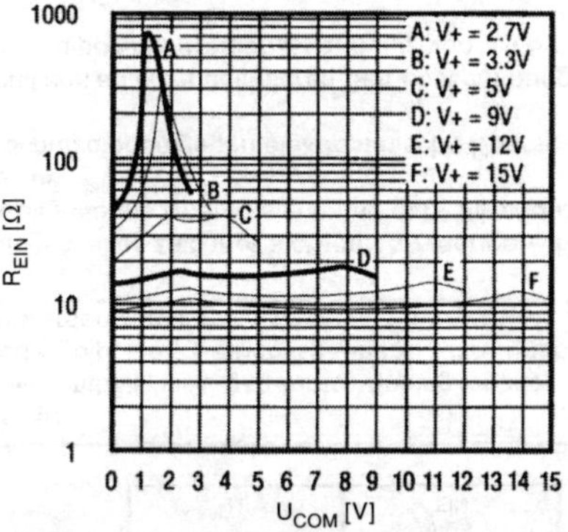

MAX314	**Analogschalter (2 Öffner + 2 Schließer) für unipolare und bipolare Betriebsspannung**

Fortsetzung :

Steuer-Eingang	Schalter 1 und 4	Schalter 2 und 3
L	AUS	EIN
H	EIN	AUS

Beschreibung:
Der Baustein enthält vier getrennte Analogschalter (2 Öffner +2 Schließer) für unipolare oder bipolare Betriebsspannung, die unabhängig voneinander angesteuert werden können.

Betrieb:
Dieser Analogschalter zeichnet sich durch niedrige EIN-Widerstände (max. 10Ω) und weitgehende Übereinstimmung der EIN-Widerstände (Abweichung max. 1.5Ω) aus.
Intern sind Schutzdioden gegen elektrostatische Überspannungen bis 2.000V vorgesehen.
Der Baustein kann an einer unipolaren Betriebsspannung von +4.5V bis +30V, oder an einer bipolaren Betriebsspannung von +4.5V bis ±20V betrieben werden.
Die digitalen Steuer-Eingänge sind CMOS- und TTL-kompatibel. Der Anschluss VL muss hierbei mit +5V für TTL-Kompatibilität und mit +UB für CMOS-Kompatibilät verbunden werden.
Durch unterschiedliche Ein- und Ausschaltzeiten ist eine Break-Before-Make-Arbeitsweise gesichert.
Jeder Schalter kann Analogsignale in jeder Richtung bis an die Grenze des Betriebsspannungsbereiches (rail-to-rail) verarbeiten.
In 50Ω -Systemen ist die Übertragungskurve von Gleichspannung bis 100MHz mit einer typischen Abschwächung von –2dB weitgehend flach. Eventuell auftretende Spitzen haben ihre Ursache im Layout der jeweiligen Platine. Im AUS-Zustand arbeitet der Schalter wie ein Kondensator und schwächt daher höhere Frequenzen weniger ab. Bei höheren Impedanzen der Schaltung nimmt die Isolation ebenfalls ab.
Die Übersprechdämpfung zwischen den Schaltern beträgt bei 20kHz mehr als 96dB.
Pin-kompatible Bausteine sind DG411/DG412/DG413.

Anwendung:
Testgeräte, Kommunikationssysteme, Audio-Signalschaltung, Sample-and-Hold-Schaltungen, Datenerfassungssysteme.

Daten:

Betriebsspannung:	unipolar	+4.5 bis +30	V
	bipolar	±4.5 bis ±20	V
EIN-Widerstand,		typ.6.5	Ω
Maximaler Strom je Kanal		100	mA
Schaltzeiten:	Ein	70	ns
	Aus	65	ns

Hersteller:
MAX

MAX314 | **Analogschalter (2 Öffner + 2 Schließer) für unipolare und bipolare Betriebsspannung**

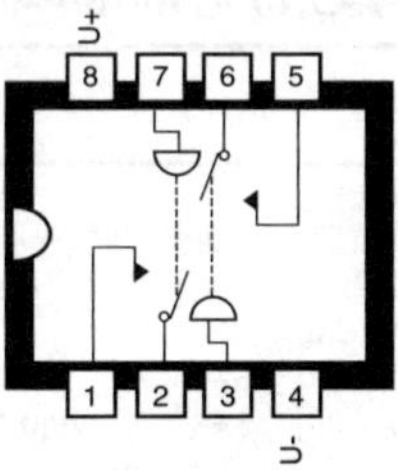

EIN-Widerstand

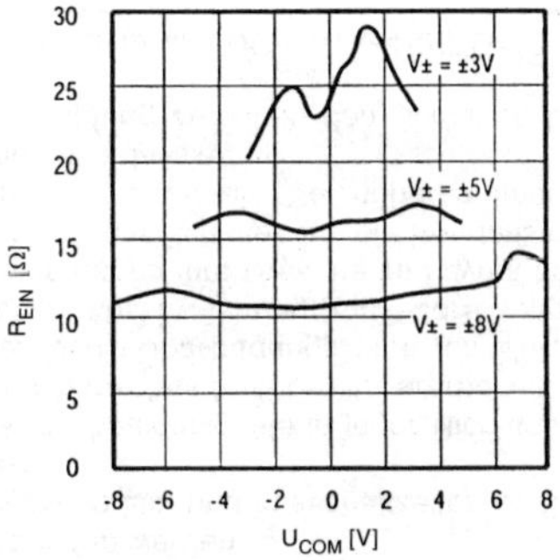

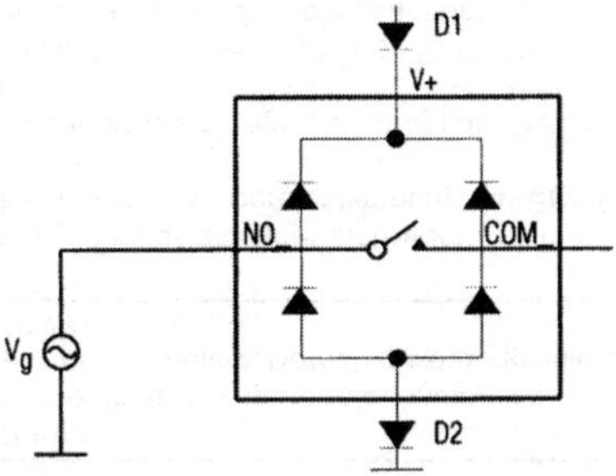

MAX320	Analogschalter, (2x1 Schließer), für bipolare Betriebsspannung

Fortsetzung :

Steuer-Eingang	Schalter
L	AUS
H	EIN

Beschreibung:

Dieser Baustein enthält je 2 Analogschalter, (2 Schließer) die getrennt angesteuert werden können . Die Stromversorgung erfolgt mit einer bipolaren Betriebsspannung.

Betrieb:

Dieser Baustein wird mit einer bipolaren Betriebsspannung zwischen ±3V und ±8V versorgt. Eine sehr niedrige Leistungsaufnahme (1.25mW) macht ihn ideal für batteriebetriebene Geräte. Er zeichnet sich ferner durch ein hohe Schaltgeschwindigkeit aus.
Bei einem Betrieb mit ±5V betragen die EIN-Widerstände der Kanäle 16Ω und weichen voneinander um maximal 2Ω ab.
In den Bausteinen ist ein Schutz gegen elektrostatische Spannungen von mindesten 2000V vorgesehen.
Der Baustein ist bei ±5V Betriebsspannung TTL-kompatibel.
Es werden Analogsignale über den gesamten Betriebsspannungsbereich (rail-to-rail) mit nur sehr geringen Änderungen des EIN-Widerstandes in beiden Richtungen übertragen.
Es ist immer dafür zu sorgen, dass die Betriebsspannung anliegt, bevor die digitalen und analogen Signale zugeführt werden, insbesondere, wenn die digitalen und analogen Signale nicht strombegrenzt sind. Sind diese Signale nicht auf 20mA begrenzt, sind Kleinsignaldioden gemäß dem obenstehenden Bild hinzuzufügen.
Dadurch begrenzt sich allerdings der Analogsignal-Bereich um den Spannungsabfall von je 0.7V an den beiden Dioden.
Für einen Betrieb mit einer unipolaren Betriebsspannungen sind die Bausteine der Serie MAX323/MAX324/MAX325 vorgesehen.

Anwendung:

Batteriebetriebene Geräte, Kommunikationssysteme, Audio-Signalschaltung, Sample-and-Hold-Schaltungen.

Daten:

Betriebsspannung:	bipolar	±3 bis ±8	V
EIN-Widerstand		typ. 35	Ω
Maximaler Strom je Kanal		30	mA
Schaltzeiten:	Ein	150	ns
	Aus	100	ns

Hersteller:

MAX

MAX320

Analogschalter, (2x1 Schließer), für bipolare Betriebsspannung

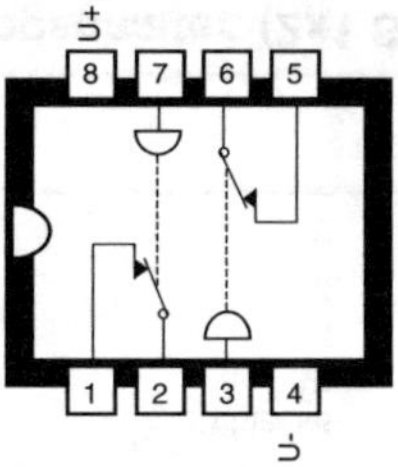

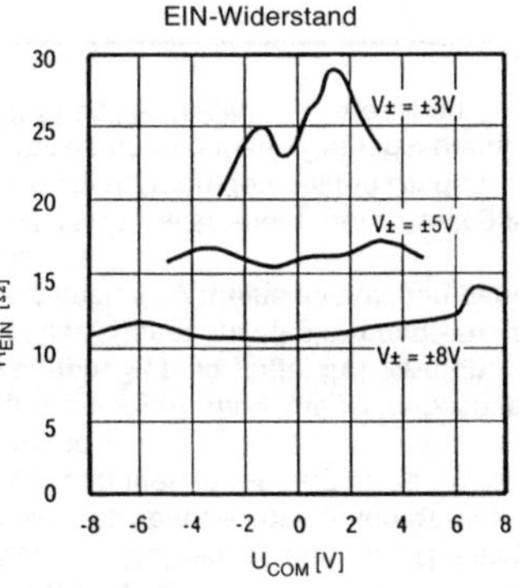

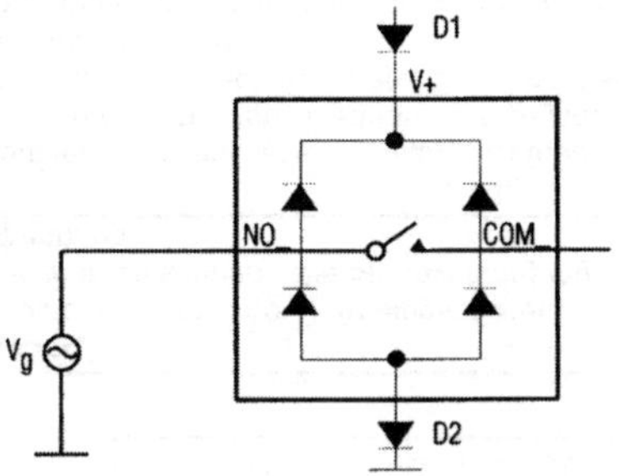

MAX321 | **Analogschalter (2x1 Öffner) für bipolare Betriebsspannung**

Fortsetzung :

Steuer-Eingang	Schalter
L H	EIN AUS

Beschreibung:
Dieser Baustein enthält je 2 Analogschalter, (2 Öffner) die getrennt angesteuert werden können . Die Stromversorgung erfolgt mit einer bipolaren Betriebsspannung.

Betrieb:
Dieser Baustein wird mit einer bipolaren Betriebsspannung zwischen ±3V und ±8V versorgt. Eine sehr niedrige Leistungsaufnahme (1.25mW) macht ihn ideal für batteriebetriebene Geräte. Er zeichnet sich ferner durch ein hohe Schaltgeschwindigkeit aus.
Bei einem Betrieb mit ±5V betragen die EIN-Widerstände der Kanäle 16Ω und weichen voneinander um maximal 2Ω ab.
In den Bausteinen ist ein Schutz gegen elektrostatische Spannungen von mindesten 2000V vorgesehen.
Der Baustein ist bei ±5V Betriebsspannung TTL-kompatibel.
Es werden Analogsignale über den gesamten Betriebsspannungsbereich (rail-to-rail) mit nur sehr geringen Änderungen des EIN-Widerstandes in beiden Richtungen übertragen.
Es ist immer dafür zu sorgen, dass die Betriebsspannung anliegt, bevor die digitalen und analogen Signale zugeführt werden, insbesondere, wenn die digitalen und analogen Signale nicht strombegrenzt sind. Sind diese Signale nicht auf 20mA begrenzt, sind Kleinsignaldioden gemäß dem obenstehenden Bild hinzuzufügen.
Dadurch begrenzt sich allerdings der Analogsignal-Bereich um den Spannungsabfall von je 0.7V an den beiden Dioden.
Für einen Betrieb mit einer unipolaren Betriebsspannungen sind die Bausteine der Serie MAX323/MAX324/MAX325 vorgesehen.

Anwendung:
Batteriebetriebene Geräte, Kommunikationssysteme, Audio-Signalschaltung, Sample-and-Hold-Schaltungen.

Daten:

Betriebsspannung:	bipolar	±3 bis ±8	V
EIN-Widerstand		typ. 35	Ω
Maximaler Strom je Kanal		30	mA
Schaltzeiten:	Ein	150	ns
	Aus	100	ns

Hersteller:
MAX

MAX321
Analogschalter (2x1 Öffner), für bipolare Betriebsspannung

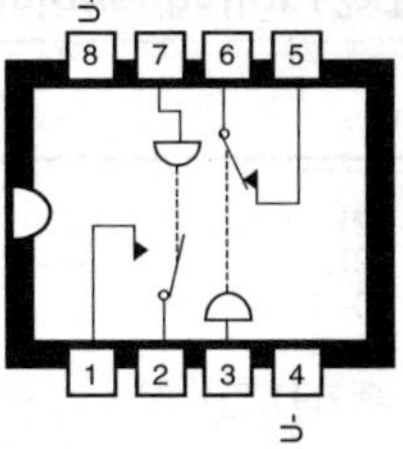

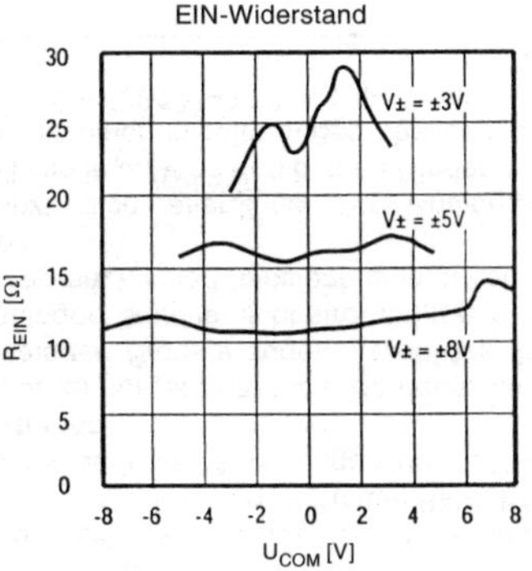

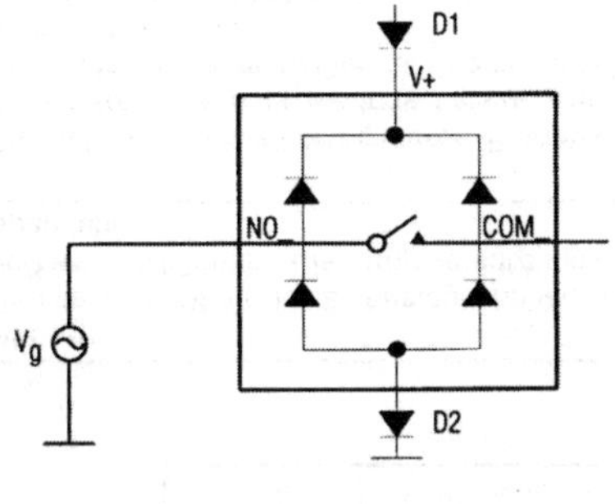

MAX322 | **Analogschalter, 2x(1 Öffner + 1 Schließer), für bipolare Betriebsspannung**

Fortsetzung :

Steuer-Eingang	Schalter1	Schalter2
L H	AUS EIN	EIN AUS

Beschreibung:
Dieser Baustein enthält 2 Analogschalter, (1Öffner + 1Schließer), die getrennt angesteuert werden können . Die Stromversorgung erfolgt mit einer bipolaren Betriebsspannung.

Betrieb:
Der Baustein wird mit einer bipolaren Betriebsspannung zwischen ±3V und ±8V versorgt. Eine sehr niedrige Leistungsaufnahme (1.25mW) macht ihn ideal für batteriebetriebene Geräte. Er zeichnet sich ferner durch ein hohe Schaltgeschwindigkeit aus. Durch unterschiedliche Ein- und Ausschaltzeiten ist ein Break-Before-Make-Betrieb gesichert.
Bei einem Betrieb mit ±5V betragen die EIN-Widerstände der Kanäle 16Ω und weichen voneinander um maximal 2Ω ab.
In den Bausteinen ist ein Schutz gegen elektrostatische Spannungen von mindesten 2000V vorgesehen.
Der Bausteine ist bei ±5V Betriebsspannung TTL-kompatibel.
Es werden Analogsignale über den gesamten Betriebsspannungsbereich (rail-to-rail) mit nur sehr geringen Änderungen des EIN-Widerstandes in beiden Richtungen übertragen.
Es ist immer dafür zu sorgen, dass die Betriebsspannung anliegt, bevor die digitalen und analogen Signale zugeführt werden, insbesondere, wenn die digitalen und analogen Signale nicht strombegrenzt sind. Sind diese Signale nicht auf 20mA begrenzt, sind Kleinsignaldioden gemäß dem obenstehenden Bild hinzuzufügen.
Dadurch begrenzt sich allerdings der Analogsignal-Bereich um den Spannungsabfall von je 0.7V an den beiden Dioden.
Für einen Betrieb mit einer unipolaren Betriebsspannungen sind die Bausteine der Serie MAX323/MAX324/MAX325 vorgesehen.

Anwendung:
Batteriebetriebene Geräte, Kommunikationssysteme, Audio-Signalschaltung, Sample-and-Hold-Schaltungen.

Daten:

Betriebsspannung:	bipolar	±3 bis ±8	V
EIN-Widerstand		typ. 35	Ω
Maximaler Strom je Kanal		30	mA
Schaltzeiten:	Ein	150	ns
	Aus	100	ns

Hersteller:
MAX

MAX322	**Analogschalter, 2x(1 Öffner + 1 Schließer), für bipolare Betriebsspannung**

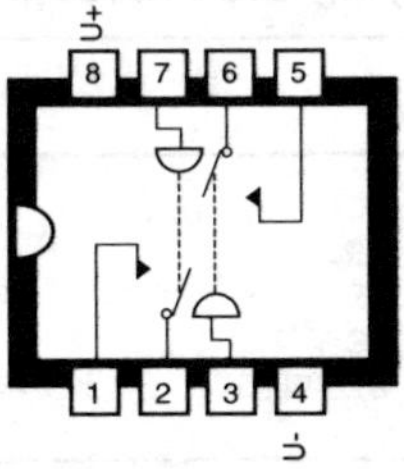

EIN-Widerstand (unipolare Betriebsspannung)

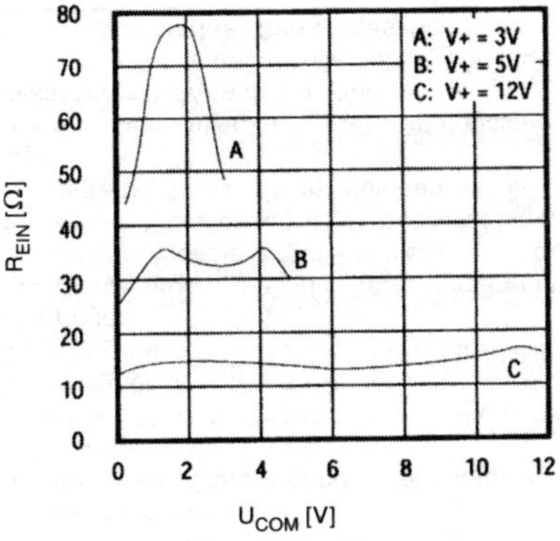

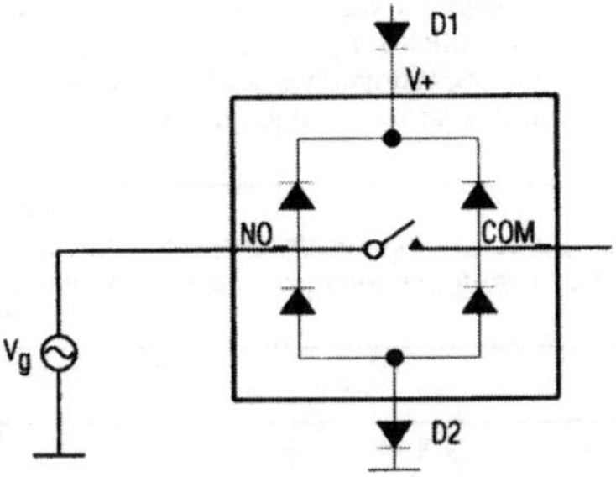

MAX323 | **Analogschalter, 2x(1 Schließer), für unipolare Betriebsspannung**

Fortsetzung :

Steuer-Eingang	Schalter
L	AUS
H	EIN

Beschreibung:
Dieser Baustein enthält 2 Analogschalter, die getrennt angesteuert werden können und zwar 2 Schließer. Die Stromversorgung erfolgt mit einer unipolaren Betriebsspannung.

Betrieb:
Der Baustein wird mit einer unipolaren Betriebsspannung zwischen +2.7V und +16V versorgt. Eine sehr niedrige Leistungsaufnahme (5μW) macht ihn ideal für batteriebetriebene Geräte. Er zeichnen sich ferner durch ein hohe Schaltgeschwindigkeit aus.
Bei einem Betrieb mit +5V betragen die EIN-Widerstände der Kanäle 60Ω und weichen voneinander um maximal 2Ω ab.
In dem Baustein ist ein Schutz gegen elektrostatische Spannungen von mindesten 2000V vorgesehen.
Der Baustein ist bei +5V Betriebsspannung CMOS- und TTL-kompatibel. Bei anderen Betriebsspannungen (z.B. +15V) sollten die Steuereingänge mit Logikpegeln von 0 (LOW) bis 15V (HIGH) angesteuert werden. Ähnliches gilt für eine Betriebsspannung von 3.3V (Logikpegel 0 bis 3.3V).
Es werden Analogsignale über den gesamten Betriebsspannungsbereich (rail-to-rail) mit nur sehr geringen Änderungen des EIN-Widerstandes in beiden Richtungen übertragen.
Es ist immer dafür zu sorgen, dass die Betriebsspannung anliegt, bevor die digitalen und analogen Signale zugeführt werden, insbesondere, wenn die digitalen und analogen Signale nicht strombegrenzt sind. Sind diese Signale nicht auf 20mA begrenzt, sind Kleinsignaldioden gemäß dem obenstehenden Bild hinzuzufügen.
Dadurch begrenzt sich allerdings der Analogsignal-Bereich um den Spannungsabfall von je 0.7V an den beiden Dioden.
Für einen Betrieb mit bipolaren Betriebsspannungen sind die Bausteine der Serie MAX320/321/322 vorgesehen.

Anwendung:
Batteriebetriebene Geräte, Kommunikationssysteme, Audio-Signalschaltung, Sample-and-Hold-Schaltungen.

Daten:

Betriebsspannung:	unipolar	+2.7 bis +15	V
EIN-Widerstand		typ. 33	Ω
Maximaler Strom je Kanal		30	mA
Schaltzeiten:	Ein	150	ns
	Aus	100	ns

Hersteller:
MAX

MAX323

Analogschalter, 2x(1 Schließer), für unipolare Betriebsspannung

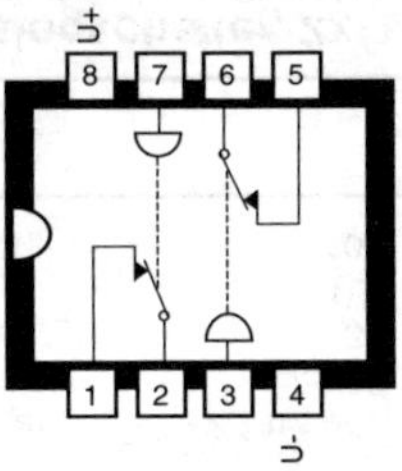

EIN-Widerstand (unipolare Betriebsspannung)

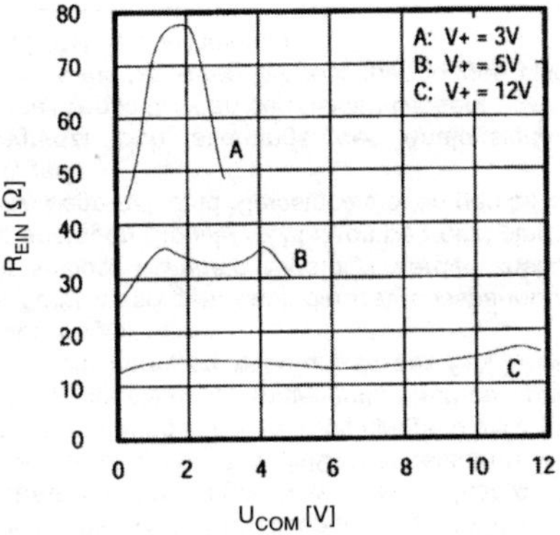

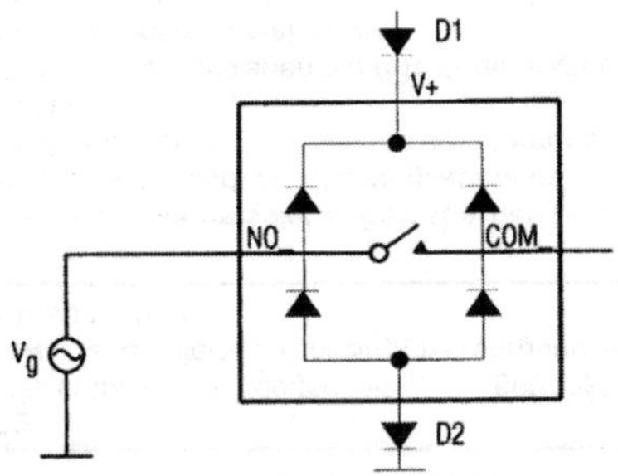

MAX324	**Analogschalter, 2x (1 Öffner), für unipolare Betriebsspannung**

Fortsetzung :

Steuer-Eingang	Schalter
L H	EIN AUS

Beschreibung:
Dieser Baustein enthält 2 Analogschalter, die getrennt angesteuert werden können und zwar 2 Öffner. Die Stromversorgung erfolgt mit einer uni-polaren Betriebsspannung.

Betrieb:
Der Baustein wird mit einer unipolaren Betriebsspannung zwischen +2.7V und +16V versorgt. Eine sehr niedrige Leistungsaufnahme (5µW) macht ihn ideal für batteriebetriebene Geräte. Er zeichnen sich ferner durch ein hohe Schaltgeschwindigkeit aus.
Bei einem Betrieb mit +5V betragen die EIN-Widerstände der Kanäle 60Ω und weichen voneinander um maximal 2Ω ab.
In dem Baustein ist ein Schutz gegen elektrostatische Spannungen von mindesten 2000V vorgesehen.
Der Baustein ist bei +5V Betriebsspannung CMOS- und TTL-kompatibel. Bei anderen Betriebsspannungen (z.B. +15V) sollten die Steuereingänge mit Logikpegeln von 0 (LOW) bis 15V (HIGH) angesteuert werden. Ähnliches gilt für eine Betriebsspannung von 3.3V (Logikpegel 0 bis 3.3V).
Es werden Analogsignale über den gesamten Betriebsspannungsbereich (rail-to-rail) mit nur sehr geringen Änderungen des EIN-Widerstandes in beiden Richtungen übertragen.
Es ist immer dafür zu sorgen, dass die Betriebsspannung anliegt, bevor die digitalen und analogen Signale zugeführt werden, insbesondere, wenn die digitalen und analogen Signale nicht strombegrenzt sind. Sind diese Signale nicht auf 20mA begrenzt, sind Kleinsignaldioden gemäß dem obenstehenden Bild hinzuzufügen.
Dadurch begrenzt sich allerdings der Analogsignal-Bereich um den Spannungsabfall von je 0.7V an den beiden Dioden.
Für einen Betrieb mit bipolaren Betriebsspannungen sind die Bausteine der Serie MAX320/321/322 vorgesehen.

Anwendung:
Batteriebetriebene Geräte, Kommunikationssysteme, Audio-Signalschaltung, Sample-and-Hold-Schaltungen.

Daten:

Betriebsspannung:	unipolar	+2.7 bis +15	V
EIN-Widerstand		typ. 33	Ω
Maximaler Strom je Kanal		30	mA
Schaltzeiten:	Ein	150	ns
	Aus	100	ns

Hersteller:
MAX

MAX324 — Analogschalter, 2x (1 Öffner), für unipolare Betriebsspannung

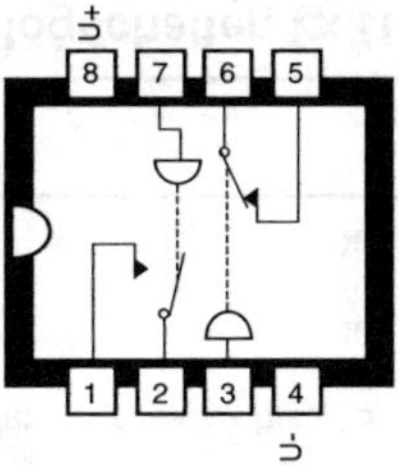

EIN-Widerstand (unipolare Betriebsspannung)

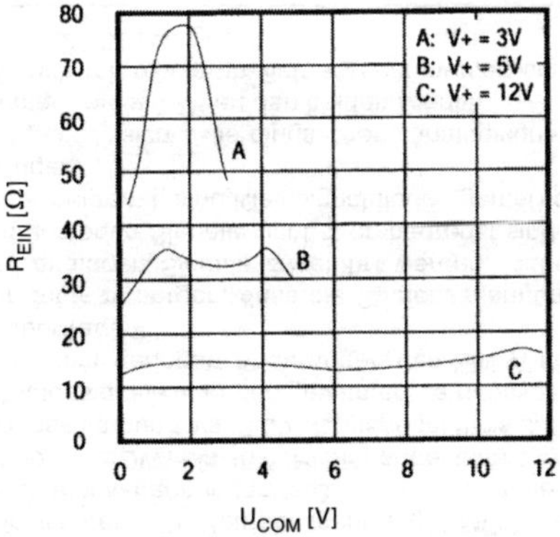

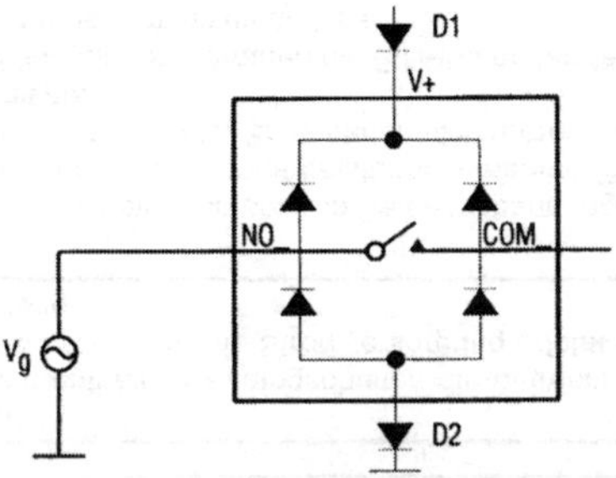

MAX325	**Analogschalter, (1 Schließer + 1 Öffner), für unipolare Betriebsspannung**

Fortsetzung :

Steuer-Eingang	Schalter 1	Schalter 2
L	AUS	EIN
H	EIN	AUS

Beschreibung:
Dieser Baustein enthält 2 Analogschalter, die getrennt angesteuert werden können und zwar 1 Schließer und 1 Öffner. Die Stromversorgung erfolgt mit einer unipolaren Betriebsspannung.

Betrieb:
Der Baustein wird mit einer unipolaren Betriebsspannung zwischen +2.7V und +16V versorgt. Eine sehr niedrige Leistungsaufnahme (5µW) macht ihn ideal für batteriebetriebene Geräte. Er zeichnen sich ferner durch ein hohe Schaltgeschwindigkeit aus.
Bei einem Betrieb mit +5V betragen die EIN-Widerstände der Kanäle 60Ω und weichen voneinander um maximal 2Ω ab.
In dem Baustein ist ein Schutz gegen elektrostatische Spannungen von mindesten 2000V vorgesehen.
Der Baustein ist bei +5V Betriebsspannung CMOS- und TTL-kompatibel. Bei anderen Betriebsspannungen (z.B. +15V) sollten die Steuereingänge mit Logikpegeln von 0 (LOW) bis 15V (HIGH) angesteuert werden. Ähnliches gilt für eine Betriebsspannung von 3.3V (Logikpegel 0 bis 3.3V).
Es werden Analogsignale über den gesamten Betriebsspannungsbereich (rail-to-rail) mit nur sehr geringen Änderungen des EIN-Widerstandes in beiden Richtungen übertragen.
Es ist immer dafür zu sorgen, dass die Betriebsspannung anliegt, bevor die digitalen und analogen Signale zugeführt werden, insbesondere, wenn die digitalen und analogen Signale nicht strombegrenzt sind. Sind diese Signale nicht auf 20mA begrenzt, sind Kleinsignaldioden gemäß dem obenstehenden Bild hinzuzufügen.
Dadurch begrenzt sich allerdings der Analogsignal-Bereich um den Spannungsabfall von je 0.7V an den beiden Dioden.
Für einen Betrieb mit bipolaren Betriebsspannungen sind die Bausteine der Serie MAX320/321/322 vorgesehen.

Anwendung:
Batteriebetriebene Geräte, Kommunikationssysteme, Audio-Signalschaltung, Sample-and-Hold-Schaltungen.

Daten:

Betriebsspannung:	unipolar	+2.7 bis +15	V
EIN-Widerstand		typ. 33	Ω
Maximaler Strom je Kanal		30	mA
Schaltzeiten:	Ein	150	ns
	Aus	100	ns

Hersteller:
MAX

MAX325 — Analogschalter, (1 Schließer + 1 Öffner), für unipolare Betriebsspannung

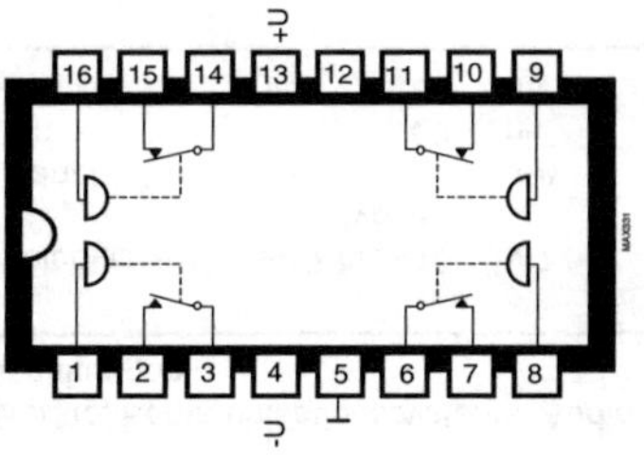

Anwendungsbeispiel:
Verstärker mit programmierbarem Verstärkungsfaktor

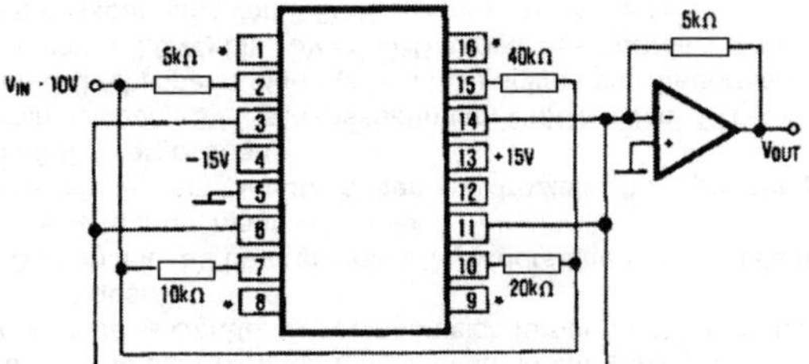

* Anmerkung: Pin 1, 8, 9 und16 sind Logik-Steuereingänge

Fortsetzung :

Steuer-Eingänge	Schalter
L H	EIN AUS

Beschreibung:

Dieser Baustein enthält vier Analogschalter (4x1 Öffner). Die vier Schal-ter können unabhängig voneinander angesteuert mit einer bipolaren Betriebs-spannung betrieben werden

Betrieb:

Der Baustein wird an einer bipolaren Betriebsspannung von ±4.5V bis ±18V betrieben.

Bei der Version von MAXIM ist garantiert, dass bei diesen Schaltern kein Latch-Up-Effekt auftritt, wenn die Betriebsspannungen entfernt werden, während noch die Signalspannungen anliegen. Dieser Baustein zeichnet sich ferner durch ein äußerst niedrige Stromaufnahme von ca. 0.02mA aus und liegt damit um den Faktor 10 niedriger als die Industrie-Standards DG201A und DG211.

Die digitalen Steuer-Eingänge sind CMOS- und TTL-kompatibel. Auch ist bei diesem Baustein kein Anlegen einer dritten Betriebsspannung an Pin 12 erforderlich, wie dies beim Betreib des DG 211 nötig ist.

Der Baustein ist pinkompatibel mit dem Industrie-Standard DG201A und DG211.

Der MAX331 und DG201 unterscheiden sich vom DG211 vor allem in den Schaltgeschwindigkeiten. Der MAX311 und der DG201 besitzen eine maximale Einschaltzeit von 600ns und eine maximale Ausschaltzeit von 450ns. Diese liegen beim DG211 bei 500ns und 1000ns.

Durch die unterschiedlichen Ein- und Ausschaltzeiten ist eine Break-Before-Make-Arbeitsweise gesichert.

Anwendung:

Schalter in batteriebetriebenen Geräten, Testgeräte, Leit- und Steuersysteme, Kommunikationssysteme, Audio-Signalschaltung.

Daten:

Betriebsspannung:		±4.5 bis ±18	V
EIN-Widerstand		max. 115	Ω
Maximaler Strom je Kanal		20	mA
Schaltzeiten:	Ein	600	ns
	Aus	450	ns
Stromaufnahme (alle Kanäle Ein oder Aus)		0.02	mA

Hersteller:

MAX

MAX331 — Analogschalter, (4x1 Öffner), für bipolare Betriebsspannung

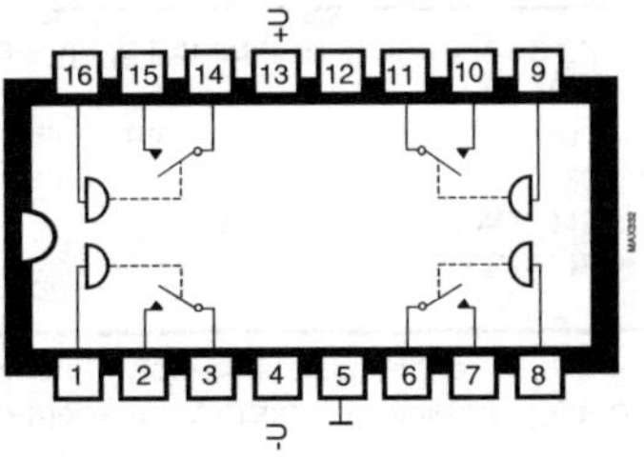

Anwendungsbeispiel:
Verstärker mit programmierbarem Verstärkungsfaktor

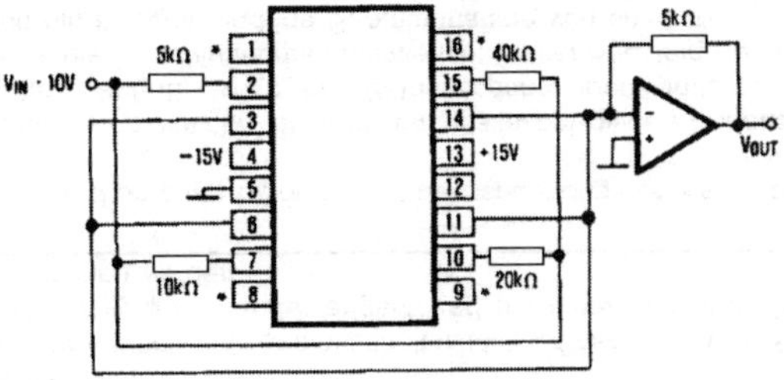

* Anmerkung: Pin 1, 8, 9 und16 sind Logik-Steuereingänge

Fortsetzung :

Steuer-Eingänge	Schalter
L	AUS
H	EIN

Beschreibung:
Dieser Baustein enthält vier Analogschalter (4 Schließer). Die vier Schalter können unabhängig voneinander angesteuert mit einer bipolaren Betriebsspannung betrieben werden

Betrieb:
Der Baustein wird an einer bipolaren Betriebsspannung von ±4.5V bis ±18V betrieben. Bei der Version von MAXIM ist garantiert, dass bei diesen Schaltern kein Latch-Up-Effekt auftritt, wenn die Betriebsspannungen entfernt werden, während noch die Signalspannungen anliegen. Dieser Baustein zeichnet sich ferner durch ein äußerst niedrige Stromaufnahme von ca. 0.02mA aus und liegt damit um den Faktor 10 niedriger als die Industrie-Standards DG202 und DG212.
Die digitalen Steuer-Eingänge sind CMOS- und TTL-kompatibel. Auch ist bei diesem Baustein kein Anlegen einer dritten Betriebsspannung an Pin 12 erforderlich, wie dies beim Betreib des DG 212 erforderlich ist.
Der Baustein ist pinkompatibel mit dem Industrie-Standard DG 202 und DG 212. Der MAX332 und der DG202 besitzen eine maximale Einschaltzeit von 600ns und eine maximale Ausschaltzeit von 450ns.
Durch die unterschiedlichen Ein- und Ausschaltzeiten ist eine Break-Before-Make-Arbeitsweise gesichert.
Der Baustein unterscheidet sich vom MAX331 durch seine invertierten Steuer-Eingänge.

Anwendung:
Schalter in batteriebetriebenen Geräten, Testgeräte, Leit- und Steuersysteme, Kommunikationssysteme, Audio-Signalschaltung.

Daten:

Betriebsspannung:		±4.5 bis ±18	V
EIN-Widerstand		max. 115	Ω
Maximaler Strom je Kanal		20	mA
Schaltzeiten:	Ein	600	ns
	Aus	450	ns
Stromaufnahme (alle Kanäle Ein oder Aus)		0.02	mA

Hersteller:
MAX

MAX332 — Analogschalter, (4x1 Schließer), für bipolare Betriebsspannung

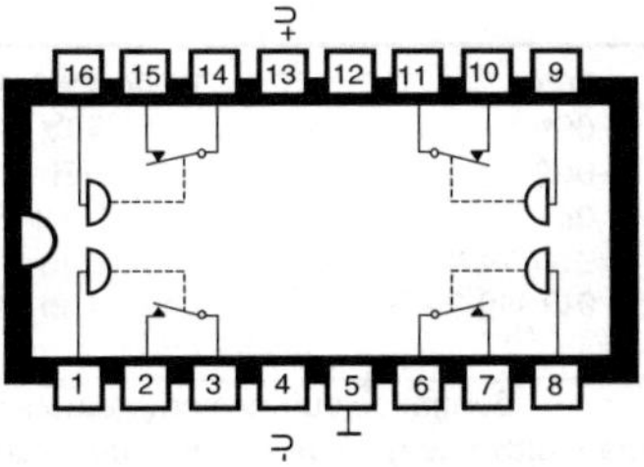

Anwendungsbeispiel:
Verstärker mit programmierbarem Verstärkungsfaktor

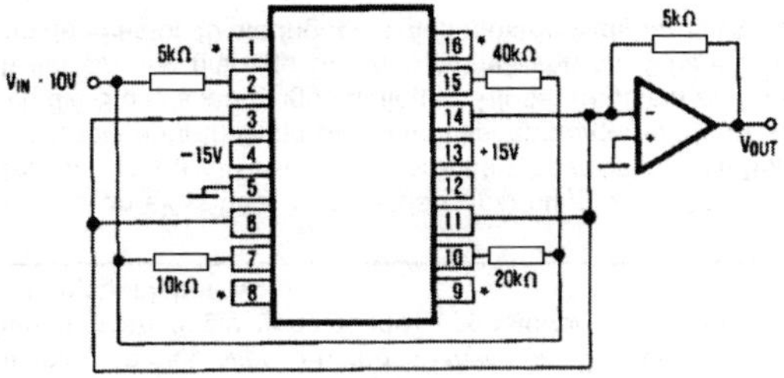

* Anmerkung: Pin 1, 8, 9 und16 sind Logik-Steuereingänge

Fortsetzung :

Steuer-Eingänge	Schalter
L H	EIN AUS

Beschreibung:
Dieser Baustein enthält vier von einander unabhängige Analogschalter (4x1 Öffner) für unipolare und bipolare Betriebsspannungen.

Betrieb:
Der Baustein kann an einer unipolaren Betriebsspannung von +5V bis +30V, oder an einer bipolaren Betriebsspannung von ±5V bis ±15V betrieben werden. Die digitalen Steuer-Eingänge sind CMOS- und TTL-kompatibel. Durch die CMOS-Eingänge ist eine sehr geringe Belastung der Steuerquelle gegeben.
Durch unterschiedliche Ein- und Ausschaltzeiten ist eine Break-Before-Make-Arbeitsweise gesichert.
Der EIN-Widerstand beträgt maximal 50Ω pro Kanal.
Der MAX334 kann den DG201 und DG211 direkt ersetzen, besitzt jedoch dabei nur 1/4 des Kanalwiderstandes und ist etwa 4 mal so schnell.
Er ist ferner pinkompatibel mit dem Harris HI-201 HS und Siliconix DG271.

Anwendung:
Testgeräte, Kommunikationssysteme, Audio-Signalschaltung, Sample-and-Hold-Schaltungen, Datenerfassungssysteme.

Daten:

Betriebsspannung:	unipolar	+5 bis +30	V
	bipolar	± 5 bis ±15	V
EIN-Widerstand		typ. 50	Ω
Maximaler Strom je Kanal		80	mA
Schaltzeiten:	Ein	100	ns
	Aus	50	ns

Hersteller:
MAX

MAX334 | **Analogschalter (4x1 Öffner) für unipolare und bipolare Betriebsspannung**

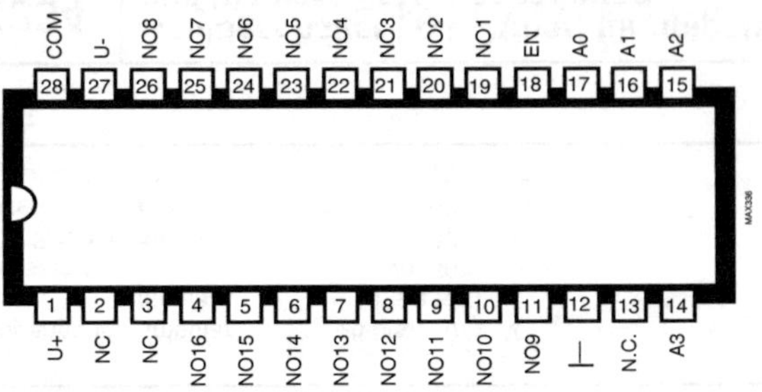

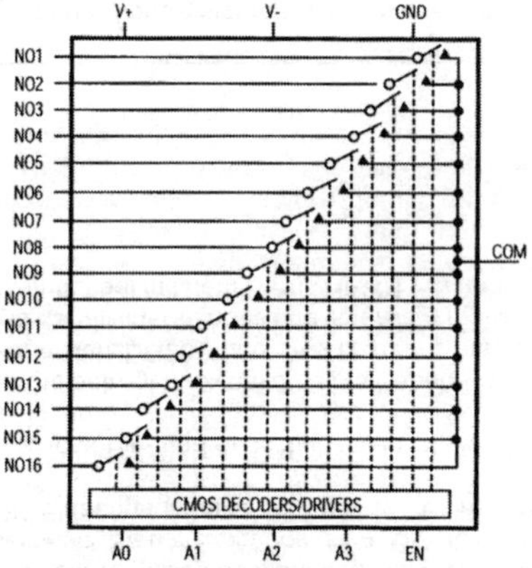

Frequenzgang

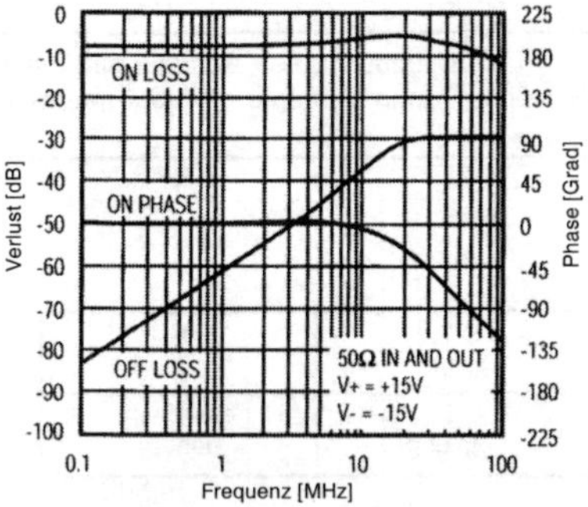

MAX336 | Analogmultiplexer, 16 Kanäle

Fortsetzung :

A3	A2	A1	A0	EN	Schalter EIN
X	X	X	X	0	keine
0	0	0	0	1	1
0	0	0	1	1	2
0	0	1	0	1	3
0	0	1	1	1	4
0	1	0	0	1	5
0	1	0	1	1	6
0	1	1	0	1	7
0	1	1	1	1	8
1	0	0	0	1	9
1	0	0	1	1	10
1	0	1	0	1	11
1	0	1	1	1	12
1	1	0	0	1	13
1	1	0	1	1	14
1	1	1	0	1	15
1	1	1	1	1	16

Beschreibung:
Dieser Baustein enthält einen Analog-Multiplexer, der einen von 16 Eingängen auf einen gemeinsamen Ausgang durchschaltet.

Betrieb:
Der Baustein kann an einer unipolaren Betriebsspannung von +4.5V bis +30V oder einer bipolaren Betriebsspannung von ±4.5V bis ±20V betrieben werden. Die Schalter können Analogsignale bis zur Höhe der jeweiligen Betriebsspannung in beiden Richtungen verarbeiten (rail-to-rail). Der Leckstrom beträgt nur 20pA bei 25°C.
Die digitalen Eingänge sind über den gesamten Betriebsspannungsbereich CMOS-und TTL-kompatibel, mit Logikschwellwerten von 0.8V und 2.4V. Der EIN-Widerstand beträgt maximal 400Ω .
Der Baustein ist gegen Überspannungen bis 2.000V geschützt.
Die Auswahl des durchzuschaltenden Kanals erfolgt mittels eines 4-Bit-Binärcodes an A0 bis A3. Wenn der Enable-Eingang auf Low liegt, sind sämtliche Kanäle auf Aus geschaltet. Durch unterschiedlich Ein- und Ausschaltzeiten ist ein Break-Before-Make-Betrieb gesichert.
Im AUS-Zustand beträgt die Isolation –82dB, die Übersprechdämpfung 86dB. Bei 10MHz nimmt die Isolation auf –50dB in 50Ω-Systemen ab und sinkt bei steigender Frequenz je Dekade um weitere 20dB.
Der Baustein ist pinkompatibel mit dem Industriestandard DG506.

Anwendung:
Präzise Datenerfassung, Testgeräte, Signalführung

Daten:

Betriebsspannung:	unipolar	+4.5 bis +30	V
	bipolar	±4.5 bis ±20	V
EIN-Widerstand		typ. 220	Ω
Maximaler Strom je Kanal		30	mA
Umschaltzeit		typ. 200	ns
Break-Before-Make-Zeit		50	ns

Hersteller:
MAX

MAX336 — Analogmultiplexer, 16 Kanäle

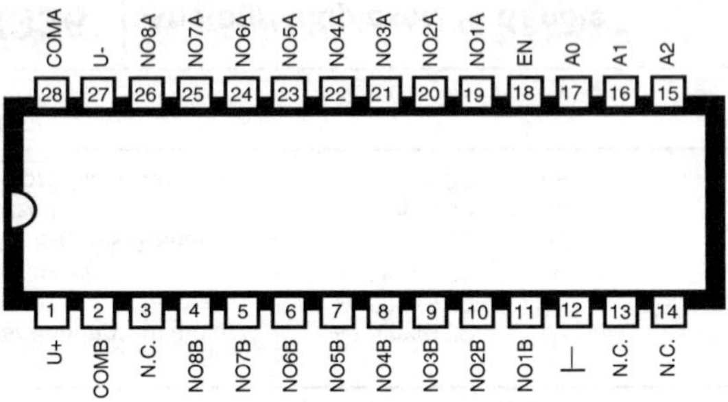

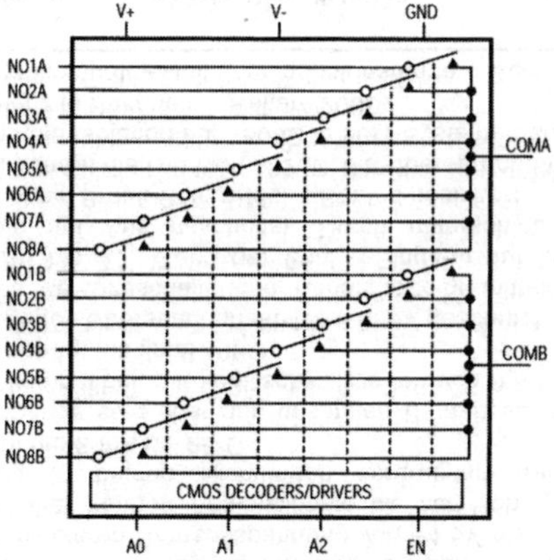

Frequenzgang

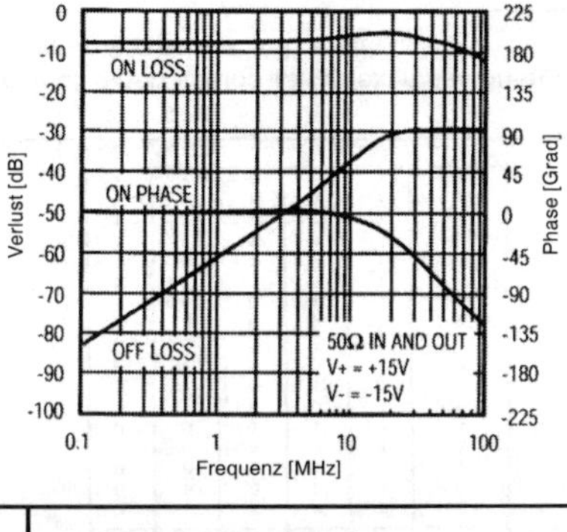

MAX337 Analogmultiplexer, 2x8 Kanäle

Fortsetzung :

A2	A1	A0	EN	Schalter EIN
X	X	X	0	keine
0	0	0	1	1
0	0	1	1	2
0	1	0	1	3
0	1	1	1	4
1	0	0	1	5
1	0	1	1	6
1	1	0	1	7
1	1	1	1	8

Beschreibung:
Dieser Baustein enthält zwei Analog-Multiplexer, die je einen von 8 Eingängen auf den jeweiligen gemeinsamen Ausgang durchschalten..

Betrieb:
Der Baustein kann an einer unipolaren Betriebsspannung von +4.5V bis +30V oder einer bipolaren Betriebsspannung von ±4.5V bis ±20V betrieben werden. Die Schalter können Analogsignale bis zur Höhe der jeweiligen Betriebsspannung in beiden Richtungen verarbeiten (rail-to-rail). Der Leckstrom beträgt nur 20pA bei 25°C.
Die digitalen Eingänge sind über den gesamten Betriebsspannungsbereich CMOS-und TTL-kompatibel, mit Logikschwellwerten von 0.8V und 2.4V. Der EIN-Widerstand beträgt maximal 400Ω .
Der Baustein ist gegen Überspannungen bis 2.000V geschützt.
Die Auswahl des durchzuschaltenden Kanals erfolgt mittels eines 3-Bit-Binärcodes an A0 bis A2. Wenn der Enable-Eingang auf Low liegt, sind sämtliche Kanäle auf Aus geschaltet. Durch unterschiedlich Ein- und Ausschaltzeiten ist ein Break-Before-Make-Betrieb gesichert.
Im AUS-Zustand beträgt die Isolation –82dB, die Übersprechdämpfung 86dB. Bei 10MHz nimmt die Isolation auf –50dB in 50Ω-Systemen ab und sinkt bei steigender Frequenz je Dekade um weitere 20dB.
Der Baustein ist pinkompatibel mit dem Industriestandard DG507.

Anwendung:
Präzise Datenerfassung, Testgeräte, Signalführung

Daten:

Betriebsspannung:	unipolar	+4.5 bis +30	V
	bipolar	±4.5 bis ±20	V
EIN-Widerstand		typ. 220	Ω
Maximaler Strom je Kanal		30	mA
Umschaltzeit		typ. 200	ns
Break-Before-Make-Zeit		50	ns

Hersteller:
MAX

MAX337 | Analogmultiplexer, 2x8 Kanäle

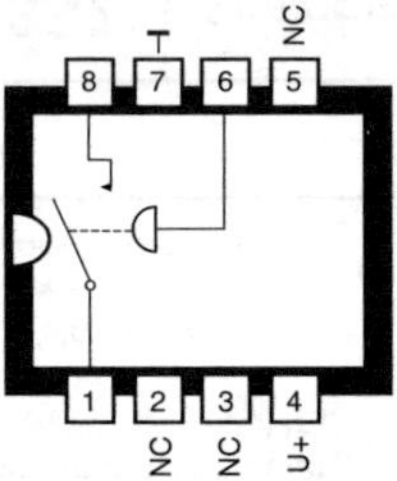

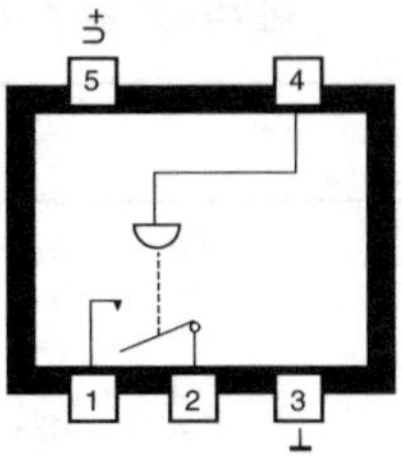

EIN-Widerstand

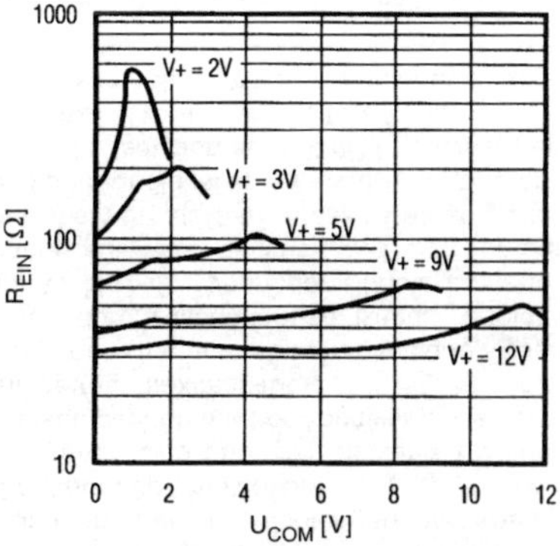

Frequenzgang

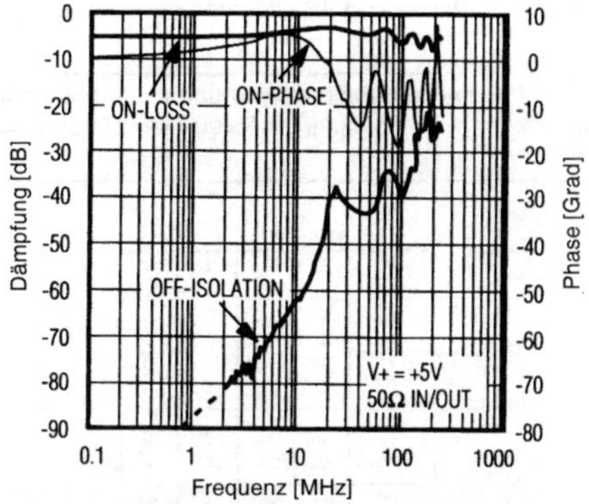

MAX4501

Analogschalter (1 Schließer) für unipolare Betriebsspannung

Fortsetzung :

Eingang	Schalter
L	Aus
H	Ein

Beschreibung:
Dieser Baustein enthält einen einzelnen Analogschalter (1 Schließer) mit unipolarer Betriebsspannung.

Betrieb:
Dieser Schalter kann mit einer unipolaren Betriebsspannung von +2V bis +12V betrieben werden.
Der Schalter kann Analogsignale in jeder Richtung bis an die Grenze des Betriebsspannungsbereiches (rail-to-rail) verarbeiten. Bei 25°C beträgt der Leckstrom nur 1nA.
Der digitale Eingang besitzt einen Schwellwert von 0.8V und 2.4.V, wodurch eine TTL- und CMOS-Kompatibilität bei einer Betriebsspannung von +5V gesichert ist.
Der Steuereingang dieses Bausteins darf keinesfalls bei einer Betriebsspannung von +3V mit Signalen verbunden werden, die an einer Betriebsspannung von +5V arbeiten. Dies führt zu einer Beschädigung des Bausteins.
Der Bausteine zeichnet sich durch kurze Ein- und Ausschaltzeiten aus. Infolge der unterschiedlichen Ein- und Ausschaltzeiten ist eine Break-Befor-Make-Arbeitsweise gesichert.
In 50Ω -Systemen ist die Übertragungskurve bis 250MHz weitgehend flach. Eventuell auftretende Spitzen haben ihre Ursache im Layout der jeweiligen Platine. Im AUS-Zustand arbeitet der Schalter wie ein Kondensator und schwächt daher höhere Frequenzen weniger ab. Die Isolation beträgt bei 10MHz etwa –60dB in 50Ω-Systemen und nimmt mit steigender Frequenz um ca. 20dB pro Dekade ab. Bei höheren Impedanzen der Schaltung nimmt die Isolation ebenfalls ab.
Für eine bipolare Stromversorgung dienen die beiden Bausteine MAX 4503/ 4504.

Anwendung:
Batteriebetriebene Geräte, Audio- und Video-Signalschaltung, Kommunikationsschaltungen, Modems

Daten:

Betriebsspannung:	unipolar	+2 bis +12	V
EIN-Widerstand bei +5V		250	Ω
Maximaler Strom je Kanal		10	mA
Schaltzeiten:	Ein	75	ns
	Aus	50	ns

Hersteller:
MAX

MAX4501

Analogschalter (1 Schließer) für unipolare Betriebsspannung

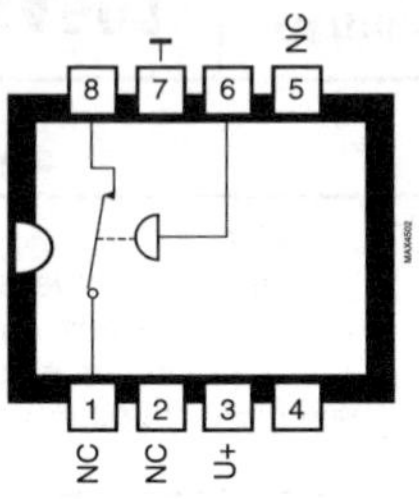

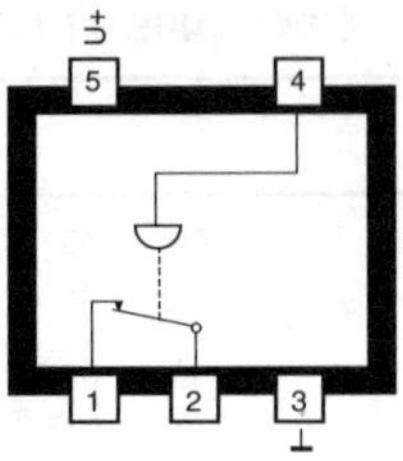

EIN-Widerstand

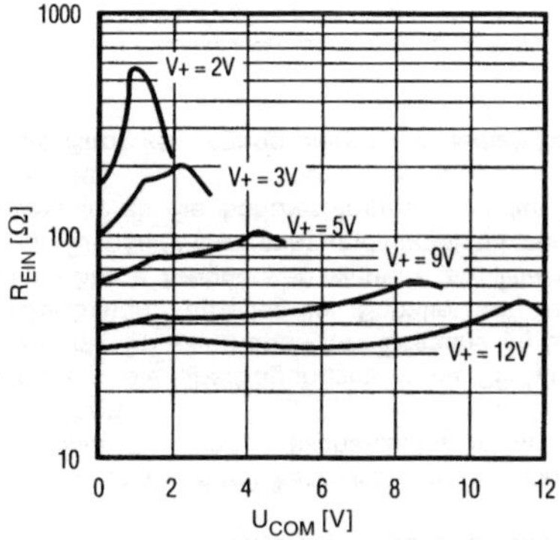

Frequenzgang

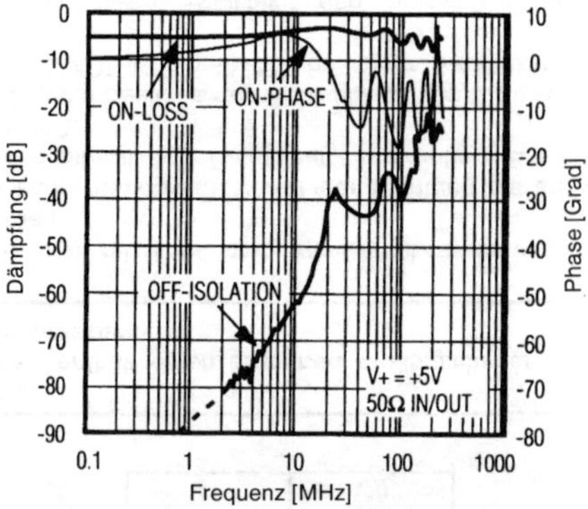

MAX4502	**Analogschalter (1 Öffner) für unipolare Betriebsspannung**

Fortsetzung :

Eingang	Schalter
L H	EIN AUS

Beschreibung:
Dieser Baustein enthält einen einzelnen Analogschalter (= Öffner) mit unipolarer Betriebsspannung.

Betrieb:
Dieser Schalter kann mit einer unipolaren Betriebsspannung von +2V bis +12V betrieben werden.
Jeder Schalter kann Analogsignale in jeder Richtung bis an die Grenze des Betriebsspannungsbereiches (rail-to-rail) verarbeiten. Bei 25°C beträgt der Leckstrom nur 1nA.
Der digitale Eingang besitzt einen Schwellwert von 0.8V und 2.4.V, wodurch eine TTL- und CMOS-Kompatibilität bei einer Betriebsspannung von +5V gesichert ist.
Der Steuereingang dieses Bausteins darf keinesfalls bei einer Betriebsspannung von +3V mit Signalen verbunden werden, die an einer Betriebsspannung von +5V arbeiten. Dies führt zu einer Beschädigung des Bausteins.
Der Bausteine zeichnet sich durch kurze Ein- und Ausschaltzeiten aus. Infolge der unterschiedlichen Ein- und Ausschaltzeiten ist eine Break-Befor-Make-Arbeitsweise gesichert.
In 50Ω -Systemen ist die Übertragungskurve bis 250MHz weitgehend flach. Eventuell auftretende Spitzen haben ihre Ursache im Layout der jeweiligen Platine. Im AUS-Zustand arbeitet der Schalter wie ein Kondensator und schwächt daher höhere Frequenzen weniger ab. Die Isolation beträgt bei 10MHz etwa –60dB in 50Ω-Systemen und nimmt mit steigender Frequenz um ca. 20dB pro Dekade ab. Bei höheren Impedanzen der Schaltung nimmt die Isolation ebenfalls ab.
Für eine bipolare Stromversorgung dienen die beiden Bausteine MAX 4503/4504.

Anwendung:
Batteriebetriebene Geräte, Audio- und Video-Signalschaltung, Kommunikationsschaltungen, Modems

Daten:

Betriebsspannung:	unipolar	+2 bis +12	V
EIN-Widerstand bei +5V		250	Ω
Maximaler Strom je Kanal		10	mA
Schaltzeiten:	Ein	75	ns
	Aus	50	ns

Hersteller:
MAX

MAX4502

Analogschalter (1 Öffner) für unipolare Betriebsspannung

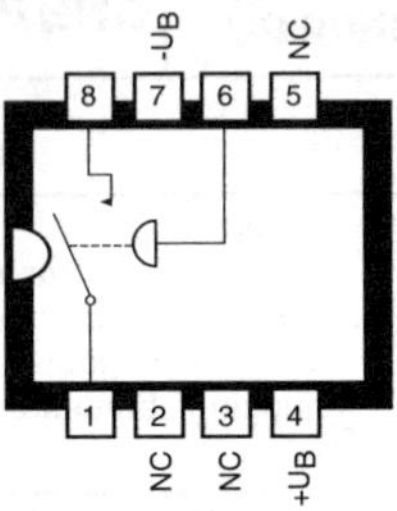

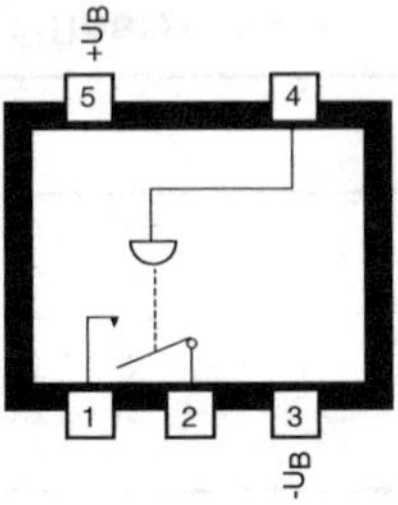

EIN-Widerstand

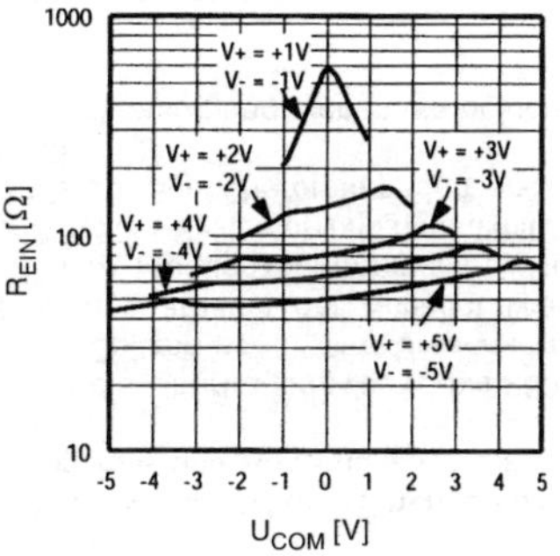

Frequenzgang

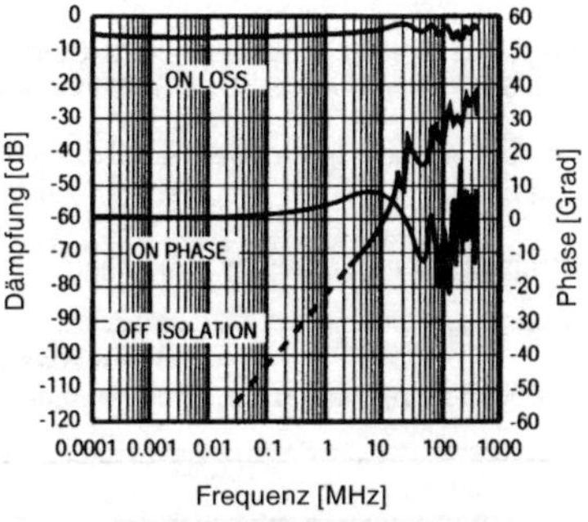

MAX4503

Analogschalter (1 Schließer) für bipolare Betriebsspannung

Fortsetzung :

Eingang	Schalter
L H	Aus Ein

Beschreibung:
Dieser Baustein enthält einen einzelnen Analogschalter (= Schließer) mit bipolarer Betriebsspannung.

Betrieb:
Dieser Schalter kann mit einer bipolaren Betriebsspannung von ±1V bis ±6V betrieben werden.
Jeder Schalter kann Analogsignale in jeder Richtung bis an die Grenze des Betriebsspannungsbereiches (rail-to-rail) verarbeiten. Bei 25°C beträgt der Leckstrom nur 1nA.
Der digitale Eingang ist bei einer Betriebsspannung von +5 V CMOS-kompatibel.
Der Steuereingang dieses Bausteins darf keinesfalls bei einer Betriebsspannung von +3V mit Signalen verbunden werden, die an einer Betriebsspannung von +5V arbeiten. Dies führt zu einer Beschädigung des Bausteins.
Der Bausteine zeichnet sich durch kurze Ein- und Ausschaltzeiten aus. Infolge der unterschiedlichen Ein- und Ausschaltzeiten ist eine Break-Befor-Make-Arbeitsweise gesichert.
In 50Ω-Systemen ist die Übertragungskurve bis 50MHz weitgehend flach. Eventuell auftretende Spitzen haben ihre Ursache im Layout der jeweiligen Platine. Im AUS-Zustand arbeitet der Schalter wie ein Kondensator und schwächt daher höhere Frequenzen weniger ab. Die Isolation beträgt bei 10MHz etwa –65dB in 50Ω -Systemen und nimmt mit steigender Frequenz um ca. 20dB pro Dekade ab. Bei höheren Impedanzen der Schaltung nimmt die Isolation ebenfalls ab.
Für eine unipolare Stromversorgung dienen die beiden Bausteine MAX 4501/ 4502.

Anwendung:
Batteriebetriebene Geräte, Audio- und Video-Signalschaltung, Kommunikations-schaltungen, Modems

Daten:

Betriebsspannung: unipolar		±1 bis ±6	V
EIN-Widerstand bei ±5V		250	Ω
Maximaler Strom je Kanal		10	mA
Schaltzeiten:	Ein	150	ns
	Aus	100	ns

Hersteller:
MAX

MAX4503

Analogschalter (1 Schließer) für bipolare Betriebsspannung

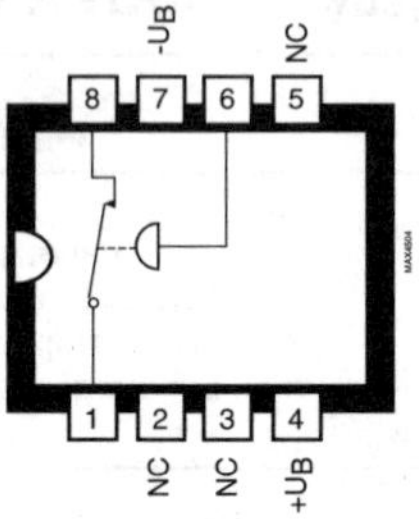

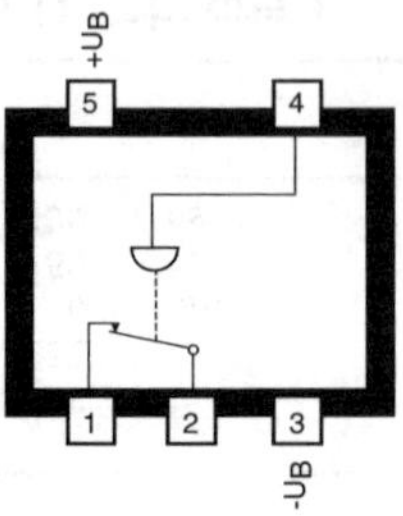

EIN-Widerstand

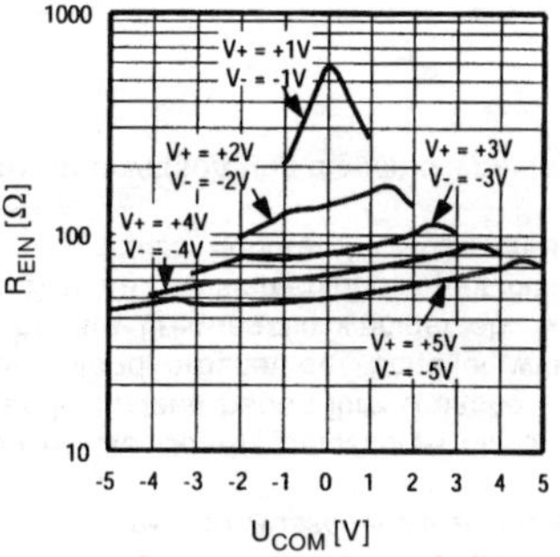

Frequenzgang

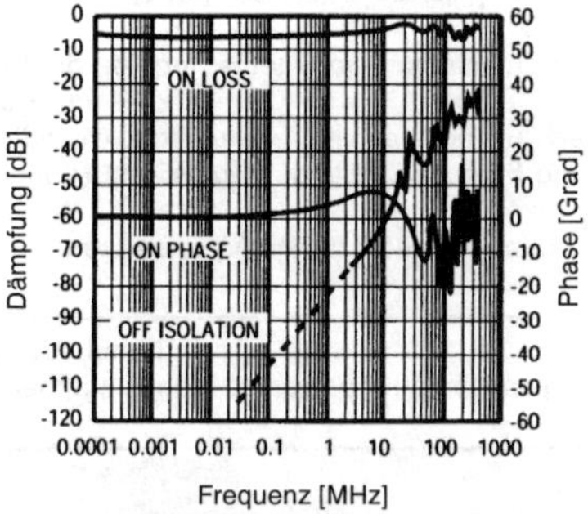

MAX4504	**Analogschalter (1 Öffner) für bipolare Betriebsspannung**

Fortsetzung :

Eingang	Schalter
L H	EIN AUS

Beschreibung:
Dieser Baustein enthält einen einzelnen Analogschalter (1 Öffner) mit bipolarer Betriebsspannung.

Betrieb:
Dieser Schalter kann mit einer bipolaren Betriebsspannung von ±1V bis ±6V betrieben werden.
Jeder Schalter kann Analogsignale in jeder Richtung bis an die Grenze des Betriebsspannungsbereiches (rail-to-rail) verarbeiten. Bei 25°C beträgt der Leckstrom nur 1nA.
Der digitale Eingang ist bei einer Betriebsspannung von +5V CMOS-kompatibel.
Der Steuereingang dieses Bausteins darf keinesfalls bei einer Betriebsspannung von +3V mit Signalen verbunden werden, die an einer Betriebsspannung von +5V arbeiten. Dies führt zu einer Beschädigung des Bausteins.
Der Bausteine zeichnet sich durch kurze Ein- und Ausschaltzeiten aus. Infolge der unterschiedlichen Ein- und Ausschaltzeiten ist eine Break-Befor-Make-Arbeitsweise gesichert.
In 50Ω-Systemen ist die Übertragungskurve bis 50MHz weitgehend flach. Eventuell auftretende Spitzen haben ihre Ursache im Layout der jeweiligen Platine. Im AUS-Zustand arbeitet der Schalter wie ein Kondensator und schwächt daher höhere Frequenzen weniger ab. Die Isolation beträgt bei 10MHz etwa –65dB in 50Ω -Systemen und nimmt mit steigender Frequenz um ca. 20dB pro Dekade ab. Bei höheren Impedanzen der Schaltung nimmt die Isolation ebenfalls ab.
Für eine unipolare Stromversorgung dienen die beiden Bausteine MAX 4501/ 4502.

Anwendung:
Batteriebetriebene Geräte, Audio- und Video-Signalschaltung, Kommunikationsschaltungen, Modems

Daten:

Betriebsspannung: unipolar		±1 bis ±6	V
EIN-Widerstand bei ±5V		250	Ω
Maximaler Strom je Kanal		10	mA
Schaltzeiten:	Ein	150	ns
	Aus	100	ns

Hersteller:
MAX

MAX4504

Analogschalter (1 Öffner) für bipolare Betriebsspannung

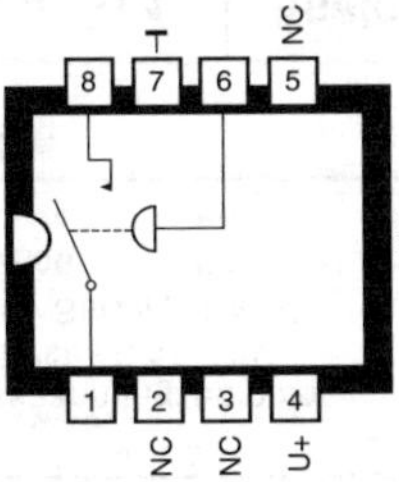

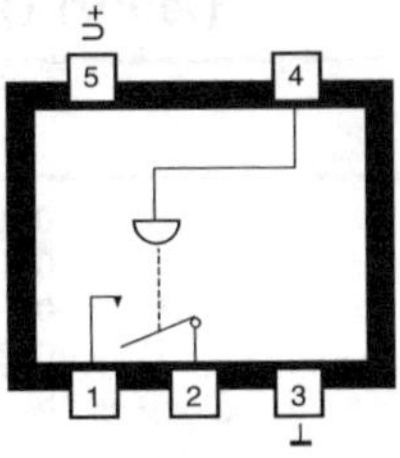

Frequenzgang

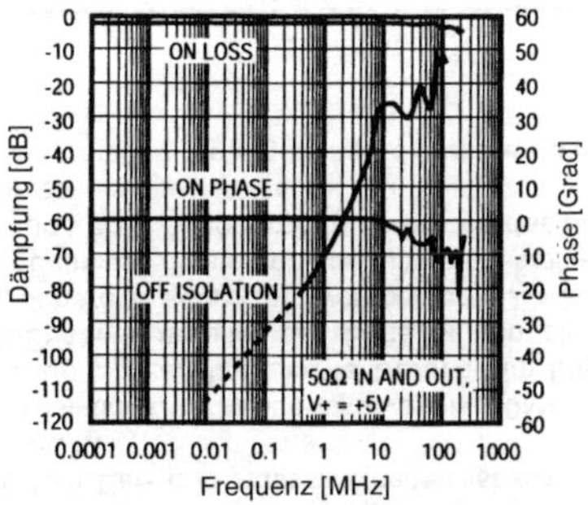

Ein-Widerstand

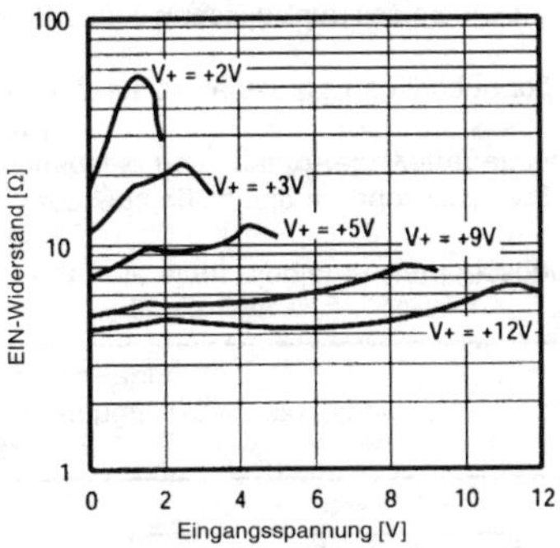

MAX4514 | **Analogschalter (1 Schließer)**

Fortsetzung :

Eingang	Schalter
L	Aus
H	Ein

Beschreibung:
Diese Bausteine enthalten einen einzelnen Analogschalter (1Schließer) für eine unipolare Betriebsspannung.

Betrieb:
Dieser Baustein ist für einen Betrieb an einer unipolaren Betriebsspannung von +2V bis +12V vorgesehen. Der Schalter kann Analogsignale bis an die Grenze des Betriebsspannungsbereiches (rail-to-rail) verarbeiten. Bei 25° C beträgt der Leckstrom nur 1nA.
Der digitale Eingang hat einen Schwellwert von 0.8 bis 2.4V, wodurch eine TTL- und CMOS-Kompatibilität bei einer Betriebsspannung von +5V gegeben ist.
Schutzdioden für elektrostatische Überspannungen (ESD) sind intern zwischen jedem Analogsignal-Pin und $+U_B$ vorgesehen. Eine dieser Dioden leitet, wenn ein Analogsignal $+U_B$ oder Masse überschreitet.
Es darf der Steuereingang dieses Bausteins keinesfalls bei einer Betriebsspannung von +3V mit Signalen verbunden werden, die an einer Betriebsspannung von +5V arbeiten. Dies führt zu einer Beschädigung des Bausteins.
Infolge der unterschiedlichen Ein- und Ausschaltzeiten ist eine Break-Befor-Make-Arbeitsweise gesichert.
In 50Ω -Systemen ist die Übertragungskurve bis 250MHz weitgehend flach. Eventuell auftretende Spitzen haben ihre Ursache im Layout der jeweiligen Platine. Im AUS-Zustand arbeitet der Schalter wie ein Kondensator und schwächt daher höhere Frequenzen weniger ab. Die Isolation beträgt bei 10MHz etwa –45dB und nimmt mit steigender Frequenz um ca. 20dB pro Dekade ab. Bei höheren Impedanzen der Schaltung nimmt die Isolation ebenfalls ab.
Pin-kompatible Bausteine für Verwendung mit bipolaren Betriebsspannungen sind der MAX 4516/4517.

Anwendung:
Audio- und Video-Signalschaltung, Datenerfassungssysteme mit niedriger Betriebsspannung, Kommunikations-Schaltungen, Mobiltelefon-Anwendungen, Modems.

Daten:

Betriebsspannung U_B:		+2 bis +12	V
EIN-Widerstand:		20	Ω
Maximaler Strom pro Kanal:		±20	mA
Schaltzeiten:	Ein	150	ns
	Aus	100	ns

Hersteller:
MAX

MAX4514 — Analogschalter (1 Schließer)

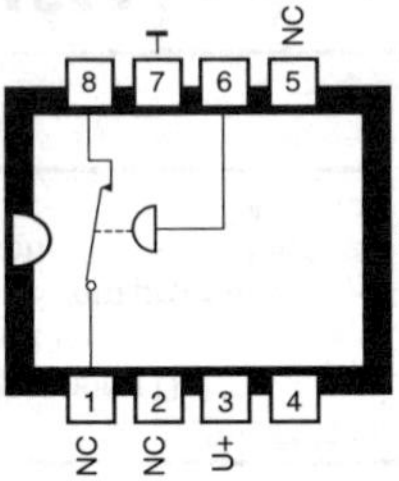

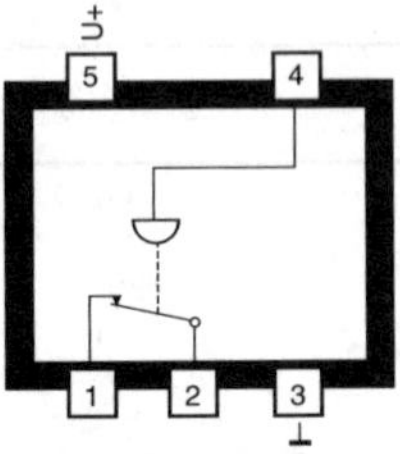

Frequenzgang

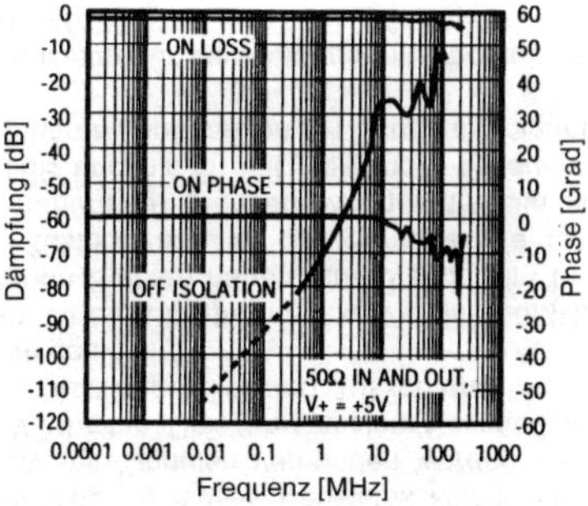

Ein-Widerstand

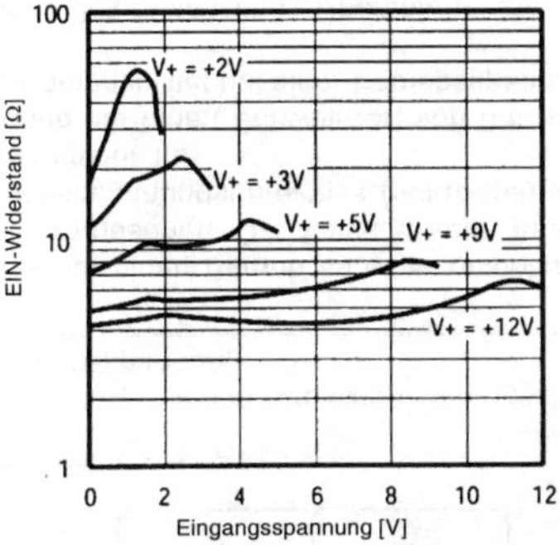

MAX4515 Analogschalter (1 Öffner)

Fortsetzung :

Eingang	Schalter
L H	Ein Aus

Beschreibung:

Diese Bausteine enthalten einen einzelnen Analogschalter (= Öffner) für eine unipolare Betriebsspannung.

Betrieb:

Dieser Baustein ist für einen Betrieb an einer unipolaren Betriebsspannung von +2V bis +12V vorgesehen. Der Schalter kann Analogsignale bis an die Grenze des Betriebsspannungsbereiches (rail-to-rail) verarbeiten. Bei 25° C beträgt der Leckstrom nur 1nA.

Der digitale Eingang hat einen Schwellwert von 0.8 bis 2.4V, wodurch eine TTL- und CMOS-Kompatibilität bei einer Betriebsspannung von +5V gegeben ist.

Schutzdioden für elektrostatische Überspannungen (ESD) sind intern zwischen jedem Analogsignal-Pin und $+U_B$ vorgesehen. Eine dieser Dioden leitet, wenn ein Analogsignal $+U_B$ oder Masse überschreitet.

Es darf der Steuereingang dieses Bausteins keinesfalls bei einer Betriebsspannung von +3V mit Signalen verbunden werden, die an einer Betriebsspannung von +5V arbeiten. Dies führt zu einer Beschädigung des Bausteins.

Infolge der unterschiedlichen Ein- und Ausschaltzeiten ist eine Break-Before-Make-Arbeitsweise gesichert.

In 50Ω -Systemen ist die Übertragungskurve bis 250MHz weitgehend flach. Eventuell auftretende Spitzen haben ihre Ursache im Layout der jeweiligen Platine. Im AUS-Zustand arbeitet der Schalter wie ein Kondensator und schwächt daher höhere Frequenzen weniger ab. Die Isolation beträgt bei 10MHz etwa –45dB und nimmt mit steigender Frequenz um ca. 20dB pro Dekade ab. Bei höheren Impedanzen der Schaltung nimmt die Isolation ebenfalls ab.

Pin-kompatible Bausteine für Verwendung mit bipolaren Betriebsspannungen sind der MAX 4516/4517.

Anwendung:

Audio- und Video-Signalschaltung, Datenerfassungssysteme mit niedriger Betriebsspannung, Kommunikations-Schaltungen, Mobiltelefon-Anwendungen, Modems.

Daten:

Betriebsspannung U_B:		+2 bis +12	V
EIN-Widerstand:		20	Ω
Maximaler Strom pro Kanal:		±20	mA
Schaltzeiten:	Ein	150	ns
	Aus	100	ns

Hersteller:

MAX

MAX4515 Analogschalter (1 Öffner)

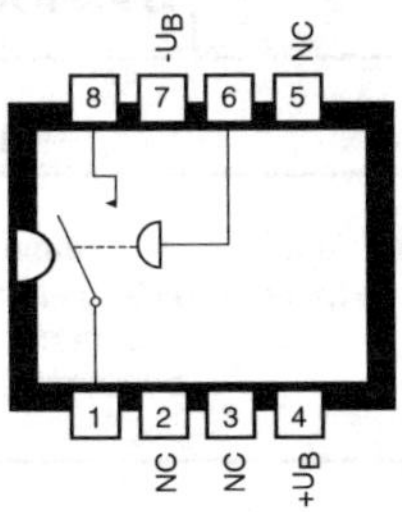

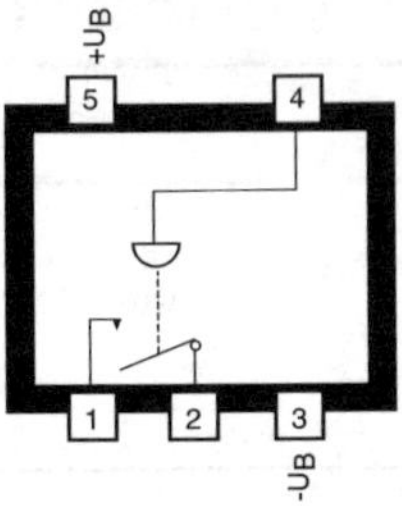

Ein-Widerstand

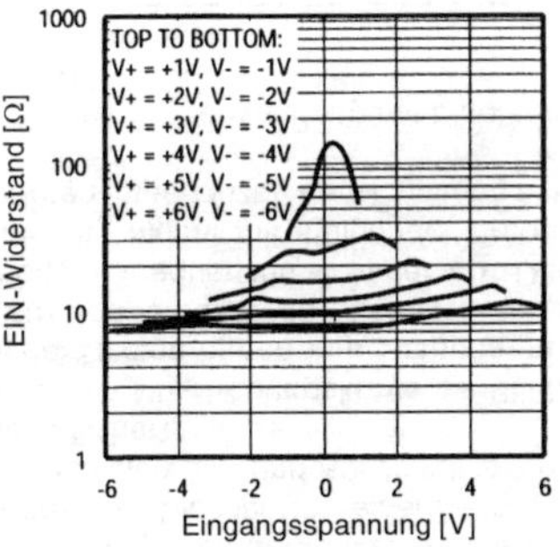

Frequenzgang

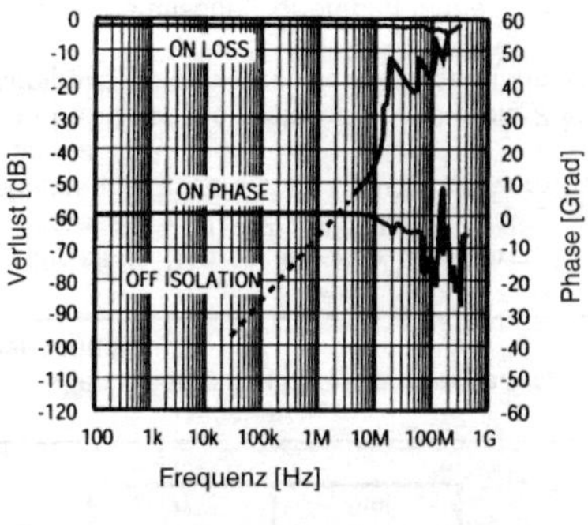

MAX4516

Analogschalter (1 Schließer) für bipolare Betriebsspannung

Fortsetzung :

Eingang	Schalter
L H	Aus Ein

Beschreibung:
Diese Bausteine enthalten einen einzelnen Analogschalter (= Schließer) für eine bipolare Betriebsspannung.

Betrieb:
Dieser Baustein ist für einen Betrieb an einer bipolaren Betriebsspannung von ±1V bis ±6V vorgesehen. Der Schalter kann Analogsignale bis an die Grenze des Betriebsspannungsbereiches (rail-to-rail) verarbeiten. Bei 25° C beträgt der Leckstrom nur 1 nA.
Der digitale Eingang sind CMOS-, jedoch nicht TTL-kompatibel. Da dieser Baustein kein Masse-Pin besitzt, werden die Logikpegel der Schwellwerte auf $+U_B$ bezogen. Die Grenzen der Schwellwerte sind $+U_B$ = −1.5V und $-U_B$ = −3.5V für Betriebsspannungen zwischen +6V und +3V. Bei $+U_B$ = +2V beträgt die Logikpegelschwelle etwa 0.6V.
Schutzdioden für elektrostatische Überspannungen (ESD) sind intern zwischen jedem Analogsignal-Pin und $+U_B$ und $-U_B$ vorgesehen. Eine dieser Dioden leitet, wenn ein Analogsignal $+U_B$ oder $-U_B$ überschreitet.
Es darf der Steuereingang dieses Bausteins keinesfalls bei einer Betriebsspannung von +3V mit Signalen verbunden werden, die an einer Betriebsspannung von +5V arbeiten. Dies führt zu einer Beschädigung der Bausteins.
Infolge der unterschiedlichen Ein- und Ausschaltzeiten ist eine Break-Before-Make-Arbeitsweise gesichert.
In 50Ω-Systemen ist die Übertragungskurve bis 250MHz weitgehend flach. Eventuell auftretende Spitzen haben ihre Ursache im Layout der jeweiligen Platine. Im AUS-Zustand arbeit der Schalter wie ein Kondensator und schwächt daher höhere Frequenzen weniger ab. Die Isolation beträgt bei 10MHz etwa −45dB und nimmt mit steigender Frequenz um ca. 20dB pro Dekade ab. Bei höheren Impedanzen der Schaltung nimmt die Isolation ebenfalls ab.
Pin-kompatible Bausteine für Verwendung mit einer einzelnen Betriebsspannung sind der MAX 4514/4515.

Anwendung:
Audio- und Video-Signalschaltung, Datenerfassungssysteme mit niedriger Betriebsspannung, Kommunikations-Schaltungen, Mobiltelefon-Anwendungen, Modems.

Daten:

Betriebsspannung	U_B:	±2 bis ±12	V
EIN-Widerstand bei	U_B = ±5V	20	Ω
Maximaler Strom pro Kanal:		±20	mA
Schaltzeiten:	Ein	150	ns
	Aus	100	ns

Hersteller:
MAX

MAX4516	**Analogschalter (1 Schließer) für bipolare Betriebsspannung**

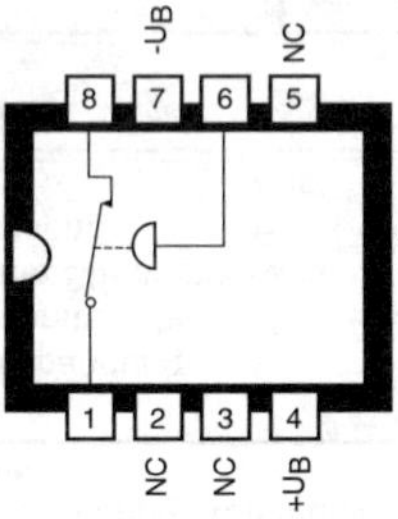

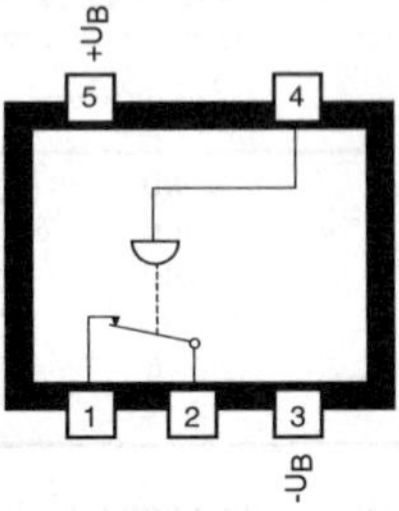

Ein-Widerstand

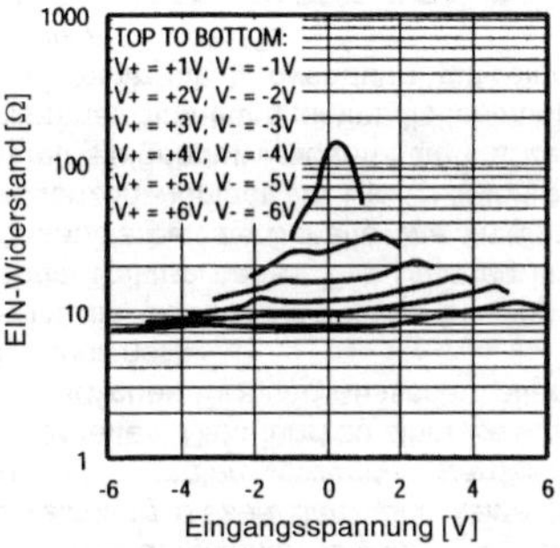

Frequenzgang

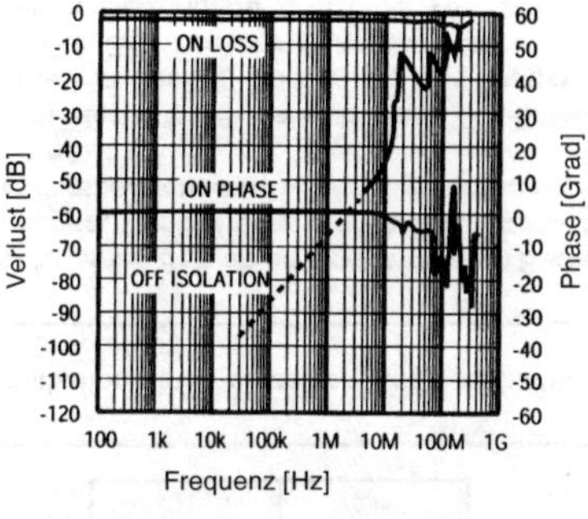

MAX4517	Analogschalter (1 Öffner) für bipolare Betriebsspannung

Fortsetzung :

Eingang	Schalter
L	Ein
H	Aus

Beschreibung:
Diese Bausteine enthalten einen einzelnen Analogschalter (1 Öffner) für eine bipolare Betriebsspannung.

Betrieb:
Dieser Baustein ist für einen Betrieb an einer bipolaren Betriebsspannung von ±1V bis ±6V vorgesehen. Der Schalter kann Analogsignale bis an die Grenze des Betriebsspannungsbereiches (rail-to-rail) verarbeiten. Bei 25° C beträgt der Leckstrom nur 1 nA.
Der digitale Eingang sind CMOS-, jedoch nicht TTL-kompatibel. Da dieser Baustein kein Masse-Pin besitzt, werden die Logikpegel der Schwellwerte auf $+U_B$ bezogen. Die Grenzen der Schwellwerte sind $+U_B$ = −1.5V und $-U_B$ = −3.5V für Betriebsspannungen zwischen +6V und +3V. Bei $+U_B$ = +2V beträgt die Logikpegelschwelle etwa 0.6V.
Schutzdioden für elektrostatische Überspannungen (ESD) sind intern zwischen jedem Analogsignal-Pin und $+U_B$ und $-U_B$ vorgesehen. Eine dieser Dioden leitet, wenn ein Analogsignal $+U_B$ oder $-U_B$ überschreitet.
Es darf der Steuereingang dieses Bausteins keinesfalls bei einer Betriebsspannung von +3V mit Signalen verbunden werden, die an einer Betriebsspannung von +5V arbeiten. Dies führt zu einer Beschädigung der Bausteins.
Infolge der unterschiedlichen Ein- und Ausschaltzeiten ist eine Break-Befor-Make-Arbeitsweise gesichert.
In 50Ω-Systemen ist die Übertragungskurve bis 250MHz weitgehend flach. Eventuell auftretende Spitzen haben ihre Ursache im Layout der jeweiligen Platine. Im AUS-Zustand arbeit der Schalter wie ein Kondensator und schwächt daher höhere Frequenzen weniger ab. Die Isolation beträgt bei 10MHz etwa −45dB und nimmt mit steigender Frequenz um ca. 20dB pro Dekade ab. Bei höheren Impedanzen der Schaltung nimmt die Isolation ebenfalls ab.
Pin-kompatible Bausteine für Verwendung mit einer einzelnen Betriebsspannung sind der MAX 4514/4515.

Anwendung:
Audio- und Video-Signalschaltung, Datenerfassungssysteme mit niedriger Betriebsspannung, Kommunikations-Schaltungen, Mobiltelefon-Anwendungen, Modems.

Daten:

Betriebsspannung	U_B:	±2 bis ±12	V
EIN-Widerstand bei	U_B = ±5V	20	Ω
Maximaler Strom pro Kanal:		±20	mA
Schaltzeiten:	Ein	150	ns
	Aus	100	ns

Hersteller:
MAX

MAX4517

Analogschalter (1 Öffner) für bipolare Betriebsspannung

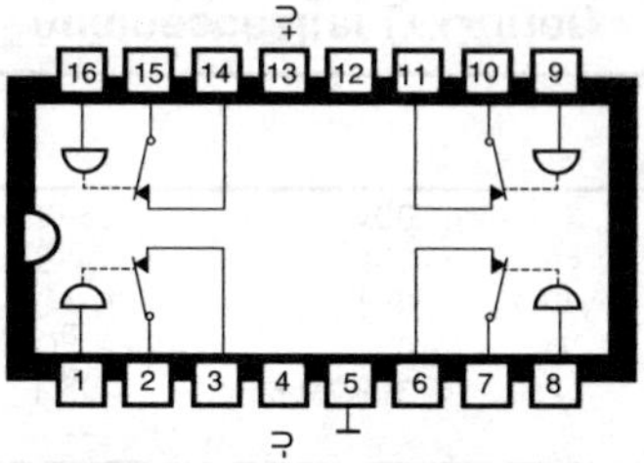

EIN-Widerstand (Bipolare Betriebsspannung)

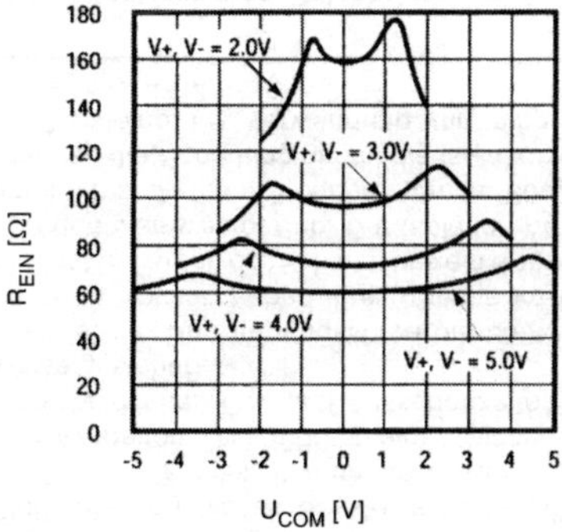

EIN-Widerstand (Unipolare Betriebsspannung)

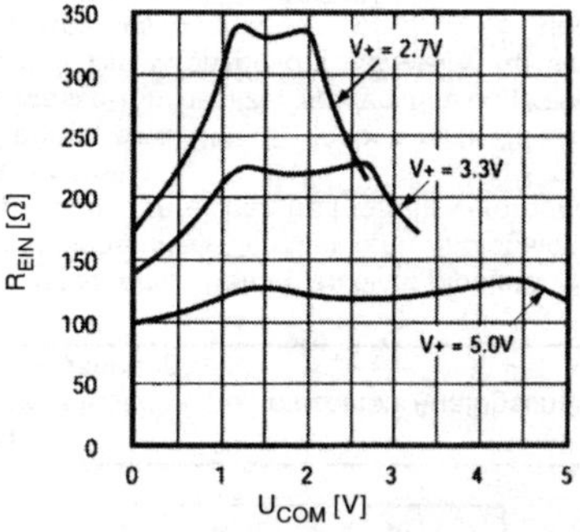

MAX4521 | **Analogschalter (4x1 Öffner) für unipolare und bipolare Betriebsspannung**

Fortsetzung :

Steuer-Eingang	Schalter
L H	EIN AUS

Beschreibung:
Die Bausteine dieser Reihe enthalten jeweils vier getrennte Analogschalter (4x1 Öffner) für unipolare und bipolare Betriebsspannung, die alle unabhängig voneinander angesteuert werden können.

Betrieb:
Diese Bausteine können an einer unipolaren Betriebsspannung von +2V bis +12V oder an einer bipolaren Betriebsspannung von ±2V bis ±6V betrieben werden. Jeder Schalter kann Analogsignale in jeder Richtung bis an die Grenze des Betriebsspannungsbereiches (rail-to-rail) verarbeiten. Bei 25° C beträgt der Leckstrom nur 1nA.
Die digitalen Steuer-Eingänge sind CMOS- und TTL-kompatibel, wenn der Baustein an +5V oder +5V betrieben wir. Er besitzt dann Logikschwellen von 0.8V und 2.4V.
Bei einer Betriebsspannung von ±5V beträgt der EIN-Widerstand maximal 100Ω . Diese EIN-Widerstände stimmen auf innerhalb maximal 4Ω überein und sind über den spezifizierten Signalbereich innerhalb 12Ω flach.
Der Baustein ist bis zu einer Überspannung von 2000V geschützt.
Die Steuereingänge dieses Bausteins dürfen keinesfalls bei einer Betriebsspannung von +3V mit Signalen verbunden werden, die an einer Betriebsspannung von +5V arbeiten. Dies führt zu einer Beschädigung des Bausteins.
In 50Ω-Systemen ist die Übertragungskurve bis 50MHz weitgehend flach. Eventuell auftretende Spitzen über 20MHz haben ihre Ursache im Layout der jeweiligen Platine. Im AUS-Zustand arbeitet der Schalter wie ein Kondensator und schwächt daher höhere Frequenzen weniger ab. Die Isolation beträgt bei 10MHz etwa –52dB in 50Ω-Systemen und nimmt mit steigender Frequenz um ca. 20dB pro Dekade ab.
Bei höheren Impedanzen der Schaltung nimmt die Isolation ebenfalls ab.

Anwendung:
Batteriebetriebene Geräte, Datenerfassung, Testgeräte, Leit- und Steuersysteme, Kommunikationssysteme, Audio-Signalschaltung, Modems.

Daten:

Betriebsspannung:	unipolar	+2 bis +12	V
	bipolar	±2 bis ±6	V
EIN-Widerstand	max.	100	Ω
Maximaler Strom je Kanal		10	mA
Schaltzeiten:	Ein	45	ns
	Aus	15	ns

Hersteller:
MAX

MAX4521 Analogschalter (4x1 Öffner) für unipolare und bipolare Betriebsspannung

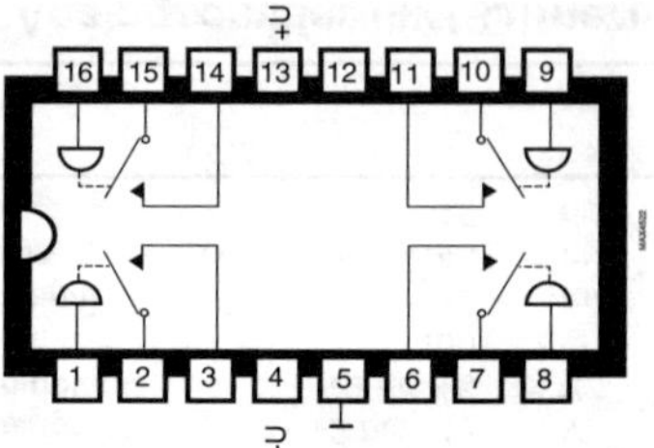

EIN-Widerstand (Bipolare Betriebsspannung)

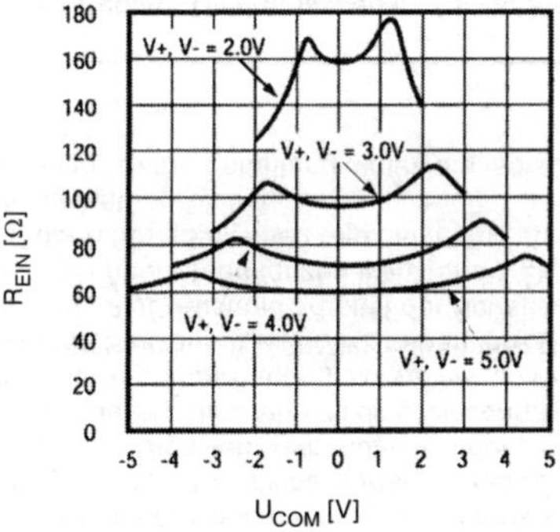

EIN-Widerstand (Unipolare Betriebsspannung)

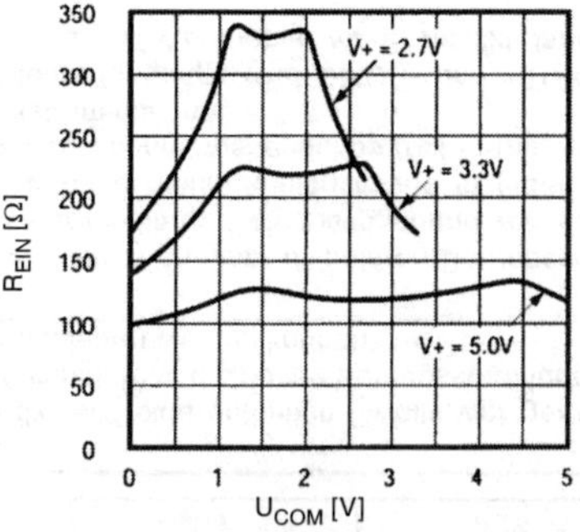

MAX4522	**Analogschalter (4x1 Schließer) für unipolare und bipolare Betriebsspannung**

Fortsetzung :

Steuer-Eingang	Schalter
L H	AUS EIN

Beschreibung:
Die Bausteine dieser Reihe enthalten jeweils vier getrennte Analogschalter (4 Schließer) für unipolare und bipolare Betriebsspannung, die alle unabhängig voneinander angesteuert werden können.

Betrieb:
Diese Bausteine können an einer unipolaren Betriebsspannung von +2V bis +12V oder an einer bipolaren Betriebsspannung von ±2V bis ±6V betrieben werden. Jeder Schalter kann Analogsignale in jeder Richtung bis an die Grenze des Betriebsspannungsbereiches (rail-to-rail) verarbeiten. Bei 25° C beträgt der Leckstrom nur 1nA.
Die digitalen Steuer-Eingänge sind CMOS- und TTL-kompatibel, wenn der Baustein an +5V oder ±5V betrieben wir. Er besitzt dann Logikschwellen von 0.8V und 2.4V.
Bei einer Betriebsspannung von ±5V beträgt der EIN-Widerstand maximal 100Ω . Diese EIN-Widerstände stimmen auf innerhalb maximal 4Ω überein und sind über den spezifizierten Signalbereich innerhalb 12Ω flach.
Der Baustein ist bis zu einer Überspannung von 2000V geschützt.
Die Steuereingänge dieses Bausteins dürfen keinesfalls bei einer Betriebsspannung von +3V mit Signalen verbunden werden, die an einer Betriebsspannung von +5V arbeiten. Dies führt zu einer Beschädigung des Bausteins.
In 50Ω-Systemen ist die Übertragungskurve bis 50MHz weitgehend flach. Eventuell auftretende Spitzen über 20MHz haben ihre Ursache im Layout der jeweiligen Platine. Im AUS-Zustand arbeitet der Schalter wie ein Kondensator und schwächt daher höhere Frequenzen weniger ab. Die Isolation beträgt bei 10MHz etwa –52dB in 50Ω-Systemen und nimmt mit steigender Frequenz um ca. 20dB pro Dekade ab. Bei höheren Impedanzen der Schaltung nimmt die Isolation ebenfalls ab.

Anwendung:
Batteriebetriebene Geräte, Datenerfassung, Testgeräte, Leit- und Steuersysteme, Kommunikationssysteme, Audio-Signalschaltung, Modems.

Daten:

Betriebsspannung:	einzeln	+2 bis +12	V
	dual	±2 bis ±6	V
EIN-Widerstand	max.	100	Ω
Maximaler Strom je	Kanal	10	mA
Schaltzeiten:	Ein	45	ns
	Aus	15	ns

Hersteller:
MAX

MAX4522 Analogschalter (4x1 Schließer) für unipolare und bipolare Betriebsspannung

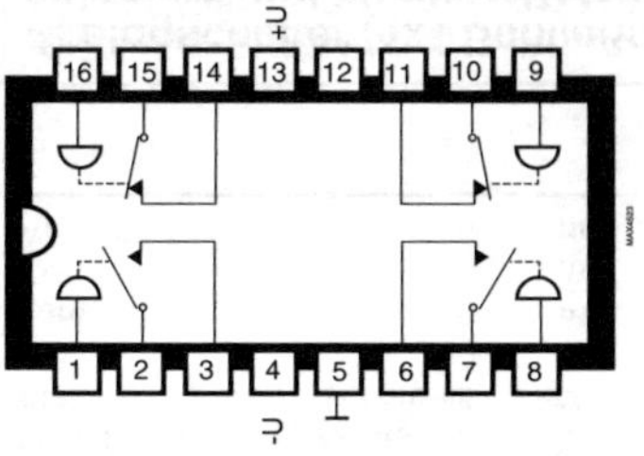

EIN-Widerstand (Bipolare Betriebsspannung)

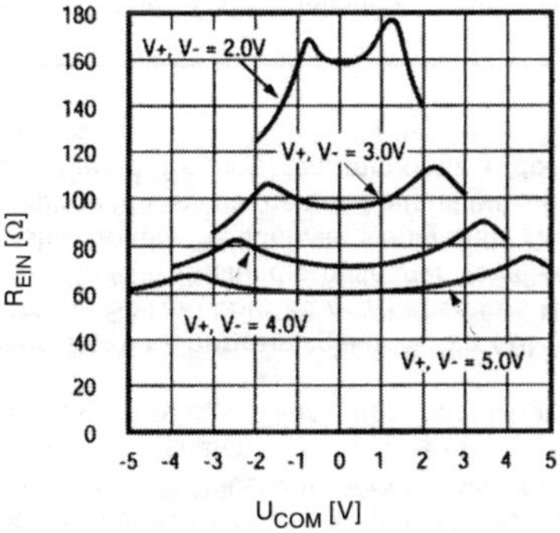

EIN-Widerstand (Unipolare Betriebsspannung)

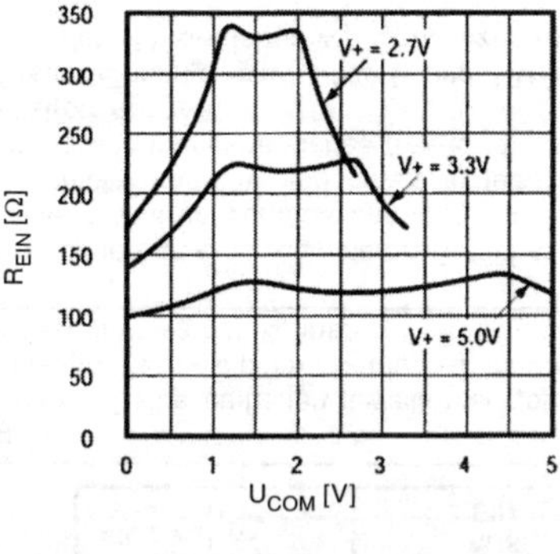

Fortsetzung :

Steuer-Eingang	Schalter 1 und 4	Schalter 2 und 3
L	AUS	EIN
H	EIN	AUS

Beschreibung:
Die Bausteine dieser Reihe enthalten jeweils vier getrennte Analogschalter (2 Öffner + 2 Schließer) für unipolare und bipolare Betriebsspannung, die alle unabhängig voneinander angesteuert werden können.

Betrieb:
Diese Bausteine können an einer unipolaren Betriebsspannung von +2V bis +12V oder an einer bipolaren Betriebsspannung von ±2V bis ±6V betrieben werden. Jeder Schalter kann Analogsignale in jeder Richtung bis an die Grenze des Betriebsspannungsbereiches (rail-to-rail) verarbeiten. Bei 25° C beträgt der Leckstrom nur 1nA.
Die digitalen Steuer-Eingänge sind CMOS- und TTL-kompatibel, wenn der Baustein an +5V oder ±5V betrieben wir. Er besitzt dann Logikschwellen von 0.8V und 2.4V.
Bei einer Betriebsspannung von ±5V beträgt der EIN-Widerstand maximal 100Ω . Diese EIN-Widerstände stimmen auf innerhalb maximal 4Ω ein und sind über den spezifizierten Signalbereich innerhalb 12Ω flach.
Der Baustein ist bis zu einer Überspannung von 2000V geschützt.
Die Steuereingänge dieses Bausteins dürfen keinesfalls bei einer Betriebsspannung von +3V mit Signalen verbunden werden, die an einer Betriebsspannung von +5V arbeiten. Dies führt zu einer Beschädigung des Bausteins.
In 50Ω-Systemen ist die Übertragungskurve bis 50MHz weitgehend flach. Eventuell auftretende Spitzen über 20MHz haben ihre Ursache im Layout der jeweiligen Platine. Im AUS-Zustand arbeitet der Schalter wie ein Kondensator und schwächt daher höhere Frequenzen weniger ab. Die Isolation beträgt bei 10MHz etwa –52dB in 50Ω-Systemen und nimmt mit steigender Frequenz um ca. 20dB pro Dekade ab. Bei höheren Impedanzen der Schaltung nimmt die Isolation ebenfalls ab.

Anwendung:
Batteriebetriebene Geräte, Datenerfassung, Testgeräte, Leit- und Steuersysteme, Kommunikationssysteme, Audio-Signalschaltung, Modems.

Daten:

Betriebsspannung:	einzeln	+2 bis +12	V
	dual	±2 bis ±6	V
EIN-Widerstand	max.	100	Ω
Maximaler Strom je	Kanal	10	mA
Schaltzeiten:	Ein	45	ns
	Aus	15	ns

Hersteller:
MAX

MAX4523 Analogschalter (2 Öffner + 2 Schließer) für unipolare und bipolare Betriebsspannung

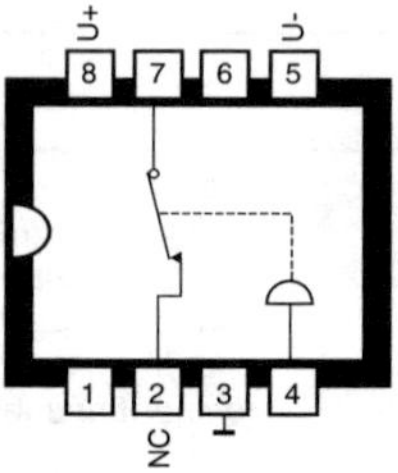

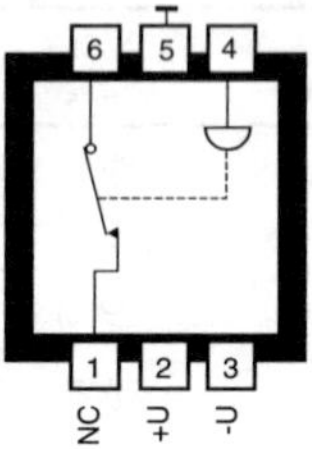

Frequenzgang

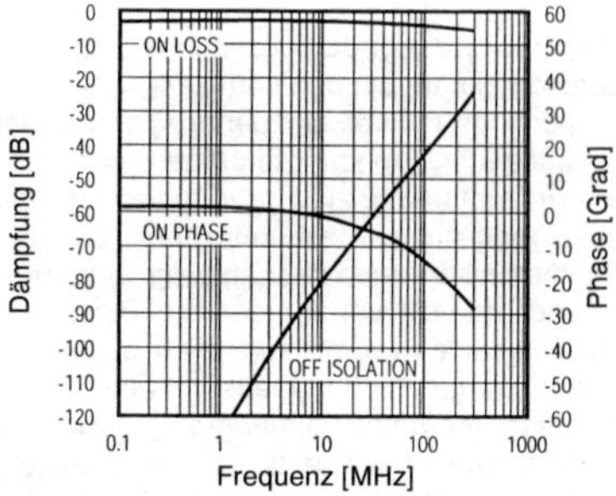

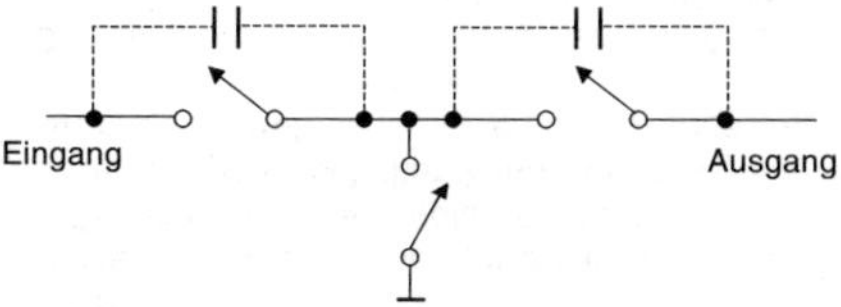

T-Schalter	S1	S2	S3
EIN	EIN	AUS	EIN
AUS	AUS	EIN	AUS

T-Schalter für Hochfrequenz
Er besteht aus zwei Analogschaltern in Serie und einem dritten Schalter zwischen Masse und dem Verbindungspunkt. Im AUS-Zustand wird das Signal über die Kapazität der offenen Schalter S1 und S3 übertragen, wird jedoch durch den geschlossenen Schalter S2 gegen Masse kurzgeschlossen. Diese Anordnung liefert eine wesentlich höhere Isolation als ein einzelner Schalter. Das Übersprechen steigt zwar auch hier mit steigender Frequenz infolge parasitärer Kapazitäten. Die Verbesserung ist jedoch außerordentlich hoch, sie beträgt -80dB im Vergleich zu -36dB für einen Standardschalter.

Fortsetzung :

Steuer-Eingang	Schalter
L	EIN
H	AUS

Beschreibung:
Diese Bausteine enthält einen einzigen Analogschalter (Öffner) für eine unipolare oder eine duale Betriebsspannung.

Betrieb:
Dieser Bausteine kann an einer einzelnen Betriebsspannung von +2.7V bis +12V oder an einer bipolaren Betriebsspannung von ±2.7V bis ±6Vbetrieben werden. Jeder Schalter kann Analogsignale in jeder Richtung bis an die Grenze des Betriebsspannungsbereiches (rail-to-rail) verarbeiten. Bei 25° C beträgt der Leckstrom nur 1nA.
Der digitale Eingang ist CMOS- und TTL-kompatibel und hat Logik-Schwellwerte von 0.8/2.4V bei einer Betriebsspannung von ±5 V oder +5V.
Schutzdioden für elektrostatische Überspannungen (ESD) sind intern zwischen jedem Analogsignal-Pin und $+U_B$ und $-U_B$ vorgesehen. Eine dieser Dioden leitet, wenn ein Analogsignal $+U_B$ oder $-U_B$ überschreitet.
Die Steuereingänge diese Bausteine dürfen keinesfalls bei einer Betriebsspannung von +3V mit Signalen verbunden werden, die an einer Betriebs-spannung von +5V arbeiten. Dies führt zu einer Beschädigung der Bausteine. Infolge der unterschiedlichen Ein- und Ausschaltzeiten ist eine Break-Befor-Make-Arbeitsweise gesichert.
In 50- und 75Ω-Systemen ist die Übertragungskurve von Gleichspannung bis 300MHz weitgehend flach. Durch die interne T-Konfiguration ergibt sich eine außerordentlich hohe Durchgangsdämpfung (Isolation) im offenen Zustand des Schalters von –80dB bei 10MHz. Das Prinzip der T-Schaltung wird obenstehend erläutert. Pin 3 muss unbedingt sorgfältig mit Masse verbunden werden. SMD-Gehäuse ergeben die besten Resultate.

Anwendung:
HF- und Video-Signalschaltung, schnelle Datenerfassungssysteme, Testgeräte, Kommunikations- und Netzwerkschaltungen.

Daten:

Betriebsspannung:	unipolar	+2,7 bis +12	V
	bipolar	±2,7 bis ±6	V
EIN-Widerstand		max. 70	Ω
Schaltzeiten (typ.):	Ein	45	ns
	Aus	37	ns

Hersteller:
MAX

MAX4529

Analogschalter (1 Öffner) für unipolare und bipolare Betriebsspannung

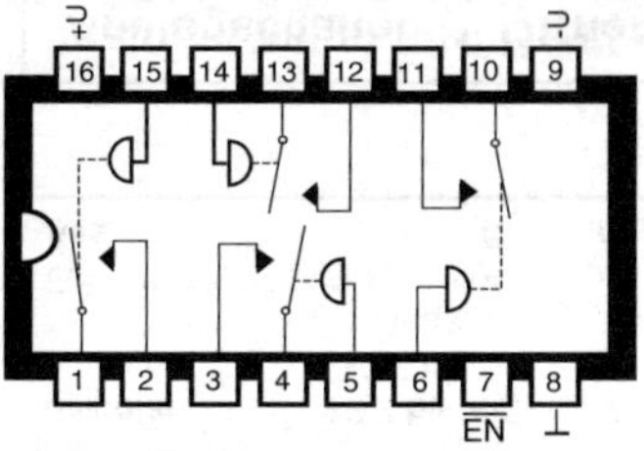

EIN-Widerstand (unipolare Betriebsspannung)

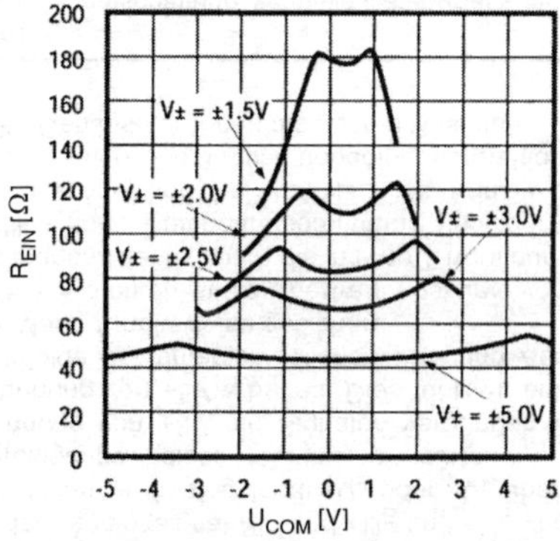

EIN-Widerstand (bipolare Betriebsspannung)

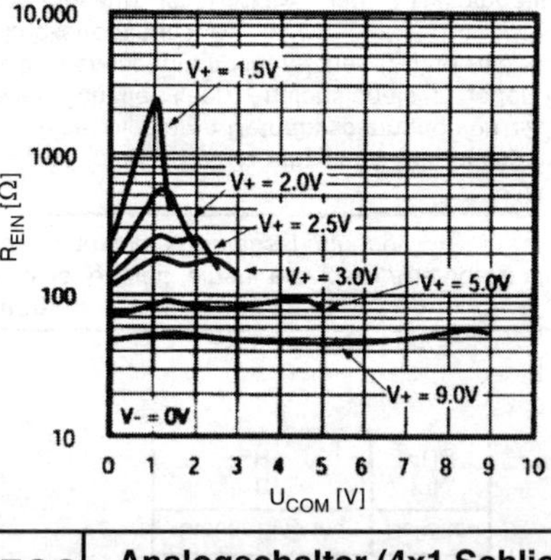

Fortsetzung :

EN	Eingang	Schalter
L	L	AUS
L	H	EIN
H	X	AUS

Beschreibung:
Der Baustein dieser Reihe enthält jeweils vier getrennte Analogschalter (4x1 Schließer) für unipolare und bipolare Betriebsspannung, die alle unabhängig voneinander angesteuert werden können: Alle Versionen enthalten einen gemeinsamen Freigabe-Eingang (Enable).

Betrieb:
Diese Bausteine können an einer unipolaren Betriebsspannung von +2V bis +12V oder an einer bipolaren Betriebsspannung von ±2V bis ±6V betrieben werden. Jeder Schalter kann Analogsignale in jeder Richtung bis an die Grenze des Betriebsspannungsbereiches (rail-to-rail) verarbeiten. Bei 25° C beträgt der Leckstrom nur 1nA.
Die digitalen Steuer-Eingänge sind CMOS- und TTL-kompatibel, wenn die Bausteine an +5V oder ±5V betrieben werden. Sie besitzen dann Logikschwellen von 0.8V und 2.4V.
Bei einer Betriebsspannung von ±5V beträgt der EIN-Widertand maximal 200Ω. Diese EIN-Widerstände stimmen auf innerhalb maximal 4Ω überein und sind über den spezifizierten Signalbereich innerhalb 12Ω flach. Die Bausteine sind bis zu einer Überspannung von 2000V geschützt.
Die Steuereingänge dieses Bausteins dürfen keinesfalls bei einer Betriebsspannung von +3V mit Signalen verbunden werden, die an einer Betriebsspannung von +5V arbeiten. Dies führt zu einer Beschädigung des Bausteins.
In 50Ω-Systemen ist die Übertragungskurve bis 50MHz weitgehend flach. Eventuell auftretende Spitzen über 20MHz haben ihre Ursache im Layout der jeweiligen Platine. Im AUS-Zustand arbeitet der Schalter wie ein Kondensator und schwächt daher höhere Frequenzen weniger ab. Die Isolation beträgt bei 10MHz etwa –44dB in 50Ω-Systemen und nimmt mit steigender Frequenz um ca. 20dB pro Dekade ab.
Bei höheren Impedanzen der Schaltung nimmt die Isolation ebenfalls ab.
Der Standard-HCMOS-Baustein 74HC4316 ist pinkompatibel.

Anwendung:
Batteriebetriebene Geräte, Datenerfassung, Testgeräte, Leit- und Steuersysteme, Kommunikationssysteme, Audio-Signalschaltung, Modems.

Daten:

Betriebsspannung:	unipolar	+2 bis +12	V
	bipolar	±2 bis ±6	V
EIN-Widerstand		max.200	Ω
Maximaler Strom je Kanal		10	mA
Schaltzeiten:	Ein	80	ns
	Aus	40	ns

Hersteller:
MAX

MAX4536

Analogschalter (4x1 Schließer) für unipolare und bipolare Betriebsspannung

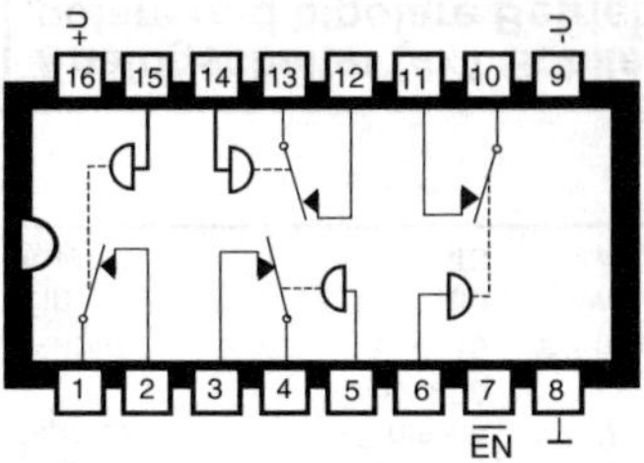

EIN-Widerstand (unipolare Betriebsspannung)

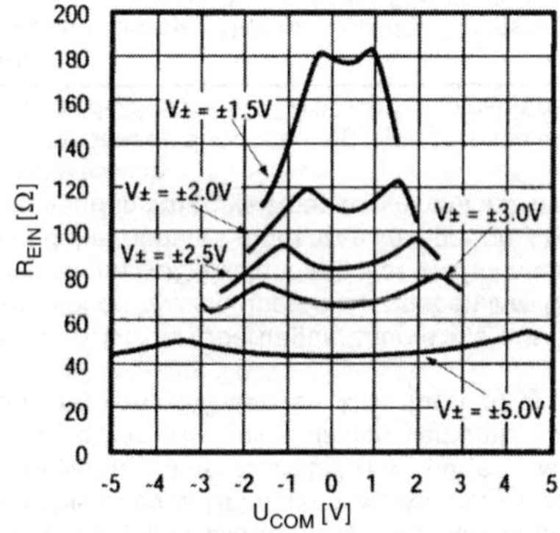

EIN-Widerstand (bipolare Betriebsspannung)

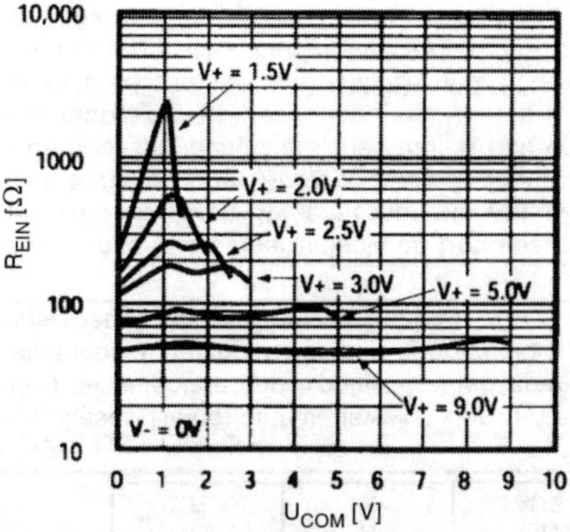

Fortsetzung :

EN	Eingang	Schalter
L	L	EIN
L	H	AUS
H	X	AUS

Beschreibung:

Der Baustein dieser Reihe enthält jeweils vier getrennte Analogschalter (4x1 Öffner) für unipolare und bipolare Betriebsspannung, die alle unabhängig voneinander angesteuert werden können: Alle Versionen enthalten einen gemeinsamen Freigabe-Eingang (Enable).

Betrieb:

Diese Bausteine können an einer unipolaren Betriebsspannung von +2V bis +12V oder an einer bipolaren Betriebsspannung von ±2V bis ±6V betrieben werden. Jeder Schalter kann Analogsignale in jeder Richtung bis an die Grenze des Betriebsspannungsbereiches (rail-to-rail) verarbeiten. Bei 25° C beträgt der Leckstrom nur 1nA.

Die digitalen Steuer-Eingänge sind CMOS- und TTL-kompatibel, wenn die Bausteine an +5V oder ±5V betrieben werden. Sie besitzen dann Logikschwellen von 0.8V und 2.4V.

Bei einer Betriebsspannung von ±5V beträgt der EIN-Widertand maximal 200Ω . Diese EIN-Widerstände stimmen auf innerhalb maximal 4Ω überein und sind über den spezifizierten Signalbereich innerhalb 12Ω flach. Die Bausteine sind bis zu einer Überspannung von 2000V geschützt.

Die Steuereingänge dieses Bausteins dürfen keinesfalls bei einer Betriebsspannung von +3V mit Signalen verbunden werden, die an einer Betriebsspannung von +5V arbeiten. Dies führt zu einer Beschädigung des Bausteins.

In 50Ω-Systemen ist die Übertragungskurve bis 50MHz weitgehend flach. Eventuell auftretende Spitzen über 20MHz haben ihre Ursache im Layout der jeweiligen Platine. Im AUS-Zustand arbeitet der Schalter wie ein Kondensator und schwächt daher höhere Frequenzen weniger ab. Die Isolation beträgt bei 10MHz etwa –44dB in 50Ω-Systemen und nimmt mit steigender Frequenz um ca. 20dB pro Dekade ab.

Bei höheren Impedanzen der Schaltung nimmt die Isolation ebenfalls ab.

Anwendung:

Batteriebetriebene Geräte, Datenerfassung, Testgeräte, Leit- und Steuersysteme, Kommunikationssysteme, Audio-Signalschaltung, Modems.

Daten:

Betriebsspannung:	unipolar	+2 bis +12	V
	bipolar	±2 bis ±6	V
EIN-Widerstand		max.200	Ω
Maximaler Strom je Kanal		10	mA
Schaltzeiten:	Ein	80	ns
	Aus	40	ns

Hersteller:

MAX

MAX4536

Analogschalter (4x1 Öffner) für unipolare und bipolare Betriebsspannung

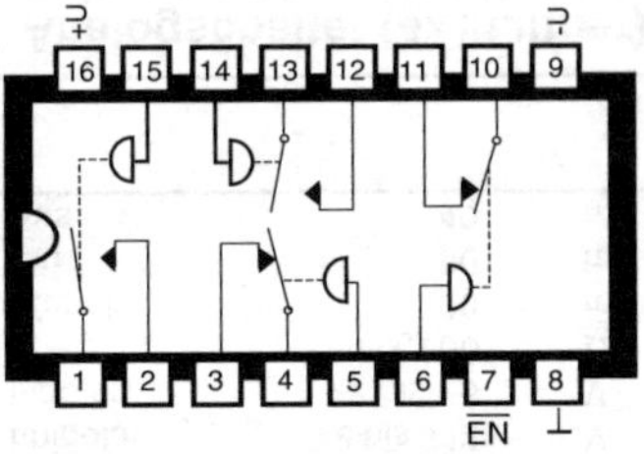

EIN-Widerstand (unipolare Betriebsspannung)

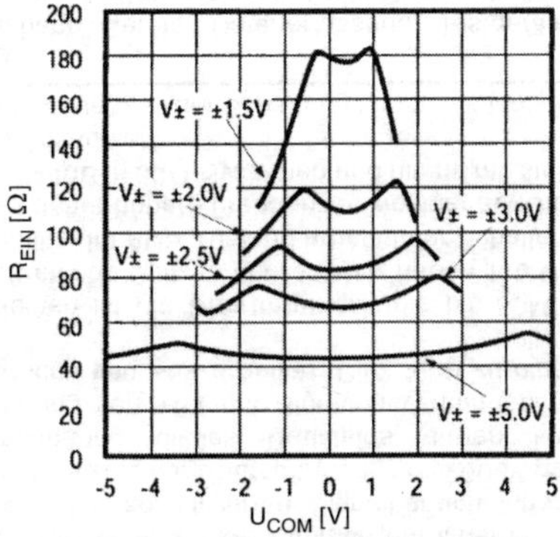

EIN-Widerstand (bipolare Betriebsspannung)

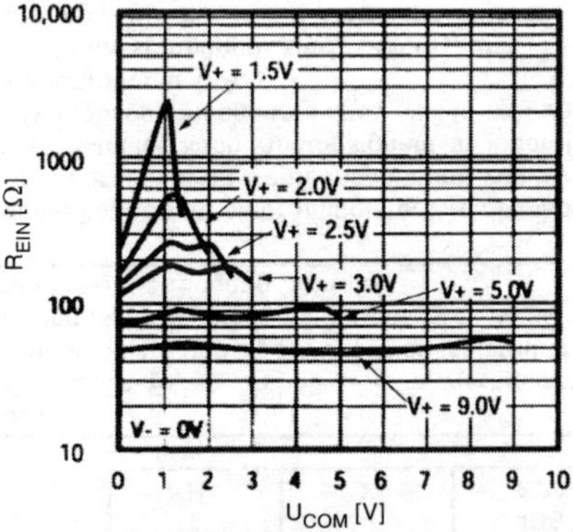

MAX4538 | **Analogschalter (2 Öffner + 2 Schließer) für unipolare und bipolare Betriebsspannung**

Fortsetzung :

EN	Eingang	Schalter 1 und 4	Schalter 2 und 3
L	L	AUS	EIN
L	H	EIN	AUS
H	X	AUS	AUS

Beschreibung:

Der Baustein dieser Reihe enthält jeweils vier getrennte Analogschalter (2 Öffner + 2 Schließer) für unipolare und bipolare Betriebsspannung, die alle unabhängig voneinander angesteuert werden können: Alle Versionen enthalten einen gemeinsamen Freigabe-Eingang (Enable).

Betrieb:

Diese Bausteine können an einer unipolaren Betriebsspannung von +2V bis +12V oder an einer bipolaren Betriebsspannung von ±2V bis ±6V betrieben werden. Jeder Schalter kann Analogsignale in jeder Richtung bis an die Grenze des Betriebsspannungsbereiches (rail-to-rail) verarbeiten. Bei 25°C beträgt der Leckstrom nur 1nA.

Die digitalen Steuer-Eingänge sind CMOS- und TTL-kompatibel, wenn die Bausteine an +5V oder ±5V betrieben werden. Sie besitzen dann Logikschwellen von 0.8V und 2.4V.

Bei einer Betriebsspannung von ±5V beträgt der EIN-Widertand maximal 200Ω . Diese EIN-Widerstände stimmen auf innerhalb maximal 4Ω überein und sind über den spezifizierten Signalbereich innerhalb 12Ω flach. Die Bausteine sind bis zu einer Überspannung von 2000V geschützt.

Die Steuereingänge dieses Bausteins dürfen keinesfalls bei einer Betriebsspannung von +3V mit Signalen verbunden werden, die an einer Betriebsspannung von +5V arbeiten. Dies führt zu einer Beschädigung des Bausteins.

In 50Ω-Systemen ist die Übertragungskurve bis 50MHz weitgehend flach. Eventuell auftretende Spitzen über 20MHz haben ihre Ursache im Layout der jeweiligen Platine. Im AUS-Zustand arbeitet der Schalter wie ein Kondensator und schwächt daher höhere Frequenzen weniger ab. Die Isolation beträgt bei 10MHz etwa –44dB in 50Ω-Systemen und nimmt mit steigender Frequenz um ca. 20dB pro Dekade ab. Bei höheren Impedanzen der Schaltung nimmt die Isolation ebenfalls ab.

Anwendung:

Batteriebetriebene Geräte, Datenerfassung, Testgeräte, Leit- und Steuersysteme, Kommunikationssysteme, Audio-Signalschaltung, Modems.

Daten:

Betriebsspannung:	einzeln	+2 bis +12	V
	dual	±2 bis ±6	V
EIN-Widerstand		max.200	Ω
Maximaler Strom je Kanal		10	mA
Schaltzeiten:	Ein	80	ns
	Aus	40	ns

Hersteller:

MAX

MAX4538

Analogschalter (2 Öffner + 2 Schließer) für unipolare und bipolare Betriebsspannung

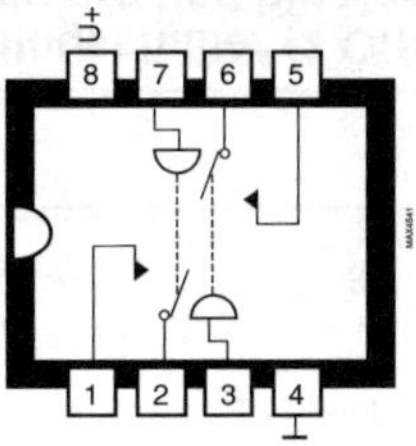

Frequenzgang

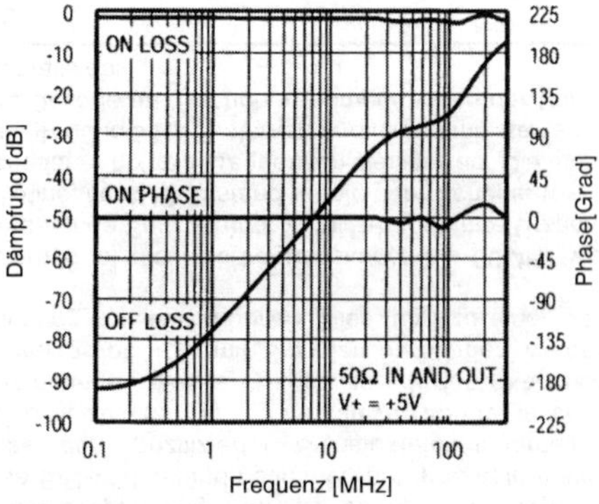

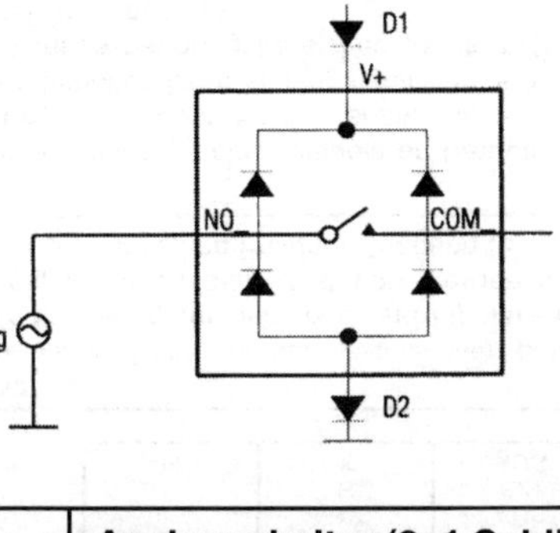

MAX4541 | **Analogschalter (2x1 Schließer) für unipolare Betriebsspannung**

Fortsetzung :

Steuer-Eingang	Schalter
L H	AUS EIN

Beschreibung:
Der Baustein enthält 2 Analogschalter (2x1 Schließer), die getrennt angesteuert werden können. Die Stromversorgung erfolgt mit einer unipolaren Betriebsspannung.

Betrieb:
Der Baustein wird mit einer unipolaren Betriebsspannung zwischen +2.7V und +12V versorgt. Eine sehr niedrige Leistungsaufnahme (5µW) macht ihn ideal für batteriebetriebene Geräte. Er zeichnet sich ferner durch ein hohe Schaltgeschwindigkeit aus.
Bei einem Betrieb mit +5V betragen die EIN-Widerstände der Kanäle maximal 60Ω und weichen voneinander um maximal 2Ω ab.
In dem Baustein ist ein Schutz gegen elektrostatische Spannungen von mindesten 2000V vorgesehen.
Es ist immer dafür zu sorgen, dass die Betriebsspannung anliegt, bevor die digitalen und analogen Signale zugeführt werden, insbesondere, wenn die digitalen und analogen Signale nicht strombegrenzt sind. Sind diese Signale nicht auf 10mA begrenzt, sind Kleinsignaldioden gemäß dem obenstehenden Bild hinzuzufügen.
Dadurch begrenzt sich allerdings der Analogsignal-Bereich um den Spannungsabfall von je 0.7V an den beiden Dioden.

Anwendung:
Batteriebetriebene Geräte, Kommunikationssysteme, Audio-Signalschaltung, Sample-and-Hold-Schaltungen.

Daten:

Betriebsspannung:	unipolar	+2.7 bis +12	V
EIN-Widerstand		typ. 33	Ω
Maximaler Strom je Kanal		10	mA
Schaltzeiten:	Ein	35	ns
	Aus	25	ns

Hersteller:
MAX

MAX4541 Analogschalter (2x1 Schließer) für unipolare Betriebsspannung

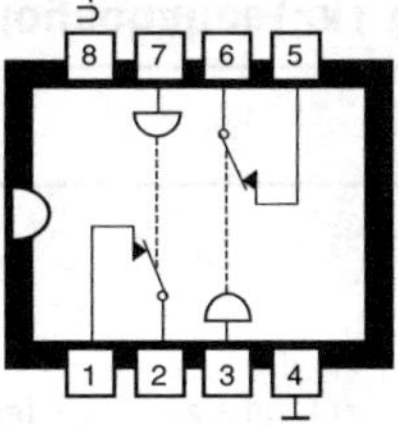

Frequenzgang

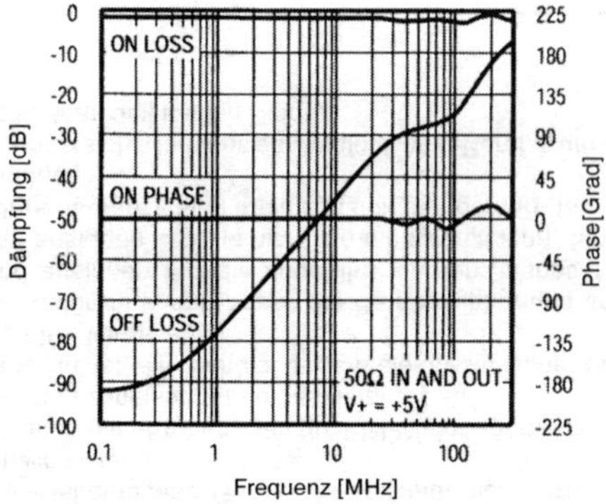

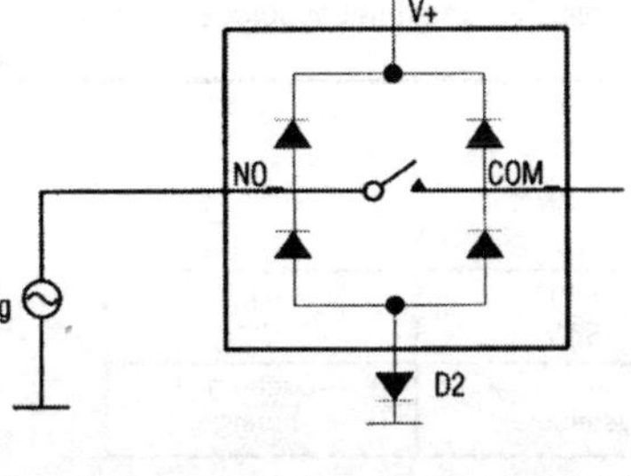

MAX4542 | **Analogschalter (2x1 Öffner) für unipolare Betriebsspannung**

Fortsetzung :

Steuer-Eingang	Schalter
L H	EIN AUS

Beschreibung:
Der Baustein enthält 2 Analogschalter (2x1 Öffner), die getrennt angesteuert werden können. Die Stromversorgung erfolgt mit einer unipolaren Betriebsspannung.

Betrieb:
Der Baustein wird mit einer unipolaren Betriebsspannung zwischen +2.7V und +12V versorgt. Eine sehr niedrige Leistungsaufnahme (5µW) macht ihn ideal für batteriebetriebene Geräte. Er zeichnet sich ferner durch ein hohe Schaltgeschwindigkeit aus.
Bei einem Betrieb mit +5V betragen die EIN-Widerstände der Kanäle maximal 60Ω und weichen voneinander um maximal 2Ω ab.
In dem Baustein ist ein Schutz gegen elektrostatische Spannungen von mindesten 2000V vorgesehen.
Es ist immer dafür zu sorgen, dass die Betriebsspannung anliegt, bevor die digitalen und analogen Signale zugeführt werden, insbesondere, wenn die digitalen und analogen Signale nicht strombegrenzt sind. Sind diese Signale nicht auf 10mA begrenzt, sind Kleinsignaldioden gemäß dem obenstehenden Bild hinzuzufügen.
Dadurch begrenzt sich allerdings der Analogsignal-Bereich um den Spannungsabfall von je 0.7V an den beiden Dioden.

Anwendung:
Batteriebetriebene Geräte, Kommunikationssysteme, Audio-Signalschaltung, Sample-and-Hold-Schaltungen.

Daten:

Betriebsspannung:	unipolar	+2.7 bis +12	V
EIN-Widerstand		typ. 33	Ω
Maximaler Strom je Kanal		10	mA
Schaltzeiten:	Ein	35	ns
	Aus	25	ns

Hersteller:
MAX

MAX4542

Analogschalter (2x1 Öffner) für unipolare Betriebsspannung

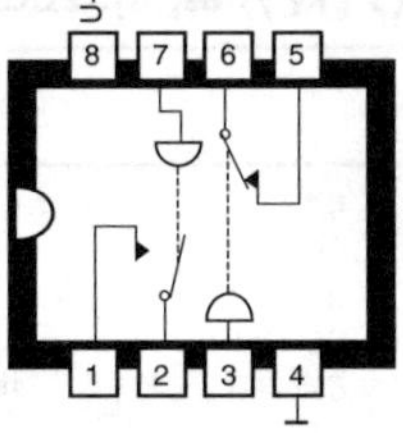

Frequenzgang

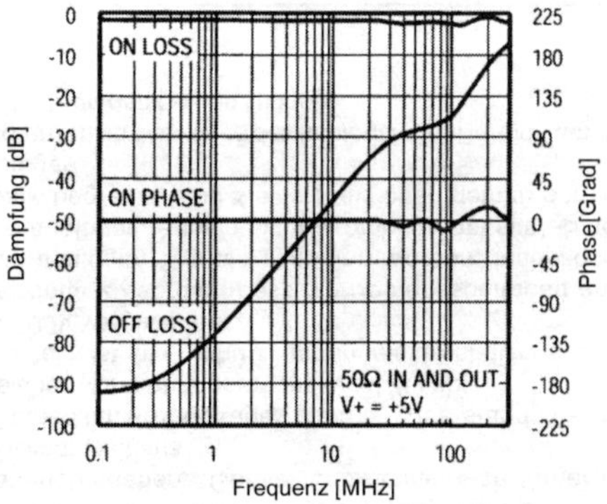

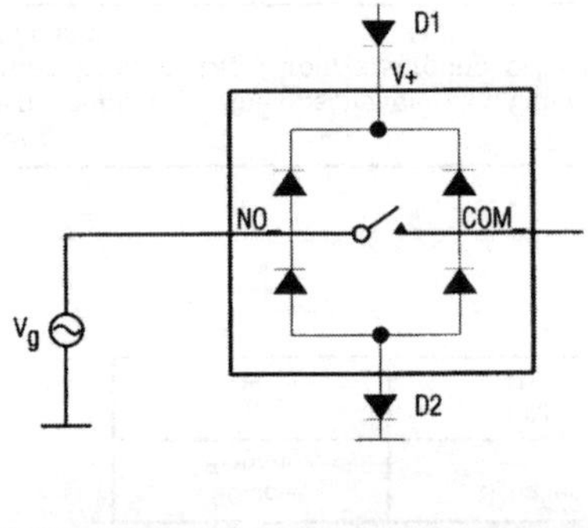

Fortsetzung :

Steuer-Eingang	Schalter 1	Schalter 2
L H	AUS EIN	EIN AUS

Beschreibung:
Der Baustein enthält 2 Analogschalter (2x1 Öffner), die getrennt angesteuert werden können. Die Stromversorgung erfolgt mit einer unipolaren Betriebsspannung.

Betrieb:
Der Baustein wird mit einer unipolaren Betriebsspannung zwischen +2.7V und +12V versorgt. Eine sehr niedrige Leistungsaufnahme (5μW) macht ihn ideal für batteriebetriebene Geräte. Er zeichnet sich ferner durch ein hohe Schaltgeschwindigkeit aus.
Bei einem Betrieb mit +5V betragen die EIN-Widerstände der Kanäle maximal 60Ω und weichen voneinander um maximal 2Ω ab.
Durch eine unterschiedliche Ein- und Ausschaltzeit ist ein Break-befor-Make-Betrieb gesichert. Da der MAX4543 einen Öffner und einen Schließer besitzt, kann er als Wechsler geschaltet werden.
In dem Baustein ist ein Schutz gegen elektrostatische Spannungen von mindesten 2000V vorgesehen.
Es ist immer dafür zu sorgen, dass die Betriebsspannung anliegt, bevor die digitalen und analogen Signale zugeführt werden, insbesondere, wenn die digitalen und analogen Signale nicht strombegrenzt sind. Sind diese Signale nicht auf 10mA begrenzt, sind Kleinsignaldioden gemäß dem obenstehenden Bild hinzuzufügen.
Dadurch begrenzt sich allerdings der Analogsignal-Bereich um den Spannungsabfall von je 0.7V an den beiden Dioden.

Anwendung:
Batteriebetriebene Geräte, Kommunikationssysteme, Audio-Signalschaltung, Sample-and-Hold-Schaltungen.

Daten:

Betriebsspannung:	unipolar	+2.7 bis +12	V
EIN-Widerstand		typ. 33	Ω
Maximaler Strom je Kanal		10	mA
Schaltzeiten:	Ein	35	ns
	Aus	25	ns

Hersteller:
MAX

MAX4543 — Analogschalter (1 Öffner + 1 Schließer) für unipolare Betriebsspannung

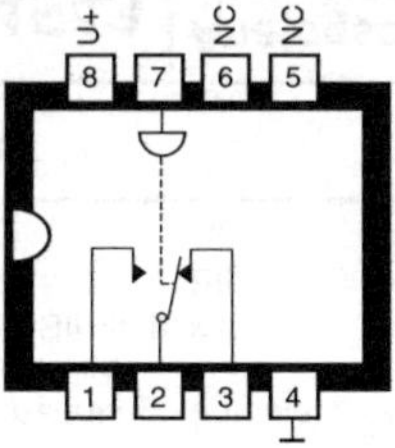

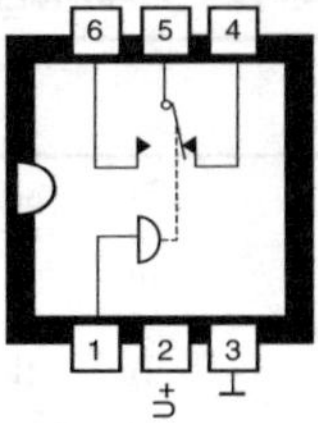

Frequenzgang

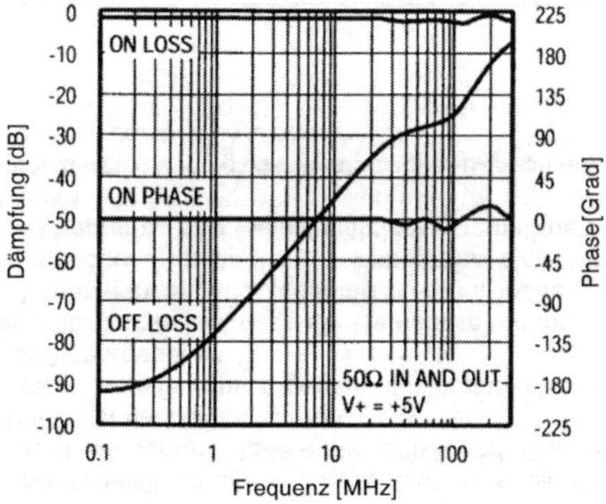

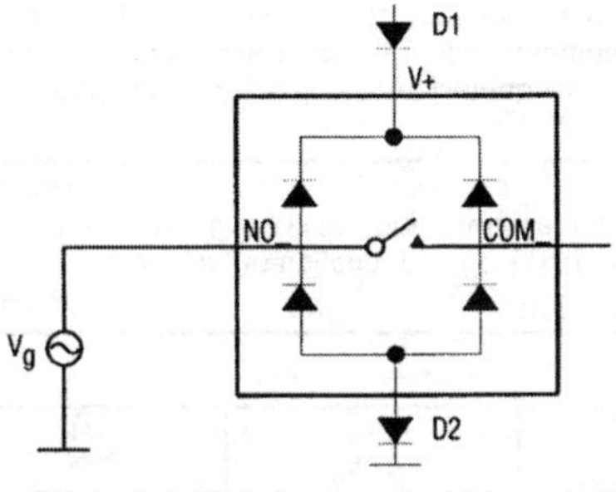

MAX4544 | Analogschalter (1 Wechsler) für unipolare Betriebsspannung

Fortsetzung :

Steuer-Eingang	Öffner	Schließer
L H	EIN AUS	AUS EIN

Beschreibung:
Der Baustein enthält einen einzelnen Analogschalter (1 Wechsler). Die Stromversorgung erfolgt mit einer unipolaren Betriebsspannung.

Betrieb:
Der Baustein wird mit einer unipolaren Betriebsspannung zwischen +2.7V und +12V versorgt. Eine sehr niedrige Leistungsaufnahme (5µW) macht ihn ideal für batteriebetriebene Geräte. Er zeichnet sich ferner durch ein hohe Schaltgeschwindigkeit aus.
Bei einem Betrieb mit +5V betragen die EIN-Widerstände der Kanäle maximal 60Ω und weichen voneinander um maximal 2Ω ab.
Durch eine unterschiedliche Ein- und Ausschaltzeit ist ein Break-befor-Make-Betrieb gesichert.
In dem Baustein ist ein Schutz gegen elektrostatische Spannungen von mindesten 2000V vorgesehen.
Es ist immer dafür zu sorgen, dass die Betriebsspannung anliegt, bevor die digitalen und analogen Signale zugeführt werden, insbesondere, wenn die digitalen und analogen Signale nicht strombegrenzt sind. Sind diese Signale nicht auf 10mA begrenzt, sind Kleinsignaldioden gemäß dem obenstehenden Bild hinzuzufügen.
Dadurch begrenzt sich allerdings der Analogsignal-Bereich um den Spannungsabfall von je 0.7V an den beiden Dioden.

Anwendung:
Batteriebetriebene Geräte, Kommunikationssysteme, Audio-Signalschaltung, Sample-and-Hold-Schaltungen.

Daten:

Betriebsspannung:	unipolar	+2.7 bis +12	V
EIN-Widerstand		typ. 33	Ω
Maximaler Strom je Kanal		10	mA
Schaltzeiten:	Ein	35	ns
	Aus	25	ns

Hersteller:
MAX

MAX4544 Analogschalter (1 Wechsler) für unipolare Betriebsspannung

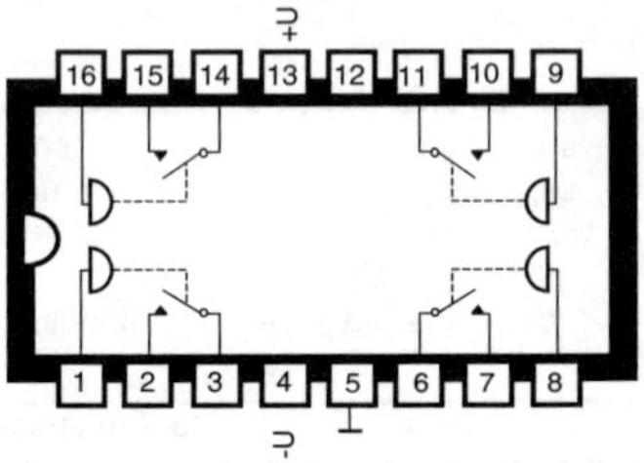

Ein-Widerstand in Abhängigkeit von U_D
(unipolare Betriebsspannung)

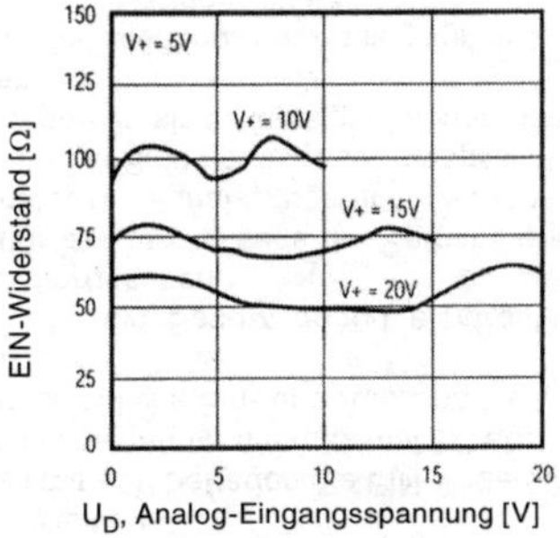

Ein-Widerstand in Abhängigkeit von U_D
(bipolare Betriebsspannung)

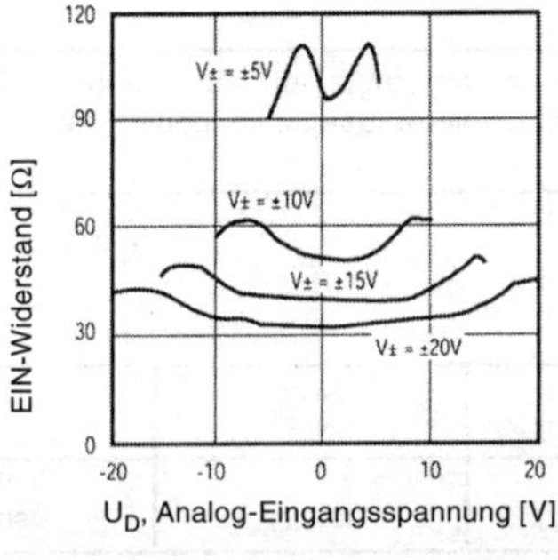

MAX4613	Analogschalter (2 Öffner + 2 Schließer) für unipolare und bipolare Betriebsspannung

Fortsetzung :

Steuer-Eingang	S1,S4	S2, S3
L	AUS	EIN
H	EIN	AUS

Beschreibung:
Dieser Baustein enthält Analogschalter, und zwar 2 Öffner und 2 Schließer. Die vier Schalter können unabhängig voneinander angesteuert und mit einer einzelnen oder dualen Betriebsspannung betrieben werden.

Betrieb:
Dieser Baustein zeichnet sich durch eine gute Übereinstimmung der EIN-Widerstände der einzelnen Schalter aus (Abweichung max. 4Ω), wodurch sich ein weitgehend flacher Frequenzgang für alle Schalter ergibt.
Intern sind Schutzdioden gegen elektrostatische Überspannungen bis 2.000V vorgesehen.
Der Baustein kann an einer unipolaren Betriebsspannung von +4.5V bis +40V oder an einer bipolaren Betriebsspannung von ±4.5V bis ±20V betrieben werden. Bei letzterem ist auch ein Betrieb mit ungleich hohen Betriebsspannungen möglich.
Die digitalen Steuer-Eingänge sind CMOS- und TTL-kompatibel. Der Anschluss VL muss hierbei mit +5V für TTL-Kompatibilität und mit +UB für CMOS-Kompatibilät verbunden werden.
Durch unterschiedliche Ein- und Ausschaltzeiten ist eine Break-Before-Make-Arbeitsweise gesichert.
Jeder Schalter kann Analogsignale in jeder Richtung bis an die Grenze des Betriebsspannungsbereiches (rail-to-rail) verarbeiten.
Der Baustein ist pinkompatibel mit dem Industrie-Standard DG 213.

Anwendung:
Sample-and-Hold-Schaltungen, Testgeräte, Leit- und Steuersysteme, Kommunikationssysteme, Audio-Signalschaltung, Modems.

Daten:

Betriebsspannung:	unipolar	+4.5 bis +40	V
	bipolar	±4.5 bis ±20	V
EIN-Widerstand,		max. ±85	Ω
Schaltzeiten:	Ein	150	ns
	Aus	90	ns

Hersteller:
MAX

MAX4613 Analogschalter (2 Öffner + 2 Schließer) für unipolare und bipolare Betriebsspannung

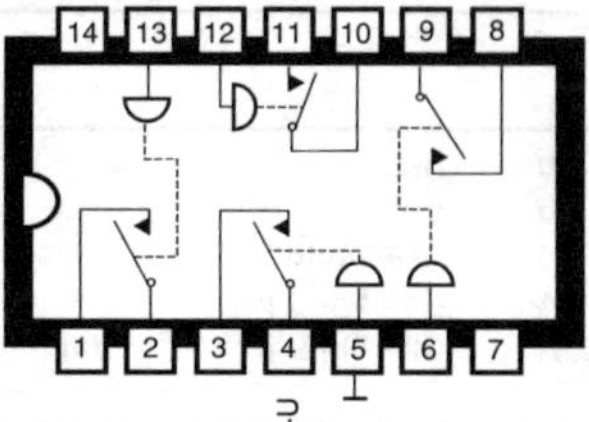

EIN-Widerstand

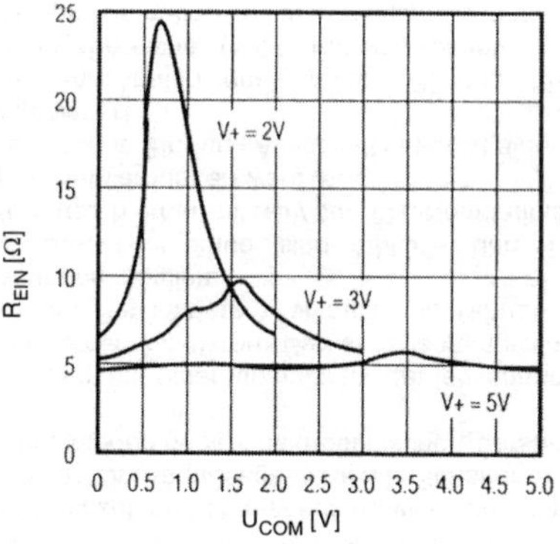

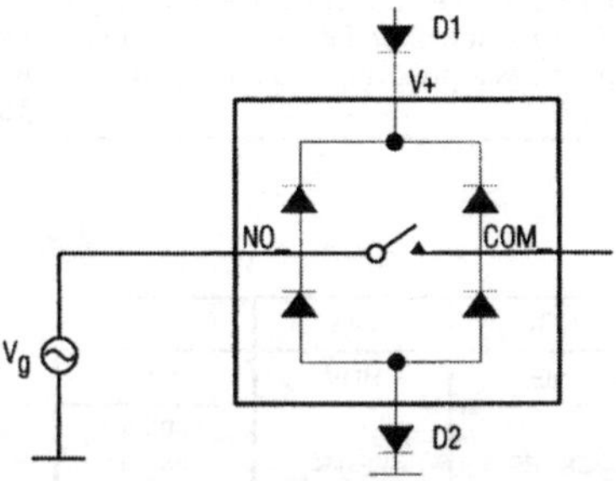

MAX4614 | **Analogschalter (4x1 Schließer) für unipolare Betriebsspannung**

Fortsetzung :

Eingang	Schalter
L H	AUS EIN

Beschreibung:
Der Baustein dieser Reihe enthält jeweils vier schnelle getrennte Analogschalter (4 Schließer) für unipolare Betriebsspannung, die alle unabhängig voneinander angesteuert werden können.

Betrieb:
Dieser Analogschalte rzeichnet sich durch niedrige EIN-Widerstände (max. 10Ω) und weitgehende Übereinstimmung der EIN-Widerstände (Abweichung max. 1Ω) aus.
Der Baustein kann an einer unipolaren Betriebsspannung von +2V bis +5.5V betrieben werden.
Die digitalen Steuer-Eingänge sind CMOS- und TTL-kompatibel. Sie besitzen Logikschwellen von 0.8V und 2.4V.
Jeder Schalter kann Analogsignale in jeder Richtung bis an die Grenze des Betriebsspannungsbereiches (rail-to-rail) verarbeiten.
In 50Ω -Systemen ist die Übertragungskurve von Gleichspannung bis 70MHz weitgehend flach. Eventuell auftretende Spitzen haben ihre Ursache im Layout der jeweiligen Platine. Im AUS-Zustand arbeitet der Schalter wie ein Kondensator und schwächt daher höhere Frequenzen weniger ab. Bei höheren Impedanzen der Schaltung nimmt die Isolation ebenfalls ab.
Die Übersprechdämpfung zwischen den Schaltern beträgt bei 100kHz mehr als 96dB.
Es ist immer dafür zu sorgen, dass die Betriebsspannung anliegt, bevor die digitalen und analogen Signale zugeführt werden, insbesondere, wenn die digitalen undanalogen Signale nicht strombegrenzt sind. Sind diese Signale nicht auf 20mA begrenzt, sind Kleinsignaldioden gemäß dem obenstehenden Bild hinzuzufügen.
Dadurch begrenzt sich allerdings der Analogsignal-Bereich um den Spannungsabfall von je 0.7V an den beiden Dioden.
Pin-kompatible Bausteine sind die Industrie-Standardtypen 74HC4066 und MAX4610.

Anwendung:
Batteriebetriebene Geräte, Kommunikationssysteme, Audio-Signalschaltung, Sample-and-Hold-Schaltungen.

Daten:

Betriebsspannung: unipolar		+2 bis +5.5	V
EIN-Widerstand		typ. 10	Ω
Maximaler Strom je Kanal		75	mA
Schaltzeiten:	Ein	12	ns
	Aus	10	ns

Hersteller:
MAX

MAX4614 — Analogschalter (4x1 Schließer) für unipolare Betriebsspannung

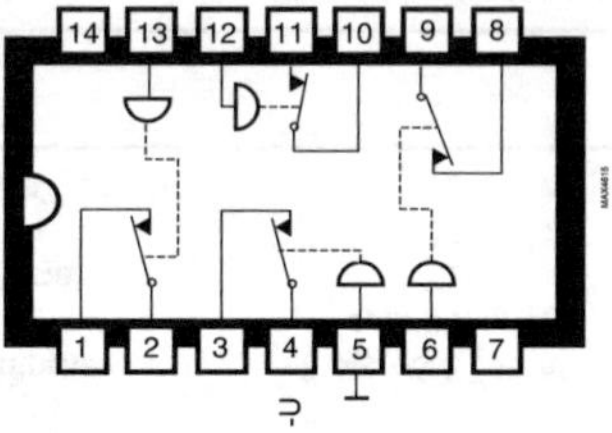

EIN-Widerstand

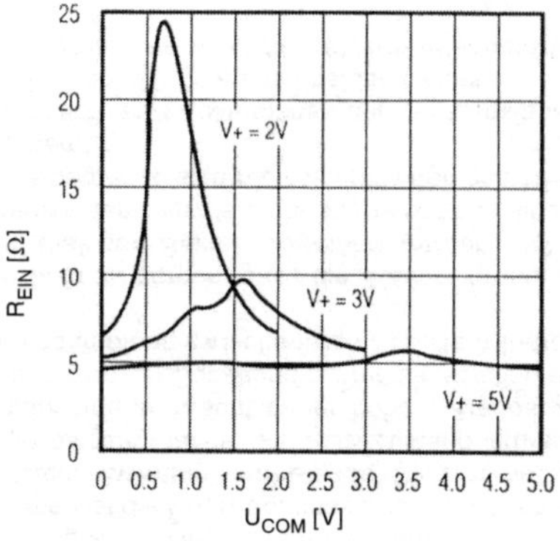

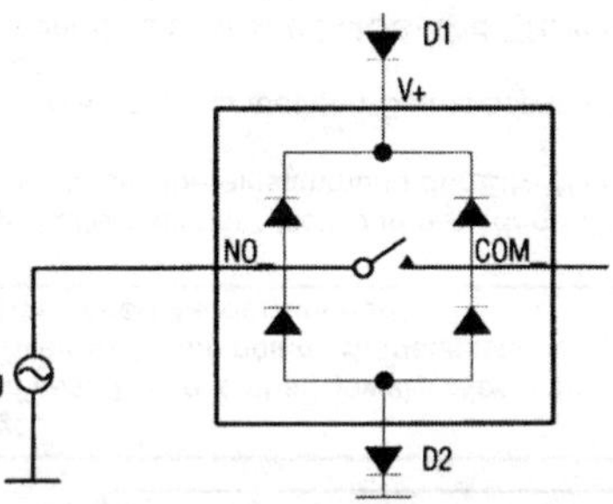

Fortsetzung :

Eingang	Schalter
L	EIN
H	AUS

Beschreibung:
Der Baustein dieser Reihe enthält jeweils vier schnelle getrennte Analogschalter (4x1 Öffner) für unipolare Betriebsspannung, die alle unabhängig voneinander angesteuert werden können.

Betrieb:
Dieser Analogschalter zeichnet sich durch niedrige EIN-Widerstände (max. 10Ω) und weitgehende Übereinstimmung der EIN-Widerstände (Abweichung max. 1Ω) aus.
Der Baustein kann an einer unipolaren Betriebsspannung von +2V bis +5.5V betrieben werden.
Die digitalen Steuer-Eingänge sind CMOS- und TTL-kompatibel. Sie besitzen Logikschwellen von 0.8V und 2.4V.
Jeder Schalter kann Analogsignale in jeder Richtung bis an die Grenze des Betriebsspannungsbereiches (rail-to-rail) verarbeiten.
In 50Ω -Systemen ist die Übertragungskurve von Gleichspannung bis 70MHz weitgehend flach. Eventuell auftretende Spitzen haben ihre Ursache im Layout der jeweiligen Platine. Im AUS-Zustand arbeitet der Schalter wie ein Kondensator und schwächt daher höhere Frequenzen weniger ab. Bei höheren Impedanzen der Schaltung nimmt die Isolation ebenfalls ab.
Die Übersprechdämpfung zwischen den Schaltern beträgt bei 100kHz mehr als 96dB.
Es ist immer dafür zu sorgen, dass die Betriebsspannung anliegt, bevor die digitalen und analogen Signale zugeführt werden, insbesondere, wenn die digitalen undanalogen Signale nicht strombegrenzt sind. Sind diese Signale nicht auf 20mA begrenzt, sind Kleinsignaldioden gemäß dem obenstehenden Bild hinzuzufügen.
Dadurch begrenzt sich allerdings der Analogsignal-Bereich um den Spannungsabfall von je 0.7V an den beiden Dioden.
Pin-kompatible Bausteine sind die Industrie-Standardtypen 74HC4066 und MAX4610.

Anwendung:
Batteriebetriebene Geräte, Kommunikationssysteme, Audio-Signalschaltung, Sample-and-Hold-Schaltungen.

Daten:

Betriebsspannung: unipolar		+2 bis +5.5	V
EIN-Widerstand		typ. 10	Ω
Maximaler Strom je Kanal		75	mA
Schaltzeiten:	Ein	12	ns
	Aus	10	ns

Hersteller:
MAX

MAX4615 — Analogschalter (4x1 Öffner) für unipolare Betriebsspannung

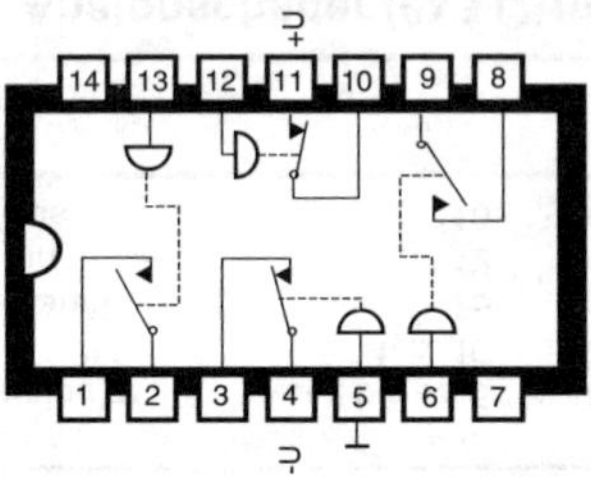

EIN-Widerstand

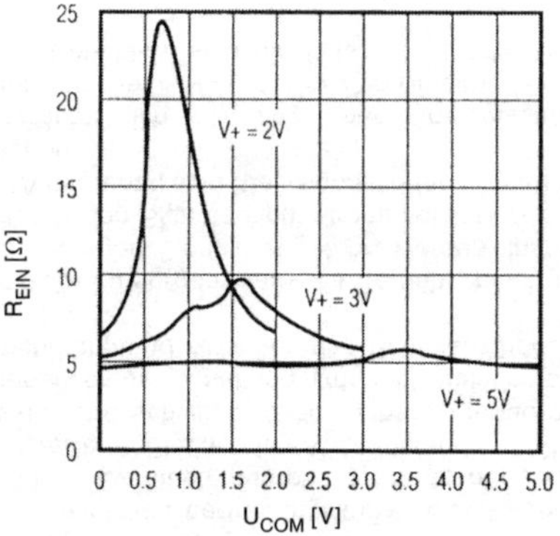

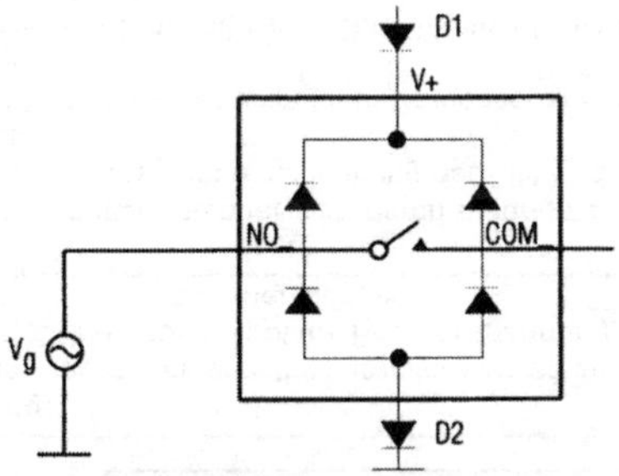

MAX4616

Analogschalter (2 Öffner + 2 Schließer) für unipolare Betriebsspannung

Fortsetzung :

Eingang	Schließer 1 und 3	Öffner 2 und 4
L H	AUS EIN	EIN AUS

Beschreibung:
Der Baustein dieser Reihe enthält vier schnelle getrennte Analogschalter (2 Öffner + 2 Schließer) für unipolare Betriebsspannung, die alle unabhängig voneinander angesteuert werden können.

Betrieb:
Dieser Analogschalter zeichnet sich durch niedrige EIN-Widerstände (max. 10Ω) und weitgehende Übereinstimmung der EIN-Widerstände (Abweichung max. 1Ω) aus. Der Baustein kann an einer unipolaren Betriebsspannung von +2V bis +5.5V betrieben werden.
Die digitalen Steuer-Eingänge sind CMOS- und TTL-kompatibel. Sie besitzen Logikschwellen von 0.8V und 2.4V.
Jeder Schalter kann Analogsignale in jeder Richtung bis an die Grenze des Betriebsspannungsbereiches (rail-to-rail) verarbeiten.
In 50Ω -Systemen ist die Übertragungskurve von Gleichspannung bis 70MHz weitgehend flach. Eventuell auftretende Spitzen haben ihre Ursache im Layout der jeweiligen Platine. Im AUS-Zustand arbeitet der Schalter wie ein Kondensator und schwächt daher höhere Frequenzen weniger ab. Bei höheren Impedanzen der Schaltung nimmt die Isolation ebenfalls ab.
Die Übersprechdämpfung zwischen den Schaltern beträgt bei 100kHz mehr als 96dB.
Es ist immer dafür zu sorgen, dass die Betriebsspannung anliegt, bevor die digitalen und analogen Signale zugeführt werden, insbesondere, wenn die digitalen und analogen Signale nicht strombegrenzt sind. Sind diese Signale nicht auf 20mA begrenzt, sind Kleinsignaldioden gemäß dem obenstehenden Bild hinzuzufügen.
Dadurch begrenzt sich allerdings der Analogsignal-Bereich um den Spannungsabfall von je 0.7V an den beiden Dioden.
Pin-kompatible Bausteine sind die Industrie-Standardtypen 74HC4066 und MAX4610.

Anwendung:
Batteriebetriebene Geräte, Kommunikationssysteme, Audio-Signalschaltung, Sample-and-Hold-Schaltungen.

Daten:

Betriebsspannung: unipolar		+2 bis +5.5	V
EIN-Widerstand		typ. 10	Ω
Maximaler Strom je Kanal		75	mA
Schaltzeiten:	Ein	12	ns
	Aus	10	ns

Hersteller:
MAX

MAX4616 — Analogschalter (2 Öffner + 2 Schließer) für unipolare Betriebsspannung

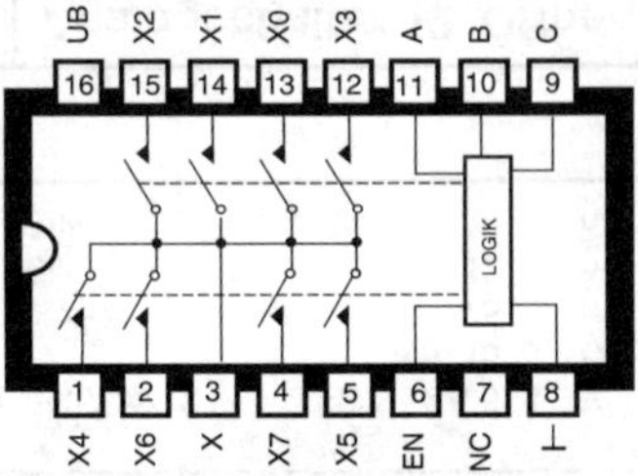

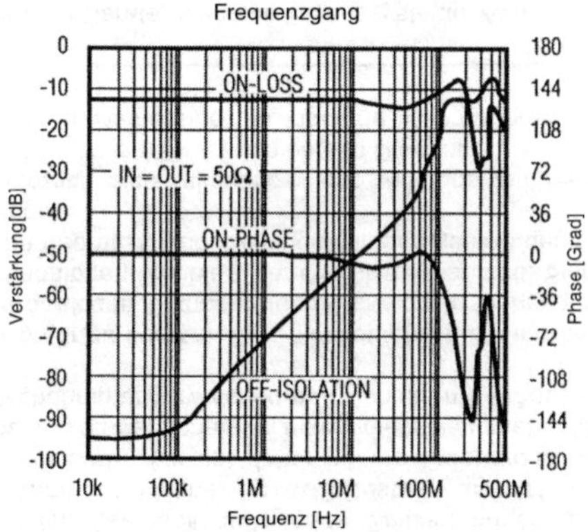

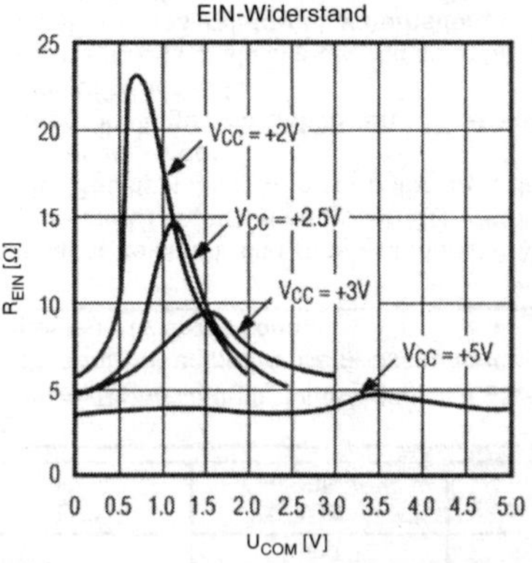

MAX4617 **Analogmultiplexer, 8 Kanäle**

Fortsetzung :

Enable-Eingang	Auswahl-Eingänge			
	C	B	A	verbunden
H	X	X	L	Alle Schalter offen
L	L	L	H	X-X0
L	L	L	L	X-X1
L	L	H	H	X-X2
L	L	H	L	X-X3
L	H	L	H	X-X4
L	H	L	L	X-X5
L	H	H	H	X-X6
L	H	H	L	X-X7

Beschreibung:
Dieser Baustein enthält einen schnellen Analog-Multiplexer, der einen von 8 Eingängen auf einen gemeinsamen Ausgang durchschaltet.

Betrieb:
Der Baustein kann an einer unipolaren Betriebsspannung von +2V bis +5.5V betrieben werden. Die Schalter können Analogsignale bis zur Höhe der jeweiligen Betriebsspannung verarbeiten (rail-to-rail).
Der Leckstrom beträgt nur 1nA bei 25°C.
Die digitalen Eingänge sind bei einer Betriebsspannung von +5V CMOS- und TTL-kompatibel mit Logikschwellwerten von 0.8V und 2.4V. Bei dieser Betriebsspannung beträgt der EIN-Widerstand nur 10Ω.
Im AUS-Zustand beträgt die Isolation –93db, die Übersprechdämpfung 96dB. Bei 10MHz nimmt die Isolation auf –50dB in 50Ω-Systemen ab und sinkt bei steigender Frequenz je Dekade um weitere 20dB.
Der Baustein ist pinkompatibel mit dem Industriestandard 74HC4051 und dem MAX4581.

Anwendung:
Batteriebetriebene Geräte, Kommunikationssysteme, Audio/Video-Signalschaltung, Sample-and-Hold-Schaltungen.

Daten:

Betriebsspannung:	unipolar	+2 bis +5.5	V
EIN-Widerstand		typ. 10	Ω
Maximaler Strom je Kanal		75	mA
Schaltzeiten:	Ein	15	ns
	Aus	10	ns

Hersteller:
MAX

MAX4617 Analogmultiplexer, 8 Kanäle

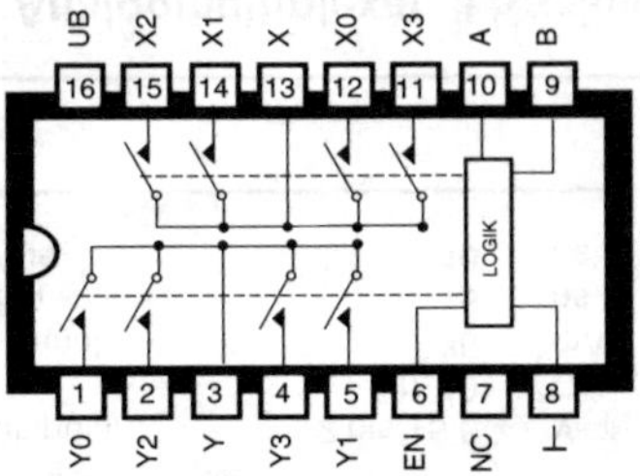

Frequenzgang

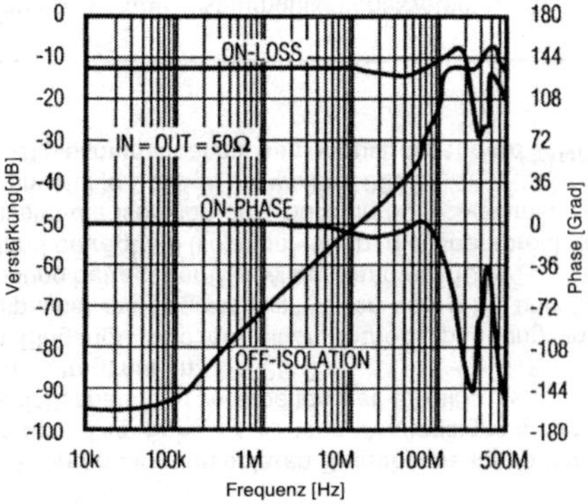

EIN-Widerstand

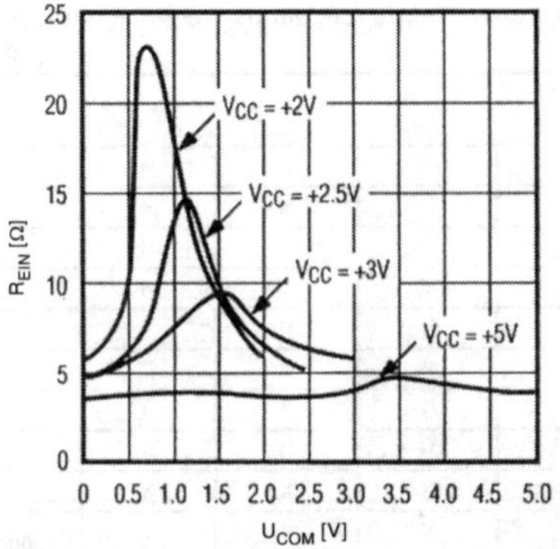

MAX4618 | **Analogmultiplexer, 2x4 Kanäle**

Fortsetzung :

Enable-Eingang	Auswahl-Eingänge		
	B	A	verbunden
H	X	L	Alle Schalter offen
L	L	H	X-X0, Y-Y0
L	L	L	X-X1, Y-Y1
L	H	H	X-X2, Y-Y2
L	H	L	X-X3, Y-Y3
L	L	H	X-X0, Y-Y0
L	L	L	X-X1, Y-Y1
L	H	H	X-X2, Y-Y2
L	H	L	X-X3, Y-Y3

Beschreibung:
Dieser Baustein enthält zwei schnelle Analog-Multiplexer, die je einen von 4 Eingängen auf jeweils einen gemeinsamen Ausgang durchschalten.

Betrieb:
Der Baustein kann an einer unipolaren Betriebsspannung von +2V bis +5.5V betrieben werden. Die Schalter können Analogsignale bis zur Höhe der jeweiligen Betriebsspannung verarbeiten (rail-to-rail).
Der Leckstrom beträgt nur 1nA bei 25°C.
Die digitalen Eingänge sind bei einer Betriebsspannung von +5V CMOS- und TTL-kompatibel mit Logikschwellwerten von 0.8V und 2.4V. Bei dieser Betriebsspannung beträgt der EIN-Widerstand nur 10Ω.
Im AUS-Zustand beträgt die Isolation –93db, die Übersprechdämpfung 96dB. Bei 10MHz nimmt die Isolation auf –50dB in 50Ω-Systemen ab und sinkt bei steigender Frequenz je Dekade um weitere 20dB.
Der Baustein ist pinkompatibel mit dem Industriestandard 74HC4052 und dem MAX4582.

Anwendung:
Batteriebetriebene Geräte, Kommunikationssysteme, Audio/Video-Signalschaltung, Sample-and-Hold-Schaltungen.

Daten:

Betriebsspannung:	unipolar	+2 bis +5.5	V
EIN-Widerstand		typ. 10	Ω
Maximaler Strom je Kanal		75	mA
Schaltzeiten:	Ein	15	ns
	Aus	10	ns

Hersteller:
MAX

MAX4618 Analogmultiplexer, 2x4 Kanäle

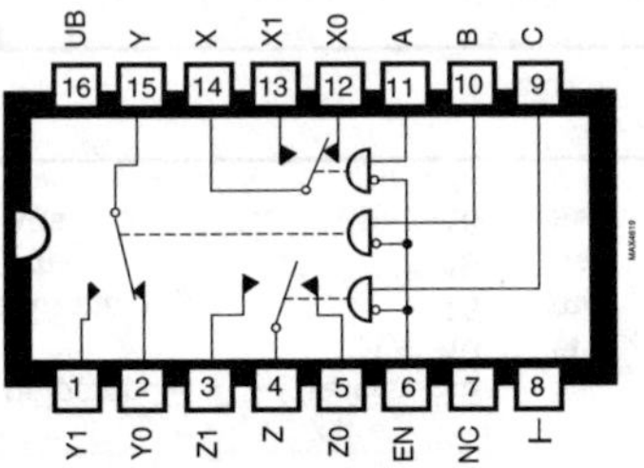

Frequenzgang

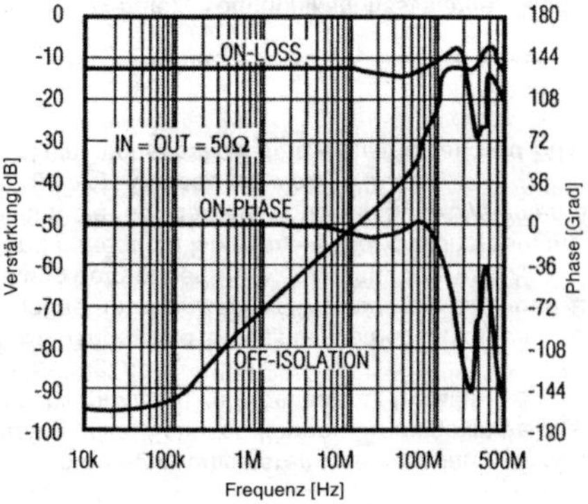

EIN-Widerstand

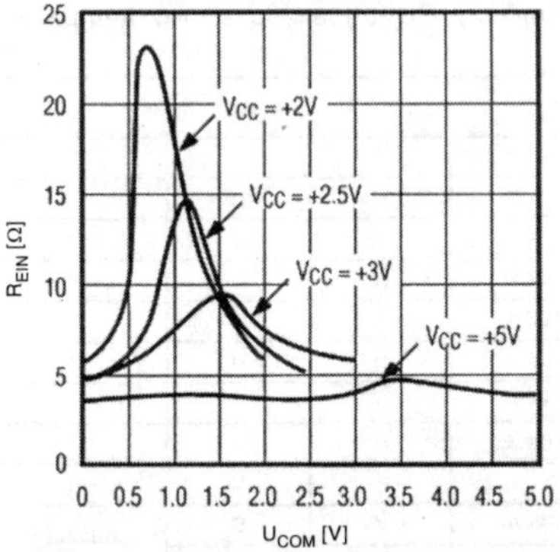

MAX4619 **Analogschalter (3 Wechsler)**

Fortsetzung :

Enable-Eingang	Auswahl-Eingänge			
	C	B	A	verbunden
H	X	X	L	Alle Schalter offen
L	L	L	H	X-X0, Y-Y0, Z-Z0
L	L	L	L	X-X1, Y-Y0, Z-Z0
L	L	H	H	X-X0, Y-Y1, Z-Z0
L	L	H	L	X-X1, Y-Y1, Z-Z0
L	H	L	H	X-X0, Y-Y0, Z-Z1
L	H	L	L	X-X1, Y-Y0, Z-Z1
L	H	H	H	X-X0, Y-Y1, Z-Z1
L	H	H	L	X-X1, Y-Y1, Z-Z1

Beschreibung:
Dieser Baustein enthält drei schnelle Analogschalter.

Betrieb:
Der Baustein kann an einer unipolaren Betriebsspannung von +2V bis +5.5V betrieben werden. Die Schalter können Analogsignale bis zur Höhe der jeweiligen Betriebsspannung verarbeiten (rail-to-rail).
Der Leckstrom beträgt nur 1nA bei 25°C.
Die digitalen Eingänge sind bei einer Betriebsspannung von +5V CMOS- und TTL-kompatibel mit Logikschwellwerten von 0.8V und 2.4V. Bei dieser Betriebsspannung beträgt der EIN-Widerstand nur 10Ω .
Im AUS-Zustand beträgt die Isolation –93db, die Übersprechdämpfung 96dB. Bei 10MHz nimmt die Isolation auf –50dB in 50Ω-Systemen ab und sinkt bei steigender Frequenz je Dekade um weitere 20dB.
Der Baustein ist pinkompatibel mit dem Industriestandard 74HC4053 und dem MAX4583.

Anwendung:
Batteriebetriebene Geräte, Kommunikationssysteme, Audio/Video-Signalschaltung, Sample-and-Hold-Schaltungen.

Daten:

Betriebsspannung:	unipolar	+2 bis +5.5	V
EIN-Widerstand		typ. 10	Ω
Maximaler Strom je Kanal		75	mA
Schaltzeiten:	Ein	15	ns
	Aus	10	ns

Hersteller:
MAX

MAX4619 Analogschalter (3 Wechsler)

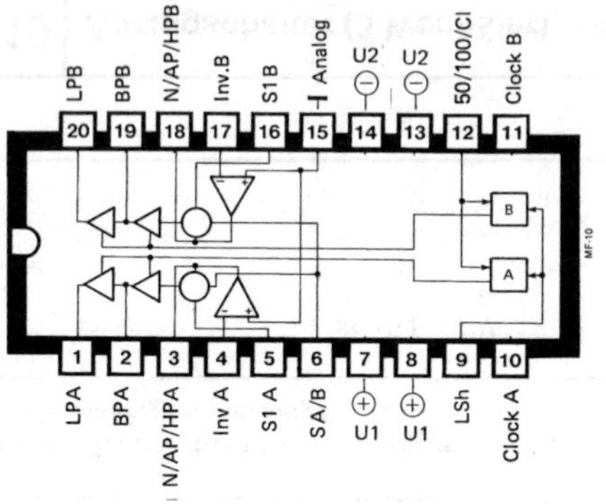

Ein Beispiel für ein Tiefpass-Filter 4. Ordnung (Butterworth) mit einer Grenzfrequenz von 2 kHz finden Sie nachstehend (Die Gesamtverstärkung des Filters ist gleich 1V/V.)
Das Filter wird durch Kaskadieren zweier Filter 2. Ordnung gebildet und zwar: Q = 0.541, f_0 = 2 kHz und Q = 1.306, f_0 = 2 kHz.
Infolge der niedrigen Q-Werte der Filter ist die Dynamik der Schaltung sehr gut:

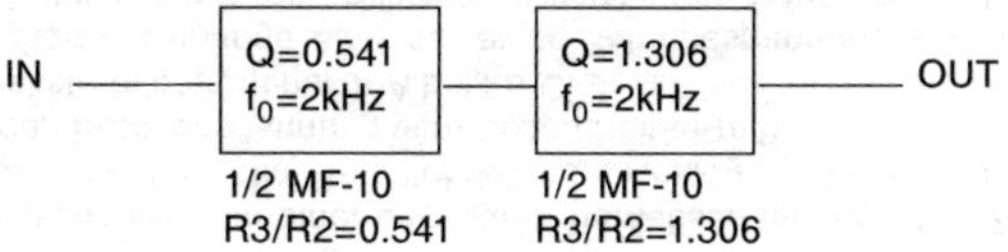

Es sei R3 = 10k, dann ist R2 = 18.48k für den ersten Abschnitt. Die Werte für den zweiten Abschnitt sind dann R2 = 10k und R3 = 13.06k. Beide Takteingänge (Anschluss 10 und 11) können miteinander verbunden und von einer einzigen externen Taktquelle betrieben werden. Wird Anschluss 12 auf Masse gelegt, dann wird mit einer Taktfrequenz von 200 kHz die Grenzfrequenz fc bei 2 kHz liegen, mit einem Fehler von maximal 1.5 %.

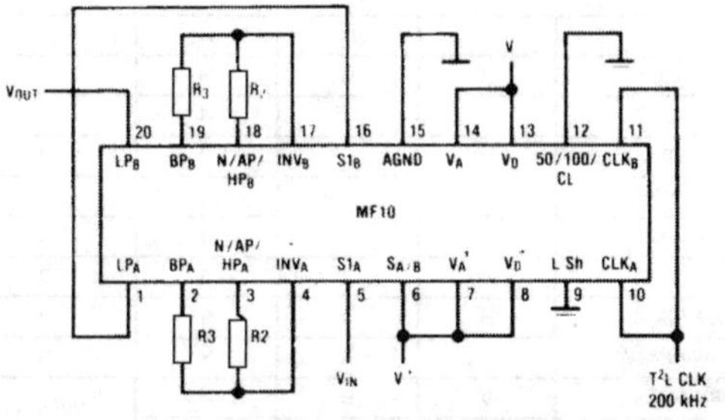

Fortsetzung :

Beschreibung:
Dieser Baustein enthält zwei voneinander unabhängige abstimmbare Filter, mit denen Tiefpass-, Hochpass-, Kerb-, Bandpass- und Allpass-Filter realisiert werden können.

Betrieb:
Jede Schaltungshälfte dieses Bausteins kann zusammen mit einem externen Takt und 2 bis 4 Widerständen verschiedene Filterfunktionen 2.Ordnung ausführen.
Jeder Schaltungsteil besitzt 3 Ausgänge. Einer der Ausgänge (N/AP/HP = Notch/Allpass/ Highpass) kann als Kerb-, Allpass- oder Hochpassfilter konfiguriert werden.
Die beiden übrigen Ausgänge (BP = Bandpass, LP = Lowpass) haben Bandpass- und Tiefpass-Funktionen.
Die Mitten- (bzw. Eck-) Frequenz von Tief- und Bandpass 2. Ordnung hängen von der Taktfrequenz (und Widerstandsverhältnis) ab; ebenso die Eckfrequenz des Hochpasses. Mittenfrequenz von Kerb- und Allpassfilter werden nur von der Taktfrequenz bestimmt.
Durch Kaskadieren kann man Filter höherer Ordnung herstellen. Die Formeln für die Dimensionierung entnehmen Sie bitte den einschlägigen Datenblättern.
Der Anschluss LSh (Level Shift) dient zur Potentialverschiebung für die Takteingänge. Er wird für TTL-Signale an Masse gelegt, für CMOS-Signale (mit 10V Betriebsspannung) an – U2.
Den Anschluss 50/100/CL legt man auf High, wenn das Verhältnis Taktfrequenz zu Filtermittenfrequenz 50:1 ist, auf Masse bei 100:1.

Anwendung:
Realisierung von Tiefpass-, Hochpass-, Kerb-, Bandpass- und Allpassfiltern

Daten:

Betriebsspannung	±5	V
Max. Taktfrequenz	1.5	MHz
Max. Filterfrequenz	30	kHz
Stromaufnahme	8	mA

Hersteller:
MOT

MF-10 — Filter mit geschalteten Kondensatoren

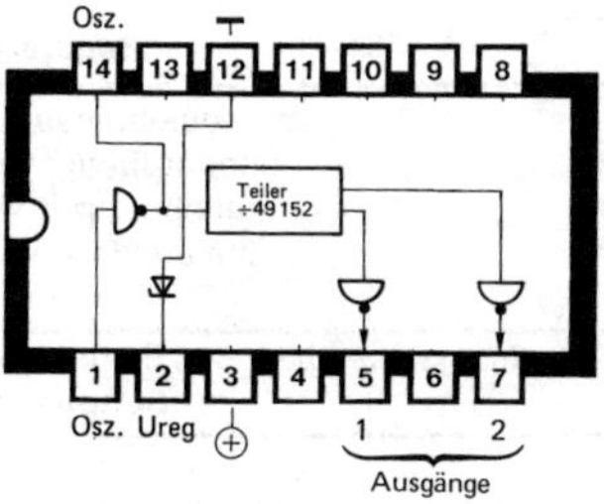

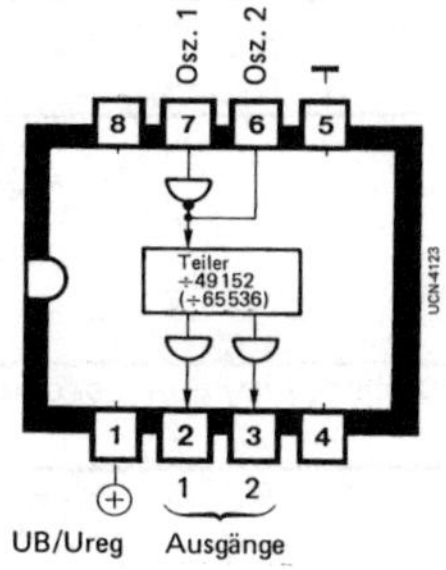

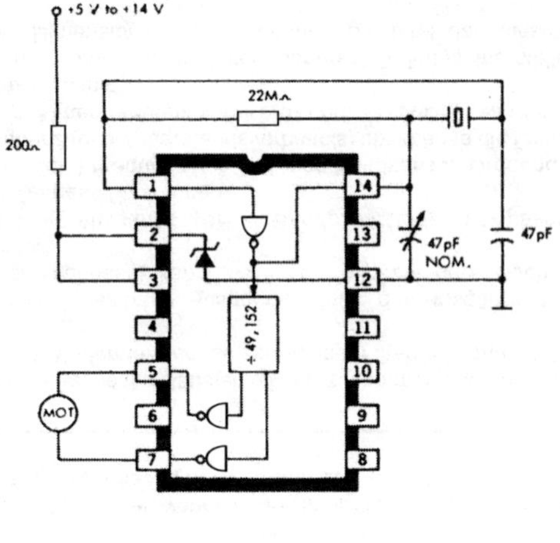

UCN-4103/23 | Oszillator/Frequenzteiler

Fortsetzung :

Beschreibung:
Diese Bausteine enthalten einen Oszillator und einen anschließenden Frequenzteiler.

Betrieb:
Der Taktoszillator dieser Bausteine kann mit einem Quarz, wie gezeigt, betrieben werden. Bei einer Quarzfrequenz von 2.4576MHz erhält man am Ausgang 50Hz. Die Ausgänge sind gepuffert und können zur Steuerung eines Synchronmotors 2mA abgeben bzw. aufnehmen.
Der UCN-4123 ist auch mit einem Teiler 4- 65536 erhältlich. Die stabilisierte Spannung an der Zenerdiode beträgt ca. 10V.

Anwendung:
Taktoszillatoren, Steuerung von Synchronmotoren

Daten:

Betriebsspannung	10 — 15	V
Min. garantierte Oszillatorfrequenz	3	MHz
Stromaufnahme	1.8	mA

Hersteller:
SPR

UCN-4103/23

Oszillator/Frequenzteiler

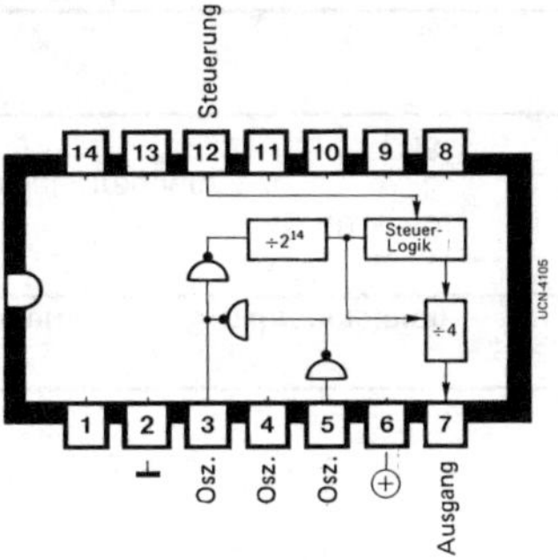
Steuerung
14
13
12
11
10
9
8
÷2¹⁴
Steuer-
Logik
÷4
UCN-4105
1
2
3
4
5
6
7
Osz.
Osz.
Osz.
Ausgang

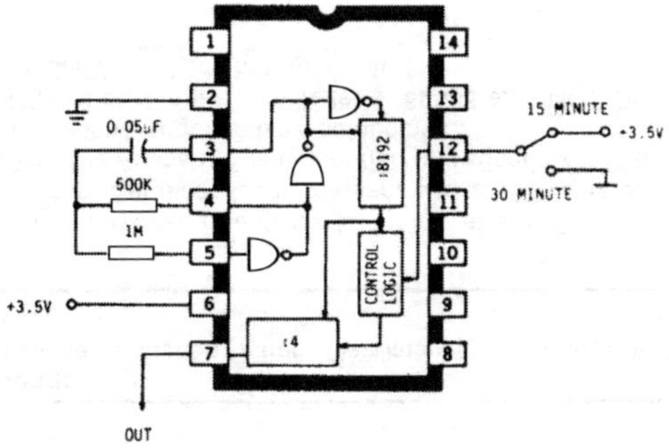
1
2
3
4
5
6
7
8
9
10
11
12
13
14
0.05uF
500K
1M
+3.5V
OUT
:8192
:4
CONTROL
LOGIC
15 MINUTE
+3.5V
30 MINUTE

Fortsetzung :

Beschreibung:
Dieser Baustein enthält einen Taktoszillator und einen umschaltbaren Frequenzteiler.

Betrieb:
Die Frequenz des internen Taktoszillators wird durch zwei Widerstände und einen Kondensator bestimmt.
Mit der angegebenen Beschaltung ergibt sich z.B. eine Oszillatorfrequenz von 18.2Hz. Dann geht der Ausgang alle 15 Minuten kurzzeitig auf Low, wenn Pin 12 an der positiven Betriebsspannung liegt. Mit Pin 12 auf Masse wird alle 30 Minuten ein negativer Impuls abgegeben.

Anwendung:
Zeitgeber

Daten:

Betriebsspannung	2—5	V
Ausgangsstrom	1	mA
Stromaufnahme	0.25	mA

Hersteller:
SPR

UCN-4105

Oszillator/Frequenzteiler

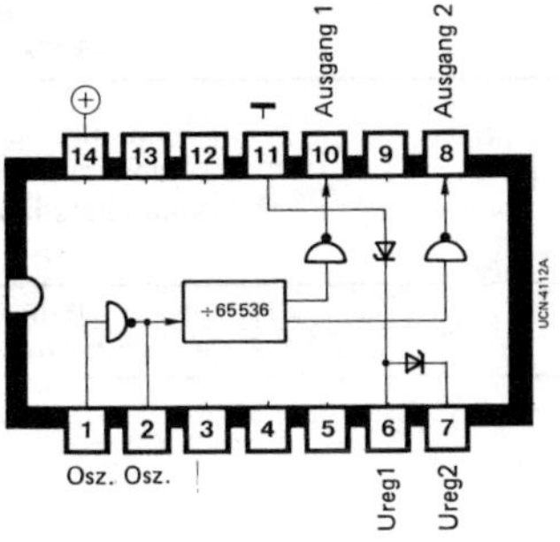

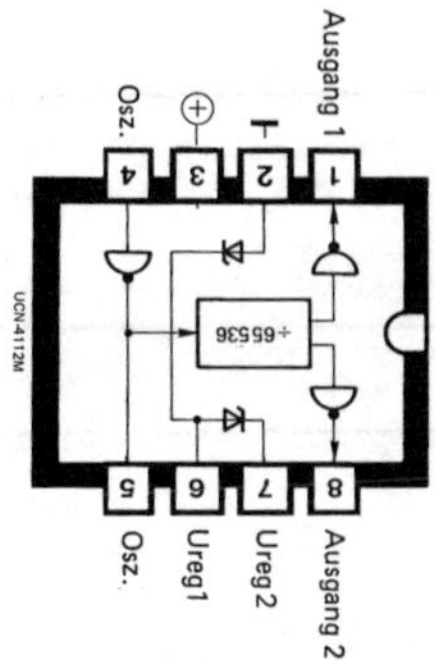

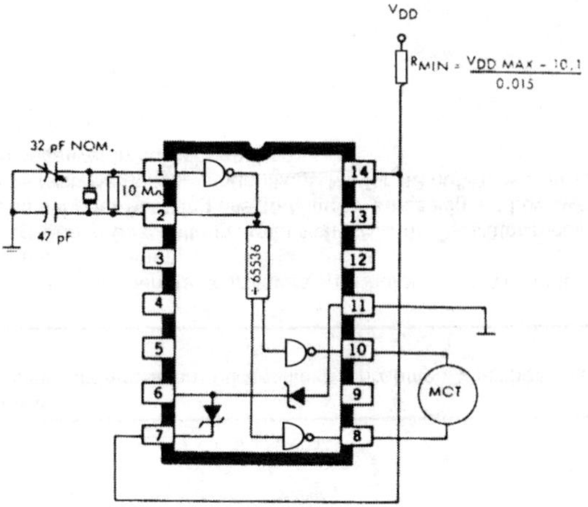

UCN-4112 Oszillator/Frequenzteiler

Fortsetzung :

Beschreibung:
Dieser Baustein enthält einen Taktgenerator und einen 15-stufigen Binärteiler.

Betrieb:
Die Frequenz des internen Oszillators wird durch einen Quarz an den Pins 1 und 2 bestimmt.
Der anschließende Binärteiler ($\div 2^{15} = 65536$) steuert zwei gepufferte komplementäre Ausgänge, z.B. zum Antrieb eines Synchronmotors. Bei einem Quarz mit 3.2768MHz würden somit am Ausgang 50Hz vorliegen.
Zwei interne Zenerdioden gestatten einen Betrieb auch an nicht stabilisierten Versorgungsspannungen.

Anwendung:
Taktoszillator, Steuerung von Synchronmotoren

Daten:

Betriebsspannung		max	+15	V
Zenerspannung	Ureg 1		5.0	V
	Ureg 2		5.1	V
Min. obere Oszillatorfrequenz		ca	4	MHz
Stromaufnahme:	6V		1.1	mA
	12V		2.6	mA

Hersteller:
SPR

UCN-4112

Oszillator/Frequenzteiler

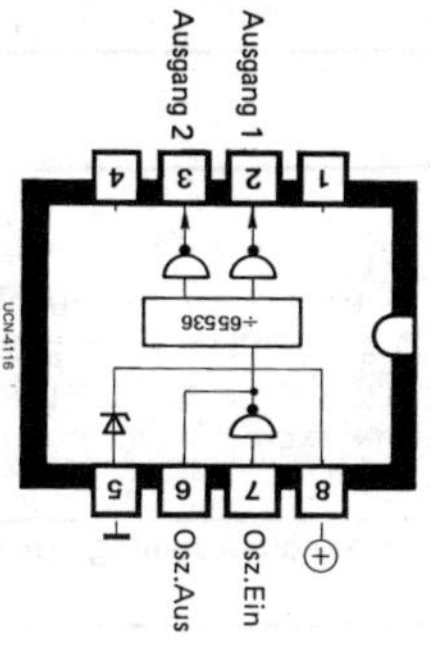
Ausgang 1
Ausgang 2
1
2
3
4
÷65536
UCN4116
8
7
6
5
Osz.Ein
Osz.Aus

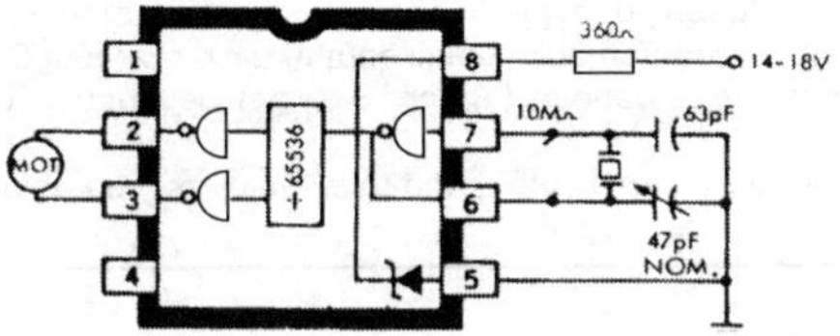
360Ω
14-18V
10MΩ
63pF
47pF
NOM.
MOT
÷ 65536
1
2
3
4
5
6
7
8

Fortsetzung :

Beschreibung:
Dieser Baustein enthält einen Oszillator mit einem anschließenden Frequenzteiler.

Betrieb:
Der Oszillator kann mit einem Quarz von 2 bis 10MHz betrieben werden.
Der anschließende 15-stufige Binärteiler teilt die Oszillatorfrequenz durch 65536 (2^{15}).
Mit einem Quarz von z.B. 3.2758MHz erhält man an den komplementären gepufferten Ausgängen 50Hz zur Steuerung eines Synchronmotors.
Die Ströme an den Ausgängen können in die angeschlossene Last bis zu 20mA betragen.

Anwendung:
Taktgenerator, Steuerung von Synchronmotoren

Daten:

Betriebsspannung (an Pin 8)	12	V
Zenerspannung	12.5	V
Max. Frequenz	10	MHz
Stromaufnahme	5	mA

Hersteller:
SPR

UCN-4116 — Oszillator/Frequenzteiler

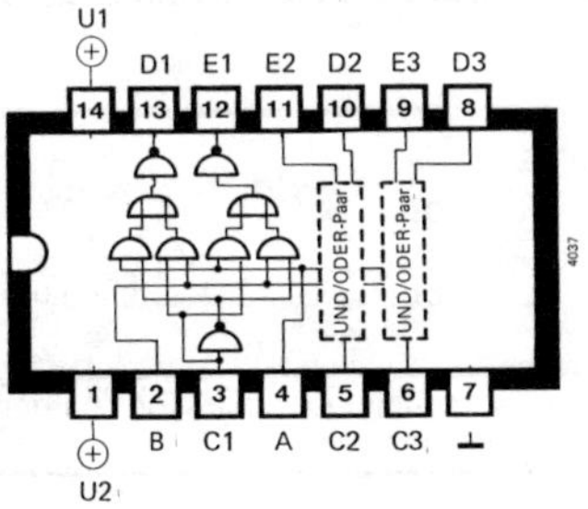

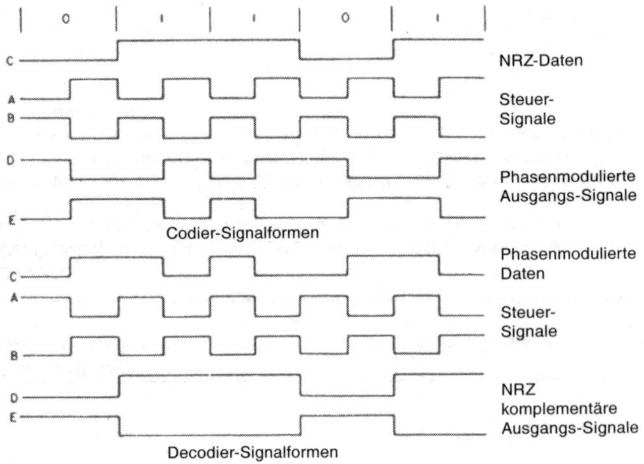

4037 Drei UND/ODER-Zweiphasen-Paare

Fortsetzung :

Eingänge		Ausgänge	
A	B	D	E
L	L	H	H
H	L	C	$\overline{C}$
L	H	$\overline{C}$	C
H	H	L	L

Beschreibung:
Dieser Baustein enthält 3 UND/ODER-Paare mit gemeinsamen Steuersignalen.

Betrieb:
Jedes der drei UND/ODER-Paare besitzt einen Daten-Eingang (C) und zwei Ausgänge (D und E).
Mit A = B = Low sind die Ausgänge D = E = High, mit A = B = High sind beide Ausgänge D = E = Low, unabhängig vom logischen Zustand des Eingangs C.
Bei A = H, B = L erscheint der Logikpegel von C am Ausgang E invertiert. Mit A = L und B = H ist es umgekehrt.
Ein zweiter Betriebsspannungs-Anschluss U2 an Pin 1 ermöglicht eine Pegelwandlung von C nach D und E für jede beliebige Ausgangsspannung von 3V bis U1. Z.B. sind bei U2 = 5V die Ausgänge direkt kompatibel mit LS-TTL.

Anwendung:
Kommunikations-Systeme mit gesplitteter Phase (Bi-Phase), digitale Aufzeichnungs-Systeme , Disketten und Band, , Pegelwandler.

Daten:

Betriebsspannung	10	V
Durchlauf-Verzögerung	320	ns
Stromaufnahme	2	mA

Hersteller:
RCA

4037 **Drei UND/ODER-Zweiphasen-Paare**

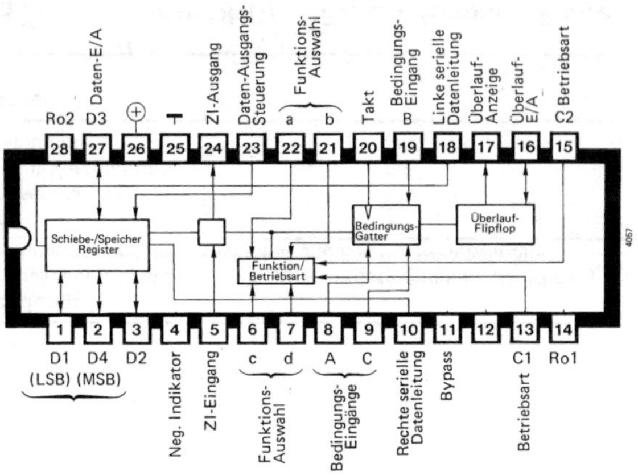

a	b	c	d	
L	L	L	L	keine Operation
L	L	L	H	UND
L	L	H	L	Abwärts zählen
L	L	H	H	Aufwärts zählen
L	H	L	L	Subtrahiere gespeicherte Zahl von Null
L	H	L	H	Subtrahiere gespeicherte Zahl in parallelen Datenleitungen
L	H	H	L	Addiere
L	H	H	H	Subtrahiere parallele Datenleitungen in gespeicherter Zahl
H	L	L	L	Setze lauter Einsen
H	L	L	H	Lösche alles auf Null
H	L	H	L	Exclusiv-ODER
H	L	H	H	ODER
H	H	L	L	Gib Daten in parallelen Datenleitungen ein
H	H	L	H	Linksverschiebung
H	H	H	L	Rechtsverschiebung
H	H	H	H	zyklische Rechtsverschiebung

4057 4-Bit-ALU

Fortsetzung :

Eingänge		Ausgänge	
A	B	D	E
L	L	H	H
H	L	C	$\overline{C}$
L	H	$\overline{C}$	C
H	H	L	L

Beschreibung:
Dieser Baustein enthält eine äußerst vielseitige arithmetisch/logische Einheit für 4-Bit-Operanden.

Betrieb:
Über die Betriebsart-Auswahleingänge C1 und C2 lassen sich gemäß nachstehender Funktionstabelle 4 Betriebsarten auswählen:

0: Daten können entweder über die linke oder rechte serielle Datenleitung ein- oder ausgegeben werden.
1: Daten können nur über die linke serielle Datenleitung ein- oder ausgegeben werden.
2: Daten können nur über die rechte serielle Datenleitung ein- oder ausgegeben werden.
3: Es können keine seriellen Daten ein- oder ausgegeben werden. Das Register wird bidirektional überbrückt.

Mit den Funktions-Eingängen a — d können 16 Befehle eingegeben werden. In Kombination mit den 4 Betriebsarten ergeben sich zahlreiche interessante Möglichkeiten. Ein Zusammenschalten mehrerer Bausteine zu 8-, 12- und 16-ALUs ist ohne weiteres möglich.

Anwendung:
Recheneinheit für arithmetische oder logische Operationen.

Daten:

Betriebsspannung	10	V
Typ. Additionszeit	375	ns
Stromaufnahme	1	µA

Hersteller:
MOT, RCA

4057 — 4-Bit-ALU

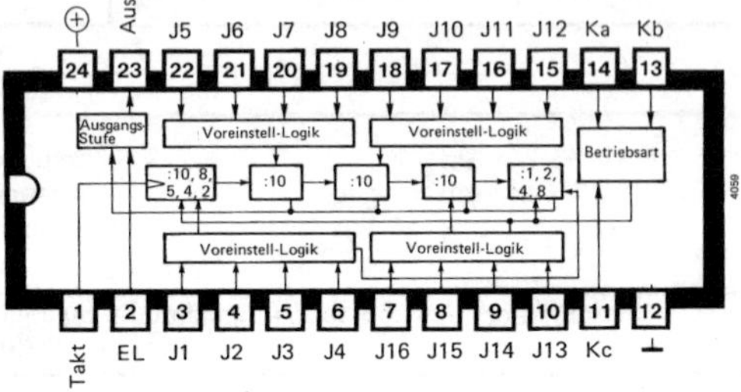

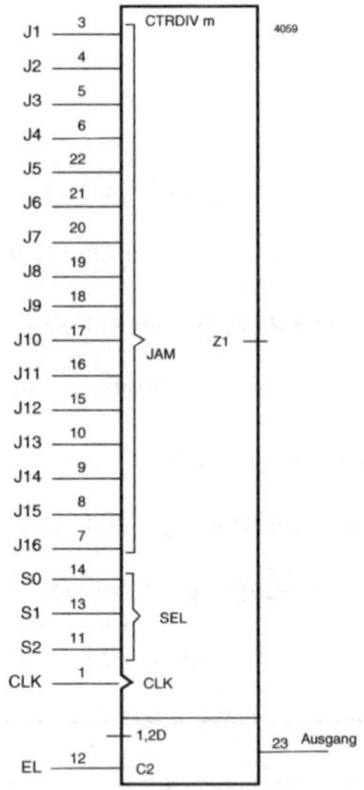

Digitaler PLL-Sythesizer für das UKW-FM-Band:

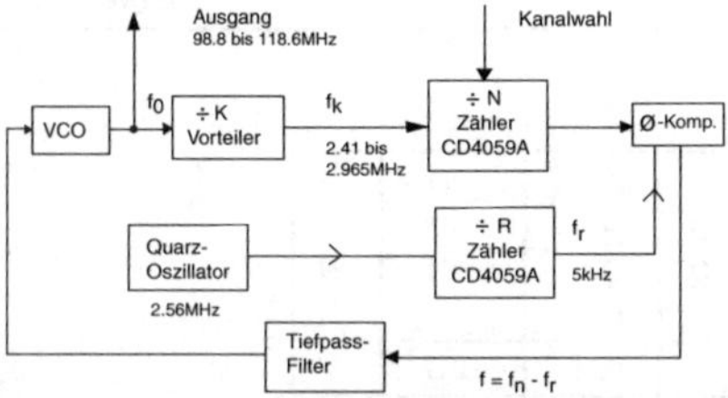

4059 Programmierbarer Zähler/Teiler für n = 3 ....9999/15999

Fortsetzung :

Freigabe-Eingang	Betriebsart-Auswahl-Eingänge			1. Zählabschnitt			Letzter Zählabschnitt			Zählerbereich	
EL	K_a	K_b	K_c	**MODE** teilt durch	max. vorein-gestellt	jam verwendete J-Eingänge	**MODE** teilt durch	max. vorein-gestellt	jam verw. J-Eing.	normal max.	erweitert max.
X	H	H	H	2	1	J_1	8	7	$J_2J_3J_4$	15 999	17 331
X	L	H	H	4	3	J_1J_2	4	3	J_3J_4	15 999	18 663
X	H	L	H	5	4	$J_1J_2J_3$	2	1	J_4	9 999	13 329
X	L	L	H	8	7	$J_1J_2J_3$	2	1	J_4	15 999	21 327
X	H	H	L	10	9	$J_1J_2J_3J_4$	1	0	–	9 999	16 659
H	L	H	L	10	9	$J_1J_2J_3J_4$	1	0	–	9 999	16 659
L	L	H	L	Preset gesperrt			Preset gesperrt			fix 10 000	–
X	X	L	L	Haupt-Preset			Haupt-Preset			–	–

Beschreibung:
Dieser Baustein enthält einen programmierbaren Zähler bzw. Teiler, der eine Eingangsfrequenz durch jede Zahl von 3 bis 15999 teilen kann.

Betrieb:
Mittels der 3 Betriebsart-Eingänge (Mode Select) Ka, Kb, Kc werden der erste und letzte Teiler gemäß der obenstehenden Tabelle eingestellt. Die zu teilende Frequenz wird Pin 1 zugeführt. Da sich die drei mittleren Teiler auch auf binär 15 statt 9 einstellen lassen, ist ein maximaler Teilerfaktor von N = 21327 möglich. N rechnet sich zu:
N = (Mode*) (1000 x programmierte 5. Dekade + 100 x programmierte 4. Dekade + 10 x programmierte 3. Dekade + 1 x programmierte 2. Dekade) + programmierte 1. Dek.
(* Mode= 1.Teiler : 10, 8, 5, 4 oder 2)

Anwendung:
Digitale Frequenz-Synthesizer für VHF- und UHF-Geräte, programmierbare Frequenzteiler, Zeitgeber

Daten:

Betriebsspannung	5V	10V
Max. Taktfrequenz	7	15 MHz

Hersteller:
RCA, VA

4059

Programmierbarer Zähler/Teiler für n = 3 ....9999/15999

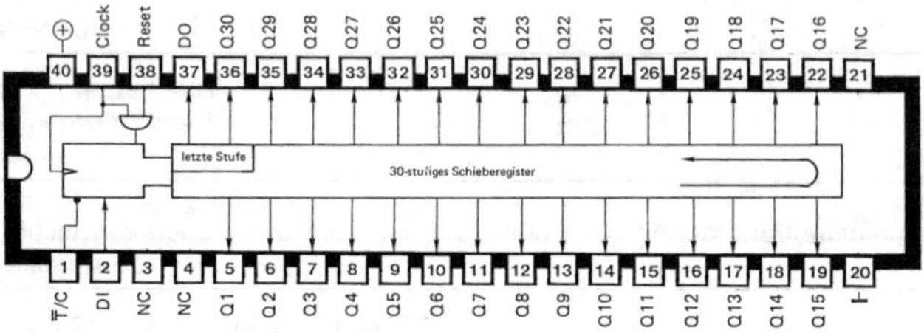

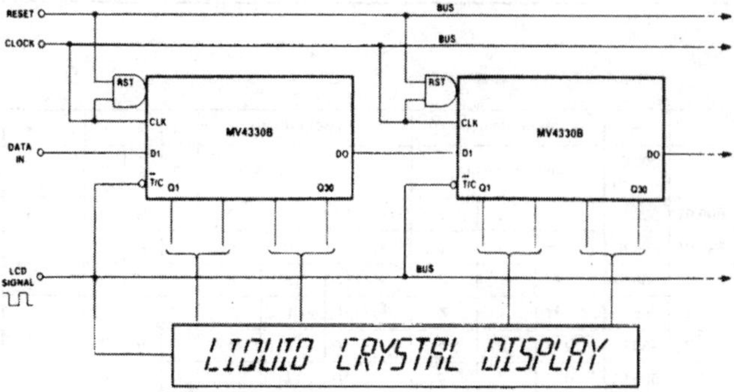

Typische Anwendung

4330 30-Bit-Schieberegister, statisch, kaskadierbar

Fortsetzung :

Beschreibung:
Dieser Baustein enthält ein 30-stufiges statisches Schieberegister mit parallelen Ausgängen.

Betrieb:
Die in das Register einzuschreibenden Daten werden dem Eingang DI (Data Input) zugeführt und bei jeder positiven Taktflanke (LH-Übergang an Pin 39) übernommen. Die bereits im Register befindlichen Daten werden jeweils um eine Stufe weitergeschoben.
Ein Löschen des gesamten Registers ist möglich, wenn man Reset auf High legt. Dann wird bei der nächsten positiven Flanke des Taktes das Register gelöscht (synchrones Löschen).
Die Polarität der Daten an den Ausgängen Q1 — Q30 lässt sich mit dem Anschluss $\overline{T}$/C ($\overline{\text{True}}$/Complement) invertieren. Mit $\overline{T}$/C auf Low liegen die Daten an den Ausgängen in nicht invertierter Form und mit $\overline{T}$/C auf High in invertierter Form an. Dieser Vorgang ist unabhängig vom Taktsignal.
Dadurch ist ein direktes Ansteuern von LC-Anzeigen möglich, indem man einfach ein niederfrequentes Steuersignal dem Anschluss $\overline{T}$/C und der "Backplane" der Flüssigkristall-Anzeige zuführt.
Am Ausgang DO (Data Output) kann man die Daten in nicht invertierter Form der letzten Stufe des Schieberegisters zum Kaskadieren mehrerer Bausteine entnehmen.
Mit einem einzelnen Baustein kann man vier 7-Segment- oder zwei 14-Segment (alphanumerische) -Anzeigen ansteuern.

Anwendung:
Ansteuerung von mehrstelligen LC-Anzeigen

Daten:

Betriebsspannung	3—18	V
Max. Taktfrequenz	3	MHz
Min. Taktimpuls-Breite	200	ns
Stromaufnahme	1	µA

Hersteller:
PLE

4330 30-Bit-Schieberegister, statisch, kaskadierbar

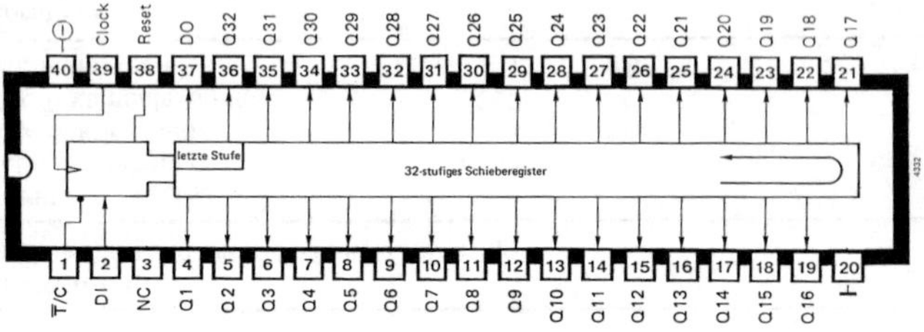

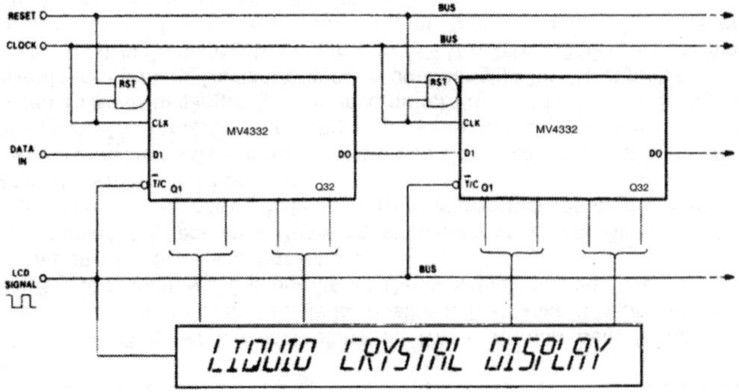

Typische Anwendung

4332 32-Bit-Schieberegister, statisch, kaskadierbar

Fortsetzung :

Beschreibung:
Dieser Baustein enthält ein 32-stufiges statisches Schieberegister mit parallelen Ausgängen.

Betrieb:
Die in das Register einzuschreibenden Daten werden dem Eingang DI (Data Input) zugeführt, und bei jeder positiven Taktflanke (LH-Übergang an Pin 39) übernommen. Die bereits im Register befindlichen Daten werden jeweils um eine Stufe weitergeschoben.
Ein Löschen des gesamten Registers ist möglich, wenn man Reset auf High legt (Asynchrones Löschen).
Die Polarität der Daten an den Ausgängen Q1 — Q32 lässt sich mit dem Anschluss $\overline{\text{T}}$/C ($\overline{\text{True}}$/Complement) invertieren. Mit $\overline{\text{T}}$/C auf Low liegen die Daten an den Ausgängen in nicht invertierter Form und mit $\overline{\text{T}}$/C auf High in invertierter Form an. Dieser Vorgang ist unabhängig vom Taktsignal.
Dadurch ist ein direktes Ansteuern von LC-Anzeigen möglich, indem man einfach ein niederfrequentes Steuersignal dem Anschluss $\overline{\text{T}}$/C und der "Backplane" der Flüssigkristall-Anzeige zuführt.
Am Ausgang DO (Data Output) kann man die Daten in nicht invertierter Form der letzten Stufe des Schieberegisters zum Kaskadieren mehrerer Bausteine entnehmen.
Mit einem einzelnen Baustein kann man zwei 14-Segment (alphanumerische) Anzeigen plus Dezimalpunkte oder zwei 16-Segment-Anzeigen ansteuern.

Anwendung:
Ansteuerung von mehrstelligen LC-Anzeigen

Daten:

Betriebsspannung	3—18	V
Max. Taktfrequenz	3	MHz
Min. Taktimpuls-Breite	200	ns
Stromaufnahme	1	µA

Hersteller:
PLE

4332 32-Bit-Schieberegister, statisch, kaskadierbar

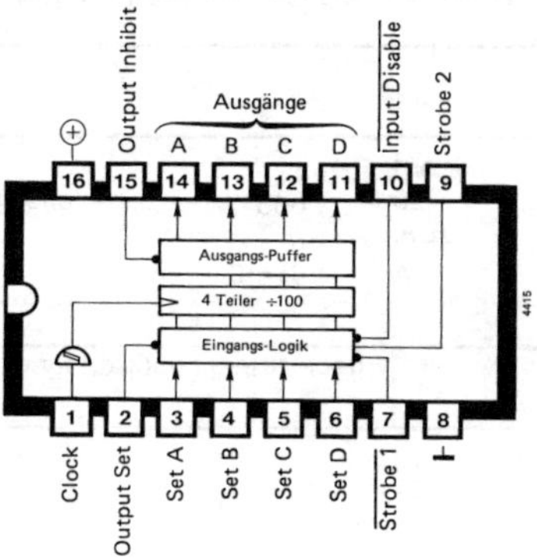

Mode1 - Output Set initiiert Zeitverzögerung

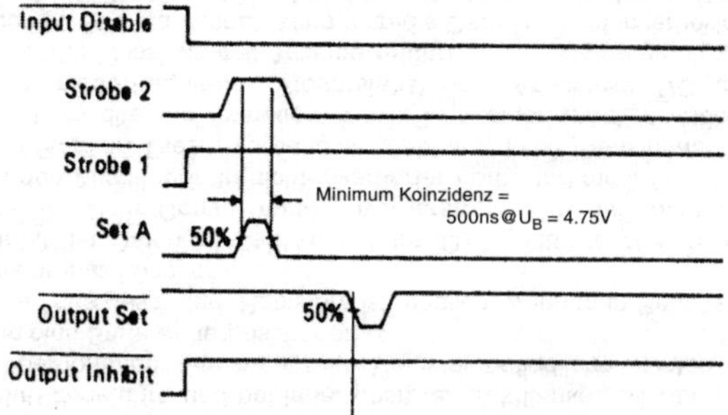

4415

Vier Präzisions-Zeitgeber und Treiber

Fortsetzung :

Beschreibung:
Dieser Baustein enthält vier Zeitgeber zur Erzeugung sehr genauer Zeitintervalle.

Betrieb:
Dieser Baustein wurde ursprünglich für die zeitliche Steuerung des Hammers in schnellen Zeilendruckern entwickelt. Er lässt sich jedoch in zahlreichen Anwendungen einsetzen, die exakte Zeitintervalle benötigen.
Die Breite des Impulses jeder der 4 digitalen Zeitgeber hängt von der zugeführten Taktfrequenz am Eingang Clock ab.
Sobald die richtige Eingangs-Sequenz vom Baustein erkannt wurde, geht der zugehörige Ausgang auf High, und nach 100 Taktimpulsen wieder auf Low. Der Beginn dieses Zeitintervalles kann entweder mit $\overline{\text{Output Set}}$, SetA (oder B, C, D) oder Strobe 2 gestartet werden. Ein vorzeitiges Abkürzen des Zeitintervalles lässt sich erreichen, wenn man $\overline{\text{Output Inhibit}}$ zum gewünschten Zeitpunkt auf Low legt. Nähere Einzelheiten entnehmen Sie bitte den einschlägigen Datenblättern.

Anwendung:
Erzeugung präziser Zeitintervalle, Hammersteuerung in schnellen Zeilendruckern

Daten:

Betriebsspannung	5—15	V
Max. Taktfrequenz	0.7—1.5	MHz
Stromaufnahme	1	µA

Hersteller:
MOT

4415 Vier Präzisions-Zeitgeber und Treiber

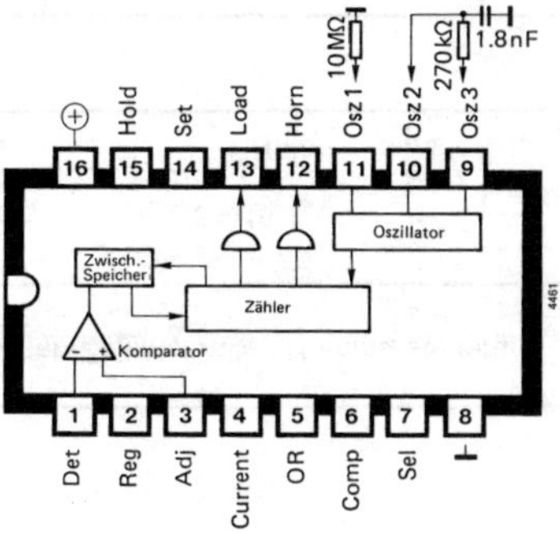

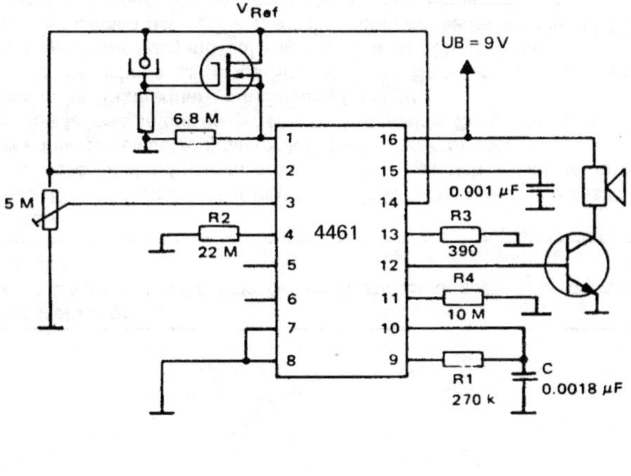

4461 Rauchmelder, für Ionisationskammer

Fortsetzung :

Beschreibung:
Dieser Baustein dient zur Abgabe eines Alarmsignals bei Eindringen von Rauchteilchen in die angeschlossene Ionisationskammer.

Betrieb:
Der Baustein hat die Aufgabe, die Verringerung des Stromes durch eine Ionisationskammer (bestehend aus einem Alpha-Strahler und 2 Elektroden), der normalerweise bei 10— 30pA liegt, bei Auftreten von Rauch festzustellen. Über einen FET wird das negative Signal an Pin 1 (Det) geführt. Dieser Eingang ist mit Dioden geschützt.

Pin 1 (Det)	=	Detektor-Eingang
Pin 2 (Reg)	=	Spannungsregler-Ausgang
Pin 3 (Adj)	=	Empfindlichkeits-Einstellung
Pin 4 (Current)	=	Einstellung für Ruhestrom der internen Verstärker
Pin 5 (OR)	=	Wired-OR-Test.
Pin 6 (Comp)	=	Komparator-Ausgang (für Testzwecke)
Pin7 (Sei)	=	Testauswahl für Batteriezustand: Low gepulster Testbetrieb, High = statischer Testbetrieb.
Pin 9-11	=	Ozillator.
Pin 12 (Horn)	=	gibt bei Alarm Rechtecksignale ab, je 1.3sec aus/ein
Pin 13 (Load)	=	Batterietest-Ausgang
Pin 14 (Set)	=	Spannungseinstellung für Regler-Ausgang
Pin 15 (Hold)	=	Ladekondensator für Batterietest im Impulsbetrieb meist 1nF.

Anwendung:
Rauchdetektor (Brandmelder)

Daten:

Betriebsspannung	6—14	V
Stromaufnahme	6	µA

Hersteller:
MOT

4461 Rauchmelder, für Ionisationskammer

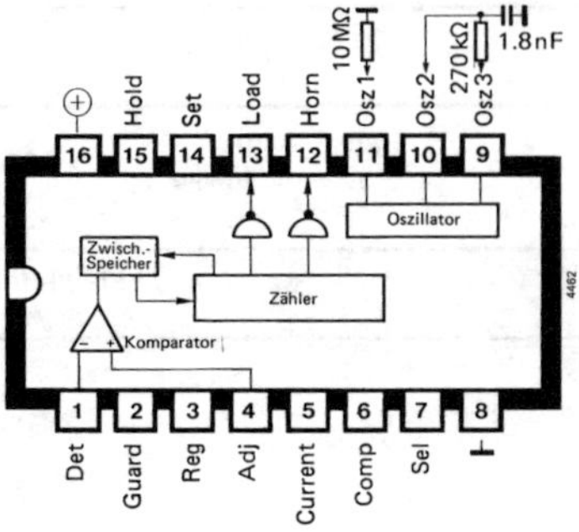

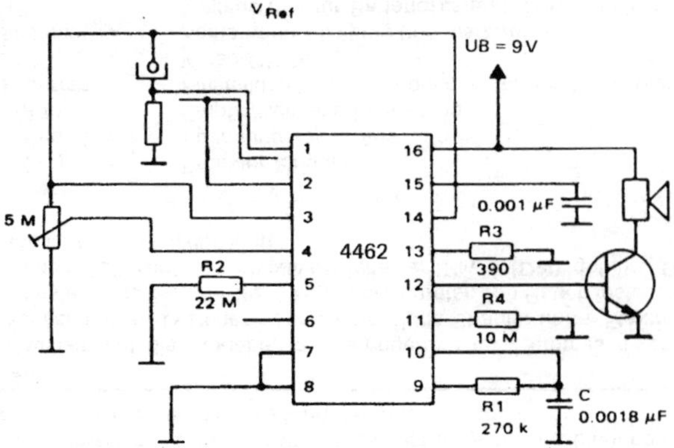

4462 Rauchmelder, für Ionisationskammer

Fortsetzung :

Beschreibung:
Dieser Baustein dient zur Abgabe eines Alarmsignals bei Eindringen von Rauchteilchen in die angeschlossene Ionisationskammer.

Betrieb:
Der Baustein hat die Aufgabe, die Verringerung des Stromes durch eine Ionisationskammer (bestehend aus einem Alpha-Strahler und 2 Elektroden), der normalerweise bei 10— 30pA liegt, bei Auftreten von Rauch festzustellen.

Dieser Baustein enthält im Gegensatz zum 4461 bereits einen internen FET und Pin 1 kann daher direkt mit dor Ionisationskammer verbunden werden. Er wird mit einem Kurzschlussbügel zwischen Pin 1 und 2 geliefert, der nach dem Einbau in die Schaltung aufzutrennen ist.

Pin 3 (Reg)	=	Spannungsregler-Ausgang
Pin 4 (Adj)	=	Empfindlichkeits-Einstellung
Pin 5 (Current)	=	Einstellung für Ruhestrom der internen Verstärker
Pin 6 (Comp)	=	Komparator-Ausgang (für Testzwecke)
Pin 7 (Sei)	=	Testauswahl für Batteriezustand: Low = gepulster Testbetrieb, High = statischer Testbetrieb.
Pin 9-11 (Load)	=	Batterietest-Ausgang.
Pin 14 (Set)	=	Spannungseinstellung für Regler-Ausgang.
Pin 15 (Hold)	=	Ladekondensator für Batterietest im Impulsbetrieb meist 1 nF.

Anwendung:
Rauchdetektor (Brandmelder)

Daten:

Betriebsspannung	6—14	V
Stromaufnahme	6	µA

Hersteller:
MOT

4462 Rauchmelder, für Ionisationskammer

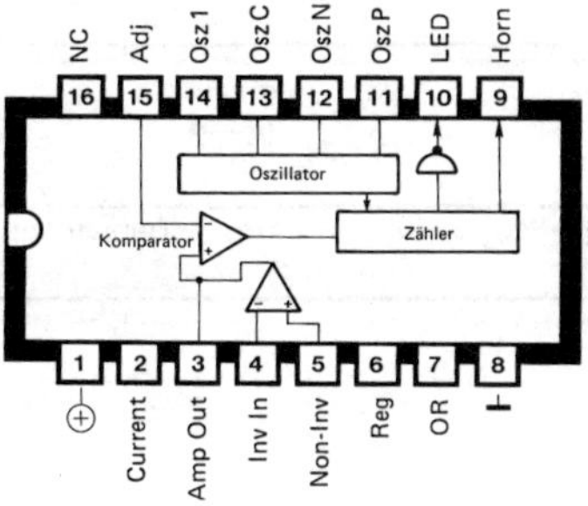

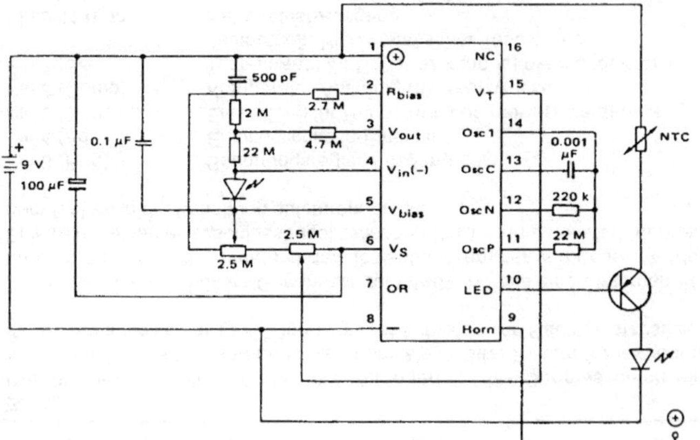

4464 Rauchmelder, für optische Geber

Fortsetzung :

Beschreibung:
Dieser Baustein enthält einen Rauchdetektor, der reflektiertes Licht von Rauchpartikeln auswertet.

Betrieb:
Von Pin 10 (LED) wird über einen externen PNP-Transistor eine LED angesteuert. Das von Rauchpartikeln reflektierte Licht wird von einer Fotodiode empfangen, die zwischen Pin 4 (Anode) und Pin 5 gelegt wird. Über Pin 15 (Adj) wird die Ansprechschwelle eingestellt.
Alle 40 Sekunden erfolgt ferner 20ms lang eine Prüfung des Batteriezustandes. Die Abtastrate der Rauchprüfung ist einstellbar und erhöht sich auf das 8-fache, wenn Rauch festgestellt wird. Über die Leitung OR können mehrere Stationen im Wired-OR verbunden werden.

Anwendung:
Rauchdetektor (Brandmelder)

Daten:

Betriebsspannung		6—15	V
Stromaufnahme	(bei 9V)	7	µA

Hersteller:
MOT

4464 Rauchmelder, für optische Geber

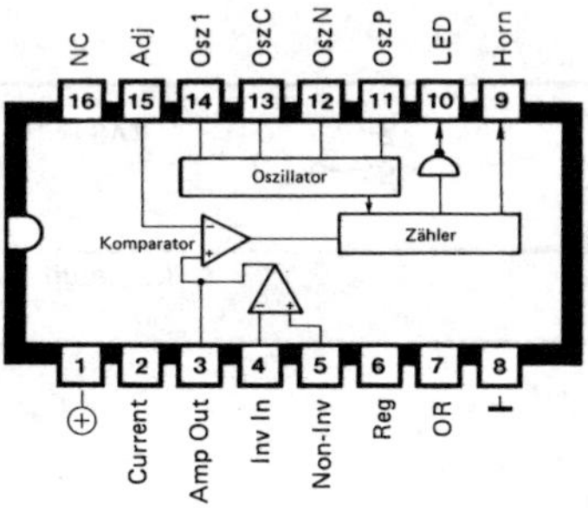

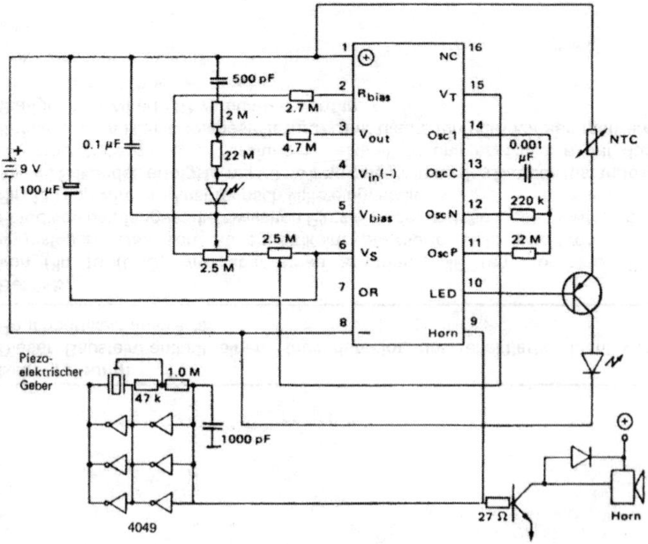

4465 | **Rauchmelder, für optische Geber**

Fortsetzung :

Beschreibung:
Dieser Baustein enthält einen Rauchdetektor, der reflektiertes Licht von Rauchpartikeln auswertet.

Betrieb:
Von Pin10 (LED) wird über einen externen PNP-Transistor eine LED angesteuert. Das von Rauchpartikeln reflektierte Licht wird von einer Fotodiode empfangen, die zwischen Pin 4 (Anode) und Pin 5 gelegt wird.
Über Pin 15 (Adj) wird die Ansprechschwelle eingestellt.
Alle 40 Sekunden erfolgt ferner 20ms lang eine Prüfung des Batteriezustandes. Die Abtastrate der Rauchprüfung ist einstellbar und erhöht sich auf das 8-fache, wenn Rauch festgestellt wird. Über die Leitung OR können mehrere Stationen im Wired-OR verbunden werden.
Der 4465 besitzt einen Signalausgang mit einem N-Kanal-FET mit offenem Drain zur Ansteuerung eines piezoelektrischen Gebers.

Anwendung:
Rauchdetektor (Brandmelder)

Daten:

Betriebsspannung	6—15	V
Stromaufnahme	7	μA

Hersteller:
MOT

4465 — Rauchmelder, für optische Geber

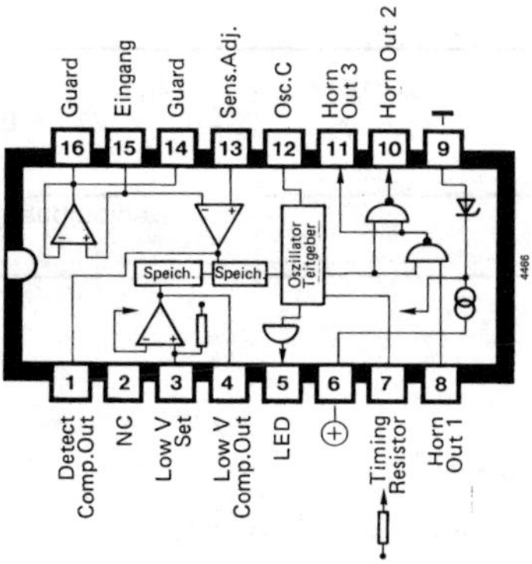

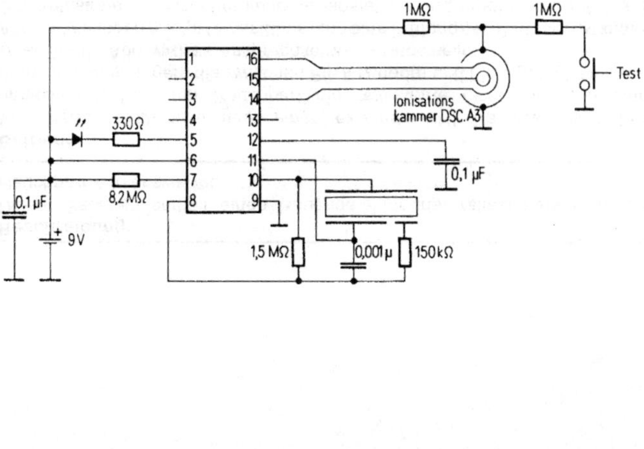

4466 Rauchmelder, für Ionisationskammer

Fortsetzung :

Beschreibung:
Dieser Baustein dient zur Abgabe eines Alarmsignals bei Eindringen von Rauchteilchen in die angeschlossene Ionisationskammer.

Betrieb:
Der Baustein hat die Aufgabe, die Verringerung des Stroms durch eine Ionisationskammer (bestehend aus einem Alpha-Strahler und 2 Elektroden), der normalerweise bei 10—30pA liegt, bei Auftreten von Rauch festzustellen.
Der interne Oszillator legt während der Zeit, in der kein Rauch festgestellt wird, alle 1.67 Sekunden interne Betriebsspannung an den IC. Alle 24 Taktzyklen prüft er ferner die Spannung der angeschlossenen Batterie.
Bei Auftreten von Rauch sinkt die Oszillatorperiode auf 40ms, die Horn-Ausgänge (für einen Piezo-Summer) werden aktiviert (200ms ein, 40ms aus).
Der aktive Schutzring der Ionisationskammer wird von Pin 14 und 16 versorgt. Die Spannung an diesen liegt innerhalb 100mV des Eingangssignales an Pin 15. Dadurch wird der Oberflächen-Leckstrom der Ionisationskammer minimal gehalten.
Empfindlichkeit und Schwellwert der Batterie-Unterspannung werden durch einen internen Spannungsteiler bestimmt. Sie können jedoch über Pin 3 und/ oder Pin 13 durch externe Widerstände beeinflusst werden.
Im Wartezustand tritt der Impuls an der LED alle 40 Sekunden auf, wobei die Batterie 10ms bei 10mA zum Prüfen des Batteriezustandes belastet wird.

Anwendung:
Rauchdetektor (Brandmelder)

Daten:

Betriebsspannung	6—10	V
Stromaufnahme	5	µA

Hersteller:
MOT

4466	**Rauchmelder, für Ionisationskammer**

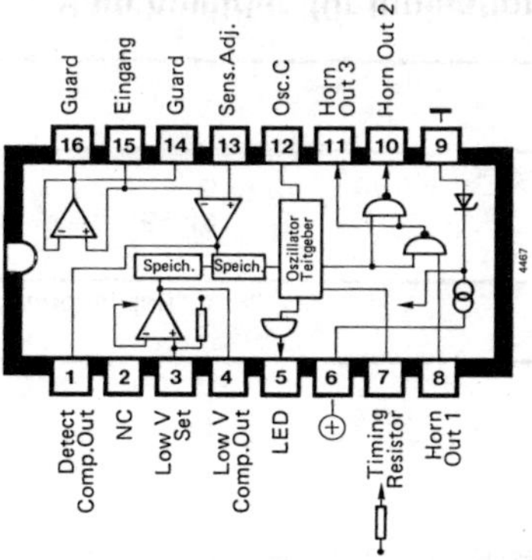

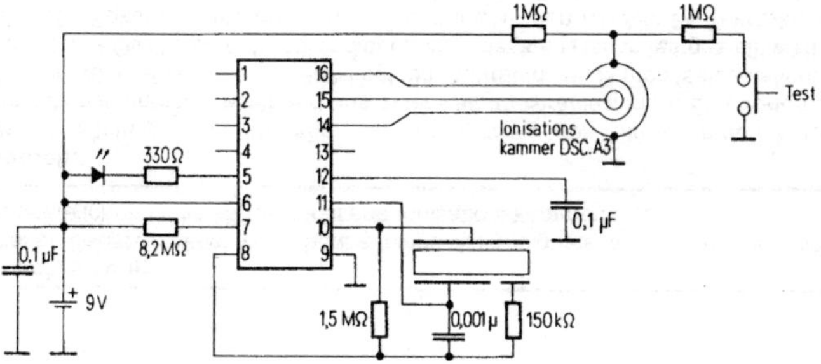

4467 Rauchmelder, für Ionisationskammer

Fortsetzung :

Beschreibung:
Dieser Baustein dient zur Abgabe eines Alarmsignals bei Eindringen von Rauchteilchen in die angeschlossene Ionisationskammer.

Betrieb:
Der Baustein hat die Aufgabe, die Verringerung des Stroms durch eine Ionisationskammer (bestehend aus einem Alpha-Strahler und 2 Elektroden), der normalerweise bei 10— 30pA liegt, bei Auftreten von Rauch festzustellen. Dieser Baustein ist mit dem 4466 weitgehend identisch. Er unterscheidet sich von diesem nur durch die Schutzdioden am Detektor-Eingang.

Anwendung:
Rauchdetektor

Daten:

Betriebsspannung	6 —10	V
Stromaufnahme	5	µA

Hersteller:
MOT

4467 Rauchmelder, für Ionisationskammer

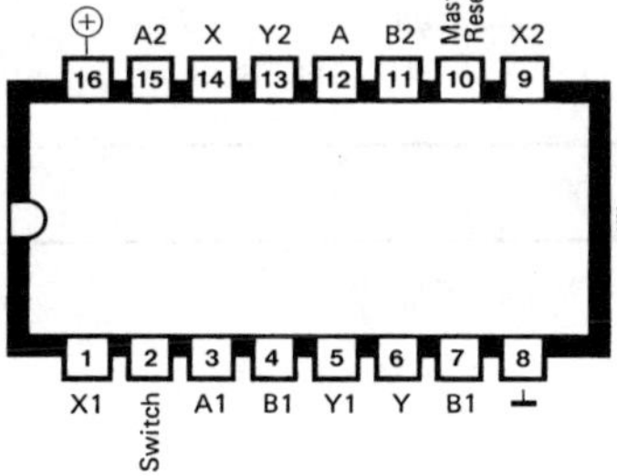

Schalter-Schema:

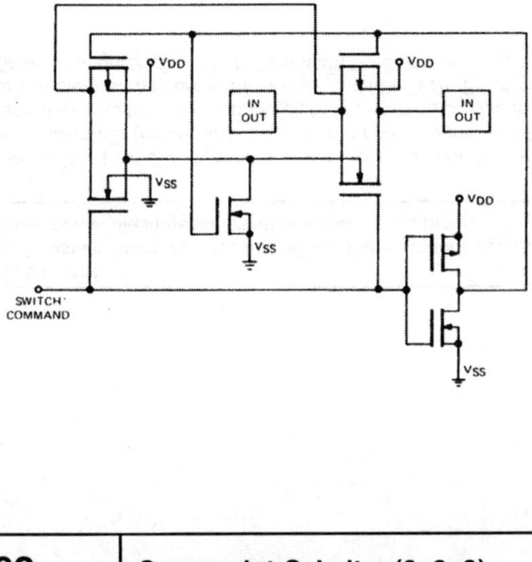

4492 | **Crosspoint-Schalter (2x2x2)**

Fortsetzung :

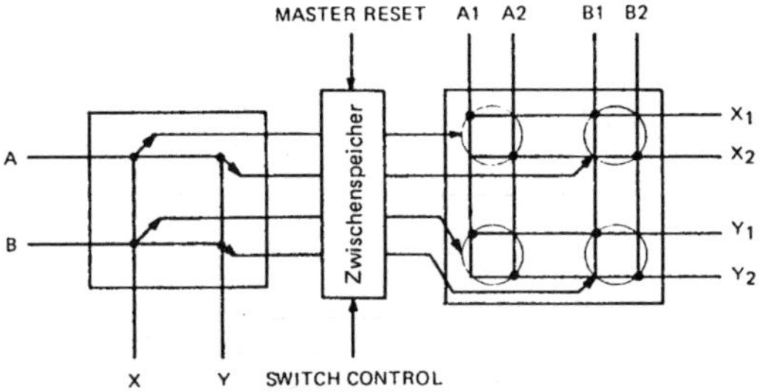

Beschreibung:
Dieser Baustein besteht aus einem Paar von 2 x 2-Matrizen bilateraler CMOS-Schalter, die von einer gemeinsamen Auswahl-Matrix gesteuert werden.

Betrieb:
Die Auswahl-Anordnung besteht aus einem Decodier-Netzwerk mit einer 2 x 2-Matrix, die den Zwischenspeicher adressiert, der dem ausgewählten Schalterpaar zugeordnet ist.
Der Eingang Switch Control ermöglicht die Speicherung der logischen Informationen in den Zwischenspeichern zum Öffnen oder Schließen des ausgewählten Schalters.
Legt man Master Reset auf High, werden alle Schalter geöffnet, wobei die Adressen-Eingänge auf Low liegen müssen.

Anwendung:
Schalten von Analog-Signalen in Kommunikations-Netzwerken

Daten:

Betriebsspannung	3—18	V
Ein-Widerstand	40	Ω
Durchfütterung (bei 3.4kHz)	–105	dB
Übersprechdämpfung	–110	dB

Hersteller:
MOT

4492 Crosspoint-Schalter (2x2x2)

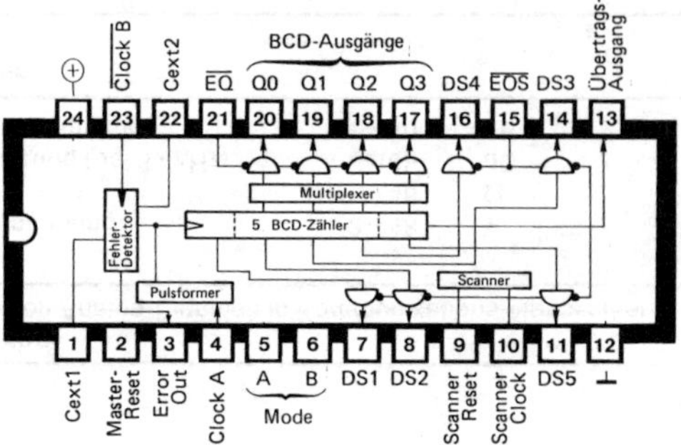

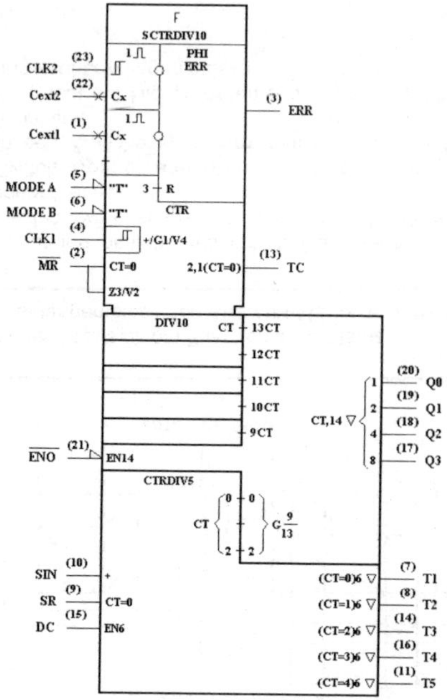

4534 | **5-Dekaden-Zähler**

Fortsetzung :

Mode A	Mode B	Anwendung
L	L	5-Dekadenzähler
L	H	Testbetrieb
H	H	4-Dekadenzähler mit ÷10 und Abrundung
H	L	4-Dekadenzähler mit 1/2 Zusatzstelle

Beschreibung:
Dieser Baustein enthält einen 5-stufigen BCD-Zähler mit gemultiplexten Ausgängen.

Betrieb:
Vor Beginn eines Zählvorgangs kann der Zähler und alle Stufen (außer dem Scanner) gelöscht werden, wenn man Pin 2 (Master Reset) kurzzeitig auf High legt.
Der Zähler wird durch einen LH-Übergang an Pin 4 (Clock A) getriggert. Wenn nicht gleichzeitig an Pin 23 (Clock B) ein HL-Übergang des Taktes vorliegt, geht nach 3 oder mehr Fehlern Pin 3 (Error Out) auf High.
Die Ausgänge der Zählerstufen werden gemultiplext und stehen an Q0—Q3 zur Verfügung. Die jeweils zugehörige Stelle (Dekade) wird durch ein High an den Stellenausgängen DS1—DS5 angezeigt. Q0—Q3 kann mit EQ und DS1—DS5 mit EOS hochohmig gemacht werden. Pin 13 (Übertrags-Ausgang) dient zum Kaskadieren mehrerer Stufen.
Mit den Eingängen Mode A und B sind 4 Betriebsarten des Zählers möglich.

Anwendung:
Mehrstufige Zähler

Daten:

Betriebsspannung		5—15	V
Max. Zählfrequenz bei:	5V	5	MHz
	10V	12	MHz
	15V	16	MHz
Stromaufnahme	(10V)	1	µA/ kHz

Hersteller:
MOT, VA

4534 — 5-Dekaden-Zähler

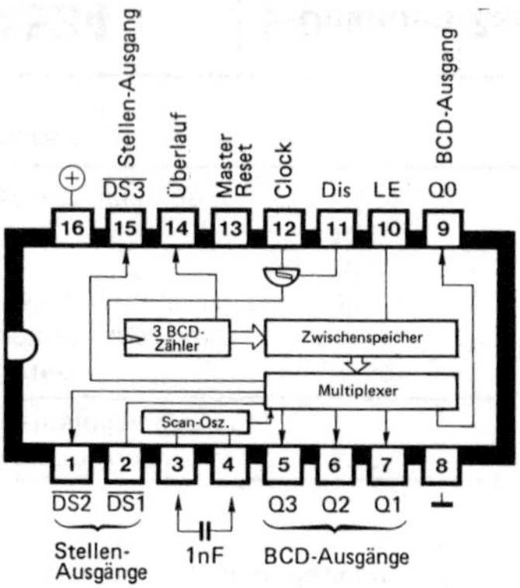

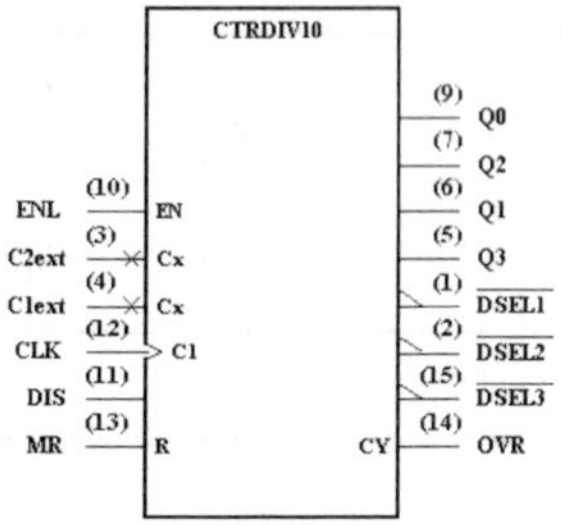

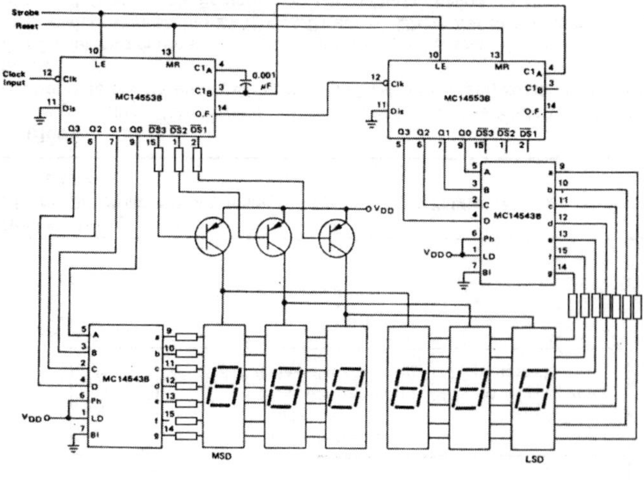

4553 3-stelliger synchroner BCD-Zähler

Fortsetzung :

Eingänge				
Master Reset	Clock	Disable	LE	Ausgänge
0	↑	0	0	Keine Änderung
0	↓	0	0	Zählung
0	X	1	X	Keine Änderung
0	1	↑	0	Zählung
0	1	↓	0	Keine Änderung
0	0	X	X	Keine Änderung
0	X	X	↑	Gespeichert
0	X	X	1	Gespeichert
1	X	X	0	Q0 = Q1 = Q2 = Q3 = 0

Beschreibung:
Dieser Baustein enthält einen dreistufigen BCD-Zähler mit gemultiplexten Ausgängen.

Betrieb:
Die Zählung erfolgt jeweils beim HL-Übergang des Taktes an Pin 12. Es ist jedoch auch ein Zählen mit einer HL-Flanke an Pin 11 (Disable) möglich, wenn man Clock auf High legt.
Eine erfolgte Zählung kann im Zwischenspeicher mit LE (Latch Enable) aufbewahrt werden. Die Informationen stehen dann an den BCD-Ausgängen gemultiplext an. Die zugehörige Stelle wird durch ein Low am entsprechenden Stellen-Ausgang (DS = Digit Select) angezeigt. Die Frequenz des Multiplex-Oszillators wird durch einen Kondensator zwischen Pin 3 und 4 bestimmt. Ein High an Master Reset löscht den Zähler. Mit Pin 14 (Überlauf) ist ein Kaskadieren mehrerer Stufen möglich.

Anwendung:
Mehrstellige Zähler

Daten:

Betriebsspannung		5—18	V
Max. Zählfrequenz bei:	5V	1.5	MHz
	10V	5	MHz
	15V	7	MHz
Stromaufnahme bei 10V		10	µA

Hersteller:
MOT

4553 — 3-stelliger synchroner BCD-Zähler

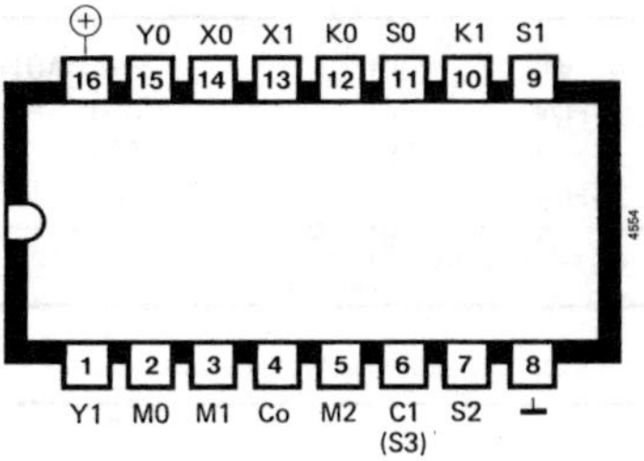

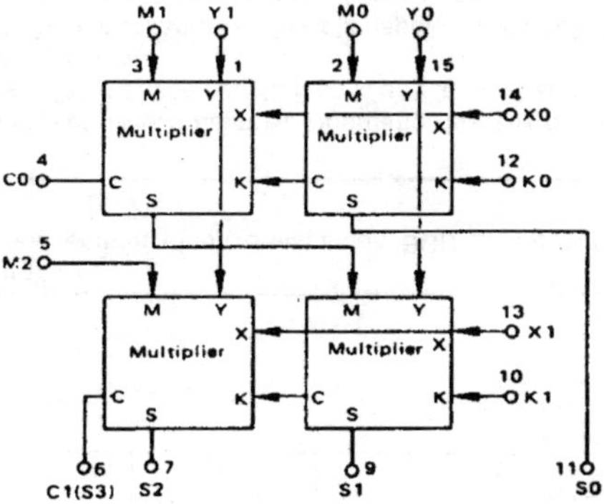

4554	Paralleler, binärer Multiplizierer (2x2 Bit)

Fortsetzung :

Beschreibung:
Dieser Baustein enthält einen parallelen, binären 2 x 2-Bit-Multiplizierer.

Betrieb:
Der Baustein kann zwei Binärzahlen miteinander multiplizieren und gleichzeitig zwei weitere Binärzahlen zum Produkt addieren.
Er besitzt:

1. 2 Multiplikanden-Eingänge: X0, X1
2. 2 Multiplikator-Eingänge: Y0, Y1
3. 5 Kaskadier-oder Addier-Eingänge: K0, K1, M0, M1, M2
4. 5 Summen- und Übertrags-Ausgänge: S0, S1, S2, C1 (S3), C0.

Es gilt die Gleichung:

$$S = (X x Y) + K + M$$

wobei:

S = S3 S2 S1 S0, X = X1 X0, Y = Y1 Y0
K = K1 K0, M = M1 M0 (Binärzahlen)

Der grundlegende Multiplikator kann in einen m-Bit mal n-Bit parallelen Multiplikator ohne zusätzliche externe Logikelemente erweitert werden.

Anwendung:
Arithmetische Rechenoperationen: Multiplizieren, Addieren, Wurzelziehen, Dividieren; schnelle Fourier-Transformationen, digitale Filter, Steuerungen

Daten:

Betriebsspannung	5—18	V
Durchlauf-Verzögerung	max 600	ns
Stromaufnahme	5	µA

Hersteller:
MOT

4554 — Paralleler, binärer Multiplizierer (2x2 Bit)

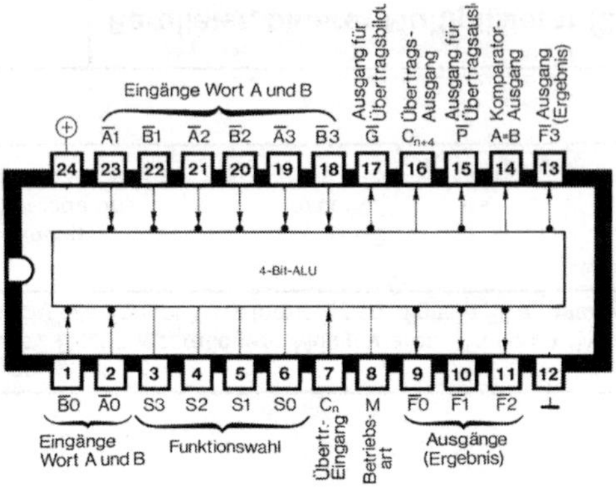

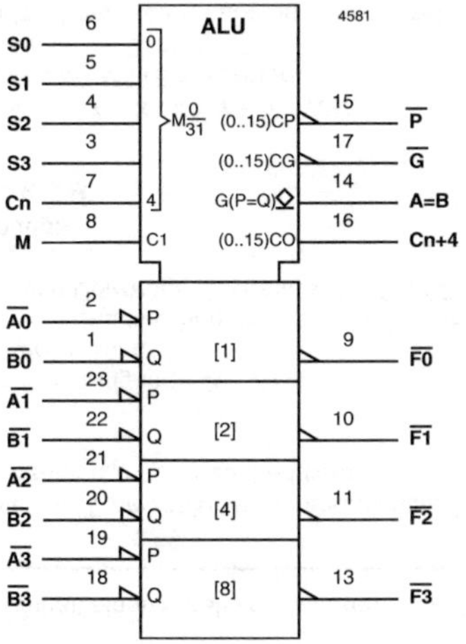

4581

4-Bit arithmetisch/logische Einheit, Funktionsgenerator

Fortsetzung :

Funktionswahl				Eingänge und Ausgänge aktiv Low		Eingänge und Ausgänge aktiv High	
S_0	S_1	S_2	S_3	Arithmetisch ($M = L$, $C_n = L$)	Logisch ($M = H$)	Arithmetisch ($M = L$, $\overline{C}_n = H$)	Logisch ($M = H$)
L	L	L	L	F = A minus 1	F = $\overline{A}$	F = A	F = $\overline{A}$
H	L	L	L	AB minus 1	$\overline{AB}$	A + B	$\overline{A+B}$
L	H	L	L	$A\overline{B}$ minus 1	$\overline{A}+B$	$A+\overline{B}$	$\overline{A}B$
H	H	L	L	minus 1 (2's comp.)	Logic '1'	minus 1 (2's comp.)	Logic '0'
L	L	H	L	A plus $[A+\overline{B}]$	$\overline{A+B}$	A plus $A\overline{B}$	$\overline{AB}$
H	L	H	L	AB plus $[A+\overline{B}]$	$\overline{B}$	$A\overline{B}$ plus [A + B]	$\overline{B}$
L	H	H	L	A minus B minus 1	$\overline{A \oplus B}$	A minus B minus 1	$A \oplus B$
H	H	H	L	$A+\overline{B}$	$A+\overline{B}$	$A\overline{B}$ minus 1	$A\overline{B}$
L	L	L	H	A plus [A + B]	$\overline{A}B$	A plus AB	$\overline{A}+B$
H	L	L	H	A plus B	$A \oplus B$	A plus B	$\overline{A \oplus B}$
L	H	L	H	$A\overline{B}$ plus [A + B]	B	AB plus $[A+\overline{B}]$	B
H	H	L	H	A + B	A + B	AB minus 1	AB
L	L	H	H	A plus A*	Logic '0'	A plus A*	Logic '1'
H	L	H	H	A plus AB	$A\overline{B}$	A plus [A + B]	$A+\overline{B}$
L	H	H	H	A plus $A\overline{B}$	AB	A plus $[A+\overline{B}]$	A + B
H	H	H	H	A	A	A minus 1	A

* jedes Bit wird in die nächst höhere Stufe geschoben

Beschreibung:
Dieser Baustein enthält eine arithmetisch-logische Recheneinheit (ALU), mit der 16 logische und 16 arithmetische Operationen an 4-Bit-Operanden ausgeführt werden können.

Betrieb:
Die beiden Operanden A und B werden den entsprechenden Eingängen (aktiv Low) zugeführt. Die logische Betriebsart wird mit M (Mode) = H und die arithmetische Betriebsart mit M = L ausgewählt. Dann wird gemäß der Wahrheitstabelle über die Eingänge S0 bis S3 die auszuführende Funktion gewählt und das Ergebnis kann an $\overline{F0}$ bis $\overline{F3}$ (aktiv Low) abgenommen werden.
Eine Erweiterung auf n x 8 Bits ist mittels des Bausteins 4582 (Übertragseinheit) und weiterer 4581 möglich.
Der Baustein ist auch als Komparator verwendbar. Bei gleichen Operanden wird der Ausgang A = B High. Bei entsprechender Deutung der Pinbelegung ist ein Arbeiten mit negativer Logik möglich.

Anwendung:
Recheneinheit für arithmetische oder logische Operationen

Daten:

Betriebsspannung	5—18	V
Typ. Additionszeit für 4 Bits	900	ns

Hersteller:
FA, MOT, SSS

4581

4-Bit arithmetisch/logische Einheit, Funktionsgenerator

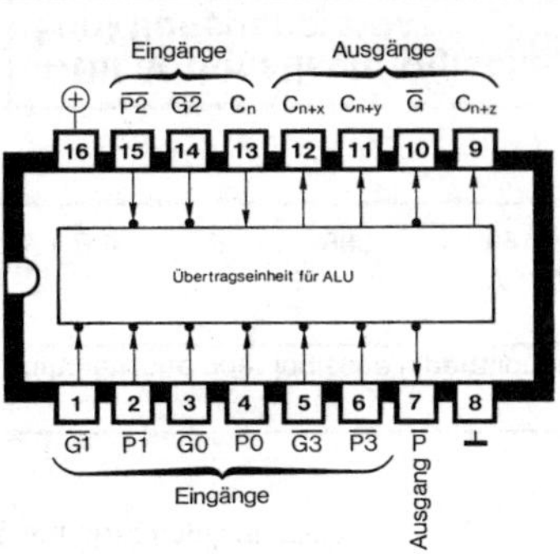

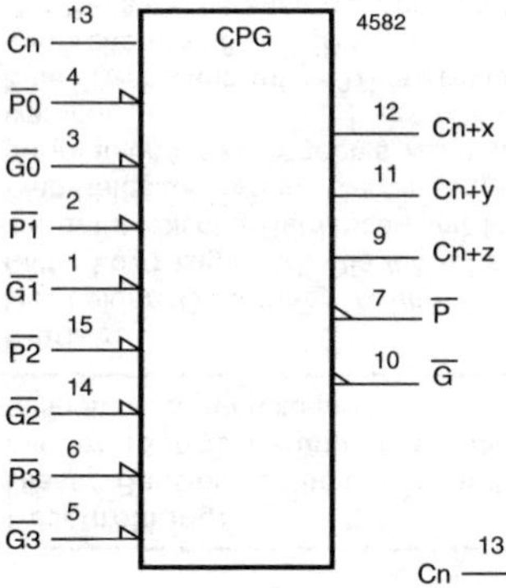

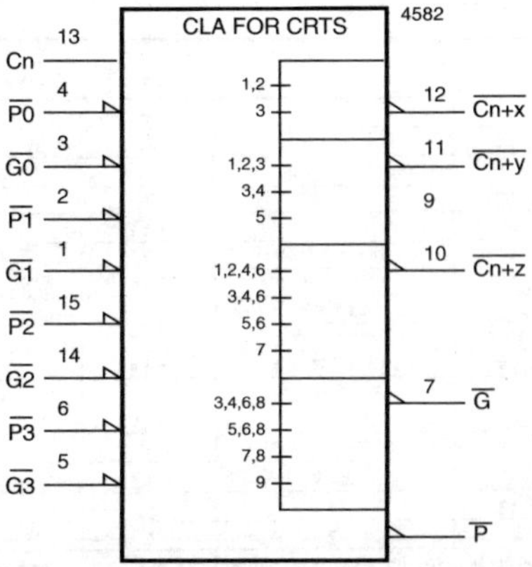

4582 Look-ahead-Übertragseinheit

Fortsetzung :

Beschreibung:
Dieser Baustein stellt eine schnelle, parallel erweiterbare Übertragseinheit dar und ist besonders für die ALU 4581 vorgesehen.

Betrieb:
Diese Einheit kann den Übertrag für 4 binäre Addierer vorwegnehmen und ist auf n Bit erweiterbar.
Der Baustein nimmt bis zu 4 Paare von Signalen für Übertragsauslösung (Carry Propagate) P0—P3 (aktiv Low) und Übertragsbildung (Carry Generate) G0—G3 (aktiv Low) sowie einen Übertragseingang (aktiv High) auf und liefert vorweggenommene Überträge Cn+x, Cn+y und Cn+z an vier Gruppen von binären Addierern.
Bei Verwendung des 4581 mit negativer Logik bleiben die Verbindungen mit dem 4582 gleich.

Logik-Gleichungen

$$Cn+x = G0 + P0 \bullet Cn$$

$$Cn+y = G1 + P1 \bullet G0 + P1 \bullet P0 \bullet Cn$$

$$Cn+z = G2 + P2 \bullet G1 + P2 \bullet P1 \bullet G0 + P2 \bullet P1 \bullet P0 \bullet Cn$$

$$\overline{G} = \overline{G3 + P3 \bullet G2 + \bullet P3 \bullet P2 \bullet G1 + P3 \bullet P2 \bullet P1 \bullet G0}$$

$$\overline{P} = \overline{P3 \bullet P2 \bullet P1 \bullet P0}$$

Anwendung:
Übertragsbildung für Recheneinheit 4581

Daten:

Betriebsspannung	3—18	V
Übertrags-Verzögerung	140	ns
Stromaufnahme (bei 5V)	5	nA

Hersteller:
FA, MOT, SSS

4582 Look-ahead-Übertragseinheit

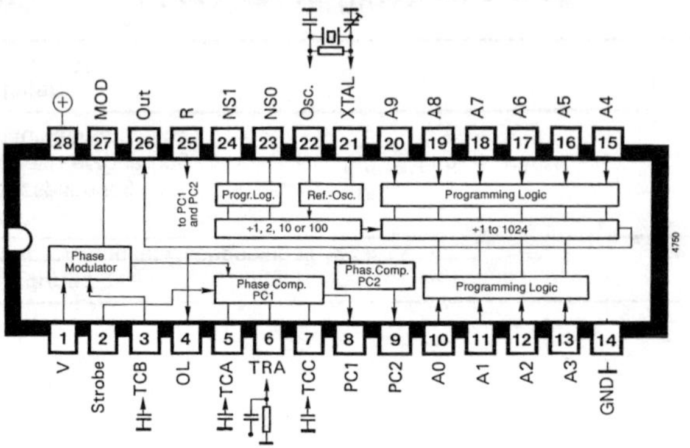

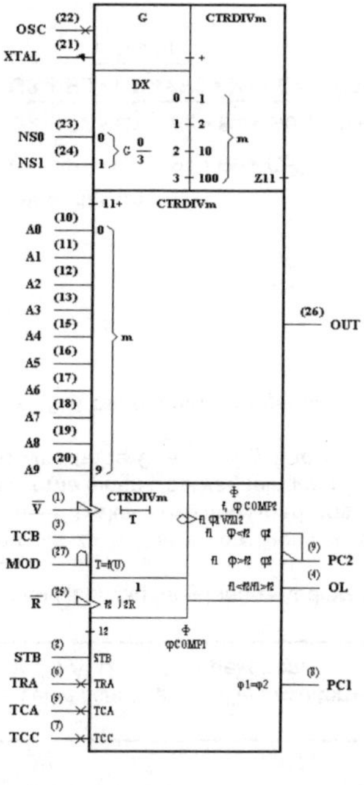

4750	**Frequenz-Synthesizer**

Fortsetzung :

Beschreibung:
Dieser Baustein dient zusammen mit dem 4751 zum Aufbau hochwertiger Frequenz-Synthesizer.

Betrieb:
Der Baustein enthält einen Phasen-Komparator (PC1), der nach dem Sample-and-Hold-Prinzip arbeitet. Der zweite Phasen-Komparator (PC2) besitzt einen Bereich von ±360° und arbeitet digital.
Eine Modulation ist mit dem Phasen-Modulator über den Eingang MOD möglich.
Die Referenz-Frequenz kann über einen Vorteiler (1, 2 10 und 100) und über einen Binärteiler (1 bis 1024) programmiert werden, und wird aus dem quarzgesteuerten Referenz-Oszillator abgeleitet.

R = Phasenkomparator-Eingang (Referenz)
V = Phasenkomparator-Eingang
TCA -TCB = Timing-Kondensator-Anschlüsse
TRA = Vorspannung für Phasenkomparator
OL = Anzeige für Out-of-Lock
A0—A9 = Programmier-Eingänge
NS0—NS1 = Programmier-Eingänge für Vorteiler

Anwendung:
Steuerung in Funkgeräten, Sendern, Empfängern, Messsendern

Daten:

Betriebsspannung	4.5 — 15	V
Max. Frequenz (10V)	15	MHz
Stromaufnahme	100	µA

Hersteller:
VA

4750 Frequenz-Synthesizer

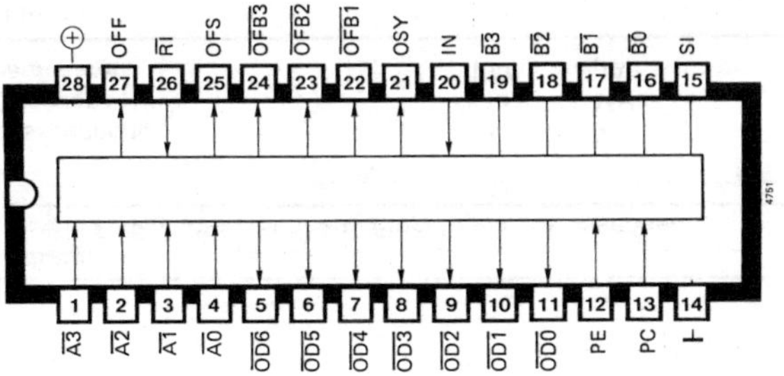

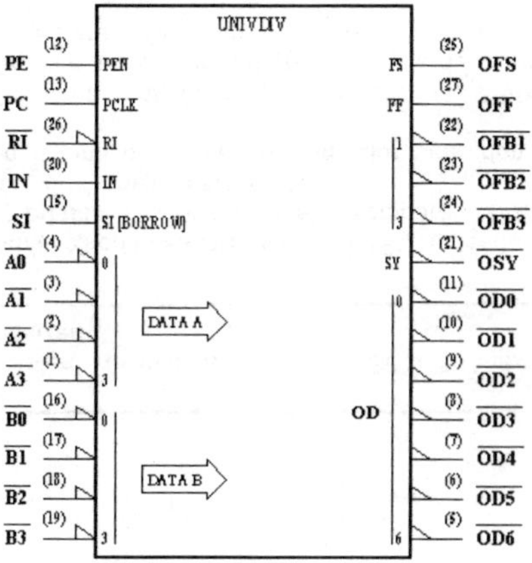

4751 Universalteiler

Fortsetzung :

Beschreibung:
Bei diesem Baustein handelt es sich um einen programmierbaren Universalteiler für PLL-Frequenzsynthesizer-Systeme.

Betrieb:
Der Baustein enthält eine Reihe von programmierbaren Zählern (Teilern). Zur Steuerung 3 externer schneller Vorteiler dienen die Ausgänge OFB1—OFB3. Zusammen mit den Vorteilern lässt sich folgende maximale Konfiguration erzielen: 5 Dezimalstufen, eine programmierbare Mode-M-Stufe ($1 < M < 16$, Kanalauswahl mit nicht dezimaler Teilung) und eine Mode-H-Stufe ($H = 1$ oder 2, Stufe für Kanal-Offset mit halber Kanalbreite).
Die Programmierung wird im BCD-Code in Bit-parallelem, Stellen-seriellem Format ausgeführt.
Es können feste oder variable Frequenz-Offsets programmiert werden. Die dekadische Auswahl-Adresse wird durch einen internen Programm-Zähler erzeugt, der kontinuierlich läuft oder auf Wunsch gestartet wird. Es können mehrere 4751 kaskadiert werden, wobei jeder zusätzliche Universalteiler (im Slave-Betrieb) zwei weitere Dekaden ermöglicht.
Der Baustein liefert ein schnelles Ausgangssignal an OFF, der ein Phasen-Jitter von ±1 der Eingangsperiode haben kann, jedoch sehr rasch einrastet. Das langsame Ausgangssignal an OFS ist jitter-frei und wird für eine Feinsteuerung der Phase verwendet. Programmierdetails entnehmen Sie bitte dem zugehörigen Datenbuch.

Anwendung:
Teiler für Systeme mit dem 4751

Daten:

Betriebsspannung	4.5-12.5	V
Max. Eingangsfrequenz (bei 10V)	24	MHz
Stromaufnahme	1	mA

Hersteller:
VA

4751 Universalteiler

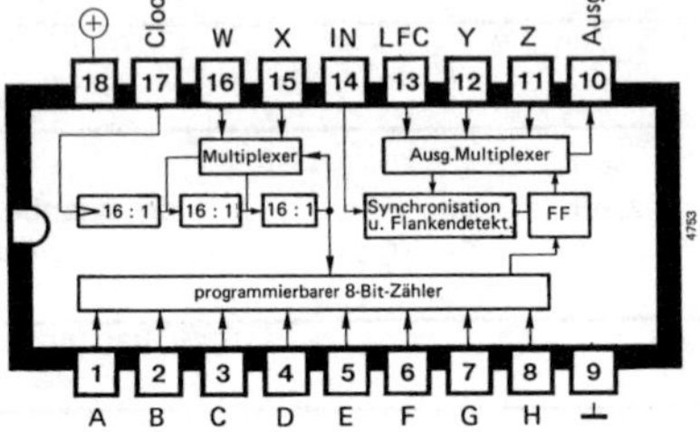

A	B	C	D	E	F	G	H	W	X	LFC	Y	Z	
L	H	L	H	H	H	H	H	L	L	L	H	H	IC 1
L	L	H	H	H	H	H	H	L	L	OUT1	L	L	IC 2

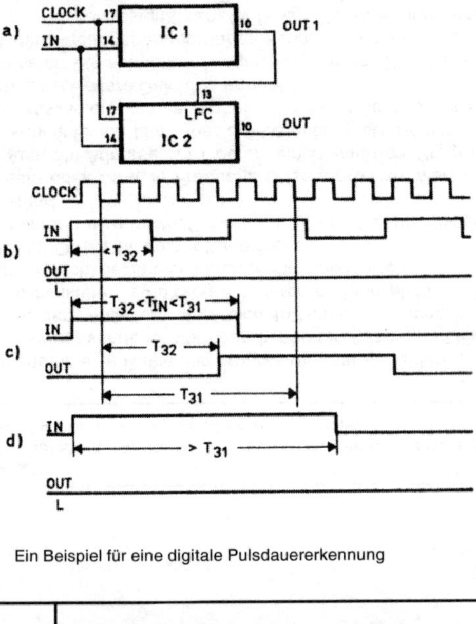

Ein Beispiel für eine digitale Pulsdauererkennung

4753 Universal-Zeitgeber und Teiler

Fortsetzung :

Eingänge LFC	Y	Z	Betriebsart
L	L	H	Zähler
L	H	L	Teiler
H	H	L	verzögerte LH-Flanke
H	L	H	verzögerte HL-Flanke
H	H	H	Trans. Impuls-Unterdrückung
L	H	H	Frequenzerkennung
LFC	L	L	Digitaler Impulsdauer-Selektor

Eingänge aktiv Low	Wert
A	1
B	2
C	4
D	8
E	16
F	32
G	64
H	128

W	X	Takt für programmierbaren Zähler CP/X
L	L	X = 1
L	H	X = 16
H	L	X = 256
H	H	X = 4096

Beschreibung:
Dieser Baustein enthält einen universellen Zeitgeber, sowohl für Zählen wie Teilen, als auch für Ereignis-Erkennung und Manipulation von Eingangsfrequenzen.

Betrieb:
Abhängig von der Betriebsart und Anwendung arbeitet der Baustein als voreinstellbarer 8-Bit-Zähler, Teiler, Zähler, Verzögerungsschaltung für positive oder negative Flanken.

Anwendung:
Universeller Zeitgeber und Teiler

Daten:

Betriebsspannung		5—15		V
Max. Taktfrequenz	5	10	15	V
	6	14	17	MHz

Hersteller:
VA

4753 Universal-Zeitgeber und Teiler

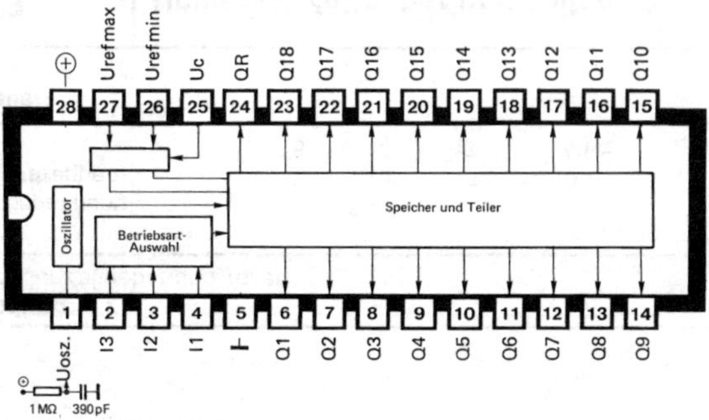

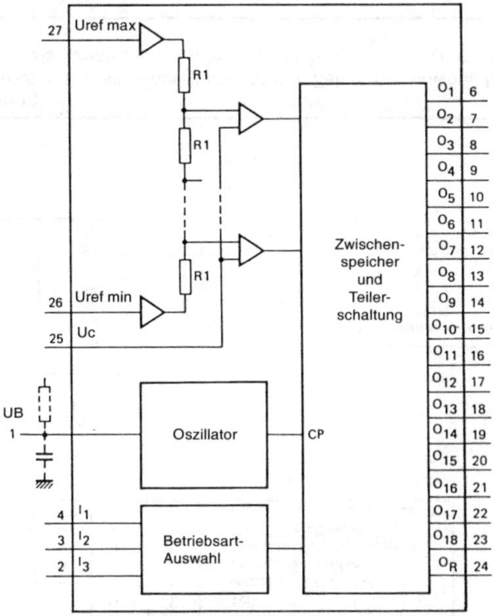

Funktions-Blockschaltbild

4754 Treiber für LCD-Zeilen zur Analoganzeige mit 18 Elementen

Fortsetzung :

I1	I2	I3	Betriebsart
L	L	X	Punktanzeige; 18 Balken
L	H	X	Punktanzeige; 9 Balken
H	L	X	Balkenanzeige; kein Spitzenwert
H	H	L	Balkenanzeige; Spitzenwert, repet. Reset
H	H	H	Balkenanzeige; Spitzenwert, manuelles Reset

Beschreibung:
Dieser Baustein dient zur linearen Ansteuerung einer LCD-Zeile mit 18 Elementen.

Betrieb:
Die 5 möglichen Betriebsarten werden mit den Eingängen 11—13 ausgewählt (siehe Tabelle). Diese Eingänge besitzen einen internen Pull-up-Widerstand, so dass man sie für ein High offen lassen kann. In der Betriebsart I1—I3 = High kann der Maximalwert gespeichert werden.
In der Betriebsart 1 (Punktanzeige, 18 Elemente) kann man z.B. bei UB = 10V die Referenzspannungen auf Urefmin = 0.5V und Urefmax auf 9.5V einstellen. Dann wird bei einem Anstieg der Steuerspannung um je 0.5V ein weiteres Anzeigeelement aktiviert. Der Ausgang QR wird zur “Backplane“ der LC-Anzeige geführt.

Anwendung:
Ansteuerung von LC-Balkenanzeigen

Daten:

Betriebsspannung	5—18	V
Stromaufnahme	750	µA

Hersteller:
VA

4754

Treiber für LCD-Zeilen zur Analoganzeige mit 18 Elementen

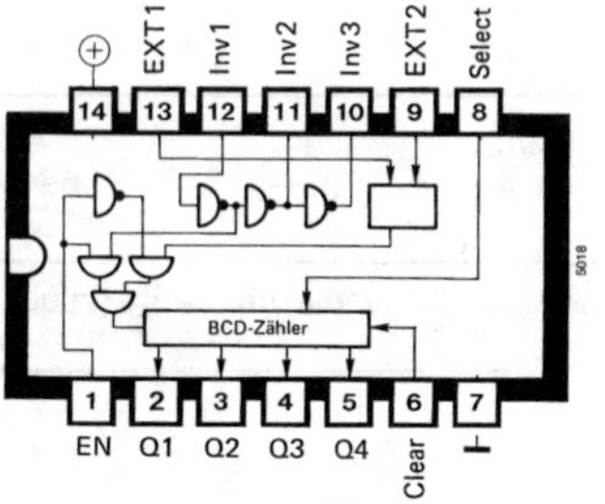

EINGÄNGE						AUSGÄNGE			
INV1	EXT1	EXT2	EN	Select	Clear	Q1	Q2	Q3	Q4
*	$\overline{CP}$	CP	L	L	L	S	S	S	S
CP	*	*	H	L	L	S	S	S	S
*	$\overline{CP}$	CP	L	H	L	C	C	C	C
CP	*	*	H	H	L	C	C	C	C
*	*	*	*	L	H	L	H	H	H
*	*	*	*	H	H	L	L	L	L

C; Zähloperation
S; Scanoperation
CP; Takt (Clock Pulse)
*; Beliebig
Anmerkung: Ausgänge ändern ihren Zustand bei der ansteigenden Flanke des Taktes

5018 | **Binärer 4-Bit-Zähler, Taktgenerator**

Fortsetzung :

Beschreibung:
Dieser Baustein enthält einen BCD-Zähler, einen internen Taktgenerator und Takteingänge für mechanische Tasten.

Betrieb:
Der Taktgenerator kann als RC-Oszillator mit Hilfe der internen Inverter über die Eingänge Inv1— Inv3 aufgebaut werden. Die von ihm erzeugten Taktimpulse gelangen zum Zähler, wenn EN (Enable) auf High liegt. Bei EN auf Low kann der Zähler mit einer mechanischen Taste (Wechsler = EXT1 und EXT2 abwechselnd auf Low und High) weitergestellt werden.
Wenn sich Select auf High befindet, ergibt sich an den Ausgängen der jeweilige BCD-Code. Mit Select auf Low wird ein Low nacheinander durch die Ausgänge geschoben. Diese Betriebsart ist für Kanal-Scanner vorgesehen.
Legt man Clear (Löschen) auf High, gehen in der 1. Betriebsart (BCD-Zählung) Q1 — Q4 auf Low, in der 2. Betriebsart (Scanner) Q1 auf Low und Q2 — Q4 auf High. Die Ausgänge besitzen N-Kanal-FET-Struktur mit offenem Drain. Damit können zwei TTL-ICs oder LEDs direkt angesteuert werden.

Anwendung:
Taktgenerator mit BCD-Ausgang, Kanal-Scanner

Daten:

Betriebsspannung	3—12	V
Max. Taktfrequenz	2	MHz
Stromaufnahme	10	µA

Hersteller:
TOS

5018 Binärer 4-Bit-Zähler, Taktgenerator

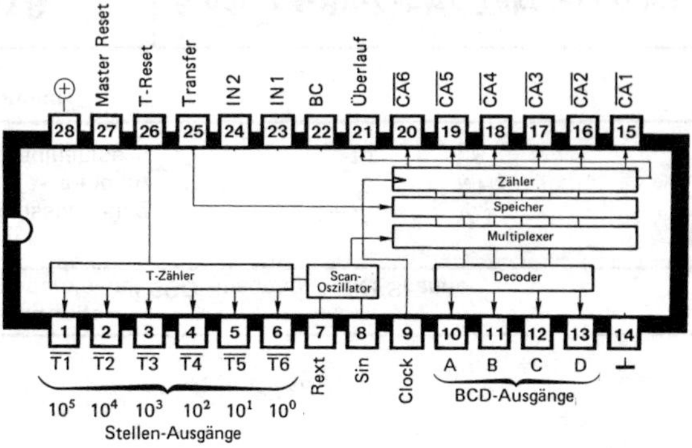

T-Zähler

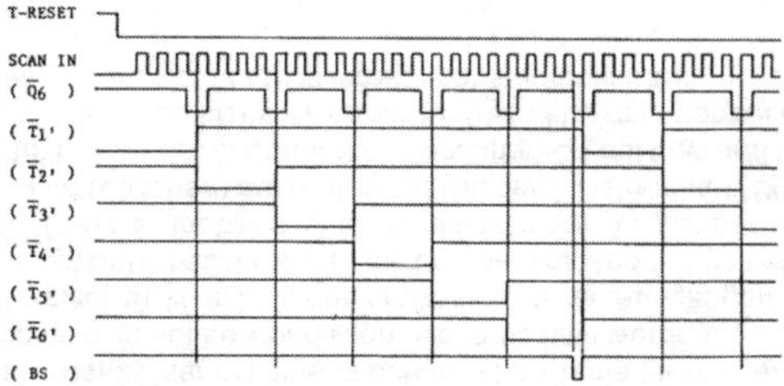

Dekaden-Zähler

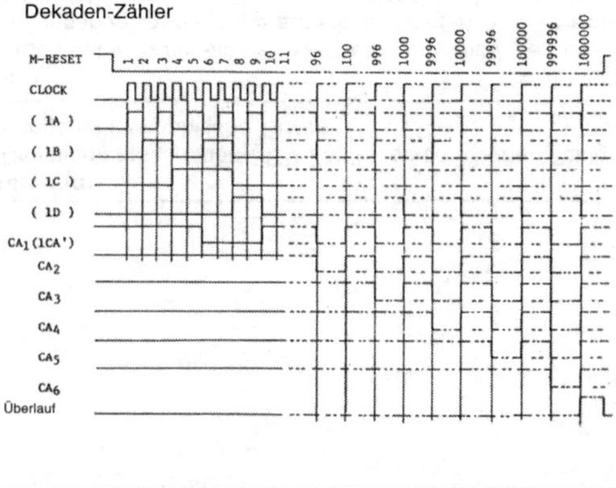

5032 6-stelliger Dezimalzähler

Fortsetzung :

Beschreibung:
Dieser Baustein enthält einen 6-stelligen Dezimalzähler.

Betrieb:
Zum Zählen setzt man IN1, IN2 und Transfer auf High. Ein kurzes High an Master Reset löscht den Zähler. Der Zähler wird dann bei jeder positiven Flanke des Eingangssignals an Clock bis 999999 weitergestellt. Ein weiterer Zählimpuls bringt Pin 21 (Überlauf) auf High. Dieser Pin wird nur nach einem neuerlichen positiven Impuls an Master Reset wieder Low.
Der Übertrag jeder der sechs Stufen ist herausgeführt. CA1— CA6 ist jeweils für 4 Taktperioden Low. Es ergeben sich mit diesen Ausgängen zahlreiche Anwendungsmöglichkeiten für Steuerungszwecke.
Wenn IN1 und IN2 High sind, zählen alle Stufen. Bei IN1 = Low werden nur die zwei und Bei IN2 = Low die vier niedrigstwertigsten Stellen gezählt.
Mit Pin 25 (Transfer) auf High ist der Speicher transparent und die Zählung erscheint am Ausgang. Beim HL-Übergang von Transfer wird der momentane Zählerstand gespeichert. Legt man Transfer wieder auf High, erscheint auch der aktuelle Zählerstand wieder an den gemultiplexten Ausgängen (T1—T6 = Stellen und A—D = BCD-Wert).
Für einen externen Taktgenerator an Pin 8 lässt man Rext offen.
Legt man 500kΩ zwischen Pin 7 und 8, so arbeitet der interne Generator.
Mit diesem Takt wird auch der T-Zähler gesteuert. Er legt nacheinander T1 bis T6 auf Low, wobei T1 die höchstwertige Stelle darstellt.
BC (Blanking) auf H unterdrückt die Nullen in allen Stellen. BC an Tn unterdrückt die Nullen für die höheren Stellen über der (n–1)ten Stelle.
TR (T-Counter-Reset) auf High löscht den T-Zähler.

Anwendung:
Mehrstellige Zähler, diverse Steuerungen

Daten:

Betriebsspannung	3—8	V
Max. Zählfrequenz (I.Stufe)	10	MHz
Stromaufnahme	0.4	mA

Hersteller:
TOS

5032 | 6-stelliger Dezimalzähler

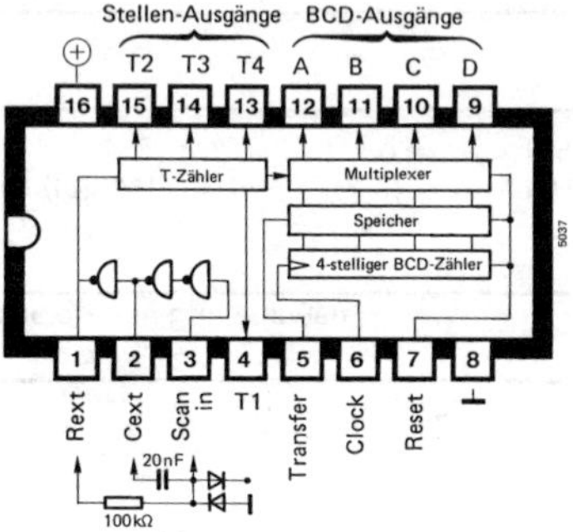

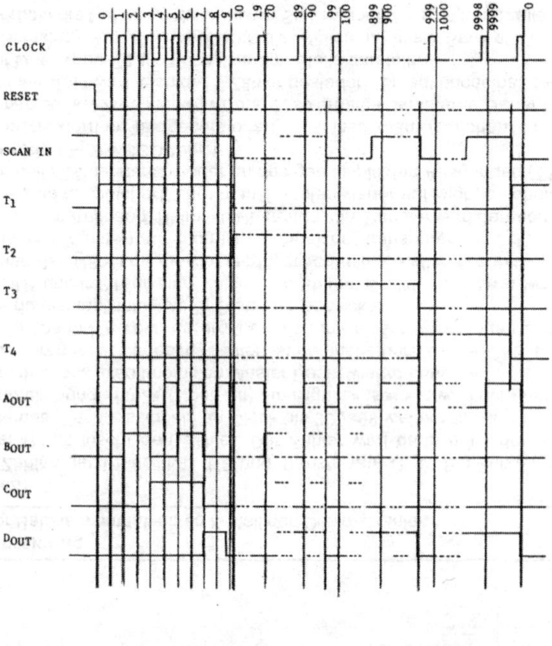

5037	Dezimalzähler, 4-stellig

Fortsetzung :

Reset	Transfer	A	B	C	D
H X L	H L H	L LA C	L LA C	L LA C	L LA C

X: Beliebig
C: Zähloperation (Count operation)
LA: Latch Operation (Zählung wird ausgeführt, die Ausgänge bleiben jedoch unverändert

Anmerkung 1: Die Ausgänge andern sich bei abfallender Flanke des Taktes
2: T1—T4 ändern sich an der abfallenden Flanke von Scan

Beschreibung:
Der Baustein enthält einen 4-stelligen BCD-Zähler mit Zwischenspeicher.

Betrieb:
Für normalen Zählbetrieb wird Transfer auf High gelegt. Bei jeder negativen Flanke des Eingangssignals wird der Zähler (bis 9999) weitergestellt.
Ein kurzes High an Reset stellt den Zähler wieder auf 0000. Clock ist nicht aktiv, solange Reset auf High liegt.
Legt man Transfer auf Low, wird der unmittelbar vor dieser HL-Flanke im Zähler befindliche Inhalt gespeichert.
Der Scan-Eingang kann von einem externen Taktgenerator gespeist werden. Gemäß der angegebenen Beschaltung von Pin 1—3 kann der interne Scan-Generator verwendet werden.
Die Ausgänge T1—T4 sind für die entsprechenden Stellen jeweils High, wobei T1 die niedrigstwertige Stelle darstellt.

Anwendung:
Mehrstellige Zähler

Daten:

Betriebsspannung	5—10	V
Max. Zählfrequenz	2	MHz
Stromaufnahme	50	µA

Hersteller:
TOS

5037 Dezimalzähler, 4-stellig

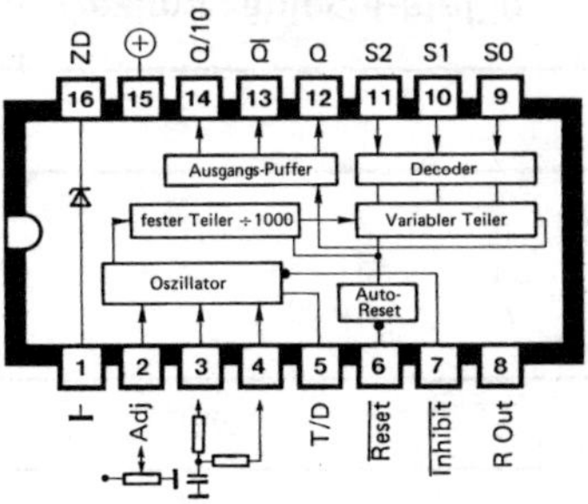

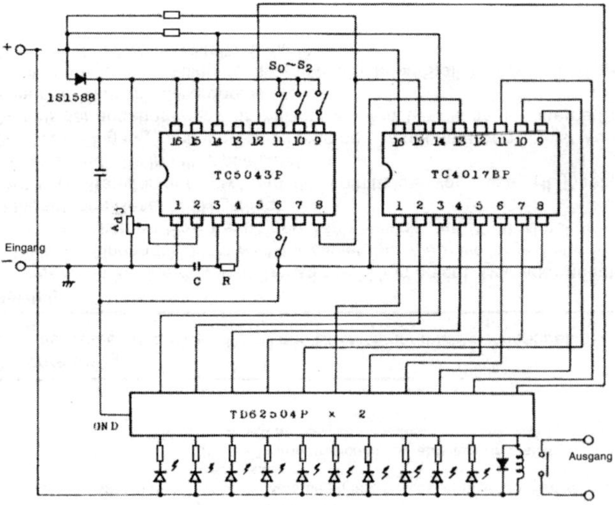

Rest-Zeit-Schaltung

R	T/D	Inh	Operation
L	X	X	Reset
H	H	H	Zeitgeber
H	L	H	Teiler
H	X	L	Stop

5043 Oszillator und Teiler

Fortsetzung :

S2	L				H			
S1	L		H		L		H	
S0	L	H	L	H	L	H	L	H
Zeitintevall des Zeitgebers	T	3T	6T	10T	60T	30T	300T	600T

Beschreibung:
Dieser Baustein enthält einen RC-Oszillator und einen programmierbaren Teiler.

Betrieb:
Die Frequenz des Oszillators wird durch R und C bestimmt. Über den Anschluss Adjust ist eine Feinabstimmung der Frequenz bis zu ±50% möglich.
Vom Oszillator wird ein fester Teiler 1/1000 angesteuert. An diesen schließt sich ein variabler Teiler von 1/1 bis etwa 1/6000 an, so dass eine Gesamtteilung von $1/6 \times 10^5$ möglich ist.
Die Programmierung des variablen Teilers erfolgt über die Eingänge S0—S2 gemäß obenstehender Tabelle. Durch interne Pull-down-Widerstände ist hier ein Eingang auf Low, wenn man ihn offen lässt.
Liegt der Anschluss T/D (Timer/Divider) auf High, so arbeitet der Baustein als Zeitgeber, bei Low als Teiler.
Reset auf Low löscht alle Zähler. Beim LH-Übergang dieses Pins beginnt der Baustein zu zählen. Mit Inhibit auf Low kann man den Oszillator stoppen. Beim Einschalten der Betriebsspannung werden die Zähler gelöscht (nur in der Zeitgeber-Betriebsart).
Am Ende des Zeitintervalles geht $\overline{Q}$ auf High und Q auf Low. Q/10 gibt 1/10 der Zykluszeit ab.

Anwendung:
Zeitgeber, Generator für sehr niedrige Frequenzen

Daten:

Betriebsspannung	6.2 — 10	V
Stromaufnahme	0.3	mA

Hersteller:
TOS

5043 Oszillator und Teiler

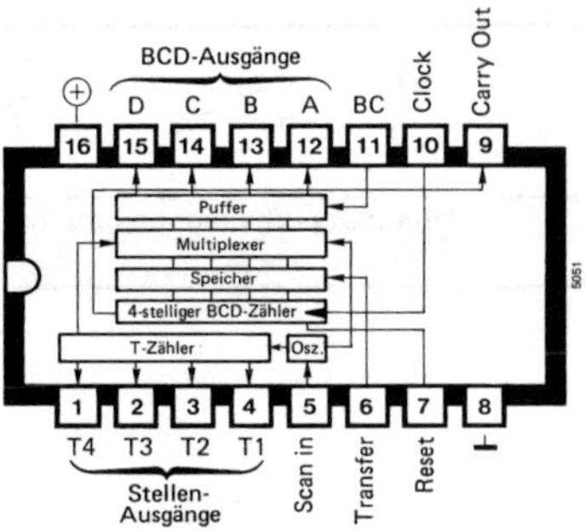

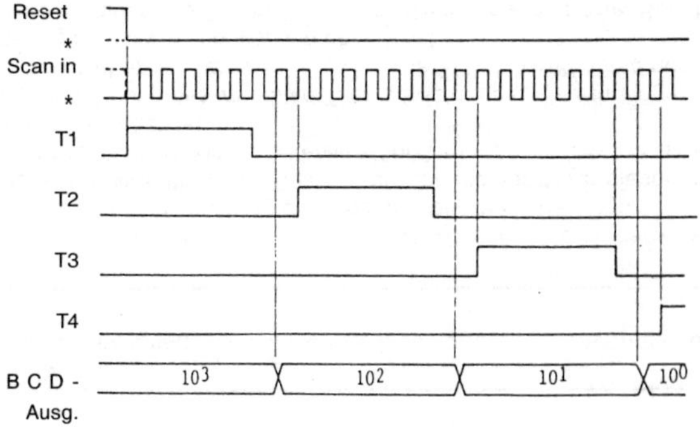

5051 Dezimalzähler, 4-stellig (mit Eingang zur Unterdrückung führender Nullen)

Fortsetzung :

Beschreibung:
Dieser Baustein enthält einen 4-stelligen BCD-Zähler mit gemultiplexten Ausgängen.

Betrieb:
Legt man Reset kurzzeitig auf High, gehen alle Ausgänge auf Low. Der Zähler wird bei jeder negativen Flanke des Taktes an Clock (HL-Übergang) weitergestellt. Solange sich Pin 6 (Transfer) auf High befindet, wird der Zählerinhalt laufend mit Hilfe des Multiplexers auf die Ausgänge A—D gebracht. Legt man Transfer auf Low, so wird der unmittelbar vor dem HL-Übergang an Pin 6 vorhandene Inhalt gespeichert. Der Zählvorgang läuft jedoch weiter.
Die Multiplex-Frequenz kann entweder vom internen Oszillator erzeugt werden, indem man Pin 5 über einen Kondensator an Masse legt, oder man führt Pin 5 eine externe Scan-Frequenz zu. Von hier aus wird auch der Stellen-Zähler (T-Zähler) gesteuert, der T4 —T1 zyklisch auf High bringt. T1 entspricht hierbei der höchst- (10^3) und T4 der niedrigstwertigen (10^0) Stelle.
Mit dem Eingang BC kann man führende Nullen ausblenden. BC liegt normalerweise an Masse. Legt man BC z.B. an T2, werden die Nullen nur für die Tausender-Stelle unterdrückt. BC an T4 unterdrückt alle Nullen, außer in der Einer-Stelle.
Der 5052 ist ein ähnlicher Baustein, bei dem jedoch Pin 11 anstelle des Eingangs für die Unterdrückung führender Nullen, einen Eingang besitzt, der zum Sperren (oder zur Freigabe) des Taktes dient.

Anwendung:
Mehrstellige Zähler

Daten:

Betriebsspannung		3—12	V
Max. Zählfrequenz bei:	5V	min 1	MHz
	10V	min 2	MHz
Stromaufnahme		0.2—0.5	mA

Hersteller:
TOS

5051 — Dezimalzähler, 4-stellig (mit Eingang zur Unterdrückung führender Nullen)

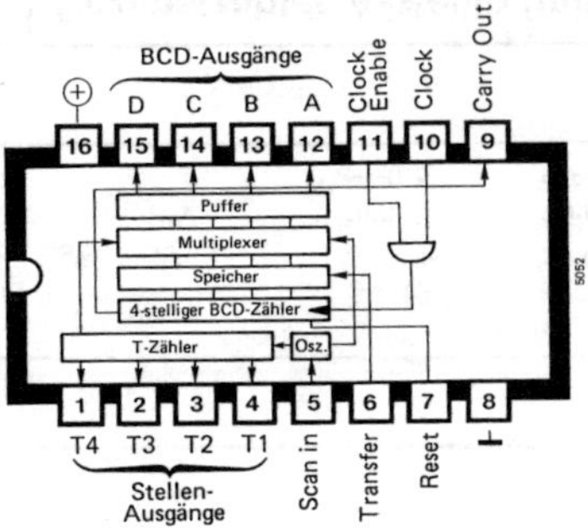

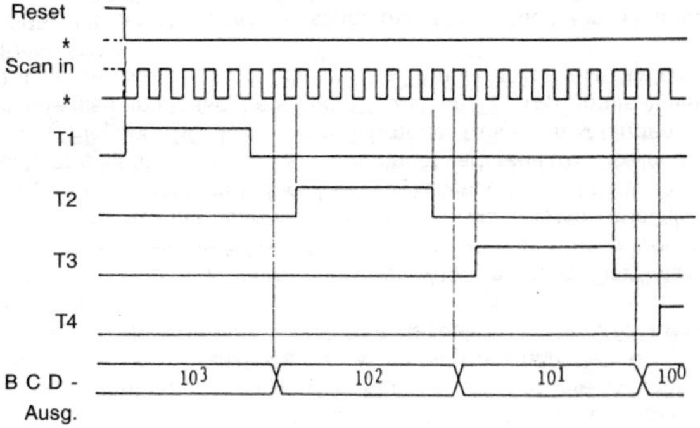

5052 Dezimalzähler, 4-stellig (mit Taktfreigabe)

Fortsetzung :

Beschreibung:
Dieser Baustein enthält einen 4-stelligen BCD-Zähler mit gemultiplexten Ausgängen und einen Eingang zum Sperren des Zählertaktes.

Betrieb:
Legt man Reset kurzzeitig auf High, gehen alle Ausgänge auf Low. Der Zähler wird bei jeder negativen Flanke des Taktes an Clock (HL-Übergang) weitergestellt, vorausgesetzt, Pin 11 liegt auf High.
Solange sich Pin 6 (Transfer) auf High befindet, wird der Zählerinhalt laufend mit Hilfe des Multiplexers auf die Ausgänge A—D gebracht. Legt man Transfer auf Low, so wird der unmittelbar vor dem HL-Übergang an Pin 6 im Zähler vorhandene Inhalt gespeichert. Der Zählvorgang läuft jedoch weiter.
Die Multiplex-Frequenz kann entweder vom internen Oszillator erzeugt werden, indem man Pin 5 über einen Kondensator an Masse legt, oder man führt Pin 5 eine externe Scan-Frequenz zu. Von hier aus wird auch der Stellen-Zähler (T-Zähler) gesteuert, der T4 bis T1 zyklisch auf High bringt. T1 entspricht hierbei der höchst- (10^3) und T4 der niedrigstwertigen (10^0) Stelle.
Mit dem Eingang Clock Enable (Pin 11) lässt sich der Zählertakt sperren, wenn man diesen Pin auf Low legt.
Der 5051 it ein ähnlicher Baustein, der jedoch an Pin 11 einen Eingang zum Sperren (oder zur Freigabe) des Taktes besitzt, anstelle eines Eingangs, der zur Unterdrückung führender Nullen dient.

Anwendung:
Mehrstellige Zähler

Daten:

Betriebsspannung		3—12	V
Max. Zählfrequenz bei:	5V	min 1.0	MHz
	10V	min 2.0	MHz
Stromaufnahme		0.2 —0.5	mA

Hersteller:
TOS

5052 — **Dezimalzähler, 4-stellig (mit Taktfreigabe)**

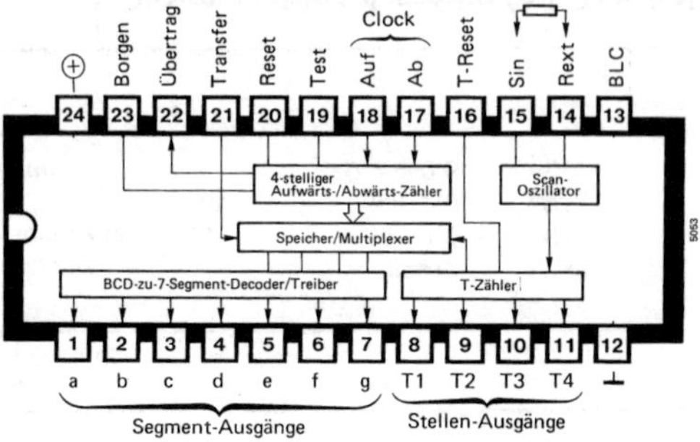

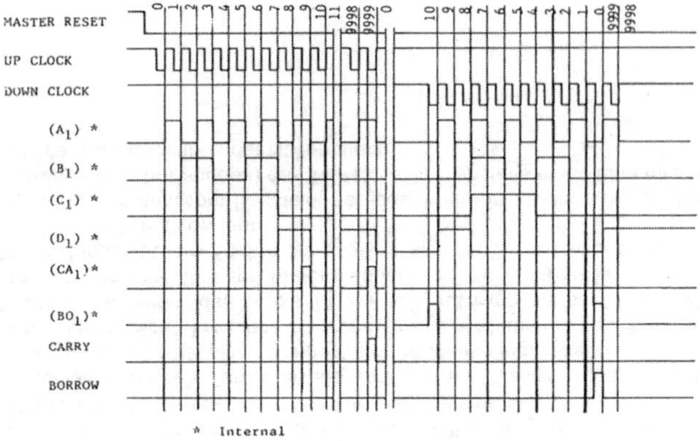

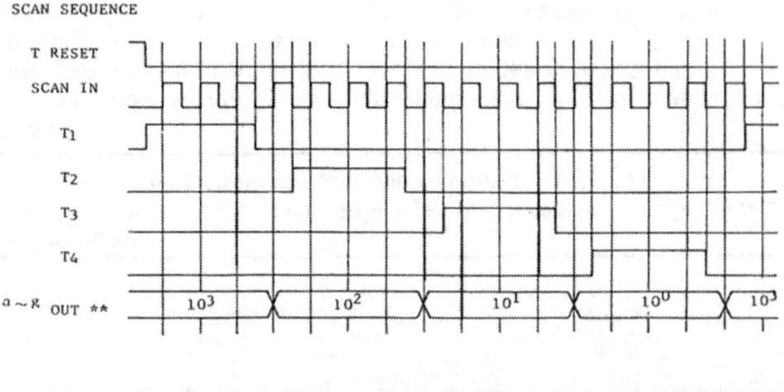

5053 Aufwärts/Abwärts-Dezimalzähler, 4-stellig mit Speicher und 7-Segment-Decoder/Treiber

Fortsetzung :

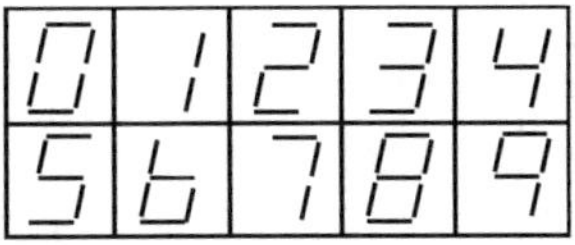

Beschreibung:
Dieser Baustein enthält einen 4-stelligen dezimalen Aufwärts/Abwärts-Zähler mit Speicher und Decoder für 7-Segment-Anzeigen.

Betrieb:
Wenn Pin 18 auf High liegt, so zählt der Zähler bei jeder positiven Flanke an Pin 17 abwärts. Mit Pin 17 auf High erfolgt mit jeder positiven Flanke an Pin 18 (Auf) eine Aufwärtszählung.
Ein kurzes High an Pin 20 (Reset) setzt den Zähler auf 0000.
Legt man Pin 21 auf High, so wird der Zählerinhalt über den Multiplexer ständig auf die Ausgänge gegeben. Legt man diesen Pin auf Low, wird der momentane Zählerinhalt gespeichert.
Pin 22 (Übertrag) geht auf High, wenn der Zähler beim Aufwärtszählen 9999 erreicht (solange wie Pin 18 Low ist). Pin 23 (Borgen) geht auf High, wenn der Zähler beim Abwärtszählen 0000 erreicht (solange wie Pin 17 Low ist).
Der Scan-Oszillator schwingt selbständig, wenn man einen externen Widerstand zwischen Pin 14 und 15 legt, andernfalls wird ein externer Takt Pin 15 zugeführt. Pin 19 (Test) legt man auf Low. Mit dem Anschluss BLC (Blanking = Dunkelsteuerung) kann man führende Nullen ausblenden.
Die Stellen-Ausgänge T1—T4 werden zyklisch durchgeschaltet, wobei T1 die höchst- und T4 die niedrigstwertige Stelle darstellt.
Die Segment-Ausgänge a—g können max. 20mA abgeben und daher LED-Anzeigen mit gemeinsamer Kathode direkt treiben.
Ein ähnlicher Baustein, jedoch mit anderer Darstellung der 6, 7 und 9 ist der 5054.

Anwendung:
Mehrstellige Aufwärts/Abwärts-Zähler

Daten:

Betriebsspannung	3—8	V
Stromaufnahme (bei 1 MHz)	300	µA

Hersteller:
TOS

5053 Aufwärts/Abwärts-Dezimalzähler, 4-stellig mit Speicher und 7-Segment-Decoder/Treiber

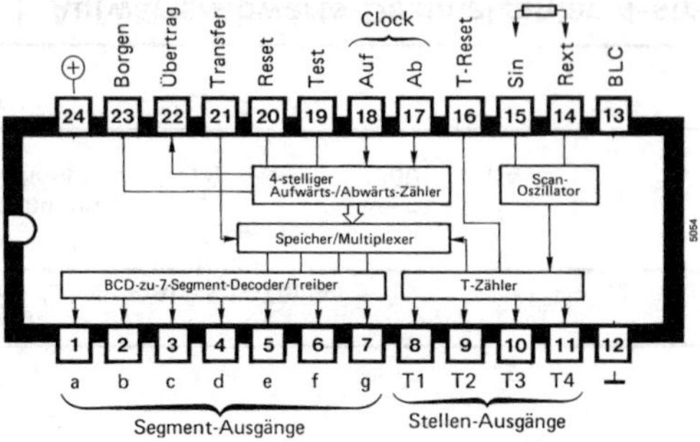

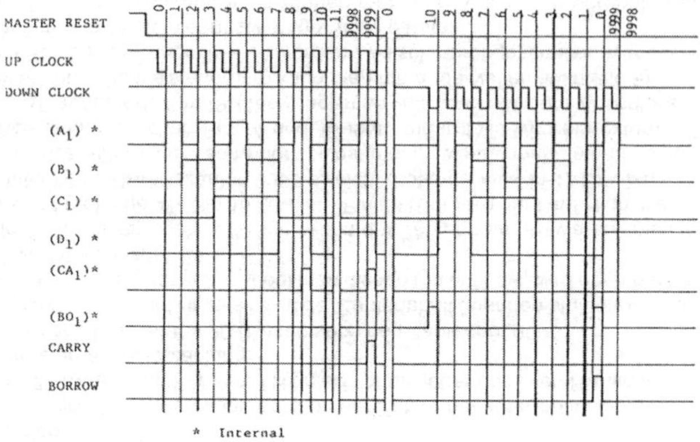

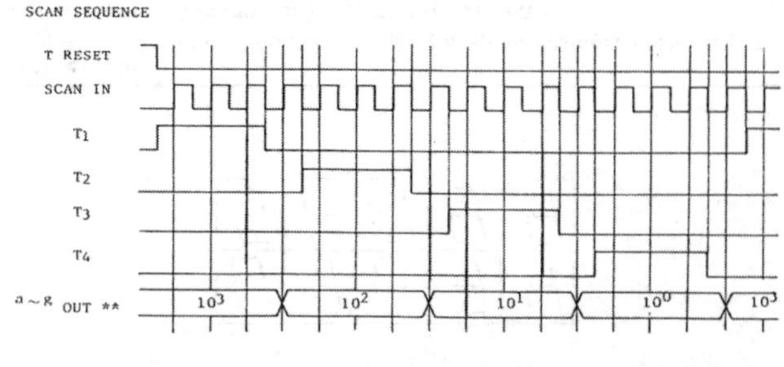

5054 Aufwärts/Abwärts-Dezimalzähler, 4-stellig, mit Speicher und 7-Segment-Decoder/Treiber

Fortsetzung :

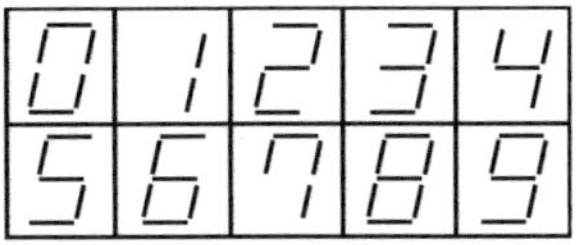

Beschreibung:
Dieser Baustein enthält einen 4-stelligen dezimalen Aufwärts/Abwärts-Zähler mit Speicher und Decoder für 7-Segment-Anzeigen.

Betrieb:
Wenn Pin 18 auf High liegt, so zählt der Zähler bei jeder positiven Flanke an Pin 17 abwärts. Mit Pin 17 auf High erfolgt mit jeder positiven Flanke an Pin 18 (Auf) eine Aufwärtszählung.
Ein kurzes High an Pin 20 (Reset) setzt den Zähler auf 0000.
Legt man Pin 21 auf High, so wird der Zählerinhalt über den Multiplexer ständig auf die Ausgänge gegeben. Legt man diesen Pin auf Low, wird der momentane Zählerinhalt gespeichert.
Pin 22 (Übertrag) geht auf High, wenn der Zähler beim Aufwärtszählen 9999 erreicht (solange wie Pin 18 Low ist). Pin 23 (Borgen) geht auf High, wenn der Zähler beim Abwärtszählen 0000 erreicht (solange, wie Pin 17 Low ist).
Der Scan-Oszillator schwingt selbständig, wenn man einen externen Widerstand zwischen Pin 14 und 15 legt, andernfalls wird ein externer Takt Pin 15 zugeführt. Pin 19 (Test) legt man auf Low. Mit dem Anschluss BLC (Blanking = Dunkelsteuerung) kann man führende Nullen ausblenden.
Die Stellen-Ausgänge T1—T4 werden zyklisch durchgeschaltet, wobei T1 die höchst- und T4 die niedrigstwertige Stelle darstellt.
Die Segment-Ausgänge a—g können max. 20mA abgeben und daher LED-Anzeigen mit gemeinsamer Kathode direkt treiben.
Ein ähnlicher Baustein, jedoch mit anderer Darstellung der 6, 7 und 9 ist der 5053.

Anwendung:
Mehrstellige Aufwärts/Abwärts-Zähler

Daten:

Betriebsspannung	3—8	V
Stromaufnahme (bei 1 MHz)	300	µA

Hersteller:
TOS

5054 Aufwärts/Abwärts-Dezimalzähler, 4-stellig, mit Speicher und 7-Segment-Decoder/Treiber

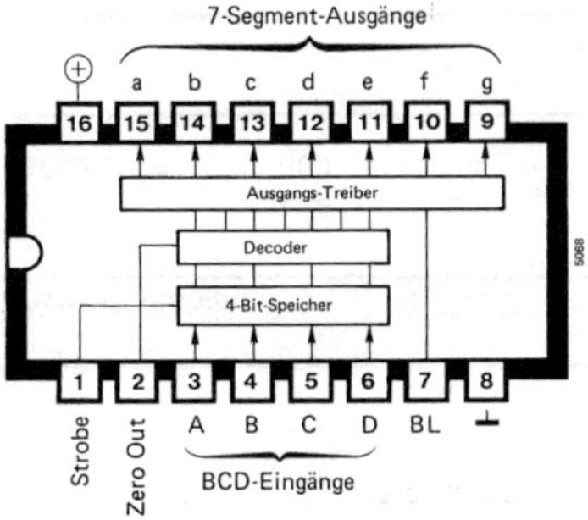

						TC5068BP △							TC5069BP △							ZERO OUT
ST	BL	D	C	B	A	a	b	c	d	e	f	g	a	b	c	d	e	f	g	
※	H	※	※	※	※	L	L	L	L	L	L	L	L	L	L	L	L	L	L	☆
H	L	L	L	L	L	H	H	H	H	H	H	L	H	H	H	H	H	H	L	H
H	L	L	L	L	H	L	H	H	L	L	L	L	L	H	H	L	L	L	L	L
H	L	L	L	H	L	H	H	L	H	H	L	H	H	H	L	H	H	L	H	L
H	L	L	L	H	H	H	H	H	H	L	L	H	H	H	H	H	L	L	H	L
H	L	L	H	L	L	L	H	H	L	L	H	H	L	H	H	L	L	H	H	L
H	L	L	H	L	H	H	L	H	H	L	H	H	H	L	H	H	L	H	H	L
H	L	L	H	H	L	H	L	H	H	H	H	H	H	L	H	H	H	H	H	L
H	L	L	H	H	H	H	H	H	L	L	H	L	H	H	H	L	L	H	L	L
H	L	H	L	L	L	H	H	H	H	H	H	H	H	H	H	H	H	H	H	L
H	L	H	L	L	H	H	H	H	H	L	H	H	H	H	H	H	L	H	H	L
H	L	H	L	H	L	H	H	H	L	H	H	H	L	L	L	H	H	H	L	L
H	L	H	L	H	H	L	L	H	H	H	H	H	L	H	H	L	H	H	H	L
H	L	H	H	L	L	H	L	L	H	H	H	L	H	H	H	L	H	H	H	L
H	L	H	H	L	H	L	H	H	H	H	L	H	H	H	L	L	H	H	H	L
H	L	H	H	H	L	H	L	L	H	H	H	H	L	L	L	L	L	L	H	L
H	L	H	H	H	H	H	L	L	L	H	H	H	L	L	L	L	L	L	L	L
L	L	※	※	※	※	△△														

5068	BCD-zu-7-Segment-Speicher/Decoder und Treiber (hexadezimal)

Fortsetzung :

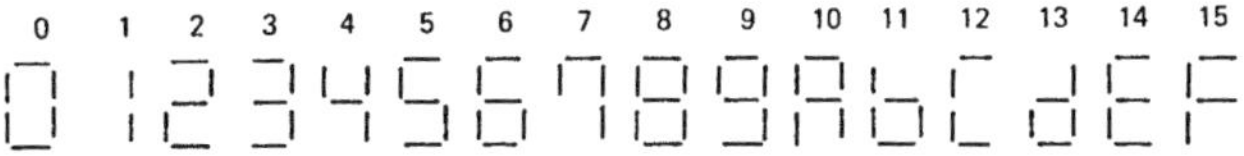

Beschreibung:
Dieser Baustein wandelt einen BCD-Code in einen 7-Segment-Code um.

Betrieb:
Der BCD-Code wird den Eingängen A—D zugeführt. Wenn Pin 1 (Strobe) von High auf Low geht, wird der BCD-Code gespeichert. Liegt hierbei BL (Blanking) auf Low, so werden die in einen 7-Segment-Code umgewandelten Daten auf die Ausgänge durchgeschaltet. BL auf High schaltet alle Ausgänge a—g ab. Für die jeweilig eingeschalteten Segmente gehen die zugehörigen Ausgänge auf High.
Für A—D = Low, geht außerdem der Ausgang Z (Zero Out) auf High. Damit kann man führende Nullen in mehrstelligen Anzeigen ausblenden.
Die Ausgänge besitzen P-Kanal-FETs mit hoher Sperrspannung (+20V), wodurch Fluoreszenz-Anzeigen direkt angesteuert werden können. Für LED-Anzeigen kann ein Segmentausgang z.B. bei 7V maximal 10mA liefern. Der 5068 liefert eine Anzeige aller 16 hexadezimalen Ziffern.

Anwendung:
Steuerung von 7-Segment-Anzeigen

Daten:

Betriebsspannung	3—18	V
Stromaufnahme	10	µA

Hersteller:
TOS

5068 — **BCD-zu-7-Segment-Speicher/Decoder und Treiber (hexadezimal)**

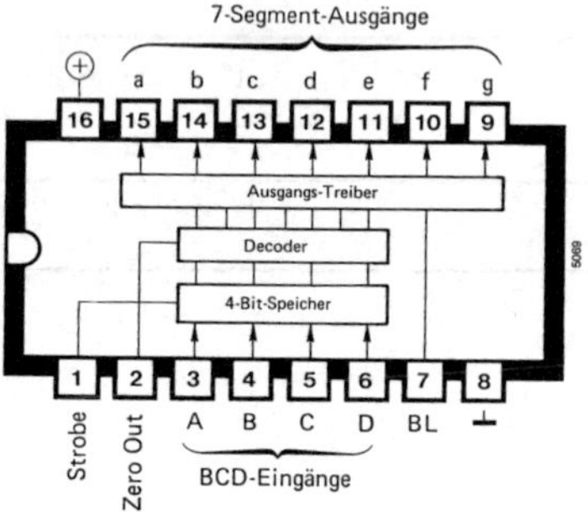

						TC5068BP △							TC5069BP △							ZERO OUT
ST	BL	D	C	B	A	a	b	c	d	e	f	g	a	b	c	d	e	f	g	
※	H	※	※	※	※	L	L	L	L	L	L	L	L	L	L	L	L	L	L	☆
H	L	L	L	L	L	H	H	H	H	H	H	L	H	H	H	H	H	H	L	H
H	L	L	L	L	H	L	H	H	L	L	L	L	L	H	H	L	L	L	L	L
H	L	L	L	H	L	H	H	L	H	H	L	H	H	H	L	H	H	L	H	L
H	L	L	L	H	H	H	H	H	H	L	L	H	H	H	H	H	L	L	H	L
H	L	L	H	L	L	L	H	H	L	L	H	H	L	H	H	L	L	H	H	L
H	L	L	H	L	H	H	L	H	H	L	H	H	H	L	H	H	L	H	H	L
H	L	L	H	H	L	H	L	H	H	H	H	H	H	L	H	H	H	H	H	L
H	L	L	H	H	H	H	H	H	L	L	H	L	H	H	H	L	L	H	L	L
H	L	H	L	L	L	H	H	H	H	H	H	H	H	H	H	H	H	H	H	L
H	L	H	L	L	H	H	H	H	H	L	H	H	H	H	H	H	L	H	H	L
H	L	H	L	H	L	H	H	H	L	H	H	H	L	L	L	H	H	H	L	L
H	L	H	L	H	H	L	L	H	H	H	H	H	L	H	H	L	H	H	H	L
H	L	H	H	L	L	H	L	L	H	H	H	L	H	H	H	L	H	H	H	L
H	L	H	H	L	H	L	H	H	H	H	L	H	H	H	L	L	H	H	H	L
H	L	H	H	H	L	H	L	L	H	H	H	H	L	L	L	L	L	L	H	L
H	L	H	H	H	H	H	L	L	L	H	H	H	L	L	L	L	L	L	L	L
L	L	※	※	※	※	△△														

5069 BCD-zu-7-Segment-Speicher/Decoder und Treiber

Fortsetzung :

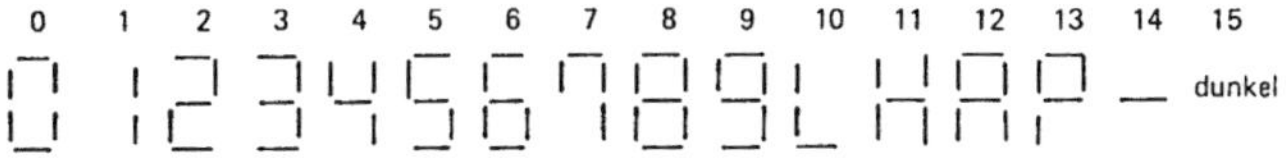

Beschreibung:
Dieser Baustein wandelt einen BCD-Code in einen 7-Segment-Code um.

Betrieb:
Der BCD-Code wird den Eingängen A—D zugoführt. Wenn Pin 1 (Strobe) von High auf Low geht, wird der BCD-Code gespeichert. Liegt hierbei BL (Blanking) auf Low, so werden die in einen 7-Segment-Code umgewandelten Daten auf die Ausgänge durchgeschaltet. BL auf High schaltet alle Ausgänge a—g ab. Für die jeweilig eingeschalteten Segmente gehen die zugehörigen Ausgänge auf High.
Für A—D = Low, geht außerdem der Ausgang Z (Zero Out) auf High. Damit kann man führende Nullen in mehrstelligen Anzeigen ausblenden.
Die Ausgänge besitzen P-Kanal-FETs mit hoher Sperrspannung (+20V), wodurch Fluoreszenz-Anzeigen direkt angesteuert werden können. Für LED-Anzeigen kann ein Segmentausgang z.B. bei 7V maximal 10mA liefern. Der 5069 liefert eine Anzeige von 0—9, sowie die Buchstaben L, H, A, P und —, "dunkel"

Anwendung:
Steuerung von 7-Segment-Anzeigen

Daten:

Betriebsspannung	3—18	V
Stromaufnahme	10	µA

Hersteller:
TOS

5069 BCD-zu-7-Segment-Speicher/Decoder und Treiber

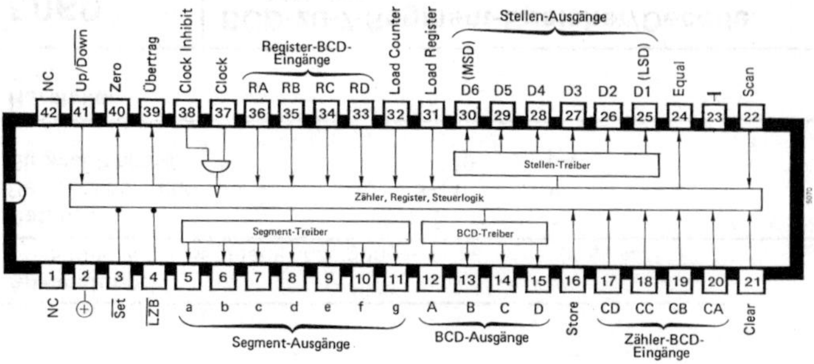

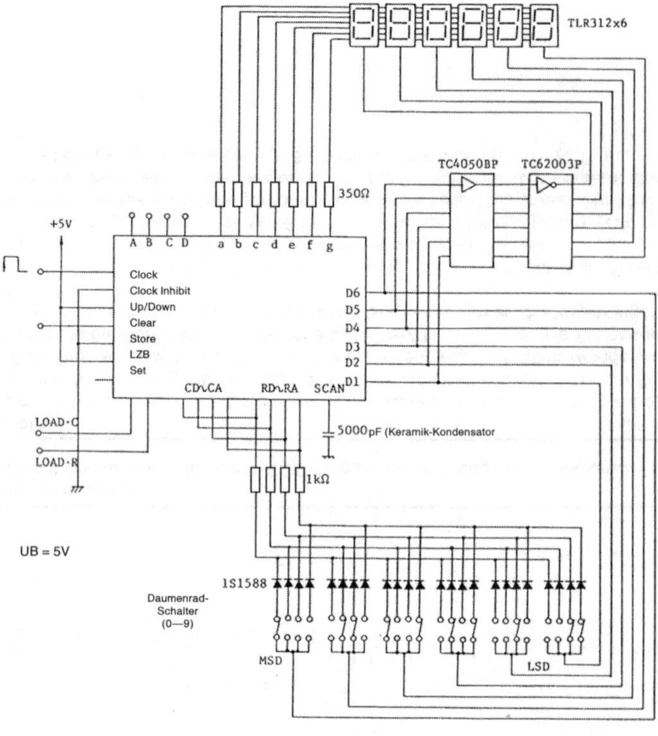

5070 | Aufwärts/Abwärtszähler, 6-stellig programmierbar

Fortsetzung :

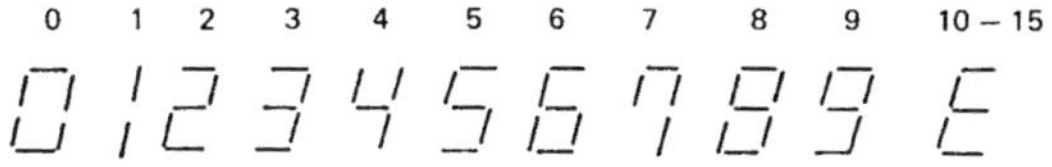

Beschreibung:

Dieser Baustein enthält einen 6-stelligen, voreinstellbaren Aufwärt/Abwärtszähler (bis 999999) für LED-Anzeigen mit gemeinsamer Kathode.

Betrieb:

Der Zähler wird jeweils bei der ansteigenden Flanke des Taktes an Clock weitergestellt, wenn Clock Inhibit, Load Counter und Clear auf Low liegen, und zwar aufwärts mit Up/ $\overline{\text{Down}}$ auf High und abwärts Up/$\overline{\text{Down}}$ auf Low.

Beim Zählerstand von 000000 sind der Anschluss Übertrag und Zero High beim Aufwärts-Zählen. Beim Abwärtszählen ist "Übertrag" bei 999999 High. Der Ausgang Equal wird High, wenn der Inhalt des Zählers mit dem Komparator-Wert übereinstimmt, der durch den Eingang Load Register gesetzt wurde.

Die Zählerdaten werden voreingestellt, wenn man Load Counter auf High setzt, CA—CD mit dem Stellenzähler synchronisiert und die Zahlen nacheinander setzt. Auf dieselbe Weise kann der Komparator-Wert in die Register gebracht werden. Laden der Register ist unabhängig vom Zählvorgang.

Mit Store auf Low wird der Zählerinhalt über den Multiplexer an die Anzeige-Ausgänge transferiert. Legt man Store auf High, wird der beim LH-Übergang vorliegende Zählerstand gespeichert.

LZB auf Low blendet die Nullen in den 5 höherwertigen Stellen aus.

Set auf Low bewirkt, dass nur D6 (MSD) angezeigt wird.

Für den Multiplex-Oszillator legt man ca. 5nF von Pin 22 an Masse.

Anwendung:

Mehrstellige Zähler, Meßgeräte

Daten:

Betriebsspannung	+5	V
Max. Zählfrequenz	4	MHz
Stromaufnahme	0.25	mA

Hersteller:

TOS

5070 — Aufwärts/Abwärtszähler, 6-stellig programmierbar

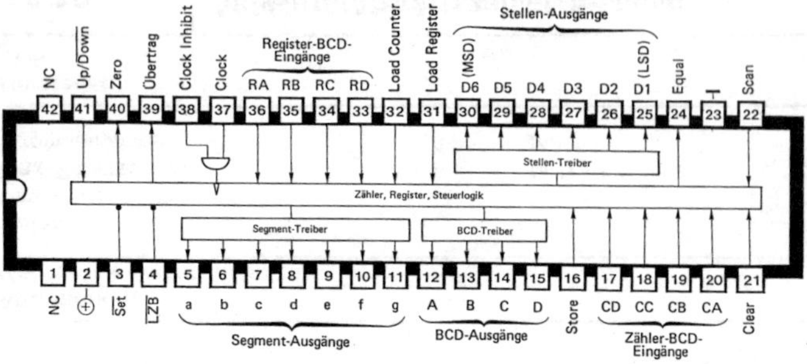

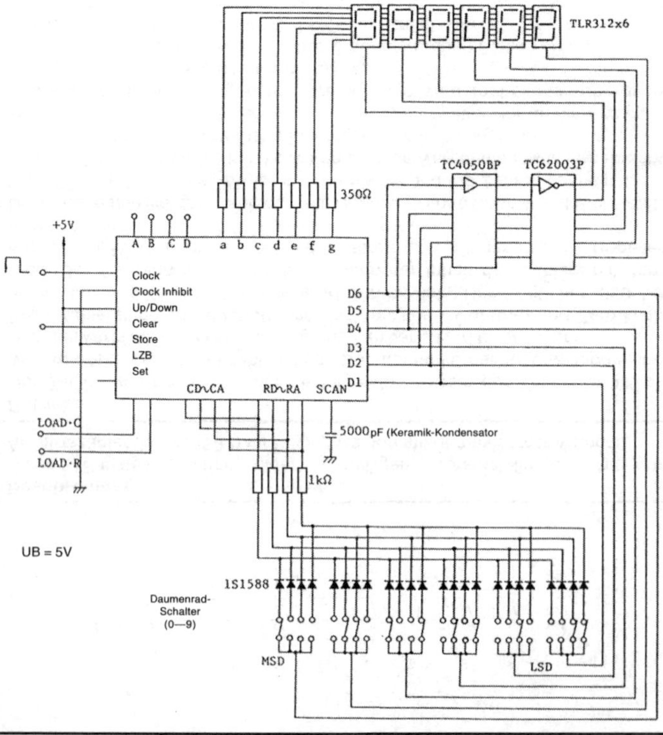

5071 Aufwärts/Abwärtszähler und Zeitgeber 6-stellig, programmierbar

Fortsetzung :

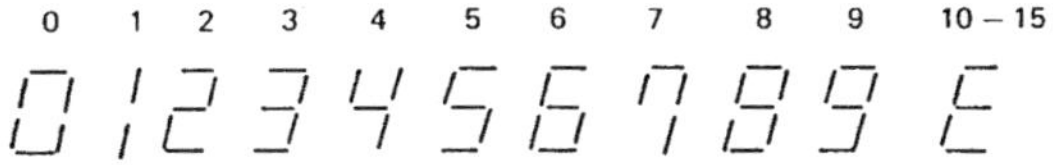

Beschreibung:
Dieser Baustein enthält einen 6-stelligen, voreinstellbaren Aufwärts/Abwärtszähler (bis 995959) für LED-Anzeigen mit gemeinsamer Kathode.

Betrieb:
Der Zähler wird jeweils bei der ansteigendon Flanke des Taktes an Clock weitergestellt, wenn Clock Inhibit, Load Counter und Clear auf Low liegt, und zwar aufwärts mit Up/$\overline{\text{Down}}$ auf High und abwärts Up/$\overline{\text{Down}}$ auf Low.
Beim Zählerstand von 000000 sind der Anschluss Übertrag und Zero High beim Aufwärts-Zählen. Beim Abwärtszählen ist "Übertrag" bei 995959 High.
Der Ausgang Equal wird High, wenn der Inhalt des Zählers mit dem Komparator-Wert übereinstimmt, der durch den Eingang Load Register gesetzt wurde.
Die Zählerdaten werden voreingestellt, wenn man Load Counter auf High setzt, CA—CD mit dem Stellenzähler synchronisiert und die Zahlen nacheinander setzt. Auf dieselbe Weise kann der Komparator-Wert in die Register gebracht werden.
Laden der Register ist unabhängig vom Zählvorgang.
Mit Store auf Low wird der Zählerinhalt über den Multiplexer an die Anzeige-Ausgänge transferiert.
Legt man Store auf High, wird der beim LH-Übergang vorliegende Zählerstand gespeichert.
LZB auf Low blendet die Nullen in den 5 höherwertigen Stellen aus.
Set auf Low bewirkt, dass nur D6 (MSD) angezeigt wird.
Für den Multiplex-Oszillator legt man ca. 5nF von Pin 22 an Masse.

Anwendung:
Mehrstellige Zähler, Zeitgeber, Steuerungen

Daten:

Betriebsspannung	+5	V
Max. Zählfrequenz	4	MHz
Stromaufnahme	0.25	mA

Hersteller:
TOS

5071	**Aufwärts/Abwärtszähler und Zeitgeber 6-stellig, programmierbar**

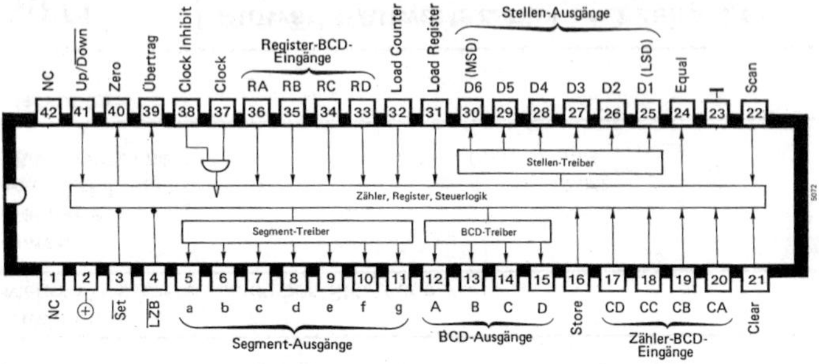

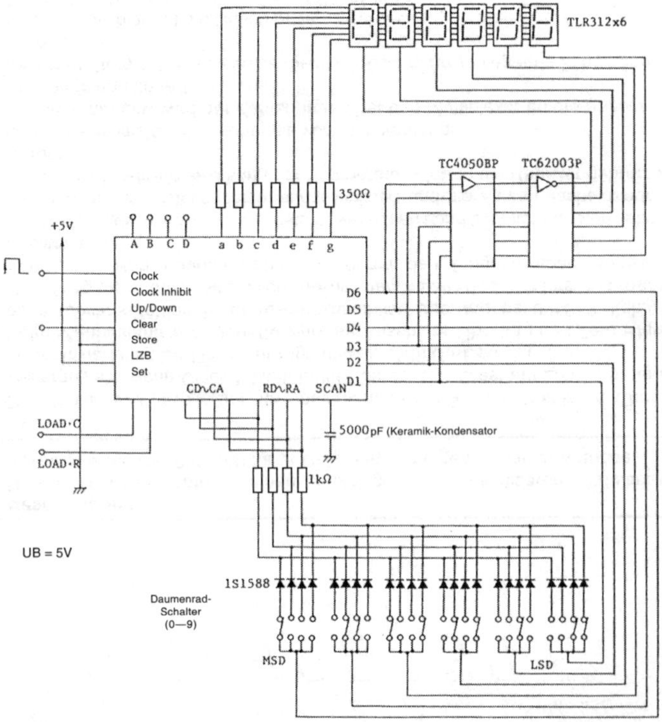

5072

6-stelliger programmierbarer Aufwärts/Abwärtszähler und Zeitgeber

Fortsetzung :

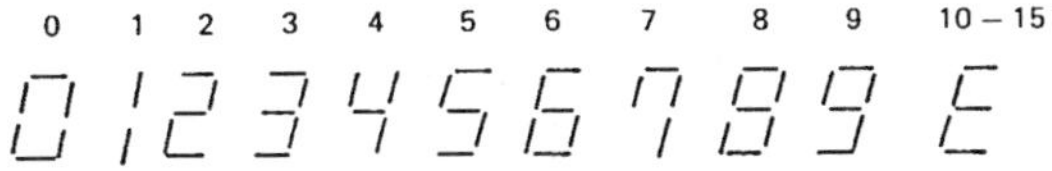

Beschreibung:
Dieser Baustein enthält einen 6-stelligen, voreinstellbaren Aufwärt/Abwärtszähler (bis 595999) für LED-Anzeigen mit gemeinsamer Kathode.

Betrieb:
Der Zähler wird jeweils bei der ansteigenden Flanke des Taktes an Clock weitergestellt, wenn Clock Inhibit, Load Counter und Clear auf Low liegt, und zwar aufwärts mit Up/Down auf High und abwärts Up/Down auf Low.
Beim Zählerstand von 000000 sind der Anschluss Übertrag und Zero High beim Aufwärts-Zählen. Beim Abwärtszählen ist "Übertrag" bei 595999 High.
Der Ausgang Equal wird High, wenn der Inhalt des Zählers mit dem Komparator-Wert übereinstimmt, der durch den Eingang Load Register gesetzt wurde.
Die Zählerdaten werden voreingestellt, wenn man Load Counter auf High setzt, CA—CD mit dem Stellenzähler synchronisiert und die Zahlen nacheinander setzt. Auf dieselbe Weise kann der Komparator-Wert in die Register gebracht werden.
Laden der Register ist unabhängig vom Zählvorgang.
Mit Store auf Low wird der Zählerinhalt über den Multiplexer an die Anzeige-Ausgänge transferiert.
Legt man Store auf High, wird der beim LH-Übergang vorliegende Zählerstand gespeichert.
LZB auf Low blendet die Nullen in den 5 höherwertigen Stellen aus.
Set auf Low bewirkt, dass nur D6 (MSD) angezeigt wird.
Für den Multiplex-Oszillator legt man ca. 5nF von Pin 22 an Masse.

Anwendung:
Mehrstellige Zähler, Meßgeräte, Zeitgeber, Steuerungen

Daten:

Betriebsspannung	+5	V
Max. Zählfrequenz	4	MHz
Stromaufnahme	0.25	mA

Hersteller:
TOS

5072	**6-stelliger programmierbarer Aufwärts/ Abwärtszähler und Zeitgeber**

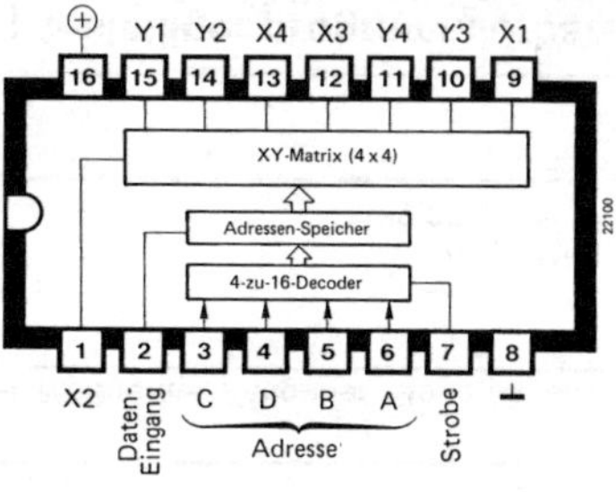

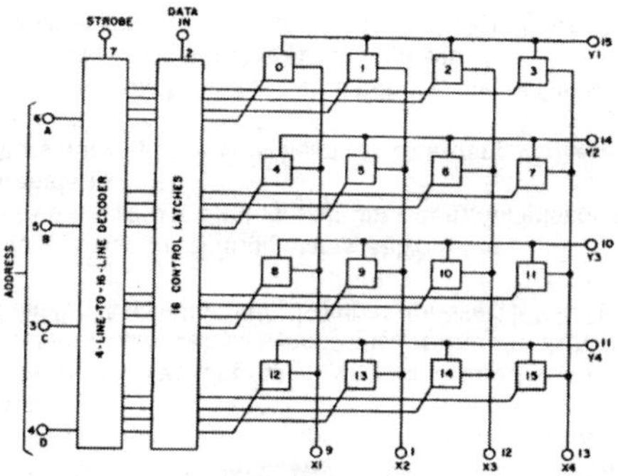

Funktions-Blockschaltbild

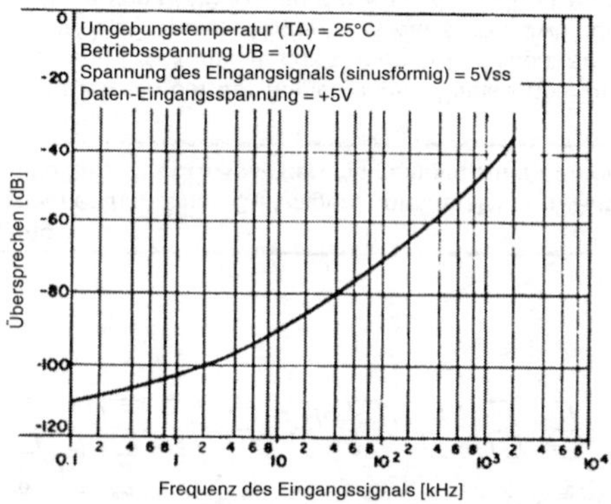

Typ. Übersprechen zwischen den Schaltern als Funktion der Signalfrequenz

22100	**Crosspoint-Schalter (4x4), mit Steuerspeicher**

Fortsetzung :

Adresse				Auswahl	Adresse				Auswahl
A	B	C	D		A	B	C	D	
0	0	0	0	X1Y1	0	0	0	1	X1Y3
1	0	0	0	X2Y1	1	0	0	1	X2Y3
0	1	0	0	X3Y1	0	1	0	1	X3Y3
1	1	0	0	X4Y1	1	1	0	1	X4Y3
0	0	1	0	X1Y2	0	0	1	1	X1Y4
1	0	1	0	X2Y2	1	0	1	1	X2Y4
0	1	1	0	X3Y2	0	1	1	1	X3Y4
1	1	1	0	X4Y2	1	1	1	1	X4Y4

Beschreibung:
Dieser Baustein enthält eine 4x4-Matrix aus CMOS-Schaltern, sowie einen Adressen-Decoder mit Speicher.

Betrieb:
Zur Auswahl eines der 16 Kreuzungspunkte wird die entsprechende Adresse an die Eingänge A—D gelegt. Die Adresse kann gespeichert werden, wenn man Strobe auf High legt. Dann wird mit einem High am Daten-Eingang der angewählte Schalter geschlossen und mit einem Low geöffnet.
Beim Anlegen der Betriebsspannung ist der Zustand der 16 Schalter unbestimmt. Man stellt alle Schalter auf AUS, indem man Pin 7 auf High und Pin 2 auf Low legt und alle Schalter der Reihe nach adressiert.

Anwendung:
Schalten von Analog-Signalen in Kommunikations-Netzwerken

Daten:

Betriebsspannung	3—18	V
Ein-Widerstand	75	Ω
Bandbreite	> 10	MHz
Max. Analog-Amplitude	±1/2	UB
Max. Strom je Schalter	10	mA

Hersteller:
RCA

22100 Crosspoint-Schalter (4x4), mit Steuerspeicher

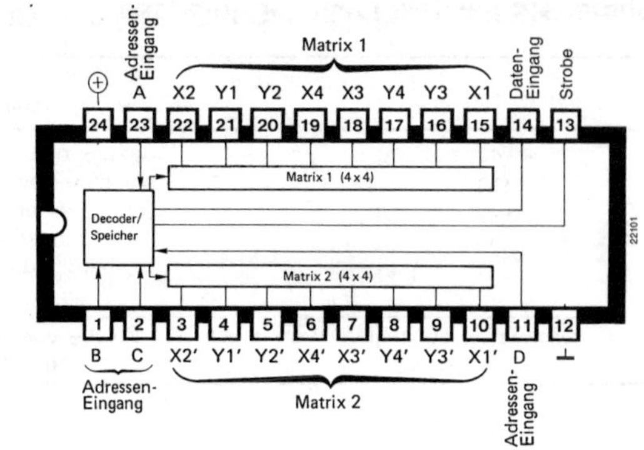

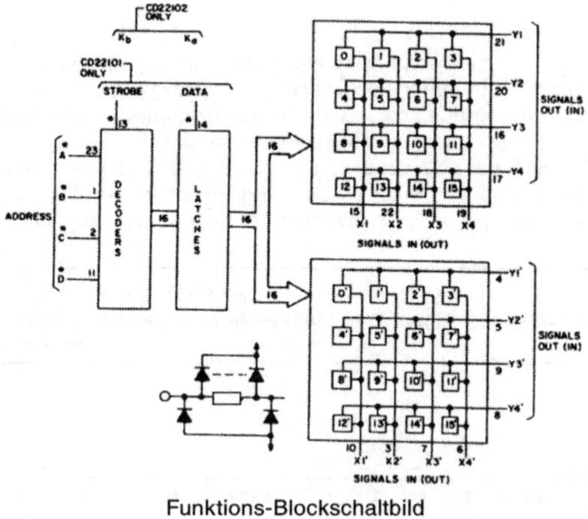

Funktions-Blockschaltbild

Steuerung:

Funktion	Adresse				Strobe	Data	Auswahl
	A	B	C	D			
Schalter EIN	1	1	1	1	1	1	15(X4Y4)& 15'(X4'Y4')
Schalter AUS	1	1	1	1	1	0	15(X4Y4)& 15'(X4'Y4')
Keine Änderung	x	x	x	x	0	x	x x x x

22101 Crosspoint-Schalter (4x4x2), mit Steuerspeicher

Fortsetzung :

Decoder:

Adresse				Auswahl	Adresse				Auswahl
A	B	C	D		A	B	C	D	
0	0	0	0	X1Y1 & X1'Y1'	0	0	0	1	X1Y3 & X1'Y3'
1	0	0	0	X2Y1 & X2'Y1'	1	0	0	1	X2Y3 & X2'Y3'
0	1	0	0	X3Y1 & X3'Y1'	0	1	0	1	X3Y3 & X3'Y3'
1	1	0	0	X4Y1 & X4'Y1'	1	1	0	1	X4Y3 & X4'Y3'
0	0	1	0	X1Y2 & X1'Y2'	0	0	1	1	X1Y4 & X1'Y4'
1	0	1	0	X2Y2 & X2'Y2'	1	0	1	1	X2Y4 & X2'Y4'
0	1	1	0	X3Y2 & X3'Y2'	0	1	1	1	X3Y4 & X3'Y4'
1	1	1	0	X4Y2 & X4'Y2'	1	1	1	1	X4Y4 & X4'Y4'.

Beschreibung:
Dieser Baustein enthält zwei 4x4-Matrizen aus CMOS-Schaltern mit gemeinsamem Adressen-Decoder und Speicher.

Betrieb:
Zur Auswahl von je zwei der 2x16 Kreuzungspunkte wird die entsprechende Adresse an die Eingänge A—D gelegt. Die Adresse kann gespeichert werden, wenn man Strobe auf High legt.
Dann werden mit einem High am Daten-Eingang die beiden Schalter geschlossen und mit einem Low geöffnet.
Beim Anlegen der Betriebsspannung ist der Zustand der 32 Schalter unbestimmt. Man stellt alle Schalter auf AUS, indem man Strobe auf High und Daten-Eingang auf Low legt und alle Schalter der Reihe nach adressiert.

Anwendung:
Schalten von Analog-Signalen in Kommunikations-Netzwerken

Daten:

Betriebsspannung	3—18	V
Ein-Widerstand	75	Ω
Bandbreite	> 10	MHz
Max. Analog-Amplitude	± 1/2	UB
Max. Strom je Schalter	10	mA

Hersteller:
RCA

22101 — Crosspoint-Schalter (4x4x2), mit Steuerspeicher

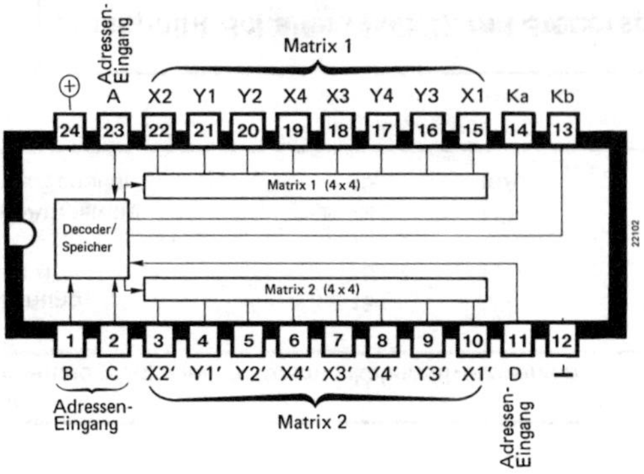

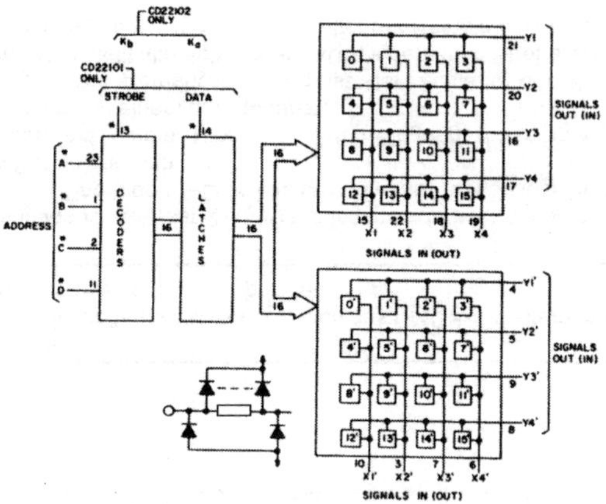

Funktions-Blockschaltbild

Steuerung:

Funktion	Adresse				Ka	Kb	Auswahl
Schalter EIN	A 1	B 1	C 1	D 1	1	1	15(X4Y4)& 15'(X4'Y4')
Schalter AUS	1	1	1	1	1	0	15(X4Y4)& 15'(X4'Y4')
Alle Schalter AUS	x	x	x	x	1	1	Alle
Keine Änderung	x	x	x	x	0	x	x x x x

22102 Crosspoint-Schalter (4 x 4 x 2), mit Steuerspeicher

Fortsetzung :

Decoder

Adresse				Auswahl	Adresse				Auswahl
A	B	C	D		A	B	C	D	
0	0	0	0	X1Y1 & X1'Y1'	0	0	0	1	X1Y3 & X1'Y3'
1	0	0	0	X2Y1 & X2'Y1'	1	0	0	1	X2Y3 & X2'Y3'
0	1	0	0	X3Y1 & X3'Y1'	0	1	0	1	X3Y3 & X3'Y3'
1	1	0	0	X4Y1 & X4'Y1'	1	1	0	1	X4Y3 & X4'Y3'
0	0	1	0	X1Y2 & X1'Y2'	0	0	1	1	X1Y4 & X1'Y4'
1	0	1	0	X2Y2 & X2'Y2'	1	0	1	1	X2Y4 & X2'Y4'
0	1	1	0	X3Y2 & X3'Y2'	0	1	1	1	X3Y4 & X3'Y4'
1	1	1	0	X4Y2 & X4'Y2'	1	1	1	1	X4Y4 & X4'Y4'.

Beschreibung:
Dieser Baustein enthält zwei 4 x 4-Matrizen aus CMOS-Schaltern mit gemeinsamem Adressen-Decoder und Speicher.

Betrieb:
Zur Auswahl von je zwei der 2x16 Kreuzungspunkte wird die entsprechende Adresse an die Eingänge A—D gelegt.
Das angewählte Schalterpaar wird auf EIN geschaltet, wenn man Ka (set) auf High und Kb (reset) auf Low legt. Das Schalterpaar geht auf AUS, wenn Ka auf Low und Kb auf High gelegt wird.
Beim Anlegen der Betriebsspannung ist der Zustand der 32 Schalter unbestimmt. Man stellt alle Schalter auf AUS, indem man Ka und Kb auf High legt.

Anwendung:
Schalten von Analog-Signalen in Kommunikations-Netzwerken

Daten:

Betriebsspannung	3—18	V
Ein-Widerstand	75	Ω
Bandbreite	> 10	MHz
Max. Analog-Amplitude	±1/2	UB
Max. Strom je Schalter	10	mA

Hersteller:
RCA

22102 Crosspoint-Schalter (4 x 4 x 2), mit Steuerspeicher

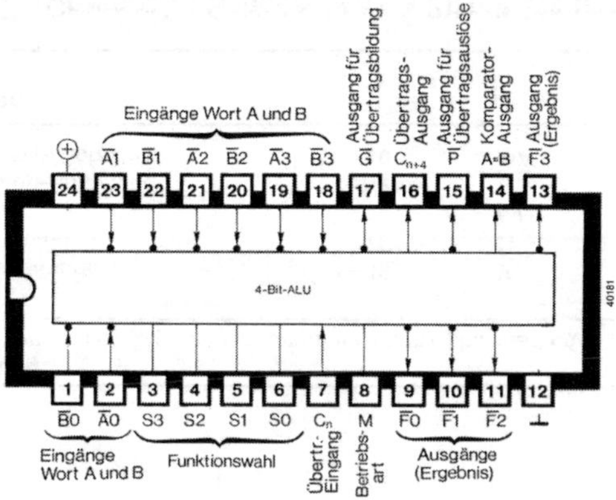

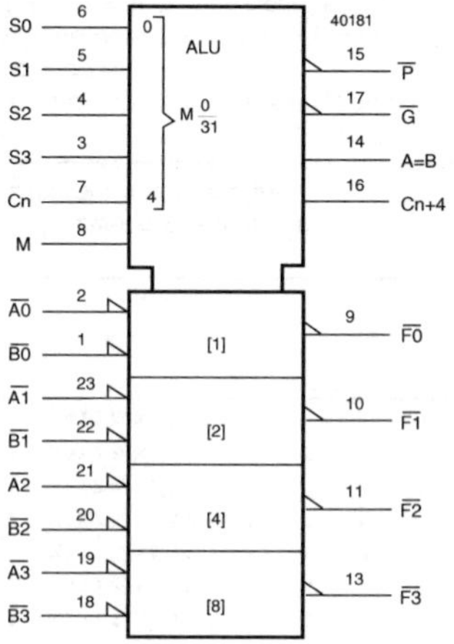

40181	**4-Bit arithmetisch/logische Einheit, Funktionsgenerator**

Fortsetzung :

Funktionswahl				Eingänge und Ausgänge aktiv Low		Eingänge und Ausgänge aktiv High	
S_0	S_1	S_2	S_3	Arithmetisch ($M = L$, $C_n = L$)	Logisch ($M = H$)	Arithmetisch ($M = L$, $\overline{C}_n = H$)	Logisch ($M = H$)
L	L	L	L	A minus 1	$\overline{A}$	A	$\overline{A}$
H	L	L	L	AB minus 1	$\overline{AB}$	A + B	$\overline{A + B}$
L	H	L	L	$A\overline{B}$ minus 1	$\overline{A} + B$	$A + \overline{B}$	$\overline{A}B$
H	H	L	L	minus 1 (2's comp.)	Logic '1'	minus 1 (2's comp.)	Logic '0'
L	L	H	L	A plus $[A + \overline{B}]$	$\overline{A + B}$	A plus $A\overline{B}$	$\overline{A\overline{B}}$
H	L	H	L	AB plus $[A + \overline{B}]$	$\overline{B}$	$A\overline{B}$ plus [A + B]	$\overline{B}$
L	H	H	L	A minus B minus 1	$\overline{A \oplus B}$	A minus B minus 1	$A \oplus B$
H	H	H	L	$A + \overline{B}$	$A + \overline{B}$	$A\overline{B}$ minus 1	$A\overline{B}$
L	L	L	H	A plus [A + B]	$\overline{A}B$	A plus AB	$\overline{A} + B$
H	L	L	H	A plus B	$A \oplus B$	A plus B	$\overline{A \oplus B}$
L	H	L	H	$A\overline{B}$ plus [A + B]	B	AB plus $[A + \overline{B}]$	B
H	H	L	H	A + B	A + B	AB minus 1	AB
L	L	H	H	A plus A (2 x A)	Logic '0'	A plus A (2 x A)	Logic '1'
H	I	H	H	A plus AB	$A\overline{B}$	A plus [A + B]	$A + \overline{B}$
L	H	H	H	A plus $A\overline{B}$	AB	A plus $[A + \overline{B}]$	A + B
H	H	H	H	A	A	A minus 1	A

Beschreibung:
Dieser Baustein enthält eine arithmetisch-logische Recheneinheit (ALU), mit der 16 logische und 16 arithmetische Operationen an 4-Bit-Operanden ausgeführt werden können.

Betrieb:
Die beiden Operanden A und B werden den entsprechenden Eingängen (aktiv Low) zugeführt. Die logische Betriebsart wird mit M (Mode = H und die arithmetische Betriebsart mit M = L ausgewählt. Dann wird gemäß der Wahrheitstabelle über die Eingänge S0 bis S3 die auszuführende Funktion gewählt und das Ergebnis kann an F0 bis F3 (aktiv Low) abgenommen werden.
Eine Erweiterung auf n x 8 Bits ist mittels des Bausteins 4582 (Übertragseinheit) und weiterer 4581 möglich.
Der Baustein ist auch als Komparator verwendbar. Bei gleichen Operanden wird der Ausgang A = B High. Bei entsprechender Deutung der Pinbelegung ist ein Arbeiten mit negativer Logik möglich.

Anwendung:
Recheneinheit für arithmetische oder logische Operationen

Daten:

Betriebsspannung	5—18	V
Typ. Additionszeit für 4 Bits	200	ns

Hersteller:
FA, MOT, SSS

40181 — 4-Bit arithmetisch/logische Einheit, Funktionsgenerator

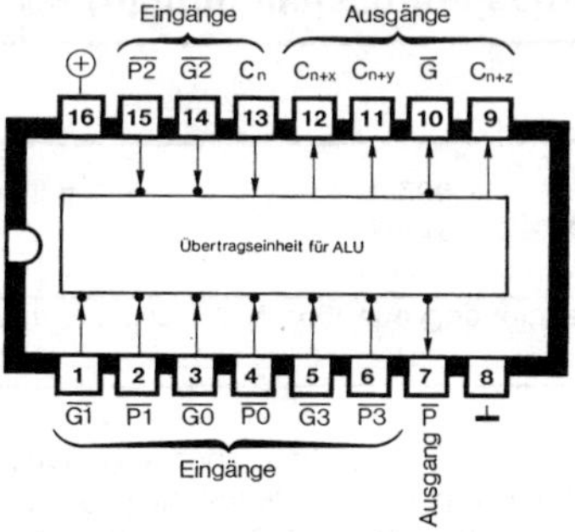

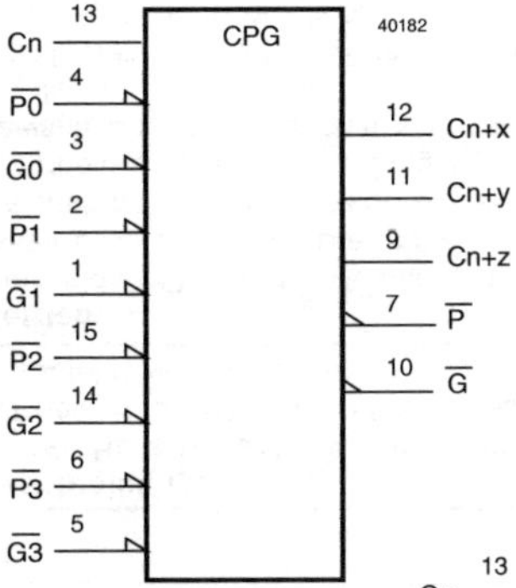

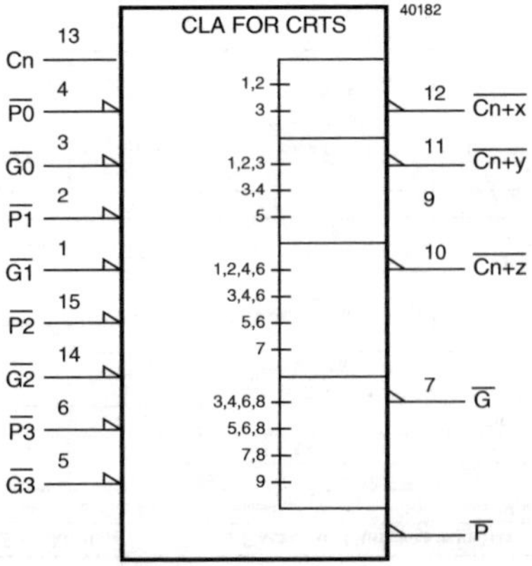

40182 Look-ahead-Übertragseinheit

Fortsetzung :

Beschreibung:
Dieser Baustein stellt eine schnelle, parallel erweiterbare Übertragseinheit dar und ist besonders für die ALU 40181 vorgesehen.

Betrieb:
Diese Einheit kann den Übertrag für 4 binäre Addierer vorwegnehmen und ist auf n Bit erweiterbar.
Der Baustein nimmt bis zu 4 Paare von Signalen für Übertragsauslösung (Carry Propagate) P0—P3 (aktiv Low) und Übertragsbildung (Carry Generate) G0—G3 (aktiv Low) sowie einen Übertragseingang (aktiv High) auf und liefert vorweggenommene Überträge Cn+x, Cn+y und Cn+z an vier Gruppen von binären Addierern.
Bei Verwendung des 40181 mit negativer Logik bleiben die Verbindungen mit dem 40182 gleich.

Logik-Gleichungen

$$Cn{+}x = G0 + P0 \bullet Cn$$

$$Cn{+}y = G1 + P1 \bullet G0 + P1 \bullet P0 \bullet Cn$$

$$Cn{+}z = G2 + P2 \bullet G1 + P2 \bullet P1 \bullet G0 + P2 \bullet P1 \bullet P0 \bullet Cn$$

$$\overline{G} = \overline{G3 + P3 \bullet G2 + \bullet P3 \bullet P2 \bullet G1 + P3 \bullet P2 \bullet P1 \bullet G0}$$

$$\overline{P} = \overline{P3 \bullet P2 \bullet P1 \bullet P0}$$

Anwendung:
Übertragsbildung für Recheneinheit 40181

Daten:

Betriebsspannung	3—18	V
Übertrags-Verzögerung	100	ns

Hersteller:
RCA, SGS

40182 | Look-ahead-Übertragseinheit

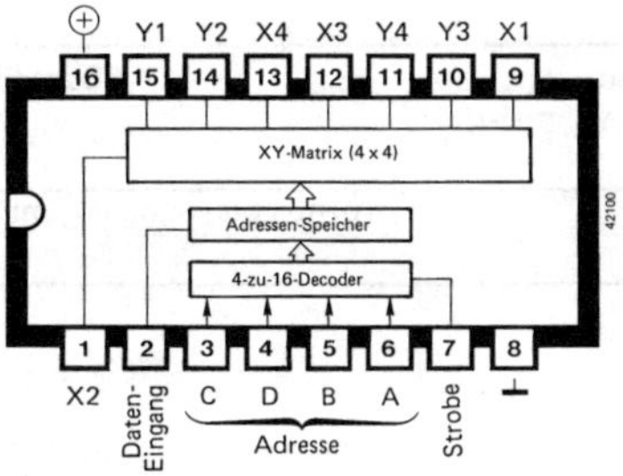

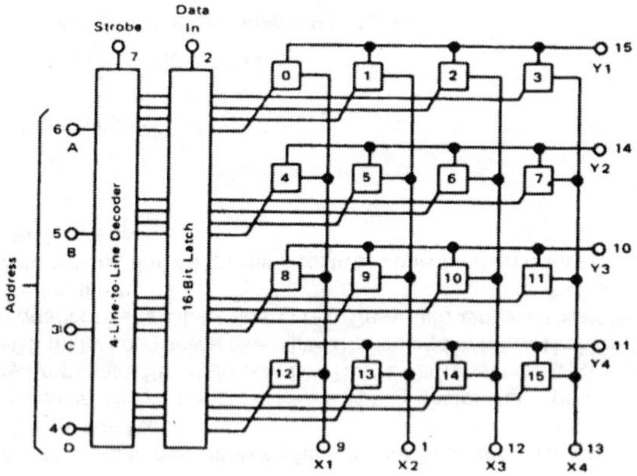

Funktions-Blockschaltbild

42100 | **Crosspoint-Schalter (4x4), mit Steuerspeicher**

Fortsetzung :

Adresse				ausgewählter Schalter		Adresse				ausgewählter Schalter	
A	B	C	D			A	B	C	D		
0	0	0	0	X1Y1	0	0	0	0	1	X1Y3	8
1	0	0	0	X2Y1	1	1	0	0	1	X2Y3	9
0	1	0	0	X3Y1	2	0	1	0	1	X3Y3	10
1	1	0	0	X4Y1	3	1	1	0	1	X4Y3	11
0	0	1	0	X1Y2	4	0	0	1	1	X1Y4	12
1	0	1	0	X2Y2	5	1	0	1	1	X2Y4	13
0	1	1	0	X3Y2	6	0	1	1	1	X3Y4	14
1	1	1	0	X4Y2	7	1	1	1	1	X4Y4	15

Beschreibung:
Dieser Baustein enthält eine 4 x 4-Matrix aus CMOS-Schaltern, sowie einen Adressen-Decoder mit Speicher.

Betrieb:
Zur Auswahl einer der 16 Kreuzungspunkte wird die entsprechende Adresse an die Eingänge A—D gelegt, und ein positiver Impuls an den Eingang Strobe gelegt. Der angewählte Schalter wird auf EIN geschaltet, wenn während des Strobe-Impulses Pin 2 (Daten-Eingang) auf High liegt. Er wird auf AUS geschaltet, wenn während des Strobe-Impulses Pin 2 auf Low liegt.
Beim Anlegen der Betriebsspannung werden durch eine interne Reset-Schaltung alle Schalter auf AUS geschaltet.

Anwendung:
Schalten von Analog-Signalen in Kommunikations-Netzwerken

Daten:

Betriebsspannung	3—18	V
Max. Analog-Amplitude	± 1/2	UB
Max. Strom je Schalter	10	mA

Hersteller:
MOT

42100 **Crosspoint-Schalter (4x4), mit Steuerspeicher**

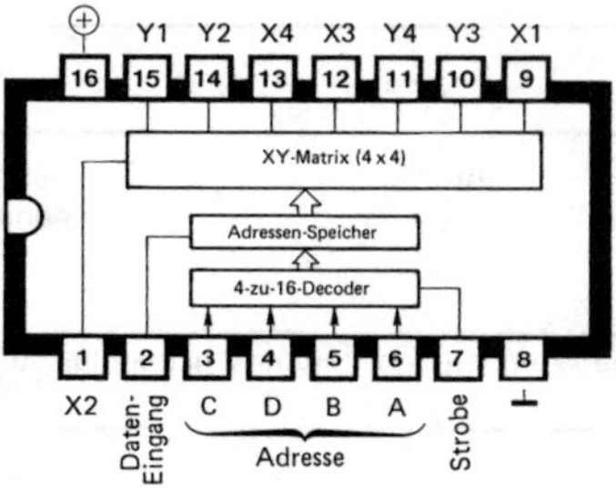

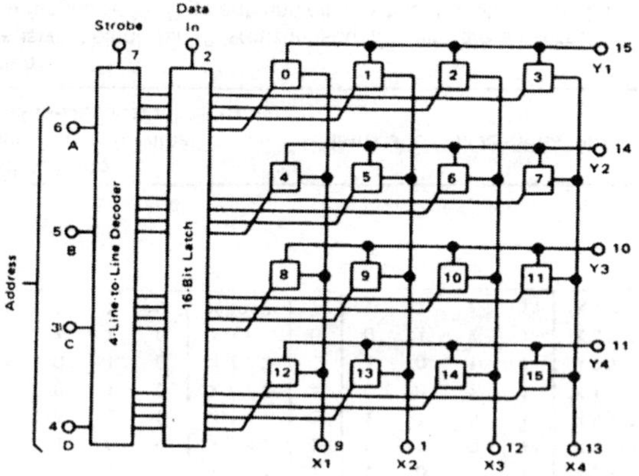

Funktions-Blockschaltbild

45100 | **Crosspoint-Schalter (4 x 4), mit Steuerspeicher**

Fortsetzung :

Adresse				ausgewählter Schalter		gelöschte Schalter			Adresse				ausgewählter Schalter		gelöschte Schalter		
A	B	C	D						A	B	C	D					
0	0	0	0	X1Y1	0	1	2	3	0	0	0	1	X1Y3	8	9	10	11
1	0	0	0	X2Y1	1	0	2	3	1	0	0	1	X2Y3	9	8	10	11
0	1	0	0	X3Y1	2	0	1	3	0	1	0	1	X3Y3	10	8	9	11
1	1	0	0	X4Y1	3	0	1	2	1	1	0	1	X4Y3	11	8	9	10
0	0	1	0	X1Y2	4	5	6	7	0	0	1	1	X1Y4	12	13	14	15
1	0	1	0	X2Y2	5	4	6	7	1	0	1	1	X2Y4	13	12	14	15
0	1	1	0	X3Y2	6	4	5	7	0	1	1	1	X3Y4	14	12	13	15
1	1	1	0	X4Y2	7	4	5	6	1	1	1	1	X4Y4	15	12	13	14

Beschreibung:
Dieser Baustein enthält eine 4 x 4-Matrix aus CMOS-Schaltern, sowie einen Adressen-Decoder mit Speicher.

Betrieb:
Zur Auswahl eines der 16 Kreuzungspunkte wird die entsprechende Adresse an die Eingänge A-D gelegt, und ein positiver Impuls an den Eingang Strobe gelegt. Der angewählte Schalter wird auf EIN geschaltet, wenn während des Strobe-Impulses Pin 2 (Daten-Eingang) auf High liegt. Er wird auf AUS geschaltet, wenn während des Strobe-Impulses Pin 2 auf Low liegt.
Als Besonderheit gegenüber dem 42100 schaltet dieser Baustein alle nicht angewählten Kreuzungspunkte derselben Reihe (Yn) auf AUS, (z.B. beim Anwählen von X1Y1 wird X2Y1, X3Y1 und X4Y1 ausgeschaltet).
Beim Anlegen der Betriebsspannung werden durch eine interne Reset-Schaltung alle Schalter auf AUS geschaltet.

Anwendung:
Schalten von Analog-Signalen in Kommunikations-Netzwerken

Daten:

Betriebsspannung	3—18	V
Max. Analog-Amplitude	± 1/2	UB
Max. Strom je Schalter	10	mA

Hersteller:
MOT

45100	**Crosspoint-Schalter (4 x 4), mit Steuerspeicher**

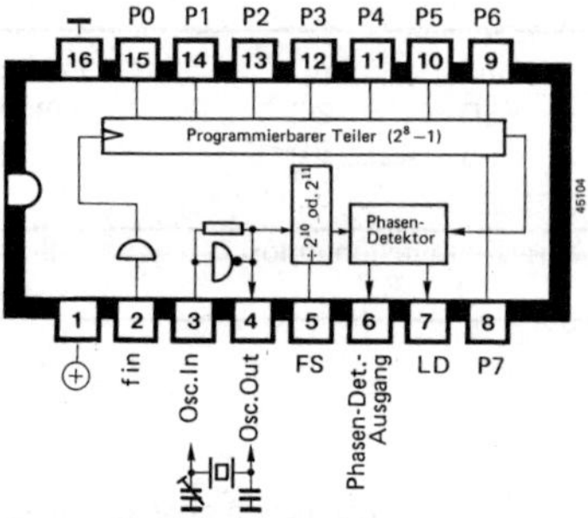

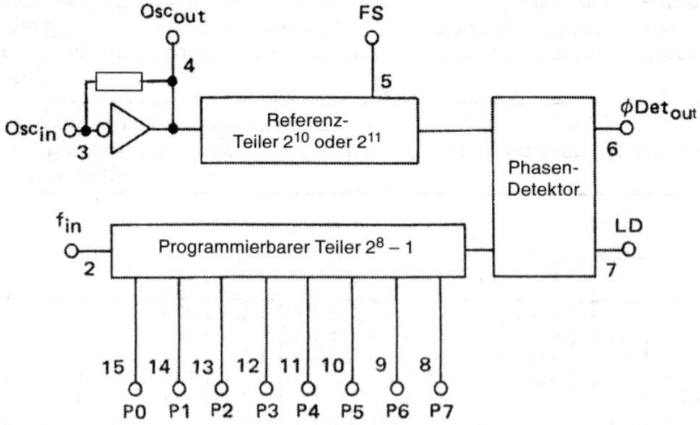

45104 | **PLL-Frequenz-Synthesizer**

Fortsetzung :

Auswahl									
P8	P7	P6	P5	P4	P3	P2	P1	P0	Teilt durch N
0	0	0	0	0	0	0	0	0	2*
0	0	0	0	0	0	0	0	1	3*
0	0	0	0	0	0	0	1	0	2
0	0	0	0	0	0	0	1	1	3
0	0	0	0	0	0	1	0	0	4
.	.	.	.	.	.	.	.	.	.
0	1	1	1	1	1	1	1	1	255
.	.	.	.	.	.	.	.	.	.
1	1	1	1	1	1	1	1	1	511

Anmerkung: Die binäre Einstellung 00000000 und 00000001 an P8 — P0 ergibt eine Teilung, die nicht in der Sequenz 2^N—1 enthalten ist.

Beschreibung:
Dieser Baustein enthält einen Referenzoszillator mit Teiler, einen programmierbaren Teiler und einen Phasendetektor für PLL-Frequenz-Synthesizer.

Betrieb:
Die Referenzfrequenz mit 10.24MHz kann entweder mit dem internen Oszillator erzeugt oder extern zugeführt werden.
Der anschließende Teiler teilt auf 10kHz herunter, wenn FS (Frequency Select) auf High und auf 5kHz, wenn FS auf Low liegt.
Der programmierbare binäre Teiler teilt die Eingangsfrequenz auf maximal 1/255. Die Programmier-Eingänge enthalten interne Pull-down-Widerstände.
Der Phasendetektor steuert einen externen VCO. Wenn die Schleife nicht eingerastet ist, geht LD (Lock Detektor) auf Low.

Anwendung:
Frequenz-Synthesizer für Funkgeräte

Daten:

Betriebsspannung	4.5 — 12	V
Min. garantierte Eingangsfrequenz	4	MHz

Hersteller:
MOT

45104 PLL-Frequenz-Synthesizer

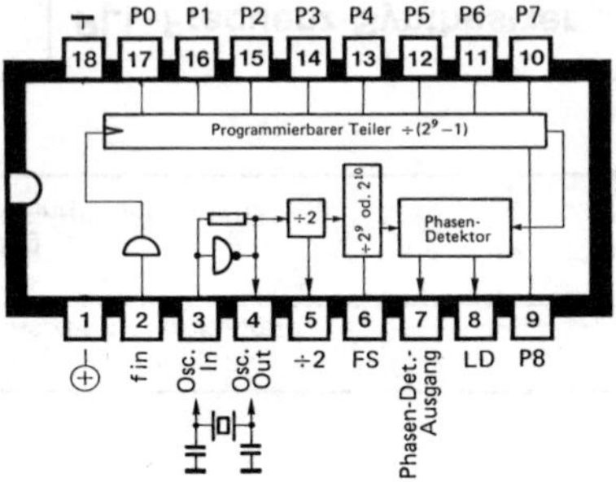

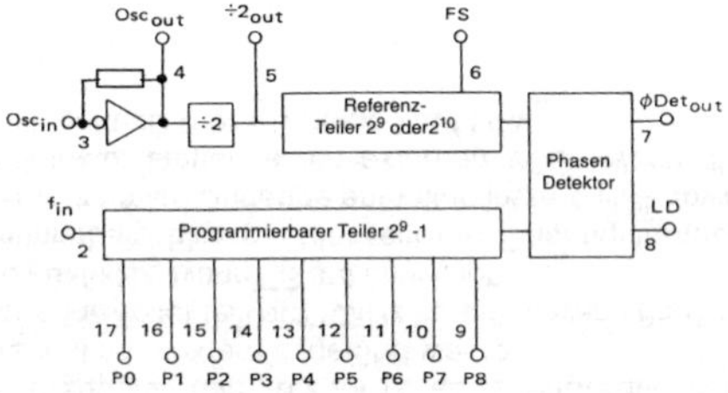

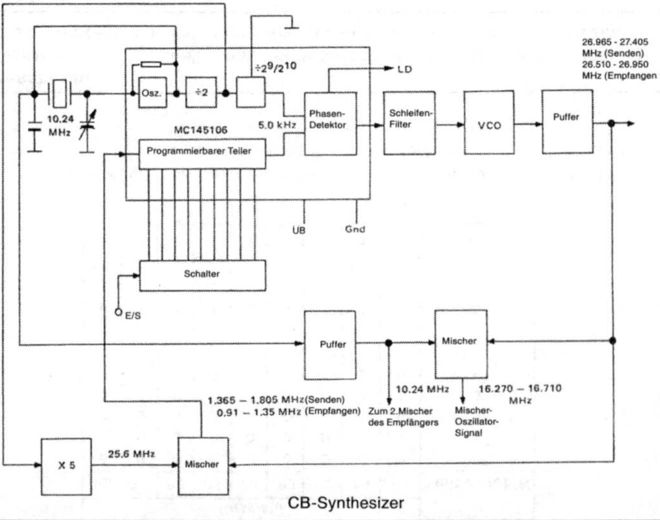

CB-Synthesizer

45106 PLL-Frequenz-Synthesizer

Fortsetzung :

Auswahl									
P8	P7	P6	P5	P4	P3	P2	P1	P0	Teilt durch N
0	0	0	0	0	0	0	0	0	2*
0	0	0	0	0	0	0	0	1	3*
0	0	0	0	0	0	0	1	0	2
0	0	0	0	0	0	0	1	1	3
0	0	0	0	0	0	1	0	0	4
⋮	⋮	⋮	⋮	⋮	⋮	⋮	⋮	⋮	⋮
0	1	1	1	1	1	1	1	1	255
⋮	⋮	⋮	⋮	⋮	⋮	⋮	⋮	⋮	⋮
1	1	1	1	1	1	1	1	1	511

Anmerkung: Die binäre Einstellung 00000000 und 00000001 an P8 — P0 ergibt eine Teilung, die nicht in der Sequenz 2^N—1 enthalten ist.

Beschreibung:
Dieser Baustein enthält einen Referenzoszillator mit Teiler, einen programmierbaren Teiler und einen Phasendetektor für PLL-Frequenz-Synthesizer.

Betrieb:
Die Referenzfrequenz mit 10.24MHz kann entweder mit dem internen Oszillator erzeugt oder extern zugeführt werden.
Der anschließende Teiler teilt auf 10kHz herunter, wenn FS (Frequency Select) auf High und auf 5kHz, wenn FS auf Low liegt. An Pin 5 kann die durch 2 geteilte Referenzfrequenz entnommen werden.
Der programmierbare binäre Teiler teilt die Eingangsfrequenz auf maximal 1/511. Die Programmier-Eingänge enthalten interne Pull-down-Widerstände.
Der Phasendetektor steuert einen externen VCO. Wenn die Schleife nicht eingerastet ist, geht LD (Lock Detektor) auf Low.

Anwendung:
Frequenz-Synthesizer für Funkgeräte

Daten:

Betriebsspannung	4.5—12	V
Min. garantierte Eingangsfrequenz	4	MHz

Hersteller:
MOT

45106 PLL-Frequenz-Synthesizer

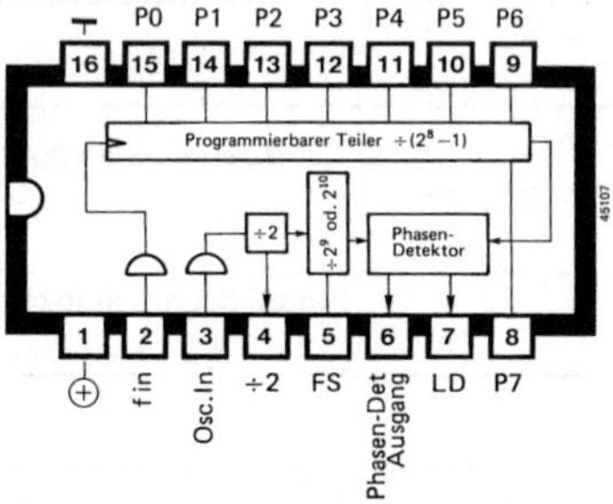

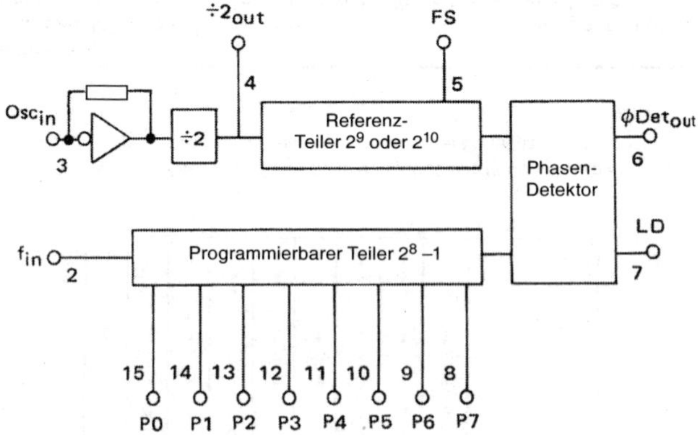

45107 PLL-Frequenz-Synthesizer

Fortsetzung :

Auswahl									
P8	P7	P6	P5	P4	P3	P2	P1	P0	Teilt durch N
0	0	0	0	0	0	0	0	0	2*
0	0	0	0	0	0	0	0	1	3*
0	0	0	0	0	0	0	1	0	2
0	0	0	0	0	0	0	1	1	3
0	0	0	0	0	0	1	0	0	4
⋮	⋮	⋮	⋮	⋮	⋮	⋮	⋮	⋮	⋮
0	1	1	1	1	1	1	1	1	255
⋮	⋮	⋮	⋮	⋮	⋮	⋮	⋮	⋮	⋮
1	1	1	1	1	1	1	1	1	511

Anmerkung: Die binäre Einstellung 00000000 und 00000001 an P8 — P0 ergibt eine Teilung, die nicht in der Sequenz 2^N—1 enthalten ist.

Beschreibung:
Dieser Baustein enthält einen Referenzoszillator mit Teiler, einen programmierbaren Teiler und einen Phasendetektor für PLL-Frequenz-Synthesizer.

Betrieb:
Die Referenzfrequenz (10.24MHz) muss extern zugeführt werden.
Der anschließende Teiler teilt auf 10kHz herunter, wenn FS (Frequency Select) auf High liegt und auf 5kHz, wenn FS auf Low liegt. An Pin 5 kann die durch 2 geteilte Referenzfrequenz entnommen werden.
Der programmierbare binäre Teiler teilt die Eingangsfrequenz auf maximal 1/255. Die Programmier-Eingänge enthalten interne Pull-down-Widerstände.
Der Phasendetektor steuert einen externen VCO. Wenn die Schleife nicht eingerastet ist, geht LD (Lock Detector) auf Low.

Anwendung:
Frequenz-Synthesizer für Funkgeräte

Daten:

Betriebsspannung	4.5 — 12	V
Min. garantierte Eingangsfrequenz	4	MHz

Hersteller:
MOT

45107 PLL-Frequenz-Synthesizer

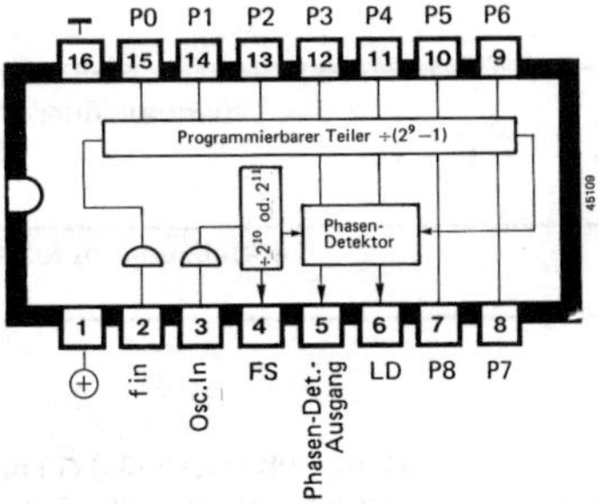

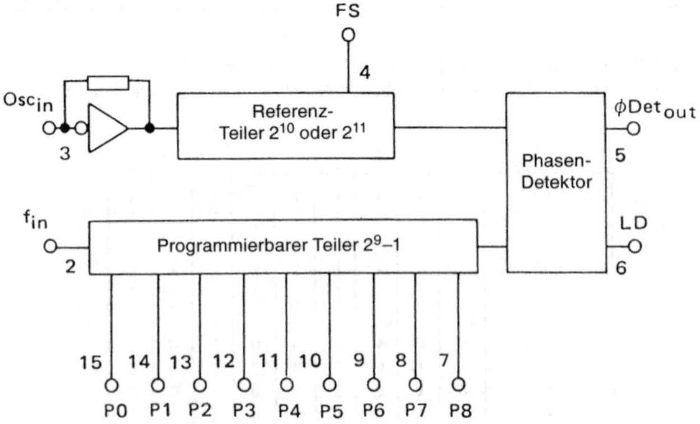

45109 **PLL-Frequenz-Synthesizer**

Fortsetzung :

Auswahl									
P8	P7	P6	P5	P4	P3	P2	P1	P0	Teilt durch N
0	0	0	0	0	0	0	0	0	2*
0	0	0	0	0	0	0	0	1	3*
0	0	0	0	0	0	0	1	0	2
0	0	0	0	0	0	0	1	1	3
0	0	0	0	0	0	1	0	0	4
:	:	:	:	:	:	:	:	:	:
0	1	1	1	1	1	1	1	1	255
:	:	:	:	:	:	:	:	:	:
1	1	1	1	1	1	1	1	1	511

Anmerkung: Die binäre Einstellung 00000000 und 00000001 an P8 — P0 ergibt eine Teilung, die nicht in der Sequenz $2^N - 1$ enthalten ist.

Beschreibung:
Dieser Baustein enthält einen Referenzoszillator mit Teiler, einen programmierbaren Teiler und einen Phasendetektor für PLL-Frequenz-Synthesizer.

Betrieb:
Die Referenzfrequenz (10.24MHz) muss extern zugeführt werden.
Der anschließende Teiler teilt auf 10kHz herunter, wenn FS (Frequency Select) auf High liegt und auf 5kHz, wenn FS auf Low liegt. An Pin 5 kann die durch 2 geteilte Referenzfrequenz entnommen werden.
Der programmierbare binäre Teiler teilt die Eingangsfrequenz auf maximal 1/511. Die Programmier-Eingänge enthalten interne Pull-down-Widerstände.
Der Phasendetektor steuert einen externen VCO. Wenn die Schleife nicht eingerastet ist, geht LD (Lock Detector) auf Low.

Anwendung:
Frequenz-Synthesizer für Funkgeräte

Daten:

Betriebsspannung	4.5—12	V
Min. garantierte Eingangsfrequenz	4	MHz

Hersteller:
MOT

45109 PLL-Frequenz-Synthesizer

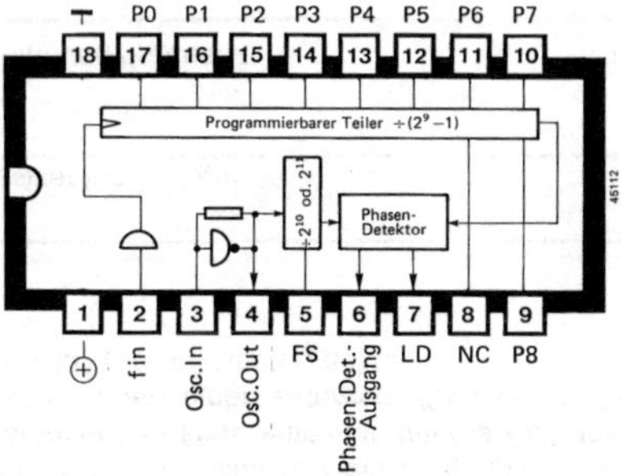

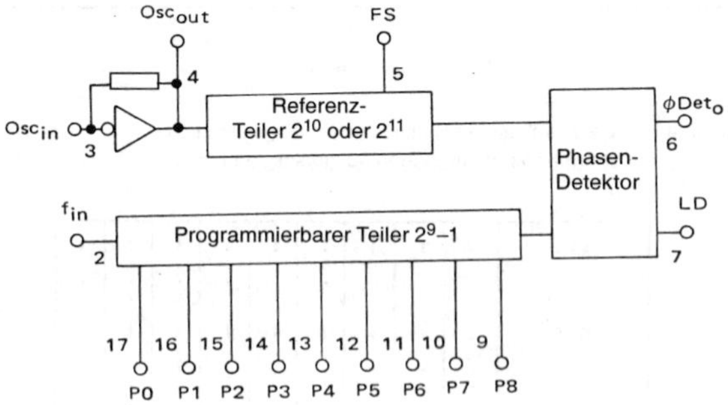

45112 PLL-Frequenz-Synthesizer

Fortsetzung :

Auswahl									
P8	P7	P6	P5	P4	P3	P2	P1	P0	Teilt durch N
0	0	0	0	0	0	0	0	0	2*
0	0	0	0	0	0	0	0	1	3*
0	0	0	0	0	0	0	1	0	2
0	0	0	0	0	0	0	1	1	3
0	0	0	0	0	0	1	0	0	4
.	.	.	.	.	.	.	.	.	.
0	1	1	1	1	1	1	1	1	255
.	.	.	.	.	.	.	.	.	.
1	1	1	1	1	1	1	1	1	511

Anmerkung: Die binäre Einstellung 00000000 und 00000001 an P8 - P0 ergibt eine Teilung, die nicht in der Sequenz 2^N—1 enthalten ist.

Beschreibung:
Dieser Baustein enthält einen Referenzoszillator mit Teiler, einen programmierbaren Teiler und einen Phasendetektor für PLL-Frequenz-Synthesizer.

Betrieb:
Die Referenzfrequenz mit 10.24MHz kann entweder mit dem internen Oszillator erzeugt oder extern zugeführt werden.
Der anschließende Teiler teilt auf 10kHz herunter, wenn FS (Frequency Select) auf High und auf 5kHz, wenn FS auf Low liegt.
Der programmierbare binäre Teiler teilt die Eingangsfrequenz auf maximal 1/511.
Die Programmier-Eingänge enthalten interne Pull-down-Widerstände.
Der Phasendetektor steuert einen externen VCO. Wenn die Schleife nicht eingerastet ist, geht LD (Lock Detektor) auf Low.

Anwendung:
Frequenz-Synthesizer für Funkgeräte

Daten:

Betriebsspannung	4.5—12	V
Min. garantierte Eingangsfrequenz	4	MHz

Hersteller:
MOT

45112 PLL-Frequenz-Synthesizer

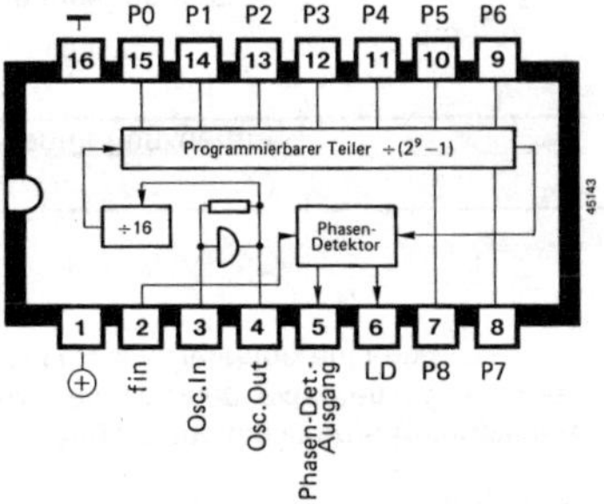

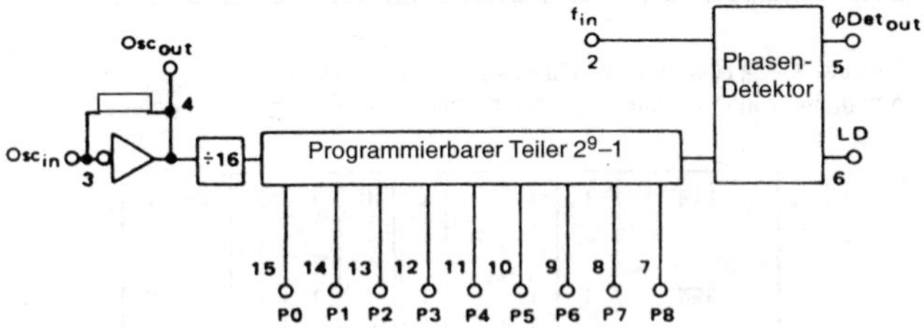

PLL-Frequenz-Synthesizer

Fortsetzung :

Auswahl									
P8	P7	P6	P5	P4	P3	P2	P1	P0	Teilt durch N
0	0	0	0	0	0	0	0	0	32 (2*)
0	0	0	0	0	0	0	0	1	48 (3*)
0	0	0	0	0	0	0	1	0	32
0	0	0	0	0	0	0	1	1	48
0	0	0	0	0	0	1	0	0	64
.	.	.	.	.	.	.	.	.	.
0	1	1	1	1	1	1	1	1	4080
.	.	.	.	.	.	.	.	.	.
1	1	1	1	1	1	1	1	1	8176

Anmerkung: Die binäre Einstellung 00000000 und 00000001 an P8 — P0 ergibt eine Teilung, die nicht in der Sequenz 2^N — 1 enthalten ist.

Beschreibung:
Dieser Baustein enthält einen Referenzoszillator mit einem programmierbaren Teiler und einen Phasendetektor für Frequenz-Synthesizer.

Betrieb:
Die Referenzfrequenz kann entweder mit dem internen Oszillator erzeugt oder extern zugeführt werden.
Der anschließende Teiler teilt zunächst durch 16. Daran schließt sich ein programmierbarer Teiler an, der in Schritten zu 16 von 32 bis 8176 teilen kann.
Die Programmier-Eingänge enthalten interne Pull-down-Widerstände.
Der Phasendetektor steuert einen externen VCO. Wenn die Schleife nicht eingerastet ist, geht LD (Lock Detektor) auf Low.

Anwendung:
Frequenz-Synthesizer für Funkgeräte

Daten:

Betriebsspannung	4.5 — 12	V
Min. garantierte Oszillatorfrequenz	25	MHz
Stromaufnahme	3.5	mA

Hersteller:
MOT

45143 — PLL-Frequenz-Synthesizer

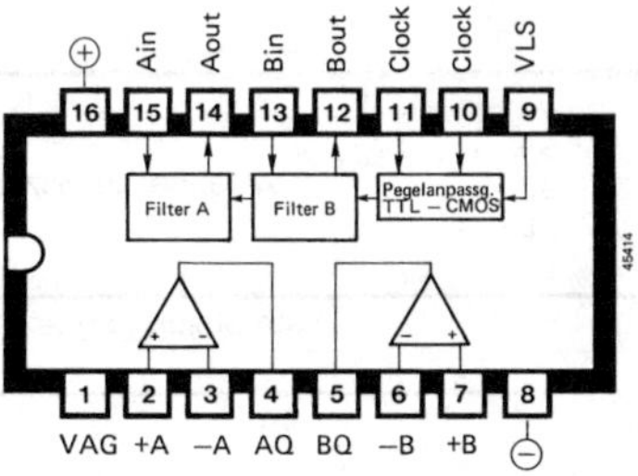

Filter A und B, Tiefpasscharakteristik
bei einer Taktfrequenz 1 und 2 von 128 kHz

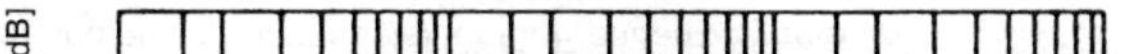

45414 | **Zwei digitale Tiefpassfilter, abstimmbar**

Fortsetzung :

Beschreibung:
Dieser Baustein enthält zwei abstimmbare, elliptische Tiefpass-Filter 5. Ordnung, sowie zwei unabhängige Operationsverstärker.

Betrieb:
Die Eckfrequenz von Filter A kann von 1.25kHz bis 10kHz mit Hilfe des Taktes an Pin 10 und 11 abgestimmt werden. Bei einem Takt von z.B. 128kHz beträgt die Grenzfrequenz 3.6kHz (bei 64kHz ist sie 1.8kHz, bei 256kHz gleich 7.2kHz, etc.). Die Verstärkung beträgt 18dB.
Da der Baustein ein geschaltetes Digitalfilter ist, liegt am Ausgang des Filters etwas Rauschen von der Taktfrequenz und deren Oberwellen. Man kann dies durch einen separaten Operationsverstärker weitgehend unterdrücken. Filter B entspricht Filter A, besitzt jedoch keine Verstärkung.
Die Spannung an VAG solle bei etwa (U1—U2)/2 liegen. Die Potentiale aller Analog-Ein/Ausgänge werden auf diesen Pin bezogen.
Die Takteingänge 1 und 2 können entweder TTL- oder CMOS-kompatibel sein, und werden meist zusammengeschaltet. Die Wahl des Logikpegels kann mit VLS bestimmt werden. Befindet sich VLS innerhalb 0.8V von U2, liegt CMOS-Kompatibilität zwischen U1 und U2 vor. Wenn VLS zwischen U1-2V und U2 +2V liegt, sind die Takteingänge TTL-kompatibel.

Anwendung:
Abstimmbare Tiefpassfilter

Daten:

Betriebsspannung:	U1	5 bis 8	V
	U2	–5 bis –8	V
Taktfrequenz		50 — 400	kHz
Grenzfrequenz		1.25—10	kHz
Stromaufnahme		2	mA

Hersteller:
MOT

45414 — Zwei digitale Tiefpassfilter, abstimmbar

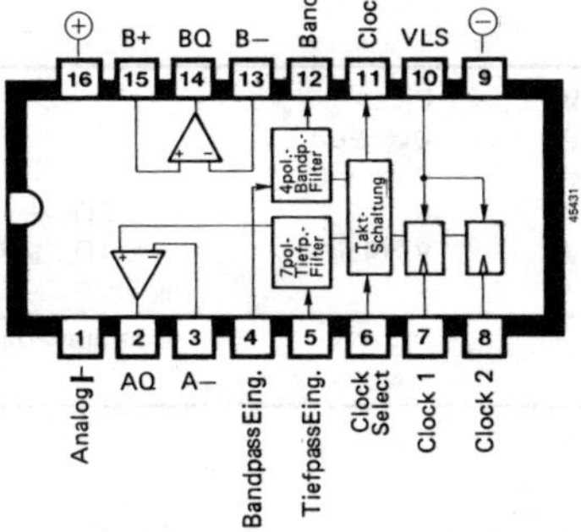

Typisches Tiefpassfilter

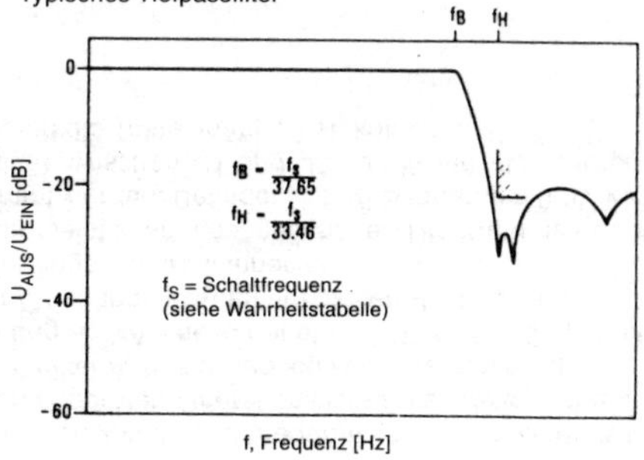

Typisches Bandpassfilter

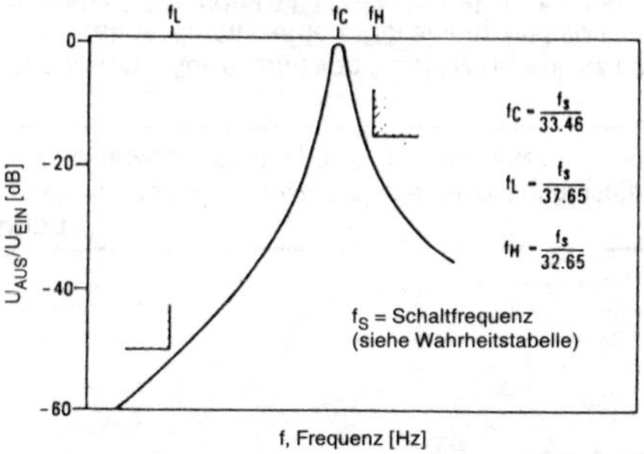

45431 Tiefpass- und Bandpassfilter, abstimmbar

Fortsetzung :

Clock Sel Pin 6	Takt-quelle	Filter-Schalt-Frequenz f_s	Bandpass Mitten-Frequenz f_c	Tiefpass Grenzfrequenz f_B	Clock-Ausgang CO
U1	Extern	f_s = Clock (Hz)	$f_c = \frac{\text{Clock (Hz)}}{33.46}$	$B = \frac{\text{Clock (Hz)}}{37.64}$	CO = f_s
Pin 1	Quarz	$f_s = \frac{\text{Clock (Hz)}}{28}$	$f_c = \frac{\text{Clock (Hz)}}{937.93}$	$f_B = \frac{\text{Clock (Hz)}}{1055.17}$	CO = f_s
U2	Extern	$f_s = \frac{\text{Clock (Hz)}}{16}$	$f_c = \frac{\text{Clock (Hz)}}{535.42}$	$f_B = \frac{\text{Clock (Hz)}}{602.36}$	CO = f_s

Beschreibung:
Dieser Baustein enthält ein abstimmbares elliptisches 7-poliges Tiefpassfilter sowie ein abstimmbares Bandpassfilter.

Betrieb:
Beide Filter sind unabhängig voneinander abstimmbar, und zwar das Tiefpassfilter mit Clock 1 und das Bandpassfilter mit Clock 2.
Wenn man Clock Select an U1 (Pin 16) legt, ist den beiden Clock-Eingängen ein externes Taktsignal zuzuführen. Clock Select an Analog-Masse (Pin 1) ermöglicht eine Steuerung mit einem Quarz zwischen Pin 7 und 8. Clock Select an U2 (Pin 9) ergibt ein anderes Teilerverhältnis wie im ersten Fall (siehe Tabelle). Pin 13—15 gehören zu einem unabhängigen Operationsverstärker (z.B. für Puffer oder zusätzliche aktive RC-Filter).

Anwendung:
Abstimmbare Tief- und Bandpassfilter

Daten:

Betriebsspannung		±5—16	V
—3dB-Bandbreite (Bandpass)		30	Hz
Dynamik (Bandpass)	min	70	dB
Dynamik (Tiefpass)	min	77	dB
Stromaufnahme		5	mA

Hersteller:
MOT

45431 Tiefpass- und Bandpassfilter, abstimmbar

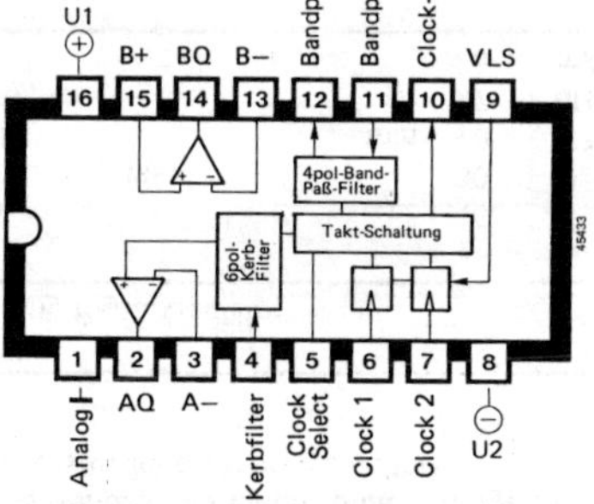

Typisches Tiefpassfilter

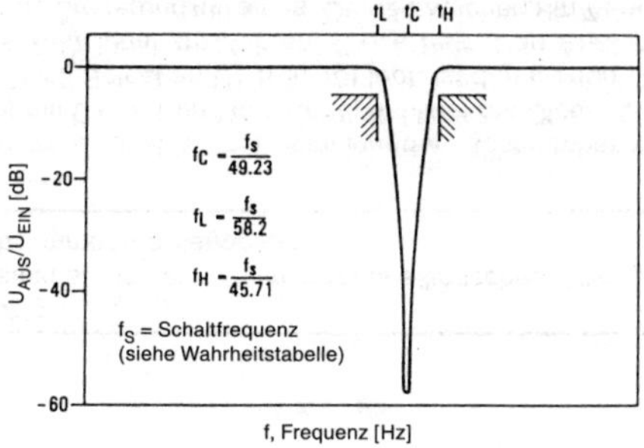

Typisches Bandpassfilter

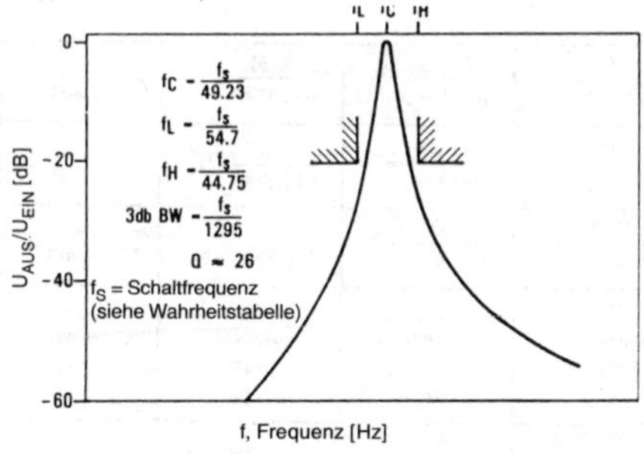

45433 | **Kerb-/Bandpassfilter, getrennt abstimmbar**

Fortsetzung :

Clock Select Pin 5	Takt-Quelle	Filter-Schalt-Frequenz f_s	Kerb/Bandpass Mittenfrequenz f_c	Taktausgang
U1	Quarz	$f_s = \frac{\text{CLOCK (Hz)}}{28}$	$f_c = \frac{\text{CLOCK (Hz)}}{1378.44}$	$CO = f_s$
Pin 1	Extern	$f_s = \frac{\text{CLOCK (Hz)}}{16}$	$f_c = \frac{\text{CLOCK (Hz)}}{787.69}$	$CO = f_s$ of Notch
U2	Extern	$f_s = \text{CLOCK (Hz)}$	$f_c = \frac{\text{CLOCK (Hz)}}{49.23}$	$CO = f_s$ of Notch

Beschreibung:
Dieser Baustein enthält ein abstimmbares 6-poliges Kerbfilter und ein abstimmbares 4-poliges Bandpassfilter.

Betrieb:
Die beiden Filter sind unabhängig voneinander abstimmbar, und zwar das Kerbfilter (Notch Filter) mit Clock 1 und das Bandpassfilter mit Clock 2.
Je nachdem, ob man Clock Select an Pin 1 (Analog-Masse) oder U2 legt, erhält man verschiedene Betriebsarten (Siehe Tabelle). Die Ausgangs-Verstärkung des Kerbfilters ist mit dem Operationsverstärker A einstellbar.
Pin 13—15 gehören zu einem unabhängigen Operationsverstärker (z.B. für Puffer oder zusätzliche aktive RC-Filter).

Anwendung:
Abstimmbares Kerb- und Bandpassfilter

Daten:

Betriebsspannung	±5—8	V
3dB-Bandbreite (Bandpassfilter)	ca 40	Hz
Stromaufnahme	4.5	mA

Hersteller:
MOT

45433 — **Kerb-/Bandpassfilter, getrennt abstimmbar**

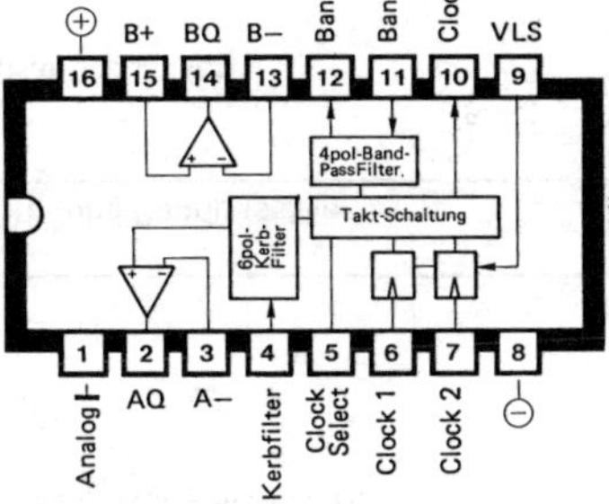

Typisches Tiefpassfilter

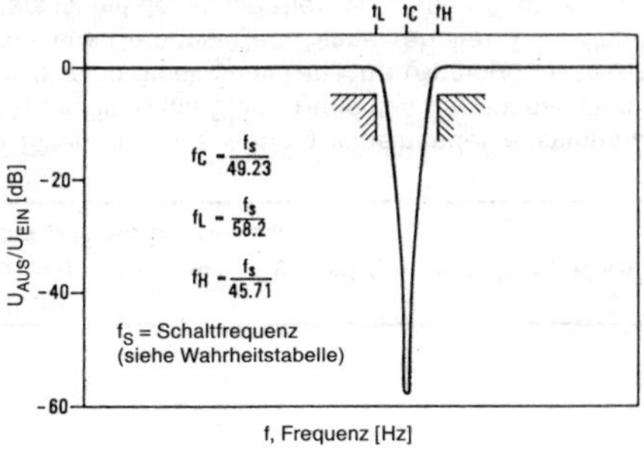

Typisches Bandpassfilter

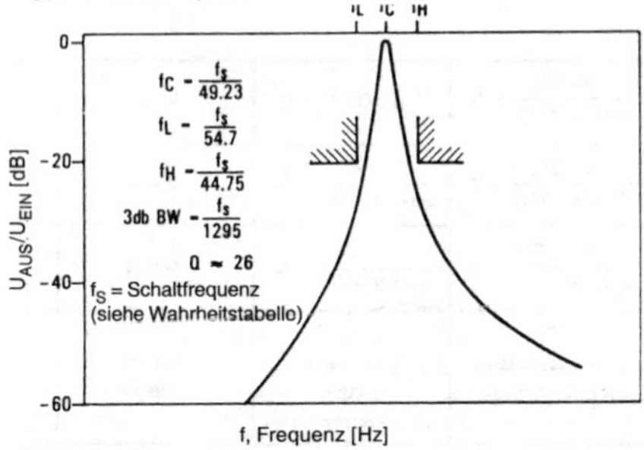

45434	**Kerb-/Bandpassfilter, mit gemeinsamer Abstimmung**

Fortsetzung :

Clock Select Pin 5	Takt-Quelle	Filter-Schalt-Frequenz f_s	Kerb/Bandpass Mittenfrequenz f_c	Taktausgang
U1	Quarz	$f_s = \frac{\text{CLOCK (Hz)}}{28}$	$f_c = \frac{\text{CLOCK (Hz)}}{1378.44}$	$CO = \frac{\text{Crystal}}{1376}$
Pin 1	Extern	$f_s = \frac{\text{CLOCK (Hz)}}{16}$	$f_c = \frac{\text{CLOCK (Hz)}}{787.69}$	$CO = \frac{\text{EXT CLOCK}}{788}$
U2	Extern	$f_s = \text{CLOCK (Hz)}$	$f_c = \frac{\text{CLOCK (Hz)}}{49.23}$	$CO = f_s$

Beschreibung:
Dieser Baustein enthält ein gemeinsam abstimmbares 6-poliges Kerbfilter und ein 4-poliges Bandpassfilter.

Betrieb:
Dieser Baustein entspricht im wesentlichen dem 45433, mit Ausnahme, dass die Taktschaltung für beide Filter intern verbunden ist.

Anwendung:
Abstimmbare Kerb-und Bandpassfilter

Daten:

Betriebsspannung	±5—8	V
3dB-Bandbreite (Bandpassfilter)	ca 40	Hz
Stromaufnahme	4.5	mA

Hersteller:
MOT

45434 Kerb-/Bandpassfilter, mit gemeinsamer Abstimmung